Deckname Dora

Sándor Radó

Deckname Dora

Deutsche Verlags-Anstalt

Die ungarische Ausgabe erschien unter dem Titel
DORA JELENTI ...
Copyright 1971 Radó Sándor
Übersetzung aus dem Ungarischen
DR. JOSEF G. FARKAS

Schutzumschlagentwurf: Peter René Gebhardt
Gesetzt aus der Linotype Garamond-Antiqua
Satz und Druck: Brönner & Daentler KG, Eichstätt
Bindearbeit: Deutsche Verlags-Anstalt GmbH, Stuttgart
Printed in Germany. ISBN 3 421 01615 1

VORWORT

In den letzten Jahren sind weltweit zahlreiche Artikel und Bücher erschienen, die sich mit meiner Tätigkeit im Zweiten Weltkrieg beschäftigen. Das Motiv vieler Publikationen war Sensationslust; die Krone setzte diesen Werken voller Verdrehungen und Lügen das 1966 erschienene Buch zweier französischer Journalisten auf, betitelt „Der Krieg wurde in der Schweiz gewonnen". Die Autoren des Buches, Pierre Accoce und Pierre Quet, wollen beweisen, daß die Sowjetunion ihren im Zweiten Weltkrieg errungenen Sieg nicht den militärischen Erfolgen der Roten Armee verdankt, sondern der Schweizer Gruppe des sowjetischen Nachrichtendienstes. Diese Deutung des Kriegsausganges setzte eine neue Artikel- und Bücherflut in Bewegung, hauptsächlich in der Bundesprebulik. Dort sind bis heute die reaktionären Kreise nicht bereit anzuerkennen, daß sie durch die strategische Überlegenheit der Sowjetunion eine militärische Niederlage erlitten haben. Die einen erblicken den Fehler in Hitlers dilettantischer Kriegführung, die anderen suchen die Ursache der Niederlage im harten „russischen Winter" oder in dem grausamen Vorgehen gegen die Einwohnerschaft des besetzten Gebietes. Jetzt haben sie eine neue, absolut phantastische Erklärung gefunden: der Krieg sei verloren worden, weil einzelne deutsche Generalstabsoffiziere alle Pläne der nationalsozialistischen Führung angeblich an den sowjetischen Nachrichtendienst verraten hätten. Die „Dolchstoßlegende" ist nicht neu; die deutschen Nationalisten erklärten schon die Niederlage des Ersten Weltkriegs nicht mit dem militärischen Sieg der Entente-Mächte, sondern mit der von den deutschen Sozialisten geführten Antikriegsbewegung. Jetzt suchen sie wieder die Ursache ihres Unterliegens im Zweiten Weltkrieg in dem Stoß in den Rücken.

Um die Wahrheit zu bekennen, war ich zunächst gründlich verwundert, daß zwanzig bis fünfundzwanzig Jahre nach dem Krieg die Arbeit der schweizerischen Nachrichtendienstgruppe so enorm viel Staub aufwirbelte und daß man meiner Person als Leiter dieser Gruppe eine so große Bedeutung beimißt. Erstaunt hat mich auch, warum die deutschen Reaktionäre — wenn sie dem Nachrichtendienst solch außerordentliche Durchschlagskraft unterstellen — jener Tatsache nicht ins Auge zu schauen versuchen, daß der Nachrichtendienst des Dritten Reiches keinerlei Erfolg im Rücken der Roten Armee verbuchen konnte. Wahrscheinlich stellen sie sich diese Frage darum nicht, weil die Antwort nur eindeutig sein kann. Der deutsche Nachrichtendienst war zur Erfolglosigkeit verurteilt, weil das einmütige Eintreten des sowjetischen Volkes für sein Vaterland und seine Freiheit sowie die Wachsamkeit der sowjetischen Abwehr alle derartigen Versuche des Feindes vereitelten. Sie stellen sich auch nicht die Frage: Warum fanden sich dagegen unter den deutschen Arbeitern, Bauern und Intellektuellen Widerständler, die ihr Leben zu riskieren bereit waren, um der Sowjetunion bei der Bekämpfung der die Menschheit bedrohenden faschistischen Gefahr zu helfen? Unter den Mitgliedern meiner Gruppe gab es kaum Kommunisten, doch verband alle die Überzeugung, daß man im Existenzkampf gegen die Nazis alle Kräfte in die Waagschale werfen muß, unabhängig davon, ob man Kommunist war, Sozialist, ein liberal gesonnener Bürger, Schweizer, Deutscher, Österreicher, Italiener, Franzose, Engländer oder Ungar. Diese antifaschistische Einheit lebt auch heute und ist der Schlüssel zur besseren Zukunft. Kürzlich erhielt ich den Brief eines mir völlig unbekannten Architekten aus der Schweiz. Ich zitiere aus dem Brief: „In der GAZETTE DE LAUSANNE las ich, was Sie und Ihre Gruppe für die Menschheit getan haben. Eigentlich haben Sie auch mich vor den Schrecken des Faschismus bewahrt, und deshalb fühle ich mich Ihnen für mein ganzes Leben verpflichtet." Natürlich gelten diese Worte des Dankes jedem Kämpfer gegen den Faschismus, in erster Linie dem sowjetischen Volk und der sowjetischen Armee, denn die fürchterliche Schwere des Krieges lastete hauptsächlich auf deren Schultern. Oder wie es Major Hans Hausamann, ein mit den Kommunisten gar nicht sympathisierender schweizerischer Nachrichter-Offizier, vor einigen Jahren in einem Züricher Fernseh-Interview erklärte: „Für mich war die Formulierung der Frage einfach: gewinnt Deutschland den Krieg, bleibt das (nazistische) Regime im Sattel, und dann sind wir, Schweizer, verloren. Also mußte Deutschland den Krieg verlieren." Diese Logik leitete alle, die in Deutschland und ganz Europa konsequent alles auf sich nahmen, um Hitlers Macht zu stürzen und das Nazi-Regime zu vernichten.

Eigentlich kam es mir nie in den Sinn, Nachrichter zu werden. Nachrichtendienst ist ein komplizierter Beruf und erfordert gründliche Vorbereitung. Die Mitglieder absolvieren besondere Schulen, wo man sie vielfältig ausbildet. Bei mir fehlten diese Voraussetzungen. Niemals erhielt ich eine spezielle Ausbildung, obgleich meine sämtlichen „Biographen" das Gegenteil behaupten.

Mich zog immer die wissenschaftliche Arbeit an, und ich bin glücklich, daß mir trotz unzähliger Hindernisse die Verwirklichung dieses meines Lebensziels gelang. Außerdem aber war mein Leben noch durch ein anderes großes Ziel bestimmt. Von Jugend an gehörte ich zur

revolutionären Arbeiterbewegung, viele Jahre, ja Jahrzehnte habe ich in der Emigration verbracht und konspirative Arbeit geleistet. All das wurde ein organischer Teil meines Lebens. Die unter den Gegebenheiten der bürgerlichen Gesellschaft geleistete Parteiarbeit lehrte mich vieles und machte mich mit den Gesetzen der Konspiration vertraut. Diese Schule befähigte mich, als Nachrichter in komplizierterer und schwierigerer Form den Kampf fortzusetzen.
Ich habe lange geschwankt, ob ich meine Memoiren schreiben sollte, denn für mein Empfinden hatte ich lediglich meine Pflicht getan, und ich wollte nicht, daß meine Person ins Scheinwerferlicht der Öffentlichkeit gelangte. Doch die in letzter Zeit erschienenen zahllosen Arbeiten, die sich mit der Schweizer Gruppe und mir befassen und von Unwahrheiten und Verzerrungen wimmeln, nötigen mich, zu versuchen, endlich wahrheitsgetreu zu schildern, was geschah. Dies um so mehr, als ich durch den Moskauer Journalisten W. G. Alexandrow Einblick in zahlreiche Dokumente nehmen konnte, mit denen ich untermauern kann, was ich zu sagen habe. Für seine Hilfe sei auch auf diesem Wege herzlich gedankt.

Budapest, April 1971 SÁNDOR RADÓ

Erster Teil

Bis 1936

WIE ICH NACHRICHTER WURDE

Im Oktober 1935 kam ich zur Klärung wissenschaftlicher Fragen von Paris nach Moskau.

Damals war Paris mein ständiger Wohnsitz, wo ich das antifaschistische Pressebüro Inpress (Agence de Presse Indépendante) leitete.

In Europa war die politische Atmosphäre außerordentlich gespannt. Inpress verbreitete Nachrichten über Deutschland, über den faschistischen Terror und enthüllte die aggressiven Bestrebungen des wiedererstarkten deutschen Imperialismus. Diese Nachrichten erhielten wir teils auf illegalem Wege aus Deutschland, teils entnahmen wir sie der deutschen Presse — in erster Linie den Provinzblättern —, die mit Berichten von Verhaftungen, Urteilen und Morden erfüllt waren. Unsere aus wenigen Leuten bestehende kleine Presseagentur gab täglich ein Bulletin in französischer, englischer und deutscher Sprache heraus. Die Redakteure schrieben die Artikel selbst auf Matrizen, die wir sofort vervielfältigten. Die Mitarbeiter waren ausnahmslos hervorragend gebildete Männer. Der Redakteur der französischen Ausgabe beispielsweise war der heute einem breiten Kreis bekannte Schriftsteller Wladimir Posner, Sohn eines in der zaristischen Zeit emigrierten russischen Sozialisten. Wolodja — wie wir alle ihn nannten — sprach häufig von den Besuchen, die er als Kind mit seinen Eltern mehrfach auf Capri bei Maxim Gorki machte, und schilderte den unvergeßlichen Eindruck dieser Begegnungen. Die deutsche Ausgabe redigierte der gegenwärtig in der DDR lebende Journalist Maximilian Scheer. 1964 erschien sein Buch „So war es in Paris", worin er die Inpress-Arbeit beschreibt und sogar das Faksimile einer Seite unserer Publikation veröffentlicht. Redaktionsmitglied wurde auch Arthur Koestler, der schon damals bekannte, aus Ungarn stammende Schriftsteller und Journalist. Doch konnte er nicht lange bei Inpress arbeiten, weil man ihn als Mitglied der Deutschen Kommunistischen Partei zur Parteiarbeit ins Saargebiet schickte, das damals unter der Kontrolle des Völkerbundes stand. Mit Koestler war ich eine Zeitlang befreundet; meine Kinder schwärmten für ihn, denn als ausgezeichneter Psychologe und meisterhafter Plauderer fand er leicht den rechten Ton im Umgang mit Kindern. Der weltberühmte Schriftsteller wurde später ein geschworener Feind des Kommunismus. In seiner Autobiographie „The invisible writing" (London 1954) widmete er mir unter dem Titel „Ehrenbezeugung für einen Spion" ein ganzes Kapitel. Doch sagt er nicht nur schmeichelhafte Dinge über mich, sondern erfindet auch Absurditäten wie zum Beispiel, daß ich in der Schweiz gemeinsam mit Litwinow studiert hätte, dem sowjetischen Volkskommissar für auswärtige Angelegenheiten, obwohl Litwinow fast dreißig Jahre älter war als ich.

Nach französischem Gesetz hatte der verantwortliche Redakteur des Büros ein französischer Staatsbürger zu sein; es war der Sproß einer der vornehmsten Familien Frankreichs, Renaud de Jouvenel, Sohn des damaligen französischen Botschafters beim Vatikan. Renaud war weit links eingestellt, sein Bruder Bertrand wiederum stand auf der rechten Seite der politischen Bühne Frankreichs und repräsentierte im Zweiten Weltkrieg die Regierung Pétains als Botschafter bei Hitler.

Daß sich die Faschisten sehr für unsere Aktivität interessierten, ist keineswegs verwunderlich, und angeblich hat Hitler in irgendeiner Erklärung Inpress und dessen Leiter, Radó, als Volksfeind Nummer 1 des Dritten Reiches bezeichnet.

Die Naziblätter beschimpften und bedrohten uns. Wir quittierten mit großer Befriedigung, als das Blatt der sogenannten Arbeitsfront, das in drei Millionen Exemplaren erschienene ARBEITERTUM uns mit Verwünschungen überschüttete, weil auf diese Weise breite Schichten in Deutschland von unserer Existenz erfuhren. Diesen Erfolgen war es zu verdanken, daß unser Büro in eines der wunderbar eingerichteten Bürohäuser von Paris, ins Élysée Building, verlegt werden konnte aufgrund der deutschfeindlichen Einstellung des Eigentümers. Das Gebäude befand sich gegenüber der britischen Botschaft, unweit dem Élysée-Palast, der Residenz des Präsidenten der Republik, in der elegantesten Straße von Paris, der Rue du Faubourg Saint-Honoré.

Anfangs arbeitete unsere Agentur in einer sehr viel einfacheren Umgebung. Als wir durch ein Inserat eine Unterkunft suchten, fanden wir einen Büroraum, der unseren geringen Mitteln entsprach, in der Rue Mondétour, nahe den Hallen, also in jenem Milieu, das Zola in seinem Roman „Der Bauch von Paris" verewigt hatte.

Nach dem Mittagessen besichtigten wir die Lokalität: in einem modernen Haus, gut möbliert, mit mehreren Telefonanschlüssen und einer niedrigen Miete. Ohne weiteres Überlegen griffen wir zu. Erst am nächsten Morgen, als wir an der neuen Stätte unsere Arbeit begannen, erkannten wir, wohin wir geraten waren. Der nasenbeißende Gestank des Marktabfalls empfing uns, die Straßen waren voller Müllfahrzeuge. Nun begriffen wir, weshalb das Büro so billig war und warum das Haus halb leer stand. Nach einem Monat flüchteten auch wir aus dem „duftigen" Viertel.

Die Agentur wurde Sammelpunkt der Emigranten, besonders der aus Deutschland geflüchteten Intellektuellen. Unser häufiger Gast war Ernst Toller, der berühmte deutsche Dramatiker, der später in Amerika Selbstmord beging. Uns besuchte der ebenso bekannte deutsche Schriftsteller Arnold Zweig, bevor er in Palästina Asyl suchte. Häufig besuchte uns mein guter Freund, der „rasende Reporter" Egon Erwin Kisch sowie Posners Freund Louis Aragon. Aber wir hatten auch Gäste wie den späteren französischen Ministerpräsidenten Georges Bidault, der damals Redakteur eines kleinen katholischen Blattes war; stundenlang erzählte er mir seine Lebensgeschichte und bot an, daß wir gemeinsam gegen den Faschismus kämpfen sollten. Oder es erschien Herr Vidal de la Blache, der Enkel des berühmten französischen Geographen, der jedoch nicht über Erdkunde mit mir reden wollte, sondern als Mitarbeiter des reaktionären Blattes LE MATIN gegen gutes Geld täglich eine Spalte bei diesem Blatt anbot, die wir füllen könnten, wie wir wollten. Überrascht fragte ich ihn, wie er den antifaschistischen Gehalt unseres Materials mit der allgemein bekannten rechten Linie der extrem reaktionären Zeitung in Einklang bringen wollte. Er beruhigte mich, man habe mehr als nur eine Spalte an Botschaften und Organisationen verkauft, deren Standpunkt in keiner Weise mit den Überzeugungen der Redaktion übereinstimme.
Leider hatten wir kein Geld, um LE MATIN zu benutzen, dafür aber begannen die französischen Behörden unangenehm zu werden.
In den ersten Jahren nach der Gründung der Inpress, solange Außenminister Barthou die französische Außenpolitik lenkte, war das Verhältnis zwischen Frankreich und Deutschland sehr gespannt, und die französischen Behörden bereiteten der Arbeit der Agentur keinerlei Schwierigkeiten. Seit jedoch jugoslawische Faschisten Barthou ermordet hatten, begannen die französischen Behörden unsere Arbeit zu behindern. Ich erinnere mich gut an jenen trüben Oktobernachmittag von 1934, als im Nieselregen die Zeitungsverkäufer auf dem Place de la Concorde aus voller Kehle die erschütternde Nachricht ausriefen, daß in Marseille der jugoslawische König und Barthou ermordet worden seien. Ich begleitete meinen Freund Egon Erwin Kisch zum Gare de Lyon, von wo er an jenem Abend nach Marseille reisen wollte, um dort das Schiff zu nehmen für seine — später auch literarisch verewigte — Überfahrt nach Australien. Während an der Ecke des wunderschönen Platzes, an der Fassade des vornehmen Hotels Crillon die jugoslawischen Fahnen im Winde flatterten (der König hätte in diesem Hotel Quartier nehmen sollen), diskutierten wir mit Kisch im Vorbeigehen in düsterer Stimmung die möglichen gravierenden Folgen für die antifaschistische Emigration. Hinzu kam, daß die

hitlerfeindlichen französischen bürgerlichen Kreise, die Inpress eine ziemlich große materielle Hilfe gewährten, ihre Unterstützung einstellten, als sie die unverhüllt antikapitalistische Tendenz der Agentur bemerkten. Das gleiche erlebten wir von seiten der einflußreichen jüdischen Kreise, zumal ihr Vertrauensmann in der Leitung der Agentur, Kurt Rosenfeld, Preußens einstiger Justizminister, Anfang 1935 Frankreich verließ und in die Vereinigten Staaten von Amerika übersiedelte. In diesen hitlerfeindlichen Kreisen spielten Herr Tedesco, Direktor eines Telefonapparaturenbau-Konzerns, und der namhafte Bankier Alfred Kahn eine führende Rolle. Nebenbei gesagt traf ich auf Kahns wundervollem Besitz am Rande des Bois de Boulogne und in seiner Villa an der Riviera öfter mit dem Philosophen und Nobelpreisträger Henri Bergson zusammen, mit dem ich zur großen Freude des stumm zuhörenden Kahn heftige Debatten führte, wobei ich den Marxismus seiner mystischen, irrationalen Ideologie entgegenstellte.

In Frankreich barg 1935 die immer breitere Einheitsfront linker Kräfte, die „front populaire", die Möglichkeit nahender sozialer Explosionen, weshalb die französischen bürgerlich-reaktionären Kreise sowie auch die jüdischen Kapitalisten immer mißtrauischer auf die kommunistischen Emigranten blickten; in der Person des neuen Ministerpräsidenten Pierre Laval warf die Bereitschaft zur späteren Zusammenarbeit mit den Deutschen ihre Schatten voraus. Aber nicht nur in Frankreich, sondern auch im benachbarten England wurde diese zwitterhafte Haltung immer spürbarer: einerseits Besorgnis über den Machtanspruch der faschistischen Variante des deutschen Imperialismus, andererseits Sympathie für die antikommunistische und gegen die Sowjetunion gerichtete unerbittliche Politik der Nazis, wiewohl diese Unerbittlichkeit sich nicht allein gegen die Linksbewegungen, sondern auf Grund des Rassenhasses auch gegen die Juden manifestierte.

Uns wurde immer klarer, daß eine Fortführung unserer Arbeit kaum möglich sein würde.

Die Annäherung der führenden französischen und englischen Kreise an die faschistischen Mächte zwang mich, schweren Herzens an die Einstellung der Aktivität von Inpress zu denken und in Erwägung zu ziehen, mich hinfort als Geograph und Kartograph ausschließlich der wissenschaftlichen Arbeit zu widmen. Während meines Pariser Aufenthalts beschäftigte ich mich die ganze Zeit mit wissenschaftlichen Fragen, war Mitarbeiter der Zeitschrift der Pariser Geographischen Gesellschaft, zeichnete Landkarten für die französische Presse und redigierte für den Großen Sowjetischen Weltatlas die nichtrussischen

Kartenbände. Mit dieser Arbeit hing meine Moskauer Reise im Oktober 1935 zusammen.
Ich war schon oft in Moskau gewesen, hatte dort auch einige Jahre gewohnt und gearbeitet. 1921 war ich zum erstenmal als ganz junger Mann in Moskau anläßlich des III. Kongresses der Kommunistischen Internationale. Dort hatte ich Lenin gehört und einmal sogar mit ihm gesprochen. In Moskau lernte ich viele hervorragende Männer kennen, an die ich stets mit großem Respekt zurückdenke. Über die Stadt schrieb ich sogar ein Buch. Darauf komme ich noch zurück.
Als ich diesmal in Moskau ankam, führte mich mein erster Weg in das alte, beinahe baufällige Gebäude in der Rasin-Straße, in die Redaktion des Großen Sowjetischen Weltatlas, wo mich das glänzende Kollektiv junger Kartographen-Geographen wieder mit großer Freude empfing. Ich traf meinen alten Freund Nikolai Nikolajewitsch Baranski, eine anerkannte Koryphäe der sowjetischen Geographie, der damals die erdkundliche Redaktion der Großen Sowjetischen Enzyklopädie leitete. Für die Enzyklopädie verfaßte auch ich eine Reihe von Artikeln, unter anderem einen über Ungarn (zu letzterem schrieb Béla Kun den politischen Teil). Darüber hinaus traf ich ungarische und deutsche Genossen, die ich im Hinblick auf die Schließung von Inpress, der einzigen antifaschistischen Presseagentur, konsultieren wollte. Die Angelegenheit nahm jedoch eine ganz andere Wendung. Einige Tage nach meiner Ankunft rief mich im Hotel ein ungarischer Genosse an, der mir seit langem als Journalist bekannt war. Bei unserer Begegnung erzählte er mir, er habe gewisse Verbindungen zum Generalstab der Roten Armee und habe dort berichtet, in welch aussichtslose Lage Inpress geraten sei, was ich tags zuvor meinen ungarischen Freunden gebeichtet hatte. Er teilte mir mit, daß ich nach Meinung des Generalstabs im Kampf gegen den Faschismus nützlicher sein könne, wenn ich die eingehende Inpress-Agentur verlassen und auf ein anderes Gebiet umsatteln würde; wenn ich bereit wäre, würde er mich den Betreffenden vorstellen.
Ich hatte offen gesagt keinerlei Vorstellung von dieser Arbeit und kannte niemand bei dieser Dienststelle. Als ich ein Jahr zuvor zur Klärung wissenschaftlicher Fragen in Verbindung mit dem Großen Sowjetischen Weltatlas in Moskau gewesen und im Restaurant Praga mit meinem alten Berliner Bekannten Richard Sorge zusammengekommen war, hatte ich keine Ahnung, daß ich mit einem Mitarbeiter, sogar leitendem Mitarbeiter, des sowjetischen Nachrichtendienstes sprach. Nie wieder habe ich Sorge gesehen und erst nach Jahrzehnten von seinen heute bereits weltbekannten Leistungen erfahren.
Beim Großen Sowjetischen Weltatlas hatte ich eine talentierte junge

Mitarbeiterin, Maja Bersina; ihr Vater, Jan Bersin, der bekannte Revolutionär, war damals Leiter des Zentralarchivs. Als ich ihn zufällig kennenlernte, hätte ich gleichfalls nicht geglaubt, daß er noch kurz vor unserer Begegnung Leiter des Nachrichtendienstes der Roten Armee gewesen war.
Schließlich beschloß ich, die Empfehlung meines Bekannten anzunehmen, denn ich dachte, daß es in einer so mächtigen Organisation wie der Roten Armee natürlich ganz andere Möglichkeiten zur Bekämpfung der faschistischen Gefahr geben würde als in einer kleinen Presse-Agentur.
So begann ein neuer Abschnitt meines Lebens.
Mein ungarischer Bekannter begleitete mich zu einer Wohnung, wo wir zur vereinbarten Zeit Artusow trafen, einen der leitenden Beamten des Nachrichtendienstes der Roten Armee.
Artusow teilte mir mit, Semjon Petrowitsch Urizki, der Leiter des Nachrichtendienstes, wolle mich sprechen. Von Urizki erzählte er, jener sei schon vor der Revolution Parteimitglied gewesen, ein erfahrener illegaler Arbeiter, der im Bürgerkrieg an der Zarizyn-Front Stabschef und Leiter der Operationsabteilung der 14. Armee gewesen war. Er sprach von ihm als einem hervorragenden, tapferen und gebildeten militärischen Führer.
In das Zimmer trat ein untersetzter, jugendlicher, etwa vierzigjähriger Soldat mit knochigem Gesicht und energischem Kinn; er trug einen schmalen Schnurrbart. An seiner Hemdbluse glitzerten zwei Orden der Roten Fahne. Wir wechselten ein paar Worte über meine Reise und ob ich ein gutes Quartier gefunden hätte, dann kam Semjon Petrowitsch zur Sache. Er vergeudete keine Zeit, um mich näher kennenzulernen, offenbar besaß er genaue Informationen über mich.
„Ich habe gehört, daß Sie Schwierigkeiten mit der Presseagentur haben“, bemerkte Urizki.
„Ja, das Arbeiten ist jetzt sehr schwer“, antwortete ich. „Und wenn der Krieg ausbricht, wird Inpress bestimmt eingestellt.“ Dann schilderte ich ihm genau die Situation der Agentur.
Urizki schaute mich mit seinem durchdringenden Blick an, dachte nach, und auf seiner Stirn bildete sich eine tiefe Falte.
„In Ordnung“, sagte er, gleichsam seine Gedanken zusammenfassend. „Man hat mir gesagt, daß Sie uns zu helfen bereit wären. In diesem Fall müßten Sie wahrscheinlich ein anderes Land als Domizil wählen. Überlegen wir nun, wo Sie sich im Kriegsfalle niederlassen könnten.“
Urizki stand auf, begann zu rauchen und im Zimmer auf und ab zu gehen.

„Ich möchte, daß Sie Klarheit haben über die Ziele und Aufgaben unserer Arbeit. Wir wissen, daß Sie kein Neuling in der konspirativen Arbeit sind, deshalb haben wir Sie eingeladen. Für den sowjetischen Nachrichter ist jedoch gute Konspiration noch nicht alles. Sie müssen sich in wechselnder politischer Lage schnell orientieren können, denn Nachrichtenbeschaffung ist politische Arbeit. Zunächst müssen wir im gegebenen Zeitraum unseren mutmaßlichen militärischen Gegner bestimmen, erst dann lassen wir unser Nachrichtennetz spielen. Auch Sie wissen sehr gut, daß die Sowjetunion in Europa mehrere potentielle Gegner hat. In erster Linie Deutschland und Italien. Von diesen objektiven Umständen ausgehend, bauen wir die Strategie unseres Nachrichtendienstes in den kapitalistischen Ländern auf."

„So viel also im allgemeinen", fuhr er fort und nahm erneut Platz neben mir. „Entscheiden wir nun, wohin Sie übersiedeln wollen. Ich weiß, daß Sie mehrere europäische Sprachen sprechen. Wohin möchten Sie gehen und womit wollen Sie Ihre Tätigkeit tarnen?"

„Ich glaube, am leichtesten wäre es, wenn ich eine kartographische Agentur aufzöge", antwortete ich. „In Deutschland habe ich bereits ein solches Unternehmen erfolgreich geleitet, es nannte sich Pressegeographie, und in Frankreich Geopress. Am zweckmäßigsten wäre es, ich würde mich in Belgien oder der Schweiz niederlassen. Meines Erachtens wird die Schweiz kaum in den Krieg eintreten, in Belgien allerdings wäre die Erlangung der behördlichen Genehmigung für die Agenturtätigkeit leichter, und von dorther wäre meine Übersiedlung in die Schweiz einfacher."

Aus dem Gespräch mit Urizki und Artusow erhellte, daß ihrer Ansicht nach in der Zukunft das nazistische Deutschland und das faschistische Italien die drohendste Gefahr für die Sowjetunion darstellten. Beide Staaten rüsteten eilig auf, schürten in der Bevölkerung den revanchistischen Geist, betrieben wilde militaristische und antikommunistische Propaganda. Es schien, daß diese aggressiven Mächte im Kriegsfall die Hauptgegner der Sowjetunion sein würden. Es war notwendig, ihre Aktivität in der internationalen Arena aufmerksam zu verfolgen und rechtzeitig die gegen die Sowjetunion gerichteten geheimen Pläne der faschistischen Führer aufzudecken. Dies sei das Ziel des sowjetischen Nachrichtendienstes.

Mir hatte man als Nachrichter gerade diese Aufgabe zugedacht. Schade, daß man mich nicht nach Deutschland schicken könne, wo ich längere Zeit gelebt hatte, das Land gut kannte und auch in der illegalen Arbeit kein Anfänger war. Doch sei dies unmöglich; die Nazis kannten mich und meine Frau und würden uns gewiß sofort schnappen. Die andere

Variante: sich in einem Nachbarstaat Deutschlands niederzulassen, beispielsweise in Belgien oder der Schweiz – wie ich das vorschlug –, und von dort die Beschaffung der nötigen Informationen zu organisieren. Quellen solle ich nicht allein am Ort, sondern direkt im Machtbereich Hitlers suchen. Auf diese Weise würde es mir möglich sein – sollten Deutschland und Italien sich zum Krieg entschließen –, das Sammeln von Material fortzusetzen ohne Sorge vor Abwehr oder Gestapo, da sie mich in einem neutralen Staat nicht fassen könnten. Schließlich kam man zu dem Schluß, ich solle probieren, mich in Belgien niederzulassen; dafür sprach auch, daß es damals Europas billigstes Land war – ein sehr großer Vorteil vom Standpunkt der Rentabilität einer weltweit arbeitenden Agentur.

Die Leitung des Nachrichtendienstes stellte mir die Aufgabe, Frankreich zu verlassen, mich als Geograph und Kartograph mit wissenschaftlicher Arbeit zu beschäftigen und in Belgien auf geschäftlicher Grundlage eine kartographische Agentur zu gründen. Wir vertrauten auf meinen wissenschaftlich bereits etablierten Namen, so daß ich leicht mein Ziel erreichen könne. Mit diesen Ratschlägen und Anweisungen versehen, verließ ich Moskau, um die mir völlig neue Laufbahn anzutreten, die voll unerwarteter Ereignisse sein sollte.

In Paris meldete ich, daß Inpress die Arbeit einstelle, und gab Anweisung zur Liquidierung. Im Dezember ging ich nach Belgien, um die Eröffnung meiner Firma vorzubereiten.

In Brüssel suchte ich den Chef der belgischen Polizei auf. Ich trug vor, daß ich als Geograph ein Pressebüro eröffnen wolle, und bat um Aufenthaltsgenehmigung. Ohne mich zu unterbrechen, ließ er mich zu Ende reden und sagte dann nein. Umsonst versuchte ich ihm zu beweisen, daß ich Belgien anderen Ländern vorzöge, weil hier der wissenschaftliche Informationsaustausch sehr gut organisiert sei und es auch für Belgien vorteilhaft wäre, wenn eine Firma hier arbeitete, die Karten zu verschiedensten aktuellen Zwecken anfertige, denn überall wachse der Bedarf an solchen Karten. Kein Argument vermochte den hartnäckigen Widerstand des Polizeichefs zu brechen.

Ehe ich Brüssel verließ, besichtigte ich das nahe Schlachtfeld von Waterloo, den Schauplatz jenes Treffens, das 1815 Napoleons Schicksal entschieden und eine neue Ära der Weltgeschichte eingeleitet hatte. Es war ein harter Winter, außer mir zeigte sich keine Seele, einsam betrachtete ich die Denkmäler des gerupften Ruhmes des berühmten Heerführers und überlegte dabei, was ich tun sollte. Hier, auf dem Schauplatz napoleonischer Niederlage wurde mir bewußt, daß ich in meinem neuen Beruf den ersten Fehlschlag erlitten hatte.

Nach Paris zurückgekehrt, informierte ich Moskau, daß mir in Belgien die Legalisierung nicht gelungen war. Den Brief übergab ich jenem Verbindungsmann, den man mir noch in Moskau vorgestellt hatte.

Schnell kam Antwort. Variante zwei des gemeinsam ausgearbeiteten Planes war an der Reihe. Man empfahl mir, zu versuchen, mich in der Schweiz, in diesem traditionell neutralen Land niederzulassen, und dort meine wissenschaftliche Agentur zu eröffnen.

Zu jener Zeit konnte im allgemeinen jedermann, der genug Geld hatte, eine Aufenthaltsgenehmigung in der Schweiz erwerben. Es kam oft vor, daß irgendein reicher Ausländer ein Haus oder Grundstück kaufte und sich damit das Recht zum Aufenthalt in dem Lande sicherte, jedoch keine Arbeit ausüben durfte. Ungleich schwieriger war es, Erlaubnis zu kommerzieller, geschäftlicher Tätigkeit zu bekommen.

Erlaubnis zur Niederlassung gab die jeweilige Kantonsregierung, in meinem Fall die Regierung des Kantons Genf, wozu aber die Berner Bundesregierung ihr Plazet geben mußte. Ich hatte Genf gewählt, weil hier der Völkerbund residierte, hier also das Zentrum des internationalen politischen Lebens war, anscheinend der geeignetste Ort für die Arbeit eines wissenschaftlichen Informationsbüros. Der Völkerbund verfügte über eine ausgezeichnete politisch-ökonomische Bibliothek, die ich für meine wissenschaftliche Arbeit schon früher häufig benutzt hatte, zumal die für mich wichtigste Bücherei in Paris, beim Zentralen Statistischen Amt damals überhaupt nicht geöffnet und in traurigem Zustand war. Am Quai d'Orsay hatte mir der Pförtner gesagt, es gäbe keinen Bibliothekar, so daß sich mit der Bibliothek niemand befaßte. Als ich darauf bestand, auch ohne Bibliothekar zu arbeiten, öffnete er die Tür eines riesigen Saales, wo ich mehrere Tausend Bücher und Zeitschriften erblickte — eingepackt wie sie per Post gekommen waren und seit Monaten oder vielleicht schon Jahren herumlagen.

Während meiner Erforschung der Pariser Bibliotheken erlebte ich im alten, luxuriösen Palast der Rue Richelieu, der die Französische Nationalbibliothek beherbergt, folgende komische Episode. Im Katalogsaal erkundigte ich mich, was man von Lenin besitze, denn es war damals keineswegs selbstverständlich, in der Zentralbibliothek eines bürgerlichen Landes dessen sämtliche Werke zu finden. Beim Durchblättern des Autorenkatalogs fand ich unter Lenins Namen zu meiner großen Überraschung einen Hinweis auf den medizinischen Buchkatalog. Tatsächlich fand ich dann auch Lenins „Ärztebuch" — „Linke Abweichung — die Kinderkrankheit des Kommunismus". Ich bin überzeugt, daß heutigentags, da Lenins Lehre auch in Frankreich

weitverbreitet ist, diese Broschüre in der wissenschaftlichen Bibliothek bereits an gebührender Stelle zu finden ist.
Doch zurück zur Schweiz. Nach den überfüllten oder nicht funktionierenden Pariser Büchereien erschien mir die Genfer Bibliothek des Völkerbundes als wissenschaftliches Paradies: Sie war in einem geschmackvollen, neuen Gebäude untergebracht, mit modernster Technik versehen und hatte nur wenige Leser. In Genf hätte ich von der sozialistischen Kantonsregierung die Erlaubnis zur Niederlassung ziemlich leicht erhalten können, konnte ich mich doch darauf berufen, daß ich meine wissenschaftliche Arbeit mit Unterstützung der Presseabteilung des Völkerbundes fortsetzen wolle. Für die Presseabteilung besaß ich nämlich eine schriftliche Empfehlung. Einen viel schwereren Stand hatte ich in Bern beim Chef der Bundespolizei. Zunächst gefiel es ihm nicht, daß ich mich in Genf niederlassen wollte, denn — so sagte er — „dort gibt es bald mehr Ausländer (hauptsächlich Franzosen) als Schweizer". Aber meine Bezugnahme auf den Völkerbund klang recht überzeugend. Er gab jedoch zu verstehen, daß er nur eine für die Schweizer Volkswirtschaft vorteilhafte Unternehmung zulassen würde, und dieser Vorteil müsse in erster Linie darin zum Ausdruck kommen, daß das Unternehmen rechtlich eine Aktiengesellschaft sei, in deren Direktion nach schweizerischen Gesetzen Schweizer Staatsbürger die Mehrheit haben müssen. In meinem Fall also bedürfe es neben mir, dem Ausländer, mindestens noch zweier Schweizer. Sogleich empfahl er auch zwei in Genf lebende einheimische Wissenschaftler.
Nun mußte ich irgendwie diese zwei Wissenschaftler für meine Sache gewinnen.
Der erste, ein Geologie-Professor, reagierte kühl und mißtrauisch auf meine Offerte und sagte am Ende des Gesprächs rundheraus, daß er sich mit Ausländern in keinerlei Beziehungen einlassen wolle. Den zweiten Kandidaten, den Erdkunde-Professor der Genfer Universität, konnte ich mit der wissenschaftlichen Perspektive der zu gründenden Geopress und deren zu erwartenden Geschäftsprofit gewinnen. Ja, ich hatte sogar mehr Erfolg als gewünscht. Allzu gut hatte ich den Professor von den geschäftlichen Möglichkeiten der Geopress überzeugt, und er stellte unerfüllbare Forderungen: er beanspruchte für sich 75 Prozent der Anteile der Aktiengesellschaft (natürlich umsonst), außerdem verlangte er eine große Summe als Monatsgehalt — andernfalls er die Empfehlung an die Bundespolizei nicht geben würde, ich also die Niederlassungserlaubnis nicht bekäme. Es wurde so schlimm, daß ich den Abbruch unserer „diplomatischen" Verhandlungen in Aussicht stellen mußte. Ich wies darauf hin, notfalls könne ich mich

in einem Vorort von Genf ansiedeln, im bereits französischen Annemasse, und könne von dort täglich zum Völkerbund herüberkommen, bei dessen Presseabteilung mir die Akreditierung gelungen war; meine Landkarten ließe ich dann in Genf drucken; natürlich könne seitens der Genfer Polizei nichts gegen diese für die Genfer Druckereien vorteilhafte Variante eingewendet werden. Sofort verstand der Professor, daß er zuviel verlangt hatte und ermäßigte seine Forderung zunächst auf 50, dann 25 Prozent. Doch da hatte auch ich schon auf stur geschaltet. Schließlich war ich bereit, ihm 1 Prozent der Aktien und monatlich 100 Franken Salär zu geben.

Danach sah ich den Professor nur sehr selten. Regelmäßig erhielt er sein nicht hohes, doch zur Deckung der kleineren Haushaltsausgaben genügendes „Gehalt", aber für die Agenturbelange interessierte er sich nicht. Nur einmal erbat er meinen Rat, aber selbst da befolgte er ihn nicht. Die polnische Botschaft in der Schweiz und Polens Vertretung beim Völkerbund bat den Professor, unter seinem Namen Europas demographische Landkarte herauszugeben, die beweisen sollte, daß in Polens östlichem Grenzgebiet die Polen die Mehrheit seien, Ukrainer und Weißrussen die Minderheit. Ich riet ihm, seinen Namen nicht auf das Titelblatt dieser offensichtlichen Propagandaausgabe zu setzen. Er aber war für gutes Geld zu allem bereit. Wir schrieben 1939, schon hatte Deutschland Österreich und die Tschechoslowakei besetzt. Zum Unglück des Professors zählten auf der Landkarte nicht bloß die Österreicher zum deutschen Volk, sondern auch die Schweizer. Zu seinem weiteren Unglück wurde diese Landkarte in der Hauptstadt, in Bern, im Schaufenster einer Buchhandlung in der Hauptstraße ausgehängt. Schweizerische Patrioten, die der zunehmende Appetit der deutschen Imperialisten ohnehin erzürnte und beunruhigte, drangen in das Geschäft ein, trugen die Karte hinaus auf die Straße und verbrannten sie öffentlich. Der Professor mußte einen selbstkritischen Brief an seinen Gönner, Außenminister Motta, schreiben.

Bald danach gelang es mir, noch einen Kompagnon zu finden.

Die Vorbereitungen schienen glattzulaufen. Mich aber beunruhigte das sonderbare Hin und Her um die Aufenthaltserlaubnis. Ein, zwei, drei Monate vergingen, die Angelegenheit kam nicht voran. Bei der schweizerischen Botschaft in Paris bat man mich höflich, noch ein wenig zu warten, es müßten noch ein paar Formalitäten geklärt werden.

Man bat mich um Darlegung meiner finanziellen Situation. Ich vermochte eine ziemlich große Bankeinlage nachzuweisen. Ich mußte meine politische Bonität beweisen. In diesem Zusammenhang erkundigte sich die Polizei bei der ungarischen Polizei, ob ich vorbestraft sei. Nach Eingang der entsprechenden positiven Bescheinigung interessierten sich die Schweizer nicht mehr für weitere Einzelheiten meines Lebens in Ungarn. Dieser glückliche Umstand half mir aus der recht heiklen Lage heraus.

Im Mai 1936 endlich kamen meine Dinge in Ordnung. Man genehmigte für die Dauer von drei Jahren meine Niederlassung als selbständiger Arbeitgeber im Kanton Genf, auch meine Frau und Schwiegermutter erhielten das Einreisevisum, und wir begannen mit den Vorbereitungen unserer Übersiedlung in die Schweiz.

Das erste Hindernis hatte ich überwunden. Nun mußte ich dafür sorgen, den Geopress-Landkartenverlag zu einer lebensfähigen Aktiengesellschaft zu entwickeln.

WIE ICH KOMMUNIST WURDE

Ich glaube, es ist nicht uninteressant, wenn ich zunächst einige Ereignisse aus meiner Jugend erzähle, die sich auf mein ganzes weiteres Leben ausgewirkt haben.

Ich wurde in Újpest, dem nördlichen Industrievorort Budapests, geboren. Meine Eltern waren sehr einfache Leute. Mein Vater war in großem Elend aufgewachsen, seine Familie wohnte in der Zigeunerzeile. Im früheren Ungarn war das eine Art Ghetto, wo die Allerärmsten wohnten. Damals erlernte mein Vater die Sprache der Zigeuner, und obgleich Ungarn dies selten tun, redete er mit den Zigeunermusikern immer in deren Idiom. Sowohl mein Vater wie meine Mutter stammten aus kinderreichen Familien.

Im bürgerlichen Ungarn war bei armen Großfamilien die Auswanderung häufig. Mein Vater erzählte, daß einmal auch er bis Hamburg gekommen sei, aber nicht genug Geld gehabt hätte für das Schiff nach Amerika und deshalb umgekehrt wäre. Sein Bruder Mikscha wiederum trat in die französische Fremdenlegion ein, kämpfte in Afrika, bis er irgendwie mit Hilfe meines Vaters aus dem algerischen Sidi-Bel-Abbès, der Hauptgarnison der Fremdenlegion, entfliehen konnte. Mein Vater sprach nicht gern darüber, wie er nach Algerien gelangt war und seinem jüngeren Bruder bei der Flucht geholfen hatte, nur gelegentlich bei Familienzusammenkünften machten sie augenzwinkernd ein paar diesbezügliche Bemerkungen. Nach der Heimkehr wurde Onkel Mikscha Ingenieur; zusammen mit meinem Onkel Frigyesch, dem Eisenbahner, der es bis zum Stationschef ziemlich großer Bahnhöfe — Besztercebánya, Sátoraljaújhely — brachte, kam er

Ende des Zweiten Weltkrieges in den faschistischen Gaskammern um, wie fast meine ganze Verwandtschaft.
Auch meine Mutter war in einer armen Familie, als Tochter eines Dorfschusters, geboren. Mein Großvater, bei dem ich oft zu Besuch war in West-Ungarn, zeigte mir stolz jene Wunde an seinem Bein, die er 1848 im Freiheitskrieg empfangen hatte, und die aus der Wunde herausgenommene Kugel. Meine Mutter suchte ebenfalls ihr Auskommen in der Ferne. Allerdings nicht weit von ihrem westungarischen Geburtsdorf, in Wien, wo sie als Wäschenäherin arbeitete. Dort lernte sie meinen Vater kennen, der damals gleichfalls in Österreich nach einer besseren Lebensmöglichkeit suchte, da die industrialisierte österreichische Hauptstadt zu jener Zeit die unternehmungslustigeren Habenichtse Ungarns an sich zog. Später kehrten meine Eltern in ihre Heimat zurück. Mein Vater war lange kleiner Beamter, dann eröffnete er Anfang des Jahrhunderts in Újpest ein kleines Geschäft.
Mein Vater hatte lediglich vier Klassen der Volksschule besucht, war aber ein geistig außerordentlich beweglicher, aufgeschlossener Mensch. Als Kaufmann hatte er häufig kleinere Rechtsstreitigkeiten. Nie nahm er einen Advokaten, sondern vertrat seine Belange vor Gericht immer erfolgreich selbst.
Oft erzählte er von jenen Jahren, als er in der österreich-ungarischen Armee unter gräßlichen Umständen in der Halbkolonie der Monarchie, in Bosnien, gedient hatte. Für sein ganzes Leben waren ihm die Armee, der stupide soldatische Geist und die österreichische Herrschaft verhaßt.
Ich selbst war bis zum Abitur ein vorzüglicher Schüler. Meine Eltern konnten sich nicht viel um meinen schulischen Fortschritt kümmern, denn beide arbeiteten bis spät in die Nacht, außerdem führten mich meine Studien auf ihnen immer unbekanntere Gebiete. Ich erinnere mich an die fast mit Ehrfurcht gemischte Verwunderung, mit der sich meine Mutter manchmal über meine mathematischen Gleichungen oder Lateinarbeiten beugte. Und vielleicht gerade weil sie nicht hatten lernen können, aber erkannt hatten, was Wissen bedeutet, trachteten sie, ihren Kindern jede Fortbildungsmöglichkeit zu geben. Außerhalb der Schule nahm ich Sprachunterricht in Deutsch, Französisch, Englisch, daneben lernte ich Geige, Klavier und Flöte spielen, las Partituren und dirigierte ein-zweimal sogar das Schülerorchester. Auf diese Weise erhielt ich eine gründliche und vielseitige musikalische Erziehung und begeisterte mich mein Leben lang für Musik, die mir in vielen schweren Tagen Trost bot. Ich trieb auch viel Sport.
Als Sechsjähriger — kaum hatte ich lesen und schreiben gelernt — ge-

langte das erste Buch in meine Hand. Meine Eltern hatten die illustrierte Wochenzeitschrift TOLNAI VILÂGLAPJA (TOLNAIs WELTBLATT) abonniert. Auf Grund der lobenswerten Initiative des Herausgebers erhielten alle Abonnenten als Weihnachtsgabe alljährlich ein Buch; sogar mehrbändige Lexika und eine Weltgeschichte waren darunter. 1906 kam so zu uns der Reisebericht von Professor Benedek Barátosi-Balogh, in dem er beschrieb, wie er 1905 zur Zeit des russisch-japanischen Krieges als Berichterstatter mit der sibirischen Eisenbahn nach Japan gelangt war. Dieses Buch trug den Titel „Dai Nippon" und war das erste Buch, das ich in meinem Leben las. Die erste Seite — daran erinnere ich mich noch heute — begann: „Taiga — umsteigen nach Tomsk. Wie? — fragte der Journalist — liegt die Hauptstadt Sibiriens nicht an der transsibirischen Eisenbahnhauptstrecke?" Es folgte die bekannte Geschichte, daß die Kleinbürger der Stadt Tomsk aus Besorgnis vor der Störung ihrer Ruhe durch die gräßliche Neuheit, die Eisenbahn, nicht gestattet hatten, daß die Gleise ihre Stadt berührten. Aus diesem Grund mußte später eine Zweiglinie von der Station Taiga nach Tomsk gebaut werden. Auf der Innenseite des Einbands befand sich eine Skizze, auf der eine rote Linie den Reiseweg Barátosi-Baloghs von Ungarn über Sibirien nach Japan zeigte. Es war die erste Landkarte, die ich in meinem Leben sah, und sie zeigte das Russische Reich.

Für mein ganzes Leben prägte sich mir die Karte des riesigen Reiches ein. Ich könnte auch sagen, sie bestimmte mein Schicksal. Jedenfalls interessierten mich von da an leidenschaftlich Landkarten, ferne Länder, Erdkunde und Geschichte.

Meine drei Jahre jüngere Schwester und mein fünf Jahre jüngerer Bruder hatten es schon in ihrer frühesten Jugend besser als ich. Mein Vater war während der Konjunktur im Anfang des Jahrhunderts schnell reich geworden, und meine Geschwister kannten die Entbehrungen nicht mehr, unter denen ich noch in meiner Kindheit reichlich gelitten hatte.

Ich erinnere mich noch an die Petroleumlampe, die später bei wachsendem Wohlstand und dem technischen Fortschritt von der Gaslampe und danach von dem wundervollen Licht der ersten Glühbirne abgelöst wurde. Ich entsinne mich auch des Pferdeomnibusses, den die Straßenbahn und der Autobus verdrängten. Es erschienen die ersten Flugzeuge. 1907—1908 kamen zwei französische Flieger nach Budapest, Blériot und Latham, und über der Pferderennbahn, vor einer gewaltigen Menschenmasse, in der auch wir uns drängten, stellten sie sich mit ihren heute vorsintflutlich anmutenden, damals an Wunder grenzenden Flugmaschinen vor.

Újpest – heute Budapests IV. Bezirk – war damals noch eine selbständige Stadtgemeinde. Doch „Stadt“ war sie nur dem Namen nach, denn sie war eher eine lehmpfützige, vernachlässigte, schmutzige Arbeitersiedlung an der Donau mit rauchenden Fabrikschloten. Noch nicht lange vorher war das ganze Stadtgebiet im Besitz der Grafen Károlyi.

Von klein auf lernte ich die gesellschaftlichen Unterschiede kennen. In der Volksschule saß ich noch mit armen Arbeiterkindern in einer Bank, mein bester Freund, ein von einem Marktweib aus dem Waisenhaus adoptiertes Findelkind, lieferte uns die Lebensmittel (meine Mutter arbeitete den ganzen Tag in meines Vaters Holzhandlung und konnte nicht einkaufen gehen). Der mit mir gleichaltrige Junge leistete schwere Arbeit: er schleppte die Ware zu den Käufern. Meine Mutter erfuhr, daß der Junge im wortwörtlichen Sinn hungerte, und von da an aß das Kind bei uns zu Mittag und zu Abend. So wuchs ich gemeinsam mit Laci Fodor auf, meinem einzigen Kindheitsfreund, und erfuhr viel vom Leben der Armen. Im Ersten Weltkrieg verlor ich ihn aus dem Auge, als er zu den Soldaten einrückte.

In der Mittelschule waren meine Klassenkameraden zumeist die Kinder des reichen Bürgertums, der Intelligenz und des kleinen Adels. In unserer schnell wachsenden industriellen Vorstadt, wo neben den mehrstöckigen Häusern und den Villen der Wohlhabenden zahlreiche graue, ebenerdige Hütten die Gegend verunstalteten, war die gesellschaftliche Schichtung augenfällig; die großen Unterschiede mußten einem empfänglichen, viel lesenden Kind auffallen. Denn an Lektüre fehlte es auch neben den eigentlichen Jugendbüchern nicht. Soweit ich zurückdenken kann, waren die vielbändige Weltgeschichte, Nachschlagewerke und Reiseliteratur mein liebster Lesestoff. Wenn ich dann ab und zu die Arbeiterdemonstrationen sah, wurde ich unwillkürlich an den Aufstand der Gracchen oder die Ereignisse der Französischen Revolution erinnert. Ich erinnere mich an die Demonstration vom Mai 1912, als Laci Fodor und ich zuschauten, wie die Arbeiter von Újpest in endlosen Kolonnen auf der Hauptstraße in Richtung Budapest zogen, um an der dann blutig abgewürgten großen Demonstration teilzunehmen. Es beeindruckte mich sehr, als ich am nächsten Tag aus der Zeitung erfuhr, daß viele umgekommen waren, die ich tags zuvor noch singend hatte marschieren sehen. Obgleich noch nicht bewußt sympathisierend – damals war ich dreizehn Jahre alt –, erschien ich am nächsten Tag in der Schule wie mein Freund Fodor mit rotem Halstuch, was einen Warnbrief des Direktors an meine Eltern zur Folge hatte.

Von der Polizei hatte ich damals bereits meine Meinung. In der

Nachbarschaft unseres Hauses befand sich nämlich das Polizeirevier von Újpest, und unseren Garten trennte nur ein niedriger Zaun vom Hofe der Polizei. Tag für Tag hörte man von dort her das Wehklagen jener, die von den Polizisten geprügelt wurden. Was ich dort als Kind aus nächster Nähe ständig wahrnahm, das tägliche Prügeln, die Schreie der Gefolterten, prägte sich mir fürs ganze Leben ein, und es mag sein, daß meine Antipathie gegen die damalige Macht und ihre Polizei die Folge war.

Jetzt, wo ich im hohen Alter meine Kindheitsempfindungen analysiere, versuche ich damit zu erklären, daß in mir, dem Sohn wohlhabender Eltern, zumindest im Keime auf Grund dieser Erlebnisse die Opposition gegen die herrschende Gesellschaft Gestalt anzunehmen begann.

Auf dem Gymnasium erweiterte sich mein Gesichtskreis. Hinzu kam, daß unsere Familie häufig die Ferien an der adriatischen Küste verbrachte, damals noch Teil der Monarchie, oder auch in Italien, zuweilen im österreichischen Salzkammergut oder in der Hohen Tatra, die in jenen Tagen gleichfalls zu Ungarn gehörte. Ich lernte auch die glitzernde österreichische Hauptstadt Wien kennen. Einer meiner entfernten Verwandten, Ignaz Kont, war vor dem Ersten Weltkrieg der erste Dozent für Ungarische Sprache an der Pariser Sorbonne. Nur selten begegnete ich ihm, doch in meinen Kindheitsterinnerungen spielten auf Grund seiner Erzählungen Frankreich, die französische Kultur, die französische Lebensart eine lebhafte Rolle. Wahrscheinlich trug auch dies zur Art meiner geistigen Entwicklung bei. Kont starb 1912. Als ich 1924 das erstemal in Paris war, besuchte ich sein Grab auf dem Friedhof von Montparnasse.

Beim Ausbruch des Weltkrieges intensivierte sich mein Interesse für Geographie auf Grund der detaillierten Frontkarten. Nicht allein ich interessierte mich für den Krieg, auch meine Umgebung wünschte sich über die Ereignisse auf den Schlachtfeldern zu orientieren, zumal Ungarn dem Kriegsschauplatz ziemlich nahe lag, viel näher als Österreichs deutsche Provinzen oder Deutschland. Im Dezember 1914 überquerte die russische Armee die Karpaten, die damalige ungarische Grenze. Im Frontbericht des russischen Oberkommandos hieß es bereits damals: „Angriff in Richtung Budapest". Breite Schichten der Einwohnerschaft erörterten aufgeregt die Entwicklung der Lage an der Front.

Die erste große Erschütterung des Krieges stellte für mich die Nachricht vom Tod meines geliebten Cousins dar: als junger Arzt war er bei der Belagerung von Przemyśl gefallen. Zum erstenmal blickte ich dem Grauen der Vernichtung ins Auge, dem Attribut des Krieges.

Mein Onkel, ein namhafter Arzt im Komitat Sopron/Ödenburg, der seinem einzigen Sohn die Praxis hatte übergeben wollen, wollte mich um jeden Preis dazu bringen, die medizinische Laufbahn einzuschlagen und sein Nachfolger zu werden. Doch dieser Beruf lockte mich überhaupt nicht.
Inzwischen ging das Leben weiter. Mein jugendlicher Überschwang äußerte sich auf mancherlei Weise. So organisierte ich beispielsweise entgegen dem schulischen Verbot eine Fußballmannschaft und wäre beinahe vom Gymnasium geflogen. Dann folgte der Schach-Klub. Dessen Erfolg war so durchschlagend, daß die Eltern über mich Klage führten, weil ihre Kinder Tag und Nacht Schach spielten anstatt zu lernen. Bereits im Alter von zwölf Jahren schrieb und redigierte ich eine Zeitung, die ich auf der Handpresse, natürlich in Manuskriptform, im Büro meines Vaters mit Blaupapier „hektographierte". Die Neigung zum Organisieren zeigte schon im Keim viele Züge des erwachsenen Mannes.
Schlagartig fand die sorglose Kindheit ihr Ende.
Noch hatte ich mein achtzehntes Lebensjahr nicht vollendet – ich bin Ende 1899 geboren –, als mein Jahrgang unmittelbar nach dem Abitur einberufen wurde. Meine Eltern unternahmen alles, um mich bei einer Waffengattung unterzubringen, bei der die Wahrscheinlichkeit an die Front zu kommen geringer war. Von diesem Standpunkt erschien ihnen die Festungsartillerie am geeignetsten. Ein entfernter Verwandter der Familie, Feldmarschalleutenant Samu Hazai, Verteidigungsminister a. D., der damals Chef des Nachschubs der österreich-ungarischen Armee war, verhalf mir zum Festungsdienst. Man schickte mich auf die Festungsartillerieoffiziersschule, die einzige Anstalt dieser Waffengattung in der gesamten Monarchie, ein Tummelplatz für die Söhne vornehmer oder reicher Familien; sie lag an den Ausläufern des Bakony-Gebirges unweit des Plattensees, in Hajmáskér. Die Schule bot einen eigentümlichen Querschnitt der führenden Schichten der in ihren Grundfesten erschütterten Monarchie. Die Interessen der Aristokraten der verschiedenen Nationalitäten – Österreicher, Ungarn, Polen, Tschechen – waren an die Existenz der Habsburg-Monarchie geknüpft. Den aus dem ungarischen und tschechischen Großbürgertum stammenden Offiziersschülern wiederum begann immer klarer zu werden, daß der Krieg verloren sei, sie träumten von nationaler Selbständigkeit und erwogen den Zerfall der Monarchie. Hier begegnete ich zum erstenmal jenen Gegensätzen, die an der zusammengestückelten Habsburger Monarchie zerrten.
1918 wurde ich in die geheime Kanzleiabteilung beim Stab meines Regiments nach Budapest abkommandiert. Hier begann die Schick-

salswende meines Lebens, die Umformung der Wertordnung aller Dinge in meinem Bewußtsein, die endgültige Veränderung meiner Anschauungen. In diesen Büros liefen nämlich die geheimen Anordnungen des österreich-ungarischen Kriegsministeriums ein. Das Kriegsministerium war sehr beunruhigt von dem Zersetzungsprozeß, der in der gesamten Armee immer stärker um sich griff. Aus der Ukraine, die zum Teil von der österreich-ungarischen Armee besetzt war, kamen immer mehr Soldaten, beurlaubt oder verwundet, zurück, die nach der sowjetischen Oktoberrevolution an der Front mit russischen Soldaten fraternisiert hatten. Nach dem Frieden von Brest-Litowsk kehrten viele Kriegsgefangene aus Rußland heim, die der Bolschewismus bereits „infiziert" hatte. Die Wiener Regierung erblickte in diesen Soldaten die Quelle der in der ganzen Monarchie spürbaren Auflösung. Die Kriegführung entließ die ehemaligen Kriegsgefangenen nicht in die Heimat, sondern hielt sie in Lagern, um aus ihren Köpfen die gefährlichen Gedanken zu verjagen.
Ich begann vieles zu sehen, mir wurde vieles klarer, was ich zuvor nicht verstanden hatte oder wovon ich einfach keine Kenntnis gehabt hatte. Hinzu kam noch, daß der Chef der geheimen Kanzleiabteilung des Regiments, Major Kunfi, Bruder eines Führers der ungarischen Sozialdemokratie war. Von ihm hörte ich zum erstenmal von den marxistischen Ideen. Noch vor meinem Einrücken hatte ich mich an der Staats- und Rechtswissenschaftlichen Fakultät der Budapester Universität immatrikuliert; ich studierte neben meinem Militärdienst und legte die Prüfungen ab. Beim Studium der Rechts- und Wirtschaftsgeschichte gelangten die Werke von Karl Marx und Friedrich Engels zum erstenmal in meine Hände. 1918 lernte ich also den Marxismus kennen, und innerhalb weniger Monate wandelte sich meine Weltanschauung radikal. Hinzu kam, daß im ganzen Land Unzufriedenheit, Hunger, Hoffnungslosigkeit, die Folgen des verlorenen Krieges sich ausbreiteten. Die Bevölkerung murrte; mal hier, mal dort brachen Unruhen und Aufruhr aus. Der forschende Verstand des jungen Soldaten und Studenten fand einleuchtende Antworten auf die aktuellsten und brennendsten Fragen in der marxistischen Lehre. Die Ereignisse wirkten sich selbst auf das elterliche Haus aus, das doch zuvor der Politisierung ferngestanden hatte; mein Vater wurde Mitglied der liberal-bürgerlichen, sogenannten Demokratischen Partei, später deren Abgeordneter im Stadtrat. Im übrigen hatte ich mich gerade deshalb in der rechtswissenschaftlichen Fakultät eingeschrieben, weil mein Vater darin die Voraussetzung für die mir zugedachte politische Laufbahn erblickte. Freilich unähnlich der, die ich einmal erwählen sollte.

In Ungarn schlugen die Wellen der politischen Diskussionen immer höher. Einige meiner früheren Schulkameraden wurden Sozialdemokraten. Einer von ihnen, Ernö Gerö, gehörte später zu den Führern der Ungarischen Kommunistischen Partei. Im feudalen Ungarn, wo viele Millionen Bauern keinen Fußbreit Boden ihr eigen nennen konnten, war die Bodenreform eines der wichtigsten Probleme. Es setzte heftige Debatten, wie diese Frage zu lösen sei: ob man die Großgrundbesitzer entschädigen oder den Boden umsonst an die Bauern verteilen sollte.
In den Zeitungen erschienen Hinweise auf den möglichen Friedensschluß. Man flüsterte sich zu, daß ein Mitglied des Herrscherhauses selbst, Herzog Sixtus von Parma, in der Schweiz über einen Sonderfrieden verhandle. Bereits auf dem Gymnasium hatten einige Klassenkameraden mit mir die Köpfe zusammengesteckt, um über das Schicksal der Heimat nachzudenken, und durch sie war mir ein-zweimal die Möglichkeit zuteil geworden, von der Galerie des Reichstages aus die oppositionellen Reden des Grafen Michael Károlyi zu hören, in denen die aussichtslose, unsichere Lage des Landes bereits anklang.
Das Oktoberende 1918 kam.
Die österreich-ungarische Monarchie verlor den Krieg und zerfiel in ihre Bestandteile. Das war der letzte Anstoß zur bürgerlichen Revolution. Das alte tausendjährige „historische“ Ungarn büßte den Großteil seines Territoriums ein, den sich Jugoslawien, Rumänien und die Tschechoslowakei teilten. Aus den Führern der linken bürgerlichen Parteien sowie der Sozialdemokratischen Partei formierte sich der Ungarische Nationalrat.
Die Aster-Revolution begann für mich damit, daß am 31. Oktober auf meinem Weg von Újpest zur Kaserne in der Lehel-Straße, frühmorgens, an der Straßenbahnhaltestelle, ein Soldat sich auf mich stürzte und mir das mit den Initialen König Karls gezierte Abzeichen abriß, mir dafür eine Aster ansteckte; die Sterne meiner Uniform, also Zeichen meines Rangs, folgten. In der Kaserne herrschte das Chaos, dort war bereits Kunfi der spiritus rector, er bestimmte die Einteilung der Wachen. So kam ich vor das Hotel Astoria, wo der Nationalrat tagte und wo es galt, die Straße freizuhalten von der auf und ab wogenden riesigen Menschenmasse.
In meinem Regiment wie in der ganzen Armee und im Lande gelangten damals immer mehr die Links-Sympathisanten nach oben. Die bürgerlichen Politiker hätten gerne das Königtum erhalten, die Armee und das Volk jedoch forderten die Schaffung der Republik.
So geschah es, daß zwei Wochen nach Ausbruch der Revolution, am

16. November 1918, auf dem Platz vor dem Parlament eine Demonstration von Hunderttausenden stattfand, in deren Verlauf unter anderem unter aktiver Mitwirkung unseres Regiments die Republik ausgerufen wurde.
Über der demonstrierenden Menge erschien plötzlich ein Flugzeug und warf im Tiefflug Flugblätter ab, die von Hand zu Hand gereicht und gelesen wurden. Auf den Flugblättern stand, daß der einzige Ausweg die Schaffung der sozialistischen Republik sei. Dies war einer der ersten öffentlichen Auftritte der ungarischen revolutionären Sozialisten. Gemeinsam mit den aus Sowjet-Rußland heimgekehrten Kriegsgefangenen bildeten sie den Kern der neuen kommunistischen Partei. Damals las ich zum erstenmal ein revolutionäres Flugblatt und erfuhr, daß es eine Bewegung gab, welche die gesellschaftliche Ordnung radikal verändern und auf völlig neue Grundlagen stellen wollte.
Die ganze bürgerliche Revolution von Oktober bis März lebt in meiner Erinnerung als eine Periode großer Demonstrationen. Protestierende Menschenmassen füllten die Straßen und Bahnhöfe, unter ihnen abgerissene Soldaten, die Tag und Nacht von der Front zurückströmten, zum Teil nicht mehr in der Lage, die Heimat zu erreichen, weil durch die Auflösung der Monarchie die meisten Eisenbahnverbindungen unterbrochen waren.
In Újpest wurde in diesen Wochen die sogenannte Soziologische Gesellschaft gegründet, wo die Jugend die marxistischen Prinzipien von der Veränderbarkeit der Gesellschaftsordnung studieren konnte. Auf den Sitzungen der Gesellschaft ergriff neben Gerö und anderen auch ich das Wort. Hier knüpfte ich die ersten politischen Beziehungen. In diese Zeit fällt eine Bekanntschaft, die meinem Leben einen bedeutsamen Anstoß gab. Ich machte einem Mädchen den Hof, deren Schwester ein junger Arbeiter der Ganz-Werke, Jantschi Román, verehrte. Jantschi war Mitglied der damals gegründeten Kommunistischen Partei. Auf Grund unserer langen Gespräche trat auch ich Ende 1918 in die Ungarische Partei der Kommunisten ein.
So endete dieses für mich wichtige Jahr 1918. Das nächste Jahr begann weit weniger bedeutsam, sondern eigentlich recht prosaisch; ich wurde Zivilist und bereitete mich auf das Jurisprudenz-Examen vor. Die Partei war inzwischen zur Illegalität verurteilt, so daß ich nicht mit der Organisation in Újpest – wo mich allzu viele kannten –, sondern im Budapester VIII. Bezirk (Josefsstadt) Kontakt hielt. Als jedoch die Kommunisten überraschend am 21. März die Macht übernahmen, änderte sich schlagartig mein bisheriger Lebensverlauf, der sich von nun an eng mit den politischen Ereignissen verband.

Die Kommunisten, wie aus der Geschichte bekannt, gelangten unter recht sonderbaren Umständen, direkt aus der Illegalität an die Macht. In meine Freude mischte sich von Anbeginn ein Wermutstropfen. Laut Beschluß der Führung vereinigte sich die über keine große Mitgliedschaft verfügende Kommunistische Partei mit der Sozialdemokratischen Partei.

Bei der Fusionierung hatte die Kommunistische Partei insgesamt einige Tausend Mitglieder, die Sozialdemokratische dagegen fast eine Million, weil in Ungarn alle Gewerkschaftsmitglieder automatisch Mitglieder der Sozialdemokratischen Partei wurden. Deshalb quittierten wir die Nachricht von der Fusion der an die Macht gelangten Kommunistischen mit der Sozialdemokratischen Partei mit großer Besorgnis, weil wir fürchteten, daß die junge Kommunistische Partei von der mit kleinbürgerlicher Ideologie durchtränkten sozialdemokratischen Massenpartei verschluckt würde.

Gegen die Ungarische Räterepublik setzten schon wenige Wochen nach ihrer Gründung bürgerliche Armeen ihre Truppen in Marsch. Die Intervention begann. Zuerst setzten sich die Truppen des bojarischen Rumänien von Siebenbürgen her in Bewegung. Von Jugoslawien her besetzten die Franzosen die Städte entlang der Grenze, dann ging gleichfalls unter französischer (und italienischer) Führung die Armee der frischgegründeten Tschechoslowakei zum Angriff über.

Die Lage wurde außerordentlich ernst.

Die Organisierung der Roten Armee begann. In Budapest formierten sich „internationale" Regimenter aus den in Ungarn lebenden Slowaken, Karpatho-Ukrainern, Rumänen, Jugoslawen, Bulgaren, Österreichern und den einstigen russischen Kriegsgefangenen, die noch im Lande weilten. Der Bruder meines Freundes Jantschi Román wurde zum politischen Kommissar des 4. internationalen Regiments ernannt und bat mich, ihm bei der Organisation des Regiments zu helfen; darum trat auch ich gleich in den ersten Tagen in jenes Regiment ein.

Mittlerweile verschlechterte sich die Lage an der Front weiter.

Am 1. Mai fand eine gewaltige, unvergeßliche Demonstration statt.

Am 2. Mai begann die organisierte, massenhafte Rekrutierung für die Rote Armee mit der Parole: „Jeder selbstbewußte Arbeiter, Sozialist, Kommunist und Jungkommunist verteidige die Räterepublik!" Am darauffolgenden Tag begab ich mich zusammen mit meinen jungen Freunden von der Josefsstadt an die Front. Zunächst schickte man uns nach Nagykörös, wo wir unserer Truppe zugeteilt werden sollten.

Die Ungarische Rote Armee besaß damals fast überhaupt keine Geländekarten, die österreich-ungarische Armee existierte nicht mehr, und Karten waren zuvor für die gesamte Armee der Monarchie nur in Wien gedruckt worden. Sie waren aber dringend nötig. Als man daher am Versammlungsort Kartographen suchte, meinte ich, auf diese Weise durch meine seit Kindheit gepflegte „Leidenschaft" am nützlichsten sein zu können, und tatsächlich kam ich als Kartograph zum Stab der 6. Division.

Unser Transport bewegte sich langsam nach Norden, in Richtung der tschechischen Front. Schon hatten wir die flachen Felder der ungarischen Tiefebene verlassen und befanden uns zwischen den grünen Hügeln des Mátra-Vorgebirges, bis wir die kleine Station von Kisterenye erreichten. Auf einem Nebengleis standen zwei zusammengekoppelte Eisenbahnwagen, hier arbeitete der Divisionsstab. Ich meldete mich beim Genossen Ferenz Münnich, dem Divisions-Politkommissar (sechsunddreißig Jahre später sah ich ihn wieder als Botschafter in Moskau, dann traf ich ihn erneut nach der Konterrevolution von 1956, als er Präsident des Ministerrates war). Ich teilte ihm meinen Auftrag mit, worauf Münnich in seiner jovialen Art, erklärte:

„Wir Kommunisten haben jetzt keine Zeit, Karten zu zeichnen. Ich ernenne Sie zum Kommissar des 51. Infanterieregiments."

Die Rote Armee hatte in jeder ihrer größeren Einheiten Politkommissare. Da die Mehrzahl der Kommandeure aus Soldaten der früheren Armee bestand, war es die Aufgabe der politischen Kommissare, sie zu überwachen, ferner für Disziplin zu sorgen sowie auf gute Versorgung der Soldaten zu achten. Ich geriet in fürchterliche Verlegenheit, weil ich mich mit neunzehn Jahren für einen so hohen Posten nicht geeignet hielt, und wendete eilig gegen die Beförderung ein, daß ich nicht Infanterist, sondern Artillerist sei.

„Wunderbar", antwortete Münnich, „dann ernenne ich Sie hiermit zum politischen Kommissar der Artillerie-Abteilung der Division."

Danach wagte ich mich nicht mehr zu mucksen aus Furcht, er würde mich noch höher befördern.

So gelangte ich im Alter von neunzehn Jahren, mit kaum sprießendem Bart (dessen Wachstum ich um meines Prestiges willen vergeblich zu beschleunigen versuchte), auf den verantwortungsvollen Posten des politischen Kommissars der Artillerie. Nebenbei bemerkt, gehörte zu meinen Aufgaben auch, den einstigen General Folkusházy im Auge zu behalten, den Divisions-Stabschef, den man für unzuverlässig hielt. Da er ständig mit Landkarten arbeitete, teilte man mich ihm unter dem Vorwand zu, daß ich ihm als „Fachmann" helfen könne.

Die Front verlief bei Salgótarján, einem damals mit seinen Baracken und Hütten eher wie ein gottverlassenes Dorf denn als eine Stadt wirkendem Ort. Rundherum an den Hügelhängen ragten Fördertürme auf, aber die Bergleute arbeiteten nicht, sondern wachten in den Schützengräben; unsere Division kam ihnen zur Hilfe. Anfangs war die Atmosphäre recht sonderbar. Der Feind griff nicht an, die idyllische Stille wurde nur selten durch einen Gewehrschuß gestört. Die Frauen der Bergarbeiter trugen das Mittagessen in die Gräben. Einer unserer Kameraden, Laci Csillag – mein späterer guter Freund – verirrte sich komischerweise. Als er am Abend noch nicht aufgetaucht war, machten wir uns auf die Suche und fanden ihn schlafend unter einem Baum im Gelände zwischen den tschechischen und ungarischen Laufgräben.

Recht seltsam war auch, daß die Gegner in der Uniform der ehemals österreich-ungarischen Armee kämpften (sie hatten keine andere), so daß es schwierig war, unsere eigenen Reihen von den feindlichen zu unterscheiden. So konnte es passieren, daß einer unserer Brigadekommandeure per Auto in ein Dorf fuhr, ohne zu merken, daß es bereits von den Tschechen besetzt war; er geriet als erster der Brigade in Gefangenschaft. Aber die Idylle war bald zu Ende. Unsere Truppen wurden umzingelt, wir waren abgeschnitten von Budapest, woher man uns vermittels von Flugzeugen abgeworfenen Flugblättern zum Durchhalten aufforderte.

Auch dieser Zustand dauerte nicht lange. Die Kämpfe begannen. In kurzer Zeit befreite die ungarische Rote Armee fast die gesamte Slowakei, wo die Slowakische Räterepublik ausgerufen wurde.

Plötzlich änderte sich die Situation. Der französische Premierminister Clemenceau machte folgenden Vorschlag: die ungarische Räterepublik solle den befreiten Teil der Slowakei zurückgeben, dafür würde sie das östlich der Theiß gelegene Gebiet bekommen (welches damals schon von den Rumänen besetzt war, die von dort unmittelbar Budapest bedrohten). Natürlich dachte das Oberkommando der rumänischen Armee nicht im Traum daran, das Gebiet jenseits der Theiß zurückzugeben.

Viele von uns waren der Meinung, man dürfe dieses zweifelhafte Angebot nicht annehmen. In seinem an die ungarische Regierung gerichteten Telegramm machte auch Lenin auf den hinterlistigen Charakter des imperialistischen Angebots aufmerksam, aber leider, die ungarische Räteregierung, in der die Sozialdemokraten die Mehrheit besaßen, akzeptierte den von der Entente angebotenen Kompromiß.

Nie vergesse ich jene Großversammlung in Kaschau, wo die gesamte Einwohnerschaft auf den Hauptplatz zog und bat, wir sollten sie nicht den Interventionisten überlassen. Wir jedoch erhielten Befehl, und wenige Tage später, unter dem Mantel der Nacht, verließen wir in aller Stille die Stadt. Ohne Schwertstreich gaben wir die Slowakei auf, deren Erde das Blut unserer revolutionären Soldaten getrunken hatte.

Noch vor der Preisgabe der Slowakei, als ich mich auf der Durchreise in Újpest aufhielt, vernahm ich gegen Mittag des 24. Juni dumpfe Kanonenschüsse. Sofort eilte ich zum Stadtrat. Dort waren bereits zahlreiche Parteimitglieder beim Sekretär des Rates, dem späteren hervorragenden Schriftsteller Béla Illés versammelt. Wir erfuhren, daß die konterrevolutionären Offiziere der in Újpest stationierten Donauflottille eine Meuterei inszeniert hatten und von Kanonenbooten aus Budapest beschossen. Das Telefon funktionierte nicht, wir wußten nichts Genaueres. Es wurde beschlossen, daß ich mich nach Budapest begeben und die Lage erkunden sollte.

Da die Straßenbahn nicht fuhr, ging ich die lange Váci-Straße zu Fuß hinunter; sie war mir noch nie so endlos erschienen. Es wurde schon Abend, die dunklen Straßen waren völlig ausgestorben, als ich beim Gebäude des Arbeiter- und Soldatenrates des VIII. Bezirks ankam, zu den mir am ehesten bekannten Genossen. Alle trugen Gewehre. Es stellte sich heraus, daß die gegenüber gelegene Telefonzentrale von den Konterrevolutionären besetzt worden war, die immer wieder das Ratsgebäude unter Feuer nahmen. Es trafen Nachrichten ein, wonach am jenseitigen Donauufer eine Artillerie-Batterie stand, die vor kurzem an der Grenze des I. Bezirks von Buda in Stellung gegangen war. Nach einigem Kopfzerbrechen beschlossen wir, daß ich hinübergehen und Hilfe erbitten sollte. Auf der Donau patrouillierten die Kanonenboote der Konterrevolutionäre und suchten die Brücken mit Scheinwerfern ab; deshalb war es schwer, unbemerkt an das jenseitige Ufer zu gelangen. Ich war gezwungen, die lange Strecke robbend zurückzulegen. Ich schaffte es zum Gellért-Hotel, wo der Arbeiter- und Soldatenrat des I. Bezirks Sitzung hielt. Ich gab einen Lagebericht, aber man wußte keine Hilfe. So wie ich gekommen war, kehrte ich zurück nach Pest und begab mich ins Hotel Hungaria, dem Sitz der Regierung, um über die Lage zu berichten. Im Hungaria-Hotel am Donauufer herrschte ein enormes Durcheinander; ich fand niemand, der bereit gewesen wäre, eine Entscheidung zu treffen. Auf meine Mitteilung hin, daß am Stadtrand eine Artillerie-Batterie stand, mit deren Hilfe wir die Konterrevolutionäre aus der Telefonzentrale jagen könnten, hörte niemand auf mich. Man spürte, daß irgendwelche Elemente den Kampf störten und behinderten. Später stellte sich heraus, daß Josef Haubrich, Budapests sozialdemokrati-

scher Stadtkommandant, damals bereits in Verbindung mit den Konterrevolutionären stand.
Schließlich kehrte ich mit dem Volkskommissar für Kriegswesen Béla Szántó und einigen Soldaten im laut durch die nächtlich stillen, ausgestorbenen Straßen ratternden Auto zur Josefsstadt zurück, wo bereits stark gekämpft wurde: auf dem Straßenpflaster liegend, nahmen wir die Telefonzentrale unter Feuer; im Morgengrauen endlich ergaben sich die das Gebäude besetzt haltenden konterrevolutionären Kadetten. Den Konterrevolutionären wurde jedoch kein Haar gekrümmt; man schickte sie zur „Umerziehung".
János Gyetvais Novelle „Eine Nacht", die 1925 deutsch in Berlin erschien, war das einzige literarische Echo des konterrevolutionären Aufstands von 1919. Ich als Zeuge der Ereignisse jener Nacht, schrieb das Vorwort, wobei ich mir noch einmal die denkwürdigen Stunden vergegenwärtigte.
Unsere Division wurde umgruppiert. Vom Hauptquartier erhielt ich die Mitteilung, ich sei abgelöst und zur Disposition gestellt, weil mich nicht diese Dienststelle zum politischen Kommissar ernannt hatte. Dies war bereits eine der Maßnahmen des sozialdemokratischen Armeeoberbefehlshabers Vilmosch Böhm, um die Kommunisten schrittweise aus den leitenden Positionen zu entfernen.
Zwar hatten wir die Konterrevolution niedergeschlagen, aber infolge der schwierigen wirtschaftlichen und politischen Lage vermochte die Räterepublik im Würgegriff der Interventionisten nur noch wenige Wochen zu leben. Niemand wollte mehr die unter der Károlyi-Regierung herausgegebenen Banknoten annehmen. Dieses Papiergeld, das die Banknoten der alten Monarchie ablösen sollte, war auf der einen Seite unbedruckt; die in Wien residierende Österreich-Ungarische Bank hatte der ungarischen Gelddruckerei nur das Klischee der vorderen Seite zur Verfügung gestellt, und einem solchen halbfertigen Geld mißtraute natürlich das einfachere Volk. Sie begannen die blauen Zwanzig- und Zehn-Kronenscheine der Monarchie (die sogenannten Blaubäuche) als gute Valuta zu verstecken; die weißen Banknoten dagegen wiesen sie ganz offen zurück.
Zugleich spürte man immer mehr, daß sich der Feind bereits in unseren Reihen befand, daß die Schlinge sich langsam zuzog und es kaum gelingen würde, dem von allen Seiten auf uns ausgeübten Druck der Interventen zu widerstehen. So geschah es auch. Am 31. Juli erreichte mich in Újpest die Nachricht, daß die Räteregierung abgedankt habe. Nie vergesse ich jene Nacht, als wir in Újpest zum letztenmal bewaffnet durch die Stadt zogen, auf Streifendienst zur Sicherung der Arbeitermacht.

Die nach dem Sturz der Räteregierung gebildete sozialdemokratische Regierung war nur ein paar Tage an der Macht. Am 5. August, inmitten einer Menschenmenge von stummen Zuschauern, war ich Augenzeuge, als an der Spitze der rumänischen Truppen General Mardarescu in Budapest einzog. Wie sehr wir uns sogar in diesem Augenblick in Illusionen wiegten, als die Rumänen in die Stadt einmarschierten und der konterrevolutionäre Wind bereits zu pfeifen begann, zeigt auch die Tatsache, daß ich mit Hilfe mehrerer Freunde mein Parteibuch auf einem Grundstück in Újpest vergrub in der Hoffnung, es bald wieder hervorholen zu können. Als ich sechsunddreißig Jahre später heimkehrte und mich nach jener Parzelle sowie dem Parteibuch erkundigte, lachte man mich aus, denn das Grundstück war längst bebaut und von meinem Parteibuch keine Spur mehr vorhanden.
Die Ereignisse rollten schnell ab. Die Konterrevolutionäre des Admirals Horthy trafen ein. Es begannen die Verhaftungen und Hinrichtungen. Es galt, zu flüchten. Ich erfuhr, daß vom Südbahnhof in Buda, der noch nicht besetzt war, ein Zug in den westlichen Landesteil abging. Tausende von Flüchtenden belagerten den Bahnhof und seine Umgebung. Dieser einzige zum Bersten volle Zug setzte sich schließlich nachts in Bewegung, doch schon auf der ersten Station, in Kelenföld, nahmen uns die Rumänen unter Beschuß. Dennoch raste der Zug weiter, und ohne Halt brausten wir durch das von Konterrevolutionären bereits besetzte Stuhlweißenburg. So gelangte ich nach Balatonlelle, wo ich nur einige Tage bei einem Bekannten verbringen konnte, weil auch dort die Razzien begannen; man verhaftete die Kommunisten und auch jene, die sich versteckt hielten.
Wo sollte ich hin? Nahe der westlichen Grenze, in Kapuvár im Komitat Ödenburg, lebte mein Onkel, der Amtsarzt des Komitats. Unter großen Schwierigkeiten – weil die konterrevolutionären Behörden schon überall Fuß gefaßt hatten und man auch auf der Durchreise nur mit polizeilicher Anmeldung übernachten konnte – erreichte ich mein Reiseziel. Mehrere Wochen versteckte ich mich bei diesem Verwandten, aber in Kapuvár tobte sich der konterrevolutionäre Terror schon in den ersten Wochen aus, man hängte die Funktionäre der Räterepublik auf. Ich wollte meinen Onkel nicht in Schwierigkeiten bringen und beschloß, hinüber ins nahe Österreich zu gehen. Dies allerdings war nicht so einfach, da ich zu keinem amtlichen Grenzübertrittsausweis gelangen konnte, lediglich ein Papier von recht zweifelhaftem Wert vermochte ich zu erwerben. Der Zug war schon mit flüchtenden Sozialisten und Kommunisten überfüllt, wortlos betrachteten wir einander beim monotonen Rattern der Räder und

wägten die Chancen der kommenden Stunden. So traf ich an der damaligen Grenzstation Savanyúkút ein. Natürlich half mir mein Ausweis nicht, die Grenzwache verhaftete mich. Man hielt mich für einen Kommunisten namens Polacsek, dessen Steckbrief auf mich paßte. Umsonst betonte ich, daß hier ein Mißverständnis vorliege; man ohrfeigte und fragte mich zynisch, an welchem Baum ich aufgeknüpft zu werden wünschte. Der Zufall rettete mich. Bei der Abfahrt des Zuges entdeckte ich in der wartenden Menge einen jungen Mann aus Kapuvár, der meiner jüngeren Schwester den Hof machte; ihn brachte ich dazu, meine Identität zu bestätigen. Die Eisenbahner waren schon über die Verspätung, die ich verschuldet hatte, ungeduldig, so daß die Grenzposten nicht weiter nachforschten. In dunkler Nacht rollte der Zug über die österreichische Grenze. So finster wie draußen war es auch in den Waggons. Bewegungslos warteten wir auf die österreichische Grenzwache. Während des Savanyúkúter Abenteuers hatte ich auch mein letztes dubioses Papier eingebüßt, ich besaß nichts außer einer Budapester Straßenbahn-Monatskarte. Auf der aber waren Foto und Stempel, und vor allem ein ungarischer Text, den die Österreicher nicht verstanden. Im blassen Schein der Taschenlampe des Zollbeamten wirkte die Monatskarte wie ein annehmbares Dokument. So verließ ich meine Heimat, um sie erst sechsunddreißig Jahre später wiederzusehen.
Als Kuriosum sei erwähnt, daß mich das Schicksal nach Jahrzehnten mit dem Genossen Polacsek zusammenbrachte. Er war in die Sowjetunion emigriert, wo er als Arzt arbeitete, und kehrte vor ein paar Jahren nach Ungarn zurück. Nach beinahe einem halben Jahrhundert feierten wir unser geglücktes Entkommen.
Am 1. September 1919 überschritt ich die österreichische Grenze, ohne zu ahnen, daß für mich der erste Tag einer langen Emigration angebrochen war. Wir ungarischen Emigranten waren damals alle der Meinung, daß unser zwangsweiser Auslandsaufenthalt nur wenige Monate dauern und es bald gelingen würde, die Räterepublik wiederherzustellen, weil ja die Sowjetmacht, unser aller Hoffnung, weiterhin bestand.
Wien lebte in meiner Erinnerung als die prunkvolle Kaiserstadt des großen österreich-ungarischen Reiches. Obwohl ich nach den durchlebten Ereignissen und meinem knappen Entkommen mit großer Erleichterung befreit aufatmete, stach mir der vernachlässigte Zustand der Stadt und die ärmliche Kleidung der Menschen sofort ins Auge – wo war das charmante und elegante, legere Wien? Die frühere Reichshauptstadt war zum Zentrum eines kleinen Ländchens degradiert, wohin aus den Nachfolgestaaten die einstigen kaiserlichen Be-

amten, jetzt ohne Amt und Stellung, und die Masse der ehemaligen Offiziere zusammenströmten. Dorthin strebte auch die wachsende Masse der ungarischen Emigranten. Während die meisten von ihnen in Baracken untergebracht wurden, gelang es mir, bei einem alten Bekannten, einem Vorstadt-Schuster, Quartier zu bekommen.
Es vergingen Wochen; von Ungarn kamen Nachrichten über das Ausmaß des Weißen Terrors. Ich mußte mich auf einen längeren Aufenthalt einrichten. Ich beschloß, mich an der Wiener Universität zu immatrikulieren und endlich mit meinem Lieblingsfach zu beschäftigen, mit der Geographie, um mich in jenem Wissenszweig auszubilden, zu dem ich mich seit früher Jugend hingezogen fühlte, denn das Studium der Rechte hatte ich seinerzeit nur auf Wunsch meines Vaters begonnen. Dies aber war nicht leicht. An der Universität wünschte man von mir eine unbefristete Aufenthaltserlaubnis, bei der Polizei wiederum verlangte man die Immatrikulationsbescheinigung der Universität. Der Kreis schloß sich. Ich war gezwungen, mich unmittelbar an Johannes Schober zu wenden, den bekannten reaktionären Wiener Polizeipräsidenten (später mehrmals Ministerpräsident), dem man schon gemeldet hatte, daß ich kommunistischer Emigrant sei. Anstelle von Schober empfing mich der Leiter der politischen Abteilung der Polizei, Dr. Presser, und stellte mir unvermittelt die Frage: „Wie ist es möglich, daß Sie in so jungem Alter schon ein Übeltäter sind?" Ich mußte fast lachen.
Schließlich nahm man Rücksicht auf meine Jugend, ich konnte mich an der Universität einschreiben und erhielt die Aufenthaltserlaubnis. In jener recht trostlosen Etappe meines Lebens bestand mein einziger Trost darin, daß ich, sooft es mir möglich war, die erdkundlichen Vorlesungen der Universität besuchte und an den kartographischen Seminaren teilnahm. An der Universität las der weltberühmte Geograph und Klimaforscher, Professor Brückner, über physische Geographie. Für den aus Ungarn kommenden Neuling, der zudem noch nichts von der im damaligen Mittelschul-Lehrplan unbekannten Geologie wußte, geschweige denn von Gletscherwissenschaft, waren die Vorträge des alten Brückner völlig unverständlich. In der ersten Zeit war ich verzweifelt. War das denn jene Erdkunde, die mich so begeistert hatte? Glücklicherweise wurde ich von dem Dozenten Otto Lehmann (später Universitätsprofessor in Zürich), dessen Seminare ich besuchte, allmählich in die übrigen Zweige der Geographie eingeführt. Ja, er nahm mich sogar gegen die spöttischen Bemerkungen der österreichischen Studenten in Schutz, wenn ich aus Unkenntnis der Terminologie manchmal recht große Schnitzer beging. So zum Beispiel bei der Beschreibung eines sumpfigen Geländes, das ich analog

zum Ungarischen als Morast bezeichnete, worunter man in Österreich einen sittlichen Sumpf versteht.
Damit jedoch war nur eines der Probleme des nicht leichten Emigrantenlebens gelöst.
Über den russischen Bürgerkrieg trafen sehr deprimierende, beunruhigende Nachrichten ein. An einem trüben Oktoberabend waren wir erschüttert, als die Wiener Zeitungsverkäufer riefen, das bolschewistische Petrograd sei gefallen und die Truppen Judenitschs hätten die Wiege der russischen Revolution erobert. Am nächsten Tag stellte sich heraus, daß die Nachricht eine Ente war, aber mir bleibt unvergeßlich, in welch düsterer und gebrochener Stimmung meine Emigrantenfreunde und ich jenen Abend verbrachten.
Zum Emigrantenleben gehörten unabdingbar die Wiener Caféhäuser als ganz eigene „Institution". Der geldlose und besonders in der ersten Zeit beschäftigungslose Emigrant konnte in diesen (im Winter warmen) Caféhäusern den ganzen Tag neben einer Tasse Kaffee und einem Glas Wasser sitzen. Er konnte die in- und ausländischen Blätter lesen, sich mit seinen Freunden treffen, Briefe schreiben (und abschikken lassen) und die an ihn gerichteten auch dorthin adressieren lassen, konnte vom Ober sogar Geld borgen. Für die armen Emigranten war das Café eine Schutzburg, wo — was noch wichtiger ist — in diesen schweren Zeiten das gemeinsame Schicksal und die gemeinsame Überzeugung Freundschaften fürs Leben formten. Natürlich saßen nicht nur Emigranten bei einem Glas Wasser, das die Kellner stündlich neu servierten, sondern auch viele zweifelhafte Existenzen, die sich mit sogenannten Luftgeschäften befaßten. Beispielsweise erklärte jemand, daß er bereit sei, einen Waggon Nägel günstig abzugeben, und der Käufer gab diese mystische Ladung sogleich mit 10 Prozent Profit weiter. Das ging dann so lange, bis sich herausstellte, daß diese Nägel überhaupt nicht existierten.
In einem solchen Caféhaus machte ich die Bekanntschaft eines ungarischen Kaufmanns aus Siebenbürgen, der österreichische Waren kaufte und nach Rumänien lieferte. Er nahm mich als Sekretär zu sich. Meine Aufgabe bestand darin, im Wiener Donauhafen den Warenumschlag zu überwachen und, was noch wichtiger war, bei der rumänischen Gesandtschaft gegen Bestechung zollfreie Einfuhrgenehmigungen zu besorgen. Damals ging es mir sehr schlecht, ich hungerte, darum konnte ich selbst auf derlei Einnahmen nicht verzichten.
Doch die ungarischen Emigranten begnügten sich nicht mit Caféhausgesprächen; schon nach etlichen Monaten erschien, von ihnen redigiert, die deutschsprachige Zeitschrift KOMMUNISMUS, das erste wissenschaftliche kommunistische Monatsblatt außerhalb der Sowjet-

republiken. Für diese Zeitschrift schrieb ich militärische Beiträge, erreichten doch in jener Zeit der Bürgerkrieg und die Intervention in Rußland ihren Höhepunkt. Im Wust der Meldungen versuchte ich die tatsächliche Kriegslage darzustellen. Mit unseren Artikeln versuchten wir, den Lesern Orientierungshilfe über die Ereignisse der russischen Revolution zu geben und zu erklären, was diese Revolution verteidigte und wofür sie kämpfte. Illegal schickten wir die Zeitschrift auch nach Rußland.

Der österreichische Kommunist Leo Lania, Redakteur der Zeitschrift (später bekannter linksbürgerlicher Schriftsteller), berichtete mir einmal aufgeregt, daß die Redaktion einen Brief von Lenin bekommen habe, worin er kritische Anmerkungen zu unserer Zeitschrift gemacht habe und die Meinung äußerte, er halte Lanias Leitartikel sowie meinen Artikel über den Einfall der Engländer in Persien für bemerkenswert. Diese überraschende Nachricht versetzte mich den ganzen Tag lang in einen Freudentaumel.

Eines schönen Tages erschien bei mir mein Onkel väterlicherseits, Henrik Körösi, Landesoberinspektor für das ungarische Volksschulwesen. In unserer Familie repräsentierte er den „aristokratischen" Zweig (zu dem auch der schon erwähnte Feldmarschalleutenant Hazai gehörte). Er war ein interessanter, sehr gebildeter und ambitionierter Mann. König Karl IV. erhob ihn mit einer seiner letzten Verordnungen in den Adelsstand. Einer seiner Söhne war aktiver Offizier und hatte während der Räterepublik in der Roten Armee bei einer zu meiner Division gehörenden Batterie gedient. Man kann sich die Familienszene vorstellen, als der ehemalige Offizier an der Front mit seinem grünschnäbligen Neffen als seinem vorgesetzten politischen Kommissar zusammentraf. Mit seiner großartigen Anpassungsfähigkeit war mein Onkel auch unter der Räterepublik auf seinem Posten im Ministerium geblieben. Als er bei mir mit der ersten Nachricht von meinen Eltern erschien, berichtete er, er arbeite unverändert auf demselben Posten. Er war auf der Durchreise in die Schweiz und wollte mich überreden, nach Zürich zu übersiedeln, wo er mit Hilfe seiner Schweizer Verwandten für meine Aufnahme an der dortigen Universität sorgen könnte. Daraus wurde jedoch nichts, denn im Sommer 1920 trat eine neue, scharfe Wende in meinem Leben ein.

„ROSTA–WIEN"

Im Café Herrenhof, dem beliebten Treffpunkt fortschrittlicher Intelligenz, wurde ich mit dem „roten Grafen" bekannt. So nannte man den Grafen Xaver Schaffgotsch, den Sproß einer der bekanntesten deutschen Aristokratenfamilien, der sich in Rußland als Kriegsgefangener den Kommunisten angeschlossen hatte. Der baumlange, rothaarige Schaffgotsch erzählte mir in seiner aufgeregten Manier, er habe einen Bekannten, einen gewissen Konstantin Umanski, der bei der Presseabteilung des österreichischen Außenministeriums die Texte der von Radio Wien aufgefangenen sowjetischen Funktelegramme übersetze. Er stellte mich sofort Umanski vor, der sogar noch jünger als ich war, fast noch ein Kind (ich war damals zwanzig und er neunzehn Jahre alt), in Moskau aber stand er bereits im Ruf eines ernsthaften Kunsthistorikers. Da er gut deutsch sprach (er stammte aus reicher Familie), hatte ihn Volksbildungskommissar Lunatscharski nach Deutschland geschickt, damit er die neuen Formen der sowjetischen Kunst propagiere. Umanski schrieb ein aufsehenerregend brillantes Buch über die russischen Futuristen und Kubisten, das bei Piper, einem der bekanntesten deutschen Verlage, in München erschien. Als ich das erstemal in Moskau war, konnte ich noch an einzelnen öffentlichen Gebäuden die Spuren der in Umanskis Buch geschilderten hypermodernen Malereien sehen, obgleich sie von den Kremlmauern bereits verschwunden waren. Im Zusammenhang damit hörte ich, daß Lenin von einer seiner Pflegetöchter, die Malerin war, zu solch einer futuristischen, kubistischen Ausstellung mitgenommen wurde. Lenin betrachtete die Bilder lange und erklärte dann, er verstünde nichts von alledem, was jedoch nicht besagen solle, daß diese Werke kommenden Generationen nichts bedeuten könnten, die ihren Sinn vielleicht verstünden.

Umanski übersiedelte 1920 nach Wien und lernte Graf Schaffgotsch kennen, der ihn als Übersetzer ins österreichische Außenministerium brachte, an dessen Spitze damals Otto Bauer, der bekannte sozialdemokratische Führer, stand.

Von Umanski erfuhr ich, daß Radio Wien zur internen Information der österreichischen Regierung täglich die aus Moskau „An jedermann, jedermann!" adressierten Telegramme auffing, die das Nachrichtenmaterial der sowjetischen Republiken enthielt. Es war damals die einzige Nachrichtenquelle aus Moskau. Das interessierte mich sehr, denn die westlichen Blätter veröffentlichten nur sehr wortkarge und feindselig gefärbte Informationen über Sowjet-Rußland. Die von Moskau ausgestrahlten Telegramme wurden nicht publiziert und die Zeitungsleser hatten keine Ahnung, was in Rußland geschah, das durch die Wirren des Bürgerkrieges von der übrigen Welt abgeschlossen war. Mir kam der Gedanke, daß man dieses Nachrichtenmaterial irgendwie breiteren Leserkreisen zugänglich machen müßte. Die beste Lösung dafür schien die Gründung einer Presseagentur zu sein. Durch Schaffgotsch und Umanski wurde ich mit dem als Linkssozialisten bekannten Pressechef des Außenministeriums, Schwartz, bekannt, dem meine Idee gefiel. Er machte mich jedoch darauf aufmerksam, daß wir nur dann an die Telegramme herankämen, wenn wir dem Leiter der Radiostation sowie den Telegraphisten ein Sonderhonorar zahlten. Wir einigten uns auf monatlich fünfzig Dollar. Im hungernden Nachkriegs-Wien hätte man für diese eigentlich lächerliche Summe die ganze staatliche Funkstation mitsamt dem Personal kaufen können. Jetzt blieb nur noch die Frage, wie wir diese Möglichkeit der sowjetischen Regierung zur Kenntnis bringen sollten.

Sowjet-Rußland unterhielt damals noch zu keinem Land diplomatische Beziehungen. Lediglich die sowjetische Genossenschafts-Zentrale, die Centrosojus, hatte einen Vertreter in Stockholm – Maxim Maximowitsch Litwinow, später Lenker der sowjetischen Außenpolitik –, der dort Transaktionen des Außenhandels abwickelte. Mit Hilfe eines nach Stockholm emigrierten ungarischen Genossen suchte und fand ich Kontakt zu Litwinow, dem ich von unseren Möglichkeiten berichtete. Dies geschah im Frühjahr 1920.

Monate vergingen. Der polnisch-sowjetische Krieg begann. Von Litwinow kam keinerlei Nachricht.

An einem Tag im Juli bat mich dann der Generaldirektor der größten österreichischen Bank, des Wiener Bankvereins, zu einer geschäftlichen Besprechung zu sich. Neugierig betrat ich den prächtigen Bankpalast, wo mich der Sekretär zuvorkommend ins Arbeitszimmer des allmächtigen Bankiers führte. Ich sah, daß meine Person ihn überraschte, offenbar wegen meines jugendlichen Äußeren fragte der Generaldirektor sogar mehrfach, ob wirklich ich derjenige sei, an den seine Einladung gerichtet war. Danach sprach er lange über die jahrzehntelange Tradition des österreich-russischen Handels, über die einstigen ausgedehnten Wirtschaftsbeziehungen zwischen Österreich und Rußland und darüber, daß seine Bank immer eine große Rolle bei der Pflege dieser Beziehungen gespielt habe. „Ich hoffe", sagte er, „unsere Bank kann auch künftighin die Vermittlerin dieses wirtschaftlichen Austauschs sein." Fassungslos starrte ich ihn an und verstand nichts. Da überreichte mir der Direktor einen Scheck über 10 000 Schwedische Kronen, den die schwedische Vertretung von Centrosojus in Stockholm auf meinen Namen ausgestellt hatte.

Mit dem damals enormen Betrag begann ich schon am nächsten Tag, die Organisation von Rosta—Wien vorzubereiten (Rosta = Rossijskoje Telegrafnoje Agentstwo, d. h. Russische Telegraphen-Agentur). Innerhalb weniger Tage gelang es mir, ein eingerichtetes Büro zu mieten sowie Mitarbeiter einzustellen, die überwiegend ungarische kommunistische Emigranten waren. Ende Juli 1920, in der angespanntesten Lage, als die Rote Armee in Richtung Warschau vordrang, begaben wir uns an die Arbeit.

Als wir in das erste provisorische Rosta-Büro einzogen, arbeitete im benachbarten Büro ein polnischer kommunistischer Revolutionär mit dem Namen oder dem Pseudonym „Józef Krasni", den ich noch aus der Zeit der Räterepublik kannte. Er gab eine polnische Zeitschrift heraus, worin der damals tobende sowjetisch-polnische Krieg natürlich viel Platz einnahm. Das Material meiner in der Zeitschrift KOMMUNISMUS erscheinenden Frontanalysen beriet ich mit Krasni, den ich für kompetent hielt, die Lage zu beurteilen. Wir befanden uns im August 1920, die sowjetischen Truppen standen bereits vor Warschau, ich mußte meine fällige Monatsinformation termingebunden liefern, und Krasni behauptete mit großer Entschiedenheit, daß der Fall Warschaus nur noch eine Frage von Tagen sei, ich also die Kriegslage aus diesem Blickwinkel schildern könne. Das tat ich auch. Warschau jedoch fiel nicht, im Gegenteil, die sowjetischen Truppen wurden von der unter französischer Führung stehenden polnischen Übermacht nach Ostpreußen abgedrängt, wo die Deutschen sie entwaffneten, woraufhin Krasni mitsamt seinem Redaktionsinventar von Abend auf Morgen spurlos verschwand. Nie wieder habe ich von ihm gehört.

Unter den Rosta-Mitarbeitern befanden sich das ehemalige Mitglied der ungarischen Räteregierung, der große ungarische Philosoph Georg Lukács, und der gleichfalls marxistische Philosoph Béla Fogarasi, der nach 1945 Rektor des Budapester Karl-Marx-Volkswirtschafts-Instituts sowie Vizepräsident der Akademie der Wissenschaften wurde. Bei der Agenturarbeit half der aus der französischen Schweiz stammende Charles Reber, erfahrener Korrespondent von L'HUMANITÉ, sowie der damals bereits renommierte, außerordentlich elegante und wie ein englischer Lord aussehende amerikanische Journalist Frederic Kuh, Berichterstatter des DAILY HERALD, des Organs der englischen Arbeiterpartei. Sehr hilfreich war mir auch Gerhard Eisler, der sprühend-geistvolle Redakteur der Wiener kommunistischen ROTEN FAHNE, mit dem mich bis zu seinem Lebensende die engste Freundschaft verband. In den letzten Jahren vor seinem Tode (1968) leitete er den Rundfunk und Fernsehfunk der Deutschen Demokra-

tischen Republik. Für Rosta arbeiteten auch mehrere russische und ukrainische Kommunisten, die das russische Material ins Deutsche übersetzten. Sie waren als ehemalige Kriegsgefangene in Wien hängengeblieben. Einer von ihnen, ein kleiner schwarzhaariger, schwarzäugiger, munterer junger Mann, den wir nur unter seinem Vornamen Fedja kannten (seinen Namen habe ich auch später nicht erfahren, obwohl ich ihn mehrmals in Moskau traf), geriet durch seine kommunistische Propagandatätigkeit häufig ins Wiener Polizeigefängnis. Bei einem solchen Anlaß sperrte man ihn zusammen mit einem alten Schmuggler ein, der ihm in düsteren Farben die Berufsschwierigkeiten schilderte und dann Fedja nach dessen Beruf sowie den Grund seiner Haft fragte. Fedja antwortete mit edler Schlichtheit: „Ich bin Kommunist." – „Auch ein schweres Stückchen Brot!" meinte der alte Mann nachdenklich, und über diesen Ausspruch mußten wir hernach oft lachen, wenn wir Sorgen hatten.
Einer meiner anderen Übersetzer, Walter Kriwizki, wurde später weltbekannt oder besser gesagt berüchtigt. Im spanischen Bürgerkrieg war er einer der Wirtschaftsfunktionäre der republikanischen Armee, danach verleugnete er als Renegat in den Spalten der amerikanischen Presse sein ganzes früheres Leben.
Schließlich befand sich unter den Mitarbeitern noch Graf Schaffgotsch. Sein Name fungierte als der des verantwortlichen Redakteurs, was ihn nicht daran hinderte, gelegentlich zur Jagd nach Schlesien, auf die riesigen Besitztümer der reichen preußischen Schaffgotsch-Familie, zu reisen.
Ich muß gestehen, manchmal fühlte ich mich denkbar ungemütlich in der Rolle des Chefs gegenüber den Mitarbeitern, die über großes Wissen verfügten und wesentlich älter waren als ich.
Redaktions-Hauptsekretär von Rosta-Wien war Konstantin Umanski. Die Moskauer Telegramme, die er zuvor für das österreichische Außenministerium übersetzt hatte, versah er nun bei uns mit seinem Imprimatur. Umanskis Schicksal ist bekannt: zuerst sowjetischer Presseattaché in Rom und Paris, darauf Pressechef des Sowjetischen Auswärtigen Amtes, eine Zeitlang Leiter der Nachrichtenagentur TASS, später Botschafter der Sowjetunion in den Vereinigten Staaten und schließlich in Mexiko, wo er und seine Frau einem Flugzeugunglück zum Opfer fielen. Seine Frau lernte er bei Rosta kennen, die dort als Schreibmaschinenkraft arbeitete. Mit Umanski verband mich bis zu dessen Lebensende eine intime Freundschaft.
Die Moskauer Telegramme übernahm ich unmittelbar vom Leiter des Wiener Radio, das war eine der Bedingungen von Schwartz. Die Funkstation befand sich auf dem Ballhaus-Platz in einem alten

Barockgebäude, dem Außenministerium, wo nach Napoleons Niederlage der berühmte Wiener Kongreß stattgefunden hatte. Schwartz, der Chef der Presseabteilung, wies die Pförtner an, mir jederzeit Einlaß zu gewähren, denn ich sei diplomatischer Beauftragter von Äthiopien (mit jenem Land besaß Österreich keinerlei auswärtige Beziehungen). Diese Anordnung bekräftigte ich von Zeit zu Zeit mit ein paar Kronen, so daß ich zwei Jahre hindurch, solange Rosta-Wien bestand, täglich ins Außenministerium ging und dort die vom Wiener Radio Tag und Nacht aufgefangenen sowjetischen Telegramme entgegennahm.
Ein Teil der Telegramme wurde in mehreren westlichen Sprachen ausgestrahlt; wir gaben täglich Bulletins in deutsch, französisch und englisch heraus, die wir dann in alle Welt verschickten, in erster Linie an jede linksorientierte Zeitung und Organisation.
Der Inhalt der Rosta war sehr abwechslungsreich. Neben den Kriegsmeldungen und den Berichten über die Kämpfe gegen die konterrevolutionären Banden wurde eine Übersicht der Erfolge des wirtschaftlichen und kulturellen Lebens geboten, mithin ein komplettes Bild vom Leben der sowjetischen Republiken. Oft brachten wir auch Berichte lediglich lokaler Bedeutung, doch für uns war jeder gemeldete Erfolg gleichbedeutend mit dem Erfolg der sowjetischen Revolution, dem Vorantreiben ihrer Errungenschaften.
Rosta-Wien spielte eine unschätzbare Rolle in dem Bemühen, der Welt die Wahrheit über Sowjet-Rußland mitzuteilen. Damals existierte noch der von Clemenceau zur Lokalisierung der „bolschewistischen Seuche" organisierte „cordon sanitaire", darum war es außerordentlich wichtig, daß in einer westlichen Metropole täglich die der Wirklichkeit entsprechenden, amtlichen sowjetischen Informationen über den revolutionären Kampf in Rußland ans Tageslicht kamen.
Eine besonders wichtige Rolle erfüllten die in den Moskauer Funktelegrammen übermittelten PRAWDA- und ISWESTIJA-Artikel über die Arbeiterbewegung und die internationale politische Lage, da sie in jener Zeit halfen, die außerordentlich komplizierte Weltsituation richtig zu bewerten.
Außer den sowjetischen Radiotelegrammen bekam Rosta-Wien auch Zeitschriften und die PRAWDA und ISWESTIJA. Aber diese Blätter erreichten uns auf einem sehr langen Wege, von Murmansk brachten Fischerboote sie nach Vardö, dem norwegischen Hafen jenseits des Polarkreises. Von dort gelangten sie mit Dampfern nach Trondheim, anschließend mit der Bahn nach Oslo (das sich damals noch Kristiania nannte) und von dort weiter nach Österreich.
Die sowjetischen Blätter wurden von uns fotokopiert und als Faksi-

mile für die Bibliotheken vervielfältigt, weil diese Zeitungen schon damals einen außerordentlichen bibliophilen Wert darstellten. Selbst Lenins Reden wurden uns durch eine Schallplatte übermittelt. Wir mieteten einen großen Saal in Wien und ließen die Platte vor einem riesigen Publikum laufen. In der ganzen Stadt prangten Plakate: „Kommen Sie morgen in den Dreher-Saal, wo Sie Lenins Reden im Original und übersetzt hören können."

Die Telegraphisten der Wiener Rundfunkstation erhielten Anweisung, alles aufzuzeichnen, was Moskau ausstrahlte. So nahmen sie selbst jene verschlüsselten Telegramme auf, die an Krassin, den Leiter der 1921 eröffneten sowjetischen Handelsvertretung, in London gerichtet waren. Wir sandten die Telegramme per Post weiter an Krassin, der so kontrollieren konnte, ob ihn alle Moskauer Telegramme erreicht hatten.

Die Tätigkeit der Rosta hatte jedoch noch eine weitere Bedeutung. Auf dem gleichen Wege, auf dem die Informationen über die sowjetischen Republiken zu jeder linksgerichteten Organisation in der kapitalistischen Welt gelangten, setzte der Informationsstrom in umgekehrter Richtung an Rosta-Wien ein. In jener Zeit, als die internationalen illegalen Kontakte der linken Arbeiterbewegung unter äußerst schwierigen Umständen etabliert wurden, eröffnete sich für uns die Möglichkeit, auf legalem Wege Nachrichtenmaterial über die Arbeiterbewegung aus aller Welt zu beschaffen, die wir dann als Pressetelegramme nach Moskau sandten. Dieses Material wurde später so umfangreich, daß wir eine gesonderte Agentur unter der Bezeichnung „Intel" (Internationale Telegraphen-Agentur) gründen mußten. Diese war so erfolgreich und durch uns so gut getarnt, daß selbst die Blätter der II. Internationale und der, die „Zweieinhalbe" genannt wurde, uns für ihre Nachrichtenagenturen hielten. Intel besaß auch eine Balkan-Abteilung, deren ständige Mitarbeiter so namhafte emigrierte Kommunisten waren wie der Jugoslawe Cvijic und der Bulgare Stojanow.

Den Erfolg von Intel förderten wir auch durch neue Methoden der Nachrichtenübermittlung. Zu jener Zeit nämlich gaben die Nachrichtenagenturen der Welt ihre Meldungen hauptsächlich telegraphisch weiter, telefonische Fernverbindungen waren erst im Keim vorhanden. Mit Hilfe eines ungarischen Emigranten, Heisler, Adjunkt an der Züricher Universität, gelang es mir, in der Schweiz eine Vermittlungsstation zu gründen. Heisler fungierte als Fernsprech-„Dispatcher" zwischen der Wiener Intel-Zentrale und deren Korrespondenten in Paris, Berlin sowie Rom. Auf diese Weise gelangten wir viel schneller zu mehr Informationen als auf telegraphischem Wege.

Unsere Berichterstatter rekrutierten sich aus den besten kommunistischen Journalisten: Leo Lania/Rom, Valeriu Marcu/Paris und Josef Bornstein/Berlin. Zugleich übermittelten sie jeweils der lokalen Presse die von unseren anderen Korrespondenten erhaltenen Nachrichten. Besonders hervorheben muß ich den schwarzäugigen, schmächtigen Marcu; ein interessanterer, geistsprühenderer Mann ist mir kaum je begegnet. Obgleich er kaum älter als Zwanzig war, besaß er eine große revolutionäre Vergangenheit: als rumänischer Revolutionär war er im Krieg von den Deutschen verhaftet und nach Deutschland gebracht worden, wo er in der Festung Holzminden zusammen mit Pilsudski, dem späteren Führer der polnischen Republik, das Gefangenenlos teilte. Bei Kriegsende kam er nach Wien und wurde der Sachverständige für auswärtige Angelegenheiten bei der ROTEN FAHNE. Wir wurden enge Freunde, häufig verbrachte er auch die Nacht bei mir, wenn er nach langen Diskussionen insbesondere über die Kriegslage und strategische Fragen keine Lust mehr zum Heimweg hatte. In Kleinasien wurde damals der griechisch-türkische Konflikt ausgetragen, worüber Marcu ausgezeichnete Studien für die ROTE FAHNE schrieb. Wochenlang lasen wir gemeinsam Hans Delbrücks vierbändige „Geschichte der Kriegskunst im Rahmen der politischen Geschichte", die die gesamte Kriegsgeschichte von den Griechen und Römern an bis hin zum XX. Jahrhundert umfaßt. Anscheinend war die damalige intensive Beschäftigung mit der Kriegswissenschaft sehr bedeutsam für unser beider Schicksal. Marcu kam nach 1922 nach Deutschland, wo seine Arbeiten über die großen deutschen Heerführer der napoleonischen Kriege (Scharnhorst, Gneisenau) rasch Aufsehen erregten, mit denen er in die Spitzenklasse des preußischen Militärschrifttums Eingang fand. Von da an bewegte sich Marcu nur noch in der Gesellschaft von Generälen, Fabrikanten und Bankiers. Ich erinnere mich, ihn einmal in seiner splendiden Villa in Saarow bei Berlin besucht zu haben, damals ein Erholungsort auserwählter Kapitalisten, wo ich Trude Hesterberg traf, eine der bekanntesten Berliner Schauspielerinnen, die sichtlich Marcu eng verbunden war. Später heiratete er die Tochter eines steinreichen Textilfabrikanten und lebte bis zum Einmarsch der deutschen Faschisten in einer wunderschönen Villa an der französischen Riviera; man brachte ihn genauso um wie andere deutsche Emigranten, derer man habhaft werden konnte. Das letzte Mal traf ich Marcu in den dreißiger Jahren in einem Pariser Café. Er machte einen überaus verlebten Eindruck. Mich überhäufte er mit Vorwürfen, daß ich Kommunist geblieben sei, wo doch seiner Meinung nach die sozialistische Sache verraten worden war. Er hingegen hatte die Konsequenzen gezogen. Plötzlich betrat Jacques

Doriot das Café, ehemals Führer der Französischen Kommunistischen Partei, damals bereits Chef einer faschistischen Gruppe, und zu meiner großen Überraschung begrüßten sich Marcu und Doriot wie Busenfreunde. Dafür fiel unsere Begrüßung wesentlich kühler aus, obwohl ich Doriot gut kannte, da er auf seinen illegalen Reisen mehrfach bei mir Quartier genommen hatte. Meine Wohnung in Berlin war ziemlich groß und befand sich außerdem am Stadtrand, so daß die Partei häufig Genossen auf der Durchreise, die wegen ihrer illegalen Mission kein Hotel nehmen wollten, zu mir dirigierte. Unter anderem auch Doriot.

Doch zurück zu Intel-Wien. Auf Grund der Telefonverbindung war unser Informationsdienst sehr leistungsfähig. Über die Genfer Konferenz des Jahres 1922 beispielsweise, als Sowjet-Rußland das erste Mal offiziell in der Arena der internationalen Diplomatie erschien, berichtete Intel Stunden schneller als die größten europäischen Nachrichtenagenturen Reuter, Havas oder Wolff.

Für Rosta-Wien war es eine interessante und bedeutende Wende, als im Frühjahr 1921 bei mir ein unrasierter, fast in Lumpen gehüllter junger Mann erschien und sich als Mieczyslaw Warszawski, erster diplomatischer Repräsentant der Russischen Sowjetrepublik in Wien, vorstellte. Der angebliche „Warszawski“ war niemand anders als Bronski, ein bekannter polnischer Kommunist, über den Krupskaja in ihren Memoiren schreibt, daß Lenin an einem frühen Morgen im Februar 1917 von ihm den Ausbruch der Revolution erfahren hatte. Bronski arbeitete unter dem Pseudonym Warszawski in Dänemark, wo man ihn verhaftete, und Lenin vermochte ihn nur dadurch zu befreien, daß er ihn zum diplomatischen Vertreter ernannte, natürlich unter dem gleichen Decknamen. Der erste sowjetische diplomatische Repräsentant in Österreich war, genau wie in Deutschland, anfangs Leiter der Repatriierungskommission für die russischen Kriegsgefangenen, da vorerst keine offiziellen diplomatischen Beziehungen bestanden. Es war sehr spaßig, am nächsten Tag in den Wiener Zeitungen zu lesen, daß der sowjetische Diplomat der Sproß einer der ältesten polnischen Aristokratenfamilien, der Warszawskis, sei.

1921 nahm ich als Leiter von Rosta-Wien am III. Kongreß der Kommunistischen Internationale in Moskau teil. Natürlich konnte ich nicht mit meinem von der ungarischen Regierung ausgestellten Paß reisen, denn Ungarn unterhielt keinerlei Kontakt zu Sowjet-Rußland. Obwohl ich damals noch herzlich wenig Russisch konnte, reiste ich mit einem sowjetischen Paß, den ich in Berlin bekam, aber ohne Ausreisevisum. Man dirigierte mich nach Stettin, zum städtischen Polizeichef persönlich, der mir nach etlichen Gläsern Wein eigenhändig den Ausreisestempel in den Paß drückte. Von dort folgte eine lange Reise mit der Lokalbahn durch die pommerschen und preußischen Waldungen zur deutsch-litauischen Grenzstation. Dort, in Eydtkuhnen mußten wir alle aussteigen. Zu meiner grenzenlosen Verwunderung brachten mich die deutschen Polizisten in ein Badezimmer, entkleideten und setzten mich in die Wanne und rieben mir den Rücken mit irgendeiner Flüssigkeit ein. Später erfuhr ich, daß man illegalen Kurieren manchmal die geheime Nachricht mit chemischer Tinte auf den Rücken schrieb. Durch Litauen hindurch erreichte ich nach langer Reise — der Zug hielt an jeder Station — das lettische Riga, wo mich der sowjetische diplomatische Vertreter Ganezki empfing. Seinerzeit hatten die baltischen Länder, die sich von Sowjet-Rußland unabhängig machten, ob sie wollten oder nicht, den mächtigen Nachbarn bereits anerkannt. Bei Ganezki verbrachte ich nur wenige Tage, aber das kurze Beisammensein mit diesem großartigen, gebildeten und außerordentlich gewinnenden Mann ist für mich zur bleibenden Erinnerung geworden.

Von Riga fuhren wir endlich weiter auf der einzigen Gleisstrecke, die damals Sowjet-Rußland mit der kapitalistischen Welt verband. An der kleinen Grenzstation Sebesch, als unsere alte Lokomotive auf eine schlicht aus Holz gezimmerte Pforte zurollte, fühlte ich mich tief bewegt. Ich erblickte über dem Tor die mehrsprachige Aufschrift: „Es lebe die Sowjetmacht!“ Seit dem Sturze der Ungarischen Räterepublik fühlte ich mich zum erstenmal zu Hause. Ich blickte auf dieses Reich wie auf das gelobte Land und war von grenzenlosem Vertrauen erfüllt.

Ich muß gestehen, meine ersten Eindrücke waren nicht überwältigend. Nach Sebesch nämlich hielt der Zug immer wieder auf offener Strecke, damit in den benachbarten Wäldern Holz zum Heizen der Lokomotive geschlagen werden konnte. Aus Kohlenmangel wurden die Lokomotiven mit Holz beheizt.

Die Reisenden waren großenteils Delegierte des kommunistischen Weltkongresses. Mitte Mai traf ich in Moskau ein. Auf den langen russischen Winter folgte ohne Übergang der heiße Sommer. In dieser Stadt, die kennenzulernen ich so lange gewartet und deren Nachrichten ich tagtäglich in alle Welt verschickt hatte, waren meine ersten Eindrücke geradezu deprimierend. Damals herrschte im Wolgagebiet eine große Hungersnot, und Rußland wurde von einer Typhusseuche heimgesucht. Im Hotel National, wo ich in einem Mehrbettzimmer logierte, lagen gleichfalls viele Personen krank darnieder. Die Wasserwerke und das Kanalisationsnetz waren außer Betrieb, der städtische Verkehr gelähmt, die Straßenbahnen fuhren nicht. Hauptverkehrsmittel war der sogenannte Iswostschik, was auf russisch Fuhrmann heißt, zugleich aber auch seine Kutsche bedeutet – ein einspänniger, zweirädriger Karren. Vorn auf dem Bock thronte der Kutscher im langen, schmutzigen grünen oder blauen Kaftan, den ein schreiend roter Gürtel zusammenhielt. An heißen Sommertagen verbreitete sich ein süßlich-unangenehmer Geruch in den Straßen der Stadt. Das Leben war karg; die tägliche Ration bestand aus einem Hering, zehn Zigaretten und einem Stück Brot aus einer schwarzen, undefinierbaren Masse. Glücklicherweise war ich kein Raucher, so daß ich meine Zigarettenzuteilung gegen Hering oder Brot tauschen konnte. Die Geschäfte waren größtenteils geschlossen, was in mir die Erinnerung an die ungarische proletarische Diktatur weckte, als die Geschäfte aus Warenmangel gleichfalls geschlossen wurden, mit dem Unterschied, daß ich hier an den Firmenschildern keine jener Leinwandstreifen sah, die mich seinerzeit wegen ihres provisorischen Charakters so sehr deprimierten.

Aus der Ferne hatte ich mir natürlich alles anders vorgestellt.

Zugleich überwältigte mich in diesem riesigen Dorf der imposante Anblick des Kremls, der mittelalterlichen Kathedralen und des Vierecks des Roten Platzes. Doch mehr noch als all dies war ich von jener unglaublichen Begeisterung und Zuversicht, jener die Weltrevolution wie einen Messias erwartenden Stimmung ergriffen, die die Menschen inmitten der größten Entbehrungen erfüllte. Andererseits war es unmöglich, am Eingang des Roten Platzes die alten Weiber zu übersehen, die vor dem tiefgeschwärzten Bild der iberischen Madonna knieten, während gegenüber die revolutionäre Parole auf rotem Hintergrund verkündete: „Religion ist Opium für das Volk."

Mit wem ich es auch zu tun hatte, alle waren von hoher Begeisterung erfüllt, durchdrungen von dem Glauben an die Zukunft. Diese fieberhaft-revolutionäre Stimmung erreichte den Siedepunkt im Georgs-Saal des Kremls, wo die Sitzungen des Kongresses der Kommunistischen Internationale stattfanden. Die Reden der revolutionären Sprecher kontrastierten scharf zu den in Gold gravierten zaristischen Wappen und Namenslisten der Ritter des Sankt-Georg-Ordens, die an allen Seiten den riesigen Saal zierten, den Delegierte aus allen Teilen der Welt füllten. Wir, die Pressevertreter, saßen auf übereinander gestuften Bänken neben dem Podium des Präsidiums. Eines Tages öffnete sich die kleine Tür neben mir, und Lenin trat ein. Er setzte sich unmittelbar auf die Stufe vor mir, blickte mich an und bedeutete mir, indem er seinen Finger an den Mund legte, ich solle schweigen, damit man von seiner Anwesenheit keine Kenntnis nehme. Lange saß er da und machte sich die ganze Zeit hindurch Notizen.

Ich und der ganze Saal waren tief beeindruckt, als er die Rednertribüne betrat. Schon die Tatsache, daß er einige Stunden erst russisch, anschließend deutsch, dann französisch und englisch sprach, überwältigte das Auditorium; man spürte, daß dieser rasch auf und ab gehende Mann, mit den klugen Augen und den lebhaften Gesten, über ungewöhnliche Fähigkeiten verfügte. Bei anderer Gelegenheit hörte ich ihn auf dem Roten Platz. Von der improvisierten Tribüne aus sprach er leidenschaftlich-temperamentvoll; seine Sätze waren kurz und bestimmt. Und dann endlich sprach ich auch persönlich mit ihm.

Meinen Moskauer Aufenthalt wollte ich auch dazu nutzen, so viele russische Landkarten wie möglich zu besorgen, weil ich mich schon damals mit dem Gedanken beschäftigte, im Westen die erste Karte der Sowjetrepubliken zu veröffentlichen. Im Korridor des Kreml-Palastes trug ich diese meine Bitte Skljanski, einem Stellvertretenden Volkskommissar für das Kriegswesen, vor. Mein russischer Wortschatz reichte jedoch nicht aus, um mich verständlich zu machen, obwohl ich mich redlich plagte. Lenin, der zufällig des Weges kam, bot sich als Dolmetscher an. Doch er vermittelte nicht nur das Gespräch, sondern schaltete sich selber ein und erkundigte sich nach den Motiven meiner Bitte. Als er hörte, daß mein wissenschaftliches Interesse der Geographie und Kartographie galt, wies er mit einigen Worten darauf hin, daß die Probleme des Imperialismus besondere Formen der kartographischen Darstellung erforderten, und er fragte beiläufig, ob ich nicht Lust hätte, mich mit dieser Frage in Rußland zu befassen, wo es kaum kommunistische Geographen gab. Damals konnte ich noch nicht zusagen, weil ich erst meine Studien beenden wollte. Aber von da an setzte ich mir zum Ziel, mich mit der Erdkunde und Kartographie der Sowjetunion und insbesondere mit Lenins Gedanken eingehend zu befassen. Dies trachtete ich in meiner ersten großen kartographischen Arbeit, „Der Atlas des Imperialismus“ (der 1929 in Berlin und 1930 in Tokio erschien), im leninschen Geist zu realisieren.

Es bedarf kaum der Erwähnung, daß ich mit Lenins Hilfe jede Karte bekam, die ich brauchte.

Im Verlauf meines Moskauer Aufenthalts erhielt ich Gelegenheit, mehrere führende Politiker des Sowjetstaates kennenzulernen. Die vielleicht interessanteste Persönlichkeit war der Volkskommissar für Auswärtige Angelegenheiten, Tschitscherin. Bei ihm meldete ich mich ohnehin zuerst, denn die von mir in Wien publizierten Telegramme „An jedermann, jedermann!“ stammten von der Presseabteilung des Außenministeriums. Tschitscherin empfing mich im Volkskommissariat für Auswärtige Angelegenheiten, im Hotel Metropol, um zwei Uhr nachts (dies war seine Sprechstunde). Von seinem mit Papieren überhäuften riesigen Schreibtisch trat er auf mich zu, maß mich mit seinen von der nächtlichen Arbeit geröteten Augen, schlug denn die Hände zusammen: „Also dieser Junge ist unser größter Propagandist im Ausland? Sie müssen was tun, damit Sie seriöser aussehen. Dieses jugendliche, kindliche Äußere ist ein Fehler für einen Mann, der im Westen der Repräsentant des Presseorgans des großen sowjetischen Reiches ist" — sagte er eher scherzhaft als ernst. Während meiner Moskauer Wochen verbrachte ich den Großteil meiner Nächte im Büro von Tschitscherin, wo er selbst das Redigieren der Telegramme überwachte. Es war ein großes Erlebnis, jene merkwürdige Atmosphäre zu beobachten, in welcher der einstige Aristokrat, der wissenschaftlich gebildete Mozart-Interpret und Ästhetiker die Außenpolitik der sowjetischen Regierung lenkte. Als das Volkskommissariat für Auswärtige Angelegenheiten vom Hotel Metropol zur Kusnezki Most übersiedelte, hatte Tschitscherin nur die eine Frage: Wo wird mein Schreibtisch stehen und wo mein Bett? Denn im Metropol stand sein Bett selbstverständlich neben dem Schreibtisch.

Unter den Mitarbeitern des Volkskommissariats herrschte ein ungezwungenes, kollegiales Verhältnis, das von der außerordentlich einfachen, menschlichen Haltung Tschitscherins geprägt war. Ich erinnere mich beispielsweise an folgende nächtliche Szene: Es erscheint zum Empfang Graf Brockdorff-Rantzau, der deutsche Botschafter, ein hagerer preußischer Aristokrat von militärischer Haltung, mit charakteristischem kleinem Schnurrbärtchen; im Vorzimmer trifft er den großen rotbärtigen Tschitscherin, der in seinen Armen ein Baby wiegt. Die Frau des wachhabenden Soldaten hatte ihr Kind mitgebracht; die beiden wollten etwas besprechen und hatten den Genossen Volkskommissar gebeten, sich solange mit dem Kind zu beschäftigen — was dieser auch gerne tat. Man kann sich die Konsternation des deutschen Grafen vorstellen, als Tschitscherin ihn um etwas Geduld bat, bis er seine Ammenpflichten erledigt hätte. Im Volkskommissariat für auswärtige Angelegenheiten herrschte noch lange diese Atmosphäre, in der auf offizielle Formalitäten verzichtet wurde.

Ich lernte auch den stets lustigen Podwoiski kennen, den Organisator der Jugendorganisation für Landesverteidigung und Sport — Wsewobutsch (Otdel Wseobschtchewo Wojennowo Obutschenija). Im zaristischen Reich hatte es bekanntlich keine Massensport gegeben. Ich sehe es noch vor mir, wie auf dem Leninberg (damals noch Spatzenberg) Zehntausende Jugendlicher zur ersten Parade des russischen Sports aufmarschierten und Podwoiski mit ungeheurer Begeisterung die Garanten eines neuen, besseren Lebens begrüßte.

Während des Kongresses beteiligte ich mich an der redaktionellen Arbeit der Zeitung MOSKAU. Das Blatt veröffentlichte in mehreren europäischen Sprachen die auf dem Kongreß gehaltenen Berichte und Reden. Sie bewahrten die leidenschaftlichen Debatten und Resolutionen, die für lange Jahre die Politik des Weltkommunismus bestimmten. Durch diese Tätigkeit kam ich mit vielen sowjetischen und ausländischen Genossen zusammen, und die langen Gespräche mit ihnen erweiterten meinen Horizont. Mein Moskauer Aufenthalt, der Kontakt zu Menschen unterschiedlichster Mentalität, die vom Anarchisten bis zu den Rechtssozialisten alle Schattierungen repräsentierten, bestärkte meinen Glauben an die Richtigkeit des von Lenin beschrittenen Weges.
In Moskau begegnete ich erneut meinem jungen Freund Umanski, der etliche Monate zuvor plötzlich aus Wien verschwunden war. Ich vermochte diesem jedermann entwaffnenden jungen Mann keinen Vorwurf zu machen, daß er wortlos gegangen war. Umanski hatte genug vom Journalismus und widmete sich wieder den Künsten. In Moskau war er sehr aktiv im Verband der Bildenden Künste, ISO. Durch Umanski lernte ich Majakowski kennen, der gerade Tag und Nacht mit den Proben zu seinem Stück „Mysterium-Buffo" beschäftigt war, das im Moskauer Zirkus zur Aufführung gelangte. Dieses Tag-und-Nacht-Arbeiten ist wortwörtlich zu verstehen, denn die Proben dauerten bis spät in die Nacht, und da es absolut keine Verkehrsverbindungen gab, blieben die Schauspieler, der Regisseur, der Autor und sein Freundeskreis im Zirkus, und wir schliefen in den Logen. Kennzeichnend für die damalige Atmosphäre ist, daß die weibliche Hauptrolle von der Tochter meines Wiener Bekannten, des Pressechefs Schwartz, gespielt wurde; Schwartz erhielt damals seine Ernennung als Österreichs Gesandter in Moskau. Es kam sogar vor, daß Schwartz mich vom Gebäude der Kommunistischen Internationale im Dienstauto der Gesandtschaft zu den Zirkusproben fuhr.
Bei einer Gelegenheit hatte ich in der Kongreßpause ein interessantes Gespräch mit den damaligen Führern der Ukrainischen Sowjetrepublik, Manuilski und Rakowski. Zur Zeit der Ungarischen Räterepublik waren nämlich zwei Abgesandte der Ukrainischen Sowjetrepublik in Budapest erschienen, die von Rakowski und Manuilski ausgestellte Ausweise vorwiesen. Sie erklärten, man habe sie zu dem Zweck geschickt, in Ungarn bei der Neuorganisation einer selbständigen kommunistischen Partei zu helfen, da das Untertauchen der wenigen Kommunisten im sozialdemokratischen Meer auf längere Sicht unhaltbar erschien und die sozialdemokratische Politik zum Sturz der Räterepublik führen müßte. Sie nahmen Verbindung zu vielen jun-

gen Leuten auf, darunter auch zu mir, und wir diskutierten dies Problem leidenschaftlich. In der Emigration quälte uns dann jahrelang die Frage, ob jene beiden Männer wirklich im sowjetischen Auftrag gehandelt hatten. Jetzt richtete ich diese Frage an Manuilski und Rakowski. Beide erinnerten sich an die Angelegenheit und bestätigten, daß es sich um offizielle Abgesandte gehandelt habe. Vor einigen Jahren ist nun das Buch von Peter Földes mit dem Titel „Dramatische Mission" erschienen, worin er die gleiche Frage erörtert. Er schreibt, die ukrainischen Abgesandten seien vor ihrer Ankunft in Ungarn Konterrevolutionären in die Hände gefallen, die ihnen die originalen Ausweispapiere abnahmen und mit deren Hilfe dann Diversanten einschleusten.

Nach mehrmonatigem Aufenthalt reiste ich über die einstige zaristische Hauptstadt Petrograd zurück. Die Wiege der russischen Revolution – wo ich mit Ergriffenheit das Smolny-Institut, den Winterpalast und noch viele Denkmäler der russischen Revolution sowie die bereits aus der russischen Literatur wohlbekannten Stadtteile besuchte – wirkte sehr deprimierend auf mich. Auf der Hauptstraße, dem legendären Newski-Prospekt wuchs knöchelhoch Gras, in den zahllosen Kanälen dieses Nordischen Venedigs schwappte abfallbeladen schmutziges Wasser, die Stadt wirkte selbst im Vergleich zu Moskau ausgestorben. Das ehemalige Petersburg, einst Residenz des Reiches, war merklich Peripherie geworden; das Fenster nach Europa hatte sich geschlossen, der große Hafen gähnte verkehrsleer. Obgleich der Krieg zu Ende war, war Rußland noch immer von der Blockade der kapitalistischen Welt umgeben, und auf deren Grenzlinie lag Petrograd.

Spätnachts fuhr ich in einem langsamen, gemütlich dahindampfenden Züglein nach Tallinn, Hauptstadt des 1918 unabhängig gewordenen Estland. Die diplomatische Beziehung mit den Sowjetrepubliken war gerade wieder hergestellt, der diplomatische Vertreter war Litwinow. Endlich konnte ich ihm persönlich sagen, was seine Vermittlung für die Entstehung von Rosta-Wien bedeutet hatte. Litwinow war das Gegenteil zum außerordentlich ungezwungenen Tschitscherin; kannte er jemanden nicht besonders gut, gab er sich äußerst zurückhaltend und gemessen.

Ich bekam eine Karte für ein finnisches Schiff, das, von Helsinki kommend, nach dem deutschen Stettin fuhr. Auf dem Schiff geriet ich in eine recht unangenehme Lage. Es sprach sich blitzschnell herum, daß ich einen sowjetischen Reisepaß besitze, und dies reichte aus, daß die bürgerlich und konterrevolutionär eingestellten Passagiere mich auf Schritt und Tritt anrempelten, beleidigten und sogar bespuckten.

Schließlich kam mir der Kapitän zur Hilfe — der noch keinen lebenden Menschen mit einem sowjetischen Paß gesehen hatte und sich folglich nur vorstellen konnte, daß ich diplomatischer Kurier sei —; er verwarnte die Passagiere nachdrücklich. So verlief dann der restliche Teil der Fahrt relativ ruhig. Mir jedoch bereitete Sorge, wie ich wohl mit meinem nicht ganz ordnungsmäßigen Stettiner Visum nach Deutschland hineinkommen würde. Aber als der Lotse an Bord kam, stellte mich der Kapitän auf Grund meines sowjetischen Passes als „diplomatische Kuriosität" vor, so daß ich auch dieses Hindernis glücklich nahm.

In den letzten Tagen meines Moskauer Aufenthalts war es mir gelungen, Umanski zu überreden, zur Rosta-Wien zurückzukehren, wo wir diesen begabten und mit den sowjetischen Verhältnissen so gut vertrauten Mitarbeiter sehr vermißten. Seine Rückkehr stieß jedoch auf einige Schwierigkeiten, weil der Wiener Gesandte, Warszawski-Bronski, der damals gleichfalls in Moskau weilte, Umanskis plötzliches Verschwinden aus Wien nicht auf die leichte Schulter nahm. Auf meine Vorstellungen hin versprach er lediglich, Umanski könne seine Arbeit wiederaufnehmen, wenn es ihm gelänge, nach Wien zu kommen, doch würde er diesbezüglich keinen einzigen Schritt unternehmen. Denn Bronski, der fast doppelt so alt war wie wir, beurteilte es natürlich anders, daß Kostja über die Stränge geschlagen hatte. So blieb meinem lieben jungen Freund nichts weiter übrig, als sich dem Zufall anzuvertrauen. Aber einen Monat später, nach abenteuerlicher Reise, traf er tatsächlich in Wien ein.

Einige Monate darauf fuhren Umanski und ich erneut nach Moskau, wo eine Besprechung über die Koordinierung der Informationsarbeit und den Ausbau des Rosta-Korrespondentennetzes stattfand. Im Oktober 1922 machten wir uns mit österreichischen Pässen als Pferdehändler auf den Weg. Nach den Erfahrungen vom Sommer hielten wir es nämlich für richtiger, nicht mit sowjetischen Pässen zu reisen. Glücklich erreichten wir Moskau, obwohl wir an der litauischen Grenzstation Virbalis folgendes Abenteuer hatten: In der Zollwache nahmen sämtliche Reisende auf einer langen Bank Platz und an Hand der zuvor eingesammelten Reisepässe, die auf einem Tisch in der Saalmitte lagen, rief ein Grenzbeamter einen nach dem andern namentlich auf. Auf einmal flüsterte mir Umanski zu: „Wie heiße ich eigentlich?" Er hatte seinen Paß-Namen vergessen. Ich hatte freilich genug zu tun meinen eigenen Namen und die dazugehörigen Daten mir einzuprägen; es war zu viel für mich, mir auch noch Umanskis Personalien zu merken. Wir befanden uns in außerordentlicher Spannung bis zu dem Augenblick, als Kostja beim Aufruf eines Namens

gleich einer Kugel aus dem Gewehrlauf zum Tisch stürzte. Er hatte seinen Namen erkannt.
In Moskau hatte ich wieder Gelegenheit, Lenin zu sehen. Der Chef der Presseabteilung des Volkskommissariats für Auswärtige Angelegenheiten, Goldenberg, lud uns zu einer Propagandisten-Beratung ein, wo zu unserer größten Überraschung Lenin das Referat hielt. Plötzlich unterbrach er seine Rede, wandte sich an uns beide, die wir in der ersten Reihe standen (Stühle gab es bei solchen Zusammenkünften nicht) und drückte seine Freude darüber aus, daß er unter den älteren Propagandisten auch so junge Gesichter sehe, die bereit wären, sich aktiv einzusetzen. Natürlich schämten wir uns, daß er auch uns zu den aktiven Propagandisten zählte und wir ihn ungewollt irregeführt hatten. Lenin konnte nicht wissen, daß die vermeintlichen „Rekruten" zur obersten Garnitur der damaligen Propagandisten Sowjet-Rußlands gehörten. Jedenfalls war es ein großes Erlebnis, nicht bloß auf dem Podium eines internationalen Kongresses, sondern unmittelbar im Kreis der Arbeiter den Führer des sowjetischen Proletariats zu hören und zu sehen.
Gemäß den Regeln der Illegalität reisten wir nicht gemeinsam zurück. Da ich von verschlossener, schweigsamer Natur bin, gelangte ich glücklich über alle Grenzen. Kostja aber, kaum daß er die letzten — litauischen und deutschen — Grenzstationen hinter sich gebracht hatte, ließ alle Vorsicht fallen und begann mit seinen Reisegefährten zu plaudern. Der junge, vorgebliche Roßhändler merkte bestürzt, daß seine Mitreisenden wirkliche Pferdehändler waren, die ihn sehr interessiert über die österreichischen Pferderassen auszufragen begannen. Auf der nächsten Station verließ er eilig den Zug und wartete in einem kalten Wartesaal auf die Ankunft des nächsten. In Wien lachten wir ausgiebig über dieses Abenteuer, das freilich auch weniger glimpflich hätte enden können.
Mein Wiener Leben bewegte sich zu jener Zeit auf recht unterschiedlichen Gleisen. Den größten Teil meiner Zeit beanspruchte die verästelte Direktions- und Redaktionsarbeit eines großen, mit der ganzen Welt in Kontakt stehenden Pressebüros mit mehreren Dutzend Mitarbeitern. Es kennzeichnet die Entwicklung des Büros, daß wir die Bulletins nicht mehr mittels manueller Hektographiermaschine herstellten, sondern druckten. Zugleich nahm ich als bescheidener Student an den erdkundlichen Seminaren teil; abends wiederum, wann ich nur konnte, frönte ich meiner Leidenschaft für die Musik. Fast jeden Abend kaufte ich eine Karte — zwar nur für einen Stehplatz — zu einem Konzert im Musikverein oder im Konzerthaus, und auf diese Weise hatte ich Gelegenheit, die größten Musiker der

Welt zu hören. Nach dem Konzert diskutierten wir ungarischen Emigranten regelmäßig am Caféhaustisch die Weltereignisse. Zu meinem engsten Freundeskreis gehörten die stets optimistische und sprühendgeistreiche Jolán Kelen, die zusammen mit ihrer Familie beim Entstehen der Ungarischen Kommunistischen Partei Pate gestanden hatte, der ewig in Bücher vertiefte Béla Lándor, in dem wir eine theoretische Hoffnung der Partei erblickten, László Csillag, mein von romantischen Träumen erfüllter Freund noch aus der Soldatenzeit in Salgótarján, und K. Lipót, bekannt als einer der Führer der Linkssozialisten von Bihar vor der Räterepublik, unser aller Rechtsberater, der leidenschaftlich jede Ungerechtigkeit anprangerte.

Zu meinem Freundeskreis in Wien gehörte der Sekretär der sowjetischen Gesandtschaft, Huber, der eigentlich Hubermann hieß und der Bruder des weltberühmten Geigenvirtuosen war. Huber hatte ein tragisches Schicksal. Als er später nach Polen zurückkehrte, wurde er wegen seiner illegalen kommunistischen Arbeit verhaftet und saß jahrelang in polnischen Gefängnissen, bis er schließlich durch den Gefangenenaustausch in die Sowjetunion gelangte. Beim Eintreffen in Moskau aber geriet er unter die Räder des für ihn bestimmten Omnibusses und starb.

1922, als die offizielle diplomatische Verbindung zwischen Österreich und Sowjet-Rußland zustande kam, war die revolutionäre Rolle von Rosta-Wien zu Ende.

Die Presseabteilung der Wiener sowjetischen Gesandtschaft hatte nur einen beschränkten Aufgabenkreis. Mir bot man an, als Wiener Korrespondent weiterzumachen. Ich jedoch war der Meinung, daß es nach Beendigung der mir so viel bedeutenden Heldenära revolutionärer Nachrichtenübermittlung durch Aufnahme der offiziellen diplomatischen Beziehungen nun an der Zeit sei, meine Universitätsstudien abzuschließen. Die materielle Deckung dazu, wenngleich in bescheidenem Rahmen, bot mir die von der sowjetischen Regierung bekommene Abfindung.

Auf Grund dieses meines Berichts ist es wohl doch interessant, diese Jahre meines Lebens mit jenen Legenden zu vergleichen, die von sogenannten Kremlinologen über mich verbreitet worden sind. So kann man zum Beispiel in dem sechshundert Seiten starken englischsprachigen Buch David Dallins „Soviet Espionage" — das auch deutsch erschien — lesen: „Obgleich Radó zur Zeit der Budapester Ereignisse und der Räterepublik erst neunzehn Jahre alt war, gehörte der Emigrant Radó schon nach kurzer Zeit zur verehrten Alten Garde, bewegte sich in den höchsten Kreisen der Kommunistischen Internationale und genoß insbesondere Gunst und Schutz des Komintern-Präsidenten

Sinowjew."[1] (Hierzu nur so viel, daß ich in meinem ganzen Leben kein einziges Wort mit Sinowjew gesprochen habe, den ich 1921 auf dem III. Kongreß der Kommunistischen Internationale zum ersten- und auch letztenmal sah und hörte.) Doch von 1921 sind wir noch weit entfernt! Nach Herrn Dallin wurde „dieser sehr junge Mann" — das heißt ich — schon 1919, als Rußland keinerlei Verbindungen zur Außenwelt hatte, „von Moskau nach Haparanda an die schwedische Grenze geschickt, wo er die erste sowjetische Presseagentur, eine Rosta-Filiale, zu gründen hatte. Der wahre Grund war jedoch, die journalistische mit der nachrichtendienstlichen Tätigkeit zu koppeln". Herr Dallin vergaß zu erklären, wie ich 1919, als ich mich zur Zeit der Räterepublik in Ungarn aufhielt, so rasch nach Rußland gelangt sein sollte, das doch von der Welt völlig abgeschnitten war, und welchen Sinn es hätte haben sollen, ausgerechnet im kleinen Schwedenstädtchen Haparanda (wo ich übrigens niemals gewesen bin) Rosta zu gründen. Dies ist nur ein kleiner Ausschnitt aus der Häufung von Unwahrheiten, Verdrehungen, Verzerrungen und böswilligen Verleumdungen, womit meine verehrlichen Biographen mich bedacht haben, bis hin zur Tatsache, daß sie sogar meinen Namen verunstalten. Zuerst begegnete ich im Buch des Schweizer Journalisten Jon Kimche jener aus der Luft gegriffenen Behauptung, mein richtiger Name sei nicht Radó, sondern Radolfi[2]; dies übernahmen dann die ohnehin jeden Unsinn bereitwillig akzeptierenden französischen Journalisten Accoce und Quet[3], und übernimmt kritiklos selbst ein nach außenhin so objektiver Kriegshistoriker wie v. Schramm. Übrigens beruft sich Schramm auf Dallin[4], bei dem der Name Radolfi erstmals in Erscheinung getreten sei, obwohl das nicht zutrifft.[5] In einem 1968 in indischen und japanischen Zeitungen veröffentlichten Artikel über mich, der von wildesten Lügen strotzt, heiße ich sogar Radomski.

[1] David Dallin: „Die Sowjet-Spionage". Köln 1956. S. 220.
[2] Jon Kimche: Spying for Peace. London 1961, S. 91.
[3] Pierre Accoce — Pierre Quet: La guerre a été gagné en Suisse. Paris 1966, S. 139.
[4] Wilhelm von Schramm: Verrat im Zweiten Weltkrieg. Düsseldorf 1967, Seiten 25 und 90.
[5] D. Dallin, zit. Werk, S. 220.

Nachdem mich nichts mehr an Wien band, beschloß ich, nach Deutschland zu übersiedeln. Angesichts des damaligen österreichischen Provinzialismus, der hoffnungslosen Atmosphäre Wiens, hatten mich die pulsierende Weltstadt Berlin, die gärende Aktivität der deutschen Arbeiterbewegung, die spürbare Suche nach neuen Wegen in Literatur und Künsten schon bei meinen früheren Durchreisen berührt. Damals ging das Wort um: „In Deutschland ist die Lage ernst, aber nicht hoffnungslos, in Österreich ist die Lage nicht ernst, aber hoffnungslos." Aber nicht allein ich sah die Dinge so, auch zahlreiche Mitglieder der ungarischen Emigration wählten aus gleichen Überlegungen denselben Weg. Bei mir kam es noch hinzu, daß meine zukünftige Lebensgefährtin, die ich noch in den Wiener Jahren kennenlernte, ebenfalls nach Berlin heimkehrte.

Einer meiner ersten Deutschland-Eindrücke knüpft an den Juni 1922, die Beerdigung des von Faschisten ermordeten fortschrittlichen deutschen Politikers und Außenministers Walter Rathenau. Immense Massen zogen durch die Straßen und geleiteten den getöteten Staatsmann auf seinem letzten Weg. Diese schier unglaublichen Massenbewegungen der Bevölkerung bewiesen, daß die revolutionäre Glut in Deutschland noch vorhanden war. Nach der großen Erschütterung von 1918 spürte man noch jahrelang die revolutionäre Stimmung, die Möglichkeit der Entfaltung der Revolution. Wenn ich an jene Zeit zurückdenke, sehe ich immer das damals erschienene Buch eines linken deutschen Schriftstellers vor mir: „Wenn wir Neunzehnhundertachtzehn ..." –, d.h., wenn das deutsche Volk nach dem verlorenen Krieg nicht den Frieden von Versailles als Ausweg gewählt, sondern gemeinsam mit den Bolschewiken Front gemacht hätte gegen den Imperialismus! Solche Stimmen kamen auch in breiten Schichten der rechten Kreise auf, der sogenannten „National-Bolschewiken", zu denen nicht wenige ehemalige Armeeoffiziere gehörten.

Im Sommer 1922 übersiedelte ich nach Deutschland. In Berlin jedoch wurde ich als „verdächtiges Element" nicht an der Universität aufgenommen; das gleiche widerfuhr mir in Halle, obgleich jene Universität traditionelle Verbindungen zu Ungarn besaß. Schließlich gelang mir die Aufnahme an der thüringischen Universität Jena, weil Thüringen damals eine sozialistisch-kommunistische Regierung hatte und ein namhafter kommunistischer Professor, Karl Korsch, das Amt des Universitäts-Kurators bekleidete. Nach Jena folgte mir auch meine Lebensgefährtin, Lene Jansen. Da sie in dem kleinen Städtchen keine andere Beschäftigung fand, wurde sie Arbeiterin in der dortigen

Glasfabrik. Im Frühjahr 1923 jedoch beorderte ein Parteiauftrag sie nach Sachsen, nach Leipzig. Auch mir gelang die Immatrikulation an der Leipziger Universität mit Hilfe von Kommunisten in der sächsischen Regierung. Mitglied dieser Regierung war unter anderen Paul Böttcher, mit dem ich eine gute Weile später erneut, unter ganz anderen Umständen, zusammenkam, von denen noch die Rede sein wird. Lene hatte damals bereits die mit Schicksalsprüfungen beladene Schule des politischen Kampfes absolviert. Sie war zwanzig als wir uns kennenlernten, doch von der ersten Minute unserer Bekanntschaft an faszinierten mich ihre Entschlossenheit, ihre politische Bildung, ihre rednerische Gabe, die sich mit künstlerischer Ausdruckskraft und Disziplin verbanden. Wer immer sie kennenlernte, fühlte, daß sie kein alltäglicher Mensch war. Unsere Freunde schwärmten allgemein für sie. Die Begegnung mit Lene hatte für mich außerdem die große Bedeutung, daß ich, der ich trotz der Entbehrungen meiner Jugendjahre und der Erfahrungen im politischen Kampf sicherlich noch voller kleinbürgerlicher Rudimente war, in ihr einen Kameraden fand, der wirklich aus den Tiefen der revolutionären Arbeiterklasse stammte. Außerdem besaß sie einen außerordentlich klaren Blick in allen Fragen. Die einfache Arbeitertochter war bei allen revolutionären Ereignissen zugegen, weshalb man sie mit der Zeit „die Geschichte auf zwei Beinen" der deutschen Partei nannte. Ihre Ansichten waren der Kompaß meines Daseins. Als ich fast ein Jahrzehnt ihrem Lebensbereich entglitt und sie nur hörte, ich sei tot, glaubte sie wie Peer Gynts Solveig unerschütterlich daran, daß ich dennoch heimkehren würde. Jeden Monat schrieb sie mir, obwohl sie nicht wissen konnte, ob mich ihre Briefe erreichten. Man warf sie aus ihrer Stellung und brach jeden Kontakt zu ihr ab; sie erkrankte schwer, dennoch zerbrach sie nicht, sondern hielt getreulich an ihrer politischen Überzeugung fest ... Nach zehn langen und leidensvollen Jahren, in dem Augenblick, wo sich die Möglichkeit dazu ergab, nahm sie alle Schwierigkeiten auf sich und teilte erneut ihr Leben mit mir, leider nur noch für die drei Jahre bis zu ihrem Tode 1958.

Lenes Vater, Karl Jansen, war ein ausgezeichneter Schuhmachermeister. Er beteiligte sich aktiv an der Arbeit der Deutschen Sozialdemokratischen Partei, kannte Bebel gut und wurde noch vor dem Ersten Weltkrieg für einen Parlamentssitz des Deutschen Reiches vorgeschlagen. Die Kunden meines Schwiegervaters waren reiche Leute, selbst aristokratische Familien ließen bei ihm arbeiten. Die Berührung mit den Leuten aus der „vornehmen Gesellschaft" hatte auf ihn anscheinend schlechten Einfluß. Er verließ seine Familie, und seine Frau, die einfache Arbeiterin, blieb mit ihren drei Töchtern auf sich allein gestellt. Die Familie mußte Not leiden. Im Ersten Weltkrieg arbeitete Lenes Mutter in einer Rüstungsfabrik. Sie wohnten in einem Proletarierviertel im typischen Hinterhof, der unabdingbar zu den Berliner Mietskasernen gehörte, wo zur Straße hin Kleinbürger die Mieter waren, während in den billigen Stube-Küche-Wohnungen zur Hofseite die kinderreichen Familien zusammengepfercht waren, in den fahrstuhllosen fünf-sechsstöckigen Häusern mit treppauf immer billigeren Mieten — und Jansens natürlich wohnten im obersten Stockwerk. Die Mutter schlief in der Küche, die Mädchen schliefen in der Stube. Bei dieser einfachen Arbeiterfrau fanden die aus der deutschen Armee desertierten Arbeiter und entflohenen russischen Kriegsgefangenen Zuflucht.

Ihre Wohnung war bereits vor der Oktoberrevolution Treffpunkt für Kuriere der Bolschewiki-Partei. Die Mädchen waren also schon sehr zeitig, beinahe von Kindesbeinen an, noch vor der Revolution, mit der Arbeiterbewegung und Rußland in Berührung gekommen.

Lene und ihre Schwester Gustel gehörten zu den jüngsten Anhängern von Karl Liebknecht und Rosa Luxemburg. Sie nahmen an der revolutionären Bewegung der linken sozialistischen Jugend teil und später an der Gründung der Deutschen Kommunistischen Partei. Gustel war die Sekretärin des bekannten deutschen Sozialdemokraten Karl Kautsky, und sicherlich unter seinem Einfluß verschob sich ihre Einstellung nach rechts. Später lernte sie den Dirigenten Hermann Scherchen kennen, der aus russischer Kriegsgefangenschaft heimkehrte. Hermann erzählte, während der Kriegsgefangenschaft in Wjatka habe er Lunatscharski gekannt, den späteren Volkskommissar für das Bildungswesen. Auf seinen Einfluß hin wurde Scherchen Kommunist. In Deutschland instrumentierte er sämtliche russischen und Internationalen Arbeiterlieder und organisierte Arbeiterchöre, die diese Lieder vortrugen. Er war ein Pionier der modernen Musik, propagierte Strawinski und redigierte die progressive Zeitschrift MUSICA NOVA.

Später wurde Scherchen ein Dirigent ersten Ranges. Er konzertierte in ganz Europa und in Amerika. Doch in dem gleichen Maße wie es mit seiner Karriere aufwärts ging — er wurde Dirigent des berühmten Leipziger Gewandhaus-Orchesters, dann Generalmusikdirektor in Frankfurt am Main und in der Schweiz —, entfernte er sich von der Arbeiterbewegung. Unser persönlicher Kontakt blieb trotzdem das ganze Leben lang bestehen, weil er ein großer Verehrer Lenes war. Sogar in Genf besuchte er uns manchmal. Er machte mich bekannt mit dem berühmten Genfer Kapellmeister Ernest Ansermet. 1966 starb er in der Mailänder Scala am Dirigentenpult.

Mit fünfzehn Jahren wurde Lene Verkäuferin in einem Kaufhaus.

Als dann 1918 nach dem Friedensschluß von Brest die erste sowjetische Botschaft in Berlin unter der Leitung von Joffe eröffnet wurde, gehörte das damals siebzehnjährige Mädchen schon zu den politisch verläßlichsten Mitarbeitern der Botschaft. Bekanntlich wurde die sowjetische Botschaft wenige Tage vor der deutschen bürgerlichen Revolution, im Oktober 1918, aus Deutschland ausgewiesen. Zum Zeichen ihres Protests ging Helene unter dem Namen „Tschistjakowa" zusammen mit den Mitarbeitern der Botschaft nach Rußland. Der deutsche General Max Hoffmann hielt auf der Station Molodetschno, nahe der Demarkationslinie, mehrere Wochen sämtliche Mitarbeiter der Botschaft gefangen, darunter Persönlichkeiten wie Bucharin, Rakowski und Rosenberg. Hoffmann, der von der Sowjet-Republik die Unterzeichnung des Brester Friedens erzwang, wollte sich auch nach der deutschen Revolution nicht in den Zerfall des Deutschen Reiches fügen. Auf Grund der Erzählungen Lenes konnte ich mir lebhaft die Mitglieder dieser kleinen revolutionären Gruppe vorstellen, die später eine so große Rolle im Anbruch der sowjetischen Republik spielten.

In Molodetschno übrigens stürzte Lene und brach sich den Arm. Rakowski, der Arzt war, schiente das gebrochene Glied unter den primitiven örtlichen Gegebenheiten, aber der Knochen wuchs schlecht zusammen und erinnerte Lene bei jedem Witterungswechsel an jenen Unfall.

Als die Gruppe schließlich befreit worden war und in Moskau eintraf, mußte Lene sich erneut zur Rückkehr nach Deutschland reisefertig machen. Es galt, Lenins Botschaft durch die Frontlinien den deutschen Kommunisten zu überbringen. Viele Leute schilderten mir die dramatische Szene, als Ende Dezember 1918 auf dem Gründungskongreß der Deutschen Kommunistischen Partei im Präsidium ein zartes junges Mädchen erschien, dort ihren verschlissenen Mantel auftrennte und das eingenähte Stück Leinwand herauszog. Es enthielt Lenins Botschaft.

Für die Jansen-Töchter folgten stürmische Zeiten. Gustel, die sich als Braut des bekannten polnischen Revolutionärs Karl Radek ausgab, überbrachte die Nachrichten für und von dem im Moabiter Gefängnis sitzenden Radek. Lene verbreitete in den Lagern der auf Repatriierung wartenden russischen Kriegsgefangenen die Ideen der Bolschewistischen Partei. Ihr Dolmetscher war ein russischer Kriegsgefangener namens Pachomow; Lene erhielt als seine angebliche Ehefrau Zutritt zum Lager. Eines Tages umzingelte Polizei jenes Lager, in dem sie sich gerade aufhielt: sämtliche Gefangenen wurden in Stettin auf ein Schiff verfrachtet und nach Rußland transportiert. Als „Pacho-

mowa" mußte auch sie mit auf die Fahrt. Dies ereignete sich im Dezember 1920, als gerade die Kronstädter konterrevolutionäre Meuterei ausbrach. Ohne Zögern griff Lene zur Waffe, stürmte gemeinsam mit den Rotarmisten über das Eis des Finnischen Meerbusens und nahm an der Belagerung Kronstadts teil. Ich muß sagen, selbst unter Männern habe ich in meinem Leben keinen so unerschütterlich tapferen Menschen kennengelernt wie sie. In den letzten Tagen des Spartakus-Aufstands beispielsweise, im Januar 1919, als die Spartakisten ihren Stützpunkt, das VORWÄRTS-Verlagsgebäude, verteidigten, war sie zusammen mit dem italienischen Kommunisten Misiano unter den Letzten, die, über das Dach des Gebäudes flüchtend, den anderen für den Rückzug Feuerschutz gaben.
1921 trachtete sie natürlich danach, möglichst rasch nach Deutschland zurückzukommen, wurde aber in Riga unter dem Verdacht verhaftet, bolschewistische Agitatorin zu sein. Hier errettete sie der Umstand, daß der Oberstaatsanwalt, dem man sie vorführte, sich als ein Sozialdemokrat namens Ozolis entpuppte, den sie vom Kriegsgefangenenlager in Deutschland her kannte. Durch diesen Zufall erlangte sie ihre Freiheit wieder.
Nach Deutschland zurückgekehrt, wurde Lene die Sekretärin der großen Frauengestalt der deutschen und internationalen Arbeiterbewegung, Clara Zetkin, wohnte auch bei ihr im Stuttgart nahegelegenen Sillenbuch, wo man Lene bald darauf erneut verhaftete. Nachdem sie freikam, beschloß die Deutsche Kommunistische Partei, sie auf illegale Arbeit ins Ausland zu schicken.
In Wien wurde damals das konspirative Balkan-Büro der Kommunistischen Internationalen zum Zwecke der Kontaktaufnahme zu den kommunistischen Parteien des Balkans organisiert. Lene arbeitete in dem Büro unter der Leitung von Béla Szántó, dem einstigen Volkskommissar der Ungarischen Räterepublik. Das Büro hatte mehrere ungarische Mitarbeiter, unter ihnen den bekannten revolutionären Dichter Aladár Komját.
Ich erwähnte schon, daß Rosta-Wien bzw. Intel auf breiter Basis die Verbindung zu den Arbeiterbewegungen zahlreicher Länder ausbaute, darunter auch zu den kommunistischen Parteien des Balkans. Diese Verbindungen nahmen einen solchen Umfang an, daß wir besondere Mitarbeiter dieser Parteien beschäftigen. Dadurch kam ich mit den Mitarbeitern des Balkan-Büros und mit Lene zusammen.
Aus dem Gesagten ist ersichtlich, daß Lene eine erfahrene Kämpferin war, die man auch mit der kompliziertesten und gefährlichsten konspirativen Arbeit betrauen konnte. Ich erinnere mich zum Beispiel, daß beim Gerichtsprozeß gegen Mátyás Rákosi, einen damaligen Führer

der Kommunistischen Partei, Lene illegal nach Ungarn fuhr, um dem Verteidiger die Anweisungen und das Geld für die Kosten der Verteidigung zu überbringen. Rákosi dankte ihr diesen Dienst auf seine Art. 1948, als ich infolge des stalinschen Personenkults spurlos verschwand und Lene sich hilfesuchend an Rákosi wandte, bestand seine Antwort darin, daß er ihr und meinen Kindern die ungarische Staatsbürgerschaft entzog.

Lene hingegen hielt im Guten wie im Bösen getreulich zu ihren Freunden und Bekannten. Hierfür ein Beispiel: Lenes beste Freundin war die Frau von Arthur Ewert, der zwischen 1926–1928 die Deutsche Kommunistische Partei führte; wir alle kannten sie nur unter ihrem Familiennamen Sabo (die Abkürzung von Saborowski). Ewert befand sich Anfang der Dreißiger Jahre mit seiner Frau auf Parteiarbeit in Brasilien, dort wurden beide 1935 verhaftet. Die Folterungen im Gefängnis zerstörten Ewerts geistige Gesundheit; nach zwanzig Jahren entließ man ihn in die DDR, wo er 1958 in geistiger Umnachtung starb. Aber Sabos Schicksal war vielleicht noch grausamer. Sie wurde von den brasilianischen Behörden an das Hitlerregime ausgeliefert. Die Zeitungen meldeten, welches deutsche Schiff sie ins faschistische Reich transportierte. Wie wir erfuhren, sollte es planmäßig Dünkirchen anlaufen. Lene, die Sabos Not nächtelang nicht schlafen ließ, baute hierauf den Plan zur Rettung der Freundin. Irgendwie bekam sie Kontakt zu einem Minister der damals herrschenden Volksfront-Regierung – wenn ich mich recht entsinne, war es der Minister für Jugend und Sport –, und überredete diesen, mit ihr nach Dünkirchen zu fahren und dort das deutsche Schiff anhalten und durchsuchen zu lassen. So geschah es, aber Sabo fand man nicht auf dem Schiff; es stellte sich heraus, daß sie mit dem nächsten Dampfer kam. Und dieser lief nach dem Vorfall von Dünkirchen Frankreich nicht mehr an, Sabo kam ins Gefängnis der deutschen Faschisten und starb dort; ich glaube 1941. (Lene verstand es sogar noch, unter falschem Namen und unter einer Deckadresse mit ihr zu korrespondieren.)

DIE PROLETARISCHEN HUNDERTSCHAFTEN

Doch zurück zu 1923. Im Jahr der großen revolutionären Gärung und des durch die Inflation vollendeten wirtschaftlichen Zusammenbruchs begann die kommunistische Partei sich auf die Machtübernahme vorzubereiten. In Leipzig bildete sich das mitteldeutsche revolutionäre Komitee; sein Leiter wurde mein alter Wiener Freund Gerhard Eisler. Lenes Arbeit band sie gleichfalls an diese Organisation. Selbstverständlich beteiligte auch ich mich an dieser Arbeit. Neben meinem Universitätsstudium begann ich als „Operativer Leiter“ (Stabchef) die Organisation der Proletarischen Hunderschaften. Die Proletarischen Hundertschaften — bewaffnete Arbeiter-Abteilungen — wurden als Kern der künftigen Roten Armee, in ganz Deutschland gebildet. In West-Sachsen, Ost-Thüringen und in der preußischen Provinz Sachsen standen 15 000 gut bewaffnete Männer unter meinem Befehl. Sogar Kanonen besaßen wir, vorerst freilich versteckt. Diese waren ursprünglich von den deutschen Regierungsorganen versteckt worden (die sie laut dem Versailler Friedensvertrag der Entente hätten übergeben müssen). Die Bewegung zog immer kräftigere Kreise. Einmal hielt ich in der demilitarisierten Festung Torgau buchstäblich eine Militärparade mit Tausenden von bewaffneten Arbeitern ab. Die sozialistisch-kommunistischen Regierungen Sachsens und Thüringens boten der Organisierung einen günstigen Boden. In Deutschland, das nach dem verlorenen Krieg in eine völlig chaotische wirtschaftlich-gesellschaftliche Situation geraten war, erblickten nicht nur die Arbeiter, sondern auch viele Intellektuelle den Ausweg im Kommunismus, in einem Bündnis mit der Sowjetunion. An der Universität, auch bei den ultra-nationalistischen Studenten und sogar unter den Dozenten verbreitete sich immer mehr die sogenannte „national-bolschewistische“ oppositionelle Tendenz, die sich die Liquidierung des Versailler Friedensvertrages zum Ziel setzte.

Die den Aufstand fürchtende Berliner Regierung sah schließlich keine andere Lösung, als mit ihren Truppen Sachsen und Thüringen zu besetzen. Es begannen die Hausdurchsuchungen und Verhaftungen, ständig erfolgten Razzien in den Arbeitervierteln, man fahndete nach Verschwörern. Gleichzeitig verbarrikadierten sich die Reichstruppen aus Besorgnis ob der ihnen feindlichen Stimmung in Leipzig in den außerhalb der Stadt befindlichen Kasernen. Allnächtlich begannen sie von dort aus ihre Aktionen. Bei einer Gelegenheit, als wir erfahren hatten (durch unsere überall placierten Leute), daß in dieser Nacht unser Wohnviertel durchkämmt werden sollte, fand ich kein besseres Versteck als die Kaserne selbst, wo ich mit dem Koch des Offizierskasinos (einem Genossen) Schach spielte und zusah, wie die mit Soldaten beladenen Lastwagen hinausrollten und einige Stunden später zurückkehrten.

Es nahte der Tag, für den wir den Aufstand festgesetzt hatten. Der allgemeine strategische Plan war folgender: schlagartige Zündung des Aufstandes im Norden, in Hamburg und in Mitteldeutschland, Leipzig und Halle, mit Erstürmung der Reichswehr-Kasernen. Besetzung dieser drei Großstädte, dann konzentrischer Marsch auf Berlin. In den

Thüringer Bergen Ausbau einer Verteidigungslinie gegen Bayern, wo sich das Hauptnest der Reaktion befand. Im Westen war vorerst an keinen bewaffneten Aufstand zu denken, weil die industrielle Hochburg des Ruhrgebiets von den Franzosen besetzt war.
Endlich kam die Nacht vor dem Aufstand, vom 22. zum 23. Oktober 1923. Im versiegelten Umschlag erhielt ich den Befehl des Revolutions-Komitees, den ich nicht eher öffnen dürfte, bis der Kurier aus Chemnitz (heute Karl-Marx-Stadt) eingetroffen war, wo der Landeskongreß der deutschen Betriebskomitees tagte. Die Entscheidung des Kongresses hätte das Zeichen für den Aufstand geben sollen. Die Leiter der Betriebskomitees wagten jedoch den letzten Schritt nicht, und die damalige rechtsorientierte Führung der Kommunistischen Partei mit Brandler und Thalheimer an der Spitze war nicht bereit, ohne formale Kongreß-Mehrheit sich auf die Aktion einzulassen.
Nachts um halb eins traf der Kurier mit dem Befehl ein, der Aufstand sei abzublasen. An den illegalen Versammlungsorten warteten zu diesem Zeitpunkt bereits mehrere tausend Mitglieder der Proletarischen Hundertschaften mit Waffen in der Hand auf das Signal. Ich mußte die Nachricht von einem Ort zum andern weitertragen und die Männer statt in den Kampf nach Haus schicken. Diese Nacht ist eine meiner bittersten Erinnerungen. Auf die kampfbereiten Arbeiter wirkte die Nachricht wie eine kalte Dusche, sie waren äußerst empört, hier und dort hätten sie mich fast verprügelt.
In Hamburg hingegen traf der Kurier verspätet ein, so daß dort unter der Führung von Ernst Thälmann der bekannte Hamburger Aufstand ausbrach, der aber trotz anfänglicher Erfolge zum Scheitern verurteilt war, da in den übrigen Teilen Deutschlands der Aufstand befehlsgemäß nicht ausgebrochen war.
Nach diesem Fiasko wurden die bewaffneten Proletarischen Hundertschaften noch eine Zeitlang aufrechterhalten. An einem trüben Herbsttag, gegen zwei Uhr nachmittags, drang die Polizei in das Büro der Leipziger Führung der Proletarischen Hunderschaften ein, das sich im Extrazimmer im ersten Stock einer Arbeiter-Gaststätte befand. Einer der Kuriere hatte uns verraten. Im Zimmer waren gerade der eine politische Leiter, etliche Mitarbeiter, Lene und ich. Die Polizei hatte nicht damit gerechnet, daß wir mehrere sein würden; lediglich zwei revolverbewaffnete Polizisten stürzten herein, erkannten die Übermacht, zogen sich sofort zurück und befahlen uns von draußen, ihnen zu folgen. Im engen, dunklen Flur flüsterte Lene mir noch zu: „Hau ab" — und kurz entschlossen öffnete ich die nächstbeste Tür, die ins Zimmer der Wirtin führte. Bereits nach einigen Minuten war man auf der Suche nach mir, worauf ich meinen Mantel herunterriß und aus dem

Fenster sprang. Im Nachbarhof befand sich eine Fahrrad-Reparaturwerkstatt, das Dach mit Teerpappe gedeckt, auf dem ich zur Werkstätte hinunterrutschte. Man kann sich die Verblüffung der Anwesenden vorstellen, als ich von oben her erschien und im nächsten Augenblick auf die Straße hinaustrat. Ich sah den vor dem Nachbarhaus stehenden Lastwagen und auf ihm die Genossen, unter ihnen Lene. Ich gab mich ruhig, ging langsam bis zur nächsten Ecke, begann dort zu laufen, sprang auf die nächste Straßenbahn und fuhr bis zur Endstation. Auf diese Weise war ich entkommen und hatte Zeit zum Nachdenken. Ich wußte, wenn man das Büro durchsuchte, würde die Entdeckung der selbstgebastelten Bomben, der strategischen Pläne für den Aufstand und der übrigen verräterischen Anzeichen sich leicht auf das Schicksal der sozialistisch-kommunistischen Regierungskoalition von Sachsen auswirken, zumal die Sozialisten kein Vertrauen in das Bündnis mit den Kommunisten setzten. Deshalb begab ich mich zurück in die Stadt, zur Redaktion des Parteiblattes, und erzählte dem Chefredakteur, was geschehen war. Wir faßten den Entschluß, ich solle auf die Weisung vom Parteikomitee warten, und zwar im vornehmsten Leipziger Café, wo man mich gewiß nicht suchen würde. So wartete ich also auf dem Hauptplatz von Leipzig, auf dem Augustusplatz im Café Corso. Endlich kam der Kurier des Revolutions-Komitees und richtete zu meiner nicht geringen Verwunderung aus, alles sei in Ordnung, ich könne ruhig nach Hause gehen. In meinem kleinen Vorstadtzimmerchen war ich dann noch mehr erstaunt, daß Lene bereits da war. Von ihr erfuhr ich, daß die Verhafteten aufs Polizei-Bezirkskommissariat gebracht worden waren. Der Polizeikommissar eröffnete das Verhör. Er rief Lene in sein Zimmer und herrschte sie an:

„Was hast du dort gemacht?"

„Wie wagen Sie es, mich zu duzen?" — fragte Lene empört.

Als sie allein waren, erklärte ihr der Polizeikommissar, daß er uns kenne, in unserer Straße wohne und ebenfalls Kommunist sei.

„Wir müssen etwas erfinden", sagte er, „daß ich alle entlassen kann."

Lene mußte sich mit den anderen absprechen, damit sie übereinstimmend erklärten, sie hätten eine gewerkschaftliche Mitgliederversammlung vorbereitet. Der Polizeikommissar nahm in diesem Sinne ein Protokoll auf, gab die beschlagnahmten Papiere und Gegenstände zurück und entließ sie allesamt nach Hause. Die Angelegenheit komplizierte sich aber dadurch, daß das Bezirkskomitee der Kommunistischen Partei auf die Nachricht von den Geschehnissen hin versuchte, durch Verbindungsleute die bei der Verhaftung gefundenen „Belastungsmaterialien" von Leipzigs sozialdemokratischem Polizeichef zurückzubekommen, dem es nun freilich verdächtig erschien, daß der Polizeikommissar lediglich von irgendeiner simplen Gewerkschaftszusammenkunft Meldung erstattet hatte. Dem Polizeikommissar erwuchsen daraus Unannehmlichkeiten, hauptsächlich, weil man wegen meines Entkommens nachhakte. Er erschien nachts bei mir und bat mich flehentlich, zur Polizei zu gehen und anzugeben, was auch er gesagt hatte, nämlich daß ich Student sei, auf meine Braut gewartet und im übrigen mit der ganzen Sache nichts zu tun hätte. Umsonst war ich also aus dem Fenster gesprungen, ich kam nicht um den Gang zum Kommissariat herum, wo auf meine Vorstellung hin die sächsischen Polizisten — die ihren Kollegen exkulpieren wollten — mir gegenüber nur spitz bemerkten: Ein feiner Bräutigam, der seine Braut in solcher Lage im Stich läßt. Die Geschichte nahm dennoch ein trauriges Ende, der in Verdacht geratene Polizeikommissar wurde zum Straßendienst versetzt, wo er zwei Wochen später bei einem jener Straßenkämpfe, wie sie damals an der Tagesordnung waren, von den Faschisten getötet wurde.

In einer solchen Atmosphäre beendete ich meine Studien. Zugleich hatte ich bereits die erste im Ausland erschienene politische Karte der Sowjetunion herausgegeben, die 1924 vom bekannten Westermann Verlag in Braunschweig publiziert wurde. Von da an galt ich in Geographenkreisen als Fachmann für die Sowjetunion.

Die Polizei fahndete inzwischen fieberhaft nach dem Anführer der sächsischen Proletarischen Hundertschaften, über den sie nach dem fehlgeschlagenen Aufstand lediglich in Erfahrung bringen konnten, es handle sich um einen Ausländer und sein Deckname sei „Weser" (das war mein Tarnname). Der politische Leiter unserer Proletarischen Hundertschaften von West-Sachsen, Alwin Heucke, mit dem ich bis zuletzt ausgezeichnet zusammenarbeitete, saß im Gefängnis in Breslau. Von dort ließ er mich wissen, bei den Verhören versuche man aus den Gefangenen herauszuholen, wer sich hinter dem Decknamen Weser verbirgt. Die Führung der Deutschen Kommunistischen Partei riet deshalb, ich solle Deutschland für eine Weile verlassen.

Den Abschluß meiner Universitätsstudien feierte ich mit Lene auf einem Ausflug in die Sächsische Schweiz. Nach Erklettern der Bastei-Felsen planten wir als Glanzpunkt des Tages die Besichtigung des überall groß angekündigten Lichtenhainer Wasserfalls. Dort angekommen bezahlten wir den Eintritt und erfuhren erst danach, daß wir den Wasserfall erst in einer halben Stunde bewundern könnten. Es stellte sich heraus, daß man das künstlich gestaute Wasser eines kleinen Baches stündlich in Form eines „Wasserfalls" ablaufen ließ.

Gemeinsam mit einer großen Menschenmenge, die sich zu dem Schauspiel eingefunden hatte, lachten auch wir herzhaft über die fahrplanmäßige Kaskade, und in guter Stimmung setzten wir uns zum Mittagessen in den Garten des nahen Restaurants. Plötzlich aber endete unsere Fröhlichkeit. Es war der 1. August 1924, der 10. Jahrestag des Kriegsbeginns. Ein junger Mann, dessen Mensurnarben ihn als Angehörigen einer reaktionären schlagenden Verbindung auswiesen, forderte die Anwesenden auf, sich zu erheben und den kaiserlichen Militärmarsch, die „Wacht am Rhein" zu singen. Lene und ich beachteten die Aufforderung nicht, was beinahe unangenehme Folgen hatte. Alle standen auf und sangen feierlich, mit entblößtem Haupt, das revanchistische Kampflied. Kaum hatte man unser „oppositionelles" Verhalten bemerkt, richtete sich der patriotische Zorn ob des verlorenen Krieges gegen uns, und wären nicht etliche Kellner uns zur Hilfe geeilt, hätten wir das Jubiläum nicht trocken überstanden.

GEOGRAPHIE UND POLITIK IN MOSKAU UND BERLIN

Im September 1924 übersiedelte ich in die Sowjetunion. Von Stettin legte ich den Weg nach Leningrad mit dem Schiff zurück, was zwar wesentlich länger dauerte als mit der Eisenbahn, mir aber diverse Grenzkontrollen ersparte und dazu noch angenehme Entspannung bedeutete. Morgens gingen wir in der Newa-Mündung vor Anker. Der Zug nach Moskau fuhr erst am Abend. Einen Teil des Tages wollte ich dazu nutzen, in der Saltikow-Schtschedrin-Bibliothek, einer der größten Büchereien der Welt, auf einige Fragen, die mich damals sehr beschäftigten, Antwort zu finden. Ich befand mich im Katalogsaal und war so vertieft, daß ich nicht bemerkte, als man die Bibliothek schloß. Ratlos stand ich allein im großen Kuppelsaal. Glücklicherweise war auch eine Bibliothekarin mit mir eingesperrt worden; ihre Ortskenntnisse verhalfen uns über eine steile Trittleiter zum obersten Stock und von dort zum Notausgang.

Bei meiner Ankunft in Moskau an der Schwelle eines neuen Abschnitts meines Emigrantendaseins, war ich von optimistischer Erwartung erfüllt. Ich fand eine interessante Arbeit bei der im Kreml tätigen Auslands-Hilfskommission, die ein Jahr später in die Gesellschaft für Kulturelle Auslandskontakte umbenannt wurde (WOKS = Wsessojusnoje Obschtschestwo Kulturnoi Swjasi s Sagranizei). Ich erhielt die Aufgabe, den ersten Reiseführer der Sowjetunion zu verfassen. Als Geograph-Kartograph interessierte mich die Arbeit sehr, weil sie mir ermöglichte, das riesige Land zu bereisen und an Hand unmittelbarer Eindrücke den Beginn des sozialistischen Aufbaus kennenzulernen. Aus dem im Kreml untergebrachten Büro bombardierte ich das Land mit zahllosen Fragebogen. Die Antworten und meine Reisen verschafften mir die Grundlage für die Beschreibung des ersten sozialistischen Landes. Igor Grabar, der berühmte russische Kunsthistoriker, beriet mich in Fragen seines Faches; Professor Kontschalowski, ein namhafter Historiker, half mir die Geschichte des Landes richtig darzustellen; zugleich brachte mich die Arbeit in nahen Kontakt mit Michail Kolzow, einem der hervorragendsten Journalisten der Sowjetunion, der einer meiner besten Freunde wurde.

Der Reiseführer kam 1925 in Moskau bei Gosisdat (Staatlicher Verlag) in deutscher und englischer Sprache heraus. Die zweite, vollständigere Ausgabe erschien in Berlin anläßlich des 10. Jahrestags der Sowjetmacht, dieses Mal deutsch, englisch und französisch.

Durch den Präsidenten der Gesellschaft für kulturelle Kontakte wurde mir eine Wohnung zugewiesen. Einige Monate teilte meine Frau, die mir nachgekommen war, das Zimmer mit mir, dann rief sie ihr Parteiauftrag erneut nach Berlin. Gegenüber unserem Haus lag die Hauptwache der Feuerwehr. Auf ziemlich primitiver Art hielt man dort von einem Turm aus Ausschau nach Feuer, das in der Stadt ausbrach. Brannte es irgendwo, rasten die Feuerwehrwagen mit großem Gebimmel und Geläut zum Tor hinaus. Solche Alarmfälle erlebte ich oft. Das Haus war übrigens früher einmal das Partisanennest Denissows gewesen, eines der Führer und Helden im napoleonischen Krieg, den auch Tolstoi in „Krieg und Frieden" erwähnt. Mag sein, daß die Verbindung zum Militär aus jener Zeit geblieben war, denn auch jetzt bewohnten viele Soldaten das Haus. Mein unmittelbarer Nachbar war der Direktor einer Moskauer Tabakfabrik, Semjon Michailowitsch Kopilow, früher einfacher Arbeiter und später der vielberufene Kommandeur der 6. Division der berühmten Budjonny-Reiterarmee, dessen Person in mehreren sowjetischen Erzählungen vorkommt. Kopilow war bei der Einführung der neuen Wirtschaftspolitik in jene oppositionelle Bewegung hineingeraten, die behauptete, Lenins neue Wirtschaftspolitik könne den Kapitalismus wiederherstellen. Ich erinnere mich, wie die oppositionellen Führer Schljapnikow und die noch immer schöne, schlanke Alexandra Kollontai auch auf dem III. Kongreß der Kommunistischen Internationale darum leidenschaftlich Lenin anklagten. Der mir gleichfalls wohlbekannte Lutowinow wiederum, der als Leiter der Kriegsgefangenenaustausch-Kommission der erste Repräsentant der Sowjetmacht in Berlin gewesen war, erschoß sich, weil er überzeugt war, der Sozialismus sei verraten. Dieser

Bewegung schloß sich auch Kopilow an. Später begegnete ich ihm noch einmal in Moskau, wir trafen uns zufällig in einem Restaurant. Er war nun Wirtschaftsfunktionär, ich glaube Volkskommissar für Handel auf der Krim. Er klagte über das eintötige und langweilige Leben dort, das so anders sei als es zur Zeit des Bürgerkrieges gewesen war.

Kopilows Frau Olga Michailowna, eine typische Kosakin von seltener Schönheit, begleitete ihren Mann durch Feuer und Wasser und war in jedem Gefecht an seiner Seite. Als 1922 die von den Polen bewaffneten Diversantenbanden unter der Führung von Bulak-Balachowitsch auf sowjetisches Gebiet einfielen, schickte man Kopilow gegen sie. Die Frau ging mit ihm. Im Kampf geriet sie an einen konterrevolutionären Offizier, dem es beinahe gelang, sie mitzuschleppen. Im letzten Moment konnte Kopilowa ihren Gegner niederschießen, dessen Hand sich im Todeskampf in ihre Wade verkrallte, so daß man gezwungen war, die Finger herauszuoperieren. Ich selber habe die Narben gesehen, die man natürlich nicht entfernen konnte.

Im Sommer 1925 kehrte ich nach Berlin zurück, denn damals wurde mein ältester Sohn Imre geboren. Wir nannten ihn nach unserem guten Freund Imre Sallai, einem der Führer der ungarischen kommunistischen Bewegung, der sein Leben an Horthys Galgen endete. Während meines Aufenthalts in Berlin arbeitete ich als Korrespondent der eben organisierten Nachrichtenagentur TASS.

Im Herbst desselben Jahres ließ ich mich mit Lene erneut in Moskau nieder, wo ich Sekretär und Hauptmitarbeiter des Weltwirtschafts-Instituts der Kommunistischen Akademie wurde. Der Leiter des Instituts war der stellvertretende Volkskommissar für Auswärtige Angelegenheiten, Fjodor Rotstein, ein außerordentlich gebildeter Mann mit weitem Horizont, ein ausgezeichneter Kenner der englischen Arbeiterbewegung und früher deren Publizist. Als ich ihn kennenlernte, war sein Bart schon graumeliert, jener obligate, spitze kleine Ziegenbart, der so charakteristisch für viele alte russische Revolutionäre war. Rotstein war eine Zeitlang sowjetischer Botschafter in Persien (Iran). Durch ihn traf ich mit Raskolnikow zusammen, einer berühmten Gestalt des Bürgerkrieges, Befehlshaber der Wolga-Flottille, der in den dreißiger Jahren die Ost-Abteilung der Kommunistischen Internationale leitete. Dem rotbäckigen, lebenslustigen, ewig jungaussehenden Raskolnikow war der einstige Wolga-Matrose immer anzumerken.

Zu den jungen Mitarbeitern des Weltwirtschafts-Instituts gehörten auch der früh verstorbene Iwanow und Jerussalimski, später namhafte Historiker. Mit Rotsteins Nachfolger, dem äußerst scharfsinnigen Volkswirtschaftler und Historiker Ossinski-Obolenski, hatte ich keinen so engen Kontakt mehr. Zu den interessanten Erlebnissen meines Moskauer Aufenthalts gehört der Empfang beim Volkskommissariat für Auswärtige Angelegenheiten in der Spiridonowska-Straße, ein zu diesem Zweck umgestaltetes, altes Palais, wo Lunatscharskis Frau N. A. Rosenel die Gastgeberin spielte. Der Zufall führte mich hier mit der Frau des italienischen Botschafters Cerutti zusammen, die niemand anders war als Erzsi Paulay, ehemals die gefeierte Heroine des Budapester Nationaltheaters, ein Schwarm meiner Kindheit. Zur Zeit der Räterepublik hatte sie Graf Cerutti, ein Mitglied der italienischen Mission in Ungarn, geheiratet. Nun zierte sie als Gattin des italienischen Botschafters den glänzenden Empfang. Ungarn unterhielt damals keine diplomatischen Beziehungen zur Sowjetunion, deshalb sah man selten bei solchen Empfängen Ungarn. „Schauen Sie, hier ist noch jemand aus Ungarn", sagte die Dame des Hauses vergnügt, als sie mich vorstellte. Die einst gefeierte Partnerin von Oskar Beregi zeigte zunächst lebhaftes Interesse an mir. Nachdem sich jedoch herausstellte, zu welcher Sorte Ungar ich gehörte, daß ich nämlich ungarischer Kommunist war, kühlte sich der Gesprächston rasch ab, ich hingegen wurde um eine Kindheitsillusion ärmer.

Lene war Berichterstatterin eines Berliner Blattes; sie interessierte sich vor allem für literarische und soziale Themen. Fleißig besuchte sie die Moskauer Theater. Auf diese Weise gelangten wir in nähere Verbindung mit Máté Zalka, dem emigrierten ungarischen Schriftsteller, damals Direktor eines der führenden Theater in Moskau, des in der Gorki-Straße liegenden Revolutionären Theaters. Zalka war sehr beeindruckt, als in Berlin Lenes erste Kritik über sein Theater erschien. Von da an lud er uns ständig zu den Vorstellungen ein. Es kam vor, daß wir das gleiche Stück sogar drei- und viermal sahen. Ähnlich erging es uns mit Michoels, dem berühmten Direktor des jüdischen Theaters. Lene hatte sich, während eines längeren Aufenthalts in Danzig, mit einer jüdischen Genossin aus Polen angefreundet, auch bei ihr gewohnt, und obgleich sie selber väterlicher- wie mütterlicherseits stock-„arisch" und protestantisch war, lernte sie bei ihrer Freundin jiddisch sprechen. So genoß sie nicht nur das Bühnenbild und das Spiel des jüdischen Ensembles, sondern sie vermochte auch den Inhalt der Stücke zu verstehen. Michoels gab viel auf Lenes Urteil. Dieser außerordentlich häßliche Mann gewann geistigen Charme, wenn er von seinem Theater, seiner Regie, den Schauspielern und der jüdischen Literatur sprach. Auch er fiel später dem sogenannten stalinschen Personenkult zum Opfer.

Ende 1926 schickte mich TASS nach Berlin; ich sollte dort die ausländische Filiale von „Press-cliché", der Fotoagentur der TASS organisieren. Die Agentur fand äußerst schnell Zugang zur deutschen Presse. Mich jedoch befriedigte diese Tätigkeit nicht; sobald ich konnte, überließ ich sie geeigneten Händen und kehrte zur wissenschaftlichen Arbeit zurück. Zumal es mir nach 1924, als die Sowjetunion anerkannt wurde und die Ära des friedlichen Aufbaus begonnen hatte, nicht richtig erschien, als eine Art Beamter oder bezahlter Parteiarbeiter meine Karriere fortzusetzen. Nicht jeder teilte allerdings diese Ansicht. Mátyás Rákosi beispielsweise sagte, als man mich von der Deutschen bzw. Ungarischen Kommunistischen Partei Ende 1924 in die Kommunistische Partei der Sowjetunion übernahm, zu Mickevicius-Kapsukas, dem die Umregistrierungen kontrollierenden namhaften litauischen Kommunisten, er halte mich nicht für einen hundertprozentigen Kommunisten, weil ich kein Berufsrevolutionär sei. Auch Béla Kun pflegte mich bei jeder Begegnung in Moskau etwas ironisch und herablassend zu fragen: „Sind Sie noch immer Freischwimmer?" Das sollte bedeuten, daß ich noch immer keine Parteistellung hatte, sondern von meiner wissenschaftlichen Arbeit lebte. Ihnen schwebte gewiß das leninsche Bild vom Berufsrevolutionär vor, der in Zeiten der Illegalität seine ganze Kraft und Arbeit der Partei zur Verfügung stellte und dafür auch von der Partei ein Gehalt erhielt. Aber ich glaube nicht, daß Lenin der Ansicht gewesen wäre, jeder Kommunist müsse ausschließlich Parteiarbeiter oder Berufsrevolutionär sein. Ich erinnere mich gut an das Beispiel von Krassin, der nach Niederschlagung der Revolution von 1905 längere Zeit in Berlin als leitender Ingenieur bei der AEG arbeitete, was ihn keineswegs hinderte, mit der Partei auch weiterhin in enger Verbindung zu bleiben.

In meinen geographischen und kartographischen Arbeiten beschäftigte ich mich in erster Linie mit der Sowjetunion (diese Kurzform – statt der vollen staatsrechtlichen Bezeichnung – verwendete ich als erster). In die großen deutschen Atlanten (Stieler, Andree, Meyer), die damals international bekannt waren, führte ich die sowjetisch-politische und geographische Einteilung und Terminologie ein. Nach den gleichen Prinzipien redigierte ich die Stichwörter, die die Sowjetunion in Meyers Lexikon betrafen.

Ein weiteres Gebiet meiner Arbeit erstreckte sich auf die Darstellung der Geographie der Arbeiterbewegung und die damit verknüpfte Kartographie im marxistischen Sinne. 1929 erschien mein erster solcher Atlas, der das Zeitalter des Imperialismus darstellende „Arbeiter-Atlas", mit dem Vorwort meines ehemaligen Direktors Fjodor Rotstein. Nach der deutschsprachigen Ausgabe wurde der Atlas auch ins

Japanische übersetzt, ein Jahrzehnt später verlegte ihn in neuer Form unter dem Titel „Atlas of to-day and tomorrow" der bekannte Londoner Verleger Gollancz. Wie schon erwähnt, hatte ich in Moskau zu Nikolai Nikolajewitsch Baranski, der Koryphäe der sowjetischen Wirtschaftsgeographie, Kontakt bekommen. Mit Baranski blieb ich bis zu seinem Lebensende (1963) freundschaftlich verbunden; in vielen schweren Stunden meines späteren Lebens stand er als wahrer Freund zu mir.

Da mich die sowjetischen Geographen und Kartographen aus unserer gemeinsamen Arbeit kannten, wurde mir die Redaktion des Auslandsbandes im Großen Sowjetischen Atlas übertragen. Durch den Ausbruch des Zweiten Weltkrieges ist dieser Band zwar nicht erschienen, aber diese Aufgabe festigte meine bis heute bestehende enge Beziehung zu den sowjetischen Kollegen.

Eine interessante Bekanntschaft schloß ich damals – wiewohl nur auf brieflichem Weg – mit Nikolai Morosow, einem der bekanntesten Gestalten der russischen revolutionären Intelligenz, der 1881 an der Narodnaja Wolja, der Verschwörung zur Ermordung Zar Alexanders II., beteiligt war. Fünfundzwanzig Jahre währte seine Haft in der Peter-und-Paul-Festung und in Schlüsselburg. Erst die Revolution von 1905 brachte seine Befreiung. Auf Morosow wurde ich durch eine Bibliographie aufmerksam, die der Völkerbund damals alljährlich veröffentlichte. Sie brachte die Titel, die die Regierung der Mitgliedsstaaten als beste des Jahres empfahlen. Die Sowjetunion war noch nicht Mitglied des Völkerbundes; darum stellte Rubakin, ein bereits 1905 emigrierter russischer Bibliograph, der in Lausanne lebte und sich internationaler Anerkennung erfreute, die Liste der sowjetischen Bücher zusammen. Diese Bücher wurden als die interessantesten Erscheinungen des Jahres von der Preußischen Staatsbibliothek in Berlin im Lesesaal ausgestellt. 1927, als ich diese Ausstellung zum erstenmal sah, interessierte mich in erster Linie, welche Bücher aus der Sowjetunion man so auszeichnete. Zwei Bände fesselten mich besonders: die Erinnerungen der Krupskaja an Lenin und der erste Band einer vieldiskutierten siebenbändigen Arbeit von Morosow, „Christus". Darin bemühte sich Morosow mit Hilfe der Astronomie, Geologie und physikalischen Geographie, ferner mit dem Instrumentarium der vergleichenden Sprachwissenschaft, die in der Bibel und der klassischen griechisch-römischen Literatur enthaltenen Daten zu überprüfen. In der großen Debatte, die in den Spalten der PRAWDA abrollte, stellte sich der Volkskommissar für das Bildungswesen, Lunatscharski, neben Morosow, während die Professoren der alten Geschichte gegen ihn Stellung bezogen. Aufmerksam geworden auf sein Werk, das ich intensiv studierte und soweit mir möglich war auch unter Einbeziehung deutscher Fachwissenschaftler überprüfte, gab ich Morosow recht und setzte mir zum Ziel, sein Werk in deutscher Sprache herauszugeben. Leider hinderte mich mein Schicksal, den Plan zu verwirklichen, doch noch bis heute gab ich die Hoffnung nicht auf, sie zu publizieren. Morosow starb 1946 im Alter von 96 Jahren als Ehrenmitglied der Sowjetischen Akademie der Wissenschaften.

Im Herbst 1927 kehrte ich aus Moskau, wo ich wegen der Neuauflage meines Reiseführers Verhandlungen führte, in einer kleinen einmotorigen Maschine der deutsch-sowjetischen Deruluft-Gesellschaft nach Berlin zurück. Mit mir flog noch ein Passagier, Herr Wronski, Generaldirektor der deutschen Flugverkehrsgesellschaft Lufthansa. Nach dem Start geriet das Flugzeug in Brand. Michejew, der hervorragende sowjetische Pilot, kehrte sofort mit der brennenden Maschine zurück und landete meisterhaft auf dem Moskauer Flugplatz. Beim Warten auf das nächste Flugzeug (nach einigen Stunden starteten wir erneut) ergab sich unter der Wirkung des gemeinsamen Erlebnisses ein langes Gespräch mit Wronski. Während dieses Gespräches hatte ich Gelegenheit, meine Gedanken über die Geographie und Kartographie des damals noch in den Kinderschuhen steckenden Luftverkehrs zu erläutern. Diese Unterhaltung bildete die Grundlage meiner später über mehrere Jahre sich erstreckenden großen Arbeit, die es mir ermöglichte, sämtliche damaligen Fluglinien Europas, Asiens und Afrikas zu bereisen und anschließend jahrelang an Luftverkehrskarten zu arbeiten. Meine Aero-Karten waren die ersten ihrer Art; vor einigen Jahren fungierten sie bei einer in München veranstalteten Luftverkehrskarten-Ausstellung als die ersten Produkte dieser Branche. Später entwickelte sich diese meine Tätigkeit weiter, und 1932 gab ich beim Bibliographischen Institut in Leipzig den ersten Luftreiseführer der Welt heraus.

Bei der Arbeit an diesem Buch hatte ich ein interessantes Erlebnis, das für die gespannte politische Atmosphäre in Deutschland vor dem Nazi-Putsch kennzeichnend war. Zum Zwecke besserer Reklame empfahl der Verleger, das Vorwort solle Erhard Milch, ein Leiter des deutschen Luftverkehrs, schreiben, der schon damals überzeugter Faschist war und später als Luftwaffen-Marschall die rechte Hand Hermann Görings wurde. Ich war nicht bereit, meinen Namen für ein Buch, in dem auch ein Faschist schrieb, herzugeben. Milch wollte ebenfalls kein Vorwort für ein Buch schreiben, das meinen Namen trug. Schließlich einigten wir uns mit dem Verleger, daß er meinen Namen vom Titelblatt entfernen und ich lediglich im Vorwort als Autor genannt werden sollte. Milchs Einleitung folgte.

Im Verlauf meiner Flugreisen legte ich mehrere Millionen Kilometer zurück in den damaligen primitiven, oft nur einmotorigen und nicht einmal mit Radio ausgestatteten Maschinen.
Wenn ich jetzt daran zurückdenke, daß ich jahrelang Tag für Tag in diesen einfachen Maschinen geflogen bin, graust es mich offengestanden. Aber in jener Zeit fand ich es selbstverständlich, und weil ich nicht viel von Flugtechnik verstand, setzte ich mich seelenruhig in diese unausgereiften Vehikel. Auf den Reisen widerfuhren mir zahlreiche Abenteuer, von denen noch gesondert die Rede sein wird.
Ich lebte mit meiner Familie in Berlin. Als ausländischer Kommunist hatte ich in Deutschland keine Möglichkeit, unmittelbar bei einem wissenschaftlichen Institut Anstellung zu finden. Mir kam die Idee, die völlig farblose Tagespresse mit wissenschaftlich angelegten Karten, Illustrationen zum immensen Weltgeschehen zu versorgen. So wurde die erste geographische und kartographische Presseagentur der Welt geboren, die Pressgeo (Pressegeographie), die später in Paris, dann in Genf unter der Bezeichnung Geopress arbeitete. Doch muß ich vor allem einige Worte über meinen Berliner Bekannten Willy Münzenberg sagen, der anfangs meinen Weg ebnete. Dieser außerordentlich talentierte, relativ junge, damals etwa fünfunddreißigjährige Funktionär, Gründer der Kommunistischen Jugend-Internationale, war mit seinem astreinen Thüringer Dialekt der beste Redner der Kommunistischen Partei im Parlament. Durch seine joviale Art und unwiderstehliche Vitalität bezauberte er alle, die mit ihm zu tun hatten. Anfang der zwanziger Jahre nahm er teil an der Gründung der Internationalen Arbeiterhilfe, deren Ziel es war, den mit politischen und wirtschaftlichen Schwierigkeiten ringenden Arbeitern Hilfe zu leisten. Die materiellen Grundlagen dieser wirtschaftlichen Hilfeleistung nahmen bald die Konturen eines ganzen Trusts an. Die Arbeiterhilfe hatte überall in der Welt ihre Vertretungen, so daß Münzenberg neben der Kommunistischen Internationale eine weitere internationale kommunistische Organisation gründete und leitete. In diese Organisation flossen riesige Summen aus verschiedenen reichen Stiftungen und Spenden von Arbeitern und Angestellten, die ihren in Not geratenen Kollegen helfen wollten. Der Münzenberg-Konzern, wie man ihn spöttisch nannte, besaß Zeitungen — so gab Münzenberg beispielsweise die sehr verbreitete ARBEITER ILLUSTRIERTE und die gleichfalls viel gelesene Berliner WELT AM ABEND heraus (für letzte arbeitete Lene als literarische Korrespondentin in Moskau) —, finanzierte eine Zigarettenfabrik und eine Strumpfwirk-Genossenschaft, organisierte eine weltbekannte Filmfabrik und gründete in der Nähe von Moskau eine Musterfarm. In Moskau befand sich

die sowjetische Zentrale der Internationalen Arbeiterhilfe in einem großen Bürogebäude. Münzenberg interessierte sich für alles, woraus für seine Organisation und natürlich auch zur Stärkung seiner eigenen Position Geld gemacht werden konnte. Für alles Neue war er außerordentlich aufnahmefähig, und mit jeder neuen Idee beschäftigte er sich sehr intensiv.

Eine seiner bedeutenden, eine Zeitlang auch im Weltmaßstab sehr erfolgreichen Unternehmungen war die Antiimperialistische Liga zur Vereinigung der Freiheitskämpfer in den Kolonien. Bei Münzenbergs Empfängen in seiner im großen Stil eingerichteten Wohnung im vornehmen Tiergartenviertel hatte ich Gelegenheit, mit meinem brasilianischen Freund Luis Carlos Prestes, den ich noch aus Moskau kannte, zusammenzukommen; so auch mit Roy aus Indien, Ssen Katajama aus Japan, einem großen Verehrer Lenes, und dort lernte ich auch so bekannte Führergestalten des Kampfes gegen den Imperialismus kennen wie Jawaharlal Nehru, den weltbekannten mexikanischen Maler und namhaften Kommunisten Diego Rivera oder Ssung Tschin-ling, die Witwe Ssun Jat-ssens, deren Geschenk, eine auf Emaille gemalte Bilderfolge einer chinesischen Legende, ich noch heute besitze. Besonders gut war mein Kontakt zu dem zierlichen, mageren Inder Nambiar. Seine Freundin Eva war mehrere Jahre lang meine Sekretärin. Nachdem Hitler 1933 an die Macht gelangte und wir bereits flüchten mußten, löste Eva meinen Haushalt mit außerordentlicher Umsicht und Kaltblütigkeit auf, rettete meine Wohnungseinrichtung und verfrachtete sie nach Paris; ein Teil davon steht selbst heute noch, nach so vielen Wechselfällen, in meinem Heim.

Nehru wurde bekanntlich der erste Premierminister des befreiten Indiens. Während meines Aufenthaltes in Delhi im Dezember 1968 konnte ich an seinem Grab am Yamuna-Ufer, das heute die Wallfahrtstätte der Inder ist, über die Vergänglichkeit der Dinge meditieren. Nambiar, Nehrus Freund, war meines Wissens Indiens erster Botschafter in Westdeutschland.

Aber kehren wir zu Münzenberg zurück. Sein Verleger, der Berliner Neue Deutsche Verlag, gab die zweite und dritte Ausgabe meines Buches über die Sowjetunion heraus und publizierte die Pressegeographie, die in der gesamten deutschen Presse ungeachtet der Parteiangehörigkeit sehr schnell Verbreitung fand. Münzenberg war es, der die großen Möglichkeiten des Flugverkehrs als eines neuen Transportmittels erkannte und sofort meine Anregung akzeptierte, daß man für die Passagiere Flugroutenberichte und Karten herausgeben müsse; er gründete zu diesem Zweck eigens einen Verlag. Andererseits jedoch, wenn ihm seine Neugründungen nicht raschen Gewinn brachten, ließ er sie ebenso schnell fallen, wie er die Ideen aufgegriffen hatte. So kam es, daß ich bereits nach einem Jahr die Pressegeographie selber verlegte, weil sie zwar meinem eigenen bescheidenen Haushalt eine stabile materielle Basis sicherte, aber in Münzenbergs Augen kein Geschäft war. Wir konnten uns sogar erlauben, in Britz bei Berlin ein kleines Stadthaus für meine größer gewordene Familie (Frau, zwei Söhne, Schwiegermutter) zu mieten.

„Pressegeographie"-Sekretärin Lilly Korpus, Lenes gute Freundin, war auf Grund ihrer hervorragenden rednerischen und journalistischen Fähigkeiten noch zwei-drei Jahre zuvor die Sekretärin der Berliner Organisation der Deutschen Kommunistischen Partei gewesen. Als Folge der Fraktionskämpfe war sie als Führerin der ultralinken Parteifraktion von einem Tag zum anderen abgelöst worden. Darum griff sie sofort nach meinem Stellenangebot. Doch hielt es sie nicht lange in diesem bescheidenen Wirkungsfeld, denn auf Grund ihrer glänzenden journalistischen Qualitäten wurde sie Chefredakteurin der ebenfalls zum Münzenberg-Konzern gehörenden, oben erwähnten linksorientierten ARBEITER ILLUSTRIERTEN. Später heiratete sie den berühmten kommunistischen Dichter Johannes R. Becher, den nachmaligen Minister für Kultur der DDR. Nach 1945 wurde Lilly eine der Führerinnen der Frauenbewegung in der DDR.

In diesen Jahren blieb ich weiter in Verbindung mit Umanski, der zunächst TASS-Korrespondent war und dann Presseattaché an der sowjetischen Botschaft in Paris respektive Rom wurde. Häufig besuchte er mich in Berlin.

Ein anderer guter Freund, Michail Kolzow, war ein äußerst faszinierender, vielseitiger Mensch. Während er als einer der besten Zeitungsreporter der Sowjetunion galt und in literarischen Kreisen eine führende Rolle spielte, war er gleichzeitig Kommandant einer Flugstaffel. Noch jetzt sehe ich ihn vor mir, wie er mit nach hinten gekämmtem Haar und seinen großen, vorstehenden Schneidezähnen am Telefon stand, wo er einen großen Teil seines Lebens mit der Lenkung seiner zahlreichen Organisationen verbrachte. Der unter seiner Direktion stehende große Zeitungstrust Schurgas (Schurnalno-Gasetnoje Objedinenije = Zeitungs- und Zeitschriften-Vereinigung) gab unter anderen die größte illustrierte Zeitschrift der Sowjetunion, OGONJOK, heraus, deren Chefredakteur Kolzow war, außerdem die in der Sowjetunion erscheinenden fremdsprachigen Zeitungen, so die MOSCOW DAILY NEWS (deren Redakteur Borodin ich gleichfalls näher kennenlernte, jenen legendären Borodin, der viele Jahre lang politischer Ratgeber Tschiang Kai-scheks war). Schurgas war auch Herausgeber der Zeitschrift JOURNAL DE MOSCOU ebenso

wie der MOSKAUER RUNDSCHAU. Kolzow hielt große Stücke auf meine Pressegeographie, über die er einmal sogar einen Leitartikel in der PRAWDA schrieb. Ich lebte schon in Paris, als ich die Verbreitung der von Schurgas herausgegebenen Zeitschriften, ja sogar der PRAWDA und ISWESTIJA durch die große französische Firma Hachette organisierte. Kolzow war sehr befriedigt, daß er in den Straßen von Paris überall die Moskauer Zeitungen und Zeitschriften sehen konnte.
Zur Flugstaffel Kolzows gehörte auch die achtmotorige „Maxim Gorki", damals das größte Flugzeug der Welt, welches jeden Sonntag Propagandaflüge über Moskau unternahm, um das Fliegen volkstümlich zu machen. An diesen Flügen beteiligten sich Hunderte und aber Hunderte. Eines Sonntags versprach Kolzow, daß er mich auch mitnehmen würde, aber irgendwas kam dazwischen, und die Sache wurde auf den nächsten Sonntag verschoben. Doch dazu kam es nicht mehr, denn noch am gleichen Tag karambolierte ein kleines Touristenflugzeug mit der „Maxim Gorki", die abstürzte; alle Passagiere kamen ums Leben, auch der großartige Pilot Michejew, mit dem ich 1927 das schon beschriebene Abenteuer erlebte. Nur um Haaresbreite entging ich an jenem Sonntag dem sicheren Tod.
Kolzow nahm sich auch des Fallschirmspringens an. An den Übungen, an einem sinnvoll konstruierten Gerät im Moskauer Kulturpark, konnte jedermann teilnehmen. Man mußte aus ziemlicher Höhe, dreißig-vierzig Meter, vom Übungsturm herabspringen. Den Leuten schnallte man einen Fallschirm auf den Rücken, der sich nach dem Absprung automatisch öffnete. Auch ich probierte das aus und muß sagen, es war ein recht unangenehmes Erlebnis.
Die wissenschaftliche Arbeit beanspruchte mich sehr, aber ich versuchte, mir für die Parteiarbeit, das heißt für die Propaganda, Zeit zu nehmen. Gemeinsam mit meiner Frau wurde ich erneut Mitglied der Kommunistischen Partei Deutschlands, und wir beide erledigten bebestimmte Aufgaben. Lene (unter einem anderen Namen) arbeitete in der Agitations- und Propagandaabteilung des Zentralkomitees der Partei. So bekam sie Kontakt zu verschiedenen für die Kommunistische Partei arbeitenden Künstlern. Unter ihnen war John Heartfield, der als erster die Fotomontage verwendete und später weltberühmt wurde. Gewaltige Willenskraft, Standhaftigkeit und ungewöhnliche künstlerische Fähigkeiten verbargen sich in diesem kleinen, scharfblickenden, temperamentvollen Mann, mit dem mich bis zu seinem 1968 erfolgten Tod eine enge Freundschaft verband. Durch diese Arbeit lernten wir einen jungen Zeichner mit Decknamen „Keil" kennen, den späteren Maler Sándor Ék, und den bulgarischen

Künstler Boris Angeluschew, dessen Wahlplakate für die Kommunistische Partei ein großer Erfolg waren; er überlebte das Dritte Reich und starb unlängst in Sofia. In Berlin bewegte ich mich viel in literarischen Kreisen. Die Stücke meines ehemaligen Mitarbeiters Leo Lania wurden von Piscator inszeniert.

Lene arbeitete in dem Gebäude der Kommunistischen Partei Deutschlands, dem Karl-Liebknecht-Haus. Um ihre Identität zu verbergen, mußte sie sich bei Haussuchungen in der Parteizentrale häufig verstekken. Aber ein bei einer Personalkontrolle verhafteter junger Bote, der Lenes wirklichen Namen kannte, verriet sie. Lene wurde zwecks Gegenüberstellung zur Polizei zitiert, und zwar ins Moabiter Gefängnis, wo man den Boten gefangenhielt. Uns begleitete Kurt Rosenfeld, bei dem Lene als Sekretärin gearbeitet hatte, als er preußischer Justizminister gewesen war, und der uns in rechtlichen Angelegenheiten stets zu beraten pflegte. Im kleinen Café in der Nähe des Gefängnisses besprachen wir, wie sich Lene verhalten sollte. Da wir uns nicht endgültig zu entscheiden vermochten, beschloß Lene, ihrer Intuition zu vertrauen. Sie betrat das Gefängnis, man führte den Jungen vor, aber ehe er noch ein einziges Wort hätte sagen können, stellte sich Lene entschlossenen Schrittes vor ihn hin und schrie ihn an: „Wer sind Sie, ich kenne Sie nicht!" Der Junge wagte nicht, das Gegenteil zu behaupten, und damit war die Gegenüberstellung vorbei. Trotzdem wurde unsere Wohnung durchsucht. Die Polizeibeamten legten mir plötzlich einen Aufruf der Revolutionären Gewerkschaftsopposition (RGO) vor und forderten mich auf, zu unterschreiben, daß sie dieses Papier bei mir gefunden hätten. Weil dies offensichtlich eine Provokation war, verweigerte ich die Unterschrift und verlangte im Gegenteil: sie sollten es mir schriftlich geben, daß sie das Material nicht bei mir gefunden hätten. Dazu wiederum waren sie nicht bereit. Darauf wurde ich zum Alexanderplatz auf das Polizeipräsidium zitiert und dort kreuz und quer befragt, hauptsächlich über meine Verbindungen zur RGO, die damals eine unter kommunistischem Einfluß stehende Gewerkschaft war. Mit der Gewerkschaft hatte ich in der Tat nichts zu tun; so wenig, daß ich auf die Frage, ob ich wüßte, was die Abkürzung RGO bedeutet, plötzlich zur Antwort gab, ja, R und G seien gewiß die Abkürzungen für Royal Geographic — d. h. der Beginn des Namens der englischen Königlichen Geographischen Sozietät. Damit hatte ich die Polizei überzeugt, daß sie es mit einem braven Geographen zu tun hätten, woraufhin sie mich entließen. Lene mußte ihre Arbeit im Karl-Liebknecht-Haus einstellen, da die Polizei uns als Ausländern mit der Ausweisung wegen kommunistischer Tätigkeit drohte; wir besaßen ja die ungarische Staatsbürgerschaft.

Erst sehr viel später erfuhr ich, was hinter dem ganzen Verhör steckte. Sándor Nógrádi, nach der Befreiung Ungarns ein leitender Funktionär der Volksrepublik, wirkte damals tatsächlich im Rahmen der RGO unter dem Decknamen Alex. Die Polizei wußte lediglich, in der Organisation arbeite ein Ungar namens Alex, deshalb wurde ich verdächtigt, der ich als Alex Radó auf Grund meiner wissenschaftlichen schriftstellerischen Tätigkeit bekannt genug war. Ich stelle dies hier so detailliert dar, um jene absurde Behauptung zu widerlegen, auf die meine sämtlichen sogenannten Biographen zurückkommen, daß ich nämlich schon Anfang der zwanziger Jahre in der nachrichtendienstlichen Organisation der Sowjetunion gewirkt und eine Spionageschule absolviert hätte. Wie hätte dann meine Frau gleichzeitig in der Parteizentrale arbeiten können — was den elementarsten Vorschriften widerspricht —, und wie hätte ich selber es wagen dürfen, dort ein und aus zu gehen? Was sich in der noch nicht so strengen Ära der Weimarer Republik ein ausländischer Kommunist bei entsprechender Vorsicht noch erlauben durfte, das hätte ein sowjetischer Nachrichtendienstler auf gar keinen Fall tun können. Mein Kontakt zur Parteizentrale aber war so eng, daß ich Lene, wenn es sein mußte, während des Nachtdienstes vertrat. Der Nachtdienst bestand darin, den sämtlichen Provinzblättern der Partei über Telefon das neueste Material der Telegraphenbüros zu übermitteln. Ostern 1927 übernahm ich beispielsweise um vier Uhr früh an Stelle der kränkelnden Lene die in der Informationsabteilung der Parteizentrale einlaufenden Nachrichten und gab sie weiter an die Provinz. Ich erinnere mich auch heute daran noch deshalb so gut, weil die aufsehenerregendste Neuigkeit damals lautete, daß Tschiang Kai-schek, der bis dahin mit kommunistischer Hilfe die führende Person der chinesischen Revolution gewesen war, nach der Einnahme von Schanghai sich gegen die Kommunisten wandte und unter ihnen ein Blutbad anrichtete. Die Redakteure der kommunistischen Provinzblätter wollten ihren Ohren nicht trauen, und es war sehr schmerzlich, diese tragische und überraschende Nachricht dutzende Male zu wiederholen. Natürlich hätte ich derlei Aushilfen nicht übernehmen können, wenn ich mit dem sowjetischen Nachrichtendienst verbunden gewesen wäre.

Ich lehrte an der Berliner Marxistischen Schule, hielt Vorträge über Wirtschaftsgeographie, über Fragen der Arbeiterbewegung und des Imperialismus. Im Grunde genommen erwies sich meine wissenschaftliche Tätigkeit als wirksames Propagandamittel, was sogar von den bürgerlichen Geographen so bewertet wurde. Ich zitiere lediglich General Haushofer, den Vater der faschistischen „Geopolitik“, der in seiner Zeitschrift GEOPOLITIK die Wirkung meines sowjetischen

Reiseführers mit dem des Filmes „Panzerkreuzer Potjomkin" verglich, weil beide breite Schichten der Bevölkerung erreichten, die im allgemeinen der bolschewistischen Propaganda nicht zugänglich waren. Harold Nicholson, einer der führenden Publizisten Englands, schrieb über mein Werk „The Atlas of to-day and to-morrow" im Londoner DAILY TELEGRAPH, der Verfasser spreche mit keinem einzigen Wort von seiner politischen Überzeugung, aber aus jedem Wort sei seine weltanschauliche Auffassung spürbar.
Lenes Chef in der Agitation- und Propaganda-Abteilung des Zentralkomitees war Hugo Eberlein, ein hervorragender Führer der Kommunistischen Partei Deutschlands. Seine Lebensgefährtin war die Tochter der französischen Revolutionärin Inessa Armand. Als Sekretärin des Zentralkomitees der Bolschewiki-Partei folgte Armand Lenin in die Emigration; sie starb 1920 an Cholera und ist auf dem Roten Platz an der Kremlmauer beigesetzt. Ihre beiden Töchter wurden von Lenin und Krupskaja erzogen. Mit Eberlein und seiner Frau – sie hieß gleichfalls Ina – kamen wir in besonders enge Beziehung, als wir ihnen eine Wohnung in derselben Wohnsiedlung, wo auch wir wohnten, verschafften. 1967, als ich Ina zuletzt in ihrem Moskauer Heim aufsuchte, gab sie mir ein altes Foto von der Gründungssitzung der III. Internationale; neben Lenin sitzt Albert (Eberleins Deckname) als Beauftragter der Deutschen Partei. Ina war übrigens schon über siebzig; trotzdem arbeitete sie noch im Moskauer Marx-Engels-Institut. Sie starb 78jährig 1971.

AERO-KARTOGRAPHIE

Ehe ich diesen Abschnitt meines Lebens abschließe, will ich einige Erlebnisse meiner Flugreisen schildern.
Nachdem ich 1931 während der ersten Monate der großen Bautätigkeit von Magnitogorsk im Ural dabeisein durfte, flog ich nach Sibirien. Schon bis Nowosibirsk kam ich nur unter großen Schwierigkeiten, denn bei den neuen dreimotorigen Flugzeugen probierte man die ersten Bristol-Motoren aus, von denen täglich wenigstens einer den Dienst versagte. Von Nowosibirsk sollte ich mit einem kleinen Flugzeug nach Kusnezk, dem Bau der anderen großen Gründung der dreißiger Jahre, weiterfliegen. Zunächst aber mußte ich warten, da die Maschine irgendwo in der Taiga eine Notlandung machte und man sie in den weiten Wäldern suchen mußte. Nach einigen Tagen traf ein kleines viersitziges Flugzeug vom Typ Junkers 13 ein, das, wie seine Fabrikationsnummer bewies, das Produkt Nummer zwei der Dessaui-

schen Fabrik aus dem Jahre 1919 war. Beim Start empfahl mir der Flughafen-Kommandant herzlich, ich solle mich gleich anschnallen, weil es beim Landen öfters vorgekommen sei, daß Passagiere mit ihren Köpfen die Fensterscheiben eingeschlagen hätten, und nun „haben wir kein Glas mehr!" Sehr erinnerlich ist mir ein Flug von Stockholm nach Helsinki in einer ebenso kleinen Maschine. Es war ein unvergeßlicher Anblick, als die untergehende Sonne die vielen tausend kleinen Schären des Bottnischen Meerbusens in rotes Licht tauchte. Im Hintergrund das dunkelgrüne Meer. Laut der in der Maschine angebrachten Gedenktafel hatte der schwedische Flieger Lundberg mit dieser kleinen Maschine die Teilnehmer der Nobile-Expedition aus dem Eismeer gerettet. Übrigens hatte ich mehrfach Gelegenheit, Nobile zu begegnen. Das erstemal 1926 auf dem Flughafen Gatschina bei Leningrad, als er sich mit seinem großen Luftschiff zum Überfliegen des Nordpols vorbereitete. Lene als Moskauer Korrespondentin der Berliner WELT AM ABEND interviewte damals Nobile vor dem Abflug. Einige Jahre später hörte ich seinen Namen auf dem Bahnhof von Genua, wo eine große Menschenmasse begeistert wartete — zwar nicht auf ihn, sondern auf den Funker seiner Expedition, der sich außerordentlich heldenmütig verhalten hatte. Und schließlich 1935 auf der Moskauer Hauptpost, als ich gerade einen Brief aufgeben wollte, wer anders als Nobile steht vor mir, gealtert, gebrochen, nach der unrühmlichen Expedition aus seiner Heimat vertrieben; nur die Sowjetunion bot ihm Asyl.

Eine meiner aufregendsten Flugreisen war jene, als ich von Istanbul über Griechenland nach Italien zurückkehren wollte. Unsere Maschine, ein zweimotoriges Dornier-Wasserflugzeug — in das man von oben in den Passagierraum wie in ein großes Boot steigen mußte —, war von Athen unterwegs nach Patras. Beim Wassern durchnäßten uns die aufgerührten Wellen, so daß wir, als wir erneut starteten, die Tür verriegelten, obwohl einer unserer Reisegefährten energisch dagegen protestierte. Er sagte, daß er als italienischer Konsul im Namen seines Königs einen Palmenzweig von den Festspielen in Syrakus nach Griechenland zu den Spielen in Delphi gebracht habe und daß er jetzt aus Delphi im Namen des Präsidenten der Republik, Venizelos, einen Lorbeerstrauß zu den Syrakuser Spielen bringe. Auf der Hinreise sei der Motor eines solchen Flugzeuges in Brand geraten, und wenn er nicht rechtzeitig die Falltür hätte öffnen können, wären sie alle verbrannt. Er forderte, die Tür solle offen bleiben, was wiederum die Piloten nicht wollten. Wir hatten schon die letzte der Ionischen Inseln überflogen, als der Pilot ans Fenster klopfte und mich zu sich winkte. Er wußte, daß ich reiste, um Aerokarten zu verfertigen und bat mich um eine Seekarte – er besaß keine –, denn, so sagte er, von den zwei Motoren sei einer defekt, und er wolle möglichst bald in der Nähe einer Insel notwassern. Ich mußte die Passagiere informieren, daß wir auf das Meer niedergehen müßten. Doch obwohl ich mich sehr behutsam ausdrückte, stürzte unser Freund, der italienische Konsul, sogleich nach vorn, um die Falltür zu öffnen, was ihm nicht gelang. Hierauf geriet eine Dame in Panik, woraufhin auch die übrigen Passagiere die Kaltblütigkeit verloren, ja sogar der Kopilot, der sofort begann, das einzige kleine Einmann-Gummiboot hervorzuholen. Das merkten wir erst, als die Tür zum Cockpit sich öffnete und der Kopilot, von einem starken Faustschlag getroffen, – den ihm der Pilot versetzt hatte –, zwischen uns fiel. Danach begann der Abstieg aus siebenhundert Metern. Von oben wirkte das Meer glatt und ruhig. Je mehr wir uns aber der Wasserfläche näherten, erkannten wir das Auf und Ab der Fluten. Wir landeten schließlich auf einem Wellenberg, wurden mit großem Getöse ins nächste Wellental geschleudert und sofort wieder aufwärts gerissen. Glücklicherweise vertrug die Dornier-Maschine die Erschütterungen. Mit dem einen noch funktionierenden Motor erreichten wir wie in einem Boot Othoni, die nördlichste der Ionischen Inseln. Vom Ufer eilten uns durch das flache Wasser bärtige, alte Fischer zur Hilfe, nahmen uns auf den Rücken und wateten mit uns an Land. Zu unserem nicht geringen Erstaunen sprachen die Fischer nicht griechisch, sondern redeten uns in waschechtem New Yorker Slang an. Es stellte sich heraus, daß sie den größeren Teil ihres Lebens in Amerika verbracht hatten und nun auf ihre alten Tage heimgekehrt waren. Junge Leute wiederum waren auf der Insel kaum anzutreffen, denn die versuchten ebenfalls in Amerika ihr Glück. Wir mußten ein paar Tage auf der Insel ausharren; unsere Nahrung bestand aus Beeren und Fisch. Unser noch funktionierendes Radio konnte erst zwei Tage später – das Wochenende begann gerade – mit dem Büro der Fluggesellschaft in Brindisi die Verbindung aufnehmen. Man teilte uns mit, ein in Richtung Athen fahrendes Passagierschiff habe Befehl bekommen, die Insel anzulaufen und uns „Schiffbrüchige" an Bord zu nehmen. Einigermaßen besorgt, erklärten uns die Fichser, daß die Gewässer um die Insel felsig seien; seit Menschengedenken habe kein größeres Schiff hier vor Anker gehen können. Wir aber vertrauten der Geschicklichkeit des griechischen Kapitäns. Doch mitten in der Nacht weckte uns der Ruf: „In die Boote, das Schiff sinkt, retten wir die Passagiere!" Der bereits ziemlich mitgenommene Dampfer – er zählte mindestens achtzig Jahre, eine deutsche Reparationsleistung an Griechenland nach dem Ersten Weltkrieg –, war auf ein Felsenriff gelaufen. Auf dem Deck des

Schiffes empfing uns eine filmwürdige Szene. An der heruntergelassenen Strickleiter stand ein Engländer, den Revolver in der Hand und rief: „Ladies and children first!" Mich, der ich deutsch konnte, dirigierte man zu einem deutschen Herrn, der, eine Riesenpanik verursachend, im Nachthemd auf und ab lief, eine große Schachtel an sich drückend, während er verzweifelt brüllte: „Rettet mich, rettet mich." Mühsam gelang es mir, ihn zu beruhigen und ihm klarzumachen, daß das Schiff nur langsam sinke und er noch ungefähr zwölf Stunden habe. Er kam zu sich und erzählte die tragikomische Geschichte seines Hierseins. Er war Zahnarzt einer Kleinstadt im Erzgebirge, in Falkenstein im Vogtland, und Sekretär der dortigen Entomologischen Gesellschaft. In seinem Urlaub war er ins ferne Süditalien gereist, um dort Insekten zu sammeln. So kam er nach Brindisi, wo er mit seinem grünen Schmetterlingsnetz die Wiesen am Stadtrand abgraste und sich dabei in die Nähe der Festung verirrte. Man entdeckte ihn, und da sein Treiben in unmittelbarer Festungsnähe sonderbar wirkte, nahm ihn eine Patrouille fest. Er mochte sagen, was er wollte, man warf ihn ins Gefängnis, und als spionageverdächtiges Individuum wurde er am nächsten Tag ausgewiesen. Man setzte ihn auf das erste von Brindisi auslaufende Schiff — auf welchem wir uns nun begegneten. In der Schachtel befand sich seine ängstlich gehütete Insektensammlung.

Durch uns Flug- und Schiffbrüchige war die Einwohnerzahl der Insel stark gestiegen. Gemäß den Gesetzen des Meeres gehörte ein bestimmter Prozentsatz aller Beute den Fischern; aufgeregt und mit außerordentlichem Fleiß schleppten sie alles, was nicht niet- und nagelfest war, vom Schiff; sogar die große Standuhr des Salons schafften sie unter großen Mühen an Land. Nachdem nun auch das Schiff manövrierunfähig war, mußten wir weiter warten. Unser Pilot riet uns, ein Boot zu nehmen und nach Korfu zu segeln, das in der Nähe lag. Doch als wir die Meerenge von Santi Quaranta erreichten, die die Inselkette von der albanischen Küste trennt, flaute der Wind ab; wir trieben einen ganzen Tag ohne Speise und Trank auf dem Wasser und fürchteten zu verdursten. Endlich aber frischte der Wind auf, und wir erreichten Korfu, wo man uns mit großem Pomp empfing. Der Bürgermeister gab uns zu Ehren ein Essen, und wir durften das berühmte Schloß besichtigen, das der österreichischen Kaiserin und ungarischen Königin Elisabeth, später dem deutschen Kaiser Wilhelm als Erholungsort gedient hatte. Als wir nach Brindisi schließlich im Flugzeug unsere Reise fortsetzten, zogen wir noch eine Schleife über Othoni und sahen dort das gestrandete Flugzeug und gekenterte Schiff. Doch die Geschichte ist noch nicht aus. Einige Wochen später traf ich in Tunis den Piloten, mit dem wir das Abenteuer bestanden hatten. Er erzählte, dies sei sein letzter Flug bei der Fluggesellschaft Aero Espresso gewesen, weil er sich unlängst mit dem Chefpiloten der Gesellschaft überworfen habe. Als er auf Othoni hörte, daß sein Todfeind uns zur Hilfe herbeieilte, kam ihm die Idee, daß wir lieber das Segelboot nehmen sollten. Er hätte es nicht ertragen, von seinem Feind gerettet zu werden.

Meine Flugreisen brachten mich mit vielen interessanten Menschen zusammen. Einmal flog ich von Paris in einer dreimotorigen Fokker-Maschine nach Brüssel. Selbst in dreimotorigen Maschinen gab es damals höchstens achtzehn bis zwanzig Plätze, von denen aber dieses Mal außer meinem nur noch ein Platz besetzt war. Mein Reisegefährte interessierte sich lebhaft für meine Arbeit, erkundigte sich nach den Prinzipien der Kartenherstellung und die besonderen Formen der Luftkarten. Bei unserer Ankunft in Brüssel fiel mir schon beim Aussteigen auf, daß der Pilot zu diesem Passagier trat und salutierte und der Posten am Flughafen Haltung annahm. Auf meine Frage: „Wer ist dieser Herr?“ antwortete der Soldat: „Der belgische König Albert II.“.

Interessant war mein Aufenthalt in Albanien, wohin ich mit dem Wasserflugzeug von Brindisi gelangte. Wegen des großen Sturmes konnten wir nicht in Valona wassern, sondern warteten in einer Lagune auf das Abziehen des Unwetters. Als wir glücklich auf dem ruhigen Wasser dieser Lagune aufsetzten, umschwärmten die Einwohner der nahen Dörfer in ausgehöhlten Baumstämmen die Maschine; man kann sich kaum einen größeren Kontrast vorstellen: diese vorsintflutlichen Fahrzeuge neben dem Verkehrsmittel des 20. Jahrhunderts. Das Hotel in Valona erschien mir recht merkwürdig. An einer Wand meines Zimmers hing im großen Rahmen Mussolinis Bild und in einem kleineren die Fotografie des albanischen Königs Achmed Zogu, ein sichtbares Zeugnis der wahren Kräfteverhältnisse im damaligen albanischen Marionettenstaat. Die Stadt schien menschenleer. Der Hotelier informierte mich, daß fahrplanmäßig Anfang Mai die Malaria nahe; darum verzögen sich die Einwohner in die Berge, die Stadt entvölkere sich.

Am nächsten Morgen beim Einsteigen in die italienische Maschine auf dem primitiven Flughafen sah ich verwundert, daß einige Leute sich in den Gepäckraum quetschten und wie Heringe nebeneinander lagerten. Was sind das für Leute? Mitglieder des albanischen Adels; die es um der Blutrache willen vorzögen, nicht über gefahrvolle Gebirgspfade, sondern auf dem für sie viel sichereren Luftweg zu fliehen, und da bereits alle Plätze des viersitzigen Flugzeuges vergeben waren, bliebe nichts anderes übrig, als den Gepäckraum zu benutzen. Unterwegs verschlechterte sich das Wetter, auch nach mehrmaligem Versuch vermochten wir die schwarze Wolkenwand nicht zu durchbrechen; die Maschine kehrte um. Für einen unserer Reisenden wäre es sehr wichtig gewesen, daß wir Tirana erreichten. Als Repräsentant des Shell-Öltrusts wollte er nämlich noch am selben Tag den Vertrag über die Nutzung der albanischen Ölfelder unterzeichnen, und er wußte, daß auch der Beauftragte der amerikanischen Standard-Öl-Gesellschaft nach Tirana unterwegs sei, ihm also die Amerikaner das Geschäft vor der Nase wegschnappen würden, wenn er nicht rechtzeitig hinkäme. Deshalb unternahm er alles, drohte, bot dem Piloten Geld, doch alles umsonst. Als er schon recht energisch wurde, hatte es der Pilot satt – wir befanden uns gerade über den schäumenden Wellen der Adria in etwa fünfhundert Meter Höhe –, er forderte den tobenden Passagier auf, das Flugzeug zu verlassen, wenn es ihm beliebe. Darauf beruhigte sich dieser. Wir kehrten nach Valona zurück und erreichten Tirana erst am nächsten Tag. Was aus dem Vertrag geworden ist, weiß ich bis heute nicht.

Für mich als Geographen waren die Flugreisen damals sehr viel nutzbringender als heute, wo man aus der Höhe von acht- bis zehntausend Metern über den Wolken so gut wie nichts sieht. Dafür war das Fliegen in jenen Tagen unangenehmer; die niedrig fliegenden, kleinen, gebrechlichen Maschinen waren den Unbilden des Wetters oder den gefährlichen Luftlöchern stärker ausgesetzt. So war beispielsweise unser Flug entlang der Adria-Küste von Venedig über Ancona und Bari nach Brindisi im wortwörtlichen Sinne fünf Stunden lang eine Hoppelei, da der warme Seewind auf die kalte, oft sehr heftige Luftströmung von den Apenninen trifft. Zuweilen wurde ich unvergeßlicher Anblicke teilhaftig. So auf der Route von Calais nach England, als man bereits schon mitten über dem Kanal die weiße Kalksteinwand von Dover auftauchen sah. Oder beim Überfliegen der Alpen, wenn die Maschine sich nicht hoch über die Gipfel heben konnte, sondern sich den Weg durch die Schluchten von Kärnten, über den Paß von Tarvisi zur venezianischen Ebene suchen mußte – fast meinte man, mit der Hand die Felsen berühren zu können –, während in weiter Ferne bereits die Adria blaute. Manche Flugstrecke war für mich geradezu geographischer Anschauungsunterricht; so konnte ich auf dem Flug von Basel nach Amsterdam jede Rhein-Krümmung, den Lorelei-Felsen, Köln mit seinem Dom aus unmittelbarer Nähe betrachten. Kein geringeres Erlebnis war die Route von Barcelona über die Berge der Sierra de Guadarrama nach Madrid oder das Überfliegen des Mittelmeeres von Marseille über das korsische Ajaccio nach Tunis.

In den zwanziger Jahren, der Urzeit der Fliegerei, als die Maschinen noch nicht einmal mit Radio ausgerüstet waren, war die einzige Orientierungshilfe die auf Gasometern am Stadtrand oder dem Dach eines hohen Hauses oder auf Kirchen mit Riesenlettern geschriebenen Städtenamen. Ich erinnere mich an einen dieser Flüge, wo wir, von Moskau nach Berlin unterwegs, uns über den Wäldern Litauens verfranzten und nichts anderes übrig blieb, als im Tiefflug den Eisenbahngleisen zu folgen und den Namen der nächsten Station abzulesen. Ein weiteres meiner erinnerungswürdigen Abenteuer: Ich hätte von Wien nach Venedig fliegen sollen, aber die Gegenmaschine aus Venedig stürzte ab, und ich mußte einige Tage warten, bis eine neue in Dienst gestellt war, eine damals verbreitete viermotorige kleine Junkers. Vielleicht war ich wegen des Presseechos auf das Unglück der einzige Passagier. Die Maschine landete in Graz; eine ältere Frau, die Mutter des Piloten, erwartete uns und küßte und herzte ihren Sohn. Unser Pilot nämlich war just der, dessen Maschine einige Tage zuvor verunglückt war. Das Flugzeug war in den Wörther See gestürzt, ihm jedoch gelang es, schwimmend das Ufer zu erreichen, ebenso seinem einzigen Passagier, dem bekannten österreichischen Schriftsteller Mirko Jelusich. Das Mütterchen nahm dann Platz in der Maschine und flog bis Klagenfurt mit. Es war interessant, diese alte Bauersfrau zu beobachten, wie sie ohne Furcht hinunterschaute und die Namen sämtlicher Dörfer in den Alpentälern unter uns aufzählte. Ab Klagenfurt waren der Pilot und ich wieder allein. Über dem Wörther See stieß plötzlich die Maschine tief hinab, und ich fürchtete, daß ihr das gleiche Schicksal blühe wie der zu Bruch gegangenen. Erst als der Pilot an die Scheibe klopfte und nach unten deutete, begriff ich das Manöver: auf dem Grund des Sees im durchsichtig grünblauen Wasser lag die verunglückte Maschine.

Noch eine kleine Geschichte aus der Ära meiner Flüge. 1928 reiste ich von Berlin nach Rotterdam. Auf dem Wege vom Flughafen zur Stadt wurde ich auf ein großes Plakat aufmerksam: „Einwohner von Rotterdam, ein Unglück droht unserer Stadt; auf einem indischen Schiff ist die asiatische Pest eingeschleppt worden.“ Danach folgten hygienische Anordnungen und Ratschläge. Ich erledigte meine Angelegenheiten, ohne mich viel um meine Gesundheit zu kümmern, und verbrachte den Sonntag am Strand der kleinen Hafenstadt Hoek van Holland im Rheindelta. Am Abend verspürte ich ein merkwürdiges Jucken: meine ganze Brust war mit kleinen Punkten bedeckt. Die Plakate fielen mir ein: die asiatische Pest! Wenn ich damit zum Arzt gehe, sind mir vierzig Tage Quarantäne sicher, gehe ich aber nicht zum Arzt, infiziere ich womöglich ganz Rotterdam. Schweren Herzens beschloß ich, zunächst abzuwarten, weil die Pest ja außer Juck-

reiz und Ausschlag noch andere Symptome zeigte. Die Zeit verging und alles blieb, wie es war. Nach zehn nervenaufreibenden Tagen (als ich meine Angelegenheiten erledigt hatte) wieder in Berlin, stellte mein Arztfreund fest, daß ich Gürtelrose hätte. Er fand auch heraus, woher sie kam: auf dem Flug nach Rotterdam wollte ich frische Luft schöpfen und öffnete das Fenster (damals war das möglich); mein Platz befand sich hinter dem Auspuff einer der Motoren, so daß ich statt frischer Luft die ganze Zeit über die Auspuffgase einatmete; das war die Ursache der durch Nervenentzündung hervorgerufenen Gürtelrose — und der ausgestandenen Ängste.
Vor der Machtergreifung der Nazis feierten wir in der sowjetischen Botschaft in Berlin am 7. November 1932 das letztemal den Tag des Sieges der sozialistischen Revolution. Lene war schon vor mir eingetroffen. In der Vorhalle flüsterte mir der die Gäste empfangende Botschafter Krestinski zu: „Schauen Sie nur, in welcher Gesellschaft sich Ihre Frau amüsiert ..." Ich betrat den ersten Saal und blieb wie versteinert stehen: Lene in heiterem Gespräch mit dem Berliner Oberbürgermeister Sahm, Ministerpräsident von Papen und Kriegsminister Schleicher. Kaum konnte ich es erwarten, von Lene eine Erklärung zu bekommen. Des Rätsels Lösung war sehr einfach: Lene erblickte beim Eintreten Sahm, einen vierschrötigen Riesen, dessen Bild wir tagtäglich in der Filmwochenschau sahen, so daß sie ihn für einen Bekannten hielt und herzlich begrüßte. Daraufhin ließ sich der Oberbürgermeister mit großer Freude in ein Gespräch mit seiner hübschen „Verehrerin" ein. Mittlerweile waren auch Papen und Schleicher eingetroffen, und auch sie schlossen sich der Gruppe an. Dies war unser letztes gesellschaftliches „Auftreten" im vorhitlerischen Berlin.
Mein gesamtes bis dahin geführtes Leben, meine Reisen, meine Arbeit wurden durch die faschistische Machtübernahme in Deutschland, Anfang 1933, für lange Zeit beendet und in völlig andere Bahnen gelenkt.

HITLER AN DER MACHT

Am 30. Januar 1933, am Abend jenes Tages, an dem der Präsident der Republik, Hindenburg, den Nazi-Führer Hitler zum Reichskanzler, also zum Haupt der deutschen Regierung ernannt hatte, saß ich mit Lene, Eberlein und noch einigen anderen Freunden in der Bierhalle des Europa-Hauses, um die Ereignisse zu besprechen. Auf einmal stürmte an der Spitze eines brüllenden, schon nicht mehr nüchternen SA-Trupps der siegestrunkene Frick herein, der neugebackene

Nazi-Innenminister; in wenigen Augenblicken war das Chaos vollkommen; sie hatten uns eine kleine Kostprobe des künftigen Terrors gegeben.
In den nächsten Tagen erhielt ich einen merkwürdigen Telefonanruf vom Berliner Polizeipräsidium. Obwohl ein neuer Polizeipräsident ernannt worden war — der rechtsextreme Admiral Levetzow an Stelle des bisherigen Sozialdemokraten —, war der Beamtenapparat selbst der alte geblieben. Am Telefon teilte man mir mit, man wolle mich wegen meiner marxistischen Lehrtätigkeit verhören, und zwar vorläufig nur telefonisch. Auf meine vagen Antworten hin hieß es, daß ich in einigen Tagen zur persönlichen Vernehmung vorgeladen würde. Gewiß sollte das eine Warnung seitens der sozialdemokratischen Beamten sein, die erkannt hatten, daß auch ihre Tage gezählt waren. Es begannen die Verhaftungen, die Morde durch die freigelassenen nazistischen Banden. Aber noch bestand eine geringe Aussicht, das nazistische Vorpreschen bis zu den Wahlen am 15. März aufhalten zu können. Für alle Fälle schickte ich Lene, die in letzter Zeit kränklich war, nach Österreich, die Kinder wiederum fuhren mit ihrer deutschen Großmutter vorübergehend zu meinen Eltern nach Ungarn. (Diese wenigen Wochen waren der einzige Ungarn-Aufenthalt meiner Söhne.) Sofort begann ich den Haushalt aufzulösen. In der Zwischenzeit lief die Propaganda der Parteien für die bevorstehenden Wahlen auf hohen Touren. Trotz der offensichtlichen faschistischen Gefahr marschierte die deutsche Arbeiterklasse weiterhin getrennt: die Sozialdemokraten waren nicht bereit, ein Wahlbündnis mit den Kommunisten einzugehen. Eines Sonntagnachmittags, Mitte Februar, saß ich zusammen mit meinem unvergeßlichen Freund Theo Neubauer, dem feurigen Führer der Thüringer Kommunisten, und mit Frederic Kuh, der ungeachtet seiner Position als Berliner Korrespondent der amerikanischen Agentur United Press seinen linksextremen Sympathien treugeblieben war. Äußerlich hätte man kaum größere Gegensätze finden können als den schwarzhaarigen, heftig gestikulierenden, von Leidenschaften durchglühten Neubauer, in seinem einfachen Kordanzug und den jedes Wort wägenden, außerordentlich eleganten blonden amerikanischen Journalisten. Beide jedoch stimmten darin überein, daß die einzige, wenngleich schwache Hoffnung ein Bündnis zwischen Sozialisten und Kommunisten sei. Neubauer kam die Idee, daß, nachdem die Sozialdemokraten sich weigerten, sich mit den Kommunisten an den Verhandlungstisch zu setzen, man die Annäherung vielleicht durch die Vermittlung von zwei Ausländern probieren könne — nämlich dem Korrespondenten der amerikanischen Weltagentur und meiner Person, dem in der großen Politik

unbekannten Geographen. Den Worten folgte sogleich die Tat. Kuh und ich begaben uns zu Friedrich Stampfer, einem der Führer der Sozialdemokratischen Partei, von dem man munkelte, daß er im letzten Moment zur Einheitsfront bereit sei. Wir trafen Stampfer zu Hause. Wir boten unsere ganze Redekunst auf, um ihn zu überzeugen. Er hörte uns schweigend an und sagte abschließend nur, daß er die politische Linie der Partei nicht mehr ändern könne.

Am Abend des 27. Februar 1933 ging ich zum Anhalter Bahnhof, um Lene, die aus Österreich zurückkehrte, abzuholen. Die zum Bahnhof führende Budapester Straße wimmelte von wild brüllenden Nazis, die die Kommunisten beschimpften. In Richtung des Reichstagsgebäudes riegelten Polizisten und SA-Abteilungen die Straße ab; das Gebäude brannte. Wie wir später erfuhren, hatten die Nazis den Reichstag selber angezündet, um die Kummunisten mit diesem Verbrechen zu belasten und einen Vorwand zu finden, die Kommunistische Partei noch vor den Wahlen aufzulösen.

Kaum daß Lene angekommen war, beschlossen wir noch auf dem Bahnhof, daß wir nicht in unsere Wohnung zurückkehren dürften, weil wir jeden Moment mit unserer Festnahme rechnen mußten. Wir zogen zu Lenes Schwester Gustel, deren Mann, der Generalmusikdirektor Hermann Scherchen, sich gerade auf einer Konzertreise befand. Zwei Tage waren wir bei ihr, da klingelte es abends, und ein SA-Mann stand in der Tür. Wir glaubten, man sei uns auf die Spur gekommen. Es stellte sich aber heraus, daß der brave Nazi der Verehrer der Hausangestellten war und seine Liebste zum Abendspaziergang einlud. Danach konnten wir selbstverständlich nicht länger bei Gustel bleiben. Wir fuhren nach Leipzig, wo die internationale Frühjahrsmesse gerade ihre Tore öffnete und die Nazis deshalb dort vorläufig weniger Unheil gestiftet hatten. Wir zogen uns in das Wochenendhaus eines Bekannten zurück und warteten auf das Wahlergebnis.

Am 15. März hörten wir in der auf die Wahlen folgenden Nacht in dem zum Bersten vollen Restaurant des Leipziger Hauptbahnhofs, in Gesellschaft von Kurt Rosenfeld, dem Führer der linken Sozialistischen Arbeiterpartei, die Rundfunkmeldungen über den Sieg der Faschisten.

Alle Kommunisten waren sich darüber im klaren, daß der unbarmherzige Kampf der schlimmsten reaktionären Kräfte gegen die fortschrittlichen, revolutionären Organisationen Europas begonnen hatte. Pflichtbewußtsein und unser Gewissen befahlen mir und meiner Frau, uns wieder in die erste Linie zu stellen. Die einzige Möglichkeit, offen gegen den Faschismus zu kämpfen, bestand darin, aus Deutschland

auszuwandern und — wo noch möglich — eine militante politische Zeitung oder Presseagentur zu gründen.
Uns gelang es, einen Sonderzug nach Belgien zu besteigen, indem wir in der Masse der heimkehrenden Kaufleute untertauchten. Nach einer uns endlos erscheinenden, qualvollen, nächtlichen Fahrt erreichten wir Aachen, die letzte deutsche Station. Unser Paß war in Ordnung, auch mit dem französischen Visum versehen, doch die allmächtigen Faschisten konnten jedermann zurückhalten, auf jeden Fall Personen, die des Kommunismus verdächtig waren. Nach kurzem Warten setzte sich der Zug in Bewegung, keine Zöllner, nirgendwo Paßkontrolle. Wahrscheinlich kommt das zwischen Aachen und der Grenze, dachten wir. Doch der Zug fuhr immer schneller. Wir brausten durch eine Station: Herbestal. Aber das war ja schon Belgien! Wir waren entkommen. Der große Wirbel, der die Machtübernahme der Nazis begleitete, zeigte sich auch darin, daß der für seine Ordnung und Pünktlichkeit berühmte deutsche Beamtenapparat nicht funktionierte.
So begann die neue Emigration, diesmal auch für Lene. Nachmittags waren wir bereits in Paris, aber nach einigen Tagen bekamen wir die Schwierigkeiten des Fußfassens sowie die offene Antipathie der Franzosen gegenüber jedem Deutschen zu spüren. Ich erinnere mich an unsere Wohnungssuche in der Vorstadt Clamart, wo uns eine beleibte Negerin freundlich die Tür öffnete, dann aber, als sie mich ein paar deutsche Worte mit Lene wechseln hörte, hinauswies: „Ich bin französische Patriotin, in meinem Haus dulde ich kein Deutsch."
Die Konsequenz war, daß Lene und ich nach Österreich gingen, aber auch dort hörte man schon den nazistischen Wind säuseln.
In einem Wiener Café begegnete ich Kurt Rosenfeld wieder (der dem faschistischen Deutschland gleichfalls den Rücken gekehrt hatte) und traf noch einen anderen guten alten Bekannten, Leo Lederer, eine der Stützen des BERLINER TAGEBLATTs, der seine Linkssympathien nie verheimlicht hatte und nun gleichfalls zur Emigration gezwungen war, weil das deutsche Weltblatt von den Nazis übernommen wurde. In Wien faßten wir den Plan einer antifaschistischen Presseagentur. Im Mai 1933 übersiedelten wir also mit Rosenfeld doch nach Paris, jetzt freilich mit einem festen Ziel im Auge.
Wegen der Kinder nahmen wir unseren Wohnsitz außerhalb der Pariser Steinwüste, in Bellevue nahe der bewaldeten Anhöhe von Meudon. Die einstige Pfarrei Rabelais', Richard Wagners Asyl, fanden nicht nur wir als Wohnort geeignet. Durch die Ironie des Schicksals ergab es sich, daß gegenüber unserem Haus, in der Villa eines großen Parkes niemand anderes wohnte als der russische zaristische Thronprätendent Kirill.

Sehr viel näher stand uns unsere unmittelbare Nachbarin, die schon damals namhafte Schriftstellerin Anna Seghers, die auf unseren Rat hin sich mit ihren zwei kleinen Kindern und ihrem aus Ungarn stammenden Mann, Radványi, in Bellevue niederließ.
Bellevue liegt auf halber Strecke zwischen Paris und Versailles, wo Egon Erwin Kisch, auch ein guter Freund von uns, wohnte. Er war häufig unser Gast zur großen Freude meiner Kinder, die er immer wieder mit seiner Zauberei entzückte. „Egonek", wie ihn seine Freunde nannten, hatte sein Hauptquartier in einem baufälligen Hotel aufgeschlagen, gegenüber dem in die Weltgeschichte eingegangenen Pavillon du jeu de paume, wo bekanntlich 1789 mit der Eidablegung der versammelten Stände die Französische Revolution begann. Das Ballspielhaus war zu einem Museum umgestaltet worden, und Kisch führte alle seine Gäste als erstes in das benachbarte Museum, das er ausgezeichnet kannte. Der Museumswächter, ein Veteran, beobachtete Kisch, der mit seinem funkensprühenden Humor die ausgestellten Kupferstiche, Uniformen und Dokumente kommentierte, mit wachsendem Mißtrauen. Eines Tages hatte er es endlich satt, die Erfolge seines „Konkurrenten" schweigend hinzunehmen und verlangte, unser Freund Egon solle mit ihm die „reichen Trinkgelder" teilen, die dieser seiner Meinung nach von den Touristen einheimste. Groß war seine Empörung, als er erfuhr, daß dieser „Konkurrent" sein Wissen umsonst den Besuchern mitteilte. Meine Freundschaft zu Kisch bewog mich, während seines australischen Abenteuers seine Frau Gisel nach London zu begleiten. Bekanntlich verweigerte man Kisch trotz seines Visums als Kommunisten die Einreise nach Australien, und man versuchte, ihn mit demselben Schiff, mit dem er gekommen war, nach Europa zurückzuschicken. In Melbourne aber sprang Kisch vom Schiffsdeck aus auf den Kai hinunter, brach sich dabei zwar das Bein, erzwang jedoch dadurch, daß er in Australien bleiben konnte. Die antiimperialistische Kampagne, in deren Rahmen er auftreten sollte, erhielt durch diesen sensationellen Sprung enormen Auftrieb. Die Tage kamen und gingen, Gisels Sorge um ihren Mann, der im Krankenhaus unter polizeilicher Bewachung stand, wuchs. Deshalb gingen wir zu Mr. Bruce, damals Londoner Oberkommissar und später Ministerpräsident Australiens. Als wir in dem imposanten Palast erschienen, empfing man uns sehr unfreundlich und wollte uns nicht zu seiner Exzellenz dem Oberkommissar vorlassen. Aber beim Erwähnen des Namens Kisch, der seit Monaten auf den Titelseiten der australischen Tageszeitungen stand und zu dessen Gunsten gerade im englischen Parlament interpelliert wurde, öffneten sich uns sofort die Türen. Bruce empfing uns überaus höflich und beruhigte Gisel

etwa in dem Sinne, daß sein Land es kaum erwarten könne, Kisch loszuwerden. Sobald nur möglich, würde man ihn nach Europa zurückschicken. So geschah es auch.

In Paris, in der Atmosphäre traditioneller bürgerlicher Freiheitsrechte, gelang die Gründung des Pressebüros Inpress. Das nötige Startkapital hatte mein Mitverleger Kurt Rosenfeld zusammengebracht: er besaß breite Verbindungen zu den einflußreichen und vermögenden progressiven französischen Kreisen.

Welche Bedeutung Inpress in der antifaschistischen Propaganda hatte, habe ich schon geschildert.

Über Europa aber ballten sich die Wolken immer mehr zusammen. Sogar in Paris wurde es immer schwieriger, offen eine politische Tätigkeit fortzusetzen. Da die politische Atmosphäre sich verändert hatte, mußte ich eine andere Form des Kampfes suchen, die wirksamer und schwieriger zu durchkreuzen war. Hierzu bot sich die Möglichkeit, und ich ergriff sie ohne Zögern.

Zweiter Teil

1936–1941

GEOPRESS

Im Sommer des Jahres 1936 zog ich mit meiner Familie von Paris nach Genf. Die Familie fuhr mit der Bahn und ich auf dem großen geschlossenen Lastwagen, der unsere Möbel transportierte. Neben mir lösten die beiden schweigsamen Chauffeure einander alle zwei Stunden ab. Nachts ließen wir die Hügel von Burgund hinter uns. Hin und wieder wachte ich aus meinem Schlummer auf, wenn wir mit großem Getöse durch die schlafenden Kleinstädte brausten. Am Morgen ließen wir die dunklen Schluchten des Jura hinter uns und erreichten den letzten französischen Ort, Ferney-Voltaire, den der große Schriftsteller vor zweihundert Jahren zu seinem Wohnort gewählt hatte. Plötzlich tat sich vor mir die sonnenbeschienene, reiche Genfer Gegend auf. Wieder begann ein neues Kapitel meines Lebens, und ich war mir im klaren, daß es das schwerste und verantwortungsvollste sein würde.

Meine ersten Wochen in Genf waren von der Todesnachricht meines hochgeschätzten gelehrten Freundes, des berühmten französischen Polarforschers Jean Charcot, überschattet. Mit seinem weltbekannten, aber nicht mehr seetüchtigen, kleinen Schiff, „Pourquoi-pas", war er auf dem Wege nach Grönland vor Islands Küste umgekommen. Es war die Rede davon gewesen, daß ich an dieser für mehrere Wochen geplanten Expedition teilnehmen sollte. Doch die Pflicht rief mich nach Genf.

In Genf mietete ich eine Wohnung in einem sechsstöckigen Haus in der Rue de Lausanne, und zwar vom sogenannten „Régisseur", dem Beauftragten des Hauseigentümers; den Besitzer selbst habe ich niemals gesehen, nicht einmal seinen Namen gekannt. Wie ich später erfuhr, waren die meisten Genfer Mietshäuser in den Händen solcher Régisseure, die wirtschaftlich und politisch eine tragende Schicht dieser Stadt bildeten. Die Wohnung hatte vier Zimmer, eins davon gehörte den Kindern zusammen mit der Oma, das andere mir und meiner Frau, das dritte richteten wir als Tagesraum und das vierte als mein Arbeitszimmer ein. Auch unsere aus der deutschsprachigen Schweiz stammende Hausangestellte hatte ein Zimmerchen. Die Wohnung war natürlich nicht geräumig genug, um neben einer so großen Familie auch noch als Arbeitsplatz zu dienen, doch für die Raumenge wurden wir durch andere Vorteile entschädigt.

Als ich die Wohnung suchte, wählte ich absichtlich ein Haus ohne Gegenüber, um zu vermeiden, daß man mich und die Wohnung beobachtete. Das Haus Nummer 113 in der Rue de Lausanne entsprach vollkommen meinen Wünschen. Es lag am Stadtrand, im kleinbürgerlichen Sécheron-Viertel. Gegenüber dehnte sich der wunderschöne alte Park Mon Repos. Nicht weit davon war eine weltbekannte Fabrik, die Präzisionsinstrumente herstellt. Bis zum gewaltigen, vielstöckigen Gebäude des Völkerbundes waren es wenige Minuten Fußweg, ein paar Schritte von uns entfernt befand sich das Büro des Internationalen Arbeitsamtes und die Zentrale des Internationalen Roten Kreuzes. Darum wohnten in diesem Bezirk neben den Handwerkern, Arbeitern, Kleinhändlern hauptsächlich — und in unserem Haus ausschließlich — die Beamten dieser internationalen Organisationen. Allesamt genossen sie diplomatische Privilegien und kümmerten sich herzlich wenig um das Leben der Stadt.

In diesem Viertel von Genf, in Sécheron, hatte einst Wladimir Iljitsch Lenin gewohnt, als er zur Emigration aus Rußland gezwungen war.

Von unserem fünften Stockwerk aus hatten wir eine herrliche Aussicht auf Genf und dessen Umgebung; in der Ferne hinter den Baumwipfeln schimmerte der blaue See. Bei klarem Wetter genossen wir vom Fenster aus den majestätischen Anblick des Mont Blanc. Besonders eindrucksvoll war der abendliche Berg, wenn die Tiefen schon dunkelten, aber sein von ewigem Schnee bedeckter Gipfel noch von der Sonne erhellt war. Am Ufer des Sees erstreckte sich gut sichtbar die Reihe moderner Mietshäuser. Die Luft war rein, die Wohnung hatte gutes Licht. Für die Kinder begann ein paradiesisches Leben. Sie gingen oft mit der Großmutter spazieren und spielten im uralten Park.

Um das Büro eröffnen zu können, mußte ich verschiedene Formalitäten erledigen, Mitarbeiter einstellen, ein Bankkonto für die Aktiengesellschaft eröffnen, die Abonnenten-Werbung beginnen. All diese Aufgaben lasteten auf dem Direktor und Redakteur der künftigen Geopress-Agentur, genauer gesagt auf mir.

Wie schon erwähnt, waren die beiden anderen Aktionäre Schweizer, aber die Mehrheit der Aktien, 98 Prozent, blieben in meiner Hand, und später mußte ich die gesamte praktische Arbeit allein erledigen.

Aus konspirativen Gründen suchte ich für die Geopress keine eigene Räumlichkeit. Außerdem war es auch für die Arbeit vorteilhaft, daß sich das Büro nahe dem Völkerbund befand. So entsprach alles den Erfordernissen.

Die ganze Arbeit spielte sich in meinem Arbeitszimmer ab. Hier plante ich die Karten, hier wurden sie auch gezeichnet, dann schickten wir sie sofort zur Druckerei zum Klischieren; hier schrieb ich den Begleittext in englischer, deutscher, französischer und italienischer Sprache. Ich hatte lediglich zwei Mitarbeiter, den Kartenzeichner und meine Frau. Lene tippte und erledigte die wirtschaftlichen Angelegenheiten. Regelmäßig kam eine Beamtin des Völkerbundes zu uns, die die Buchhaltung besorgte.

Zu viert schafften wir unsere Aufgabe; es war nicht nötig, daß ich die Zahl der Mitarbeiter erhöhte. Dies war auch vom Standpunkt der Sparsamkeit vorteilhaft.

Ende Juli 1936 waren die Vorbereitungen für die Eröffnung des Büros abgeschlossen und im August begann das Leben der neuen Schweizer Presseagentur Geopress.

Das Unternehmen entwickelte sich schnell, bald kannte man es in aller Welt. Es war das einzige Organ dieser Art: wir gaben Karten heraus, welche die aktuellen politischen und wirtschaftlichen Ereignisse und die physisch-geographischen Veränderungen darstellten. Später gab ich unter dem Titel „Permanenter Atlas" eine farbige Kartenserie heraus. Schnell kam das in die Firma investierte Kapital wieder herein, das Geschäft rentierte sich. Die Nachfrage nach Karten war groß. Zu den ständigen Abonnenten von Geopress gehörten Zeitungen, Bibliotheken, geographische Lehrstühle von Universitäten, verschiedene Behörden, Ministerien, Generalstäbe, Gesandtschaften, ja sogar der deutsche Ex-Kaiser Wilhelm II. war unser Abonnent.

Die Eröffnung des Büros fiel mit dem Ausbruch des spanischen Bürgerkrieges zusammen. Aus diesem Anlaß bekamen wir unzählige Bestellungen für Karten vom Kriegsschauplatz. Dadurch gewann unser Büro an Gewicht, insbesondere nachdem eine solche Karte in der führenden französischen Bilderzeitung ILLUSTRATION erschienen war. Oft mußte ich die Nacht zu Hilfe nehmen, weil die Weltpresse die täglichen Kriegsberichte sofort illustrieren wollte.

Es kam vor, daß Abonnenten dringend um die Karten baten, dann mußte ich sie innerhalb von zwei bis drei Stunden zeichnen und drukken lassen. Die Genfer Druckerei Atar stellte die Klischees her, eine andere Druckerei die Matrizen, und mit den ersten Flugzeugen verschickten wir in der Frühe das frische, aktuelle Material an die Zeitungen, Zeitschriften und Institutionen in vielen Ländern der Welt.

Ich stand in enger Verbindung mit dem Völkerbund, bei dessen Presseabteilung ich akkreditiert war, hatte dort ein eigenes Postfach, in der Bibliothek war mir stets mein Platz reserviert, ich durfte die amtlichen Materialien benutzen, man lud mich zu offiziellen Empfängen ein, auf denen ich (wenngleich nur von weitem) auch Litwinow sah. Auf den Empfängen des Völkerbundes konnte ich den gesamten Führungsstab der internationalen Politik beobachten, unter anderen den britischen Minister Anthony Eden, der zugleich die Rolle des Modekönigs spielte, den rumänischen Außenminister Titulescu, diesen ausgezeichneten Redner, der mit seinen temperamentvollen Gesten einem Advokaten vor Gericht ähnelte, den religiösen Lord Hallifax, mit dem ich einmal im gleichen Zug von Paris nach Genf fuhr und sah, wie er früh um sechs vom Bahnhof geradewegs in die Kirche eilte. Ein besonders gutes Verhältnis hatte ich zu Dr. Rajchmann, einem führenden Beamten des Völkerbundes, einstigen Minister der polnischen Regierung und Ratgeber Tschiang Kai-scheks, weil seine Tochter Kartographin war und ich unter ihrer Mitwirkung mein Werk „Atlas von heute und morgen" publizierte, das in London von dem bekannten Verleger Gollancz herausgebracht wurde. Ebenfalls bei Rajchmann lernte ich den linken englischen Politiker Zilliacus kennen, der gleichfalls beim Völkerbund arbeitete, sowie den Außenminister der spanischen republikanischen Regierung Alvarez del Vayo. Diese Kontakte waren natürlich sehr wichtig für mich.

DER MITTELPUNKT DER WELT

Es ist angebracht, meine ich, daß ich dies und jenes über das damalige Genf und die Schweiz erzähle, damit der Leser die Atmosphäre, in welcher ich als sowjetischer militärischer Nachrichter arbeitete, sich vorstellen kann.

Fast immer hatte ich in Großstädten gewohnt: in Budapest, Wien, Berlin, Moskau, Paris. Jetzt mußte ich zum erstenmal jahrelang in einer relativ kleinen Stadt leben. Aber Genf, die Residenz des Völkerbundes, war nicht provinziell, sondern hielt sich im Gegenteil für die Mitte der Welt („milieu du monde"), was sich auch in den Firmenschildern der Restaurants und Geschäfte spiegelte. So zum Beispiel: „Friseur der Weltmitte". Daß es keine Großstadt war, glich Genf durch seine wundervolle Lage an der Südspitze des Sees aus. Weithin sichtbar wehte über dem Wasserspiegel die mehr als hundert Meter steil aufschießende Fontäne; die aus dem See herausfließende Rhône teilt mit hurtigen grünen Wellen die Stadt, deren mächtige Kulisse das Schneemassiv der Alpen und die dunklen Wände des Jura bilden.

Dieses mit einem angenehmen Klima gesegnete, wunderschöne Winkelchen Europas ist seit langem ein Erholungsort, wie die zahlreichen großen Hotels beweisen. Jahr um Jahr versammelten sich hier aus allen Teilen der Welt die Millionäre, gelangweilte Aristokraten, Liebhaber des Wintersports, Politiker und Diplomaten. Besonders im September, anläßlich der Jahresversammlung des Völkerbun-

des, wurde Genf zu einem Treffpunkt der internationalen Welt. Dann gastierten hier die Mailänder Scala, die Pariser und Londoner Theater. Die bunte Menge, die die Hauptstraße, die Rue du Mont Blanc, und die Uferpromenaden füllte – das Nachtleben des „Klein-Paris" –, kontrastierte scharf mit den verschlossenen Bürgerhäusern der Altstadt auf dem Hügel am linken Ufer, wo man noch im Geiste der puritanisch-calvinistischen Moral lebte.
Genf ist natürlich nicht nur die Stadt des Amüsements, hier arbeiten die „Männer mit den goldenen Händen". Die Uhren der Genfer Firmen gehen in alle Welt; in den Fabriken und Werkstätten schaffen ganze Arbeiterdynastien: das Handwerk wird von dem Vater auf den Sohn vererbt. Man kann hier ganz billige Uhren kaufen, aber auch solche, für die man eine Million hinlegen muß. Außer den Fabrikarbeitern gibt es viele Handwerker und kleine Kaufleute, die eigene Werkstätten betreiben.
Bereits Ende der dreißiger Jahre waren die Straßen der europäischen Hauptstädte von Autos verstopft, wenn auch noch nicht in dem katastrophalen Ausmaß von heute. Auch in Genf zählte man einige zehntausend Wagen, dennoch blieb das Fahrrad König des Verkehrs. Beinahe jeder Einwohner, ob klein oder groß, radelte. In den Hauptverkehrszeiten wimmelte es auf den Plätzen und an den Straßenkreuzungen von Radfahrern: die Erwachsenen eilten zur Arbeit oder nach Hause, die Kinder zur Schule. Auch meine Familie mußte diese individuelle Verkehrsmethode erlernen. In den Straßenbahnen, die einer belgischen Gesellschaft gehörten, sah man in den antiquierten Wagen kaum Fahrgäste.
In der Schweiz war der Lebensstandard hoch. Selbst die Arbeitslosen bekamen täglich zu einer Zeit fünf Franken Unterstützung, als das Mittagessen in den einfachen Gaststätten einen halben Franken kostete. Die Summe war so kalkuliert, daß der Arbeitslose eine Zeitung zu abonnieren, öffentliche Büchereien zu benutzen und die Rundfunkgebühr aufzubringen vermochte.
Das kleine Land mit der bürgerlichen Verfassung konnte den hohen Lebensstandard gewährleisten, weil die Schweiz seit Hunderten von Jahren keinen Krieg mehr geführt hatte. Seine durch die Großmächte garantierte Neutralität verlockte die gekrönten und ungekrönten Könige der Welt, die Politiker, die Händler, ihre Vermögensreserven hier aufzubewahren; das Gold floß in die Schweizer Banken. Dadurch konnte das Land riesige Vermögen aufhäufen. Die Schweiz führte keine Kriege, um so kriegerischer waren die Schweizer. Jahrhunderte hindurch auf sämtlichen europäischen Schlachtfeldern kämpften (und zwar sehr tapfer) die Schweizer Söldner, sogar ge-

geneinander. Ihren Sold erhielten sie vor der Schlacht. Seither gilt als charakteristisch für die Schweizer — nicht nur für die Söldner — das Sprichwort: Kein Geld, kein Schweizer.

Bezeichnend ist, daß in den dreißiger Jahren in diesem Vier-Millionen-Land acht Millionen Bankkonten eröffnet wurden.

Ein gut informierter Bekannter, ein Anwalt, erzählte mir, daß in den Schweizer Banken das Geld der italienischen Königsfamilie, des Schah von Iran, des chinesischen Präsidenten Tschiang Kai-schek usw. gehütet werde. Nach dem Zweiten Weltkrieg erfuhr man, daß die Rädelsführer des Hitler-Reiches ihr zusammengeraubtes Vermögen gleichfalls in der Schweiz untergebracht hatten.

Es ist interessant, daß die Genfer sich mit der französischen Sprache begnügen (im Kanton Genf ist die Amtssprache ausschließlich französisch), während die Deutsch-Schweizer es für wichtig halten, daß ihre Söhne und Töchter Französisch lernen. Die vermögenden Familien schicken ihre Kinder in der Regel nach Genf oder Lausanne zur Schule, weil in diesen beiden Städten die beste französische Aussprache gepflegt wird, die Sprache von Rousseau und Voltaire. Meinen Söhnen passierte es, daß sie nach dem ersten Schultag in Genf beide mit verweinten Augen nach Hause kamen; ihre Kameraden hatten sie als Pariser wegen ihrer „falschen Aussprache", dem Pariser Akzent, verspottet.

Genf ist die Hauptstadt des gleichnamigen Kantons bzw. der autonomen Republik; die Schweiz ist der Bund der fünfundzwanzig Kantone. Seit langem gilt Genf als freisinnige Stadt. Sie gehörte bis zum XIX. Jahrhundert nicht zur Schweizer Konföderation, da die reaktionären katholischen Kantone sich ihrem Anschluß widersetzten. Ihre Verfassung, in der Mitte des XVIII. Jahrhunderts gegeben, war der Prototyp fortschrittlichen bürgerlich demokratischen Grundgesetzes. Hierher kamen aus allen Ländern der Welt die Menschen, hierher flüchteten die Emigranten — Revolutionäre, Protestanten —, die von den katholischen Regierungen Frankreichs, Spaniens und der Donau-Monarchie verfolgt wurden. Im Zentrum von Genf verkündet ein Denkmal, daß die Stadt jeden aufnimmt, der politisches oder konfessionelles Asyl sucht. Hier hatte man schon im XVII. Jahrhundert die allgemeine Schulpflicht eingeführt. In den Schulen war der Religionsunterricht gesetzlich verboten. Die Geistlichen durften die Schule nicht betreten: die religiösen Dogmen bleute man den Kindern daheim und in der Kirche ein.

Das Genfer Schulsystem, das in der Grundschule seit langem die Koedukation kennt, war außerordentlich fortschrittlich. In jenen Jahren, als man in der Sowjetunion nach den besten Unterrichtsmethoden

suchte, empfahl Lenins Frau N. K. Krupskaja das Schweizer System als Muster.
Die bürgerliche Gesellschaft prägte jedoch auch dieses fortschrittliche Unterrichtssystem. Die Mittelschulen standen nur den Kindern vermögender Eltern offen. Wer kein Geld hat, gelangt auch in der Schweiz nur auf sehr steinigem Pfad zur Wissenschaft.
Die Macht des Geldes ist groß und von riesigem Einfluß auf das Seelenleben und die Moral der Schweizer. Ich führe zwei interessante Beispiele an:
Die Geschichte des Genfer Opernhauses ist eine hübsche Anekdote. Es wurde vom Gelde eines deutschen reaktionären Herrschers, des Herzogs von Braunschweig, gebaut. Nach der Revolution von 1848 mußte er die Heimat verlassen. Er wählte Genf und verbrachte hier den Rest seines Lebens. Der Tyrann hinterließ testamentarisch der Stadt, die ihm Asyl geboten hatte, sein für damalige Verhältnisse riesiges Vermögen von fünfundzwanzig Millionen Franken, jedoch unter der Bedingung, daß ihm die Genfer Bürger ein Grabmal wie das der Scaliger-Dynastie in Verona errichten sollten. Diese Bedingung schien für eine freie Stadt wie Genf unannehmbar. Im Stadtrat stritt man sich, ob es moralisch sei, einem solchen Reaktionär wie dem Herzog von Braunschweig ein Denkmal zu setzen und dazu noch das des mittelalterlichen Söldnerführers zu kopieren. Aber das Geld verdrängte alle sittlichen Einwände. Die Stadtväter beschlossen, dem Testament zu folgen. Das kostete sie fünf Millionen Franken. Von den restlichen zwanzig Millionen bauten sie das Opernhaus. Seitdem besitzt Genf das riesige säulenumgebene Denkmal des Herzogs und ein Theater, das den größeren Teil des Jahres leersteht. Die Genfer haben angeblich nicht das Geld, um ein eigenes Ensemble zu unterhalten. (Nach dem Kriege brannte übrigens das Theater ab.)
Das zweite Beispiel habe ich selbst erlebt: Ich lud jenen Professor, der Aktionär der Geopress-Agentur war, zum Mittagessen ein. Helene und ihre Mutter strengten sich an und tischten ein großartiges Essen auf. Der Professor revanchierte sich mit einer Einladung nach dem Abendessen. Wir waren sehr verwundert, als wir uns in seiner luxuriösen Wohnung im eleganten Champel-Viertel zu Tisch setzten: es gab nur Tee und Kekse. Ich mußte die Druckerei anrufen, die die Klischees anfertigte. Im Vorzimmer sah ich neben dem Telefon eine Schachtel mit der Aufschrift: „Bitte, für jedes Gespräch zwanzig Centimes einwerfen." (Der amtliche Tarif betrug die Hälfte.)
Die Schweiz ist das Land der klassischen bürgerlichen Sitten, der bürgerlich demokratischen Freiheitsrechte und der bürgerlichen Denkweise. Sitten und Moral waren in mancher Hinsicht nicht nach mei-

nem Geschmack. Aber man konnte dort viel leichter als in Deutschland, Italien oder den besetzten Ländern spezielle Aufgaben lösen.
Die internationalen Spannungen nahmen zu; die Gefahr eines neuen Weltkrieges rückte näher.
1935 besetzte das faschistische Italien Abessinien. In China war schon seit Jahren die Expansion der japanischen Aggressoren im Gange. An den Fronten des republikanischen Spaniens tobte ein erbitterter Kampf gegen die reaktionären Kräfte der Welt, die General Francos Armee unterstützten. Dies war die erste Kraftprobe des deutschen und italienischen Faschismus.
In Europa roch es deutlich nach Schießpulver.
In dieser politischen Situation war die sowjetische Regierung gezwungen, im Interesse der Sowjetunion sich abzusichern. Es war notwendig, die Aktivität der Aggressoren aufmerksam zu beobachten. Diese wichtige Aufgabe fiel teilweise mir zu.

IM FASCHISTISCHEN ITALIEN

Ende Juni 1937 bekam ich eine Postkarte aus Paris. Zwischen den Zeilen war mit unsichtbarer Tinte geschrieben, ich habe mich in Paris mit dem Beauftragten der Zentrale zu treffen. Man teilte mir Treffpunkt und Zeit mit und gab eine Personenbeschreibung des Beauftragten.
Ich war schon oft nach Paris gefahren, wo ich mich mit den Mitarbeitern des Nachrichtendienstes getroffen hatte. Ihnen übergab ich die Informationen und jene Karten, die ich auf besondere Bestellung angefertigt hatte. Es handelte sich um Karten, die ich beispielsweise an Hand deutscher und italienischer Zeitungen und Zeitschriften sowie legaler wirtschaftlicher und geographischer Fachzeitschriften von der regionalen Verteilung der Kriegsindustrie machte. Dieses Material wurde dann nach Moskau weitergeleitet. In einigen Fällen schickte ich meine Meldung mit der Post nach Paris, natürlich nicht unter meinem Namen. Ich hatte zwei Decknamen: „Dora“ und „Albert“. Diese Namen behielt ich auch dann bei, als ich zum Leiter der Schweizer Gruppe ernannt wurde.
Die Regelung meiner Geschäftsangelegenheiten mit den zahlreichen Abonnenten von Geopress diente mir als Vorwand für meine häufigen Auslandsreisen. Doch hielt ich es für besser, nicht unnötig aufzufallen. Die in Genf lebenden Ausländer erhielten zwar eine „Aufenthaltsgenehmigung“, ihre Pässe wurden aber bei der Polizei aufbewahrt und mußten bei jeder Auslandsreise im Austausch gegen die

Aufenthaltsgenehmigung abgeholt werden. Die eigentümliche Lage Genfs ermöglichte es mir jedoch, diese unangenehme Prozedur zu umgehen. Die Stadt ist nämlich fast rundherum von französischem Territorium umgeben, nur ein sieben Kilometer breiter Korridor verbindet sie mit der Schweiz entlang dem Genfer See. Da die Lebensmittelversorgung der Stadt beinahe vollständig vom französischen Gebiet her erfolgt, hatte man jenseits der Genfer Kantonsgrenze bzw. der Schweizer Grenze noch 1814 eine sogenannte freie Zone geschaffen, aus welchem, wiewohl es französisches Gebiet war, die Waren zollfrei nach Genf gelangen konnten. Darum stehen die Zollhäuser nicht an der politischen Grenze, sondern einige Kilometer weiter auf französischem Territorium.
Diesen Umstand habe ich oft ausgenützt: in Genf bestieg ich die Straßenbahn oder die Lokalbahn und befand mich nach zwanzig Minuten bereits in Frankreich, in Annemasse oder Saint-Julien, aber noch immer diesseits der Schweizer Zollgrenze. Manchmal nahm ich auch den Dampfer, der zwischen Lausanne und den Erholungsorten Thonon oder Évian am französischen Ufer des Genfer Sees verkehrte. In diesen Zügen und auf diesen Schiffen gab es keine Zollkontrolle und erst recht keine Paßkontrolle, so daß der Reisende leicht von einem Land in das andere gelangen konnte. Wenn ich mich dann in Frankreich befand, wurde ich vom Ortsansässigen zum Fernreisenden und konnte getrost die französischen Züge besteigen, die zwischen Évian und Paris verkehrten. Freilich wurde alles anders, als der Krieg ausbrach und man die Grenzen hermetisch abriegelte.
Nachdem ich die Postkarte aus Paris erhalten hatte, stieg ich in Évian in den Zug nach Paris und traf dort am vereinbarten Tag ein.
Auf einem Boulevard am angegebenen Ort setzte ich mich auf eine Bank und putzte meine Brille, die schon lange zu meinem Äußeren gehörte, öffnete eine deutsche Zeitung und legte ein Buch neben mich. Für den Beauftragten waren dies meine Erkennungszeichen. Ich hatte noch Zeit, die Litfaßsäulen und die Passanten zu betrachten.
Pünktlich zur verabredeten Zeit erschien ein großer, gutgekleideter Mann im mittleren Alter. Er tauchte plötzlich auf, zwei Schritte von meiner Bank entfernt.
„Pardon, störe ich nicht, wenn ich mich setze?“ fragte er französisch, mit ausländischem Akzent.
„Bitte“ – antwortete ich.
Er setzte sich auf jene Seite, wo das Buch lag. An seinen Beinen spannte sich die Hose, das magere Knie stach fast durch den Stoff. Wir wechselten das Kennwort. Der Mann nannte sich „Kolja“, wie auch die Postkarte aus Paris unterschrieben war.

„Es wird besser sein, wenn wir den Wagen nehmen."
Wir setzten uns in sein Auto, er chauffierte ausgezeichnet (wie ich später hörte, war er Panzerfahrer). Wir fuhren in Richtung Westen. Uns entgegen kam ein Rudel Radfahrer. Die Straßenränder säumte eine jubelnde Menschenmasse. Wir waren in den Endspurt des alljährlichen Fahrradrennens, der „Tour de France", geraten. Wir bogen von der Straße ab und hielten an einer kleinen Waldlichtung, die für ein vertrauliches Gespräch sehr geeignet war. Mein neuer Bekannter war einen Kopf größer als ich. Er sprach höflich, aber sehr zurückhaltend. Es war ihm anzusehen, daß er vieles durchgemacht hatte, obgleich er auf Grund seines Äußeren kaum älter als fünfundvierzig Jahre sein konnte. Sein dichtes schwarzes Haar war schon von grauen Fäden durchzogen, sein gelblich getöntes Gesicht zeigte ein Netz von Falten, die fast farblosen Augen strahlten kalt und spiegelten Entschlossenheit. Die Tränensäcke ließen darauf schließen, daß er nicht gesund war.
„Nach Ihrem Äußeren würde man gar nicht glauben, daß Sie sich mit konspirativen Dingen befassen", erklärte Kolja plötzlich. „Sie wirken wie ein Bürger, dessen Angelegenheiten gutstehen. Das ist sehr gut. Genauso müssen Sie sein."
Dann kam die Rede auf den Zweck unserer Begegnung. Auf Weisung der Zentrale mußte ich ab sofort die von ihm, Kolja, gestellten Aufgaben durchführen. Paris sollte unser Treffpunkt sein. Wir vereinbarten Zeit und Ort. Sollte sich etwas ändern, so würde mich Kolja brieflich verständigen. Meine Meldungen durfte ich nur ihm übergeben.
Damit trennten wir uns. Ich kehrte mit einer konkreten Aufgabe, die ich auf meiner nächsten Italienreise zu erfüllen hatte, nach Genf zurück.
Die Zentrale interessierte sich sehr für die italienischen Truppen, die zur Unterstützung von General Franco nach Spanien in Marsch gesetzt wurden. Um diese Angaben zu beschaffen, fuhr ich mehrmals ins faschistische Italien. Ich reiste in kommerziellen Angelegenheiten, als Eigentümer der kartographischen Agentur. Es traf sich gut, daß die Geopress in Italien viele Abonnenten hatte, darunter sogar rechtsextreme Blätter wie TEMPO in Rom, mit dessen faschistischem Redakteur ich mehrmals verhandelte. Zwischendurch spielte ich auch die Rolle des „erholungsbedürftigen Touristen".
Ich stand in geschäftlicher Verbindung mit dem italienischen Luftfahrt-Ministerium. Wie schon erwähnt, hatte ich in Deutschland Karten und ein Handbuch der europäischen Flugstrecken herausgegeben und wurde als Fachmann auf diesem Gebiet betrachtet. Zuvor war ich schon mit den Maschinen der italienischen Luftverkehrs-Gesellschaft

nach Griechenland, in die Türkei, in die damals italienische Kolonie des Ägäischen Meeres, den Dodekanes, und nach Tunesien geflogen; die Firma Fiat wiederum hatte mich zum Jungfernflug auf der Route Turin–London eingeladen. In Rom lernte ich Teruzzi kennen, den General der Luftwaffe und Staatssekretär im Luftfahrt-Ministerium; er bat mich sogar zu einem Empfang, den Mussolini, der auch Luftfahrt-Minister war, selber gab. So hatte ich Gelegenheit, sein äußerst selbstgefälliges Auftreten aus nächster Nähe zu studieren. Aus etwas größerer Distanz hatte ich ihn schon während eines früheren Rom-Aufenthalts beobachten können. Ich war in einer Pension der Piazza Esedra abgestiegen, dem halbkreisförmigen großen Platz am Bahnhof Termini. Am Morgen, als ich vom Fenster auf den Platz hinunterschaute, sah ich ein ungewohntes Bild. Unzählige Jugendliche in schwarzen Hemden marschierten auf. Es war der 21. April, der traditionelle Jahrestag der legendären Gründung Roms, und an diesem Tag wurden die Mitglieder der faschistischen Kinderorganisation Balilla, die ein bestimmtes Alter erreicht hatten, in die Jugendorganisation GIL (Giovani Italiani) übernommen. Mit Interesse verfolgte ich die Szene. Mussolini erschien auf der Rednertribüne. Zwischen dem Duce und der faschistischen Jugend entwickelte sich ein theatralischer Dialog. Duce: „Wer ist Euer Führer?“ Die Menge im Chor: „Il Duce.“ Duce: „Wer führt Euch zum Sieg?“ Der Chor: „Il Duce.“ Und so ging das Zwiegespräch weiter, ein Zeichen des unglaublichen Personenkultes, der damals das Leben im faschistischen Italien prägte. Wer das Land mit dem Auto besuchte, konnte Kilometer um Kilometer, entlang den Wegen und Straßen, Marmortafeln mit Aussprüchen Mussolinis sehen: „Wenn ich vorwärtsgehe, folgt mir, wenn ich zurückweiche, tötet mich!“

Ein weiteres Beispiel für diese haarsträubende Selbstverherrlichung: Ich spazierte auf der Hauptstraße von La Spezia, als mich ein Gastwirt, der in seiner Tür lehnte, einlud, doch einzutreten. Es war noch nicht ganz Mittagszeit, deshalb antwortete ich, daß ich später kommen wolle. „Vergessen Sie nicht mein Herr, im Radio ist durchgesagt worden, daß der Duce mittags eine Rede hält, und wenn Mussolinis Stimme ertönt und Sie sich auf der Straße befinden, können Sie mit erhobenem Arm stehen und in der Sonnenglut warten, bis die Rede zu Ende ist.“ Dieses Argument überzeugte mich, denn obwohl ich als Ausländer nicht unbedingt in der faschistischen Ehrenbezeugung verharren mußte, wäre ich doch sicherlich aufgefallen. Also wählte ich lieber das Restaurant, wo ich im Obergeschoß in einem Nebenzimmer, das mir der Wirt zur Verfügung stellte, speisen durfte. Unterdessen standen unten im Lokal und auf der Straße die braven italienischen Bürger, Faschisten und Nicht-Faschisten gleichermaßen, stramm und hörten sich die Rede des Duce an, der ihnen mitteilte, daß Italien wegen der feindlichen Sanktionen nach dessen Angriff auf Äthiopien, aus dem Völkerbund austrete. Ein andermal verirrte ich mich in Rom, wo ich in meinen freien Stunden die Kunstdenkmäler und andere Sehenswürdigkeiten besichtigte, in die Kirche San Giovanni in Laterano und ging auf den Altar zu. Plötzlich sinkt alles nieder und rutscht auf den Knien weiter. Man bedeutete mich, dasselbe zu tun. So wurde ich bis zum Altar, wo kein anderer als Papst Pius XI. seinen Segen den demütigen Gläubigen gab, „urbi et orbi", vorwärtsgeschoben.

Noch eine Geschichte. Ich wollte ein Freibillett für den Flug Rom—Sizilien—Tunis besorgen, da ich die Karte dieser Strecke skizzieren mußte. Ich wandte mich in Rom an das Büro der Fluggesellschaft ALI. Der Leiter des Büros, ein sehr freundlicher Graf, der mich schon von unserer Korrespondenz her kannte, erklärte sich einverstanden und gab mir die Adresse des Direktors der Fluggesellschaft, der mir die Genehmigung geben sollte. Dort aber, am Corso Vittorio Emmanuele, verstellten mir am Eingang zwei bewaffnete Faschisten den Weg: „Vostro biglietto di partito?" („Ihr Parteibuch?") Man stelle sich meine Verwunderung vor: ich stand vor dem Hauptquartier des Zentralkomitees der faschistischen Partei. Wie sich herausstellte, war der Direktor der Fluggesellschaft zugleich ein Parteisekretär. Ich konnte nicht zurück. Nach Kontrolle meiner Papiere wurde ich eingelassen. Im Wartezimmer befanden sich mehrere Leute. Der neben mir sitzende schwarzbärtige Herr stellte sich höflich vor: „Ich bin der Sekretär (federale) der Provinz Ferrara. Welche Provinz vertreten Sie?" Aha, man hielt mich für einen faschistischen Sekretär, und zwar einer ganzen Provinz. Irgendwie redete ich mich heraus, saß aber wie auf Kohlen. Endlich drang ich zum Parteisekretär vor. Ich überreichte ihm den Empfehlungsbrief des Grafen, den Brief des Staatssekretariats für das Luftfahrtwesen, wurde aber sehr kühl behandelt. Zuerst verstand ich die Ursache nicht, doch als ich dann auf den Umschlag blickte, der auf dem Tisch des Direktor-Sekretärs lag, und die Anschrift las: „Alla Vostra Eccelenza" (Seiner Exzellenz), wußte ich gleich, welch großen Fehler ich begangen hatte, als ich ihn einfach als Signor Direttore angeredet hatte. Aber noch war es nicht zu spät, schnell schaltete ich um auf Exzellenz und hatte innerhalb von fünf Minuten das Flugticket in der Hand.

Auf diese Weise fühlte ich mich hinlänglich sicher, um auch einige Kriegshäfen zu besuchen. In La Spezia lagen drei italienische Kriegsschiffe vor Anker, die Soldaten und Waffen aufnahmen. Als ich am

Ufer spazierte, beobachtete ich den Hafenbetrieb; Ausflugsboote glitten dahin, in der Ferne zeichneten sich die Konturen der Kriegsschiffe ab. Ein bärtiger junger Mann, ein italienischer Fischer, erkannte in mir den Ortsfremden, denn er kam auf mich zu und forderte mich zu einer Bootsfahrt auf. Mir war dies Angebot sehr recht.

„Was sind das für Schiffe?" fragte ich den jungen Mann, als er die Ruder ergriff. „Könnten wir sie uns nicht näher ansehen?"

„Die dort? Zwei Torpedoboote und ein Kreuzer. Schon den zweiten Tag sind sie da. Möge der Teufel sie holen! Mit ihren Schrauben wühlen sie das Wasser auf und verscheuchen die Fische. Sind Sie Portugiese oder Brasilianer, Signor?"

„Woraus schließen Sie das?" – fragte ich etwas stutzig.

„Sie ähneln ihnen", antwortete der einfache Bursche. „Auch Ihre Aussprache ist wie die der Portugiesen."

Ich sagte nichts, sondern ließ ihn glauben, ich sei Portugiese.

Wir ruderten zu dem vor Anker liegenden mächtigen Schiff, dem Kreuzer „Giovanni delle Bande Nere". Vom Deck rief man uns zu: „Beppo, wen hast du da in deinem Boot?" Es stellte sich heraus, daß der neugierige Matrose ein Bekannter meines Fischers war. Beppo antwortete, das sei ein portugiesischer Herr. Zu meiner Bestürzung wurden wir eingeladen, heraufzukommen. Die Schwarzhemden wollten sicherlich vor einem Ausländer angeben. Sie zeigten uns das ganze Schiff. Ich sprach mit den Matrosen und erfuhr, daß der Kreuzer bald in Richtung der spanischen Balearen, nach Palma de Mallorca, auslaufen würde, um an der Seeblockade der republikanischen Städte teilzunehmen.

Auf einer nächsten Reise geriet ich in La Spezia in ein Abenteuer, das leicht ein böses Ende hätte nehmen können. Ich machte einen Ausflug zu den die Stadt umgebenden Anhöhen, von denen man einen guten Ausblick auf den ganzen Meerbusen hat und natürlich auch auf die dort ankernde Kriegsflotte. Plötzlich hält mich eine Militärpatrouille an: „Was suchen Sie auf verbotenem Gebiet?" Umsonst versicherte ich, daß ich die Verbotstafel nicht gesehen hätte (und das entsprach der Wahrheit). Ich wurde zur Wache geführt und einem Leutnant zum Verhör vorgeführt. Was sollte ich ihm sagen? Wenn ich nicht auf Anhieb die richtige Erklärung fand, brachte man mich als verdächtigen Fremden zur Kaserne, wo ich unter Umständen eine genauere Untersuchung meiner Person über mich ergehen lassen mußte. Mir kam ein rettender Gedanke. „Ich wollte nur die Bucht sehen, wo in der Nähe von Spezia der große englische Dichter Shelley seinen Tod in den Wellen fand." Glücklicherweise war der Leutnant literarisch gebildet, auch schmeichelte es seinem patriotischen Gefühl, daß einen

Fremden so sehr der berühmte italienfreundliche Dichter interessierte, außerdem beruhigte ihn endgültig mein Paß, der von den mit dem faschistischen Italien sympathisierenden ungarischen Behörden ausgestellt war. Shelley sei Dank, es gab keine weiteren Komplikationen.

Wenig später fuhr ich als „Tourist" nach Neapel. Die Zentrale hatte Nachricht, daß insgeheim deutsche Truppen von Neapel an die spanische Front befördert wurden. Dies hatte ich zu überprüfen.

Zuerst machte ich von Neapel einen Ausflug nach Capri. Am Buffet, an Deck des Schiffes, kam ich ins Gespräch mit der Dame, die neben mir saß und sich als Deutsche entpuppte. Das bezaubernde Mädchen begleitete ihre kranke Mutter, der vom Arzt zur Nervenstärkung das Seeklima empfohlen worden war. Sie hatten Kummer; vor kurzem war der Gatte und Vater gestorben. Der Vater des Mädchens war ein bekannter General, der in Opposition zum Naziregime gestanden hatte. Auf Hitlers Befehl hatte man ihn zusammen mit anderen Offizieren 1933 umgebracht.

Auf dem Deck, im frischen Winde spazierend, unterhielt ich mich mit der Generalstochter, die mir von sich erzählte, von ihrer Familie und haßerfüllt an Hitler und das Naziregime zurückdachte. Ich lenkte das Gespräch, so daß neben den ernsten Dingen auch belanglose Themen zur Sprache kamen, um zu erfahren, mit wem ich es zu tun hatte. Verständlich, daß ich mir eine so günstige Gelegenheit nicht entgehen lassen durfte: das Mädchen hätte für uns in Deutschland eine sehr nützliche Arbeit leisten können. Aber es galt auch zu bedenken, daß sie eine deutsche Agentin sein mochte. Trotzdem riskierte ich es. Ich gebe zu, daß ich zunächst verdutzt war, wie bereitwillig sie auf meinen Vorschlag, daß sie gegen Deutschland arbeite, einging. Immerhin war es ihre Heimat ...

Ich notierte mir ihre Anschrift; meinen Namen verriet ich selbstverständlich nicht. Es war die Aufgabe der Zentrale, das Mädchen zu überprüfen. Vielleicht würde sie uns nützlich sein. Später habe ich nichts mehr über sie gehört.

Nach Neapel zurückgekehrt, ging ich spätabends auf den Rat meines Hotelportiers hin, in eine von Ausländern besuchte elegante Bar; sie lag an der strahlend erleuchteten wunderschönen Küstenstraße und wimmelte von Damen der Halbwelt.

Ich setzte mich an einen Tisch, bestellte Essen, dazu eine Flasche Wein und beobachtete meine Umgebung. Eine lärmende Gruppe junger Leute trat ein. Alle sprachen deutsch, trugen Zivil und versuchten wie schlichte abenteuerlustige Touristen zu wirken. Aber ihre Haltung, die eckigen Bewegungen, jene typische Soldatenhöflichkeit, mit der sie sich den Prostituierten näherten, verriet sie sofort. Das festzustellen war kein geschultes Auge nötig. Ihrem Gespräch mit den Mädchen lauschend, erfuhr ich, daß sie am nächsten Tag nach Sizilien weiter sollten. Am Morgen wartete ich im Hafen auf ihr Erscheinen; die Gruppe hatte sich bereits verdoppelt. Ich bestieg das gleiche Schiff.

Wir kamen in Palermo an, wo ich feststellen konnte, daß dort die für Spanien bestimmten deutschen Truppen zusammengezogen wurden. Die Soldaten trugen italienische Uniformen.

Charakterstisch für das faschistische Italien war ein Erlebnis, das sich in einem Abteil der ersten Klasse des Schnellzuges Florenz—Rom abspielte. Nach bewährter Methode pflegte ich das Pariser Weltblatt LE TEMPS hervorzuholen, wenn ich mit meinen italienischen Reisegefährten ins Gespräch kommen wollte. Immer fand sich jemand, der sich erkundigte, wie man im Ausland die faschistische Diktatur beurteile. Dies geschah auch jetzt. Ich war allein mit einem älteren Herrn, in dessen Knopfloch das Abzeichen der faschistischen Partei prangte. Trotzdem begann er schon nach wenigen Minuten wütend auf Mussolini und dessen Regierung zu schimpfen. Ich fragte, wie es möglich sei, daß ein Faschist sich so äußere, worauf er wegwerfend erklärte, heute trügen zehn Millionen in Italien dieses Abzeichen, aber nur ein Bruchteil davon seien überzeugte Faschisten. Im Verlauf der Unterhaltung stellte er sich vor: Rechtsberater des Thronfolgers Umberto. Schließlich kamen wir uns so nahe, daß er mich in Rom in seine Zehn-Zimmer-Wohnung in einem uralten Palazzo der Piazza San Silvestro einlud, wo er mir stolz die ihm dedizierten Fotografien Umbertos und seines Vaters, des Königs, zeigte. Leider konnte ich diesen Kontakt nicht weiter ausbauen, da bald darauf der Krieg ausbrach.

Im Winter, an einem regnerischen Dezemberabend, kam ich in Venedig an, wo ich mit dem Redakteur des Lokalblattes eine Besprechung in Sachen Geopress hatte. Die wunderschöne Lagunenstadt zeigte sich jetzt nicht von ihrer besten Seite; auf dem nebligen Canale Grande war nur hier und da eine Gondel zu sehen, die großen Touristenhotels hatten geschlossen, und so nahm ich ein Zimmer in dem fast nur von Durchreisenden frequentierten Hotel gegenüber dem Bahnhof. Ich begab mich zum Abendessen in den Speisesaal. Gähnende Leere. Nur ein einziger Gast saß im Saal. Wegen seines schwarzen, aufgeknöpften Hemdes, seiner schwarzen Hose und der hohen schwarzen Stiefeln hielt ich ihn zunächst für ein italienisches „Schwarzhemd". Aber sein Geschrei im unverfälschten Bayrisch verriet bald den großen Verbündeten der Italiener, den deutschen Nazi. Der Herr war sehr unzufrieden mit der Bedienung und den Speisen und bewarf abwechselnd die

zitternd sich verbeugenden Kellner mit Biergläsern und Tellern. Ich fragte den einen Kellner, was los sei; weshalb sie dies duldeten, statt den sich skandalös benehmenden Deutschen hinauszuwerfen. „Wo denken Sie hin, mein Herr", lautete die Antwort, „das ist der persönliche Chauffeur Hitlers, der hier auf der Durchreise ist."
Ein kleiner Beitrag zum italienisch-deutschen „Bündnis".
Meine in Italien gesammelten Informationen teilte ich in Paris Kolja mit, mit dem ich ungefähr ein halbes Jahr in Verbindung blieb.

PAKBO

Eines schönen Tages im April 1938 tauchte zu meiner großen Überraschung der baumlange Kolja auf der Schwelle meines Arbeitszimmers auf.
Taktvoll und stumm stand er im halbdunklen Vorzimmer hinter Helene, die ihn zu mir hereingeführt hatte.
Mein Gesicht spiegelte offenbar meine Verwirrung, denn Kolja beruhigte mich sofort, daß nichts passiert sei, alles sei in Ordnung. Er war um einer dringenden Sache willen gekommen.
In konspirativen Fragen war er äußerst vorsichtig, geradezu kleinlich. Ich wußte also, daß ihm keine andere Wahl geblieben war, wenn er jetzt zum erstenmal meine Genfer Wohnung betrat. Bei den Nachbarn konnte sein Kommen keinen Verdacht erwecken, denn ich empfing täglich in meinem Büro viele Besucher. Um jede Gefahr auszuschalten, hatten wir bis jetzt diese Art des Kontaktes vermieden.
Kolja schwieg zunächst. Er schien sehr müde. Sein Gesicht war zerfurcht und die Augen übernächtigt. Seine Stimme aber war hart, sein Blick, wie immer, ruhig und kalt.
„Ich habe von der Zentrale Anweisung bekommen, Ihnen meine Gruppe zu übergeben. Man hat beschlossen, Sie zum Leiter der Schweizer Gruppe zu ernennen. Darum bin ich hier. Sie werden jetzt selbständig arbeiten."
„Und Sie?" fragte ich überrascht. Zwar sollte man solche Fragen nicht stellen, weil man darauf ohnehin keine Antwort erhält.
Doch trotz der Vorschriften antwortete Kolja.
„Sie bleiben, ich gehe." Er warf mir einen durchdringenden Blick zu. In seinen Augen spiegelte sich Entschlossenheit, vielleicht aber auch Trauer, die ich schon manchmal wahrgenommen hatte. „Ich kann Ihnen auch sagen, wohin", fuhr er fort; „nach Moskau ... man hat mich zurückbeordert. Kommen wir nun zur Sache. Morgen werde ich Sie in Bern einem gewissen Otto Pünter vorstellen. Sein Deckname ist

‚Pakbo'. Er hat brauchbare Leute. Pakbo ist ein vertrauenswürdiger, erprobter Mann. Er wird Ihr unmittelbarer Mitarbeiter sein."

Diesen merkwürdigen Decknamen deutet der phantasiebegabte nazistische Agent Flicke als Abkürzung für die Parteikanzlei Bormann[1], womit er sagen will, daß Pünter seine Informationen von keinem anderen als einem der obersten Führer der Nazipartei bekommen hätte, also von Bormann persönlich. Ohne Zweifel ist dies eine phantastische Erfindung und eine gemeine Lüge. Pünter selber leitet seinen Decknamen aus den fünf Anfangsbuchstaben der Treffpunkte ab, die er mit den Mitgliedern seiner fragwürdigen Verschwörergruppe vor dem Kriege vereinbart hatte. (Pontresina/Poschiavo-Arth Goldau—Kreuzlingen—Bern/Basel—Orselina = Pakbo)[2]. Kolja, der es nun wirklich wissen mußte, gab eine viel prosaischere Erklärung. Pünter mit seinen schlingernden Bewegungen „ruderte" beim Gehen, was Kolja immer an ein Schiff denken ließ; Schiff, französisch *paquebot*, wird in der Transkription gemäß der russischen Aussprache zu *pakbo*.

Kolja teilte mir mit, Otto Pünter sei Journalist, Direktor und Eigentümer des der Schweizer Sozialdemokratischen Partei nahestehenden Informationsbüros Insa (Internationale Sozialistische Agentur). Er habe Verbindung zu breiten Kreisen der Presse und zu Diplomaten, ja sogar zu Schweizer Regierungsorganen. Deutschlands und Italiens Spanien-Aktion verurteile er in scharf antifaschistischen Artikeln, weshalb die Rechtsstehenden ihn natürlich nicht sehr mochten. Was seine Überzeugung angehe, sei Pünter linker Sozialist und sympathisiere mit der Sowjetunion. Aus ideellen Gründen habe er es übernommen, unserem Nachrichtendienst zu helfen, weil er den Kampf gegen den Faschismus für seine Partei- und Staatsbürgerpflicht halte.

Diese Charakterisierung Pünters stimmt übrigens nicht ganz mit jener überein, die er in seinen 1967 erschienenen Memoiren gibt: „Mein Entschluß, mit Radó zusammenzuarbeiten, hatte nichts mit meiner politischen Überzeugung und meinem Antagonismus gegenüber dem Kommunismus zu tun ..."[3]

In diesem Zusammenhang muß ich erwähnen, daß Pünter im Laufe unserer Bekanntschaft des öfteren seine Absicht bekundete, in die kommunistische Partei einzutreten. Er sagte, er verurteile die enge Zusammenarbeit seiner Partei, der Schweizer Sozialdemokraten, mit der Bourgeoisie, und er verabscheue eine Reformpolitik, die auf das Prin-

---

[1] W. F. Flicke: Agenten funken nach Moskau. Kreuzlingen 1957. pp. 159-1964.

[2] Otto Pünter: Der Anschluß fand nicht statt. Bern 1967. p. 73.

[3] Otto Pünter: Guerre secrète en pays neutre. Lausanne 1967. p. 123.

zip des Klassenkampfes verzichtete. Ich versuchte ihn von diesem Schritt abzuhalten, weil er dann als Mitarbeiter für uns nicht mehr in Frage gekommen wäre. Oder war vielleicht das alles nur Schein, um mein völliges Vertrauen zu gewinnen?

„Sie wissen doch, daß die Insa in Bern residiert?" — fragte Kolja.

„Ja, ich weiß. In der Presse finde ich ab und zu Mitteilungen dieses Büros. Soviel ich sehe, ist Pünter ein begabter Journalist, aber wenn er uns helfen will, dann scheint es mir sehr leichtfertig, daß er seine Ansichten so offen verkündet. Hindert das nicht unsere Zusammenarbeit mit ihm?"

„Ja, ja" — nickte Kolja, „Pünter ist unbedacht, manchmal gar nicht umsichtig, für seinen Leichtsinn werden wir möglicherweise einen hohen Preis zahlen müssen. Bitte, ziehen Sie dies in Betracht. Pünter läßt keinerlei Vorsicht bei der Wahl seiner Bekannten walten. Oft ist er von hergelaufenen Abenteurern umgeben. Zweifellos sind darunter Leute von der Polizei und dem faschistischen Nachrichtendienst. Schon öfter habe ich ihn gewarnt, er solle vorsichtiger sein. Aber Pünter ist der Meinung, daß wir uns zu viele Sorgen machen, denn ihn als Journalisten dürfe jede Art von Information interessieren, ohne daß er dadurch Verdacht errege. Schließlich handle es sich um die natürliche Neugier seines Berufes, die ihm verläßlichen Schutz biete."

„Wird er nicht beobachtet?"

„Leider doch. Er hat berichtet, daß die Schweizer Bundespolizei seine Post und seine Ferngespräche überwacht. Zuweilen provoziert man ihn telefonisch, wenngleich recht plump. Wir haben den Verdacht, daß die Gestapo bereits ein Auge auf ihn geworfen hat. Es sieht so aus, als ob sich die Deutschen für ihn interessierten. Schon hat ein Schweizer, ein gewisser Jabet, Sekretär der japanischen Botschaft und Jugendfreund Pünters, bei ihm vorgefühlt. Kürzlich kam die strikte Warnung der Zentrale, daß er Zusammenkünfte mit solchen Figuren vermeiden sollte."

Kolja schwieg, schloß, geblendet durch das starke Sonnenlicht, kurz die Augen und lehnte sich zurück in den Schatten.

„Überlegen Sie gründlich, wie Sie künftig Kontakt mit Pünter halten, damit die Konspiration zuverlässig sein soll. Das ist für uns sehr wichtig."

„Und wie haben Sie es gemacht? Trafen Sie sich hier in der Schweiz oder in Paris?"

„Anfangs hier. Pünter wußte nicht, wo ich wohnte. Telefonisch teilte ich ihm den jeweiligen Treffpunkt mit. Wir trafen uns zweimal in der Woche, normalerweise irgendwo in den Bergen. Aber als Pünter

herausbekam, daß man ihn beobachtete, empfahl die Zentrale, daß ich nicht mehr in die Schweiz reisen, sondern Pünter nach Paris rufen sollte. Es schien ziemlich sicher, daß man ihm dorthin nicht folgen würde. Obwohl" – und dabei lächelte Kolja –, „in unserer Branche ist nichts sicher. Wir können uns nur auf zwei Dinge verlassen, unsere eigene Beobachtungsfähigkeit und unsere Vorsicht."
„Ihres Erachtens wäre es also nicht zweckmäßig, daß ich mich in Bern oder Genf mit ihm träfe."
„Ich glaube, nein. Allerdings ist Ihre Lage anders. Sie sind gleichfalls Leiter eines Pressebüros, genau wie Pünter, Sie könnten durch Ihre Geschäfte verbunden sein. Legale Zusammenkünfte erwecken keinen Verdacht, wenn sie nicht zu häufig sind. Im übrigen glaube ich, die Zentrale wird bald Anweisung geben, wie man den Kontakt besser organisieren könne. Mit der Zentrale werden Sie selbst weiterhin über Paris in Verbindung stehen. Stellen Sie sich Pünter in Bern unter einem Decknamen vor und sagen Sie vorläufig nichts von Geopress."
„Sprechen wir jetzt über Pünters Möglichkeiten", fuhr Kolja fort. „Seine Hauptaufgabe besteht darin, aus Deutschland und Italien militärische Informationen zu beschaffen und zu versuchen, alles über die Spanien-Intervention zu erfahren. Er hat einige gute Nachrichtenquellen. Nützliche Informationen verschafft ihm ein einstiger jugoslawischer Pilot, der jetzt Diplomat ist und den Decknamen ‚Gabel' führt (in Pünters Memoiren wird dieser Mann ‚Nikola' genannt). Auch in Italien verfügt er über brauchbare Leute. Außerdem, wie schon erwähnt, besitzt er viele Bekannte in politischen, diplomatischen und journalistischen Kreisen und bezieht von dort gelegentlich Informationen. Pünter wird Sie ausführlich über seine Leute ins Bild setzen."
Kolja strich sich müde über das gelbliche Gesicht und blickte mich an. „Sie können sicher sein, daß Pünter ein guter Mitarbeiter ist. Er findet rasch Kontakt zu andern und gewinnt ihr Vertrauen. Er ist ein intelligenter, gebildeter Mann und spricht mehrere Sprachen fließend. Sie beide, das weiß ich gewiß, werden miteinander harmonieren. Aber vergessen Sie nicht, daß Pünter ab und zu eine Abkühlung braucht. Er ist ein Mann, der gerne etwas riskiert; ich muß zugeben, häufig mit Erfolg, aber weil er zuviel auf einmal will, verzettelt er sich. Man muß ihm aus der Luft gegriffene, irreale Pläne ausreden. Vergessen Sie das nicht. Spornen Sie ihn an, seine Kontakte zu solchen Leuten zu erweitern, wie es Gabel ist. Das wichtigste ist, daß wir Informationen über Deutschland und Italien bekommen. Im großen ganzen wäre das alles." Kolja lächelte gezwungen. „Morgen gehen wir nach Bern und treffen Pakbo abends um sechs in einer Gaststätte" – er

nannte ein elegantes Berner Restaurant in der Nähe des Parlaments –, „Pakbo wird dort sein.“

„Verraten Sie weder Ihren Namen noch Ihre Beschäftigung“, ermahnte er mich.

Kolja fuhr mit dem Abendzug nach Bern. Am nächsten Tag machte ich mich auf die Reise, um Pünter-Pakbo zu treffen.

Ich erreichte die Schweizer Hauptstadt früher als vereinbart. Ich schlenderte durch die kleine mittelalterliche Stadt, die an einer scharfen Krümmung der Aare liegt. Sooft ich in Bern war, genoß ich die reizende Bauweise dieser Stadt. Die „Lauben“ überdachen den Bürgersteig, so daß man selbst bei Regen (und das ist hier oft der Fall), trockenen Fußes durch die Stadt kommt.

In Bern spricht man selbstverständlich Schweizer Dütsch, das sogar die Deutschen nur schwer verstehen. Zwischen Genf und Bern verläuft nicht nur eine Sprachgrenze, der ganze Lebensstil ist verschieden. In Genf, ähnlich wie in Paris, waren die Amüsierlokale bis in die späte Nacht geöffnet. In Bern dagegen, wie in der ganzen deutschsprachigen Schweiz, erlosch um elf Uhr alles Leben, in den Straßen begegnete man kaum einer Menschenseele.

Kolja hatte sicher unsere Begegnung auf den Abend gelegt, weil er damit rechnete, daß dann die Schweizer Hauptstadt nahezu ausgestorben war. Je weniger Augen, desto besser – so lautet die erste Regel der Konspiration.

Es mochte sechs Uhr zehn sein, als ich das Restaurant betrat. Kolja saß bereits an einem Ecktisch, von wo aus er den Saal überblicken konnte. Der Nachbartisch am Fenster war frei. Neben Kolja saß mein zukünftiger Mitarbeiter.

Pünter-Pakbo schien etwa dreißig zu sein. Aber ich irrte mich. Ich hatte das achtunddreißigste Lebensjahr schon hinter mir, und er war nur ein Jahr jünger. Dies stellte sich später im Laufe des Gesprächs heraus.

Otto Pünter war ein strammer, breitschultriger, untersetzter blonder Mann. Hinter seinen Brillengläsern funkelten fröhlich die blaugrauen Augen. Sein rundes Gesicht strotzte von Gesundheit und Energie. Er erwies sich als lebhafter, angenehmer Gesprächspartner.

Wir sprachen über dies und das, vermieden aber das Hauptthema. Pakbo erzählte bereitwillig von sich. Ich erfuhr, daß er verheiratet, doch kinderlos war.

Er war genau wie ich viel gereist und hatte viel gesehen. Der Unterschied war nur, daß mich das Schicksal des Emigranten in die Welt getrieben hatte, während ihn das Temperament des Journalisten von Land zu Land jagte. Wo überall hatte er nicht schon gearbeitet! In

Paris, London, Leipzig, Barcelona. Er war an der spanischen Front gewesen, hatte Reportagen und Artikel geschrieben, in denen er die spanische Republik verteidigte. Nun hatte er sich endlich in Bern niedergelassen und die Insa, dieses militante sozialistische Organ, aufgebaut.

Pünter gefiel mir. Er machte den Eindruck eines Mannes mit weitem Horizont. Unsere Ansichten stimmten in vieler Hinsicht überein.

Kolja beteiligte sich kaum am Gespräch. Er aß und trank, sagte manchmal aus Höflichkeit ein paar Worte und schwieg dann wieder. Aber er folgte unserer Konversation mit großer Aufmerksamkeit; nach einer Weile lenkte er das Gespräch auf unser Problem.

„Sie müssen sich über das nächste Treffen einigen", sagte Kolja. „Sie, Otto, gehören ab heute zu Albert (unter diesem Decknamen hatte er mich Pünter vorgestellt). Die Aufgaben, die Sie von ihm erhalten, sind von der Zentrale gestellt."

Als erster entfernte sich Kolja. Ich wußte, daß er unverzüglich zum Bahnhof ging und in den Zug nach Paris stieg.

Nachdem er gegangen war, einigten wir uns auf eine Zusammenkunft in den nächsten Tagen. Mit dem letzten Zug kehrte ich nach Genf zurück.

Von da an leitete ich die Nachrichtengruppe Schweiz.

Kolja habe ich nie wieder gesehen. Nach ungefähr zwei Wochen erreichte mich und meine Frau ein Gruß von ihm zum Ersten Mai aus Moskau.

Wir schrieben 1938, als ich Pünter das erstemal traf, und nicht Juni 1940, wie er in seinen Memoiren, offenbar nicht ohne Grund, behauptet.[1]

Ich hielt es für richtiger, daß wir uns nicht in Genf begegneten. Es schien mir besser, Pakbo vorläufig nicht wissen zu lassen, wo ich wohnte. In Bern wiederum war er sehr bekannt und wurde beobachtet. Es war also weniger gefährlich, wenn wir uns irgendwo auf halbem Wege zwischen Genf und Bern trafen. Beispielsweise auf der Bahnstation Chexbres. Wir mußten dann auch immer das nächste Treffen vereinbaren. Vorerst sahen wir uns nur ein- bis zweimal in der Woche. Noch hatte ich nicht entschieden, auf welche Weise wir späterhin unseren Kontakt aufrechterhalten sollten.

Am vereinbarten Tag trafen wir uns auf der kleinen, menschenleeren Station von Chexbres. In drückender Hitze wanderten wir einen Feldweg zwischen den Weingärten entlang. Ich sah mich um und inspizierte das Gelände.

---

[1] O. Pünter: Der Anschluß fand nicht statt. p. 115.

„Sie schauen wohl, ob uns niemand folgt?" fragte Pakbo. „Seien Sie beruhigt, auf der Station stieg ich als einziger aus."
„Otto, seien Sie bitte vorsichtig, man hat Ihnen eine ernste Sache aufgetragen. Kolja erzählte, daß verdächtige Elemente Sie zu provozieren versuchten, von der Schweizer Polizei gar nicht zu reden, und er behauptete auch entschieden, daß die Gestapo Sie bereits registriert habe. Sie selber wissen besser als ich, wie sehr die Schweiz von deutschen Agenten überschwemmt ist."
In Pakbos Augen erlosch das fröhliche Funkeln. Er wurde ernst.
„Mehr noch, in der Schweiz arbeitet eine Reihe illegaler Nazi-Organisationen. Es ist kein Geheimnis, daß Hitler den Anschluß der deutschsprachigen Schweiz (zwei Drittel des Landes) an das Deutsche Reich plant. Sogar im Schweizer Heer gibt es Offiziere, die sich etwas Ähnliches erträumen wie den österreichischen Anschluß."
Ich machte mir Sorgen um Pakbo und brachte das Gespräch wieder auf meine Bedenken.
„Diese Schweizer Faschisten arbeiten natürlich für den deutschen Geheimdienst, sicherlich beobachtet man Sie, denn Sie stehen in dem Ruf, so rot zu sein, daß es röter gar nicht geht. Im COURRIER DE GENÈVE las ich einen Artikel mit der Schlagzeile: ‚Die Komintern in der Schweiz'. Darin ist Ihr Name erwähnt und Ihre Agentur, die man schädlicher bolschewistischer Agitation bezichtigt."
Pakbo lachte.
„Da kommen aber auch weniger lachhafte Dinge vor", fuhr ich fort. „Man behauptet zu wissen, daß Sie in Verbindung mit den Agenten der Komintern stehen. Obgleich dies offensichtlich eine Provokation ist, darf man deren Gefährlichkeit nicht unterschätzen. Nach einer so offenen Verdächtigung wird es für Sie unbequem sein, weiter von den für Sie wichtigen Leuten Informationen zu erhalten."
Pakbo schüttelte den Kopf.
„Das regt mich nicht auf. Sie, Albert, sind gewiß noch neu in der Schweiz, Sie kennen unser liberales System nicht. Seinerzeit erklärte ich es Kolja und meldete auch der Zentrale – die mir Vorwürfe gemacht hatte wegen allzu riskanter Aktionen –, daß ich als Journalist das Recht habe, Informationen zu sammeln und an jedermann weiterzugeben. Man kann mich nur dann verhaften, wenn ich den Schweizer Staatsinteressen schade, was ich aber niemals getan habe und auch in Zukunft nicht tun werde. Außerdem habe ich einen gewissen Schutz dadurch, daß ich ein angesehenes Mitglied der Sozialistischen Partei bin, die großes Gewicht im Land besitzt. Für alle Fälle" – lächelte Pakbo mich an – „verspreche ich, daß ich äußerst vorsichtig sein werde."

„In Ordnung, Otto, das wäre erledigt. Kommen wir jetzt zum Thema. Erzählen Sie mir zuerst, wie Gabel arbeitet. Wer ist er eigentlich?“
„Wer?“ – wiederholte Pakbo die Frage und wurde einen Augenblick nachdenklich. „Für uns ist er ein sehr nützlicher und absolut verläßlicher Mann. Er ist Konsul, vertritt die Interessen der spanischen republikanischen Regierung in Jugoslawien, an der jugoslawischen Grenze, im Hafen von Sušak. Er hat einen guten Bekannten, der General Francos offizieller Beauftragter in Jugoslawien ist. Durch ihn bekommt Gabel seine Informationen über Italien und Spanien.“
Wir waren weit weg von der Bahnstation. Nirgendwo eine Menschenseele.
„Von Gabel hatte ich sogleich den Eindruck, und dieser verstärkte sich bei den folgenden Treffen“, fuhr Pakbo fort, „daß er politisch nicht genügend gerüstet ist. Er kann die politische Lage nicht beurteilen. Er ist Antifaschist, obgleich seine Sympathien eher auf gefühlsmäßiger denn intellektueller Grundlage beruhen. Er haßt die italienischen Schwarzhemden weit mehr als die deutschen Nazis. Sein Temperament ist heftig, und seine Stimmungen wechseln rasch. Das ist natürlich ein großer Fehler bei unserer Arbeit, aber ich versuche ihn zu beeinflussen. Ich halte es für ausgeschlossen, daß er Verrat üben könnte. Er ist ein offener, ehrlicher Charakter.“
„Wann und wo treffen Sie sich?“
„In den letzten Tagen dieses Monats in einem Schweizer Dorf an der italienischen Grenze.“
Ich bat ihn, mir ausführlicher zu berichten, wie sie Verbindung hielten. Es stellte sich heraus, daß die Weiterleitung der operativen Information mit viel Zeitverlust verbunden war. Gabel kam über Italien in die Schweiz. Pakbo wollte ihn nicht in Sušak aufsuchen, obwohl er als Schweizer Bürger kein italienisches Transitvisum benötigte, aber für einen ziemlich bekannten antifaschistischen Journalisten wäre die Fahrt riskant gewesen. Gabel dagegen, der einen Diplomatenpaß besaß, erhielt leicht die Durchreiseerlaubnis für die Schweiz, ohne sich verdächtig zu machen, denn Sušak war lediglich durch einen kleinen Fluß vom italienischen Hafen Fiume getrennt, wo die Beamten Gabel gut kannten.
Gabel brachte die Informationen. Wenn er aus irgendeinem Grund von Sušak nicht weg konnte, setzten sie sich durch die Post in Verbindung. Durch einen chiffrierten Brief vereinbarten sie Ort und Zeit des nächsten Treffens.
„Das ist ein sehr langer Weg. Bis Gabel zu Ihnen kommt, seine Informationen übermittelt, die wir dann an die Zentrale weiterleiten,

kann die Nachricht überholt sein. Diese Gefahr besteht besonders im Falle der Truppentransporte nach Spanien. Wir müssen eine bessere Lösung finden. Und mit Ihren anderen Vertrauensleuten geht es einfacher?"

„Viel einfacher", nickte Pakbo. „Sie wohnen in der Schweiz, und ich kann mich jederzeit mit ihnen treffen."

Diese Leute hatte Pakbo auf Koljas Weisung hin angeworben. Manche von ihnen lieferten wichtige Informationen.

Unter ihnen befand sich ein deutscher Sozialdemokrat, ehemals Beamter des Völkerbund-Apparates im Saar-Gebiet, das bis 1935 unter der Verwaltung des Völkerbundes stand. Er war aus Deutschland emigriert, Schweizer Staatsbürger geworden und verfügte über Verbindungen in breiten Kreisen. Er haßte die Faschisten. Er hatte sich einverstanden erklärt, Nachrichten, die zu ihm gelangten, weiterzuleiten und versprochen, bald über die militärpolitischen Maßnahmen Hitlers Auskunft zu geben.

In den Meldungen an die Zentrale nannten wir diese Nachrichtenquelle später „Poisson".

Nach Vereinbarung des nächsten Treffens mit Pakbo kehrte ich nach Genf zurück.

Ich verließ den Zug vor Genf, an der stillen Station Pregny, nicht weit von Sécheron. Dies hielt ich für besser, als mit dem Expreß auf dem Genfer Hauptbahnhof Cornavin anzukommen, der immer von Schnüfflern wimmelte. Ich fuhr mit dem Personenzug, der an jeder Station hielt, hatte also unterwegs genügend Zeit, um über das Gespräch mit Pakbo nachzudenken. Ich war offen gesagt enttäuscht. Alles, was Pakbo erzählt hatte, schien unbedeutend: in Journalistenkreisen kolportierte Nachrichten, billige Romantik. Lohnte es sich denn, dafür einen so großen Apparat zu unterhalten? Möglich, daß dies alles für Kolja, der aus einem kleinen bessarabischen Dorf stammte (was er mir selber gesagt hatte), interessant und wichtig war; mir jedoch, der ich den Wert journalistischer Informationen kannte, imponierte all das nicht sehr. Deshalb ließ ich immer Vorsicht gegenüber den von Pakbo erhaltenen Informationen walten, wie er dies in seinem Buch „Der Anschluß fand nicht statt", selber schreibt. „Albert reagierte sehr sauer und skeptisch auf die ungereimten Dinge, auf ungenaue Hinweise und mangelhafte Quellen."[1]

Ich hielt Pakbo tatsächlich damals für keine erstrangige Nachrichtenquelle. Viel besser war er in der nachrichtendienstlichen „Technologie": er fabrizierte Mikrofotoapparate und erfand einfache Geheim-

---

[1] O. Pünter: Der Anschluß fand nicht statt. p. 121.

zeichen, aber alles hatte einen romantischen Beigeschmack, als sei er von Jules Verne oder Edgar Allan Poe beeinflußt.

Ich selbst war ohne nachrichtendienstliche Ausbildung. Wie so viele andere Behauptungen des sensationslüsternen Buches der beiden französischen Journalisten Accoce und Quet ist es ein Produkt ihrer Phantasie, daß man mich in der mir unbekannten Agentenschule in Moskaus Umgebung ausgebildet haben soll.[1]

Daß ich in der illegalen Arbeit bewandert war, vermochte die beruflichen Erfahrungen nicht voll zu ersetzen. Dieser wesentliche Mangel offenbarte sich, als ich die selbständige Leitung des Nachrichtennetztes übernahm. Es galt, auf unzählige Fragen schnelle und richtige Antwort zu finden. In dieser Zeit waren mir jene Ratschläge sehr hilfreich, die ich von einem Leiter der Zentrale, dem „Direktor", bekam.

Es war mir aber klar, daß der Arbeitsumfang nicht ausreichend und die Arbeitsmethode naiv waren. Dabei spürte man in Europa immer stärker den Wind des nahenden Krieges: das republikanische Spanien war verloren, in München lieferten die Westmächte die Tschechoslowakei den Faschisten aus.

Im Dezember 1938 bekam ich folgenden Brief aus Moskau:

„Liebe Dora!" – schrieb der Direktor. „Im Zusammenhang mit der Ihnen wohlbekannten allgemeinen Lage betraue ich Sie mit der Aufgabe, Ihre Arbeit mit größter Eenergie durchzuführen und alle Ihnen zur Verfügung stehenden Mittel maximal zu nutzen. Regen Sie Pakbo zu größeren Anstrengungen bei der Beschaffung wertvoller militärischer Informationen und der Anwerbung für uns interessanter Personen an ... Pakbos Aufmerksamkeit soll sich in erster Linie auf Deutschland, Österreich und Italien konzentrieren ..."

Ich folgte dieser Weisung der Zentrale und besprach mit Pakbo, daß wir nicht nur die vorhandenen Quellen nutzen, sondern auch neue Kontakte anbahnen müßten.

Schon 1939 lieferte uns eine kleine Gruppe ständig interessante Informationen. Andere Mitteilungen, die wir von verschiedenen Personen gewannen, ergänzten diese Auskünfte.

Die wertvollsten Nachrichten kamen vorläufig von Gabel. Auf Weisung der Zentrale berichtete er über die strategischen Bewegungen der italienischen Armee und Luftwaffe, besorgte Angaben über die Situation der italienischen Rüstungsindustrie und über Waffenlieferungen für Franco. Er lieferte detailliertes Material über die Entwicklung des italienischen Schiffsbaus und anderer Industriezweige.

---

[1] P. Accoce-P. Quet: La guerre a été gagnée en Suisse. Paris 1966. p. 139.

In Genua, Neapel, Spezia beobachteten Gabels Freunde die Bewegungen der Marine der Schwarzhemden. Sobald ein Schiff oder Unterseeboot in Richtung Spanien ausgelaufen war, versuchten sie, ihn so schnell wie möglich zu verständigen.
Die Meldungen über die Lage der deutschen Streitkräfte und deren militärpolitische Aktion übermittelte vor allem Poisson über Pakbo. Im Sommer 1939 erhielten wir aus diesen Quellen die wichtige Nachricht, daß das Hitler-Regime Danzig, die damals unter Aufsicht des Völkerbundes stehende „freie Stadt“, einzunehmen plante. Bekanntlich war diese aggressive Aktion das Zeichen für den Beginn des Zweiten Weltkriegs.
Diese Informationen meldete ich über Paris an die Zentrale.
In Frankreich hatte ich viele Bekannte, auch unter den ungarischen Emigranten, noch aus der Zeit, als ich dort wohnte und arbeitete. Ich hatte ein gutes Verhältnis zu Graf Michael Károlyi, dem ehemaligen Präsidenten der ungarischen Republik, der ein großartiger Mann war und sich zu fortschrittlichen Ansichten bekannte. Nachdem Horthy an die Macht gelangt war, hatte er mit seiner Familie emigrieren müssen. Die Károlyis lebten in Paris, in äußerst schwierigen materiellen Verhältnissen, aber ausgedehnte Familienbande knüpften sie an die ungarischen legitimistischen Aristokratenkreise, die in Opposition zum Horthy-Regime standen.
Durch die Károlyi-Familie, die mich von Inpress her als antifaschistischen Journalisten kannte, erhielt ich gleichfalls Informationen, in erster Linie außenpolitischer Natur, da die Familienmitglieder Zutritt zu gewissen Diplomatenkreisen hatten.
Aber der Kontakt mit Paris bestand nicht lange.
Die Welt befand sich bereits an der Schwelle des großen Krieges.

OHNE VERBINDUNG

Im August 1939 war die Spannung in der Schweiz schon sehr groß, denn Hitler übte zunehmenden Druck auf Polen aus. Die Touristen begannen, das Land zu verlassen. In den Straßen, in den Restaurants diskutierten die Menschen, ob der Krieg ausbrechen würde oder nicht. Die Schweizer Regierung teilte der Bevölkerung mit, daß die Geschäfte im Kriegsfall zwei Monate schließen würden, darum möge jedermann sich mit Vorräten eindecken. Panikartige Käufe setzten ein. Die Leute horteten nicht nur Berge an Konserven, sondern kauften ihren Kindern zum Beispiel mehrere Paar Schuhe verschiedener Größen und legten ihr Geld in Goldschmuck an.

Am 27. August erfolgte die Mobilmachung in den der Schweiz benachbarten Ländern.
An jenem heiteren Sonntag machte ich mit meiner Familie einen Ausflug zur italienischen Grenze, zum Großen Sankt-Bernhard-Paß; dort war noch alles ruhig. Die Italiener erlaubten sogar, daß wir ohne Paß italienisches Gebiet betraten. Hier wies nichts darauf hin, daß uns ein Weltkrieg bevorstand.
Die darauffolgende Woche war entscheidend. Am 30. August wählte das schweizerische Parlament den Armeegeneral der Schweiz. Jetzt hatte man auch in der friedlichen Schweiz begriffen, was die Stunde geschlagen hatte. In der Schweiz wird der General der Armee gewählt, wenn das Land in höchster Gefahr ist.
Am 29. August war die Post- und Telefonverbindung mit Frankreich schon unterbrochen. Der Luftverkehr wurde eingestellt. Die Konzerte ausländischer Prominenter waren abgesagt worden. Verängstigte Touristen stürzten sich in Massen auf die überfüllten Züge. Die Flucht der Ausländer verursachte einen unglaublichen Tumult an den Grenzübergängen und auf den Straßen. Unsere Hausangestellte, wiewohl wir sie als Familienmitglied betrachtet hatten, verließ uns innerhalb einer Stunde; sie reiste aus dem grenznahen Genf nach Hause zu ihren bäuerlichen Eltern in der deutschen Schweiz.
Otto Köcher, der deutsche Gesandte in der Schweiz, hatte schon in einer amtlichen Erklärung der Schweizer Bundesregierung versichert, daß im Falle eines Krieges Deutschland die Neutralität der Schweiz achten würde; dennoch steigerte sich die Nervosität von Stunde zu Stunde. Am Abend des 30. August brannten in der Schweiz noch die Laternen, als sich die Bürger zur Ruhe begaben, aber in den benachbarten Ländern war bereits die Verdunkelung angeordnet.
Im Morgengrauen des 1. September besetzten die deutschen Truppen die „freie Stadt" Danzig, und die militärischen Operationen begannen an Polens Grenzen. England und Frankreich – Polens Verbündete – suchten noch immer nach einer friedlichen Lösung.
Am 1. September wurden die Vertreter der verfeindeten Länder von Marcel Pilet-Golaz, dem Präsidenten der Schweiz und Leiter des politischen Departements (des Außenministeriums), empfangen. Alle gaben dem Minister die Versicherung, daß ihre Staaten die Neutralität und territoriale Integrität der Schweiz respektieren würden.
Die neutrale kleine Schweiz war dennoch gezwungen, in Eile Verteidigungsmaßnahmen zu ergreifen. Nach dem Anschluß, nach der Überwältigung der friedlichen Tschechoslowakei und dem Angriff auf Polen glaubte kein einziges Land mehr an die politischen Versprechungen der Nazi-Führer.

Am 2. September verfügte die Schweiz die allgemeine Mobilmachung. An diesem schönen Samstag, am Ende der Arbeitswoche, überschwemmten die Genfer das Seeufer ihrer Stadt und genossen den sommerlichen Tag. Einige Stunden später aber prangte an den Litfaßsäulen der Mobilmachungs-Befehl. Aus den Bahnhöfen rollten die Züge, die die Soldaten zu ihren Gestellungsorten brachten; vierhunderttausend Mann bezogen Stellung in den bewaldeten Bergen. Die Schweizer waren entschlossen, für ihre Heimat zu kämpfen.
Die Regierung ließ die Deutschen wissen, daß beim Überschreiten der Grenze, alle Schweizer Industriezentren gesprengt würden (bis 1942 wurde die Vernichtung von mehreren tausend Fabriken für den Kriegsfall vorbereitet)[1] und daß die Bevölkerung sich mit der Armee in die Berge zurückzöge, ins sogenannte „Réduit", in die Zitadelle des Widerstandes, um gegen die Angreifer zu kämpfen. In den Bergen waren Lebensmittel für vier Jahre eingelagert.
Die Goldreserven der Schweizer Nationalbank, die das Dreifache der in Umlauf befindlichen Banknoten betrug, befand sich bereits in den Kellern des amerikanischen Fort Knox. Vertraulich ließ man die Deutschen wissen, ein Angriff auf die Schweiz lohne sich nicht, denn das Gold sei in Amerika und zugleich stünde im Rücken der Deutschen, in den Bergen, ein gut bewaffnetes Heer zum Kampf bereit.
Die Deutschen wollten sich einem langen Kampf zwischen den Bergen nicht aussetzen. Überdies war der verlockendste Happen, die Goldreserve, nicht mehr im Land. Es hätte keinen Sinn gehabt, Soldaten für die Eroberung eines kleinen Landes zu opfern, das die faschistischen Staaten ohnehin schon von der Außenwelt abgeschnitten hatten. Hitler begnügte sich vorerst damit, daß die Schweiz seinen Forderungen militärischen Charakters nachkam. Mit voller Kapazität begannen die ausgezeichneten Schweizer Waffenfabriken für die Wehrmacht zu arbeiten. Zwischen Deutschland und dessen italienischem Verbündeten konnten die Transporte ungehindert, ja sogar kostenlos die Schweiz passieren; man versprach eine Verrechnung nach dem Kriege. Hitler glaubte, er würde nach dem deutschen Sieg schon Gelegenheit haben, sich mit der Schweiz zu beschäftigen.
Zwei Jahre später, im Herbst 1942, erklärte der deutsche Botschafter in Bern auf die Anfrage des deutschen Außenministeriums, daß „die Schweiz so viel Lebensmittel und Rohmaterial gehortet hat, um im sogenannten Réduit ungefähr zwei Jahre durchhalten zu können". Der Botschafter machte darauf aufmerksam, daß die Schweizer, „dieses harte Gebirgsvolk, sich erbittert verteidigen wird und die (für

---

[1] Jon Kimche: General Guisans Zweifrontenkrieg. Frankfurt/Main 1962. p. 121.

die Deutschen) existentiell wichtigen Verkehrsobjekte auf keinen Fall unzerstört dem Angreifer in die Hände fallen werden."[1]

Am 3. September erklärten England und Frankreich Deutschland den Krieg. In Europa begann für Millionen Menschen die Zeit schwerer Prüfungen, der Trauer, des Unglücks und des heldenhaften Kampfes gegen die finsteren Kräfte des Faschismus. Beinahe alle europäischen Staaten gerieten in diesen Abgrund.

Diese Lage paralysierte praktisch unsere Arbeit. Der Kontakt über Paris zur Zentrale brach ab. Es war eingetreten, was wir so sehr befürchtet hatten und dem wir nicht rechtzeitig durch eine Umorganisation hatten zuvorkommen können. Nach der strengen Grenzschließung und Einführung der militärischen Zensur konnte ich nicht einmal hoffen, mit Paris irgendwie erneut in Verbindung zu kommen.

Mehrere Monate blieb die Grenze zwischen Frankreich und der Schweiz gesperrt. Der Post-, Telegramm- und Telefonverkehr ruhte.

Wochen und Monate vergingen, aber vom Direktor kam keinerlei Anweisung, was ich tun und wie ich den Kontakt herstellen sollte.

Wir besaßen einen Kurzwellensender, den wir nur im äußersten Notfall gebrauchen durften. Dies war nun der Moment, ihn hervorzuholen. Nur hatten wir weder einen ausgebildeten Telegraphisten noch einen Geheimcode; mit der Zentrale war auch keine Sendezeit vereinbart worden.

Tatenlos verharrte unsere Gruppe. Ich war nervös und wunderte mich über das Schweigen der Zentrale. In Kriegszeiten ohne Verbindung zu sein!

Damals wußten wir nicht und konnten nicht wissen, daß man uns einige Zeit absichtlich keine Aufgaben stellte. Die Stunde unseres Einsatzes kam später.

Die lange, erzwungene Untätigkeit ermöglichte es Lene, schneller englisch zu lernen (französisch sprach sie schon ausgezeichnet, russisch weniger gut) und ihre literarische Arbeit fortzusetzen. Auf Grund ihrer Gedichte, die sie schon als junges Mädchen geschrieben hatte, galt sie als talentiert; selbst ein so berühmter Schriftsteller wie Richard Dehmel vertrat diese Ansicht. Ihre kluge und anschauliche Art zu sprechen, ihre entschiedenen und treffenden literarischen Urteile faszinierten ihren Freundeskreis. In Berlin und später auch in Paris wurde unser Haus eine Art literarischer Salon kommunistischer Künstler. Häufige Gäste waren der Komponist Hans Eisler, der Grafiker John Heartfield, die Schriftsteller Rudolf Leonhard, Egon Erwin Kisch, Anna Seghers und Johannes R. Becher, mit denen wir lebens-

---

[1] Gert Buchheit: Der deutsche Geheimdienst. München 1967. pp. 409 f.

lang eng verbunden blieben. In Genf wiederum, wo wir mit unseren Genossen nicht verkehren durften, übersetzte Helene französische und englische Bücher ins Deutsche. Sie hatte sich schon immer für die großen Frauen der Literaturgeschichte interessiert und besaß eine ganze Bibliothek über sie, in erster Linie über Rahel Varnhagen, die bekannte Gestalt der deutschen Romantik. In Genf entdeckte sie für deutsche Leser Marguerite Audoux, die einstige Weißnäherin, diese auch in Frankreich fast vergessene Schriftstellerin, und übertrug deren Meisterwerk „Marie-Claires Salon“, nachdem sie von dem Pariser Verleger Fasquelle, dem Verwalter der Urheberrechte der Audoux, die Erlaubnis erworben hatte. Das Manuskript schickte sie unter dem Pseudonym Maria Arnold nach Zürich zu Rascher, einem der großen Schweizer Verleger. Der Roman der völlig unbekannten Autorin in der Übertragung einer vollkommen unbekannten Übersetzerin wurde sofort angenommen und der Name Maria Arnold tauchte immer häufiger auf den Titelseiten auf. Jahrelang beschäftigte sie sich mit dem sonderbaren Leben der drei englischen Schriftstellerinnen, der Brontë-Schwestern. Sie wurde beauftragt, das Buch über die Brontë-Familie von Robert de Traz, einem der größten Schriftsteller der französischen Schweiz (und nebenbei bemerkt Oberst im Generalstab der Schweizer Armee), zu übersetzen. Maria Arnold, diese fiktive Person, verfügte sogar über eine eigene Adresse bei einem unserer Freunde, dem beim Völkerbund akkreditierten Journalisten Pinkus. Lene mußte viel mit Verlegern und Schriftstellern verkehren, hatte aber dennoch Zeit, für das in der deutschsprachigen Schweiz, in Basel, erscheinende kommunistische Blatt VORWÄRTS zu arbeiten. Wegen meiner speziellen Aufgabe war ich damit nicht recht einverstanden, aber sie organisierte ihr „zweites Leben“ ausgezeichnet, außerdem konnte der Name einer von der bürgerlichen Gesellschaft anerkannten Schriftstellerin uns im Notfalle hilfreich sein.

In den schweren Jahren nach dem Krieg wiederum, als wir getrennt wurden und Lene schwerkrank allein für sich sorgen mußte, war die literarische Arbeit der Maria Arnold für sie auch materiell wichtig.

DAS GRÖSSTE GEFÄNGNIS DER WELT

Im Dezember 1939 hatte das Warten ein Ende.

Jemand, der durch Genf gefahren war, hatte in meinen Briefkasten am Hauseingang einen Brief geworfen, in dem es hieß, daß in den nächsten Tagen die Verbindung mit der Zentrale durch einen Beauftragten wiederhergestellt würde.

Tatsächlich, nach einer bestimmten Zeit erschien bei mir eine große, schlanke, fast zerbrechlich wirkende Frau, in einem enganliegenden Wollkleid. Ich schätzte sie auf fünfunddreißig. Ihre Bewegungen waren weich und etwas langsam.

In meinem Arbeitszimmer wechselten wir das Kennwort.

„Mein Deckname ist ‚Sonja' ", sagte mein Gast auf deutsch und lächelte. „Vom Direktor habe ich Anweisung erhalten, mit Ihnen Kontakt aufzunehmen. Die Zentrale gab mir Ihren Namen und Ihre Anschrift und teilte mir mit, ich solle Sie besuchen und mich nach dem Stand der Dinge erkundigen. Den Direktor interessiert, wie sich Ihr Büro befindet und ob Sie über Geld verfügen. Welche Möglichkeiten der Nachrichtenbeschaffung gibt es? Brauchen Sie zum Betreiben des Sendegeräts Hilfe? Wie lange brauchen Sie, um die Funkverbindung herzustellen? Wäre es möglich, daß Sie über Italien die Verbindung zur Zentrale aufnehmen? Diese Punkte muß ich mit Ihnen klären und dem Direktor darüber berichten. Durch mich werden sicherlich weitere Weisungen kommen."

Ich teilte ihr meine Überlegungen zu dem, was die Zentrale interessierte, mit und sprach von den Problemen, die im Interesse einer erfolgreichen Arbeit dringend zu lösen waren. Das Geopress-Büro war weiterhin ein sicheres Tarnorgan, die örtlichen Behörden hegten keinen Verdacht. Mit dem Ausbruch des Krieges hatte sich das Einkommen der Firma gemindert, da wir nach Schließung der Schweizer Grenzen viele unserer ausländischen Abonnenten und Besteller verloren. Aber noch waren wir von einer Pleite weit entfernt, denn uns blieb noch der Schweizer Markt. Hier waren fast alle bedeutenden Zeitungen unsere Abonnenten, auch versorgten wir die italienischen und deutschen Geschäftspartner, zu denen weiterhin Verbindung bestand. Was den Nachrichtendienst betraf, so erhielten wir regelmäßig Informationen, die sich angesammelt hatten und die ich an die Zentrale nicht weiterleiten konnte. Natürlich brauchten wir einen Sender, ausgebildete Funker, eine Wohnung. Verläßliche Leute ließen sich finden; aber war es möglich, uns einen neuen Apparat zu schicken, oder konnte man das Gerät reparieren, das wir aus der Vorkriegszeit noch besaßen, das jedoch alt und schlecht konstruiert war? Wir brauchten einen Code, und die Sende- und Empfangszeiten mußten vereinbart werden.

„Wie Sie sehen", sagte ich, „wir haben mehr als genug Probleme. Die Italienreisen halte ich in diesem Augenblick nicht für opportun. Sind Sie überhaupt nötig, wenn wir Funkverbindung mit Moskau haben werden? Über Italien wäre die Verbindung recht umständlich."

Sonja versprach, am nächsten Tag einen chiffrierten Bericht an die Zentrale zu schicken. Wir vereinbarten ferner, daß ich für sie künftig „Albert“ sein würde.
1940, Anfang Januar, schufen wir durch Sonjas Vermittlung eine stabile Funkverbindung mit Moskau.
In der Zeit unserer Zusammenarbeit wußte ich herzlich wenig über Sonja. Ich wußte nicht, wo sie wohnte, wer ihre Mitarbeiter waren, was für Informationen sie sammelte. Die Regeln der Konspiration verboten es, sie zu fragen, und ihr, darüber zu sprechen. Ich vermutete, daß Sonja eine Vertrauensperson der Zentrale war und über entsprechende Erfahrung verfügte.
Unsere Gruppen hatten selbständig und voneinander isoliert gearbeitet, bis die Umstände uns zwangen, miteinander Kontakt aufzunehmen.
Der Engländer Alexander Foote, der unter dem Decknamen „Jim“ zu Sonjas Gruppe gehörte, schreibt in seinem „Handbuch für Spione“[1], daß er 1938 auf Weisung der Zentrale mit Sonja in der Schweiz zusammengekommen sei. Außer ihm hatte Sonja noch einen Mitarbeiter, ebenfalls Engländer, einen jungen Mann mit dem Decknamen „John“. Beide hatten in der internationalen Brigade in Spanien gegen die Faschisten gekämpft. Als man ihnen eine geheime, gefährliche Arbeit anbot, akzeptierten sie diese bereitwillig. In der Schweiz wurde Sonja ihre Instrukteurin. Sie lehrte sie die konspirativen Regeln, brachte ihnen das Arbeiten mit Geheimcodes und Funkgeräten bei, sowie alles, was man im Nachrichtendienst wissen muß. Während der mehrmonatigen Ausbildung reisten Jim und John ab und zu nach Deutschland. Sie führten einfache Aufgaben durch, sammelten militärische Informationen und vervollkommneten nebenher ihre Deutschkenntnisse, deren Grundlagen sie gleichfalls unter Sonjas Anleitung erworben hatten.
Im März 1940 erhielt ich durch Sonja ein Funktelegramm von der Zentrale. Der Direktor teilte mir mit, daß ich den Besuch eines gewissen „Kent“ aus Brüssel zu erwarten hätte. Dieser sollte mir die nötigen Dokumente, um unsere Radioverbindung mit der Zentrale zu organisieren und die Anweisungen des Direktors über gewisse Details unserer Arbeit vermitteln und Geld für Sonja, ihre Mitarbeiter und einen Reservefonds für meine Gruppe mitbringen.
Ich war sehr zufrieden, daß wir direkt mit der Zentrale verbunden wurden und nicht den Sender Sonjas zu belasten brauchten, der für ihre eigenen Aufgaben bereitstehen mußte. Jetzt war nichts mehr zu

---

[1] Alexander Foote: Handbook for Spies. London 1949. p. 25.

tun, als das Reservegerät zu reparieren oder ein neues zu installieren. Für die operative Arbeit war der selbständige Kontakt mit der Zentrale äußerst wichtig. Außerdem konnte im Falle einer Verhaftung (mit der jederzeit gerechnet werden mußte) eines von den zwei Geräten in Betrieb bleiben.

Der Besuch des Verbindungsmannes war unerläßlich. Doch beunruhigte es mich, daß die Zentrale meine Adresse Kent (und zuvor Sonja) gegeben hatte. Ich hielt das für sehr unbedacht. Wenn schon in Europa während des Krieges die Verkehrsverhältnisse schwierig waren und keine andere Möglichkeit bestand, mich zu benachrichtigen, dann hätte man zumindest dafür sorgen müssen, daß ich Kent an einem dritten Ort traf, statt überflüssigerweise meine Identität und Anschrift preiszugeben. Sofort setzte ich mich mit der Zentrale durch den Funk in Verbindung und protestierte, daß man meine Personalien bekanntgab und in meiner Wohnung eine Zusammenkunft arrangierte.

Es scheint, daß der Direktor meinen Protest für berechtigt hielt, denn später geschah nichts dergleichen mehr.

Kent traf im März ein. Ohne telefonische Anmeldung tauchte er direkt in meiner Wohnung auf.

Der hagere, blonde, elegante Mann benahm sich ungezwungen, sogar etwas herablassend und sehr selbstsicher. Er machte den Eindruck eines Weltmannes.

„Der Direktor hat mich beauftragt, Dora zu besuchen", sagte der Gast.

Laut telegraphischer Anweisung mußte er dies sagen.

„Sie sind Kent?"

„Ja, bei der Arbeit ist das mein Name", antwortete er. „Haben Sie die Funkmitteilung des Direktors erhalten?"

Ich nickte. Wir hatten uns gegenseitig identifiziert und kamen zur Sache.

„Man hat mich beauftragt, Ihnen das Material, das für die Arbeit notwendig ist, zu übergeben", sagte Kent. „Außerdem muß ich die organisatorischen Fragen, die sich aus der Kriegssituation ergeben, mit Ihnen besprechen. Darum bin ich aus Brüssel gekommen. Ich muß gestehen, es war kein leichter Weg über zwei Grenzen, und doch muß ich zurück die gleiche Strecke wählen. Befehl ist Befehl."

Er sprach französisch, aber sehr fehlerhaft und mit starkem Akzent. Dabei begann er in seiner großen Aktentasche aus Krokodilleder zu kramen.

„Hier ist das für Sie bestimmte Material. Zuerst das Buch mit dem Code. Damit werden Sie Ihre Funktelegramme chiffrieren. Im anderen befindet sich das Programm der Funkverbindungen ..." Während ich ihm zuhörte, beobachtete ich gespannt diesen – ich muß schon sagen: arroganten Mann. Wer jemals sein komisches, langes, schmales Pferdegesicht gesehen hatte, vergaß es nicht wieder. Für einen Nachrichter war das keineswegs vorteilhaft.

„Die Funksprüche sollen Sie deutsch abfassen", fuhr Kent fort und legte auf den Tisch neben das Codebuch einige mit Schreibmaschine beschriebene Blätter. „Es ist wichtig, daß Sie den Apparat so schnell wie möglich zusammenmontieren und die Leute ausbilden. Das ist die dringende Bitte der Zentrale. Haben Sie schon Funker? Nein? Das ist schlimm. Sie müssen sich um die Ausbildung der Leute bemühen. Begreifen Sie, daß der ‚merkwürdige' Krieg entlang der Siegfried- und Maginot-Linien, wie ihn die Zeitungen nennen, früher oder später zu Ende sein wird. Ich habe Nachrichten, daß im Frühjahr die Deutschen angreifen werden. Ich fürchte, daß das Ende für die Alliierten kläglich sein wird. Und dann kann man nicht wissen, ob ein Mensch wie Hitler den sowjetisch-deutschen Nichtangriffspakt respektieren wird. Vergessen Sie nicht, daß in Polen an der neuen sowjetischen Grenze bedeutende deutsche Streitkräfte stehen."

Er ist ein nüchterner Bursche. Möglich ist alles, dachte ich im stillen. Aber sein lehrhafter Ton reizte mich. Er war spürbar sehr von sich selbst überzeugt. Und solche Menschen konnte ich nicht ausstehen.

„Ich danke für die politische Aufklärung."

Kent wandte mir rasch sein langes Gesicht zu, auf dem für einen Moment ein ironisches Lächeln erschien, er blieb jedoch ernst.

„Vertrödeln wir nicht die Zeit", bemerkte er gemessen. „Versuchen Sie genau zu erfassen, was ich Ihnen zu sagen habe. Wenn ich meinen Auftrag erledigt habe, können wir gern über Themen sprechen, die Ihnen genehm sind."

Ich erwiderte nichts, und Kent begann die komplizierten Kniffe der Chiffrierung zu erläutern. Dann diktierte er einige Telegramme, die ich mit Hilfe des Codebuchs übungshalber verschlüsselte. Kent erklärte mir auch, wie ich das Sendeprogramm zu verwenden hätte.

„Später, wenn Sie über eigene Geräte verfügen, wird Ihnen die Zentrale die Rufzeichen, Wellenlängen und Sendezeiten mitteilen. Die Arbeit der Sender darf nicht systematisiert sein. Im Gegenteil, Zahl und Termin der Sendungen müssen so oft wie möglich gewechselt werden; so kann man sich am besten dagegen schützen, angepeilt zu werden. Es wäre gut, wenn den Funkern nicht bloß eine, sondern mehrere Wohnungen zur Verfügung stünden. Das würde die Gefahr verringern. Wenn es geht, wechseln Sie die Wohnungen, aber gleichfalls ohne System. Je dichter der Nebel, desto besser."

Kent instruierte mich sehr detailliert und vernünftig. Er verstand seine Sache wirklich gut. Wir waren bereits mehrere Stunden an der Arbeit und wurden langsam müde. Nach den Chiffrierübungen fragte Kent, wieviel Geld ich ihm geben könne. Verwundert starrte ich ihn an, denn mir war mitgeteilt worden, daß er meinen Finanzfonds auffüllen würde. Er erklärte, daß er auf die riskante Reise nur geringe Barmittel mitzunehmen gewagt hätte, im Vertrauen darauf, daß ich seine Rückreise finanzierte. Mein kleiner Etat reichte freilich nicht weit.

Mein Gast verabschiedete sich und fuhr mit dem Schnellzug nach Lausanne, nahm ein Hotelzimmer, und am nächsten Abend trafen wir uns dort wieder. Kent schleppte mich in ein Kabarett, damit wir den Abend zusammen verbrächten und uns näher kennenlernten. Die Einladung abzulehnen wäre unhöflich gewesen, denn schließlich hatte der Mann eine beschwerliche und gefahrvolle Reise unternommen, um mir zu helfen und mir das beizubringen, was ich brauchte. Außerdem waren wir ja sozusagen Waffenbrüder.

Das Kabarett mit dem halbnackten, tanzenden Weibervolk schien Kent sehr vertraut. Er trank viel und machte mir klar, auf welch großem Fuß er in Brüssel lebe. In seinem Keller türmten sich die Sektpullen, die ihm nie ausgingen. Er betonte, er leite eine Firma, die halb Europa belieferte, deshalb könne er nicht anders. Er müsse die Maske des reichen Unternehmers tragen. Mit steigender Trunkenheit, sprach er über Dinge, die er nicht einmal mir gegenüber hätte erwähnen dürfen. Geahnt hatte ich zwar ohnehin, daß er kein einfacher Verbindungsmann sei, sondern Leiter der Gruppe in Belgien, aber er hatte kein Recht, Einzelheiten seiner Arbeit zu verraten.

Offengestanden war ich über Kent sehr erstaunt. Sein Benehmen verriet, daß er ein leichtsinniger Mensch war. Freilich mochte er trotzdem ein sehr erfinderischer, geschickter, ja sogar virtuoser Nachrichter sein.

Am nächsten Tag fuhr er nach Brüssel zurück. Im Mai zerschlugen die Deutschen die Truppen der westlichen Alliierten, besetzten Belgien, Holland und Nordfrankreich.

Kent sah ich nie wieder, so wie ich ihn auch vorher nie gesehen hatte, im Gegensatz zu dem, was Flicke in seinem Buch neben vielem anderen völlig unfundiert behauptet.[1] Im März-April 1941 wurde er zwar erneut beauftragt, mich in einer unaufschiebbaren Sache aufzusuchen, aber die Zentrale widerrief alsbald den Auftrag.

Wie ich aus der westlichen Literatur nach dem Kriege erfuhr, ent-

---

[1] W. F. Flicke: Agenten funken nach Moskau. p. 34 f.

deckte und zerschlug die deutsche Abwehr Ende 1941 Kents Brüsseler Gruppe; Kent jedoch verbarg sich, und es gelang ihm die Flucht nach Frankreich. Schließlich kam ihm die Gestapo auch dort auf die Spur und verhaftete ihn.

Kents Verschwinden bedeutete später einen schweren Schlag für die Schweizer Gruppe, weil er viel wußte und manches der Gestapo verriet. Darauf komme ich noch zurück.

Im Juni 1940 hörten wir in Genf den Kanonendonner vom Fort d'Écluse an der Rhône, wo bis zum Waffenstillstand Reste der französischen Armee erbittert Widerstand leisteten. Zur gleichen Zeit trat Italien in den Krieg ein.

Unter demonstrativer Beachtung der internationalen Gepflogenheiten erklärte Mussolini vierundzwanzig Stunden vor Beginn der Kampfhandlungen den Krieg und setzte sich damit von Hitler ab, der ohne formale Kriegserklärung den Angriff eröffnet hatte.

Vierundzwanzig Stunden später erschienen zahlreiche britische Flugzeuge, die sich anschickten, Italien zu bombardieren. Ihre Route führte über Genf, und die Schweizer Bürger drängten sich auf den Balkonen, um sich am Anblick der in großer Höhe in Kampfformation fliegenden Bomber zu weiden. Plötzlich geschah Fürchterliches; man vernahm Detonationen. Auf Genf fielen Bomben. Die Neugierigen starben auf den Balkonen ihrer Häuser. Was war geschehen? Die britischen Piloten (in der Mehrheit Australier) hatten den Auftrag, das nahe italienische Como zu bombardieren, einen Eisenbahn-Knotenpunkt, wichtig für die deutsch-italienische Zusammenarbeit. Como liegt, genau wie Genf, am Ende eines langen Sees, und die überseeischen Piloten, die die Geographie Europas nicht gut kannten, verwechselten das Ziel.

Für mich hatte diese Nacht wichtige Folgen. Im sechsstöckigen Haus, wo sich meine Wohnung befand, wohnten nur Ausländer, die Beamten des Völkerbundes. Noch in der gleichen Nacht zogen sie aus, besser gesagt: sie flüchteten, und zwar nicht nur aus Genf, sondern aus der Schweiz. Ich blieb der einzige Bewohner des Hauses, was späterhin die konspirative Arbeit sehr erleichterte.

Die Lage der Schweiz zwischen zwei mächtigen feindlichen Gruppen, oder genauer gesagt: eine Insel inmitten eines von faschistischen Mächten beherrschten Europas, wurde immer schwieriger; man mußte lavieren, um die Neutralität zu wahren, und durfte keinen Anlaß geben, der einen Übergriff auf Schweizer Territorium gerechtfertigt hätte. Schon die Tatsache, daß 70 Prozent der Bevölkerung Deutsch sprachen, wäre für die Nazis Grund genug gewesen, sie dem Großdeutschen Reich einzuverleiben.

Auf Schritt und Tritt war der auf dem Land lastende Druck spürbar. Über die Schweiz wurde die Lieferung von deutschen Kriegsmaterialien und Kohle nach Italien abgewickelt. Ungefähr einhundertfünfzig Züge täglich, jeder mit mindestens fünfzig bis sechzig Waggons, rollten durch die Schweiz hinüber zum südlichen Verbündeten, schreibt J. Kimche.[1] Einmal sah ich in Chiasso deutsche Güterzüge alle zehn Minuten in Richtung Italien die Grenze passieren.

Gleichzeitig überquerten die englischen Luftstreitkräfte die neutrale Schweiz. Jede Nacht hörten wir das dumpfe Dröhnen der Motoren. Die wirtschaftliche Lage verschlechterte sich von Tag zu Tag. In Friedenszeiten war die Viehzucht lohnender als der Anbau von Getreide; Ackerland wurde deshalb als Weide genutzt und Getreide aus den überseeischen Ländern eingeführt. Nun aber erlagen die Importe, und es stellte sich die Frage: der Mensch oder das Tier? Im Frühjahr 1941 wurde fast der gesamte Viehbestand geschlachtet, die Weiden verwandelten sich in Felder. Die Rationierung wurde eingeführt, die tägliche Brotration betrug 225 Gramm.

Die Deutschen nannten die Schweiz, das einzige neutrale Land Europas, wo die Straßenbeleuchtung noch brannte, den „Leuchtturm" der Engländer, weil die englische Luftwaffe allnächtlich das Land überflog, um Deutschland und Italien zu bombardieren. Auf Verlangen der Deutschen mußte die Verdunkelung eingeführt werden. Genf wurde lediglich von den deutschen Scheinwerfern erleuchtet, die auf dem Berg Salève oberhalb der Stadt standen, der jedoch bereits zum besetzten französischen Gebiet gehörte.

Das Schweizer Volk, besonders in der deutschen Schweiz, hielt sich in dieser außerordentlich gefährlichen Einkreisung überraschend tapfer; es zeigte offen seinen Haß gegen das faschistische Deutschland. In der deutschen Schweiz sprachen die Leute demonstrativ ausschließlich ihren Dialekt, der vom Hochdeutschen stark abweicht. Wenn ich in Bern oder Zürich zu tun hatte, bemerkte ich, daß man mich in der Straßenbahn mit feindseligen Blicken maß, weil ich die Fahrkarte hochdeutsch löste. Da ich keine Gelegenheit zum Erlernen der schweizerdeutschen Mundart hatte, hielt ich es für besser, auch in Zürich französisch zu sprechen, zumal man sich damit dort allgemein verständigen kann.

Aber nicht nur die Lage der Schweiz war labil, auch unser aller Situation wurde unsicher.

Sonja wußte, weshalb mich Kent aufgesucht hatte, denn sie selbst empfing und dechiffrierte die Telegramme der Zentrale. Es entmu-

---

[1] J. Kimche: General Guisans Zweifrontenkrieg. p. 82.

tigte sie sehr, daß Kent kein Geld gebracht hatte. Ihre Reserven gingen wohl zu Ende. Aus ihrer Villa bei Montreux — wo sie, wie ich später erfuhr, damals wohnte — übersiedelte sie nach Genf, noch dazu ganz in die Nähe meiner Wohnung. Das verdroß mich, denn in einer Kleinstadt wie Genf, wo in jedem Viertel einer den anderen kennt, war es gefährlich, wenn man sich gegenseitig besuchte. Sie traf mit ihren Kindern und John ein, den sie vor kurzem geheiratet hatte. Ihr bot sich dann noch die Gelegenheit, die Schweiz zu verlassen, wo die Lage immer aussichtsloser wurde. Im Juni 1940, das heißt nach der Kapitulation Frankreichs, geriet die Schweiz vollständig in die deutsch-italienische Umklammerung. Damals witzelte man bitter: Die Schweiz sei das größte Gefängnis der Welt; Hitler und Mussolini hatten vier Millionen Menschen völlig isoliert. Nur ein enger Korridor in der Nähe Genfs blieb dem Fahrrad- und Autoverkehr, durch den man das unbesetzte Frankreich, das Pétain regierte, erreichen und von dort über Spanien oder Portugal weiter nach England oder Amerika gelangen konnte. Es war zu erwarten, daß eines Tages sich auch dieser Korridor schloß; Sonja wurde immer nervöser um ihrer Kinder willen; sie hatte Angst vor den Deutschen, die in der Nachbarschaft Genfs an der Schweizer Grenze standen. Sie begann ernsthafte Vorbereitungen zu treffen, um gemeinsam mit John abzureisen.

REISE NACH JUGOSLAWIEN

Wie ich schon erwähnte, verminderte sich nach Ausbruch des Krieges das Einkommen von Geopress und warf bald nur noch so viel ab, daß ich davon meine Familie ernähren konnte, aber es reichte nicht mehr zur Beschaffung der nötigen Informationen.

Mein neuester Biograph, ein junger Jugoslawe, der auf den Namen Drago Arsenijevič hört[1] und sich Schweizer Journalist nennt, hat jetzt nach dreißig Jahren alle meine einstigen Bekannten und Mitarbeiter interviewt, die er in der Schweiz erreichen konnte. Dieses sensationslüsterne und vom Tratsch erfüllte Geschreibsel wiederholt kritiklos die Verzerrungen und Lügen der Bücher, die über unsere Gruppe schon im Westen erschienen sind. Auf die kleinlichen und beschränkten Anwürfe einzugehen, lohnt nicht, aber an Hand der von ihm präsentierten Dokumente und Fotos lassen sich einzelne Tatsachen, die bis jetzt nur der Polizei bekannt waren, rekonstruieren. Auf Seite 14 des Buches gibt Arsenijevič selbst zu, daß er seine Angaben

[1] Drago Arsenijevič: Genève appelle Moscou. Paris 1969.

von der Schweizer Polizei und Abwehr bezogen hat. Bezeichnend für das Niveau des „Werkes" ist das Gespräch des Autors mit Fräulein Jenny Gorobzoff, der einstigen Buchhalterin von Geopress, die jetzt, nach einem Menschenalter, sich angeblich wundert, wie wenig der Kartendienst abgeworfen habe.[1] Doch damals war sie stolz, daß wir auf Grund ihrer Buchführung, nach Abzug meines durch die Form der Aktiengesellschaft garantierten Gehalts, der Unkosten und Spesen, nur einen kleinen Gewinn versteuern mußten. Am gleichen Ort findet sich die nicht weniger absurde Behauptung, daß mein Zeichner gelegentlich Schecks über 30 000 Schweizer Franken in meinen Händen gesehen hätte. Schon die konspirative Arbeit hätte mich gehindert, so unvorsichtig zu sein und einen derartigen Scheck einem Angestellten zu zeigen, der nichts von meiner politischen Tätigkeit ahnte. Außerdem, wenn ich über solche Summen verfügt hätte, wäre mir der Kampf mit dem Geldmangel erspart geblieben, der meine Gruppe oft genug hinderte, Aufgaben, die uns die Zentrale stellte, zu erfüllen. Dazu hätte ein solcher Leichtsinn meine Legalität gefährdet, denn die Polizei sah Ausländern streng auf die Finger. Ich mußte den örtlichen Behörden beweisen, daß meine Firma rentabel war oder zumindest nicht mit Verlust arbeitete, was auch gelang dank der Buchführung von Fräulein Gorobzoff. Sonjas finanzielle Schwierigkeiten waren größer, denn seit langem hatte sie keine Überweisung der Zentrale mehr erreicht.

Die Lage wurde kritisch.

In Kriegszeiten war es für die Zentrale äußerst kompliziert, uns zu finanzieren. Zuerst versuchte man es mit Kent, doch wie wir sahen, wagte nicht einmal dieser erfinderische Mann das uns zugedachte Geld über die Grenze zu bringen. Bei einer Zollkontrolle hätte man ihn als Devisenschmuggler verhaften können. Es wäre Widersinn, den Leiter einer wichtigen Nachrichtergruppe wegen einer solchen Lappalie ins Gefängnis geraten zu lassen. Natürlich hätte man das Geld auf eine Bank überweisen können, aber es hätte Verdacht erregt, wenn auf meinem Konto größere Summen eingelaufen wären. Es mußte ein Umweg gefunden werden. Dazu jedoch brauchte man Zeit.

Foote behauptet in seinem Buch, ich hätte auf Kosten der Kommunistischen Partei der Schweiz gelegt,[2] was jedoch vollständig erlogen ist. Ebenso unwahr ist Arsenijevičs Behauptung, daß ich zur Kommunistischen Partei eine Verbindung besessen hätte. Denn es gehört zu den Grundsätzen des sowjetischen Nachrichtendienstes, jeden Parteikon-

---

1 a. a. O. p. 32.

2 A. Foote: Handbook for Spies. p. 782.

takt zu vermeiden. Außerdem verfügte die kleine, illegale Kommunistische Partei der Schweiz sicher nur über unbedeutende finanzielle Mittel.

Die Zentrale wußte von unserer schwierigen Situation und schlug die einzig mögliche Lösung vor. Über den Sender teilte der Direktor mit, daß er uns durch einen Sonderkurier Geld schicken könne. Weil es aber unvorstellbar sei, daß der Kurier in die von deutschen und italienischen Truppen umzingelte Schweiz gelangen könne, solle ich mich irgendwo außerhalb des Landes mit ihm treffen. Zunächst dachte man an das französische Vichy, aber als ich zum französischen Konsulat in Genf ging und sah, was für Fragebögen man ausfüllen mußte, erkannte ich, daß dieses Konsulat eigentlich eine Gestapo-Filiale war. Sogleich gab ich diese Erkenntnis der Zentrale weiter und erklärte auch, daß die Reise äußerst riskant und ich dabei wohl auffliegen würde. Daraufhin schlug man vor, wir sollten ein Treffen in Jugoslawien oder Bulgarien organisieren, die beide noch nicht von den Deutschen besetzt waren.

Nach Erkundung der Möglichkeiten teilte ich dem Direktor mit, daß es mir wahrscheinlich möglich sein würde, Jugoslawien zu erreichen. Die Zentrale gab den Treffpunkt in Belgrad, das Kennwort und die Kennzeichen des Kuriers an. Der Verbindungsmann würde mir Geld, eine Mikrokamera, neue Chemikalien für Geheimschriften und die Gebrauchsanweisungen übergeben.

Von der Schweiz nach Jugoslawien zu gelangen, war damals sehr schwer, ich mußte durch Österreich oder Italien mit der Bahn fahren. Selbstverständlich konnte keine Rede davon sein, den Weg durch das von den Nazis einverleibte Österreich zu nehmen; meine einzige Chance war, ein italienisches Transitvisum zu ergattern. Das war nicht einfach, denn Mussolinis Regierung befand sich bereits im Kriegszustand mit den westlichen Alliierten, und Ausländern gab man nicht gern ein Visum.

Mir gelang es dennoch. Ich wandte mich an einen hohen Beamten, den Staatssekretär im italienischen Außenministerium, Suvich, den ich regelmäßig mit den Karten meines Pressebüros versorgte. Ihm schrieb ich, daß ich in familiären Angelegenheiten zusammen mit meiner Frau, nach Ungarn reisen müsse. Suvich erteilte mir eine Sondergenehmigung. Das Beschaffen der Visa wurde auch dadurch erleichtert, daß meine Frau und ich Staatsbürger eines mit Italien verbündeten Landes waren.

So mußte ich im Oktober 1940 eine Reise antreten, ähnlich riskant wie die Fahrt Kents. Nur machte diesmal ich mich zum Treffpunkt auf.

Die Kinder ließen wir in der Obhut meiner Schwiegermutter; Helene und ich begaben uns auf die sonderbare Reise. Von Lausanne nach Belgrad gab es eine Direktverbindung, den bequemen Simplon-Expreß. Um Mitternacht stiegen wir in den Zug und konnten die Gedanken an das, was uns bevorstand, nicht ganz verbannen.
Für uns waren solche Unternehmungen natürlich nichts Neues. Die illegale Arbeit hatte uns vieles gelehrt. Diesmal fuhren wir mit legalen, ordnungsgemäßen Pässen und ungefälschtem italienischem Visum. Ich habe an anderer Stelle bereits einige abenteuerliche Reisen geschildert. Reich an Überraschungen war beispielsweise eine Reise von Paris nach Moskau Anfang 1934 gewesen. Ich war eingeladen, an der Vorbereitung des Großen Sowjetischen Weltatlas teilzunehmen. Da in Deutschland bereits die Faschisten an der Macht waren, war es nur auf langem Umweg – Schweiz, Österreich, Tschechoslowakei, Polen, Litauen und Lettland – möglich, Moskau zu erreichen. Außer den Transitvisa besorgte ich mir auch ein Einreisevisum für Estland, da in meinem ungarischen Reisepaß kein sowjetisches Visum auftauchen durfte. Hätte ich dem ungarischen Konsulat meinen Paß zur Verlängerung mit einem solchen Visum eingereicht, wäre der Paß eingezogen worden. Deshalb mußte ich als Reiseziel Estland angeben, denn in den ungarischen Reisepässen stand damals der Vermerk: „Gültig für alle Länder Europas, ausgenommen Rußland“ (für das faschistische Ungarn existierte die Bezeichnung Sowjetunion nicht). Das Sowjetvisum erhielt ich gesondert, damit „Rußland“ keine Spuren in meinem Paß hinterließ. Ich gab also vor, nach Estland zu reisen, aber in Daugavpils (Dwinsk) änderte ich meine Route. Ich blieb einen Tag in dieser stillen, schneebedeckten Provinzstadt, dann bestieg ich den Zug in Richtung der sowjetischen Grenzstation Bigossowo. Doch ehe ich dort ankam, widerfuhr mir einiges. Noch in Paris begann das Abenteuer. Ich hatte mir vorgenommen, am 6. Februar den Abendzug in die Schweiz zu nehmen. Vorher wollte ich einen Inpress-Mitarbeiter treffen, der mir die Fahrkarte bringen sollte. Als ich im Café auf ihn wartete, drängten plötzlich Männer und Frauen in den Raum, warfen Tische und Kleiderständer auf die Straße und errichteten daraus und aus den Pflastersteinen Barrikaden. Das war der Anfang des denkwürdigen faschistischen Putschversuchs der „Feuerkreuzler“. Durch den Polizeikordon hindurch erreichte ich mühsam den Bahnhof. Einige Tage blieb ich in der Schweiz, erledigte meine Angelegenheiten, und am 11. Febraur traf ich in Wien ein. Am nächsten Tag marschierten vor meinem Hotel in der Mariahilferstraße die faschistischen Einheiten der Heimwehr in voller Bewaffnung vorbei, man hörte Gewehrschüsse, dann

Kanonendonner. Ich war in den „Februar-Aufstand" der österreichischen Arbeiter gegen die reaktionäre Dollfuß-Regierung geraten. Nur mit großer Verspätung konnte ich die Stadt verlassen, in der tagelang ein erbitterter Kampf tobte. Endlich kam ich in Moskau an, wo ich in der Wohnung meines Freundes Kolzow gleich am Tage meiner Ankunft das Bewußtsein verlor, um erst drei Tage später im Kreml-Hospital wieder zu mir zu kommen. Ich hatte Scharlach. (Später erfuhr ich, daß mich der kleine Sohn unserer Pariser Nachbarn angesteckt hatte, der gleich nach meiner Abreise erkrankte.) Sechs Wochen lang hütete ich in Moskau das Bett.

Es war schon April, als ich nach großen Schwierigkeiten wieder in Frankreich eintraf (denn während meines Krankenlagers, waren sämtliche Visa abgelaufen, und in Moskau konnte ich sie nicht verlängern lassen). Meine Frau empfing mich mit der unangenehmen Nachricht, daß man inzwischen mich samt meiner Familie aus Frankreich ausgewiesen hatte. Dazu kam es, weil 1933, als die deutschen Emigranten Frankreich überfluteten, rechtsgerichtete Kreise (sicherlich auf die Einflüsterung der Nazis hin) im Parlament verlangten, Frankreich solle von den überflüssigen, politisch unzuverlässigen, Frankreich wirtschaftlich keinen Nutzen bringenden Ausländern „gesäubert" werden. Auch ich stand auf dieser Liste, und am 15. März hatte meine Frau die Aufforderung erhalten, daß wir bis zum 15. Februar (!) Frankreich verlassen müßten. Meiner Frau wurde geraten, den sozialistischen Rechtsanwalt Longuet um Hilfe zu bitten, der übrigens der Enkel von Karl Marx war. Longuet lehnte ab, weil er in der Sache nichts „Politisches" sah. Daraufhin machten unsere Freunde, die sich im öffentlichen Leben Frankreichs auskannten, den einflußreichen linksstehenden Politiker Gaston Bergery auf unsere Schwierigkeiten aufmerksam (er war damals mit der Tochter des sowjetischen Volkskommissars für Außenhandel, Krassin, verheiratet). Gaston Bergery war zudem Parlamentsabgeordneter unseres Wohnorts, des Departements Seine-et-Oise, so fiel es nicht auf, daß wir uns gerade an ihn wandten. Bergery dachte sich folgendes aus: „Madame", sagte er zu meiner Frau, „wir gehen zum Innenminister Albert Sarraut. Sie sind eine hübsche, elegante Frau; der Minister wiederum ist ein großer Verehrer des schönen Geschlechts und hat die Schwäche (was ein großer Fehler in seiner Position ist), er kann keine schöne Frau weinen sehen. Als Ihr Anwalt werde ich selbstverständlich mit ihm reden, Sie können schweigen, nur auf mein Zeichen hin müssen Sie schluchzen." Die Szene lief ab, wie von einem guten Regisseur einstudiert. Als sie durch das vergoldete Portal des Ministeriums am Beauvau-Platz schritten, war meine Frau schon so aufgeregt, daß es ihr nicht schwerfiel, im gegebenen Moment zu weinen. Der Minister wurde nervös und flehte Helene an: „Madame, um Gottes willen, weinen Sie nicht. Die Sache ist nicht so schwierig, wir bringen das in Ordnung.“ Als ich nach einem Monat ankam, war tatsächlich schon alles geregelt. Man hatte unsere Aufenthaltsgenehmigung verlängert, und außerdem war unser Ansehen bei der Ortspolizei, da wir einen solchen Beschützer besaßen, sogar gewaltig gestiegen. (Bekanntlich rückte Bergery später ganz nach rechts und war im Kriege Botschafter der faschistischen Pétain-Regierung in der Türkei.)

Aus den langen Jahren der Emigration könnte ich viele ähnliche Geschichten erzählen, die manchmal einen humorigen Beigeschmack hatten, zuweilen aber auch hätten böse ausgehen können.

Nach allem, was ich über Lene gesagt habe, versteht es sich von selbst, daß sie — damals bereits Mutter von zwei Kindern — ohne Zaudern mit mir nach Belgrad fuhr. Der familiäre Charakter unserer Reise wurde so nachdrücklich bewiesen.

Der Schnellzug, mit dem wir fuhren, bestand insgesamt aus einem Schlafwagen, einem Speisewagen und dem Postwaggon. Zu unserer großen Überraschung stellten wir fest, daß wir die einzigen Fahrgäste waren. Anscheinend erteilten die Italiener nur in außerordentlichen Fällen Genehmigungen, und an diesem Tag war außer uns niemand der Vergünstigung teilhaftig geworden.

Wir nahmen also den Schlafwagen in unseren Besitz. Besseres konnten wir uns gar nicht vorstellen. Der Koch fragte zuvorkommend, was und wann wir zu essen gedächten, und er empfahl uns, den Kaffee noch auf Schweizer Gebiet zu bestellen, weil in Italien durch die alliierte Blockade Kaffee Mangelware war, was nebenbei gesagt angesichts der bekanntlich großen Vorliebe der Italiener für Kaffee eine enorme Versuchung für sie darstellte (man pflegte zu witzeln, daß für ein Kilo Kaffee sogar der italienische König käuflich sei). Die Bequemlichkeit dauerte indes nicht lange. Als der Zug den längsten Tunnel der Welt, den Simplon, verließ und die italienische Grenzstation Domodossola erreichte, drang eine Abteilung faschistischer Miliz in den Wagen und ließ sich im benachbarten Abteil nieder. Durch ganz Norditalien begleiteten uns die Schwarzhemden. Als ich in Mailand aus dem Zug stieg, um eine Zeitung zu kaufen, sprangen mir alle nach; auf der ganzen Fahrt jedoch sprachen sie kein Wort mit uns. Mit dieser stummen Begleitung fuhren wir bis zur jugoslawischen Grenze. Wenn die gewußt hätten, wem sie so taktvoll das Geleit gaben!

Übrigens konnte ich mich mit eigenen Augen davon überzeugen, daß der Mailänder Bahnhof vollkommen unversehrt war, obwohl die Engländer schon wiederholt seine Bombardierung gemeldet hatten. Gleichfalls unversehrt waren die Mineralöllager bei Venedig, in Mestre, die angeblich ebenfalls längst vernichtet worden waren.

Wir kamen gut in Belgrad an. Selbstverständlich beabsichtigten wir nicht, unsere Reise nach Ungarn fortzusetzen.

Im Radiogramm des Direktors stand, daß ich mich zu einem bestimmten Belgrader Platz begeben sollte, und zwar zur Wrangel-Kapelle. Die Kapelle hatte ein weißgardistischer Admiral gleichen Namens erbauen lassen, der in den zwanziger Jahren hier als Emigrant lebte. Neben der Kapelle sollte ich den Verbindungsmann treffen. Ich hatte die Zeitung JOURNAL DE GENÈVE in der Hand zu halten und der Verbindungsmann das bulgarische Blatt DNES.

Es mußte ein Mißverständnis vorliegen, denn die Wrangel-Kapelle war längst abgerissen; es gab nur den Platz, wo sie gestanden hatte. Zur vereinbarten Zeit erschien der Verbindungsmann der Zentrale nicht am Treffpunkt. Selbstverständlich wartete ich. Es wäre ärgerlich und töricht gewesen, nach einer solch komplizierten Reise mit leeren Händen zurückzukehren, und überdies brauchten wir das Geld sehr nötig.

Wir waren im Hotel Srbski Kral (Serbischer König) abgestiegen. (Im April 1941 wurde dieses Hotel beim ersten deutschen Luftangriff auf Jugoslawien von der ersten Bombe zerstört.) Wir schlenderten durch die Stadt; bei der Rückkehr erblickten wir eine ungarische Fahne auf unserem Hotel.

Das erinnerte mich an das Jahr 1932, als ich im Auftrag der finnischen Fluggesellschaft Aero Osake Yhtiö zur Anfertigung von Aero-Karten aus Stockholm ins finnische Turku und in die estnische Hauptstadt Tallinn gekommen war, und man in beiden Städten zu Ehren des Gastes aus dem finnisch-ugrischen Ungarn – meiner Person – die ungarische Fahne auf meinem Hotel gehißt hatte. Diesmal jedoch konnte die ungarische Fahne nicht mir gelten. Auf meine Frage erzählte der Kellner, daß der ungarische Außenminister Graf Csáky im Hotel wohne, der in diesen Tagen den Vertrag für „ewige Freundschaft“ mit Jugoslawien unterzeichnete. (Diese ewige Freundschaft währte genau ein halbes Jahr, bis zum April 1941, als sich an der Unterwerfung Jugoslawiens auf deutscher Seite auch das faschistische Ungarn beteiligte.)

Eine andere Fahne in Belgrad versetzte uns ebenfalls in große Unruhe. Als uns am Tage nach der Ankunft die Sonne weckte und wir zum Fenster hinausschauten, erblickten wir eine riesige deutsche Hakenkreuzfahne. Was war geschehen, hatten etwa die Deutschen

über Nacht Jugoslawien besetzt? Es stellte sich heraus, daß die Fenster des Hotels, das am Steilufer der Save lag, auf Zemun am flachen jenseitigen Ufer blickten, wo das Lager der Bessarabien-Deutschen war, die damals nach Deutschland umgesiedelt wurden. Sie kamen mit riesigen Fuhren, und die in Belgrad residierende deutsche Empfangskommission schickte sie auf Donauschiffen weiter nach Deutschland. Mit bekannter Nazi-Unverschämtheit und der Erlaubnis der rechtsorientierten Stojadinovič-Regierung hatte die Kommission unverzüglich die faschistische Fahne im Lager gehißt, was uns im ersten Moment so sehr erschreckte. Im übrigen brausten die Lastwagen und Personenkraftwagen der Faschisten durch die Stadt und provozierten die Bevölkerung durch die demonstrative Zurschaustellung des faschistischen Abzeichens.
Die Zeit verging, täglich begab ich mich zum Treffpunkt, aber der Verbindungsmann der Zentrale erschien nicht. Schon begann ich die Hoffnung aufzugeben. Um die qualvoll langsam vergehende Zeit irgendwie totzuschlagen, schrieben meine Frau und ich uns in eine Leihbücherei ein, lasen von früh bis spät und versuchten uns damit zu beruhigen, daß gewiß irgend etwas dazwischengekommen sei und sich der Kurier verspätet habe. Ungefähr nach zwei Wochen erschien am verabredeten Ort und zur vereinbarten Stunde ein Mann, der offensichtlich nach jemandem Ausschau hielt. Es stellte sich bald heraus, daß es der Beauftragte der Zentrale war.
Der Verbindungsmann übergab mir einen größeren Betrag, eine Mikrokamera, das Pulver für Geheimschriften und die Gebrauchsanweisungen. Den Fotoapparat gab ich zurück, denn ich hätte ihn kaum über die Grenze schmuggeln können; außerdem brauchten wir ihn nicht unbedingt.
Das Pulver und die Gebrauchsanweisungen hätte man gleichfalls finden können. Doch da half meine Frau. Sie versteckte das Material in ihrem dichten blonden Haar.
Wir fuhren genauso zurück, wie wir gekommen waren, und wieder begleitete uns im Zug die Abteilung italienischer Faschisten.
Die Reise nach Belgrad war zwar ein ziemlich riskantes Unternehmen gewesen, doch vermochten wir nun unsere Arbeit auszudehnen. Sonja verließ bald nach unserer Rückkehr die Schweiz.

Der Nachrichtendienstler taugt nichts als Kämpfer, wenn er keine gutorganisierte Verbindung zur Zentrale besitzt. In diesem Fall vermag er seinem Land nicht zu nützen, und für den Feind stellt er keine besondere Gefahr dar, selbst wenn er dessen Geheimnisse kennt.

Noch im Sommer 1940, vor meiner Belgrad-Reise, gelang es mir, einen Mann zu finden, der für die Herstellung der Verbindung denkbar geeignet war. Von Beruf war er Radiotechniker, er war in Paris ausgebildet worden. In Genf besaß er ein Radiogeschäft und betrieb daneben eine Reparaturwerkstatt.

Nach sorgfältiger Prüfung gewann ich die Überzeugung, daß Edmond Hamel – so hieß er – mit einer so wichtigen Sache, wie es die Funkverbindung ist, betraut werden konnte. Uns hatte die gleiche ideologische Überzeugung zusammengeführt. Edmond war Antifaschist und bekannte sich zu linkssozialistischen Anschauungen. Er war sofort bereit zur Zusammenarbeit, obgleich ich ihn auf die eventuellen gefährlichen Folgen hinwies.

Den kleinen, mageren, unscheinbaren Mann hätte niemand für wagemutig gehalten. Aber er erwies sich als disziplinierter, verläßlicher Mitarbeiter und war überdies ein ausgezeichneter Techniker.

Olga, die Frau Edmond Hamels, war äußerlich das krasse Gegenteil ihres Mannes. Sie stammte aus einer armen Bauernfamilie, und ihre kräftigen Hände bewiesen, daß sie bereits von Jugend auf an schwere körperliche Arbeit gewöhnt war. Die große, wohlproportionierte, sympathische Olga war ein energischer, aufrichtiger Mensch. Auf ihren Schultern lastete der gesamte Haushalt und der kommerzielle Teil des Geschäfts. Eigentlich war sie das Familienoberhaupt.

Den Namen Olga hatten ihre Eltern ihr aus Sympathie für die russischen Emigranten gegeben. Diese Russen waren nach der Revolution von 1905 in die Schweiz geflüchtet, und Olgas Eltern hatten sich mit ihnen angefreundet. Die in einfachen Verhältnissen aufgewachsene Frau teilte die politische Überzeugung ihres Mannes und sah in der Sowjetunion das Ideal der arbeitenden Menschheit. Darum bat ich auch sie um ihre Mitarbeit. Tapfer erklärte sich Olga bereit. Nach ungefähr einem halben Jahr schwoll das Informationsmaterial, das durch den Funk zu senden war, so an, daß sie das Morsen auch erlernen mußte. Dank ihres Wissensdursts und Erfindungsgabe wurde sie eine ausgezeichnete Funkerin. Beim Senden arbeitete sie schnell und fehlerfrei. Es mag merkwürdig klingen, aber Edmond als Fachmann konnte es mit ihr nicht aufnehmen.

Das Ehepaar Hamel wohnte in der Hauptstraße des Genfer Arbeiterviertels Plaipalais in der Rue de Carouge 26. Das Geschäft und die Werkstatt befanden sich im Erdgeschoß. Von da führte eine Holztreppe zur Wohnung im ersten Stock. Wenn ich sie besuchte, benutzte ich gewöhnlich diesen Eingang.
Edmond und Olga kannten mich als Albert. Meinen zweiten Decknamen, Dora, wußte nur die Zentrale. Mit dem Direktor stand ich unter diesem Namen in Verbindung. Die Funker haben das nicht gewußt, und meinen richtigen Namen und die Adresse verriet ich selbstverständlich niemandem. Im Funkverkehr mit der Zentrale nannte ich Edmond „Eduard" und Olga „Maud".
Als ausgezeichnetem Fachmann bereitete es Edmond keine sonderliche Mühe, einen neuen Sender zu konstruieren und zusammenzubauen, den man auf dem Markt nicht bekam, da das Kriegsrecht den Vertrieb solcher Artikel streng untersagte.
Im August 1940 begann Edmond und später Olga das Morsealphabet und die Bedienung der Sendetaste zu erlernen. Auf Anweisung des Direktors erteilte Sonja den Unterricht, die von da an auch ihr eigenes Gerät in Edmonds Geschäft unterbrachte. Sie fanden ein gutes Versteck, wo der Apparat nach der Benutzung eingeschlossen wurde. John und Jim, die auch bereits gut funken konnten, halfen Sonja. Abwechselnd übten sie mit Edmond und Olga, und zu den vereinbarten Zeiten, meist in der Nacht, empfingen sie das Rufzeichen der Zentrale.
Sie lernten und arbeiteten am späten Abend, nach Geschäftsschluß. Die Fenster wurden verhängt und die Außentür verschlossen. Von draußen sah es aus, als sei niemand in der Werkstatt. Unsere Leute wiederum kamen durch den Hintereingang mit der Parole: „Herr Weber läßt die Familie Hamel grüßen."
Obwohl Sonja, John und Jim immer einzeln zu den Hamels kamen, war es dennoch aus konspirativen Gründen nicht ganz richtig, daß drei Mitarbeiter die Wohnung besuchten. Klügeres fiel uns aber nicht ein. Als die Ausbildung beendet war – bis dahin war auch der Reservesender fertig –, trennte ich die Funker wieder.
Nach Sonjas Abreise blieb John auf die Bitte der Zentrale hin noch in Genf, um die Ausbildung von Olga und Edmond zu Ende zu bringen.
Kurz vor ihrer Abreise machte mich Sonja mit Alexander Foote (Jim) unter dem Namen Albert bekannt. Gemäß der Entscheidung des Direktors blieb Jim in der Schweiz und kam als Funker zu meiner Gruppe. Bis zu dieser Begegnung wußte Jim nichts von mir und kannte auch später weder meinen Namen noch meinen Beruf oder

meine Adresse. Ich hingegen konnte mir aus Sonjas Erzählungen ein recht klares Bild von diesem Engländer machen. Wir lernten uns in Sonjas Genfer Wohnung kennen. Mein Eindruck von Alexander Foote war ziemlich gemischt. Zweifellos war er intelligent und besaß einen starken Willen. Er hatte Humor und neigte manchmal sogar zur Ironie. Dieser blauäugige, immer glattrasierte, große, breitschultrige, kraftvolle Mann war von einer Blässe, die auf eine verborgene Krankheit deutete.

Seine Schulbildung war mäßig, und er hatte auch keinen Beruf erlernt. Er konnte etwas deutsch; französisch konnte er besser, aber er dehnte die Worte wie ein Stotterer.

Am meisten überraschte mich sein völliger Mangel an politischer Bildung. Dieser bei der Lösung von technischen oder wirtschaftlichen Fragen erfinderische Mann vermochte sich nur schwer in der komplizierten internationalen Lage zu orientieren, und von der Arbeiterbewegung hatte er wahrscheinlich nur nebelhafte Vorstellungen. Ein Beispiel: am 7. November 1942, am 25. Jahrestag der Großen Sozialistischen Oktober-Revolution, kam ich mit einer Flasche Sekt zu seiner Wohnung in Lausanne, damit wir diesen Tag feierten. Ich schlug vor, daß wir zur Feier dieses Tages einen Schluck zu uns nehmen wollten, worauf er mich fragend anschaute. Es stellte sich heraus, daß er überhaupt nicht wußte, was das für ein Tag war und was er uns und der gesamten Menschheit bedeutete.

Nicht lange nach der Abreise Sonjas erhielt ich vom Direktor folgende Weisung: Jim solle nach Lausanne ziehen und dort Sonjas Gerät in Betrieb setzen, John solle in Genf bleiben und Verbindung mit der Zentrale halten.

Die Entscheidung der Zentrale war vernünftig und zeitgemäß. Edmond besorgte die Bestandteile und montierte daraus einen Sender, der recht leistungsfähig war. Das Gerät funktionierte gut. Damit hielt John die Verbindung mit Moskau. Jetzt besaßen wir zwei Funkgeräte. Im Hinblick auf die Möglichkeit, angepeilt zu werden, wäre es nicht zweckmäßig gewesen, beide Geräte in Genf zu stationieren.

Jim übersiedelte nach Lausanne, fand dort eine entsprechende Wohnung und verschaffte sich im Kanton Vaud, in dem Lausanne liegt, die Aufenthaltsgenehmigung. Anschließend brachte er das Funkgerät nach Lausanne.

Im März 1941 etablierte Jim einen stabilen Kontakt zur Zentrale. Dies erfuhr ich durch John, weil Jim — wie ich schon sagte — meine Adresse nicht kannte. Auch seine Lausanner Adresse und Telefonnummer übermittelte mir John, den ich ab und zu im Geschäft der Hamels traf.

Jim war ein talentierter Schüler Sonjas und wurde ein ausgezeichneter Funker. Er war ein Mann von außerordentlicher Arbeitskapazität und konnte in einer Nacht zahlreiche Telegramme durchgeben. Die Texte der Informationen schickte ich ihm durch John, bis letzterer die Schweiz verließ. Später traf ich mich persönlich mit ihm und übergab ihn den chiffrierten Text, oder ich schickte meine Frau zu ihm nach Lausanne, die als Verbindungsperson den Decknamen „Maria" trug.
Im Frühjahr 1941 waren die sehr fleißig lernenden Edmond und Olga gute Fachleute geworden, so daß John die Ausbildung als beendet betrachten konnte und die Schweiz verließ.
Ich verfügte also vor dem Angriff der Nazis auf die Sowjetunion über zwei Sender und drei ausgebildete Funktelegraphisten.

SISSY

Das Leben geizt nicht mit Überraschungen.
Einmal kam meine Frau sehr aufgeregt nach Hause. Sie war in der Stadt gewesen, um Einkäufe zu erledigen.
„Stell dir vor, Alex", sagte sie, „soeben habe ich eine alte Bekannte getroffen, meine Kollegin aus Deutschland." Meine Frau schien etwas verwirrt und besorgt. „Ich weiß nicht, ob diese Begegnung Gutes oder Böses für uns bedeutet. Eher Böses. Sie kennt mich sehr gut. Als ich in Berlin in der Agitations- und Propaganda-Abteilung des Zentralkomitees arbeitete, noch vor dem Hitler-Putsch, war sie dort Stenotypistin. Esther trägt jetzt den Namen ihres Mannes, Bösendorfer (nennen wir sie so: Der Verfasser)."
Fragend blickte mich meine Frau an.
„Du kannst dir vorstellen, wie diese Begegnung war. Seinerzeit emigrierte auch sie aus Deutschland und hat sich hier in Genf niedergelassen. Sie hat geheiratet, ließ aber durchblicken, sie sei geschieden. Das habe ich nicht ganz verstanden. Meiner Meinung nach ist es schade, daß wir uns getroffen haben. Was meinst du?"
„Es ist bedauerlich. Denn Esther kennt auch mich. Sie kann uns Unannehmlichkeiten bereiten. Du hättest sie nicht beachten sollen."
„Es war unmöglich. Du weißt, daß ich recht vorsichtig bin, aber wir liefen uns förmlich in die Arme. Ich kaufte gerade Gebäck in einer Konditorei, da trat Esther herein. Selbstverständlich erkannte sie mich sofort und fiel mir um den Hals. Was hätte ich da tun sollen?"
„Natürlich wäre es besser gewesen, wenn das nicht passiert wäre. Aber hoffentlich hast du sie nicht zu uns eingeladen!"

„Nein, aber so komisch das klingt, auch sie hat mich nicht eingeladen. Das heißt, sie lud mich ein, aber nur sehr vage, und sie vergaß, mir ihre Adresse zu geben. Im übrigen hatte sie es sehr eilig."

„Nun, wir müssen überlegen, wie wir uns deiner alten Bekannten gegenüber verhalten sollen, denn ihr könnt Euch jederzeit wieder begegnen."

Wir brauchten uns jedoch den Kopf nicht zu zerbrechen. Ganz unerwartet gestaltete sich alles viel einfacher.

An einem Maientag kam ein überraschendes Telegramm von der Zentrale. Man wies mich an, unverzüglich Kontakt aufzunehmen mit Esther Bösendorfer, die in Genf wohne. Ich solle sie mit einem Kennwort aufsuchen und die Leitung ihrer Gruppe übernehmen.

Das war sehr merkwürdig, aber der Befehl mußte ausgeführt werden, ob er mir paßte oder nicht. Ich war der Auffassung, daß es nicht lohne, unsere Gruppe zu vergrößern und durch neue Gruppen zu ergänzen. Denn die strikte Trennung der einzelnen Gruppen entspricht viel besser den Regeln der Konspiration. Auch erschien es mir nachteilig, daß Esther Bösendorfer allzuviel von mir und meiner Frau wußte. Außerdem sollte ich ihr noch unsere Adresse mitteilen und würde sie gelegentlich zu uns einladen müssen, denn immerhin kannten wir uns ja seit langem durch die Partei. Bis dahin aber hatte außer Kolja, Sonja und Kent niemand gewußt, wo ich wohnte.

Die Bösendorfer-Telefonnummer fand ich im Fernsprechbuch, ich rief an und machte an einem Abend, gemeinsam mit meiner Frau, dort einen Besuch. Die geräumige Wohnung befand sich im ersten Stock eines alten Mietshauses. Eine stattliche, vollschlanke Frau öffnete die Tür. Als sie meine Frau erblickte, umarmte sie sie freudig und geleitete sie an der Hand ins Vorzimmer.

„Kommt nur, kommt. Damals, im Caféhaus, vergaß ich meine Adresse anzugeben! Und das ist, wenn ich recht sehe, dein Mann, Alex!"

Die Hausfrau führte uns in eines der Zimmer.

„Für Euch beide habe ich eine Überraschung!" — sagte sie. „Gleich werdet Ihr Augen machen."

Das stimmte; die Wege des Schicksals sind wirklich seltsam.

Aus dem Salon kam uns ein etwa fünfzigjähriger, großer blonder Mann entgegen. Seine imposante Gestalt, die hellblauen Augen und das zurückgekämmte Haar kamen mir bekannt vor. Wortlos, lächelnd schaute er abwechselnd auf mich und meine Frau. Aber das war ja Paul Böttcher! Jener Böttcher, der uns so freundschaftlich geholfen hatte, als wir den Entschluß faßten, zu heiraten.

Beim Abendbrot wurde diese alte Geschichte aus der Jugendzeit noch einmal lebendig. Es war Anfang der zwanziger Jahre: Lene und ich lebten in Leipzig und bereiteten uns darauf vor, standesamtlich zu heiraten. Doch das ging nicht ohne weiteres, denn nach dem damals gültigen ungarischen Gesetz wurde ein Mann erst mit vierundzwanzig Jahren volljährig. Ich aber hatte erst mein dreiundzwanzigstes Lebensjahr vollendet, konnte also als ungarischer Staatsbürger ohne elterliche oder behördliche Genehmigung nicht heiraten. Da wir jedoch in Deutschland lebten, hatten die örtlichen Behörden die Möglichkeit, uns eine besondere Heiratserlaubnis zu erteilen. Paul Böttcher bekleidete damals in Dresden ein hohes Amt. Er war Kanzleichef der sächsischen Arbeiterregierung (sozusagen der Innenminister). Mit einem Empfehlungsschreiben ging ich zu ihm, und Böttcher erteilte uns den „Dispens", die amtliche Heiratsgenehmigung.

Anfang der zwanziger Jahre trat Paul Böttcher in die KPD ein. Bis zum Ersten Weltkrieg war er Sozialdemokrat — er war Setzer — und wurde wegen seiner revolutionären Propagandatätigkeit verfolgt. Als Kommunist arbeitete er aktiv in der Partei; er war Mitglied des Zentralkomitees und des sächsischen Landtages, dessen kommunistische Fraktion ihn zu ihrem Vorsitzenden wählte. Später jedoch, zur Zeit des Fraktionskampfes, trat er aus der KPD aus. Als die Faschisten die Macht übernahmen, emigrierte er.

In der Schweiz traf er Esther Bösendorfer, die er schon früher gekannt hatte; sie befreundeten sich und zogen zusammen. Böttcher lebte eigentlich in der Illegalität, denn er besaß keine Aufenthaltsgenehmigung, weshalb er auch nirgendwo eine Stellung fand. Er verdiente sich etwas Geld, indem er unter einem Pseudonym Zeitungsartikel schrieb.

Während der Unterhaltung stellte sich heraus, daß Paul Böttcher längst wußte, daß ich mit meiner Familie nach Genf gezogen und Direktor der Geopress war. Esther Bösendorfer wußte es natürlich ebenfalls. Ich kann nicht sagen, daß mich diese Nachricht angenehm berührte, aber glücklicherweise waren sie Leute meines Schlages und verläßliche Genossen, die sogar dieselbe Arbeit verrichteten wie wir. Das änderte die Lage.

Esther war in Polen geboren, aber noch als Kind mit ihren Eltern nach Deutschland gekommen, wo sie bis zu Hitlers Machtergreifung gelebt hatte.

Die Schweizer Staatsbürgerschaft ermöglichte es Esther, bei dem in Genf residierten Internationalen Arbeitsamt unterzuschlüpfen, wo sie unter Nutzung ihrer französischen und deutschen Sprachkenntnisse als Schreibmaschinenkraft beschäftigt war. Ihre Nachrichter-Tätigkeit stand im Zusammenhang mit ihrer offiziellen Arbeit. In der Zentrale hatte Esther Bösendorfer den Decknamen „Sissy".

Sie leitete eine kleine Gruppe, die Informationen über die Rüstungsindustrie Deutschlands sammelte. Bei Beginn des Krieges brach der Kontakt zur Zentrale ab, und die Tätigkeit der Gruppe wurde vorübergehend eingestellt.

Wenn der Leser sich ein getreues Bild von der Arbeit der Gruppe Schweiz des sowjetischen Nachrichtendienstes machen will, möge er die besonderen Umstände in Betracht ziehen, unter denen wir dort wirkten. Von diesen Umständen war schon die Rede, als ich über mein Gespräch mit Urizki berichtete. Ich halte es jedoch für notwendig, erneut darauf zurückzukommen und ein für allemal die verschiedenen Verzerrungen und Fälschungen der westlichen „Historiker" zu widerlegen, die in ihrer Presse bis heute bestrebt sind, meinen sowie meiner Mitarbeiter Namen zu besudeln und dadurch den konspirativ-antifaschistischen Charakter unserer Tätigkeit zu entstellen. Meine Gruppe ebenso wie Sonjas und Sissys Gruppen waren im Interesse der Sicherheit der Mitarbeiter und unseres wichtigen Auftrags in der Schweiz statt in Deutschland organisiert worden. Die Arbeit begann noch vor dem Kriege und richtete sich ausschließlich gegen die Angreifer-Staaten. Über andere Länder Europas sammelten wir kein Material; solche Aufgaben wurden uns auch nicht gestellt. Insbesondere bezieht sich das auf die neutrale Schweiz, ausgenommen natürlich die Informationen, die in irgendeiner Form im Zusammenhang mit der deutschen Aggression standen.

Für die Nachrichtenbeschaffung wäre es wahrscheinlich nützlicher gewesen, diese Gruppen auf deutschem Territorium anzusiedeln; es gab auch tatsächlich sowjetische Nachrichter in Deutschland, die von dort ihre wertvollen Informationen nach Moskau weitergaben. Aber dabei konnte es sich nur um Personen handeln, die dem Nazi-Geheimdienst in keiner Weise verdächtig vorkamen. Dies ließ sich weder von mir noch Lene, Sonja, Sissy oder Böttcher sagen. Wir waren der Gestapo als Mitglieder der KPD wohlbekannt. In der Illegalität hätten wir nicht lange verharren können, so daß wir eine nützliche Arbeit nur außerhalb der Grenzen Deutschlands, in irgendeinem benachbarten Land, leisten konnten. Ich denke, Kents Gruppe wurde aus den gleichen Gründen in Belgien angesiedelt. Es versteht sich von selbst, daß es sich um keine Nachrichtenbeschaffung, die sich gegen Belgien richtete, handelte, denn dieses kleine Land bedeutete keine Gefahr für die Sowjetunion.

Die Leitung verfolgte ein doppeltes Ziel, indem sie Sissy und deren Leute mir unterstellte; einmal ging es darum, daß ich auch sie in die Arbeit einbezog, zum anderen, daß meine Gruppe durch neue erfahrene Mitglieder verstärkt wurde.

Über Sissy gelang uns später die Zusammenarbeit mit einer Nachrichtenquelle, die über wichtigste Informationen verfügte.
Für diese beinahe unwahrscheinliche Wohlinformiertheit mußten wir später einen hohen Preis bezahlen, als die deutsche Abwehr, die äußerst bestürzt war über das unverständliche Durchsickern geheimster Nachrichten, schließlich so lange schnüffelte, bis die Spuren in die Schweiz führten.

WANN GREIFT HITLER AN?

Dies war die wichtigste Frage, auf die der sowjetische Nachrichtendienst 1940/41 eindeutige Antwort geben mußte.
Würde das faschistische Deutschland die Sowjetunion angreifen oder aber die Aggression hinausschieben, bis der Kampf gegen England siegreich beendet war? Für den Fall, daß es dennoch zum Angriff käme, mußte das Oberkommando der Roten Armee frühzeitig erfahren, wann und mit welchen Kräften der Feind die Sowjetunion anzugreifen beabsichtigte.
Es wäre naiv zu glauben, die sowjetische Regierung hätte nicht gewußt, wohin früher oder später Hitler seine Horden lenken würde, dieser neue Verkünder eines Kreuzzugs gegen den Kommunismus. Der Krieg war natürlich unvermeidbar und stand vor der Tür, seit Deutschland seine blutigen Schlächtereien in Europa begonnen hatte. Aber es war sehr wichtig, den Zeitpunkt des Angriffs möglichst lange hinauszuschieben und zu verhindern, daß der englisch-französische Block Deutschland und die Sowjetunion aufeinander hetzte. Unter Ausnutzung einer solchen für sie günstigen Situation hätten die kapitalistischen Länder eine neue und noch stärkere Entente organisieren können, um damit den ersten sozialistischen Staat der Welt zu vernichten. Wie wir aus den nun veröffentlichten Dokumenten wissen, hatten die englische und die französische Regierung derlei Pläne gesponnen.
Der sowjetisch-deutsche Nichtangriffspakt warf die Berechnungen all jener über den Haufen, die andere in den Krieg schicken wollten. Für die Sowjetunion wiederum bedeutete es einen Zeitgewinn, denn die Aufrüstung der Armee und deren Modernisierung war gerade im Gange. Zweifellos war dieses Abkommen, welches in jenen Jahren viele aufrichtige Anhänger der Sowjetunion so überraschte und entmutigte, ein Sieg der sowjetischen Diplomatie.
Den politischen Himmel bedeckten immer dunklere Wolken. Meine militärischen Informationen waren außerordentlich beunruhigend.

Besonders wurde ich auf jene Mitteilungen aufmerksam, die Pakbo brachte. Als die Verbindung mit der Zentrale wiederhergestellt war, im Januar 1940, nahm Pakbo erneut den Kontakt zu einem seiner besten Informanten auf, zu Gabel, der damals schon in Bern diplomatische Aufgaben erledigte. Unter Benutzung seiner früheren italienischen Bekanntschaften übermittelte uns Gabel in erster Linie Daten über Mussolinis Armee.

Pakbo traf sich auch weiterhin mit dem deutschen Emigranten Poisson, der noch auf Grund seiner breiten Vorkriegsbeziehungen mündliche militärisch-politische Information aus Kreisen der Völkerbund-Diplomaten über die Absichten der deutschen Regierung bezog. Einstmals war auch er selbst – wie ich schon erwähnte – ein hoher Beamter dieser Organisation gewesen. Pakbo beschaffte sich außerdem weiterhin Auskünfte von seinen Journalisten-Kollegen, ebenso von den Diplomaten bei Botschafts- und Regierungsempfängen.

Ungefähr vom Sommer 1940 an begannen aus den verschiedenen Quellen sehr alarmierende Nachrichten zu fließen. So lautet eine Information:

6. Juni 1940. An Direktor.
Laut Erklärung des japanischen Attachés hat Hitler sich dahingehend geäußert, daß nach dem im Westen bald zu erreichenden Sieg der deutsch-italienische Angriff auf Rußland beginne.

Albert

Diese Information hatte der Sekretär der japanischen Gesandtschaft in der Schweiz an Pakbo ausgeplaudert.

Mit dem Decknamen „Albert" unterschrieb ich alle Meldungen bis Ende 1940.

Im übrigen fuhr ich auch selbst mehrmals an die Grenze des besetzten Frankreichs, wo oft nur eine Landstraße die neutrale Schweiz von den deutschen Besatzern trennte; aus wenigen Schritten Entfernung konnte ich die deutschen Soldaten sehen, ja sogar mit ihnen sprechen. Ich muß bekennen, es war ein sonderbares Gefühl, mit der deutschen Wehrmacht den unmittelbaren Kontakt aufzunehmen.

Im Dezember 1940 kam Anweisung von der Zentrale, daß Pakbo durch Gabel klären sollte, welche Mannschaftsstärke die deutsche Wehrmacht besaß und wo im Augenblick ihre Einheiten standen. In Moskau war man beunruhigt und das sicher nicht nur durch unsere, sondern auch durch die von anderen Nachrichtern einlaufenden Meldungen. Nach einigen Tagen funkte ich die beschafften Angaben nach Moskau.

Die Daten waren, wie sich später herausstellte, nützlich für die Orientierung des Generalstabs der Roten Armee.
Äußerlich gab es keine Anzeichen, daß Deutschland die Sowjetunion bald angreifen würde. Vorerst konzentrierte sich der Angriff auf England. Zur See und in der Luft tobte ein erbitterter Kampf. Die Deutschen versuchten die Blockade der britischen Inseln. Das band zu viele Kräfte der Wehrmacht. Die mit den Deutschen verbündeten italienischen Truppen kämpften im Winter 1941 erfolglos in Griechenland, während sie in Nord- und Ostafrika von den Engländern vernichtend geschlagen wurden. Obwohl deutsche Stiefel fast in ganz Europa stampften – mit Ausnahme des noch um seine Freiheit ringenden Griechenlands und Jugoslawiens auch auf dem Balkan –, hatten die Führer des Dritten Reiches reichlich Sorgen im Westen. Hitler schien nicht Lust zu haben, sich in ein militärisches Abenteuer zu stürzen, sondern schien bereit zu sein, den Geist des sowjetisch-deutschen Vertrags zu achten.
Das wäre logisch gewesen. Diesmal jedoch hatte es die Welt mit Eroberern besondern Typs zu tun, deren oberstes politisches Prinzip das totale Abenteuertum, die Treulosigkeit und Unverschämtheit war.
Im Winter 1941 war es Pakbo gelungen, mit einem Offizier des Schweizer Geheimdienstes in Verbindung zu treten. Zu einem unserer Treffen erschien Pakbo in äußerst erregtem Zustand. Nach Durchsicht des Informationstextes konnte ich das verstehen. Etliche Stunden später strahlten wir folgendes chiffriertes Telegramm aus:

21. Februar 1941. An Direktor.
Nach Auskünften eines Schweizer Offiziers hat Deutschland gegenwärtig 150 Divisionen im Osten. Seiner Meinung nach wird Deutschland Ende Mai angreifen.

Dora

Im April meldeten wir der Zentrale:

6. April 1941. An Direktor.
Von Luise.
Sämtliche motorisierten deutschen Divisionen sind im Osten. Die früher an der Schweizer Grenze stationierten deutschen Truppen wurden nach Südosten geworfen.

Dora

Den Decknamen „Luise" hatte ich jenem Schweizer Nachrichten-Offizier gegeben, von dem die obigen Informationen stammten. Durch Pakbo bekamen wir auch späterhin Mitteilungen von ihm. Die Zen-

trale schätzte diese Nachrichtenquelle sehr hoch und empfahl uns, daß wir uns aktiver mit ihr befassen sollten.
Ohne Zweifel war Moskau beunruhigt ob solcher Informationen und zog sicherlich die Konsequenzen für die operativen Aufgaben.
Der Direktor bat uns, auch weiterhin alles mitzuteilen, was uns in bezug auf die Kriegsvorbereitungen Deutschlands und Italiens gegen die Sowjetunion zur Kenntnis gelangte. In Moskau lauschte die Leitung gespannt in den Äther, durch den ihre wachsamen Agentengruppen die alarmierenden Nachrichten sandten. Heute ist bereits offenkundig – obwohl man es uns offiziell nicht mitteilte –, daß die Zentrale um die Nähe des Krieges wußte und unter den damaligen komplizierten Umständen sich nach Möglichkeit darauf vorbereitete.
Oft fielen mir die Worte Semjon Petrowitsch Urizkis ein, mit denen er mich 1935 mit meiner speziellen Aufgabe betraute und auf den Weg schickte. Urizki nannte damals unter den wahrscheinlichen Feinden an erster Stelle Deutschland und Italien. Dies war eine logische Folgerung, die auf dem Studium der objektiven Fakten beruhte. Ich teilte seine Meinung.
In der „Geschichte der Kommunistischen Partei der Sowjetunion" ist zu lesen: „Um der Entfaltung der faschistischen Aggression und des Wachsens der Kriegsgefahr willen beschloß die sowjetische Regierung Maßnahmen zur Stärkung des Verteidigungspotentials des Landes. Von 1939 bis Juni 1941 wurde die Mannschaftsstärke der sowjetischen Streitkräfte beinahe verdreifacht; einhundertfünfundzwanzig neue Divisionen wurden aufgestellt. Die Truppen wurden mit der neuen Kampftechnik vertraut gemacht und mit neuartigen Waffen ausgerüstet. Aber die Umorganisierung der Roten Armee und ihre Bewaffnung waren noch nicht abgeschlossen, das faschistische Deutschland griff früher an als erwartet. Die Mißerfolge der Roten Armee zu Beginn des Krieges ist in erster Linie dem überraschenden Angriff des Feindes zuzuschreiben ... Wir besaßen zuverlässige Informationen, daß die deutschen Truppen an der sowjetischen Grenze konzentriert werden und Deutschland sich zum Angriff auf die Sowjetunion anschickte. Doch die Truppen der Militärbezirke entlang der sowjetischen Westgrenze befanden sich noch nicht in voller Kriegsbereitschaft. Stalin hütete sich, den deutschen Faschisten einen Vorwand zum Angriff zu liefern, er rechnete damit, daß der Zusammenstoß auf dem Wege diplomatischer Verhandlungen hinausgeschoben werden könne."[1]

---

[1] Istorija KPSS; 3. Auflage. Moskau 1970. pp. 478 f.

Wie aus den veröffentlichten Dokumenten hervorgeht, hatten die faschistischen Führer den Krieg gegen die Sowjetunion zunächst für den Herbst 1940 geplant, später aber – aus verschiedenen Gründen – verlegten sie den Zeitpunkt auf das Frühjahr 1941.

Am 31. Juli 1940 berief Hitler den militärischen Führungsstab Deutschlands zu einer Konferenz auf den Berghof bei Berchtesgaden. Er erklärte: „Wenn wir Rußland zermalmen, verliert auch England die letzte Hoffnung. Dann wird Deutschland in Europa und auf dem Balkan herrschen. Also: Rußland muß liquidiert werden. Zeitpunkt: Frühjahr 1941."[1]

Hitler gab nicht nur der eigenen Meinung Ausdruck, sondern er sprach auch für die deutschen Imperialisten und den Generalstab, als er im Kreise seiner Vertrauten sagte: „Ich begehe nicht den gleichen Fehler wie Napoleon; wenn ich gegen Moskau marschiere, beginne ich damit rechtzeitig, um vor Eintritt des Winters dort zu sein."[2]

Im April 1941 lieferten unsere Quellen, Gabel und Poisson, präzise Daten. Wir schickten folgende Telegramme an die Zentrale:

12. April 1941. An Direktor.
Von Gabel.
Die Verteilung der deutschen Wehrmacht Mitte März: in Frankreich 50 Divisionen, in Belgien und Holland 15, in Dänemark und Norwegen 10, in Ostpreußen 17, im Generalgouvernement[3] 44, darunter 12 motorisierte und Panzer-Divisionen. In Rumänien 30, in Bulgarien 22, in der Slowakei, Böhmen und Österreich 20, im Raum München und Ulm 8, in Italien 5, in Afrika 5 Divisionen. Insgesamt 226. Außerdem werden in Deutschland 25 Divisionen neu aufgestellt.

Dora

22. April 1941. An Direktor.
Poisson hat von einem Schweizer Parlamentsabgeordneten erfahren, daß Berliner Regierungskreise den 15. Juni als Zeitpunkt des Angriffes gegen die Ukraine nennen. Sie rechnen mit nur schwachem Widerstand.

Dora

Nach diesen Informationen zu urteilen, hatten sich die Pläne der deutschen Kriegführung etwas geändert. Nach den Nachrichten, die

---

[1] Franz Halder: Kriegstagebuch. Bd. II. Stuttgart 1963.
[2] W. Root: The Secret History of the War. Bd. II. New York 1945. p. 520.
[3] Die Nazis gaben diesen Namen dem besetzten Polen.

wir im Februar 1941 nach Moskau übermittelten, wollte Deutschland Ende Mai die Sowjetunion angreifen. Hitler hatte es anfangs auch so geplant, weil er hoffte, mit einem „Blitzkrieg" noch vor Eintritt des Winters die Rote Armee zu zerschlagen. Der deutsche Generalstab jedoch, wie wir heute wissen, mußte den Angriff auf die Sowjetunion um vier bis fünf Wochen verschieben, weil die deutschen Truppen auf unerwartet starken Widerstand in Jugoslawien und Griechenland stießen. Diese Kämpfe bedingten eine große Kräftekonzentration auf dem Balkan.

Poisson war gut unterrichtet — deshalb konnten wir den Zeitpunkt 15. Juni mitteilen. Das Telegramm schickte ich am 22. April. Nach einigen Tagen jedoch „nahm das deutsche Oberkommando die vorläufige Entscheidung an, derzufolge der Angriff auf die Sowjetunion am 22. Juni 1941 beginnen sollte."[1]

Zur gleichen Zeit erzählte mir mein Mit-Aktionär, der Professor, den ich übrigens nur selten traf, daß er auf einer Studienreise in Deutschland gewesen sei und auf Einladung eines Bekannten, eines deutschen Offiziers, das südlich von Berlin gelegene Militärlager Zossen besucht habe. General Rommel, der damals aus Afrika gekommen sei, erklärte während des Gesprächs, der Tag des Angriffs auf die Sowjetunion sei nicht mehr fern. Seiner Ansicht nach könne mit keinem starken Widerstand gerechnet werden, und man erwarte einen schnellen Erfolg. Auch diese Mitteilung bekräftigte die Informationen über die Vorbereitung einer deutschen Aggression.

Natürlich war der Gegner bestrebt, seine wahren Absichten zu vertuschen. Die motorisierten und Panzerdivisionen erschienen zuletzt an der sowjetischen Grenze, um die Vorbereitungen zu verschleiern. Aber die Nagelspitze stach durch den Sack.

Im Mai erhielt ich weitere Daten, die die früheren Nachrichten stützten, daß deutsche Streitkräfte in den der Sowjetunion benachbarten Gebieten zusammengezogen wurden.

Aus einem Gespräch mit einem deutschen Offizier Anfang Juni erfuhren wir, daß die an der sowjetischen Grenze liegenden motorisierten Einheiten sich in ständiger Bereitschaft befinden, obwohl jetzt die Spannung geringer ist als Ende April — Anfang Mai. Abweichend von der Zeitspanne April-Mai ist die Vorbereitung an der russischen Grenze weniger demonstrativ, aber viel intensiver.

---

[1] Der Nürnberger Prozeß. Materialsammlung. Bd. II. Moskau (russisch). p. 538.

Am Morgen des 17. Juni rief mich Sissy aufgeregt in meiner Wohnung an und bat mich, sofort zu ihr zu kommen, denn sie habe eine wichtige Nachricht erhalten. Sofort suchte ich sie auf. Ihre Informationen stammten von einem ihrer Leute, einem Mann, der im Auftrag seines Betriebes Deutschland besucht hatte und gerade nach Hause gekommen war. Noch in der gleichen Nacht gaben wir das chiffrierte Telegramm weiter.

17. Juni 1941. An Direktor.
An der sowjetisch-deutschen Grenze stehen ca. 100 Infanteriedivisionen, ein Drittel davon motorisiert. Außerdem 10 Panzerdivisionen. In Rumänien konzentrieren sich die Truppen bei Galatz.
Gegenwärtig werden die für besondere Aufgaben reservierten Elite-Divisionen vorbereitet, zu ihnen gehören die im Generalgouvernement stationierte 5. und 10. Division.

Dora

Es gab keinen Zweifel mehr: Die deutsche Armee stand in voller Bereitschaft an der Grenze der Sowjetunion, sie wartete nur auf das Zeichen.
Bald darauf erfuhr ich aus einer anderen, für mich damals noch unbekannten Nachrichtenquelle Sissys den genauen Zeitpunkt des Angriffs: den 22. Juni. Sofort unterrichtete ich die Zentrale, doch damit fügten wir nichts Wesentliches dem bei, was wir schon zuvor gemeldet hatten.
Laut Flicke gab ich als Quelle für jenes Datum „Taylor" an.[1] Zu dieser Zeit wußte ich noch nicht einmal von der Existenz Taylors (alias Schneider). Erst sehr viel später erfuhr ich, daß diese Nachricht von ihm stammte.
Jim schreibt in seinem Buch, ich hätte angeblich gezögert, diese fatale Nachricht der Zentrale zu melden.[2] Das stimmt nicht. Seiner Behauptung nach soll ich ihm gesagt haben, daß die Meldung von Lucy oder Werther stamme, obgleich ich damals noch nichts über sie wußte. Außerdem erhielt Jim alle Telegramme chiffriert von mir, so daß er nicht wissen konnte, welche Nachricht er durchgab.
Nach dem Kriege habe ich erfahren, daß Richard Sorge aus Japan ebenfalls schon sehr frühzeitig den sowjetischen Generalstab über die Kriegsvorbereitungen der Deutschen informierte.

---

[1] W. F. Flicke: Agenten funken nach Moskau. pp. 108 f.
[2] A. Foote: Handbook for Spies. p. 89.

Am 22. Juni schaltete ich das Radio ein und hörte Hitlers Erklärung über den deutschen Rundfunk. Der Führer des Dritten Reiches sprach hysterisch-kreischend von der historischen Mission des deutschen Volkes, von dem letzten großen Feldzug, davon, daß der unbarmherzige Kampf gegen den Bolschewismus begonnen habe ...
Die deutschen Truppen überschritten die Grenze der Sowjetunion. Die Stunde des Entscheidungskampfes gegen den Faschismus schlug. Wir mußten auf neue Weisungen der Zentrale warten. Uns allen stand eine schwere und verantwortungsvolle Arbeit bevor.

Dritter Teil

1941–1942

DER BARBAROSSA-PLAN

23. Juni 1941. An Direktor.
In dieser historischen Stunde geloben wir mit unerschütterlicher Treue, mit verdoppelter Energie auf unserem vorgeschobenen Wachtposten zu kämpfen.

Diesen Funkspruch schickte ich im Namen sämtlicher Mitarbeiter in der Nacht zum 23. Juni an die Zentrale, nachdem ich sie getroffen hatte.
Am Morgen des 22. Juni telefonierte ich mit Jim, Sissy und Pakbo. Obwohl von diesem Moment an unsere Aufgaben klar waren und jeder von uns wußte, was man in dieser Situation von uns erhoffte, beschlossen wir trotzdem, uns zu treffen und unsere Probleme gründlich zu überdenken. Mit dem in Bern wohnenden Pakbo vereinbarte ich eine Begegnung am nächsten Tag. Meine Frau und ich wollten Sissy und Böttcher am Abend besuchen. Zuvor mußte ich nach Lausanne zu Jim und mit Eduard und Maud sprechen.
Jim wohnte in der Oberstadt. Gewöhnlich trafen wir uns in Genf oder Lausanne an verkehrsreichen Orten, in Caféhäusern, auf Bahnhöfen. Manchmal allerdings brachten es die Umstände mit sich, daß ich zu ihm gehen mußte. In solchen Fällen rief ich ihn vorher an.
Jim hatte in einem großen Mietshaus eine möblierte Wohnung genommen, und zwar im obersten, dem vierten, Stock. Sie war für die konspirative Arbeit günstig. Am Ende des langen Flures schützte uns eine mit starken Riegeln versehene Doppeltür vor dem Horcher. Sie stellte auch ein ernsthaftes Hindernis dar, wenn gewisse unerwünschte Gäste in Jims Höhle einzudringen versucht hätten. Jedenfalls würde Jim, bis die Polizei die beiden Türen zu durchbrechen vermochte, genug Zeit gehabt haben, um den Sender zu zerstören und die geheimen Papiere zu verbrennen.
Die Wohnung bestand aus einem Tagesraum, einem Schlafzimmer mit Alkoven, Küche, Badezimmer und Nebenraum. Für eine Person eine wunderbare, aber teure Wohnung, monatlich 200 Franken, die der Hauseigentümer zudem für ein halbes Jahr im voraus verlangte.
Das Mobiliar war alt und abgenutzt. Diagonal durch den Salon lief die Antenne des außerordentlich leistungsfähigen Empfängers, der in der Ecke auf einem Tisch stand. Das Radio brauchte nicht versteckt zu werden, denn Radiohören war nicht verboten. Die übrigen geheimen Apparate waren im oberen Teil des Kleiderschrankes in einem

Geheimfach installiert. Jim hatte den Sender sehr geschickt in das Gehäuse einer Schreibmaschine eingebaut, das Geheimfach wiederum so konstruiert, daß man den Schrank hätte zerschlagen müssen, um es zu entdecken.

Der Polizeiinspektor, der die Ausländer kontrollierte, hatte ihm bereits einen Besuch abgestattet, um die Aufenthaltserlaubnis für Lausanne auszustellen. Das war glatt abgelaufen. Der Inspektor erkundigte sich nach Footes finanzieller Situation, denn Ausländer ohne Arbeitsgenehmigung konnten nur dann eine Wohnung mieten, wenn sie ein solches Bankkonto hatten, das wenigstens für vier Jahre den Lebensunterhalt gewährleistete, oder wenn sie regelmäßig genügend Geld aus dem Ausland erhielten. Gemäß den Vorschriften wurden Ausländer, die nicht über zureichende Geldmittel verfügten, in bestimmte Pensionen oder Flüchtlingslager eingewiesen.

Foote besaß ein recht ansehnliches Bankkonto, einen Teil jener Summe, die mir in Belgrad vom Kurier der Zentrale ausgehändigt worden war. Dieses Geld kam uns jetzt sehr zustatten.

Auf die Frage des Polizeiinspektors erklärte Foote, daß er wegen der deutschen Umklammerung der Schweiz nicht nach England zurückkehren konnte, aber daß sein Unterhalt gesichert sei, weil er durch das Touristenbüro Cook & Co. monatlich 750 Franken erhalte. Er wolle in keinem Hotel wohnen, sagte er, denn für ihn als reichen und nicht ganz gesunden Mann sei die Bequemlichkeit der eigenen Wohnung vorteilhaft. Er besaß ein ärztliches Attest über ein Leiden, das er sich im spanischen Bürgerkrieg zugezogen hatte. Der höfliche Inspektor nahm das zur Kenntnis und wollte nicht einmal das Scheckbuch sehen. Die Polizei molestierte Foote nicht mehr. Er erhielt eine vorläufige Aufenthaltsgenehmigung, die halbjährlich ohne jede Schwierigkeit verlängert wurde.

Am 22. Juni verließ ich auf dem Hauptbahnhof von Lausanne den Zug und begab mich zur nahegelegenen Wohnung Jims. Die Straßen der Stadt waren an diesem Sonntag menschenleer. Hier und dort standen Leute in den Toren und diskutierten besorgt die Rundfunkmeldungen vom Morgen.

Auf mein Klingeln hin knirschte der Riegel der inneren Tür, dann blieb es einige Sekunden still, der Hausherr spähte durch das Guckloch der äußeren Tür. Dann knirschte wieder ein Riegel, und ich stand Jim gegenüber. Schnell ließ er mich ins Vorzimmer und verschloß sorgfältig die Tür.

Wie gewohnt war Jim glattrasiert und trug die Pfeife im Mund. Er wollte ruhig erscheinen, doch seinem Gesicht war die Aufregung anzusehen. Das ironische Zwinkern war verschwunden. In seiner Erregung dehnte er die französischen Wörter noch mehr. Um es ihm bequemer zu machen, ging ich zum Englischen über.

Wir sprachen über die mögliche Entwicklung der Kriegsoperationen. Wir waren uns einig, daß die Sowjets den Angriff abwehren und zum Gegenangriff übergehen würden. Diese unsere Überzeugung fußte auf unserem Glauben an die Stärke, den Heldenmut und die gute Vorbereitung der Roten Armee.

Auf meine Frage, wie sein Empfänger funktioniere und ob seine Verbindung zur Zentrale verläßlich sei, versicherte Jim, es sei alles in Ordnung.

Wir vereinbarten, daß wir uns hinfort wöchentlich zweimal treffen wollten und ich in dringenden Fällen ihn anrufen würde.

„Das nächste Mal komme ich mit meiner Frau. Sie müssen sie kennenlernen. Sie wird der Kurier sein und Information bringen, sollte ich aus irgendeinem Grund nicht zum Treffpunkt kommen können. Seien Sie beruhigt, meine Frau ist erfahren und sehr vorsichtig", sagte ich.

Nach einigen Tagen stellte ich ihm meine Frau unter dem Decknamen „Maria" vor.

Nach Genf zurückgekehrt, besuchte ich die Hamels. Da es Sonntag war, war ihr Geschäft geschlossen. Ich traf sie beide zu Hause an. Ungeduldig erwarteten sie mich.

Die Nachricht vom deutschen Angriff hatte Eduard und Maud unvorbereitet getroffen. Sie waren sehr aufgeregt, besonders Maud. Diese einfache Seele schimpfte wütend auf die Deutschen, auf Deutschland, auf Hitler, da er sein Wort gebrochen hatte. Ich vermochte sie kaum zu beruhigen. Wir setzten uns an den Tisch und besprachen eine halbe Stunde lang unsere Angelegenheiten. Im wesentlichen ging es mir darum, zu sehen, ob die Funkverbindung in Ordnung und wie die Stimmung der Hamels war.

Eduard und Maud machten auf mich einen guten Eindruck, und ich entfernte mich befriedigt. Sie waren bereit zum Kampf. Sie waren sogar der Meinung, wir unternähmen zu wenig. Sie baten um mehr Arbeit und erklärten, daß sie sich gerne abwechseln wollten und rund um die Uhr am Sendegerät wachen, nur um der Roten Armee zu helfen.

Spät am Abend gingen meine Frau und ich zu Sissy und Böttcher. Früher oder später mußten wir von der Zentrale Weisungen über die neuen Arbeitsbedingungen erhalten. Wir hatten daher gemeinsam unsere Möglichkeiten zu überprüfen, um dem Direktor Vorschläge machen zu können. Wir wollten neue, tüchtige Mitarbeiter, die wir bereits ausgewählt hatten, einbeziehen. Im wesentlichen drehte sich das Gespräch um diese Dinge. Auch Sissy suchte nach Mitteln, um

näher an brauchbare Leute heranzukommen. Wir vereinbarten, daß sie mich unverzüglich benachrichtigen sollte, sobald sie Kontakt zu neuen Nachrichtenquellen hergestellt hatte, damit wir ihnen festumrissene Aufgaben stellen könnten.
Während wir bei Sissy waren, hörten wir eine wichtige Mitteilung im Rundfunk: der britische Sender übertrug Churchills Rede. Obgleich der britische Premierminister seit langem eine Antipathie gegen die Sowjetunion hegte, war er nun im Namen seiner Regierung zu erklären genötigt, daß jetzt im Kampf gegen Deutschland die Ziele Englands und der Sowjetunion identisch seien und die beiden Länder zusammen gegen den gemeinsamen Feind kämpfen würden.
Diese politische Aktion der englischen Regierung hatte außerordentlich große Bedeutung, weil sie die Tatsache bestätigte, daß es der hitlerschen Diplomatie nicht gelungen war, die Einheitsfront der kapitalistischen Mächte gegen die Sowjetunion zu organisieren. Deutschland war nun in der schwierigen Lage, einen Zweifrontenkrieg führen zu müssen. Obgleich die zweite Front spät dazukam, verhieß sie dennoch größeren Erfolg im künftigen Ringen.
Nach einigen Tagen erhielt ich die folgende Weisung:

1. Juli 1941. An Dora.
Richten Sie Ihre ganze Aufmerksamkeit auf die Beschaffung von Informationen über die deutsche Armee. Beobachten und melden Sie regelmäßig die Umgruppierung der deutschen Truppen von Frankreich und anderen westlichen Gebieten nach dem Osten.
Direktor

Von da an widmeten wir die Arbeit unserer Gruppe dem Ziel, Informationen über Hitlerdeutschland und das faschistische Italien zu beschaffen.
Später trug uns die Zentrale oft umfangreichere und kompliziertere Aufgaben auf. Deshalb waren wir bestrebt, Kontakte auszubauen, die unmittelbar zur Quelle der Informationen führten.
Im ersten Monat des Krieges gegen die Sowjetunion war neben der Nachrichtenbeschaffung ein wichtiger Teil unserer Arbeit, neue Mitarbeiter einzubeziehen und direkten Kontakt zu wertvollen Informanten zu etablieren. Diese Arbeit hatten wir freilich auch früher geleistet, und wir führten sie auch später, 1942–1943, intensiv fort. Aber in jener Phase, da die Rote Armee Mißerfolge erlitt und zeitweilig zum Rückzug gezwungen war, wurde die Suche nach neuen Informationsquellen besonders wichtig.
Als erster war Pakbo vom Glück begünstigt.

Bei unserem nächsten Treffen berichtete er erfreut, daß er in einem Berner Café durch einen Journalisten einen Mann kennengelernt habe, der bis vor kurzem Presseattaché der französischen Botschaft war. Man hatte ihn jetzt wegen seiner gaullistischen Haltung entlassen, weil gemäß der Anweisung der Pétain-Regierung sämtliche Anhänger de Gaulles aus den staatlichen Organen entfernt werden mußten.
„Ihr arbeitsloser Diplomat ist also Anhänger des französischen Widerstands", summierte ich Pakbos Information.
„Natürlich. Er ist Armeeoffizier und hat Frankreich sicherlich große Dienste erwiesen. Natürlich haßt er die Pétain-Leute, und zwar weniger wegen der persönlich erlittenen Unbill, sondern weil sie Frankreich verraten haben. Nach seinen Andeutungen zu urteilen, verfügt er über ausgedehnte Verbindungen; sogar in Berlin hat er Beziehungen, denn dort arbeitete er früher als Journalist, und als Elsässer spricht er perfekt deutsch."
„Ein Mann, der für die Befreiung Frankreichs zu kämpfen bereit ist, ist uns vom Standpunkt unserer Arbeit sehr willkommen. Ich werde die Zentrale um ihre Meinung bitten."
Wir verabschiedeten uns in dem Sinne, daß ich in den nächsten Tagen Pakbo verständigen würde, ob er die Verhandlungen mit dem französischen Diplomaten fortsetzen oder jeden Kontakt zu ihm abbrechen solle. Es war offenkundig, daß der Betreffende mit dem Nachrichtendienst General de Gaulles in Verbindung stand.
Die Zentrale stimmte dem Kontakt mit dem Franzosen zu. Jener wiederum, als er erfuhr, wer Pakbo sei, erklärte sich begeistert zur Zusammenarbeit bereit. Seiner Ansicht nach gab es derzeit in Europa außer der Roten Armee keine Kraft, die imstande war, die deutsche Armee zu zermalmen und dadurch die Befreiung Frankreichs zu fördern. Um dieses Ziel sobald wie möglich zu erreichen, war unser Freund zu allem bereit, und tatsächlich zeigte er sich von seiner besten Seite. Er arbeitete unter dem Decknamen „Salter"; persönlich bin ich ihm nie begegnet, die Verbindung hielt Pakbo.
Die Lage an der sowjetisch-deutschen Front wurde sehr schwierig. Da die Rote Armee nicht rechtzeitig mobilisieren konnte, zog sie sich unter dem Druck der Übermacht unter schweren Kämpfen nach Osten zurück. Im Juli und August besetzte der Feind Moldawien, Weißrußland, das Baltikum, bedeutende Teile der Ukraine und einen Teil der Karelisch-finnischen Sowjetrepublik. Erbitterte Schlachten tobten auf den nach Leningrad führenden Straßen, in den Gebieten Smolensk, Brjansk, Dnepropetrowsk und Cherson. Heldenhaft verteidigte sich das vom Festland her eingeschlossene Odessa, das beinahe die gesamte rumänische Armee an sich zog. Im Besitz der stra-

tegischen Initiative träumte der Feind davon, daß er binnen weniger Wochen den „Ostfeldzug" beenden könne gemäß dem vorher ausgearbeiteten Barbarossa-Plan, der in der Nachkriegsliteratur ausführlich dargestellt ist.

Nach diesem in Hitlers Direktive Nr. 21 ausgearbeitetem Plan mußten „die deutschen Streitkräfte bereitstehen, um noch vor Beendigung des Krieges gegen England durch rasch rollende Operationen Sowjetrußland zu besiegen." Das strategische Konzept war: „Die im westlichen Rußland stehenden Truppen der russischen Armee sind durch kühne Operationen der tief eindringenden Panzereinheiten zu vernichten. Es muß verhindert werden, daß kampffähige Einheiten sich absetzen ... Das Endziel der Kriegshandlungen: Abgrenzung vom asiatischen Teil Rußlands, im allgemeinen auf der Linie Archangelsk-Wolga."[1]

In ihren weitgehenden, bis zum Ural reichenden Plänen hatten die Führer des Dritten Reiches sehr auf die Hilfe ihres starken Verbündeten, Japans, gehofft. Japan hätte in Fernost große Kräfte der sowjetischen Truppen binden können, und dies hätte der Wehrmacht die Erreichung ihres Ziels wesentlich erleichtert. Die in der Mandschurei entlang der sowjetischen Grenze stationierte Kwantung-Armee bedeutete eine ernsthafte Gefahr.

Obwohl zwischen der Sowjetunion und Japan ein Nichtangriffspakt bestand, war es äußerst wichtig, die Absichten der aggressiven japanischen Regierung zu erforschen. Es gelang uns auch, aus Berner diplomatischen Kreisen das eine und andere in Erfahrung zu bringen. Im August 1941 erhielt die Zentrale folgendes Telegramm:

7. August 1941. An Direktor.
Der japanische Botschafter in Bern hat erklärt, es könne vom japanischen Angriff gegen die Sowjetunion so lange nicht die Rede sein, bis Deutschland keinen entscheidenden Sieg an den Fronten erringe.

Dora

Detailliertere Informationen hat bekanntlich Richard Sorge übermittelt, der sowjetische Nachrichtendienstler, der in Japan tätig war. Seine verläßlichen Auskünfte ermöglichten es dem Oberkommando der Roten Armee, ohne Besorgnis mehrere Divisionen von Fernost nach dem Westen zu werfen, die in den kritischen Tagen eine große Rolle beim Zurückschlagen des deutschen Angriffs auf Moskau spielten.

---

[1] Hitlers Weisungen für die Kriegführung. 1939—1945. Frankfurt/Main 1962. pp. 183—188.

Während der schwierigen ersten Kriegsphase brauchte der Generalstab der Roten Armee verschiedene strategische Informationen besonders dringend. Von der Zentrale erhielten wir fast täglich Anfragen. Der Sender in Genf und Lausanne strahlte die ganze Nacht, manchmal sogar auch am Tage, die von unserer Gruppe beschafften Informationen aus.

2. Juli 1941. An Direktor.
Gegenwärtig ist der deutsche Operationsplan Nr. 1 in Kraft. Das Ziel ist Moskau. Die an den Flanken begonnenen Operationen sind nur Ablenkungsmanöver. Das Schwergewicht liegt auf dem Mittelabschnitt der Front.

Dora

23. August 1941. An Direktor.
In Deutschland werden 28 neue Divisionen organisiert, die bis September bereitgestellt sein müssen.

Dora

20. September 1941. An Direktor.
Die Deutschen planen, daß sie durch die Einnahme von Murmansk die Transportlinien der Sowjetunion mit England und Amerika abschneiden und daß sie mit dem durch Japan ausgeübten Druck die Lieferungen aus Amerika über Wladiwostok unterbinden.

Dora

Dies ist nur ein winziger Bruchteil jener Informationen, die wir in den ersten Monaten des Vaterländischen Krieges erhielten und weitergaben.
Trotz der riesigen Entfernung zwischen der Schweiz und Moskau war die Verbindung gut. Der sehr starke Sender der Zentrale wurde von uns gut empfangen. Die erfahrenen Funker der Zentrale wiederum, die sich an die „Handschrift“ von Jim, Eduard und Maud gewöhnt hatten, fanden im Stimmenwirrwarr rasch das Rufzeichen.
Eine Zeitlang ging alles glatt. Im Juli aber trat ein, was zu erwarten war und was wir am meisten gefürchtet hatten.
Die deutsche Abwehr baute das Netz zum Abhören der illegalen Sender aus. Zu diesem Zwecke wurden Peilgeräte mit kleiner und großer Reichweite verwendet. Mit ihrer Hilfe ermittelten die Fachleute der Abwehr den Standort zahlreicher illegaler – nachrichtendienstlicher, militärischer und von Partisanen betriebener – Sender. Solche Radiosender, die in mehreren europäischen Städten arbeiteten,

wurden von verschiedenen nachrichtendienstlichen Organen, Widerstandsbewegungen und illegalen kommunistischen Organisationen betrieben.

Heute wissen wir, daß ungefähr Mitte 1941 die in Cranz (Ostpreußen) an der Ostseeküste stationierten Peilanlagen von großer Reichweite, die die nach Moskau gerichteten konspirativen Sendungen beobachteten, einen leistungsstarken Sender entdeckten, der intensiven Kontakt zu den westlichen Sendern hielt. Die Deutschen nahmen an, daß es sich bei diesem in der Umgebung von Moskau arbeitenden Sender um die Funkstation der sowjetischen Nachrichtenzentrale handele. Nach ihrem Angriff auf die Sowjetunion peilten sie illegale Sender in Berlin und Brüssel an, die chiffrierte Mitteilungen nach Moskau durchgaben. Der Funkdienst der Abwehr benachrichtigte die Gestapo, und die deutsche Spionageabwehr begann, die Sender der sowjetischen Nachrichtendienstler zu suchen.

Anfang Juli peilte derselbe Funkbeobachtungsdienst in Cranz auch den Genfer Sender unserer Gruppe an. Zunächst wurde der Standort des Senders von Eduard und Maud nur ungefähr geortet. Nach einem Jahr jedoch stellten die Deutschen fest, daß der sie beunruhigende Sender sich in Genf befand. In seinem Buch teilt der einstige deutsche Nachrichtendienstler Flicke, der dreizehn Jahre lang in leitender Stellung beim Abwehr-Radiodienst arbeitete, Genaueres mit.[1] Dieser in die Geheimnisse der deutschen Aufklärungsorganisation eingeweihte Fachmann bezeugt, daß die Deutschen den Genfer Sender ständig beobachteten. Nach einiger Zeit entdeckten sie auch Jims Sender in Lausanne.

Eine unsichtbare Gefahr bedrohte unsere Gruppe, während wir ruhig unsere Arbeit fortsetzten und keine Ahnung hatten, daß der Feind von unserer Existenz wußte und man uns im Äther schon „geschnappt" hatte.

Das Anpeilen des Senders bedeutete freilich nicht, daß die Deutschen unsere Organisation sofort hätten liquidieren können. Was Flicke schreibt, daß nämlich bereits damals einzelne meiner Telegramme dechiffriert wurden,[2] ist eine völlig aus der Luft gegriffene Behauptung. Der sogenannte „Einbruch" in mein Code-System, was das Dechiffrieren von einzelnen Telegrammen oder deren Teilen ermöglicht hätte, ist nämlich bei der Doppelchiffrier-Methode unmöglich. Nur bei Kenntnis des Geheimschlüssels läßt sich der so verschlüsselte Text entziffern, dann allerdings kann man das ganze Telegramm und nicht

[1] Siehe W. F. Flicke: Agenten funken nach Moskau. pp. 8—18.
[2] Siehe ebendort, pp. 14—22.

nur einzelne Teile lesen. Die von Flicke zitierten Funksendungen, die man damals auffing, konnten die Deutschen erst Jahre später dechiffrieren, als der Code-Schlüssel in ihre Hände geriet.
Jedenfalls lauerte die Gefahr schon auf uns, mehrere tausend Kilometer entfernt, an der Küste der Ostsee.

DIE SCHLACHT VOR MOSKAU

An der sowjetisch-deutschen Front verschlechterte sich die Lage weiter. Die deutsche Armee, die mit ihren wichtigsten Waffengattungen noch immer in der Übermacht war, behielt die Initiative in der Hand.
Am 10. August konnte ich aus verläßlicher Quelle melden, daß das deutsche Oberkommando seine Kräfte über Brjansk gegen Moskau schickte.
Wie Paul Carell in seinem Buch „Unternehmen Barbarossa" schreibt, war diese Information zweifellos richtig, denn genau das plante der deutsche Generalstab.[1]
Aber die Operationen entwickelten sich ganz und gar nicht nach dem Plan der Strategen in Hitlers Stab. In erbitterten Verteidigungskämpfen durchkreuzten die sowjetischen Truppen die „Blitzkriegs"-Kalkulation der gegnerischen Kriegführung. Im Herbst 1941 wurde offenkundig, daß es nicht gelungen war, den von der deutschen Propaganda überreklamierten Plan zu verwirklichen. An den wichtigsten Abschnitten stabilisierte sich die Front vorübergehend.
Infolge der Mißerfolge der Roten Armee vom Sommer drang allerdings der Feind ziemlich tief in das Gebiet der Sowjetunion ein.
Anfang September eroberten die Faschisten bereits die Stützpunkte der Kriegsmarine an der Ostsee und nahmen auf dem Festland Leningrad unter Blockade, das nur noch über den Ladogasee und auf dem Luftwege Verbindung mit Moskau hatte. Der Feind stand bei Smolensk, dreihundert Kilometer vor Moskau. Er hatte das rechts des Dnjepr liegende Gebiet der Ukraine fast vollständig eingenommen, bedrohte das Industriegebiet von Charkow, das Donez-Becken, die Krim-Halbinsel und die Militärstützpunkte am Schwarzen Meer.
In den Genfer Kinos erblickten meine Frau und ich schweren Herzens die deutschen Kriegswochenschauen, in denen Leningrad zu sehen

[1] Siehe P. Carell: Unternehmen Barbarossa. 4. Auflage, Frankfurt/Main 1966. p. 97. — P. Carell war das Pseudonym Paul Schmidts, des ehemaligen Pressechefs Ribbentrops.

war. Man hatte die Stadt von den Pulkowoer-Höhen mit dem Teleobjektiv gefilmt, so daß die Spitze des Admiralitätsturmes deutlich zu erkennen war.

Der deutsche Generalstab hätte gern um jeden Preis den Krieg noch vor Wintereinbruch siegreich beendet. Am wichtigsten erschien ihnen die Einnahme Moskaus. Die sowjetische Kriegführung verstärkte jedoch diesen Frontabschnitt und konzentrierte hier die Hauptkräfte der Roten Armee.

„Die Schlacht um Moskau war das Hauptereignis der ersten Phase des Großen Vaterländischen Krieges. Sie war im Hinblick auf Umfang, Dauer und Kampftätigkeit bis dahin beispiellos in der Geschichte des Zweiten Weltkriegs. Die Kampfhandlungen, an denen auf beiden Seiten 172 Divisionen, rund 30 000 Geschütze und Minenwerfer, ungefähr 2500 Panzer und ungefähr 1500 Flugzeuge teilnahmen, entfalteten sich auf riesigem Gebiet — einer Front, etwa 750 Kilometer lang und 400 Kilometer tief. Sie dauerten ungefähr sechs Monate."[1]

Am 6. September wies Hitler das Oberkommando der Wehrmacht an, an der gesamten sowjetisch-deutschen Front zum Generalangriff überzugehen. Die Armeegruppe „Nord" erhielt den Befehl, Leningrad zu nehmen und sich mit den zwischen den Ladoga- und Onega-Seen angreifenden finnischen Truppen zu vereinigen. Das Ziel der Armeegruppe „Süd" war die Eroberung der Krim und des Donez-Beckens. Die in der Hauptstoßrichtung angreifende Armeegruppe „Mitte" sollte die östlich von Smolensk stehenden sowjetischen Einheiten einkesseln, vernichten und anschließend weiter gegen Moskau vordringen.

Es begann jenes gigantische Ringen, in dem nach Hitlers Idee der Kampf gegen die Sowjetunion und der ganze Weltkrieg hätte sich entscheiden sollen.

Trotz der riesigen Verluste an Menschen- und Kriegsmaterial, die sie in der Sommerschlacht erlitten hatten, gelang es den Deutschen, durch Umgruppierungen und Heranziehung der westlichen Reserven sich an den wichtigsten Frontabschnitten die Übermacht zu sichern. Am 30. September begann die Heeresgruppe „Mitte" den entscheidenden Angriff auf Moskau.

Mitte Oktober durchbrachen die motorisierten und Panzerdivisionen des Gegners an mehreren Stellen die Verteidigungslinie der sowjetischen Truppen und näherten sich der Hauptstadt bis auf etwa

---

[1] Geschichte des Großen Vaterländischen Krieges der Sowjetunion: 1941—1945. (Im weiteren abgekürzt GGVK.) Bd. II. Budapest 1964 (ungarisch). p. 180.

hundert Kilometer. Die Kämpfe waren von einer beispiellosen Heftigkeit, die Situation äußerst bedrohlich. Moskau geriet in Gefahr und wurde zur Frontstadt.
In der Schweiz beobachteten wir besorgt den heldenhaften Widerstand der sowjetischen Hauptstadt. Die deutschen Rundfunkstationen meldeten mit prahlerischem Selbstvertrauen, Moskaus Schicksal sei entschieden, und wenn nicht heute, so würden morgen die heldenhaften Soldaten des Führers siegreich in die Stadt einziehen.
Aber die Stimme des Moskauer Sprechers des sowjetischen Informationsbüros blieb weiterhin ruhig. Wir vertrauten darauf, daß die Verteidiger der Stadt sich behaupten würden, obwohl die Lage zweifellos sehr schwer war.
Wir setzten unsere Arbeit fort. Die Funksender in Genf und in Lausanne hielten feste Verbindung mit der Zentrale. Jim, Eduard und Maud waren maximal ausgelastet.
Aus den Nachrichten, die ich aus meinen Quellen bezog, ging die Hauptstoßrichtung der deutschen Streitkräfte klar hervor. Es galt, neue Informationen über die strategischen Pläne des Feindes, über die verfügbaren Reserven, die Umgruppierungen der Truppen und ihre bei den schweren Kämpfen vor Moskau erlittenen Verluste zu sammeln. Die Zentrale wollte, daß wir um jeden Preis verläßliche Daten verschafften.
Durch Pakbo und Sissy wies ich die Mitarbeiter an, sie sollten Informationen schneller beschaffen und neue Nachrichtenquellen ausfindig machen. Bald teilte Pakbo mir mit, daß ein alter Bekannter eines unserer Mitarbeiter, Salters, zur Zusammenarbeit bereit sei.
Wie Salter war auch der neue Mitarbeiter, dem ich in meinen Telegrammen an die Zentrale den Decknamen „Long“ gab, ein professioneller Nachrichter. Während Salter früher Diplomat war, tarnte Long seine geheime Tätigkeit durch journalistische Arbeit. Long, Offizier der Ehrenlegion, wichtiger Agent des Deuxième Bureau des französischen Generalstabs, war vor dem Krieg Berliner Korrespondent mehrerer großer französischer Blätter gewesen. 1940, nach der Niederlage Frankreichs, war er nicht zur Zusammenarbeit mit den Pétain-Leuten bereit, sondern emigrierte in die Schweiz und schloß sich den Anhängern General de Gaulles an.
Jetzt lebte er in Bern und arbeitete für den Nachrichtenapparat des in London residierenden Nationalkomitees Freies Frankreich. Die Regierung der Sowjetunion war mit dem Komitee Freies Frankreich unmittelbar nach der Rede des Komiteepräsidenten General de Gaulle am 24. Juni 1941 in Verbindung getreten, nachdem dieser erklärt hatte: „Das französische Volk unterstützt das russische Volk

in seinem Kampf gegen Deutschland ..." Später, am 27. September 1941, schloß die Sowjetunion ein militärisches Bündnis mit dem Komitee Freies Frankreich.

Zieht man in Betracht den Abschluß dieses militärischen Bündnisses, das in jenen Jahren bekanntlich dauerhaft und stabil war, ist es nicht überraschend, daß der erfahrene französische Nachrichtendienstler gerne zur Zusammenarbeit mit uns bereit war. In diesem Fall kann die „Doppelgleisigkeit" nicht als Verrat gelten. Sie war sogar eine verdienstvolle Geste, diente sie doch dem Zermalmen der faschistischen Kräfte.

Wie bei Salter, der ihn empfahl, waren es seine Gefühle, die Long zur Zusammenarbeit mit uns bewogen. Ihre Vorgesetzten schienen ihren Schritt zu billigen, wie auch unsere Zentrale einverstanden war, daß ich diese erfahrenen Männer in die Arbeit einbeziehen wollte. Später dankte der Direktor in mehreren Telegrammen für die exakten Auskünfte, die wir mit Hilfe der französischen Nachrichter beschafften.

Sowohl Salter wie Long waren sich völlig darüber klar, daß ihre Heimat nur dann befreit werden könne, wenn die Rote Armee einen vollständigen Sieg über die hitlerschen Horden erringe. Um diesen Sieg möglichst bald herbeizuführen, arbeiteten sie gewissenhaft und sehr zweckdienlich.

Long war ein kluger, erfahrener Nachrichtenbeschaffer. Er verfügte über ausgedehnte und sehr gute Kontakte in den verschiedensten gesellschaftlichen Kreisen, wahrscheinlich schon aus der Zeit vor dem Krieg; andere Kontakte baute er neu aus. Er besaß zahlreiche wichtige Nachrichtenquellen.

Long etablierte einen Kontakt zum Schweizer Nachrichtendienst, er stand in engen Verbindungen mit deutschen bürgerlichen Emigranten und mit Personen in Berlin, wo er vor dem Krieg gearbeitet hatte. Wertvolle Nachrichten erhielt er von insgeheim gaullistisch eingestellten Männern, die in den Organen der Vichy-Regierung tätig waren.

Dieser neue Mitarbeiter, der über bedeutende Informationsmöglichkeiten verfügte, schloß sich im Oktober 1941 meiner Gruppe an.

Den unmittelbaren Kontakt zu Long hielt Pakbo. Sie trafen sich an ihrem Wohnort, in Bern. Long als professioneller Agent sorgte für die Auswertung und Verteilung seiner Informationen zwischen dem sowjetischen und dem gaullistischen Nachrichtendienst. Mehrfach gab er Pakbo zu verstehen, daß er dem sowjetischen Nachrichtendienst die Priorität gebe, weil das Oberkommando der Roten Armee — an der sowjetisch-deutschen Front — die von ihm beschafften Nachrichten am wirksamsten verwenden könne.

In einer Oktobernacht verlor sich das Rufzeichen des Senders der

Zentrale. Die Funker verständigten mich sofort, daß sie nicht die Verbindung zu ihren Kollegen herzustellen vermochten. Bis dahin war die kraftvolle Stimme des Moskauer Senders immer ausgezeichnet vernehmbar. Jim, Eduard und Maud saßen nächtelang am Gerät und suchten zwischen den Pfeif- und Klopfzeichen anderer Stationen das Rufzeichen Moskaus. Vergebens.
Was mochte geschehen sein? Wenn der Direktor ein neues Rufzeichen und neue Sendezeiten eingeführt hätte, wären wir im voraus verständigt worden. Konnte es sein, daß die Radiostation der Zentrale von Bomben getroffen war?
Wir waren sehr beunruhigt, schickten eine Anfrage nach der anderen in den Äther, bekamen aber keine Antwort.
Das belagerte Moskau setzte den Kampf fort. Die Zentrale aber schwieg.

29. Oktober 1941. An Direktor.
Schon seit mehreren Tagen hören wir Sie nicht. Wie empfangen Sie unsere Sendungen? Sollen wir die Sendungen fortsetzen oder abwarten, bis die Verbindung wiederhergestellt ist? Erbitte Antwort.
Dora

Wie auf die vorangegangenen Anfragen kam auch auf dieses Funktelegramm keine Antwort. Vorher hatte die Zentrale jede Mitteilung von uns „quittiert“ und angegeben, daß unser Funktelegramm unter dieser oder jener Nummer empfangen worden sei. Jetzt aber meldete sich der Sender der Zentrale überhaupt nicht, als ob er nie existiert hätte. Es gab keinen Zweifel, etwas Ungewöhnliches mußte passiert sein.
Wir ahnten die Ursache des Schweigens. Wahrscheinlich hatte man angesichts der vor Moskau entstandenen gefährlichen Lage aus Vorsicht den Sender der Zentrale in östliche Richtung evakuiert. Und es brauchte Zeit, bis die Radiostation am neuen Ort in Betrieb genommen und die Verbindung wiederhergestellt werden konnte. Unsere Annahme fußte auf den in Moskau und Berlin herausgegebenen Kriegsberichten und auf jenen in den Schweizer Blättern veröffentlichten westlichen Meldungen, daß einige sowjetische Regierungsämter und alle diplomatischen Vertretungen von Moskau nach Kuibyschew verlegt worden waren. Nur mit der Evakuierung konnten wir uns die Tatsache erklären, daß die Zentrale in einer so gespannten Situation die Verbindung abbrach.
In seinen unlängst erschienenen Memoiren gibt Armeegeneral S. M. Schtemenko, der damals als junger Oberst Mitarbeiter der Opera-

tionsabteilung des sowjetischen Generalstabs war, die Lösung des Rätsels: „Im Interesse der unter allen Umständen gesicherten Führung der Truppen beschloß das Hauptquartier, den Generalstab in zwei Stufen einzuteilen. Die erste blieb in Moskau, die zweite wurde evakuiert ... Am Morgen des 17. Oktober begann die Verladung der Panzerschränke in Eisenbahnwaggons ... Wir erreichten unseren Bestimmungsort am 18. Oktober."[1]

Diese Daten decken sich völlig mit der Unterbrechung unserer Funkverbindung.

In der fernen Schweiz verfolgten wir erregt die Kriegsberichte, die besagten, daß die deutschen Divisionen die sowjetischen Verteidigungslinien angriffen, hier und dort die Stellungen der sowjetischen Truppen durchbrachen und Moskau einzuschließen versuchten.

Ende November oder Anfang Dezember, als die Deutschen trotz ihrer riesigen Verluste noch immer einen fürchterlichen Druck auf Moskau ausübten, kam unsere Verbindung mit der Zentrale wieder zustande. In seinem oben zitierten Buch schreibt Schtemenko, daß die Zweite Abteilung (nämlich des Generalstabes) noch im Dezember nach Moskau zurückkehrte. Wieder hörten wir den kräftigen Ton der Radiostation. Die Funker der Zentrale klopften die Rufzeichen ruhig, stellten Fragen, gaben Anweisungen, erklärten aber mit keinem Wort die Unterbrechung der Verbindung, als ob nie etwas geschehen wäre. Alles lief im alten Gleis. Wir beruhigten uns und übermittelten im schnellen Tempo das bei uns angesammelte Nachrichtenmaterial, das äußerst wichtige Angaben enthielt, die hauptsächlich aus Longs Quellen stammten.

Hier einige dieser Meldungen, die wir wegen der Unterbrechung der Funkverbindung erst mit einmonatiger Verspätung übermitteln konnten.

27. Oktober 1941. An Direktor.

Ein Mitarbeiter des Amtes Ribbentrop (ich werde diese Quelle „Agnes" nennen) berichtete telefonisch aus Berlin dem Redakteur der NEUEN ZÜRCHER ZEITUNG:

1. Die Panzer der Propaganda-Kompanien stehen in Brjansk, sie warten auf den Einmarsch in Moskau. Der Zeitpunkt des Einmarsches sollte der 14. Oktober, dann der 20. Oktober sein.

2. Am 17. Oktober wurden Weisungen erteilt für den Fall, daß die Belagerung Moskaus längere Zeit dauern sollte. Schwere Küsten-

---

[1] S. M. Schtemenko: Wo der Sieg geschmiedet wurde (ungarisch). Budapest 1969. pp. 50 f.

artillerie und Artillerie von der Maginot-Linie und aus Königsberg ist seit einigen Tagen unterwegs zur Moskauer Front.
Der deutschen Presse ist verboten worden, über die Schlacht bei Moskau zu berichten.

Dora

Longs Nachrichtenquelle war niemand anders als der bekannte Publizist Ernst Lemmer, der oft für den PESTER LLOYD, das deutschsprachige Tagesblatt und halbamtliche Budapester Organ der Horthy-Regierung, als Berliner Korrespondent schrieb. Long hatte ihn während seiner Berliner Zeit kennengelernt. Lemmer war Redakteur des deutschen außenpolitischen Bulletins und zugleich, seit 1940, Berliner Korrespondent der NEUEN ZÜRCHER ZEITUNG. Dieser Informant, dem ich den Decknamen „Agnes" gab, lieferte später wichtige Mitteilungen aus dem Amt Ribbentrop an Long. Nach dem Kriege war der vor kurzem verstorbene Lemmer bekanntlich längere Zeit Mitglied der westdeutschen Regierung.
Die zweite gutinformierte Quelle Longs war, wie ich erwähnte, ein Offizier des Nachrichtendienstes des Schweizer Generalstabs. Von seinen Kollegen erhielt er Informationen wie diese:

28. Oktober 1941. An Direktor.
Laut Mitteilung aus ungarischen Regierungskreisen besteht das an der Ostfront befindliche ungarische Expeditions-Korps aus 40 000 Mann.

Dora

26. Oktober 1941. An Direktor.
Aus Berlin, von Luise.
Die Deutschen hatten Ende Juni 22 Panzerdivisionen und 10 Reserve-Panzerdivisionen. Ende September waren von diesen 32 Divisionen neun vollständig vernichtet, sechs Divisionen hatten 60 Prozent ihres Personalbestandes eingebüßt, die Hälfte wurde aufgefüllt. Vier Divisionen verloren 30 Prozent ihres Maschinenbestands, der gleichfalls ersetzt wurde.

Dora

Erwähnenswert sind noch die folgenden Meldungen Longs, die trotz der mehrwöchigen Verspätung nützlich gewesen sein mochten:

Hitlers Befehl zur Einnahme von Murmansk und dem Vordringen zum Kaukasus basierte auf der Annahme, daß Leningrad und Odessa

bis zum 15. September eingenommen sein würden. Beide Pläne sind jetzt aufgegeben worden.
In Frankreich stehen gegenwärtig 20 bis 22 Divisionen, hauptsächlich Landsturm. Der derzeitige Bestand ist sehr unterschiedlich infolge der ständigen Verluste. Anfang Oktober wurden die in Bordeaux und weiter südlich stationierten Truppen an die Ostfront gebracht.

Im Laufe des Dezember standen unsere Genfer und Lausanner Stationen in intensiver Verbindung mit der Zentrale. Wir mußten die aus den verschiedenen Quellen eingetroffenen Nachrichten so schnell wie möglich weitergeben. Jim, Eduard und Maud boten ihre ganze Kraft auf, arbeiteten nachts und manchmal auch tagsüber, um die Telegramme zu klopfen. Ich zitiere zwei Telegramme vom Dezember.

9. Dezember 1941. An Direktor.
Von Luise, aus Berlin.
Der neuerliche Angriff gegen Moskau ist kein in den strategischen Plänen vorgesehener Schritt, sondern er wurde angesetzt, weil in der deutschen Armee große Unzufriedenheit herrscht, nachdem seit dem 22. Juni keines der ursprünglichen Ziele erreicht wurde. Infolge des Widerstandes der sowjetischen Truppen waren die Deutschen gezwungen, auf den Plan Nr. 1 — Ural, Nr. 2 — Archangelsk-Astrachan, Nr. 3 — Kaukasus zu verzichten.

Dora

12. Dezember 1941. An Direktor.
Von Offizieren aus München, durch Luise.
Anfang November wurde die Überwinterung der deutschen Armee entlang der Linie Rostow—Smolensk/Wjasma—Leningrad geplant.
An den Kämpfen um Moskau und die Krim hat die deutsche Armee ihre gesamten Material- und Menschenreserven eingesetzt. Die Kasernen und Lager in Deutschland sind fast leer. Die Infanteristenausbildung wurde auf acht Wochen verkürzt.
Für den Angriff gegen Moskau und Sewastopol haben die Deutschen aus innerdeutschen Festungen schwere Mörser und weittragende Geschütze mit Spezial-Zugmaschinen und Straßen-Panzerwagen an die Ostfront befördert.
Die deutsche Oberste Heeresleitung hatte bereits Anfang November das Mißlingen der Operationen befürchtet, weil es sich herausstellte, daß die auf dem Rückzug befindlichen sowjetischen Truppen vor Moskau feste Stellung bezogen.
In der Schlacht vor Moskau zeigte sich bereits der Umschwung. Die

bei uns einlaufenden Informationen bezeugten, daß sich Unruhe und Kopflosigkeit in den Reihen des Feindes einstellten. Die Beobachtungen des Züricher Oberstdivisionärs (entsprechend etwa dem Range eines Generalleutnants) Doktor Eugen Bircher waren in dieser Beziehung charakteristisch. Bircher war Leiter jener speziellen Sanitäts-Delegation, die von den Deutschen in das Gebiet hinter der Ostfront eingeladen worden war. Einem unserer Mitarbeiter gelang es, in vertraulichen Kontakt zu ihm zu treten und im Verlauf ihrer Privatgespräche gab Bircher sehr interessante Informationen.

Nach Meinung des kurz zuvor aus Smolensk zurückgekehrten Arztes war die Lage an der Ostfront für die Deutschen schon nicht mehr günstig. Bis zu seiner letzten Smolensk-Reise hatte Bircher den Sieg der Deutschen erwartet, nun aber erkannte er, daß von Sieg keine Rede sein könne. Noch vor dem November-Angriff war er in Berlin und sprach mit Göring (sie kannten sich seit langem). Göring sagte zu ihm: „Wir werden bald einen neuen Angriff gegen Moskau starten, unter Einsatz all unserer Kräfte, und wir hoffen, daß wir in zwei Wochen Schluß machen, wenn die Schneeverwehungen die Bewegung der schweren Artillerie nicht behindern." — „Und dann?" — fragte Bircher. Als Antwort zuckte Göring nur mit den Achseln. Jene deutschen Generäle wiederum, mit denen Bircher über dieses Thema sprach, äußerten sich etwa folgendermaßen: „Wenn Moskau fällt, gehen wir weiter, wenn nicht, dann ziehen wir die Truppen bis Smolensk in Verteidigungsstellung zurück."

Bircher hatte Gelegenheit, mit vielen deutschen Offizieren zu sprechen.

Ein Militärarzt, der beim deutschen Generalstab Dienst tat, teilte ihm mit, daß bis Anfang Oktober an der russischen Front 1 250 000 ihrer Leute gefallen bzw. verwundet worden waren. Ein Verlust von zwei Millionen würde die Armee in eine Krise stürzen. Nach Berechnungen des deutschen Generalstabs sei dieser kritische Moment Ende des Winters zu erwarten.

Anscheinend war es für die durch den Fehlschlag der Moskauer Operation deprimierten Deutschen ein Bedürfnis, Bircher ihr Herz auszuschütten. Hinzu kam — wie Bircher durchblicken ließ —, daß diese Offiziere zu einer Gruppe gehörten, die dem Führer gegenüber oppositionell eingestellt war. Sie waren mit einzelnen politischen und strategischen Ideen Hitlers nicht einverstanden und träumten davon, daß sie in Deutschland eine Diktatur der militärischen Elite errichten könnten. Viele Stabsoffiziere seien der Meinung, sagte Bircher, daß Hitlers Unvernunft die Armee in eine Sackgasse manövriert habe. Die Generäle, die Generalstabsoffiziere, angeblich auch Göring, hielten

bereits den Sieg für unmöglich. Im Offizierskorps seien die ersten Anzeichen des Zweifelns zu beobachten. So habe beispielsweise der Adjutant des Generalfeldmarschalls Brauchitschs, des Oberkommandierenden der Landtruppen, Bircher gestanden, daß nach Auffassung des Generalfeldmarschalls der Krieg verloren sei. Die Soldaten seien erschöpft, der Kampfgeist im Schwinden. Was die Schlagkraft der Wehrmacht angehe, seien allein bis Ende Oktober sechzehn Panzerdivisionen an der russischen Front zerschlagen worden.
Nach den Worten dieses „neutralen" Schweizer Beobachters zu urteilen, war die Wehrmacht in ihrer Kampfmoral erschüttert.
Birchers Nazi-Freundschaft wird übrigens in den Memoiren von General Hans Speidel, Rommels ehemaligem Stabschef (der bekanntlich nach dem Kriege eine Zeitlang Oberbefehlshaber der NATO-streitkräfte in Mitteleuropa war), sehr lobend hervorgehoben.[1] Sogar die gewiß nicht linke NEUE ZÜRCHER ZEITUNG kommentiert in ihrer Ausgabe vom 5. Oktober 1969 recht sauer, daß man Birchers Verhalten — wie schon während des Krieges — „aus schweizerischem Blickwinkel nicht ohne Vorbehalt" positiv werten könne.
Alles, war wir von Bircher erfuhren, gaben wir unverzüglich an die Zentrale weiter.
Diese Angaben wurden durch folgendes Telegramm ergänzt:

6. Januar 1942. An Direktor.
Durch Long von einem Obersten des Schweizer Generalstabes, der am 11. Dezember 1941 mit Brauchitschs Adjutanten sprach, der erklärte: In den letzten vier Wochen haben die Deutschen täglich ungefähr 32 000 Gefallene gehabt. Die deutschen Eliteeinheiten zeigten sich der Lage nicht gewachsen, wurden zerschlagen oder vernichtet. Die Hälfte der Luftwaffe und der motorisierten Transportmittel wurde vernichtet. Die Russen haben erst jetzt ihre Eliteeinheiten eingesetzt, die den deutschen Truppen überlegen sind.

Dora

Etwa zur gleichen Zeit gab Pakbo eine Information von Long weiter, die mittelbar unterstrich, was wir durch Doktor Bircher erfahren hatten.

21. Dezember 1941. An Direktor.
Ein Verbindungsoffizier des deutschen Oberkommandos hat Long mitgeteilt:

---
[1] Hans Speidel: Zeitbetrachtungen. Mainz 1969.

1. In Deutschland plant man die Ausbildung von 650 bis 700 000 jungen 19- bis 20jährigen Soldaten.
2. Nicht so sehr die an der Ostfront erlittenen riesigen Verlustziffern beunruhigen uns, sondern vielmehr die Qualität dieser Verluste, denn es wurden die besten, erfahrensten Einheiten des deutschen Heeres vernichtet, die bis jetzt die Schlachten gewannen. Der Rest ist eine formlose Masse.
3. Wir benötigen eine Atempause von zwei bis drei Monaten, um im Frühjahr den entscheidenden Schlag führen zu können. Es ist zu befürchten, daß die Russen uns diese Pause nicht gewähren.

General Guderian hat festgestellt, daß infolge des Widerstandes der sowjetischen Truppen vor Moskau „die Mannschaftsstärke der kämpfenden Einheiten sich rasch verringerte, was auf die noch kampffähigen Truppen stark demoralisierend wirkte."[1]
Der 13. Dezember war für uns ein Feiertag. Lene und ich waren seit langer Zeit nicht in so guter Stimmung gewesen wie an diesem Tag, als das Sowjetische Informationsbüro über den Moskauer Rundfunk bekanntgab, daß die Pläne der Deutschen, die auf die Einschließung und Einnahme Moskaus zielten, gescheitert waren. Mit klingender, triumphierender Stimme verlas der Sprecher den Kriegsbericht, wonach die sowjetischen Truppen den zweiten Angriff des Feindes auf Moskau zurückgeschlagen und am 6. Dezember 1941 einen Gegenangriff begonnen hatten, der dem Feind eine schwere Niederlage brachte.
„Die Kraft des russischen Schlages und das Ausmaß ihres Gegenangriffs — schreibt der ehemalige deutsche General Tippelskirch — war so groß, daß die Front in bedeutender Breite ins Wanken geriet und eine fast nicht wiedergutzumachende Katastrophe eintrat."[2]
Ein anderer deutscher General, Siegfried Westphal, gab zu, daß „die früher für unbesiegbar gehaltene deutsche Armee an den Rand des Ruins geriet."[3]
Der deutsche Vizeadmiral Assmann bestätigt in seinem Buch „Deutsche Schicksalsjahre": „Im Verlauf des Krieges trat die Wende bei der Schlacht vor Moskau ein. Hier wurde Ende 1941 die Angriffskraft des deutschen Heeres erstmals gebrochen, hier wurden die deutschen Truppen zum erstenmal vor Aufgaben gestellt, die sie nicht zu bewältigen vermochten. Hier riß der Gegner erstmals die Initiative

[1] Heinz Guderian: Erinnerungen eines Soldaten. Heidelberg 1951.
[2] Kurt von Tippelskirch: Geschichte des Zweiten Weltkrieges. Bonn 1951. p. 209.
[3] The Fatal Decisions. New York 1956. p. 34.

an sich. Nur unter großen Verlusten gelang es der deutschen Armee, dem feindlichen Angriff zu widerstehen."[1]

Zur gleichen Zeit wuchsen die Fronten: nach dem japanischen Angriff auf den amerikanischen Marinestützpunkt Pearl Harbor traten auch die Vereinigten Staaten in den Krieg gegen den faschistischen Block ein.

Wir in der Schweiz wußten von dem Chaos, das durch den Ausgang der Schlacht um Moskau in Hitlers Hauptquartier entstanden war. Long erhielt detaillierte Informationen von seiner Berliner Quelle, Agnes.

In den ersten Tagen des Jahres 1942 bekamen wir die Nachricht, daß Hitler zu außerordentlichen Maßnahmen genötigt wurde, um die riesigen Verluste an Menschen- und Kriegsmaterial zu ersetzen: Er forderte Deutschland zum totalen Krieg auf, was die allgemeine Mobilisierung der Menschen- und Industrie-Reserven des „Dritten Reiches" bedeutete. Rund zwei Millionen Menschen erhielten den Einberufungsbefehl.

Im deutschen Generalstab wurden Veränderungen vorgenommen; neue Befehlshaber ersetzten die „Schuldigen". Der aufgebrachte Führer entfernte den Generalfeldmarschall Brauchitsch und übernahm selbst den Oberbefehl über die Landstreitkräfte. Davon setzte uns unsere Berliner Quelle, Agnes, in Kenntnis. Zur selben Zeit teilte ich mit:

Agnes warnt uns vor Hoffnungen auf schnelle Zerschlagung der Deutschen. Trotz der riesigen Material- und Menschenverluste hat die deutsche Armee und Industrie genügend Reserven.

Diese Warnung war berechtigt. Es wäre verhängnisvoll gewesen, die Stärke der Wehrmacht zu unterschätzen. Aber man mußte den Schock der unerwarteten Erschütterung nutzen und durfte den Gegner nicht zu sich kommen lassen. Das Kommando der Roten Armee beachtete das, und im Januar gingen die sowjetischen Truppen auf voller Frontbreite zum Angriff über.

---

[1] Heinz Assmann: Deutsche Schicksalsjahre. Wiesbaden 1951. p. 286.

1942 erweiterte sich unsere konspirative Gruppe durch einige neue Mitarbeiter, die bereit waren, sich dem Kampf gegen den Faschismus zu weihen.

Die Informationen nahmen zu; unsere drei Funker und die beiden Funkgeräte waren fast bis zur Leistungsgrenze ausgelastet. Der Generalstab der Roten Armee aber erbat immer mehr Auskünfte über den Feind. Deshalb empfahl die Zentrale, wir sollten einen weiteren Funker als Reserve suchen. Es war nicht einfach, eine entsprechende Person ausfindig zu machen, für diese ein Sendegerät zu konstruieren und sie anzulernen. Doch es gab keine andere Lösung.

Wir fanden ein zuverlässiges junges Mädchen, Margarete Bolli. Ihr Vater, ein Angestellter, auch er ein Antifaschist, der in der Nähe von Basel wohnte, war Abkömmling der Waldenser – Mitglieder einer ketzerischen Sekte –, die einst wegen ihrer antiklerikalen Überzeugung aus dem katholischen Italien vertrieben worden waren. Margarete war ebenfalls Antifaschistin und hatte im Auftrage des Vaters schon einzelne Aufgaben durchgeführt. Sie haßte die Nazis. Vorläufig teilte man ihr lediglich mit, daß sie mit kompetenten Genossen zusammengebracht werden könne, wenn sie am Kampf gegen den Faschismus teilnehmen wolle. Gern stimmte das Mädchen zu.

Die schlanke schwarzhaarige Margarete, ein südländischer Typ, fungierte anfangs als Kurier. Diese Aufgabe erfüllte sie mit Geschick, war vorsichtig, umsichtig, und zu den Treffen kam sie auf die Minute pünktlich.

Später boten wir ihr an, sich mit den Geheimnissen des Funkens vertraut zu machen. Die Ausbildung übernahm Jim, er war der Geschickteste an der Morsetaste und kannte sich in der Technik des Funkgeräts gut aus. Doch Jim mußte die ständige Verbindung mit der Zentrale halten und konnte nicht nach Basel. Da beschlossen wir, daß seine Schülerin ihn in gewissen Abständen in Lausanne sehen sollte. Die Eltern des Mädchens glaubten, daß sie ihre dort lebenden Verwandten besuche. Bei Jims Nachbarn konnte es keinen Verdacht erregen, daß ein junges Mädchen sich mit dem unverheirateten Ausländer zuweilen traf.

Der Winter und Frühling 1942 vergingen mit Lernen. Als das Mädchen sich mit dem Gerät bereits vertraut gemacht hatte und die Morsetaste gut bediente, vereinbarte ich mit ihren Eltern, daß wir das Gerät in ihrem Hause installieren würden, denn das konnte man vor ihnen nicht mehr geheimhalten. Obwohl sie über die Gefahr, die ihrer Tochter und ihnen selber drohte, sich im klaren waren, erklärten sie sich ohne Zögern einverstanden. In ihnen siegte der leidenschaftliche Wille, auf irgendeine Weise beim Kampf gegen den Nazismus zu helfen.

Eduard besorgte die nötigen Bestandteile und baute eine leistungsstarke Sendeanlage (natürlich ahnte er nicht, für wen), und Jim installierte sie in der Bollischen Wohnung. Zu Hause übte Margarete sich weiter im Morsen und Bedienen der Telegraphiertaste. Wann immer Jim einige freie Stunden hatte, besuchte er die Familie Bolli und unterwies das Mädchen im Empfangen und Senden chiffrierter Telegramme. Auf diese Weise gewann unsere Organisation einen vierten Funker, mit dem Decknamen „Rosa“.

Ende des Sommers war Rosa schon recht flink an der Morsetaste, sie machte keine Fehler mehr, und ich begann sie in die Arbeit einzubeziehen. Anfangs waren es kurze, einfache Informationen, die sie der Zentrale übermittelte, später dann immer längere. Den chiffrierten Text brachten ich oder meine Frau zu ihr.

Leider war Rosa gezwungen, das elterliche Haus bald zu verlassen, denn ihr Vater fürchtete eine Haussuchung und wurde immer nervöser; er verlangte, daß die Funkerei von seiner Wohnung aus unterbleibe. Rosa entschloß sich, Basel zu verlassen. Ihr Vater widersetzte sich dem nicht, obwohl er um das Schicksal seiner Tochter bangte.

In Genf gelang es uns, in der Henri-Mussard-Straße eine bequeme Einzimmerwohnung zu finden, und im August 1942 zog Rosa dorthin. Eduard half beim Installieren des Geräts. Rosa war als Studentin angemeldet, die aus der deutschsprachigen Schweiz zum Erlernen der französischen Sprache gekommen war.

Ähnlich wie Eduard, Maud und Jim arbeitete sie hauptsächlich nachts und ruhte tagsüber. Rosa stand nur mit mir, Lene, Pakbo und Jim in Verbindung. Die beiden letzteren suchte sie nur auf, wenn es galt, irgendeine dringende Information zu bringen oder zu übernehmen, und wir keine Zeit dazu hatten. Die übrigen Mitglieder der Gruppe kannte sie nicht, was eine verläßliche Konspiration garantierte. Die Adresse der Wohnung in der Henri-Mussard-Straße war außer mir und Lene nur noch Eduard bekannt, der in der Wohnung das Gerät installiert hatte.

Im Herbst 1942 hatten wir schon drei Sender in Betrieb: Jims Sender in Lausanne, den Sender bei Eduard und Maud und Rosas Sender in Genf. Parallel zur Ausbildung des vierten Funkers bemühten wir uns ständig um die Anwerbung neuer Informanten. Diese Aufgabe fiel meinen wichtigsten Mitarbeitern zu: Pakbo, Sissy, Long und Salter. Unter strikter Beachtung der Konspiration blieb ich mit Long und Salter auch weiterhin nur durch Pakbo in Verbindung.

Long hatte erstaunliche Erfolge im Aufspüren der für uns wichtigen Quellen. Dieser kluge und vorsichtige Mann gewann die Sympathien, später auch die Unterstützung hochgestellter Beamter, von denen wir nicht geglaubt hätten, daß sie für Nachrichtendienstler zugänglich wären. Ich vermag nicht im einzelnen zu sagen, wie er das schaffte, soviel aber ist sicher, daß diese seine Bekannten sich bemühten, den Alliierten wahrhaft zu helfen. Sie erzählten Long alles, was sie über die Pläne und militärischen Vorbereitungen der Deutschen in Erfahrung brachten.

Einer der neuen, interessanten Kontakte Longs war ein Offizier aus Lyon, aus der Filiale des militärischen Nachrichtendienstes der Pétain-Regierung. Long verriet dem Offizier, daß er die Interessen der Gaullisten vertrat, woraufhin dieser ihm noch mehr Informationen gab.

Long traf eine Vereinbarung mit einem österreichischen Aristokraten, der seiner Ansicht nach ein grimmiger Antifaschist war. Nach der Einnahme Österreichs war er in die Schweiz emigriert und wollte hier auf jede erdenkliche Weise den Faschisten schaden. Er träumte davon, daß in seiner Heimat die Monarchie wiederhergestellt würde. Er wohnte in Bern und arbeitete, soweit wir wußten, für den Nachrichtendienst der polnischen Emigrantenregierung in England. Dieser Aristokrat hatte ausgezeichnete Verbindungen im Ausland und in den Kreisen der Diplomatie, der Industrie und Finanz innerhalb der Schweiz.

Der Offizier aus Lyon erhielt den Decknamen „Minna von Lyon", der Österreicher hieß „Grau".

Auch Salter stieß auf wohlinformierte Leute. Er befreundete sich mit dem Militärattaché der Botschaft der Vichy-Regierung in Bern. Nach Salters Ansicht ahnte der Attaché, daß er es mit einem Agenten de Gaulles zu tun hatte, aber ihr Kontakt war sehr freundschaftlich. Er versprach Salter jede Hilfe. Wahrscheinlich wollte er sich für den Fall eines alliierten Sieges ein Alibi schaffen. (Der Attaché wurde in den Funktelegrammen mit dem Namen „Lilly" bezeichnet.)

Salter machte sich noch an einen weiteren Landsmann heran. Der Betreffende war diplomatischer Kurier des Außenministeriums der Vichy-Regierung. Er hatte Kontakt zu dem in Vichy residierenden militärischen Nachrichtendienst. Dem diplomatischen Kurier gab ich den Namen „Minna von Vichy".

Einige Worte noch über andere Nachrichtenquellen, die sich als nützlich erwiesen. Zum Beispiel ein französischer Unternehmer, ein ehemaliger Oberst und Divisionsstabschef, der im besetzten Teil Frankreichs wohnte, aber in geschäftlichen Angelegenheiten häufig in die

Schweiz kam. Long traf sich mehrmals mit ihm. In einem anderen Fall handelte es sich um einen Deutschen, einen Direktor der Stuttgarter Bosch-Werke, der ebenfalls öfter in die Schweiz reiste. Nach Meinung Longs stand er in enger Verbindung mit Kreisen der deutschen Generalität. Long entlockte ihm wichtige Auskünfte, in erster Linie über die Rüstungsindustrie. In den Telegrammen hieß er „Peter“.

In der Schweiz waren auch sonst häufig deutsche Offiziere, Fabrikanten und Beamte anzutreffen. Für uns waren sie natürlich von höchstem Interesse. Unter ihnen befanden sich solche, die Long schon vor dem Kriege gekannt hatte, als er in Berlin als Korrespondent französischer Blätter arbeitete. Beim Abendessen im Freundeskreis, im Verlauf zwangloser Unterhaltung, sammelte Long zuweilen wichtige Informationen.

Pakbo als Leiter einer Informantengruppe beschränkte sich nicht darauf, die Nachrichten zu sammeln und an mich weiterzuleiten, sondern bemühte sich auch selber um die Anbahnung neuer Kontakte.

Anfang 1942 fand auch Esther Bösendorfer, das heißt Sissy, neue Helfer. Laut Sissy unternahm „Marius“ – der beim Internationalen Arbeitsamt Frankreich repräsentierte – häufig Dienstreisen nach Vichy und traf sich dort mit einem seiner Bekannten, der gute Beziehungen zu Ministerpräsident Laval und Zugang zu Abetz hatte, dem Botschafter des Dritten Reiches in Frankreich. Diesen Informanten nannte ich „Diemen“.

Unter Sissys Mitarbeitern erwies sich Taylor als besonders brauchbar. Mit diesem Decknamen bezeichneten wir den Juristen Christian Schneider, einen früheren deutschen Staatsbürger. Den Namen Taylor – die englische Übersetzung von Schneider – gab ich ihm; nicht einmal Schneider kannte diesen seinen Decknamen. Schneider war Übersetzer im Arbeitsamt. Als in Deutschland die Nazis an die Macht kamen, wollte er nicht nach Hause zurück, sondern blieb in Genf. Infolge seiner antifaschistischen Überzeugung arbeitete Schneider bewußt mit uns zusammen. Ende 1942 erwies er unserer Gruppe einen großen Dienst; er brachte Sissy in Kontakt mit Rudolf Rössler, mit dessen Hilfe wir in das Allerheiligste der Wehrmacht gelangten, ins OKW (Oberkommando der Wehrmacht). Doch darüber später.

Sissy gelang es überdies, geheime Angaben aus dem Büro der in Genf tätigen deutschen militärischen Ankaufskommission zu besorgen. Die Kommission stand in Verbindung mit Schweizer Rüstungsfabriken.

Die neuen Quellen Pakbos, Longs, Salters und Sissys lieferten wesentliche Ergänzungen zu den Angaben der alten Helfer. So erfuhren wir viel über die vom deutschen Generalstab für den Sommer 1942 geplanten militärischen Operationen, in deren Verlauf an dem Kaukasus und den Steppen an der Wolga ein grandioser Kriegsschauplatz entstand.

DER FEIND SAMMELT KRAFT

Die erste Angriffsaktion der Roten Armee im Winter und Frühjahr 1942 veränderte die Lage radikal. Die sowjetischen Truppen fügten der deutschen Wehrmacht schwere Niederlagen bei; an den verschiedenen Frontabschnitten warfen sie innerhalb von vier Monaten den Feind um Hunderte von Kilometern zurück. Vom Dezember 1941 bis April 1942 hatte die Wehrmacht riesige Einbußen. Sogar das Oberkommando, das dazu neigte, die Ziffern herunterzuschrauben, gab den Verlust von mehr als einer Million Soldaten zu.[1]

Das faschistische Deutschland mußte erste schwere Wunden verkraften. Bei den Stäben zählte man die Toten und Verwundeten. Im Reich und in den Satellitenstaaten wurden neue Reserven einberufen.

Unsere Gruppe sammelte Material über die Höhe der deutschen Verluste und die Mobilisierung der Reserven.

Ein Direktor der Junkers-Flugzeugwerke, der in geschäftlichen Angelegenheiten die Schweiz besuchte, erzählte Long, die deutschen Krankenhäuser seien überfüllt von Soldaten, die unter Frostschäden litten. Er schätzte deren Zahl auf mehr als hunderttausend.

Nach Luises Informationen hatten die deutschen Panzereinheiten drei Viertel der Kampfwagen verloren und wurden neu ausgerüstet. Der Schweizer Nachrichtendienstler teilte auch mit, daß in Deutschland bis Ende März sämtliche Reserve-Offiziere und selbst die pensionierten Offiziere einberufen würden. Diese sollten Männer ablösen, die fronttauglich, aber gegenwärtig in den besetzten Ländern, bei den Wachtruppen, der Intendantur usw. Dienst taten. Luise und Sissy hörten außerdem von dem Mangel an Fachleuten, gut ausgebildeten Piloten und U-Boot-Offizieren.

Trotz der riesigen Verluste waren die Menschenreserven und technischen Kraftquellen des faschistischen Blocks noch sehr groß. Für Frühjahr 1942 plante die von Revanchegelüsten durchdrungene deutsche Kriegführung einen Generalangriff. Nach den Meldungen unseres Nachrichtendienstes sammelte der Feind Kräfte für die großangelegte Vorbereitung der neuen Kriegsoperationen. Die deutschen Führer

[1] Walter Görlitz: Der Zweite Weltkrieg. 1939—1945. Bd. I. Stuttgart 1951. p. 292.

übten brutalen Druck auf ihre Verbündeten aus und forderten immer mehr Kanonenfutter von diesen.
Im Februar und März 1942 erhielt ich von Long und Salter die folgenden Informationen:

Rumänien hat sich verpflichtet, für die Frühjahrsoffensive weitere sechs Divisionen zu stellen.
Ribbentrop hat von Ungarn 800 000 Soldaten für die Ostfront gefordert. In Ungarn sind acht Divisionen mobilisiert worden.
Bei seinem Besuch in Rom hat Goering verlangt, daß der Duce mindestens fünfzig Divisionen an die Ostfront schicken solle.
In Deutschland sind für die Frühjahrsoffensive angeblich sechs Millionen Menschen eingezogen worden.

Im Frühjahr 1942 bezog die Rote Armee, gefestigt durch die Erfolge der Winteroffensive, Verteidigungspositionen. An der Front stabilisierte sich die Lage. Es handelte sich jedoch lediglich um eine vorübergehende Pause. Die Kriegführung beider Seiten bereitete sich auf den Sommerfeldzug vor.
Nützliche Informationen erhielt Long im Januar, Februar und März 1942. Laut seinem am 14. Januar Pakbo übergebenen Bericht hatte er in jenen Tagen mit einem in Leipzig lebenden Rechtsanwalt der nationalsozialistischen Partei gesprochen (der, nebenbei bemerkt, Hitler nach dem Putschversuch von 1923 verteidigt hatte). Aus den Worten dieses eingefleischten Nazis ging hervor, daß Hitler den Krieg gegen Rußland bis zum Herbst 1942 beenden wollte. Bis dahin sollte Moskau eingenommen sein. Die deutschen Truppen sollten das Wolgaufer, ja sogar den Ural erreichen. Auch im Kaukasus war ein Feldzug geplant.
In den übrigen Telegrammen, die wir im März an die Zentrale schickten, meldeten wir bereits den ungefähren Zeitpunkt der deutschen Frühjahrsoffensive und machten Mitteilung über gewisse konkrete Ziele des OKW. Hier einige dieser Telegramme:

8. März 1942. An Direktor.
Durch Long von einem katholischen Rechtsanwalt im Saargebiet, der antifaschistisch eingestellt ist und gute Beziehungen zum Stab des Wehrkreises XII. in Wiesbaden hat.
1. Die Operation gegen die Türkei wird gleichzeitig mit der am Südabschnitt der Ostfront in Richtung Kaukasus und Teheran vorzunehmenden Operation gestartet. Angriffsbereitschaft ist für den dritten Sonntag im April befohlen.

2. Die Lenkungsorgane für die kaukasische und iranische Wirtschaft und Industrie sind bis zum 1. April in Dresden zustande zu bringen.

Dora

17. März 1942. An Direktor.
Durch Long vom Berliner Botschaftsrat der Schweiz.
1. Die Deutschen haben die Kriegsoperation gegen Schweden vorerst verschoben. Die meisten diesbezüglichen Maßnahmen sind außer Kraft gesetzt worden.
2. Die Kriegsoperation gegen die Türkei ist noch nicht endgültig entschieden, jedoch wahrscheinlich.
3. Den gegen die Don-Linie in Richtung Kaukasus geplanten Angriff betrachtet das OKW als entscheidend. Wenn es gelingt, auf die Ölfelder von Baku die Hand zu legen und Deutschland sich danach bis Ende 1943 halten kann, läßt sich nach Ansicht des OKW der Krieg gewinnen.

Dora

23. März 1942. An Direktor.
Durch Long vom Abteilungsleiter des ungarischen Außenministeriums.
1. Anläßlich des Besuchs von Keitel in Sofia wurde beschlossen, daß deutsche, italienische und bulgarische Truppen in die Türkei einfallen, hingegen keine ungarischen Truppen.
Der Endpunkt dieser Operation ist abhängig von der Entwicklung der Kriegsoperation in der Ukraine.
2. Deutschland erhebt für die Frühjahrsoffensive keinen Anspruch auf geforderte Truppen von Ungarn, sondern verlangt statt dessen, daß Ungarn im Donez-Becken einen großen Frontabschnitt sichert, wozu nach ungarischen Berechnungen 300 000 bis 400 000 Mann nötig sind. Im Donez-Becken beginnt der Angriff in der zweiten Aprilhälfte, soweit es die Wetterlage erlaubt. Ungarn hat jetzt 1,2 bis 1,4 Millionen Menschen mobilisiert.

Dora

In diesen drei Meldungen wird erwähnt, daß die Deutschen eine Aggression gegen die Türkei und Schweden planten. Bekanntlich haben die Deutschen die Souveränität dieser Länder nicht verletzt. Es könnte der Gedanke aufkommen, man habe uns in die Irre geführt, uns absichtlich getäuscht. Der Geheimdienst des Dritten Reiches wandte die Methode der Desinformation in großem Maße an, um die tatsächlichen Absichten zu verschleiern und den feindlichen Nach-

richtendienst zu täuschen. In diesem Fall jedoch waren die Berichte zutreffend. Es gab solche Pläne, nur wurden sie nicht realisiert.
In bezug auf das neutrale Schweden handelte es sich eher um Erpressung als um eine ernsthaft geplante Aktion. Hitler wollte den Schweden Angst einjagen, um den Nachbarn im Norden straffer an den eigenen Wagen zu binden, damit dieser nicht auf die Seite Englands und dessen Verbündeten überlief. Dieses skandinavische Land war für Deutschland nicht nur wegen seiner strategischen Lage, sondern auch als einer seiner größten Stahl- und Eisenerz-Lieferanten wichtig.
Was die Türkei, ein eigentlich Verbündeter der Achsenmächte, anlangt, mochte ihr zu jener Zeit tatsächlich die Gefahr einer deutschen Invasion drohen. Die damalige türkische Regierung erklärte der Sowjetunion zwar nicht den Krieg, aber an der Grenze von Sowjet-Armenien stand eine große türkische Armee bereit, die nur auf den Kampfbefehl wartete. Heute wissen wir, daß die von Süden drohende Gefahr die sowjetische Kriegführung zwang, bedeutende Kräfte im Kaukasus zu stationieren. Im schweren Herbst des Jahres 1941 war von seiten der Türkei jederzeit der Angriff zu erwarten. Aber die Niederlage, die die Wehrmacht vor Moskau erlitt, kühlte die türkischen Generäle ab und machte sie vorsichtiger; sie mußten ihre auf die Eroberung Sowjetisch-Transkaukasiens zielenden Pläne aufgeben. Ebenso verhielt sich Japan. Der deutsche diplomatische Druck auf den östlichen Verbündeten half nichts.
Die Nazis klügelten daraufhin folgende Variante aus: durch die Türkei wollten sie an die Grenze Sowjetisch-Transkaukasiens gelangen, um von dort aus einen Schlag in Richtung Baku und den bereits besetzten Iran zu führen, wo sich sowjetische und englische Truppen aufhielten. Auf diese Weise sollten gleichzeitig mehrere wichtige strategische Aufgaben gelöst werden: im Süden wären die Zugangswege zur Sowjetunion abgeschnitten (über den Iran kam die englische und amerikanische Hilfe), die Türkei wäre in den Krieg eingeschaltet worden, während Deutschland Zugang zu dem lebenswichtigen kaukasischen Erdöl bekommen und damit gleichzeitig die sowjetische Armee und Industrie geschwächt hätte.
Man muß zugeben, daß in diesem Plan Konzept und Zielbewußtsein steckten und er eine neue Gefahr für die Sowjetunion darstellte. Die Deutschen vermochten ihn jedoch nicht rechtzeitig zu realisieren; im Frühjahr 1942 wäre er kaum mehr durchzusetzen gewesen. Die Türkei hätte sicher nicht deutsche Truppen ungehindert ihr Land durchqueren lassen, denn sie fürchtete die Vergeltungsmaßnahmen der Sowjetunion, die ihre südliche Grenze hätte verteidigen müssen, was nicht nur auf eigenem Territorium erfolgt wäre.

In den letzten Märztagen trafen neue Meldungen ein, daß die Deutschen sich am südlichen Frontabschnitt zum Angriff vorbereiteten. Unsere Funker gaben die dringende Meldung nach Moskau:

25. März 1942. An Direktor.
Von dem deutschen General Hamann.
a) Der letzte Termin für die Vorbereitung der Frühjahrsoffensive ist der 22. Mai. Der Angriff muß zwischen dem 31. Mai und 7. Juni beginnen.
b) Nach Berechnung der Deutschen genügt es, zur Behebung des Benzinmangels und zur Ausbeutung der Naturschätze der Ukraine die nordkaukasischen Ölfelder zu erobern. Fallschirmabteilungen stehen bereit, um die Vernichtung dieser Ölquellen zu verhindern. Laut ihrer Berechnung können eventuell zerstörte Ölquellen innerhalb von sechs Monaten wieder in Betrieb genommen werden. Die notwendigen Maschinen samt technischem Personal stehen in Bereitschaft. Es handelt sich um dasselbe technische Personal, das im Juli 1941 organisiert wurde.

Dora

General Hamann war ein sehr gut informierter Mann, weil er zum Stab des OKW gehörte. Zu diesem hochgestellten deutschen Offizier hatte Long den Weg gefunden.
Auch andere Quellen bestätigten, daß die Wehrmacht den Hauptangriff in Richtung Kaukasus führen würde, frühestens Ende Mai. Wir bekamen auch heraus, daß der deutsche Bestand an Panzern im Vergleich zu 1941 um dreißig Prozent gestiegen war, was ihnen im Hinblick auf die motorisierten Verbände eine bedeutende Überlegenheit sicherte.
Heute können wir feststellen, daß diese Informationen der Schweizer Gruppe sich kaum von jenen strategischen Plänen unterschieden, die in den später durch die sowjetischen Truppen bei deutschen Stäben erbeuteten Dokumenten enthalten sind. Das geht u. a. aus der Anweisung Nr. 41 des deutschen Oberkommandos vom 5. April 1942 hervor, in der das Konzept der Sommeroffensive für die an der Ostfront eingesetzten deutschen Truppen und die wichtigsten Operationen entwickelt sind. In der Weisung lesen wir unter anderem: „Sobald die Wetterlage und die Geländeverhältnisse günstig sind, müssen die deutsche Kriegführung und die Truppen, unter Ausnutzung ihrer Überlegenheit, erneut die Initiative an sich reißen und dem Feind ihren Willen aufzwingen. Das Ziel ist die völlige Vernichtung der den Sowjets noch zur Verfügung stehenden Menschenreserven; wir müs-

sen den Russen möglichst viele wichtige Rüstungsindustrie-Zentren wegnehmen. Hierzu werden wir alle uns und unseren Verbündeten zur Verfügung stehenden bewaffneten Kräfte verwenden." Die Weisung berief sich darauf, daß „das ursprüngliche Ziel des Ostfeldzuges" auch weiterhin in Kraft bleibe. Dieses Ziel bestand bekanntlich darin, daß „die sowjetischen Streitkräfte zermalmt und die Sowjetunion bis zur Linie Archangelsk-Wolga erobert" werden sollte.[1]

Hitlers Pläne schildernd, bemerkt General Zeitzler (der ehemalige Generalstabschef der deutschen Landstreitkräfte): „Als Hitler die Sommeroffensive des Jahres 1942 plante, wollte er in erster Linie Stalingrad und den Kaukasus erobern. Die Verwirklichung dieses seines Planes wäre zweifellos von enormer Bedeutung gewesen. Hätte die deutsche Armee an der unteren Wolga über den Strom setzen und so die Hauptverkehrsader zwischen Nord und Süd zerschneiden können, und wäre es uns gelungen, das kaukasische Öl zur Deckung des deutschen Kriegsbedarfs einzusetzen, so wäre im Osten die Lage grundlegend verändert worden, und unsere Hoffnungen auf einen günstigen Kriegsausgang hätten sich vervielfacht."[2]

Auch der deutsche Generalfeldmarschall Paulus bekräftigt, daß die deutsche Kriegführung 1942 den Krieg im Osten beenden wollte. In seinen Erinnerungen schreibt er: „Die Sommeroffensive des Jahres 1942 war ein Versuch zur Verwirklichung jener Pläne, die im Spätherbst 1941 vereitelt wurden, nämlich zur siegreichen Beendigung des Krieges im Osten."[3]

Während die Führer des Dritten Reiches an den Plänen für die Sommeroffensive arbeiteten, begannen sie mit Großbritannien und den Vereinigten Staaten ein großes diplomatisches Spiel. Nachdem sie vor Moskau eine Schlappe erlitten hatten und einsahen, daß der gegen die Sowjetunion geplante „Blitzkrieg" mißlang, schmiedeten sie politische Intrigen in der Hoffnung, die Allianz der antifaschistischen Mächte aufzulösen und die Sowjetunion wirtschaftlich wie militärisch zu isolieren.

Die Verhandlungen für einen Sonderfrieden wurden im Vatikan unter größter Geheimhaltung geführt. Dennoch erfuhren wir davon. Ich zitiere in voller Länge ein Telegramm, das auch heute ein Echo im Kampf der Friedenskräfte gegen Aggression und Krieg finden könnte.

---

[1] Hitlers Weisungen für die Kriegführung. 1939–1945. pp. 183–188.
[2] The Fatal Decisions. p. 132.
[3] Der Zweite Weltkrieg. Dokumente und Materialien. Berlin 1961.

1. Januar 1942. An Direktor.
Durch Long aus Rom.
Bericht Ledochowskys, des „Generals" des Jesuiten-Ordens, über sein Gespräch mit Kardinal Maglione, dem Staatssekretär des Vatikans.
1) Anläßlich des letzten Besuches des amerikanischen Botschafters Myron Taylor beim Papst erbat der Papst Aufklärung darüber, auf welchen Standpunkt sich die Vereinigten Staaten gegenüber der Sowjetunion stellen. Der Papst warnt Roosevelt davor, mit der Sowjetunion über die militärische Hilfeleistung hinaus politische Vereinbarungen zu treffen, weil wahrscheinlich bald der Moment komme, wo es zwischen Deutschland und dem Bolschewismus zu wählen gelte.
In diesem Fall würde der Papst Deutschland wählen und möchte, daß Deutschland und England einen Kompromißfrieden schließen würden.
Das neue Europa wird sich auf korporativer Grundlage aus autoritären Staaten konstituieren.
Zum Abschluß eines Kompromißfriedens neigen heute bereits Frankreich, Spanien, Italien, Japan, Ungarn und die Türkei.
Wenn die Vereinigten Staaten und England gemäß diesem Plan des Papstes — für Deutschland unerwartet — mit den erwähnten Ländern einen Sonderfrieden schlössen, würde Hitler isoliert und seine Ablösung durch Vertreter der Armee oder deren Freunde ermöglicht.
2) Die Hauptbedingungen für einen Kompromißfrieden:
a) Deutschland braucht nicht demobilisiert zu werden, und zwar deshalb nicht, damit es einen Damm zwischen der Roten Armee und Europa bilde. Italien erhält Libyen und Erythrea zurück und bekommt Dalmatien, Albanien und einen Teil von Tunesien.
(In diesem Zusammenhang) ließ Mussolini wissen, daß zwischen ihm und Hitler kein Abkommen hinsichtlich gemeinsamer Friedensziele und eines gemeinsamen Friedensschlusses bestehe.
3) Spanien erhält wirtschaftliche Vorteile und wird in China entschädigt. Frankreich, Belgien, Holland und Norwegen werden vollständig wiederhergestellt, Jugoslawien in Form einer Föderation, Polen in einer später zu vereinbarenden Form. Über die Tschechoslowakei und Österreich wurde nicht gesprochen.
4) Der Standpunkt des Vatikans ist im Grunde genommen faschistenfreundlich und antirussisch.
Hinter den Aktionen des Papstes stehen Mussolini, Pétain, der britische Gesandte in Madrid und Myron Taylor selber, der in den Vereinigten Staaten Anhänger der korporativen Organisation der Weltwirtschaft ist.

5) In seinem der amerikanischen Presse gegebenen Interview teilte Pétain mit: er sei bereit, jede Initiative Roosevelts zu unterstützen, um ihn für diese Pläne zu gewinnen; das ist jedoch nicht gelungen.
6) Der Plan des Vatikans ist eigentlich ein deutsch-italienischer Plan, der darauf abzielt, die Achsenmächte zu retten.

Dora

Ich glaube, weitere Erklärungen sind zu dieser Meldung nicht nötig, die bestimmten Kreisen und den damaligen Führern der katholischen Kirche die Maske vom Gesicht reißt. Dem Leser dürfte es nicht schwerfallen, die entsprechenden Folgerungen zu ziehen.
Nach unseren Informationen verursachte die Niederlage der deutschen Truppen an der Ostfront Verwirrung in den Ländern der Hitlerschen Koalition, in Italien, Rumänien, Finnland, Ungarn und Bulgarien, wo man dem Glücksstern des Führers und seiner „unbesiegbaren" Armee nun weniger vertraute. Zwischen den Mitgliedern dieser Koalition entstanden politische Differenzen.
Die Deutschen erbaten von Mussolini neue Truppen. Aber der Duce beeilte sich nicht, Soldaten an die sowjetisch-deutsche Front zu schikken, sondern kümmerte sich lieber um seine Eroberungen im Mittelmeer und Afrika, zumal die Schwarzhemden dort von den Engländern ziemlich bedrängt wurden. In Italien, das mit großen wirtschaftlichen Schwierigkeiten kämpfte, machte sich innere Unruhe bemerkbar. Zwischen Armee und Partei stieg die Spannung, worüber ich bereits in meinem Telegramm vom 21. September 1941 Meldung machte.
Über die italienisch-deutschen Gegensätze wurden wir durch diplomatische Kanäle unterrichtet. Mitte Januar 1942 geschah dies über Long, durch den aus Berlin eingetroffenen Gesandten Uruguays. Danach *beschuldigt Hitler die Italiener, daß sie ihm kaum im Kampf gegen die Russen helfen. Er fordert 25 Divisionen und besondere Gebirgsjäger-Einheiten für die Ostfront, 30 Divisionen für Griechenland, Jugoslawien, Holland und Belgien zur Aufrechterhaltung der Ordnung.*
Wir erhielten ferner darüber Mitteilung, daß infolge des ungünstigen Ausgangs der Schlacht um Moskau und der großen Verluste vor Leningrad und in Karelien sich Unzufriedenheit in der finnischen Bevölkerung verbreite und die herrschenden Kreise beunruhigt seien. Nicht einmal die kriegerischen Mannerheim-Leute vertrauten mehr auf die von den Deutschen versprochene schnelle Beendigung des „Ost-Feldzuges". Im Winter 1942 gab Deutschlands nördlicher Verbündeter seine bisherige Linie ganz auf und begann sogar die Mög-

lichkeit eines politischen und militärischen Kurswechsels zu erwägen. Diese Information erhielten wir durch Luise von finnischen Journalisten in Berlin.

Die Finnen planen angeblich keine Angriffsoperationen mehr. Die Deutschen und die Finnen kämpfen jeweils getrennt. Die Deutschen sind am Onega-See und im Salla-Gebiet tätig. Es gibt in Finnland Bestrebungen, denen zufolge gemeinsam mit Schweden und Norwegen ein Block geschaffen werden soll. Wenn das gelingt, wäre eine Landung der Engländer in Narvik wünschenswert, um einen Angriff gegen die Deutschen zu führen.

Die Niederlage demoralisierte auch Horthy, den Reichsverweser des faschistischen Ungarns. Das hörten wir durch unsere österreichische Quelle.

2. April 1942. An Direktor.
Durch Grau von seinem Freund, dem antideutsch eingestellten Sohn des ungarischen Ministerpräsidenten Kállay.
1. Vom 7. Dezember bis Anfang März wurden keine ungarischen Truppenverstärkungen an die Ostfront geschickt. Anfang des neuen Jahres wurden aus der Ukraine ungarische Divisionen abgezogen. Anfang März standen am rechten Dnjepr-Ufer fünf ungarische Divisionen und die 41. motorisierte Brigade.
2. Keitel forderte die Mobilisierung von 300 000 ungarischen Soldaten für die Ostfront. Horthy hat das im Hinblick auf die schlechte Stimmung in Ungarn abgelehnt und empfohlen, daß in Jugoslawien die deutschen Truppen durch ungarische Einheiten abgelöst werden sollten.
3. In Siebenbürgen sind zwei ungarische Infanterie-Divisionen, eine Kavallerie-Division und eine motoriserte Brigade eingesetzt. In Budapest sind zwei Waffen-SS-Regimenter stationiert, angeblich zum Schutze der deutschen Botschaft. In jedem Ministerium sitzen deutsche Beobachter.

Dora[1]

Die Wirkung des mächtigen Gegenschlages der Roten Armee zeigte sich im politischen und wirtschaftlichen Leben sämtlicher Satelliten des Dritten Reiches. Indessen liefen die Vorbereitungen der Sommeroffen-

---

[1] Nach späteren Informationen war damals in Budapest lediglich ein SS-Bataillon stationiert.

sive mit voller Kraft. Deutschland wollte zurückschlagen, um die politische und militärische Lage zu festigen.
Nachdem Hitler jene Generäle abgelöst hatte, die er für die Niederlage vom Winter verantwortlich machte, und sie ersetzt hatte, vermochte er die Krise in der Führung der Wehrmacht verhältnismäßig rasch zu beenden. Eine sehr viel schwerere Aufgabe bestand darin, die Rüstungsproduktion und die Beschaffung von Treibstoff zu beschleunigen und zu steigern.
Die Führer des faschistischen Deutschlands mobolisierten die Wirtschaftsreserven fast ganz Europas, und im ersten Halbjahr 1942 vermehrten sie das militärische Potential des Reiches in schnellem Tempo.
Die Zentrale stellte uns die Aufgabe, diese wichtigen Fragen zu prüfen. Unter anderem erbat sie von uns die Beschaffung von Daten über die Produktion der Flugzeug- und Panzerfabriken, über die Mineralölförderung und -reserven, über den Bau von Flugplätzen und Waffenlagern, über die neu aufgestellten militärischen Verbände usw.
Wir waren nach Möglichkeit bestrebt, die Fragen des Generalstabes der Roten Armee zu beantworten. Als Beispiel zitiere ich eine kleine Auslese aus den im Winter 1942 geschickten Telegrammen.

„Für Januar 1942 planen die Deutschen den Bau von 3100 Flugzeugen, davon in Deutschland und den besetzten Ländern 2400, in Italien 300, in dem unbesetzten Frankreich 400 Stück. Die Tageskapazität der Flugzeugindustrie des unter der Vichy-Regierung stehenden Gebiets ist 15 Maschinen.“
„Die Lorrain-Werke bei Paris fabrizieren Messerschmitts, die Morane-Werke Jagdmaschinen. Letztere werden mit zwei Kanonen vom Typ Morane-Taifun ausgerüstet. Die Hispanowerke bei Paris konstruieren ein neues Jagdflugzeug mit einem Motor der eigenen Fabrikation.“
„Rumäniens Erdölproduktion hat sich um 7 Prozent verringert. Im Sommer erfolgt der Transport des gesamten Erdöls auf der Donau. Es gibt genügend Tankschiffe, weil die Deutschen jedes Tankschiff aus Holland, Belgien, Polen und Frankreich zur Donau dirigiert haben.
Nach Meinung von Generälen verfügt Deutschland über große Reserven an synthetischem Benzin.
Die deutschen Treibstoff-Reserven, inklusive der Produktion von synthetischem Benzin, betragen jährlich 5 Millionen Tonnen. Hierin sind die aus Rumänien stammenden Einfuhren nicht enthalten.“

„Im nördlichen Teil Frankreichs wurde eine neue Fabrik für die Herstellung von synthetischem Benzin in Betrieb gesetzt, deren Produktion durch die Schweiz nach Italien transportiert wird."
„In der Umgebung von Leipzig wurden getarnte Rüstungsfabriken und eine Fabrik für synthetisches Benzin gebaut."
„Je eine neue Fabrik für synthetisches Benzin entsteht in der Umgebung von Wien und in Kladno bei Prag."
„Hauptzentren für die Versorgung der Ostfront sind Dresden und Breslau."
„Smolensk ist die Lebensmittel- und Rüstungsmaterial-Basis für 40 bis 50 Divisionen."
„Die deutsche Armee muß 1942 aus den Erträgen in der Ukraine ernährt werden."
„Gegenwärtig beträgt die Mannschaftsstärke der deutschen Streitkräfte und der Organisation Todt zusammen 14 Millionen Mann."
„Die Deutschen haben gegenwärtig 22 Panzerdivisionen in Europa und zwei in Afrika. Außerdem wollen sie bis Ende Mai 5 Panzerdivisionen aufstellen."
„Der 100 Kilometer nördlich von Berlin gelegene Luftwaffenstützpunkt Prenzlau ist Ausgangspunkt der Fliegeraktivität an der Ostfront. Zahlreiche Flugzeuge befinden sich in den unterirdischen Hangars. Am westlichen Teil des Flugplatzes sind große Reparaturwerkstätten. Die Flugabwehr des Flugplatzes ist nicht besonders stark."
„In Orly (südlich von Paris) gibt es unterirdische Flugzeughallen. Unterirdische Flugzeugfabriken wurden bei Hannover und neben dem thüringischen Suhl gebaut."
„Hauptzentrum der Kampfwagen-Fabrikation ist die Auto-Union in Chemnitz und Zwickau. In Zwickau stehen gegenwärtig 2000 bis 3000 Panzer zum Abtransport an die Ostfront bereit."
„Bei Leipzig sind neue Rüstungsfabriken gebaut worden in den Wäldern zwischen Torgau und Herzberg sowie Wurzen und Eilenburg."

Aus diesen für Laien fragmentarisch erscheinenden, mosaikartigen Daten konnten sich die Fachleute des Generalstabes in Moskau einigermaßen ein Bild von der Kriegsindustrie und der potentiellen Kraft des Feindes machen, wenn sie die von uns erhaltenen Informationen sorgfältig analysierten und mit anderen Angaben verglichen.
Unsere Informatoren beobachteten in Deutschland und in den besetzten Ländern die gegnerischen Truppenbewegungen und die Aufstellung neuer Verbände. Im Winter und Frühjahr 1942 kamen die meisten Angaben aus den Nachrichtenquellen Longs, Salters und Pakbos. Besonders gut unterrichtet war Luise, der Offizier des Schweizer

Nachrichtendienstes, weil seine Leute in Berlin ihre Informationen unmittelbar aus dem OKW bezogen.
Schauen wir uns beispielsweise jene Auskunft an, die Luise in einer Januar-Meldung als Antwort auf die Fragen der Zentrale gab:

17. Januar 1942. An Direktor. Antwort auf Nr. 96.
Von Luise.
1. Außer den Panzereinheiten der SS hat Deutschland gegenwärtig 21 Panzerdivisionen. Davon 1 in Bordeaux, 2 – die 15. und 21. – in Libyen. Eine wurde beim Transport nach Libyen von den Engländern vernichtet. 16 Divisionen sind an der Ostfront. In Holland und Norwegen gibt es keine Panzerdivisionen.
Im Raum von Paris organisiert man eine Panzerdivision und vier in Deutschland. Die Aufstellung muß bis Mai 1942 abgeschlossen sein.
2. In den letzten Wochen konnten keine Truppentransporte von der Ostfront nach Westen festgestellt werden.
3. In Bulgarien sind nach unbestätigten Angaben 6 deutsche Divisionen stationiert.
4. An der Ostfront gibt es drei befestigte Linien. Die 1. Linie: Charkow–Brjansk, weiter zwischen Wjasma und Smolensk in Richtung Leningrad.
Die 2. Linie: Cherson–Smolensk–Leningrad.
Die 3. Linie: Odessa–Gomel– Leningrad.
Bei den Verteidigungsarbeiten beschäftigt die Organisation Todt 100 000 Mann.
Ihrem Charakter nach lassen sich die Befestigungen in eine Kategorie zwischen den aus dem Ersten Weltkrieg bekannten Somme-Feldbefestigungen und den Betonbunkern einreihen. Mit gleichfalls großer Kraft werden die Verteidigungsarbeiten im Generalgouvernement vorangetrieben.
5. Außer den schon bekannten Luftflotten gibt es in Deutschland angeblich weitere fünf. Deutschland ist bestrebt, im Januar die Flugzeugfabrikation auf monatlich 2800 Stück zu erhöhen. Seit Kriegsanfang sind monatlich im Durchschnitt 2000 bis 2500 Flugzeuge hergestellt worden.

Dora

Über diesen letzten Punkt erhielten wir von unserer Quelle irrige Daten. In Wirklichkeit besaß Deutschland 1941 nur fünf Luftflotten (vier davon wurden gegen die Sowjetunion eingesetzt), weitere Luftflotten wurden damals noch nicht aufgestellt. Ungenau sind auch die Angaben über die Flugzeugproduktion. Das Hitlerreich konnte zu

jener Zeit keine 2000 bis 2500 Flugzeuge monatlich herstellen. Nach unseren heutigen Kenntnissen fabrizierte Deutschland 11 030 Flugzeuge im Jahre 1941 und 14 700 im Jahre 1942, also monatlich ungefähr die Hälfte weniger als laut obigem Radiogramm (GGVK 2. Band, p. 336). Es scheint, daß man uns ungewollt oder absichtlich irregeführt hatte.
Wir erfuhren, daß die deutsche Kriegführung Transportmittel in den bulgarischen und rumänischen Häfen zusammenziehe, um Truppen in den Kaukasus zu werfen. Unter anderem wurden in Constanța, Burgas und Varna ungefähr 800 Boote versammelt.
Wir erfuhren auch, daß die Deutschen ab 1. April eine größere militärische Operation auf dem Atlantik und in der Barents-See durchführen wollten, um die Waffentransporte in die Sowjetunion zu unterbinden. Hundertundvierzig deutsche Unterseeboote unter dem Kommando von Admiral Dönitz hatten die Frachter und Wachschiffe der Alliierten anzugreifen. Diese Informationen beschaffte Long.
Die von uns übermittelte Information, wie sich jetzt aus dem Archivmaterial feststellen läßt, unterbreitete die Zentrale dem Volkskommissar für die Kriegsmarine, und die Befehlsstelle konnte sie bei der Beurteilung der gegnerischen Seestreitkräfte und beim Abschlagen der Angriffe nützen.
Im Frühjahr zeigten die von Pakbo und Sissy erhaltenen Meldungen, daß sich die deutsche Kriegführung mit der Vorbereitung des neuen Plans sehr beeilte. Offenbar verlangte Hitler von den Generälen, daß sie die knapp bemessene Zeit nicht überschritten, weil er den für einen strategischen Schlag günstigen Sommer nicht versäumen wollte. Obgleich die Versammlung und Umgruppierung der deutschen Truppen strengstens geheimgehalten wurde, gelang es uns, einzelne Angaben zu erfahren und sie der Moskauer Führung mitzuteilen.
Auch diesmal war Luise von größtem Nutzen dank seiner Verbindungen in der deutschen Hauptstadt. Ich zitiere zwei dieser Funksprüche:

3. und 4. April 1942. An Direktor.
Von Luise.
Anfang März treffen nacheinander die für die Frühjahrsoffensive vorbereiteten Truppen in ganz Ostdeutschland, im Baltikum, in Polen und den besetzten Gebieten der Sowjetunion, insbesondere in den südlichen Gebieten, ein. Ihre Mannschaftsstärke, hauptsächlich aber ihre Ausrüstung ist zweifellos größer als im Juni 1941. Auch die Feuerkraft der Artillerie ist größer, besonders im südlichen Sektor,

als es im Juni 1941 der Fall war. Sämtliche Straßen des Süd-Sektors sind völlig von Waffen-Transporten überschwemmt.
Die Veränderungen in der Dislokation der deutschen Armee Anfang März: der Stab der 98. Division (möglicherweise der 90. Division) in Allenstein; die 197. Infanterie-Division wurde aus dem Baltikum nach Odessa verlegt; die 23. (Potsdamer) Division wurde am 23. Februar mitsamt der Reserve nach Nikolajew transportiert; die 3. motorisierte Division ist aus Frankfurt an der Oder in Saporosche eingetroffen. In Landsberg an der Warthe befinden sich mehrere Regimenter und ein Stab, wahrscheinlich zur Ergänzung der Truppen für die Frühjahrsoffensive.

Dora

6. April 1942. An Direktor.
Von Luise.
1. In Odessa und Nikolajew treffen täglich Fallschirmjäger, SS-Einheiten und Panzereinheiten ein.
2. Königsberg, Warschau und Insterburg sind voll mit Truppen, die auf den Angriff warten. Diese Räume werden zunehmend gegen Luftangriffe gesichert.
3. In Saporosche sind zahlreiche Truppentransport-Flugzeuge zusammengezogen worden. Im Donez-Becken — in Stalino — befindet sich der Haupt-Versammlungsraum für die Panzer. In Smolensk sind zahlreiche Eisenbahnzüge und ein großes Lager für technische Einheiten festgestellt.

Dora

Im Laufe des März und April übermittelten unsere Funker jeden Tag bzw. jede Nacht ähnliche Meldungen an die Zentrale.
Wir dürfen jedoch nicht glauben, daß die Gruppe Schweiz unfehlbar war. Es kam vor, daß sich in die Meldungen einander widersprechende Zahlen oder unwahre Angaben einschlichen. An Hand der uns gegenwärtig zur Verfügung stehenden kriegsgeschichtlichen Datenmenge läßt sich genau feststellen, wann und in welcher Beziehung wir falsch informiert wurden. Auf einen solchen Fehler habe ich bereits weiter oben hingewiesen im Zusammenhang mit einer Meldung von Luise (siehe Buchseite 194), aber ich erwähne noch ein weiteres Beispiel. Von Longs Quellen kamen im Oktober 1941 Meldungen, daß Deutschlands Gesamtstreitkräfte Ende September 1941 angeblich aus 400 Divisionen bestünden, zu denen noch anderthalb Millionen Mann der Organisation Todt und eine Million Soldaten der verschiedenen Luftwaffenbezirke hinzukamen (ein-

schließlich der Flugzeugbesatzungen und des Bodenpersonals, abgesehen vom Luft-Nachrichtendienst und der Flugabwehr-Artillerie). Diese Ziffern waren übertrieben. In Wirklichkeit hatten die Deutschen 1941 lediglich 214 Divisionen, inklusive der Panzer- und motorisierten Infanteriedivisionen. Auch wenn wir noch jene neu aufgestellten Verbände hinzurechnen, mit welchen die Nazis ihre Verluste bei der Offensive an der sowjetischen Front ersetzten, kämen wir trotzdem nicht auf 400 Divisionen. Auch die Ziffern der militärischen Einheiten der Organisation Todt waren zu hoch gegriffen.
Nicht genügend überprüfte Berichte lieferte im Frühjahr 1942 Salter. Da wir voraussetzten, daß seine Quellen gut informiert seien, meldeten wir nach Moskau, daß die Deutschen hundertfünfzig neue Divisionen aus einberufenen Reservisten für einen Angriff in Richtung Wolga aufstellten und daß diese neuen Verbände angeblich die bereits an der sowjetisch-deutschen Front stehenden Divisionen ergänzten. Diese Ziffern waren ungenau, das faschistische Deutschland verfügte während des ganzen Krieges niemals über so große Reserven. Anfang 1942 hatten die Deutschen – die Truppen ihrer Verbündeten nicht mit eingerechnet – insgesamt zweihundertzweiunddreißig Divisionen, von denen huntertachtundsiebzig der Roten Armee gegenüberstanden.
Auch andere Fehler beeinträchtigten den Wert unserer Meldungen. Im Januar 1942 informierte beispielsweise Luise darüber, daß laut geheimen Angaben, die aus der Führung des deutschen Ersatzheeres stammten, die Verluste der deutschen Armee bis zum 1. Dezember 1941 an der Ostfront 1 900 000 Tote und viereinhalb Millionen Verwundete betrugen. Nach einer anderen Information fielen im Winter 1941–42 angeblich eine halbe Million Mann; außerdem habe die Wehrmacht noch über zwei Millionen Mann verloren, die durch Verwundungen oder Erfrierungen kampfunfähig geworden seien. Diese Angaben hielten wir für übertrieben, aber wir hatten keine Möglichkeit, sie zu überprüfen, so daß wir sie – zwar mit Vorbehalt, aber doch – nach Moskau weitergaben. Heute sind folgende Ziffern bekannt: In den ersten fünf Monaten des Krieges gegen die Sowjetunion verlor das faschistische Deutschland 750 000 Mann und von Ende Juni 1941 bis Ende Februar 1942 mehr als eine Million, und mehr als 100 000 wurden infolge der Erfrierungen kampfunfähig (GGVK 2. Band, Seite 232 und 312).
Unsere Meldungen erhielten also auch Fehler, vor allem zu Beginn des Krieges. Was war die Ursache? Waren wir vielleicht allzu leichtgläubig und betrachteten jede beschaffte Information als glaubhaft? Das war natürlich nicht so. Wir siebten die Informationen und

schickten nur die an die Zentrale, die unserer Meinung nach für die Leitung der Roten Armee interessant sein konnten. Daß einzelne Meldungen dennoch unrichtige Daten enthielten, hatte zwei Gründe. Der eine Grund war die großangelegte aktive, auf Irreführung des gegnerischen Nachrichtendienstes gerichtete Tätigkeit der deutschen Geheimdienste; z. B. das „Ausplaudern“ als Staatsgeheimnis verbrämter falscher Nachrichten durch Personen, die sich als angebliche Feinide der Nazis ausgaben. Mag sein, daß einzelne unserer Quellen ihnen gelegentlich auf den Leim gingen. Der andere Grund aber war, daß einzelne unserer Informanten auf Grund ihres Ranges und ihrer Stellung in der ersten Zeit des Krieges keine Möglichkeit besaßen, sich entsprechend zu unterrichten. Erst nach der Stalingrad-Schlacht zapften wir sehr wertvolle Quellen an, aber zuweilen irrten sogar unsere erstrangigen Informanten.

Aus alledem folgt, daß die Zentrale bei der Summierung der für den Generalstab zusammengestellten Angaben sich gewiß nicht allein auf die Informationen der Gruppe Schweiz verließ, im Gegensatz zu dem, was nach dem Kriege die Bücher von Flicke, Carell, Accoce und Quet und anderen westlichen Autoren behaupten. Der Zentrale standen außer der Gruppe Schweiz und der Tätigkeit weiterer nachrichtendienstlicher Gruppen noch zusätzliche Quellen zur Verfügung, die im Rücken des Feindes wirkenden Partisanen und illegalen Organe, ferner die Angaben der Front- und Luftaufklärung. Aus alledem war das endgültige Bild der feindlichen Absichten zu formen.

Abgesehen von einzelnen Mißgriffen kann man heute bereits sagen, daß die Gruppe Schweiz ab 1941 ihrer Bestimmung entsprochen hat. Ich betone besonders, daß 1942 die Angaben über die Vorbereitung der Sommeroffensive der Deutschen völlig mit der Wirklichkeit übereinstimmten.

In der „Geschichte des Großen Vaterländischen Krieges der Sowjetunion 1941–1945“ sind in diesem Zusammenhang die folgenden Feststellungen zu lesen: „Der sowjetische Nachrichtendienst stellte rechtzeitig fest, daß die deutsche Armee sich auf einen großangelegten Sommerangriff vorbereitete und starke Kräfte am südlichen Abschnitt der sowjetisch-deutschen Front zusammenzog. Unser Nachrichtendienst unterrichtete das Höchste Oberkommando und den Generalstab über den Schlag, der im Abschnitt der Südwestlichen Front in Richtung Wolga und Kaukasus vorbereitet wurde.

Das Hauptquartier akzeptierte die Möglichkeit, daß die deutsche Armee im Süden einen Angriff unternehmen würde, meinte jedoch, daß der Feind, der starke Kräfte in unmittelbarer Nähe von Moskau gruppierte, seinen Hauptschlag aller Wahrscheinlichkeit nach nicht in

Richtung Stalingrad und Kaukasus führen würde, sondern am mittleren Frontabschnitt der Roten Armee mit dem Ziele, Moskau und das Zentrale Industriegebiet zu erobern.
Da das sowjetische Höchste Oberkommando die Richtung des gegnerischen Hauptschlages irrig beurteilte, erwiesen sich in der ersten Phase des Sommerfeldzuges die Entscheidungen als strategisch falsch. Statt die Kräfte an den Abschnitten der Südwest- und Südfront zu konzentrieren und am linken Flügel der sowjetisch-deutschen Kampflinie für den Feind eine unüberwindliche, tief gestufte Verteidigung auszubauen, verstärkte das Hauptquartier den mittleren Frontabschnitt und die Front bei Brjansk weiter und konzentrierte hier die Masse der Truppen auf dem rechten Flügel, der den Abschnitt Tula—Moskau deckte."[1]
Die bei der Beurteilung der Absichten der deutschen Kriegführung begangenen Fehler erleichterten den Deutschen die Operationen am südlichen Flügel der Front. Es ist allgemein bekannt, welch schwere Folgen das hatte, als die Panzerdivisionen des Feindes am Don die Verteidigung der sowjetischen Truppen durchbrachen und in Richtung Wolga und Nord-Kaukasus rollten. Wie Marschall Schukow in seinen Memoiren erklärt: „Wenn im Hinterland des südwestlichen Kriegsschauplatzes einige Reserve-Armeen des sowjetischen Hauptquartiers gestanden hätten, wäre im Sommer 1942 den Truppen des südwestlichen Kriegsschauplatzes die Katastrophe erspart geblieben." Und weiter: „Es muß ausgesprochen werden, daß der Höchstkommandierende begriff, daß die im Sommer 1942 entstandene mißliche Lage die Folge seines persönlichen Fehlers war, nachdem er den Aktionsplan unserer Truppen für die Kriegsoperationen des Sommers 1942 gebilligt hatte."[2]

ERSTE GEFAHRSIGNALE

Im Frühjahr und Sommer 1942 traten Ereignisse ein, die der Zentrale und mir große Sorgen verursachten, da wir die Sicherheit unserer Gruppe bedroht sahen.
Während wir in angespannter Arbeit die Informationen sammelten und weitergaben, bemühten sich die Organe des deutschen Geheimdienstes, die schon von unserer Existenz wußten, uns zu finden.
Wie ich schon erwähnte, hatte die Funkabwehrstation in Cranz

---

[1] GGVK. 2. Band. pp. 352 f.
[2] G. K. Schukow: Erinnerungen, Gedanken. Moskau 1969. Seite 399 und 407.

(Ostpreußen) bereits im Juli 1941 unsere beiden Sender und den Sender der Zentrale angepeilt. Der Strahl des Lokators zeigte den Fachleuten der Abwehr auf der Landkarte, daß die illegalen Sender in der Schweiz betrieben wurden. Später erhielten die Deutschen durch Peilungen von verschiedenen Orten genauere Daten. Sie stellten fest, daß die mit Moskau in Verbindung stehenden Sendegeräte allen Anzeichen nach in Genf und Lausanne arbeiteten.

In Berlin nahm die radiotechnische Aufklärerzentrale am Matthäikirchplatz die Angelegenheit in die Hand. Auf Grund des intensiven Funkkontaktes zwischen Moskau und der Schweiz stellten die Deutschen fest, daß in der Schweiz eine wirksame sowjetische Nachrichtendienstorganisation tätig war. Die leistungsstarken Peilgeräte der Abwehr beobachteten die illegalen Sender unablässig, Tag und Nacht. Sie zeichneten chiffriertes Material auf, gelangten aber nicht darüber hinaus. Wie sich später herausstellte, versuchten die deutschen Fachleute damals vergeblich, das Geheimnis unseres Schlüssels zu lösen. Sie wußten lediglich, daß in Genf und Lausanne insgesamt drei Sender arbeiteten, weshalb uns die Abwehr den Namen „Rote Drei" oder „Rote Troika" gab.

Im Büro des besonderen Spionage-Abwehrdienstes von Admiral Canaris verursachte die Mitteilung, daß drei Schweizer Sender in ständiger Verbindung mit Moskau standen, große Aufregung. Bei der Abwehr wußte man sehr wohl, daß die Angaben unserer Funktelegramme kurz vor dem entscheidenden deutschen Angriff an der Ostfront für die Wehrmacht sehr schädlich sein könnte. Aber sie konnten die Telegramme nicht lesen, weil sie den Schlüssel nicht kannten.

All das erfuhren wir mehrere Jahre nach dem Krieg aus den deutschen Archiven und aus dem Buch des Abwehroffiziers W. F. Flicke „Agenten funken nach Moskau". Flicke hatte persönlich an der gegen unsere Gruppe eingeleiteten Aktion der deutschen Funkaufklärung teilgenommen.

Die Deutschen hatten nicht die Möglichkeit, auf dem Territorium eines neutralen Staates offen nach illegalen Sendern zu suchen, deshalb schickten sie Geheimagenten in die Schweiz. Einer von ihnen erschien Ende April 1942 in Genf und geriet ins Gesichtsfeld unserer Gruppe.

Der Freund eines meiner Mitarbeiter erhielt den Besuch eines angeblichen französischen Journalisten. Der stellte sich unter dem Namen Yves Rameau vor und erzählte, er habe in Frankreich eine illegale Organisation gegründet. Man verfüge auch über Sendegeräte und habe Möglichkeiten, militärische Informationen zu beschaffen, die den Russen gewiß sehr zustatten kämen, aber leider könne man die

Informationen nicht an sie weiterleiten. Unser Freund war sehr überrascht vom Besuch des „Journalisten“, der ihn befragte, ob er nicht irgendeinen Kontakt zur Sowjetunion oder Möglichkeiten der Nachrichtenübermittlung habe. Er fügte hinzu, daß die zuständigen sowjetischen Organe ihn unter dem Decknamen „Aspirant“ kennen müßten.

Unser Freund als erfahrener Konspirator ging diesem „Rameau-Aspiranten“ natürlich nicht in die Falle, sondern wunderte sich, daß man sich ausgerechnet an ihn wende in Sachen, wovon er keine Ahnung habe. Doch der Besuch des sonderbaren Gastes mahnte zur Vorsicht. Es war auch verdächtig, wie er sich in Genf aufführte. In Gesprächen mit Journalisten und Diplomaten, bei Besuchen in den Wohnungen weißrussischer Emigranten verkündete er lauthals seine antifaschistische Überzeugung und bekannte sich als Anhänger de Gaulles, ja sogar als Kommunist. Wir erfuhren, was er sagte und mit wem er sich in Genf traf. Sein Verhalten hatte offensichtlich provokatorischen Charakter. In mir formte sich die Überzeugung, daß Rameau keineswegs das war, wofür er sich ausgab, sondern daß er möglicherweise in jemandes Auftrag nach Genf gekommen sei. Ich teilte der Zentrale meinen Verdacht mit. In seinem Antworttelegramm war der Direktor meiner Ansicht und warnte mich, wir sollten uns von Rameau fernhalten und ihm gegenüber äußerst vorsichtig sein.

Bald gelang es uns festzustellen, wer sich hinter dem Decknamen Aspirant verbarg. Es stellte sich heraus, daß Rameaus richtiger Name Zweig war (beide Worte bedeuten das gleiche), daß er bereits vor dem Krieg Mitarbeiter des Deuxième Bureau des französischen Generalstabs (des Nachrichtendienstes) gewesen war und später, nach der Kapitulation Frankreichs, seine Dienste den Deutschen angeboten hatte. Irgendwann war mir in Paris ein Journalist namens Ewald Zweig begegnet, ein für alles käuflicher Schreiberling, der für Boulevard-Blätter schrieb. Alle Zeichen deuteten darauf hin, daß es sich um den nämlichen Zweig handelte. Im übrigen war es meine Pflicht, mich streng an die Weisung der Zentrale zu halten und die Begegnung mit ihm zu meiden. Trotzdem traf ich auf diesen Zweig, doch davon später; mittlerweise verging mehr als ein Jahr.

Etwa zur selben Zeit bekam ich Schwierigkeiten mit der Schweizer Polizei und den Schweizer Behörden. Diese Komplikationen gefährdeten die Existenz der Geopress-Agentur und die Tätigkeit unserer ganzen Gruppe, die ich unter so großen Anstrengungen organisiert hatte.

Meine Aufenthaltsgenehmigung für die Schweiz lief ab. Bis dahin hatte die Polizei ohne weiteres den nötigen Stempel in meinen Reisepaß hineingeschlagen. Aber diesmal erwies sich der Polizeiinspektor plötzlich als Haarspalter. Er erklärte, nach meinem Reisepaß zu urteilen, hätte ich gemäß den ungarischen Gesetzen meine ungarische Staatsbürgerschaft verloren, sei also heimatlos geworden, deshalb sei er nicht berechtigt, meine Aufenthaltsgenehmigung für die Schweiz zu verlängern. Ich solle zurück nach Ungarn und meine Papiere in Ordnung bringen. Der Form nach war der Inspektor im Recht, und es wäre sinnlos gewesen, ihm zu widersprechen. Nach dem horthyschen Gesetz verlor ein Ungar, der sich mehr als zehn Jahre nicht in Ungarn aufhielt, automatisch die Staatsbürgerschaft. Ich aber war 1919 emigriert und seitdem nicht mehr in Ungarn gewesen. Nach Hause konnte ich nicht, weil man mich wegen meiner politischen Tätigkeit sofort verhaftet hätte. Was sollte ich tun? Wie konnte ich meine Aufenthaltsgenehmigung verlängern lassen, um die Geopress zu retten? Andernfalls mußte ich das Büro schließen und mich in die Illegalität begeben. Aus der Illegalität wäre es jedoch äußerst schwierig gewesen, die Gruppe zu leiten. Und was sollte mit meiner Familie werden? Meine Frau, die Kinder und meine Schwiegermutter würde man sofort aus der Schweiz ausweisen. Wohin sollten sie gehen und wovon leben? Überall in Europa lauerten Faschisten, Gestapo-Agenten ...

Lange beriet ich mich mit Lene und beschloß schließlich, eine letzte Chance wahrzunehmen. Einen Beamten des ungarischen Generalkonsulats in Genf kannte ich gut. Mit seiner Hilfe schickte ich durch die diplomatische Post einen Brief an meine Eltern in Ungarn. Ich bat sie, mir bei der Regelung meiner ungarischen Staatsbürgerschaft behilflich zu sein. Mein Vater, damals bereits ein reicher Mann, vermochte das mit Geld leicht zu erledigen. Tatsächlich fanden meine Eltern auch in der Ortschaft Mór einen Beamten, der für Geld bereit war, zu bestätigen, daß ich 1935—1936 in dieser Gegend Ungarns als Geologe gearbeitet hätte. Die Bescheinigung wurde mir durch meinen Konsulatsbekannten überreicht. Dieses Papier reichte für die Verlängerung meiner Aufenthaltserlaubnis aus.

Eine andere, lustigere, aber nicht minder gefährliche Unannehmlichkeit entstand mir, weil ich einen Bock geschossen hatte.

In einem Genfer bürgerlichen Blatt erschien ein Artikel über die Kriegsoperationen im Pazifik. Solche Lageberichte brachte damals jedes Blatt, das etwas auf sich hielt, regelmäßig. Es wurde behauptet, die Japaner hätten kürzlich die Weihnachtsinsel erobert, die eine strategische Schlüsselposition im Stillen Ozean sei, wodurch die japanische Luftwaffe und Marine die Möglichkeit bekommen habe, von dort aus unmittelbar gegen das Gebiet der Vereinigten Staaten einen Schlag zu führen. In der Tat handelte es sich bei der Weihnachtsinsel um einen wichtigen Stützpunkt im Pazifik. Aber in diesem Fall hatte sich der Verfasser des Artikels geirrt. Es gibt nämlich auch im Indischen Ozean eine Insel gleichen Namens, und die Japaner hatten die im Indischen Ozean gelegene Weihnachtsinsel erobert.

Als Geograph empfand ich es als Pflicht, die Sache zu klären. In einer anderen Zeitung machte ich den Autor auf seinen Irrtum aufmerksam. Daraufhin bat mich am nächsten Tag der Redakteur dringend zu sich und fragte aufgeregt: „Was haben Sie gemacht? Warum haben Sie uns Ihre Notiz über die Weihnachtsinsel veröffentlichen lassen? Wußten Sie nicht, wer der Verfasser des Beitrages ist?" Es stellte sich heraus, daß der Betreffende ein sehr hoher Offizier des Schweizer Generalstabs war, wenn nicht gar der Stabschef selber. Meine Richtigstellung hatte ihn aus dem Konzept gebracht. Freilich hätte er meiner Ansicht nach in einer solch elementaren Sache nicht irren dürfen. Aber ich hatte wirklich nicht gewußt, um wen es sich handelte und welches Amt der Autor dieses unglücklichen Artikels bekleidete. Damals lachte ich bloß über die ganze Affäre. Nach kurzer Zeit jedoch bereute ich schon, diesen hohen Herrn in seiner Eitelkeit verletzt zu haben. Ich bereute es darum, weil ich von da an spürte, daß sich die Behörden sehr für die Geopress interessierten. Nach der Zeitungsaffäre wurde es beispielsweise schwieriger für mich, die durchsichtigen „Codatrace"-Folien zu bekommen, ohne die ich kaum hätte Karten zeichnen können. Ihre Beschaffung war während des Krieges selbst in der neutralen Schweiz nicht leicht.

Wenig später erschien in meiner Wohnung ein Beamter des Finanzamtes und erkundigte sich nach der Höhe und dem Ursprung der Einnahmen von Geopress. Das war noch nie vorgekommen. Meine Buchführung war in Ordnung, der Beamte entschuldigte sich und ging.

Das war kein Zufall. Offensichtlich hatte einer der Leute des beleidigten Generalstabsoffiziers die Behörden mobilisiert, deshalb war man auf mich aufmerksam geworden. Aber glücklicherweise dauerte es nicht lange. Nach einer Weile ließ man mich in Frieden.

So ist das nun einmal; der geringste Schnitzer genügt, um in der illegalen Arbeit große Komplikationen zu verursachen.

Uns schützte in erster Linie, daß wir in einem von den Deutschen nicht besetzten Land arbeiteten – und dazu kam noch die strikte Befolgung der Konspirationsregeln. Zudem, wie ich bereits erwähnte, waren die Regierung und die Bevölkerung der Schweiz antinazistisch eingestellt und sympathisierten mit dem Kampf des Völkerbundes. Das schuf ruhigere Arbeitsbedingungen.

Zugleich aber mußten die Schweizer Behörden, da sie einen Angriff fürchteten, den Deutschen zu Gefallen sein und eine vorsichtige, kompromißlerische Politik betreiben. Durch Erpressung und unter Drohung der Aggression erreichten Deutschlands Führer manchmal, was sie wollten.
Die offenkundige englisch-amerikanische Einstellung der Schweizer Regierung und einige ihrer Aktionen, die für die Deutschen nachteilig waren, ärgerten die Nazis ohnehin. Deshalb wurden ab und zu entlang der Grenze Gruppen zusammengezogen, die diplomatischen Beziehungen gespannt und das Gerücht verbreitet, ein Angriff stehe bevor. Bei solchen Anlässen bereiteten sich die ortsansässigen Faschisten fieberhaft auf den Putsch vor.
Besonders gespannt war die Lage im Juni 1942, als die Weltpresse das englisch-amerikanisch-sowjetische Abkommen über die Eröffnung der zweiten Front in Europa veröffentlichte. Die Schweizer Regierung fürchtete, daß bei der Landung der Alliierten in Frankreich die Deutschen unverzüglich in die Schweiz einmarschieren würden. Die geheimen Informationen des Schweizer Nachrichtendienstes stützten diese Vermutungen.
Auch unsere deutschen Nachrichtenquellen meldeten, daß im Falle der Eröffnung der zweiten Front eine Aggression gegen die Schweiz nicht auszuschließen sei. Das hätte bedeutet, daß wir unter Bedingungen der Besatzung hätten arbeiten müssen. Das ist außerordentlich kompliziert und braucht sorgfältige Vorbereitung und andere Methoden.
Auch noch im August 1942 war die Lage gespannt. Die Deutschen führten Truppenbewegungen an der Schweizer Grenze durch. Ich wies Jim an, sofort die Zentrale zu verständigen und die Meinung der Leitung zu erbitten. Wir erhielten Anweisung, im Falle der deutschen Besetzung unsere Arbeit in der Illegalität fortzusetzen. Der beunruhigte Direktor fragte, ob wir bereit seien, wo wir den Sender unterzubringen gedächten, auf welche Weise wir uns in die Illegalität begeben wollten, wer unter deutscher Besatzung mit seinen eigenen Papieren weitermachen könne, wen man als Verbindungsmann einsetzen könne usw.
Die neue Gefahr, die der Organisation drohte, ließ keine Zeit zum Grübeln. Ich mußte meine Mitarbeiter vorbereiten, geheime Treffpunkte suchen, die Verbindungsleute instruieren, Parolen für die Treffen festlegen, Pakbo und Sissy das Verschlüsseln lehren und noch viele andere Probleme lösen.
Fast täglich erkundigte sich die Zentrale, wie die Vorbereitungen für das Untertauchen in die Illegalität liefen, und bat zugleich, wir soll-

ten mit unverminderter Intensität die Informationen sammeln und weiterleiten, die nötig waren, weil die große deutsche Sommeroffensive bereits angelaufen war.

ANGRIFF IN RICHTUNG KAUKASUS

Wie 1941 vor Moskau, war im Sommer 1942 am südlichen Teil der sowjetisch-deutschen Front die Lage äußerst bedrohlich. Der Feind führte seine Hauptschläge in Richtung Stalingrad und Kaukasus, die Truppen der Roten Armee hielten dem großen Druck nicht stand und zogen sich zurück, indes die feindliche Luftwaffe und die Panzer in ihren Reihen große Verluste verursachten.
Die Initiative gelangte für eine Weile erneut in die Hand der Nazi-Generäle.
Was war geschehen? Warum geriet die Rote Armee wieder in diese Schwierigkeit, nachdem sie im Winterfeldzug den Deutschen eine schwere Niederlage bereitet hatte, und wie konnte es geschehen, daß die faschistische Armee erfolgreich den Vormarsch fortzusetzen vermochte gemäß den in Hitlers Hauptquartier ausgearbeiteten Plänen?
Die Erklärung ergibt sich aus mehreren Umständen.
Der eine Grund war, daß in Europa die zweite Front nicht zustande gekommen war, obwohl nach erfolgreicher Beendigung der britisch-amerikanisch-sowjetischen Verhandlungen in dem am 12. Juni 1942 herausgegebenen Kommuniqué stand: „... es wurde völlige Übereinstimmung erzielt, daß die Eröffnung der zweiten europäischen Front 1942 eine unaufschiebbare Aufgabe ist." Roosevelt, der Präsident der Vereinigten Staaten, versicherte der sowjetischen Regierung sogar zweimal, daß diese Verpflichtung erfüllt würde. Aber bald wurde offenkundig, daß die englischen und amerikanischen führenden Kreise die Eröffnung der zweiten Front in Europa nicht beabsichtigten, weil ihr Fernziel war, Deutschland und die Sowjetunion einander aufreiben zu lassen. Den Aufschub der Eröffnung der zweiten Front gab Churchill offiziell bekannt, als er im August 1942 in Moskau eintraf. In dem Memorandum, das dem britischen Premierminister als Antwort der sowjetischen Regierung auf die Erklärung überreicht wurde, lesen wir:
„... das Sowjetische Oberkommando hat den Plan für seine Kriegsoperationen im Sommer und Herbst unter dem Aspekt der 1942 zu realisierenden Schaffung der zweiten Front in Europa ausgearbeitet ... Der Verzicht der Regierung Großbritanniens auf die Schaffung

der zweiten Front in Europa 1942 ... erschwert die Lage der Roten Armee an der Front und schadet den Plänen des Sowjetischen Oberkommandos."[1]

Die vor Moskau erlittene Niederlage und die Winteroffensive der Roten Armee nötigten die deutsche Kriegführung, viele Panzereinheiten nach Osten zu werfen, so daß ihre Verteidigungslinien in Westeuropa sehr geschwächt waren. Die Mannschaftsstärke der Streitkräfte der Vereinigten Staaten und Englands dagegen übertraf im Frühjahr 1942 sechs Millionen. Diese Macht hätte ausgereicht, um in Europa die zweite Front zu eröffnen.[2]

Die Alliierten hielten es jedoch für besser, abzuwarten, ja man behauptete sogar, daß sie insgeheim mit Deutschland Verhandlungen über einen Sonderfrieden führten, statt der Sowjetunion wirksame Hilfe zu leisten.

Das Oberkommando der Wehrmacht konzentrierte im Sommer 1942 seine Kampfkraft an der sowjetisch-deutschen Front, weil es sein Hinterland im Westen gesichert sah.

„Zum Bestand der deutschen Streitkräfte gehörten am 1. Mai 1942 232 Divisionen, 10 Brigaden und 6 Luftflotten. Davon standen der Roten Armee 178 Divisionen und 8 Brigaden gegenüber. Das entspricht fast 80 Prozent der Landstreitkräfte Deutschlands. Außerdem waren vier Luftflotten im Osten eingesetzt."[3] Deutschlands Verbündete hatten an der Ostfront 39 Divisionen, 12 Brigaden und Luftwaffenverbände.

Obgleich die Wehrmacht nicht mehr in der Lage war, wie 1941 an der ganzen Front einen Angriff gegen die Rote Armee zu unternehmen, verfügte sie jedoch noch über genügend Kräfte und Reserven, um an einzelnen Frontabschnitten bedeutende Kräfte zusammenzuziehen und operative Schläge auszuteilen.

Während der Vorbereitung auf die Sommeroffensive kannte die sowjetische Regierung die wahre Absicht ihrer Alliierten noch nicht und rechnete damit, daß gleichzeitig mit dem Angriff der Roten Armee die englisch-amerikanische Streitmacht von Westen her einen Schlag gegen Deutschland führen würde. Deshalb wurde die sowjetische Kriegführung angewiesen, die Armee und die Flotte für eine großangelegte Offensivoperationen vorzubereiten.[4]

---

[1] Stalins Noten-Austausch mit den Regierungsoberhäuptern der Vereinigten Staaten und Großbritanniens. 1. Band. (ungarisch). Kossuth-Verlag. Budapest 1958. p. 73.

[2] Siehe GGVK. 2. Band, p. 349.

[3] Ebenda, p. 348.

[4] Siehe ebenda, p. 350.

Diese Angriffsabsicht des sowjetischen Obersten Kommandos wurde jedoch dadurch vereitelt, daß die Alliierten auf den Beginn der Kriegsoperationen in Westeuropa verzichteten. Aber es gab auch andere Fehler.

In dem oben zitierten Werk sind die Fehler jener Phase folgendermaßen analysiert: „Das Oberste Kommando schätzte die Erfolge des Winterangriffs zu hoch ein und zog nicht in Betracht, daß die deutsche Armee die Schlappe verwunden, ihre Kampffähigkeit wiedererlangt hatte und über bedeutende Angriffsmöglichkeiten verfügte. Trotz des Einganges erheblicher Waffenlieferungen und der in den vorangegangenen Kampfhandlungen gemachten Erfahrungen, hatten die Sowjetstreitkräfte die nötige technische Überlegenheit noch nicht erreicht und waren dem Feind an Beweglichkeit unterlegen. Unter solchen Umständen hätte man um den Gegner seiner Vorteile zu berauben und die realen Voraussetzungen für die Wiederaufnahme eines erfolgreichen Angriffs zu schaffen, bei der Planung der Sommeroffensive 1942 die Rote Armee vorübergehend in der Defensive halten müssen. Dies hätte die sowjetischen Truppen in den Stand gesetzt, auf vorbereitetem Gelände und in günstigen Verteidigungsstellungen, die Kraft der deutschen faschistischen Angriffsarmeen zu brechen, und zwar mit geringeren Verlusten. Daneben hätte man weitaus früher die Voraussetzungen schaffen können, die den Verlauf des Krieges radikal zu unseren Gunsten wendeten.“[1]

So waren infolge der Irrtümer des sowjetischen Hauptquartiers die Truppen am südlichen Frontabschnitt nicht genügend auf den Verteidigungskampf gegen die gewaltige feindliche Übermacht vorbereitet, die im Juli mit harten Schlägen die Front zerteilte und in schnellem Tempo in Richtung Wolga und Nord-Kaukasus vormarschierte.

Wir unterrichteten die Zentrale weiter über die am südlichen Teil der sowjetisch-deutschen Front angreifenden Deutschen.

Von da an bemerkte ich, daß die Zentrale unsere Meldungen mit besonderer Aufmerksamkeit verfolgte. Ab Juli schickte ich auf Weisung des Direktors die besonders wichtigen Telegramme mit dem Vermerk „dringend“, damit diese zuerst entschlüsselt wurden. Die Telegramme wurden auch weiterhin von mir abgefaßt und deutsch unter dem Decknamen Dora aufgegeben. Bis dahin wußten unsere Funker nicht, wer sich hinter diesem erfundenen Namen verbarg. Mich kannten sie als Albert, aber im Juli 1942 enthüllte der Direktor Jim meinen Haupt-Decknamen. Der Grund war, daß meine Frau, die mir beim Verschlüsseln der Telegramme half, erkrankte; allein hätte ich die

---

[1] Ebendort, p. 353.

Arbeit nicht geschafft, deshalb mußte ich Jims Hilfe in Anspruch nehmen, der nunmehr meine beiden Decknamen kannte. Hinfort gab ich ihm Klartexte zur Weitergabe. Bis dahin, das heißt bis Juli 1942, hatte er von mir die mit meinem Code verschlüsselten Telegramme zur Weiterleitung bekommen, konnte also ihren Inhalt nicht kennen. Um so sonderbarer ist es, daß er rückblickend die Sache so darstellt, als hätte er vom Juni 1941 an den Inhalt der Telegramme gekannt.

Im Juli standen die sowjetischen Truppen in schweren Verteidigungskämpfen gegen die Nazi-Kräfte, die in Richtung Woronesch und Woroschilowgrad angriffen und versuchten, die Armee des Generalfeldmarschalls von Bock aufzuhalten. Die Zentrale hatte in jener Zeit Informationen von uns über gewisse Veränderungen in den Plänen des deutschen Oberkommandos erhalten.

Den Panzer- und motorisierten Divisionen Bocks gelang es, die Front zu durchbrechen; gemäß dem deutschen Angriffsplan, den praktisch Rundstedt, der Befehlshaber der Armeegruppe „Süd", verwirklichte, entwickelten sie die Offensive in Richtung Wolga und Stalingrad fort.

Laut Luises Informationen planten die Deutschen folgendes:

Zunächst wollten sie die Linie Don-Wolga erreichen (ohne weiter in Richtung Kaukausus zu marschieren), dann sollte die Armeegruppe des Generals Küchler vom Ilmensee aus einen Schlag auf den Abschnitt zwischen Leningrad und Moskau führen, um Moskau von Norden her zu umgehen.

Danach sollte Küchlers Armeegruppe sich nach Süden wenden, Bock wiederum beim Erreichen der Wolga nach Norden gehen, damit sich die beiden Armeegruppen östlich von Moskau vereinigten.

Nach der Umklammerung Moskaus sollte ein konzentrischer Angriff gegen die Hauptstadt beginnen.

Wenn wir die vermehrte Kampffähigkeit der Roten Armee in Betracht ziehen, so mußten jene Zweifel von Luises gut informierter Quelle berechtigt erscheinen, daß das OKW nicht genügend Kraft haben würde für eine so groß angelegte Operation wie die Umklammerung Moskaus aus Süden und Norden. Aber die Wehrmacht war noch stark und konnte in günstiger Lage kräftige Schläge austeilen. Die Deutschen konnten 1942 den „Ostfeldzug" nur darum nicht siegreich beenden, wie sie es geplant hatten, weil die Rote Armee bei Stalingrad die Kraft der Wehrmacht brach und die rosigen Hoffnungen des deutschen Generalstabes zerpflückte.

Hitler vertraute darauf, daß er für 1941 Revanche nehmen, einen neuen Angriff gegen Moskau durchführen und die Hauptstadt der verhaßten Bolschewiken vernichten würde. Heute ist das aus zahl-

reichen Dokumenten und aus Büchern über den Zweiten Weltkrieg bekannt. Wir aber wußten schon damals um diese seine Absicht, die wir durch verschiedene Quellen erfuhren.
Im Sommer 1942 erhielt ich einen neuen Beweis. Diesmal stammte die Information aus finnischen Diplomatenkreisen. Grau beschaffte sie, der mich im Juni durch Long und Pakbo über Hitlers Besuch bei Mannerheim unterrichtete.
Während seines Aufenthaltes in Finnland traf sich Hitler mit Mannerheim. Laut unserem Informanten, der während eines Teiles des Gesprächs zugegen war, war Hitler unerwartet nach Finnland gereist, weil der finnische Präsident am 15. Mai Berlin verständigt hatte, daß Finnland beabsichtigte, einen Sonderfrieden mit der Sowjetunion zu schließen.
Darauf stellte Deutschland die Lebensmittellieferungen an die finnische Armee ein.
Hitler erklärte, sein wichtigstes strategisches Konzept sei der Angriff auf der Linie Astrachan—Stalingrad, um die Sowjetunion vom Nord-Kaukasus abzuschneiden, dann würde er den Kaukasus und Baku erobern. Gleichzeitig wolle er Moskau angreifen ...
Hitler versprach Mannerheim, daß er zur Aufrechterhaltung der Ordnung ihm unverzüglich vier SS-Divisionen zur Verfügung stellen wolle und nach dem Krieg Finnlands Ostgrenze bis zum Ladogasee erweitern würde.
Hitler verlangte von Mannerheim, daß man die finnischen Stellungen energischer verteidige, daß sich die Finnen am Angriff gegen Leningrad beteiligen und die finnische Armee energische Aktionen in Richtung Murmansk durchführen sollte ...
Wie bekannt, erzielten die Deutschen am südlichen Flügel der deutsch-sowjetischen Front während der ersten Phase des Kampfes bedeutende Erfolge. Sie griffen in großer Breite und heftig an.
Die feindlichen Armeegruppen setzten ihr Vordringen in zwei Richtungen fort: gegen Stalingrad und den Nord-Kaukasus.
Unsere Meldungen an die Zentrale bestätigten, daß Hitler den deutschen Angriffsplan im wesentlichen unverändert durchzuführen gedachte.
Im August erhielt ich beispielsweise folgende Information:

4. August 1942. An Direktor.
Durch Long.
Laut Nachrichten, die aus den höchsten militärischen Kreisen stammen, setzte ihnen Hitler die Aufgabe zum Ziel, daß sie im August Maikop und Grosny einnehmen sollten. Das OKW versichert, daß

die von den Russen beim Rückzug zerstörten Ölquellen binnen sechs Monaten wieder instand gesetzt sein könnten.
Sie kalkulieren, daß das russische Mineralöl den gesamten Bedarf der Wehrmacht deckt. Sämtliche namhaften Ölfachleute befinden sich in Berlin und erwarten den Befehl, sich in den Nord-Kaukasus zu begeben.

Dora

Aus Berlin bekräftigte Agnes diese Meldung. Seiner Ansicht nach hatte das OKW unverändert den Plan, den Nord-Kaukasus an der Linie Stalingrad–Astrachan–Grosny–Maikop zu erobern, obgleich der zähe Widerstand bei Stalingrad und der verhältnismäßig leichte Vormarsch im Nord- und West-Kaukasus Diskussionen im OKW und Hitlers Hauptquartier auslöste.
Das deutsche Hauptquartier plante die Einnahme Stalingrads für den 27./28. Juli. Man erwog den früheren (ersten) Plan des OKW über das Vordringen durch Baku und den Iran bis zum Persischen Golf.
Allen Anzeichen nach wollten die Deutschen nur dann auf diesen Plan zurückkommen, wenn Japan gegen die Sowjetunion antrat.
Agnes betonte, daß sich Japan trotz der deutschen militärischen Erfolge weiterhin abwartend verhalte.
Für den Generalstab der Roten Armee war es wichtig, nicht nur die Absichten des Feindes oder die Modifikationen in seinen strategischen Plänen zu kennen, sondern auch mit welcher Mannschaftsstärke die deutschen Einheiten am südlichen Flügel der Front angreifen, über welche Reserven und Waffen der Feind verfügt und welche Verluste er erlitten hat.
Die Zentrale erhielt Antwort auf einige dieser Fragen, wie sie beispielsweise der Direktor in seinem Telegramm vom 25. August 1942 stellte:
1) Wo befindet sich Hitlers Hauptquartier? Bestehen die und bejahendenfalls wo sind die 73., 337., 709. Division und die SS-Division „Reich“ disloziert? Wir haben Angaben, wonach die 337. und 790. Division von West nach Ost und die 73. Division sowie die Division „Reich“ von Ost nach West verbracht wurden. Wo befinden sie sich zur Zeit?
Salter gelang es, zusätzlich zur Beantwortung dieser Fragen detaillierte Daten über die Standorte der deutschen Truppen in Frankreich zu liefern. Am 30. September 1942 teilte der Direktor mit, daß diese Information Salters sehr wertvoll gewesen sei, und brachte seine besondere Anerkennung zum Ausdruck.

TAYLOR

Als die Schlacht vor den Mauern von Stalingrad begann, erwies sich Taylor überraschend informiert über die deutschen Aktionen. Seine Mitteilungen, die Sissy an mich weiterleitete, waren dermaßen konkret und detailliert, daß wir schon überlegten, ob uns nicht jemand falsche Angaben durch Taylor zuschmuggelte. Merkwürdig erschien uns die Sache auch darum, weil dieser Mann, der nur schlichter Übersetzter im Internationalen Arbeitsamt war, keine Möglichkeiten zur Beschaffung von Informationen militärischen Charakters besaß; wir hatten von ihm bisher wertvolle Angaben weder erwartet noch bekommen und waren überrascht, daß er plötzlich außerordentlich wichtiges Material beibrachte. Das Durchsickern solcher Nachrichten hätte, wenn es dem Feind bekannt geworden wäre, im deutschen Generalstab Bestürzung ausgelöst.

Wie Sissy jetzt mitteilte, war es Taylor gewesen, der sie seinerzeit darauf aufmerksam gemacht hatte, daß Deutschland die Sowjetunion angreifen würde und auch den genauen Zeitpunkt angab, was ich damals sofort der Zentrale meldete.

Ich hatte also zu überlegen ...

Taylors erste Informationen leitete ich mit dem Gefühl an den Direktor weiter, daß wir endlich eine sehr wichtige Quelle gefunden hatten. Da ich jedoch keine Möglichkeit hatte, die Nachrichten zu überprüfen, solange keine Antwort aus Moskau kam, quälten mich Zweifel, ob wir zutreffende Nachrichten weitergegeben hatten.

Zu meiner Überraschung zeigte der sonst sehr vorsichtige Direktor außerordentliches Interesse für das von uns erhaltene Material und schlug vor, wir sollten Taylor zu möglichst aktiver Arbeit anregen. Aber damit wir über die Möglichkeiten dieses Mannes wirklich ins klare kämen, empfahl er mir, Taylor mit folgender Aufgabe zu betrauen: er solle die deutschen Verbände aufzählen, die am südlichen Frontabschnitt kämpften, und außerdem die Zahl der in der Sowjetunion befindlichen deutschen Kriegsgefangenen mitteilen. Letzteres natürlich an Hand der Angaben, die der deutschen Kriegführung zur Verfügung standen. Es war keine leichte Aufgabe.

Nach einigen Tagen jedoch bekamen wir die Antwort. Taylors Meldung, die ich gleich verschlüsselte und an die Zentrale weitergab, lautete:

15. August 1942. An Direktor.
Von Taylor.
1) Ich nenne die Ziffern fast sämtlicher deutscher Verbände, die ab

1. Mai am südlichen Abschnitt der Ostfront, besonders zwischen Don und Donez sowie im Donez-Becken und auf der Krim-Halbinsel, an den Kämpfen teilnahmen:
Panzerdivisionen: 7., 11., 14., 16., 22.
Motorisierte Divisionen: 18., 60., 70.
Schnelle Divisionen: 5., 99., 100., 101.
Das aus zwei Gebirgsdivisionen bestehende 49. Armeekorps.
Infanteriedivisionen: 15., 22., 24., 28., 35., 50., 57., 62., 68., 75., 79., 95., 111., 113., 132., 164., 170., 211., 221., 226., 254., 257., 262., 298., 312.
Das 61. Panzerregiment. Eine bayerische SS-Brigade, eine Artilleriebrigade (dazu gehört das Küstriner 20. Schwere Artillerie-Regiment); eine gemischte SS-Abteilung in Regimentsstärke, die aus dänischen und norwegischen Freiwilligen und deutschen SS-Einheiten besteht.
2) Die Anzahl der gegenwärtig in der Sowjetunion befindlichen deutschen Kriegsgefangenen beträgt 151 000.

Dora

In der Schweiz wäre es für mich schwer gewesen, zu prüfen, ob diese Zahlen mit den am Südabschnitt der sowjetisch-deutschen Front kämpfenden Verbänden übereinstimmten. Theoretisch hätte sich in gewissem Umfang eine Überprüfung durchführen lassen, beispielsweise durch Gespräche mit Verwundeten, die von der Ostfront in Schweizer Hospitälern und Sanatorien eintrafen, die sich in deutschem Besitz befanden. Diese nützliche Quelle nahmen wir auch gelegentlich in Anspruch. Aus Journalistenkreisen in Bern, Wien und Berlin wären ebenfalls einzelne Angaben zu beschaffen gewesen. Dazu jedoch hätte es langer Zeit bedurft. Die Leitung der Zentrale konnte die Glaubwürdigkeit von Taylors Angaben leichter überprüfen, denn sie brauchte nichts anderes zu tun, als sie mit den Meldungen der Frontaufklärer zu vergleichen. Das Überprüfen der Kriegsgefangenenzahl war noch einfacher.
Die Zentrale nahm Taylors Antworten mit Genugtuung zur Kenntnis und erbat von da an regelmäßig Auskünfte von ihm.
Es wurde immer offenkundiger, daß Taylor ziemlich gut über die militärischen Maßnahmen des Deutschen Reiches unterrichtet war. Woher und auf welche Weise beschaffte dieser aus Deutschland emigrierte kleine Angestellte die wertvollen Informationen? All dies blieb für uns ein Geheimnis mit sieben Siegeln: Taylor berief sich darauf, daß er sein Wort gegeben habe, und verweigerte jede Auskunft dieser Art. Die Zentrale forderte mehrfach, wir sollten klären,

über welche Quellen Taylor verfüge, aber zwangsläufig mußten wir darauf verzichten, um diesen gut informierten Mann nicht zu verlieren. Um so mehr, als uns Taylor gelegentlich zu verstehen gab, daß er vielleicht bald in der Lage sein würde, unsere „aufdringliche Neugier" zu befriedigen — wie er sich ironisch ausdrückte.

Was hätten wir anderes tun können? Wir warteten.

In jener schweren Zeit, als die Deutschen vorübergehend Erfolge am Don, bei Stalingrad und im Nord-Kaukasus erzielten, arbeiteten die „Veteranen" unserer Gruppe — Pakbo, Sissy, Long, Salter — fruchtbringend und erfinderisch. Mehrfach bekam ich von ihnen wichtige Meldungen.

Die sowjetische Kriegführung nahm an, daß Deutschland über frische Reserven verfüge. Mit diesen hätten im Lauf der heftigen Kämpfe bei Stalingrad die deutschen Truppen verstärkt werden können, was eine große Gefahr bedeutete. Die Zentrale gab Anweisung, daß wir klären und melden sollten, ob in Deutschland eine Reserve-Armee existiere oder ob es sich nur um einen Bluff handelte.

Salter beschaffte rasch diesbezügliche Auskünfte aus seiner Quelle namens Lili. In diesem Sinne teilte ich der Zentrale mit:

In Deutschland gibt es keine sogenannte Reserve-Armee; es gibt aus Rekruten und Soldaten älterer Jahrgänge bestehende Verbände, zusammen nicht mehr als 20 Divisionen. Diese Information fußte auf Angaben aus verschiedenen deutschen militärischen Kreisen.

Darin waren die im August 1942 Einberufenen nicht enthalten.

Zu dieser Zeit, ungefähr Mitte Juli 1942, gelang es uns, die ersten Mitteilungen darüber zu erhalten, daß man in deutschen Laboratorien mit der Urankernspaltung experimentiere, was bekanntlich die Vorstufe zur Herstellung der Atombombe ist.

Die Leitung der Zentrale sprach all jenen Mitarbeitern einen besonderen Dank aus, die an der Beschaffung dieses strategisch außerordentlich wichtigen wissenschaftlichen Nachrichtenmaterials mitgewirkt hatten.

Die bei mir einlaufenden Informationen mußte ich so schnell wie möglich weiterleiten, und diese Aufgabe machte mir schwer zu schaffen. Tagsüber arbeitete ich in der Geopress an Karten, führte meine Korrespondenz, las die Zeitungen und die wissenschaftliche Literatur, hörte die Rundfunknachrichten, die aus sämtlichen im Krieg stehenden Ländern die neutrale Schweiz erreichten, abends und nachts wiederum schloß ich mich in mein Arbeitszimmer ein und verschlüsselte die Funktelegramme.

Meine Geschäftsreisen im Dienst von Geopress versuchte ich zwar auf ein Minimum zu beschränken, oft aber mußte ich mich in anderen

Städten mit den Mitgliedern unserer Organisation treffen. Zu Rosa und Maud brachte ich gewöhnlich selbst die chiffrierten Telegramme oder schickte sie ihnen durch meine Frau. Mit der in Genf wohnenden Sissy hielt ich ebenfalls die Verbindung, was viel Zeit kostete, und mehr noch meine Treffen mit Pakbo und Jim, denn sie kannten meine Adresse nicht und durften sie auch nicht wissen. Zu Jim fuhr ich häufig nach Lausanne mit der fertigen Information, mit Pakbo wiederum traf ich mich in verschiedenen Städten.

Wenn ich mir gar keine Zeit für die Fahrerei nehmen konnte, schickte ich meine Frau oder Rosa nach Lausanne. Rosa übernahm auch die Kurierdienste zwischen mir und Pakbo; sie und Pakbo trafen sich an vorher ausgemachten Orten.

Als ich Lene und Jim in das Chiffrieren einbezog, ging die Aufarbeitung des Materials viel schneller vonstatten, obwohl beide schon gründlich belastet waren. Lene erledigte die wirtschaftlichen Angelegenheiten der Geopress, die Schreibmaschinenarbeiten, die Kurierdienste und war außerdem die Mutter zweier Kinder. Jim wiederum führte neben der Funkerarbeit die von der Zentrale ihm gestellten einzelnen Aufgaben durch.

Die mit dem Vermerk „dringend“ versehenen Telegramme wurden von unseren Genfer Funkern weitergeleitet. Von diesen erhielt Jim nur jene, denen ein bis zwei Tage Verspätung nicht schadeten. Wenn jedoch ich oder die Kuriere (Lene und Rosa) die Zeit fanden, um nach Lausanne zu fahren, dann gab Jim die „Dringend“-Telegramme weiter.

Natürlich waren wir sehr erschöpft. Zur Müdigkeit und der Spannung, den ständigen, unabdingbaren Begleitern des Lebens eines Nachrichtendienstlers, kam jene allgemeine Nervosität hinzu, die sich in der ganzen Schweiz verbreitete. Das Land erwartete das ganze Frühjahr hindurch und auch noch zu Anfang des Sommers die Invasion der Deutschen. Die von der Regierung angeordnete Generalmobilmachung riß auch in unsere Organisation eine Lücke, denn Pakbo wurde zum Militärdienst einberufen. Dadurch brach mein Kontakt zu unseren besten Informationen wie Long, Salter, Luise und Agnes ab.

Glücklicherweise dauerte das nicht lang. Pakbo gelang es bald, freizukommen, und er kehrte nach Bern zurück. Viele Reservisten wurden entlassen, weil die Gefahr der Okkupation vorüberging. Als wir darüber verläßliche Nachrichten erhielten, hörten wir mit den Vorbereitungen für das Untertauchen in die Illegalität auf.

Mitte Juli erfuhr ein Mitarbeiter Sissys folgendes:

Der Leiter des Genfer Büros, das die deutschen Rüstungsaufträge erledigte, hatte ein chiffriertes Telegramm vom OKW erhalten, in dem man ihn anwies, man solle die Vorbereitung des Schweizer faschistischen Putsches einstellen, da die Schweiz von diesen Vorbereitungen Kenntnis und Beweise erlangt habe, daß diese von Deutschland aus finanziert worden seien. Für Deutschland sei es äußerst wichtig, daß die Schweizer Rüstungsindustrie weiter Kriegsmaterial liefere. Dem Leiter des Büros empfahl man, vorläufig seine Kontakte zu den Genfer Faschisten abzubrechen.

Davon erlangte zuerst Sissy Kenntnis durch einen ihrer neuen Bekannten, der uns auch später mit wichtigen Informationen versah.

Die Schweiz beruhigte sich einigermaßen, aber bis zum Kriegsende zitterte sie vor dem heimtückischen Nachbarn und dessen Wolfshunger.

PAOLOS REISEPASS

Mehr als ein Jahr war vergangen, seit Deutschland die Sowjetunion angegriffen hatte, und unsere Nachrichtendienst-Gruppe setzte ihre Arbeit erfolgreich fort; nichts deutete darauf hin, daß die Polizei auf uns aufmerksam geworden sei. Wenn wir von der Gefahr der deutschen Invasion absehen, die vorübergegangen war, und von dem im Gesichtsfeld unserer Gruppe sich bewegenden Gestapo-Provokateur Rameau-Zweig, von dessen Auftauchen wir die Zentrale benachrichtigt hatten (und um den wir einen großen Bogen machten), so hatte sich keine Komplikation für die Tätigkeit der Gruppe ergeben.

Es war etwas anderes, daß die Deutschen uns längst im Äther entdeckt hatten, aber davon hatten weder wir noch die Zentrale Kenntnis. Doch selbst wenn wir gewußt hätten, daß unsere Sender angepeilt waren, hätte das uns nicht besonders beunruhigt, wir hätten deshalb unsere Arbeit nicht vermindert. Gegen das Anpeilen kann man sich verteidigen.

Im Sommer 1942 aber war unser ruhiges, ausgeglichenes Leben vorbei (wenn wir als Nachrichter überhaupt von Ruhe sprechen können). Aus mehreren Anzeichen wurde offenkundig, daß der Feind von uns wußte und uns suchte.

Ich erwähnte bereits, daß Jim ab und zu vom Direktor besondere Aufgaben erhielt, die nicht unmittelbar mit der Arbeit der Gruppe zusammenhingen. Darüber sprach er natürlich nicht oder teilte nur so viel mit, wie ich wissen mußte, wenn die Erledigung der Aufgabe uns beiden übertragen war. In diesem Fall benachrichtigte mich auch die Zentrale. Eine solche gemeinsame Aufgabe stellte man uns im Juli 1942. Der Schweizer Paß eines Nachrichtendienstlers mit Namen „Paolo“, der in Italien arbeitete, lief ab und mußte verlängert wer-

den. Moskau bat uns durch Funktelegramm dringend, die Angelegenheit zu erledigen, weil Paolo mit dem abgelaufenen Reisepaß jederzeit von der italienischen Polizei verhaftet werden konnte.
Ich fuhr nach Lausanne, um mit Jim die Einzelheiten zu besprechen. Um zehn Uhr morgens erreichte ich seine Wohnung; er war noch nicht angezogen.
„Sind Sie spät schlafen gegangen?" — fragte ich.
„Ja, bis um drei habe ich die Morsetaste geklopft, mehrere Informationen weitergeleitet, die ich von Ihnen bekommen habe, dann habe ich zwei Telegramme vom Direktor aufgenommen. Das eine betrifft den Reisepaß."
Der Direktor bat erneut um Verlängerung des italienischen Reisepasses. Die Angelegenheit duldete offenbar keinen Aufschub. Wir hatten bereits einen Plan, wie wir den Reisepaß über die italienisch-schweizerische Grenze schaffen wollten, aber jetzt mußten wir unverzüglich handeln. Wer sollte die Verlängerung bei der Polizei erledigen, und wie? Es bedeutete eine schwierige Aufgabe. Aber Jim erhielt Weisung von der Zentrale, jemanden aufzusuchen, der alles erledigen werde.
Auch ich unternahm die nötigen Vorbereitungen. Ich fand verläßliche Leute an der Grenze, die willens waren, den Reisepaß aus Italien in die Schweiz und dann wieder zurück zu befördern.
Damals wußten wir nicht, wer jener Mann war, dessen Schicksal der Zentrale so sehr am Herzen lag, obwohl wir ahnten, daß es sich bei unserem Kameraden um einen sowjetischen Nachrichtendienstler handelte. Das wichtigste war jetzt, daß wir alles in Bewegung setzten, um ihm aus der verzwickten Lage herauszuhelfen.
Der Reisepaß gelangte glücklich über die Grenze; die Verwandten eines Mitgliedes unserer Gruppe, die auf beiden Seiten der italienisch-schweizerischen Grenze wohnten, schmuggelten ihn hinüber. Nach einem von der Zentrale gebilligten Plan sollte Paolos Kurier irgendwoher aus Italien in Como eintreffen, hier das Haus eines Schneiders aufsuchen und den Schweizer Paß bei ihm deponieren. Dann sollte unser Schweizer Kurier den Paß von dem Schneider übernehmen, in die Schweiz zurückkehren und den Paß einem uns bekannten Arzt übergeben, der ihn durch eine Vermittler-Kette an mich weiterleiten sollte.
Alles geschah nach Plan. Ich rief Jim an und gab ihm den Reisepaß. Jetzt war die Reihe an ihm, denn er allein wußte die Adresse des Betreffenden, der den Paß verlängern lassen konnte.
Jim setzte sich in den Zug und fuhr nach Basel, wo er eine Näherin namens „Anna" aufzusuchen hatte.

Anna Müller, die deutscher Abstammung war, war eine erprobte Mitarbeiterin der Zentrale. Von Jugend an hatte sie illegale Arbeit geleistet. Die Zentrale vertraute ihr äußerst heikle Dinge an; sie versah die Nachrichtendienstler mit diversen Papieren.
Anna ließ uns nicht im Stich. Ihr alter Bekannter erledigte die Formalitäten schnell; schon nach vier oder fünf Tagen war der verlängerte Reisepaß für Paolo in Jims Händen, den er mir sofort übergab.
Der Reisepaß wurde auf dem gleichen Wege nach Italien zurückgeschafft; der Arzt bekam ihn, der Kurier brachte ihn über die Grenze nach Como zum Schneider.
Der Kurier des Arztes traf am 20. August in Como ein. Er bemerkte, daß das Haus des Schneiders unter Beobachtung stand: Zwei Männer in Zivilkleidung – weithin erkennbar als Detektive – spazierten die Straße in der Nähe des Hauses auf und ab. Der Kurier betrat das Haus nicht, sondern brachte den Reisepaß in die Schweiz zurück.
Nach den Anzeichen zu urteilen, wurde der Schneider bereits überwacht, vielleicht schon als der Kurier den Reisepaß abholte. Den Schneider oder den Arzt konnten wir nicht beschuldigen, sie seien unvorsichtig gewesen, denn der Arzt hatte erst zwei Tage zuvor von der Rücksendung des Reisepasses gehört und den Schneider hatten wir absichtlich nicht verständigt.
Die italienische Polizei hatte zweifellos weit im voraus Kenntnis erlangt, daß der Paß auf dem gleichen Wege zurückgegeben werden sollte. Dies mahnte zur Vorsicht.
Ich unterrichtete die Zentrale von dem Vorfall. Der Direktor verfügte, wir sollten einen anderen Weg suchen und den Paß unverzüglich nach Italien schicken. Auf seine Weisung hin vereinbarten wir das Treffen in der grenznahen italienischen Stadt Tirano. Die Vertrauensperson eines Mitglieds unserer Gruppe reiste nach Tirano und übergab am vereinbarten Ort den Paß einem Mann, der sich mit einem Kennwort meldete.
Wir glaubten, alles sei in Ordnung. Aber der Paß erreichte seinen Eigentümer nicht. Später gelang es, festzustellen, daß Paolo noch im Juni 1942 hochgegangen war, ungefähr einen Monat vor Beginn der „Aktion Reisepaß".
Bei der Verhaftung beschlagnahmte die italienische Spionageabwehr den Chiffrierschlüssel und das Sendegerät. Zum Treffen in Tirano erschien bereits ein Agent der italienischen Spionageabwehr und übernahm den Paß. Im Zusammenhang mit der Reisepaß-Affäre brachten die Italiener in Erfahrung, daß in der benachbarten Schweiz eine sowjetische Nachrichtendienst-Gruppe arbeitete, die in direkter Funkverbindung mit Moskau stand. Die Italiener erfuhren auch, daß

der sowjetische Nachrichtendienst seine Leute bei der Schweizer Polizei hatte, zumindest in Basel. Der italienische Geheimdienst wiederum arbeitete bekanntlich eng mit dem deutschen Sicherheitsdienst (SD) und der Gestapo zusammen. Die Deutschen erhielten neue Angaben über die Gruppe Schweiz, von der sie ohnehin schon dies und das wußten.

Die Gestapo und der SD kontrollierten äußerst rigoros die in Europa wirkenden sowjetischen konspirativen Gruppen. In den mit Deutschland verbündeten Ländern hatten sie ebenso freie Hand wie zu Hause. Als dann 1943 Mussolini gestürzt wurde, brachte die Gestapo Paolo aus dem italienischen Gefängnis nach Deutschland. Neue Verhöre und Folterungen begannen ...

Es ist schwer zu sagen, wieweit die Paß-Angelegenheit dem deutschen und dem italienischen Geheimdienst dem Aufspüren der Gruppe Schweiz diente. Aber die Tatsache allein war beunruhigend, weil das Prinzip der konspirativen Isolierung Abbruch gelitten hatte. Wir mußten eilig Maßnahmen treffen, um unsere Organisation vor Beobachtung zu schützen und verhindern, daß sich feindliche Agenten unter uns einnisten konnten.

Auf Weisung des Direktors wurde Anna von Jim über das Vorgefallene unterrichtet und zur Vorsicht gemahnt. Jim brach seine Verbindung zu Anna ab. 1943 jedoch mußte Jim erneut den Kontakt zu ihr aufnehmen.

Auch ich versuchte alles zu tun, um eventuelle Provokationen im Zusammenhang mit dem Arzt zu vermeiden. Er war verläßlich, aber unsere Mitarbeiter durften sich vorübergehend nicht mit ihm treffen. Später, Ende 1943, als die Schweizer Polizei im ganzen Land nach mir fahndete, gelang es mit Hilfe des Arztes, für mich und meine Frau einen verläßlichen Unterschlupf zu sichern.

FUNKSENDER UND OSZILLATOR

Am 27. Oktober 1942 passierte noch etwas, was für unsere Organisation Gefahr bedeuten konnte: Die Schweizer Polizei packte zu – in der Wohnung des Hamel-Ehepaares, in der Rue de Carouge, hielt sie eine Haussuchung, durchsuchte das Geschäft im Parterre und verhaftete Eduard.

Über das Zuschlagen der Polizei unterrichtete mich Olga Hamel. Ich eilte, mich mit ihr außerhalb der Stadt zu treffen.

Ihren Worten entnahm ich, daß die Polizei abends gegen neun Uhr in ihr Haus eingebrochen war. Eduard war gerade dabei, das Sendegerät mit der Antenne zu verbinden, er rüstete sich zur Arbeit, weil der Zeitpunkt des Sendens bevorstand. Da hörte man von unten, vom Geschäftsraum, Lärm; man hämmerte an die mit Schlüssel und Eisenriegel verschlossene Tür. Das Ehepaar ahnte, daß die Polizei zugriff. Olga raffte die chiffrierten Telegramme vom Tisch, rannte in die Küche und warf sie ins Feuer. Dann ergriff sie das Gerät, lief durch die hintere Tür hinuter in die kleine Lagerkammer, legte dort das Gerät in die zuvor ausgehobene Grube und schaufelte diese zu. Türschloß und Riegel widerstanden minutenlang den Schlägen, während Olga die verräterischen Spuren beseitigte. Als sie in die Wohnung zurückkehrte, trampelten schon Füße auf der Treppe.

Die Polizisten verloren kein Wort, sondern schoben den schließlich die Tür öffnenden Eduard beiseite, rannten in die Wohnung und begannen die Durchsuchung. Sie durchwühlten das ganze Haus. Das in der Kammer versteckte Sendegerät entdeckten sie nicht, aber sie fanden unter dem Parkett jenes Reservegerät, das Eduard in seinen freien Stunden aus Ersatzteilen bastelte. Die Polizisten stellten es auf den Tisch und studierten es genau. Glücklicherweise war es noch nicht fertig, es fehlte die Morsetaste. Außerdem hatte Eduard das Gerät zur Tarnung in einen für sanitäre Zwecke verwendeten Oszillator eingebaut. Der Oszillator und das Radio arbeiten nach gleichem Prinzip, beide strahlen Kurzwellen aus. Wenn die Telegraphiertaste und einige andere Bestandteile fehlen, können selbst Fachleute einen Oszillator nicht leicht von einem Funkgerät unterscheiden.

Auch den Polizisten erklärte Eduard, es handle sich um einen medizinischen Apparat, den er selber zusammenmontiere, weil er nicht fertig zu kaufen sei. Er leide an Neuralgie — er wies auch das ärztliche Attest vor — und behandle sich mit diesem Apparat, weil ein Arzt zu teuer sei.

Die Polizisten antworteten, daß sie ihn auch dann wegen des Versteckens eines Kurzwellengeräts verhaften müßten, wenn es der Heilbehandlung diene. Sie nahmen Eduard und das Gerät mit sich.

Es verging ein Tag, es vergingen zwei Tage, Eduard war noch nicht zurückgekehrt, aber Olga hatte man auch nicht zum Verhör auf die Polizei bestellt. Am dritten Tag endlich ließ man ihren Mann nach Hause.

Auf der Polizei blieb Eduard bei seiner Behauptung, und er spielte seine Rolle überzeugend. Nachdem man keine Beweise gefunden hatte, war der Untersuchungsrichter gezwungen, ihn freizulassen. Das ärztliche Attest kam ihm sehr zustatten und auch, daß das in den Hochfrequenz-Bestrahlungsapparat eingebaute Sendegerät so, halb fertig, eine genaue Kopie des medizinischen Apparates war. Die

Fachleute der Polizei erkannten an, daß Eduards selbstgebauter Apparat wirklich eher dem Oszillator als einem Kurzwellen-Sender ähnelte, und ihre Meinung ließ die Waage zugunsten Hamels ausschlagen.

Die polizeiliche Vernehmung zerstreute in gewisser Hinsicht unsere Befürchtungen. Es stellte sich heraus, daß die Polizisten keinen Geheimsender, sondern illegale Schriften bei den Hamels gesucht hatten und deshalb bei ihnen eingedrungen waren. Die Genfer Polizei hatte nämlich am Tag zuvor Edmund Hamels Bruder erwischt, als jener gerade linkssozialistische Literatur in eine illegale Wohnung brachte. Sein Bruder hatte nichts mit unserer Gruppe zu tun und auch Eduard befaßte sich nicht mit illegaler Parteiarbeit. Die Verhaftung des Bruders zog jedoch naturgemäß die Durchsuchung von Eduards Wohnung nach sich. Die Schweizer Funkpeiler hatten damals unsere Sender in Genf noch nicht entdeckt. Übrigens gab es auch nur wenige solcher Peilgeräte, und man verwendete sie im allgemeinen dazu, um die in den Schweizer Luftraum eindringenden deutschen Flugzeuge aufmerksam zu verfolgen.

Wir beruhigten uns also ein wenig, obwohl dieser Fall die Aufmerksamkeit der Polizei bereits auf Eduard gelenkt hatte.

Wenn man ihm auch im Verlauf der vorangegangenen Nachforschungen nicht nachweisen konnte, daß er einen illegalen Sender betrieben habe, wurde sein Fall zur weiteren Untersuchung dem Kriegsgericht übergeben. Glücklicherweise blieb das polizeiliche Untersuchungsmaterial und beschlagnahmte Indiz – ein nicht fertig gebasteltes Sendegerät – aus irgendeinem Grund ein halbes Jahr dort liegen. Eduard wurde nicht belästigt, er konnte seine Arbeit fortsetzen.

Aber Ende Mai 1943 erhielt er unerwartet eine gerichtliche Vorladung.

Drei Tage vor der Verhandlung wies ich Eduard an, die Arbeit einzustellen und das Reservegerät gut zu verstecken, an dem er zeitweilig arbeitete. Der Alarm erwies sich als überflüssig.

In der Verhandlung am 2. Juni konnte das Kriegsgericht in der Sache gegen Eduard keine besondere Straftat feststellen. Das Urteil fiel überraschend milde aus. Zehn Tage Gefängnis auf Bewährung für unberechtigtes Aufbewahren eines medizinischen Kurzwellen-Geräts. Die Affäre Eduard, die für uns ernste Folgen hätte haben können, überstanden wir schließlich mit einem kleinen Schrecken.

ROSAS „FREUND“

Rosa war das jüngste Mitglied unserer Gruppe; im Dezember 1942 vollendete sie ihr dreiundzwanzigstes Lebensjahr. Obwohl sie einen festen Charakter hatte und von verschlossener Natur war und mit Hingabe unserer Sache diente, besaß sie neben ihren positiven Eigenschaften auch negative: ihr fehlte die Vorsicht, die Umsichtigkeit, welche Menschen, die in der Illegalität arbeiten, meist erst nach jahrelanger Erfahrung erwerben.
Als wir dieses Mädchen – das Kind eines alten Internationalisten – in unsere Arbeit einbezogen, vertrauten wir darauf, daß mit der Zeit aus ihr ein guter Kämpfer der illegalen Front werden würde.
Es dauerte mehrere Monate, bis wir Rosa erprobt hatten, ihr die Regeln der Konspiration beibrachten und sie die Funkerarbeit lehrten. Im Herbst 1942 – wie ich schon erwähnte – hielt Rosa schon selbständige Verbindung mit der Zentrale.
Lene und ich besuchten Rosa regelmäßig tagsüber oder am Abend. Daran war nichts Auffallendes, denn die Nachbarn mochten uns für Französischlehrer oder für Verwandte des Mädchens halten. Auch das allzu abgeschiedene Leben einer Studentin hätte unnötig Neugier erwecken können.
Rosa arbeitete ziemlich gut. Rechtzeitig begann sie das Senden, übermittelte den verschlüsselten Text fehlerfrei, erledigte die Kurieraufgaben diszipliniert und pünktlich. Wir bemerkten nicht, daß sie die Regeln der Konspiration verletzt hätte. Und trotzdem passierte das Schlimmste.
Bei dem Friseur lernte Rosa Hans Peters, der dort arbeitete, kennen. Dieser junge, gut aussehende Deutsche lebte schon lange in der Schweiz. Sicherlich unternahm er alles, um sie verliebt zu machen. Er ließ sie glauben, er sei Mitglied einer illegalen Widerstandsgruppe, ein Antifaschist, sogar Kommunist. Das behauptete Rosa später von ihm mit großer Überzeugung, als in unserer Gruppe die Mitarbeiter aufzufliegen begannen und der Verdacht sich unter anderem auch auf ihren Geliebten erstreckte.
Der Mangel an Lebenserfahrung, die Unerfahrenheit gegenüber den raffinierten Methoden des Feindes spielten in diesem Fall eine fatale Rolle. Das Mädchen glaubte den Worten ihres Verehrers und vergaß, daß sie stets hätte auf der Hut sein müssen; sie verliebte sich und verlor die Selbstkontrolle. Das schlimmste aber war, daß Rosa weder mir noch meiner Frau von dieser Verbindung erzählte.
Das mochte etwa im September 1942 passiert sein.
Nach dem Krieg erst stellte sich heraus, daß der Friseur Hans Peters,

der in Genf wohnte, Mitglied der in den dreißiger Jahren in der Schweiz gegründeten halblegalen nationalsozialistischen Organisation war und sich als Geheimagent der Gestapo betätigte. Er hielt enge Verbindung zu Hermann Henseler, einem Mitarbeiter des deutschen Konsulats in Genf, der selbst deutscher Geheimagent war und Peters finanzierte.

Nach einer Weile lud Rosa Peters in ihre Wohnung ein. Dieser „deutsche Kommunist" spielte seine Rolle geschickt, Rosa wurde schließlich seine Geliebte. Die Nächte verbrachten sie entweder in der Wohnung von Peters oder von Rosa. Auf diese Weise schlich sich der deutsche Agent in jene Wohnung ein, wo ein Sender unserer Organisation arbeitete. Man kann sich leicht vorstellen, wie die Gestapo-Leitung triumphierte, als Peters diese Mitteilung machte!

In diesem Zusammenhang muß ich etwas über das sogenannte Kommando „Rote Kapelle" in Himmlers Spionageabwehr-Zentrale sagen, das die Aufgabe hatte, in Europa die sowjetischen Nachrichtendienstler aufzuspüren.

Aus den Archivmaterialien, den Protokollen der nach dem Krieg erfolgten Verhöre von Mitarbeitern des deutschen Geheimdienstes nimmt die Geschichte der Gründung und des Wirkens des Kommando Rote Kapelle Gestalt an. Die Arbeit der Organisation ist ferner detailliert beschrieben von dem schon oben erwähnten W. F. Flicke, dem Spezialisten der Nazi-Spionageabwehr.[1]

Den Tarnnamen „Rote Kapelle" gaben die Nazis all jenen in Europa tätigen sowjetischen Nachrichtendienstgruppen, deren Sender seit Beginn des Krieges gegen die Sowjetunion angepeilt worden waren. Der Abwehr, dem SD und der Gestapo gelang es 1941, unsere Mitarbeiter in Brüssel und Holland, dann auch in der Hauptstadt des Deutschen Reiches aufzuspüren. Doch trotz unseres Auffliegens in Holland, Brüssel und Berlin meldete der deutsche Funkbeobachtungsdienst, daß die Sender in Frankreich und der Schweiz auch weiterhin in lebhaftem Funkdialog mit Moskau stünden.

Daraufhin wurde auf Himmlers persönliche Anweisung aus einigen verläßlichen, qualifizierten Mitarbeitern der politischen Geheimpolizei schnellstens eine Gruppe gebildet. Diese spezielle Gestapo-Gruppe, die die Bezeichnung Sonderkommando Rote Kapelle erhielt, arbeitete eng zusammen mit der militärischen Funkaufklärung und dem Reichssicherheitsdienst.

Im Sommer 1942 traf das Kommando in Paris ein. Sein Führungsstab schlug erst in der Rue de Saussaie, im Gebäude des SD (zuvor

---

[1] W. F. Flicke: Spionagegruppe Rote Kapelle. Kreuzlingen 1954.

des französischen Geheimdienstes, der Sureté) sein Quartier auf, übersiedelte dann in ein eigenes Gebäude am Boulevard de Courcelle.

Das Kommando Rote Kapelle apostrophierte man später als „Pannwitz-Kommando", denn vom Sommer 1943 an leitete der SS-Hauptsturmführer Heinz Pannwitz, ein erfahrener Kriminalist des Prager Büros der Gestapo, die Arbeit dieser Spezialgruppe.

In Paris begannen die Agenten des Kommandos nach der sowjetischen Nachrichtendienst-Organisation zu suchen, deren mit Moskau aufrechterhaltene Funkverbindung die Lokatoren der Abwehr bereits über ein Jahr lang beobachteten. Ein Teil ihrer Agenten wurde in die unbesetzte Zone Frankreichs geschickt, weil nach den Vermutungen der Kommandoleiter sich dort der Führer und mehrere Mitglieder der Gruppe Belgien-Holland versteckten, denen es 1941 gelungen war, sich der Festnahme zu entziehen.

Zur gleichen Zeit begann das Kommando seine Aktion gegen die Gruppe Schweiz. Die Deutschen wußten, daß zwei unserer Sender in Genf oder Umgebung arbeiteten, der dritte wiederum in Lausanne. Sie mußten die Sender finden, was in volkreichen Städten nicht leicht ist. Aber das größte Kopfzerbrechen bereitete dem Kommando die Tatsache, daß die Suche und Fahndung auf dem Territorium der neutralen Schweiz sehr schwer war, deren Regierung sich zwar gegenüber den offiziellen Vertretern des Deutschen Reiches loyal verhielt, aber die Aktionen von Himmlers Geheimdienst in der Schweiz entschieden behinderte.

Im Sommer 1942 konnten die Deutschen unsere Telegramme noch nicht entziffern. Die abgehörten Telegramme verstaubten auf den Tischen der Fachleute. Aber der Erfolg wäre auch dann nicht komplett gewesen, wenn man den Standort der Sender ermitteln und lediglich die Funker hätte schnappen und die Geräte sicherstellen können. Die Deutschen wußten aus Erfahrung, daß die Organisation all das ersetzen konnte, solange man nicht ihre Führer fing.

Der deutsche Geheimdienst wandte eine neue, schlauere Taktik an. Laut W. F. Flicke war das Wesentliche dieser Methode, daß man zunächst die technische Linie der illegalen Organisation ermittelte, dann dieser Spur folgend die ganze Dokumentation, den Chiffrierschlüssel, die Namensliste der Mitarbeiter usw. bekam. Wie der Autor des Buches „Spionagegruppe Rote Kapelle" schreibt, konnte man so zwei Fliegen auf einen Schlag fangen, nämlich die betreffende Nachrichtendienst-Gruppe völlig liquidieren und, was nicht weniger nützlich war, den Funkkontakt mit Moskau aufnehmen, um in dieser Weise die sowjetischen Nachrichtendienstorgane irrezuführen.

Im Interesse des Erfolges hielten die Deutschen nach Anpeilung und Ermittlung der Sender die Funker und all jene unter Observation, die ihnen die Informationen übermittelten. Durch ausdauernde Beobachtung stießen sie auf die Spur weiterer illegaler Wohnungen und weiterer Leute. Außerdem schickten sie Provokateure zu den Verdächtigen, damit sich diese in deren Vertrauen einschlichen und in die Organisation gelangten. Waren die Wohnungen, die Mitarbeiter und deren Kontakte aufgespürt, schloß sich der Kreis; die Verhaftungen folgten.

Bei der Fahndung nach unserer Gruppe wandte die deutsche Abwehr im großen ganzen diese Methode an, nur mit dem Unterschied, daß die Arbeit ihrer Agenten in der Schweiz viel schwieriger war als auf dem Gebiet des Deutschen Reiches oder in den besetzten Ländern.

Aus der dienstlichen Korrespondenz der Gestapo ging nach dem Kriege hervor, daß im August 1942 zwei ihrer Agenten, Hermann Henseler und Hans Peters (der Genfer Friseur), die Aufgabe erhalten hatten, zu versuchen, sich in die sowjetische Nachrichtendienst-Organisation einzuschleichen. Dem einen Agenten gelang es, enge Verbindung mit einer gewissen Margarete Bolli aufzunehmen, die, wie sich herausstellte, Funkerin war.

Genau dies schreibt auch W. F. Flicke in seinem Buch: Im Sommer 1942 wurden zwei Agenten mit der Aufgabe nach Lausanne und Genf geschickt, Kontakt zu den Funkern der Gruppe Schweiz zu suchen.[1]

In seinem anderen Buch, betitelt „Agenten funken nach Moskau", bekräftigt Flicke das. Wie der Autor schreibt, wußten die Agenten angeblich, daß der eine Sender von einem jungen Mädchen betrieben wurde. Er teilt den Decknamen des Mädchens mit – Rosa –, auch meinen Namen und Jims richtigen Namen, gibt Einzelheiten aus Rosas Lebenslauf bekannt, obwohl mindestens die Hälfte dieser Details erfunden und alles lediglich eine Zusammensetzung aus den erst weit später ermittelten Angaben ist. Flicke schreibt, daß Rosa nicht den geringsten Grund für einen Verdacht gegen ihren Freund gehabt habe und nicht ahnen konnte, daß er Gestapo-Agent sei.[2]

Die Tatsache der Bekanntschaft zwischen Rosa und Peters, das solche „kompetenten" deutschen Organe und Personen bezeugen, kann nicht angezweifelt werden. Unklar ist bloß, wieso der Gestapo-Agent feststellte, daß Rosa diejenige war, die er suchte, oder daß sie Funkerin war, ein Mitglied unserer Gruppe.

---

[1] W. F. Flicke: Spionagegruppe Rote Kapelle. p. 168.
[2] W. F. Flicke: Agenten funken nach Moskau. pp. 304–305, 316–318.

Es ist ganz offensichtlich, daß die Deutschen nicht wußten, wo das gesuchte Sendegerät zu finden war, solange Rosa Peters nicht kennengelernt hatte. Zur Ortung wäre es notwendig gewesen, ganz aus der Nähe, in der Stadt selbst, Peilungen vorzunehmen, jedes Viertel und jedes Haus zu kontrollieren (ein Jahr später unternahm das die Schweizer Polizei — möglicherweise an Hand von Hinweisen der Deutschen — mit Erfolg). Die deutschen Agenten konnten Rosa nur verdächtigen, wenn das Mädchen sich regelmäßig mit Personen traf, die von der Gestapo oder dem SD beobachtet wurden. Rosa hielt Verbindung mit Pakbo, Jim, mir und Lene. Die Adresse der Wohnung in der Henri-Mussard-Straße wußte außer uns nur noch Eduard, der dort das Sendegerät installierte.
Wen von uns konnte man damals, also bis August, im Auge behalten haben?
Die Gestapo und die Schweizer Polizei mochten Pakbo schon lange vor dem Kriege als fortschrittlichen Journalisten, Antifaschisten, Direktor einer sozialistischen Presseagentur gekannt haben. Eduard wurde im Oktober von der eidgenössischen Polizei vorübergehend festgenommen. Über mich und Lene konnten solche Leute der Gestapo Angaben liefern, die von unserer kommunistischen Vergangenheit wußten. So beispielsweise der weiter oben erwähnte Zweig (Rameau-Aspirant), der Gestapo-Agent, der im Frühjahr 1942 aus Frankreich in die Schweiz gekommen war. Zweig kannte mich und meine Frau noch aus Paris.
Bemerkenswert ist auch, daß Peters bei jenem Friseur arbeitete, dessen Dienste meine Frau regelmäßig in Anspruch nahm. Dorthin ging auch Rosa. Anscheinend ist nichts natürlicher, als daß zwei Freundinnen, die sich etwas Zeit genommen haben, um sich um ihr Äußeres zu kümmern, sich treffen und miteinander reden. Aber das Leben wirft häufig jede nüchterne Berechnung über den Haufen.
Es kann auch sein, daß Peters, nachdem man seine Aufmerksamkeit auf Lene gelenkt hatte, sie im Auge behielt und in jenem Friseurladen eine Arbeit annahm, wo meine Frau hinzugehen pflegte. Hier konnte er Zeuge der Gespräche Lenes und Rosas sein.
Neben dieser Annahme können wir auch die Möglichkeit nicht ganz ausschließen, daß man auf Rosa durch die Beschattung Pakbos aufmerksam wurde. Wie immer es geschah, Tatsache ist, daß im August/September 1942 das Gestapo-Kommando auf die Spur unserer Gruppe stieß.
Ich weiß nicht, was Rosa dem „Kommunisten“ Hans Peters erzählte, ob das leichtgläubige Mädchen verriet, daß sie durch Funk in Kontakt mit Moskau stehe, aber eines ist sicher: Peters war ihr dauernd auf

den Fersen, wenn sich Gelegenheit bot, durchsuchte ihre Wohnung, suchte das Sendegerät, und natürlich konnte er Rosa beobachten, wenn sie sich mit mir oder Lene traf oder mit einer Aufgabe Genf verließ. Sicherlich gelang es auf diese Weise, festzustellen, daß Rosa mit Pakbo und Jim in Kontakt stand. Das wiederum bedeutete eine außerordentlich große Gefahr.
Wenn wir gewußt hätten, welch schweren Fehler Rosa beging, hätten wir noch immer eine Möglichkeit finden können, unsere Organisation zu schützen: durch rasches Umorganisieren der Verbindungen, durch Abbruch des Kontaktes zu Rosa und Wegnahme ihres Senders, durch einen Wohnungswechsel Jims. Einige von uns wären in die Illegalität untergetaucht, um von dort die Arbeit der Gruppe zu leiten.
Wir aber ahnten nicht, woher sich der Feind näherte.

SCHELLENBERG ERSCHEINT

Himmler war offenbar unzufrieden, daß das Aufsuchen der in Europa — u. a. in der Schweiz — übriggebliebenen und bereits angepeilten illegalen Gruppen nur langsam vonstatten ging. Der Reichsführer SS beschloß, sich an den Geheimdienst des Schweizer Staatenbundes heranzumachen, um auf diese Weise zu versuchen, sich die nötigen Informationen und die Bewegungsfreiheit in diesem neutralen Lande zu verschaffen. Diese geheime Mission vertraute Himmler seinem Schüler und Liebling, dem SS-Brigadeführer (General) Walter Schellenberg, an.
Nach dem Kriege kam Licht in diese raffiniert ausgeklügelte Aktion.
Schellenberg gehörte zu der Nazi-„Elite", die Hitlers volles Vertrauen genoß und in deren Hand die gesamte politische Macht Deutschlands lag. Diese faschistischen Bonzen lenkten die Geheimpolizei (die Gestapo) und den Reichs-Sicherheitsdienst (SD). Die Gestapo und der SD, der ein organischer Bestandteil des von Himmler geführten, berüchtigten SS-Apparates war, erfüllte auf dem Gebiete des Reichs die Funktionen der Vergeltungs- und Spionage-Abwehr, befaßte sich außerdem mit Spionage und Diversion in den neutralen und den mit Deutschland im Krieg stehenden Staaten.
Schellenberg als einer der Führer des deutschen Sicherheitsdienstes leitete jene Abteilung des SD, die sich mit der Aufklärung und Abwehr außerhalb Deutschlands Grenzen befaßte. Von seiner Residenz in der Berlin-Schmargendorfer Berkastraße, die nur sehr wenigen bekannt war, lenkte Schellenberg einen riesigen, die ganze Welt umspannenden Agentenapparat. Die SS-Kopfjäger von Otto Skorzenys

Fallschirm-Diversionsabteilung standen ebenfalls unter seiner Verfügungsgewalt.

Schellenberg war auf jede Weise bestrebt, den Mechanismus der ihm anvertrauten Organisationen zu perfektionieren. Er trägt die Schuld am Tod von vielen tausend illegaler Antifaschisten, die in Konzentrationslagern und Gefängnissen ermordet wurden. Schellenberg wurde dafür auch zur Rechenschaft gezogen: Nach Deutschlands Niederlage verurteilte ihn das allierte Militärgericht als Kriegsverbrecher, obwohl die ihm zuteil gewordne Strafe (vier Jahre Zuchthaus) in keinem Verhältnis zu seinen Untaten stand.

Zu seiner konspirativen Schweizer Unternehmung wählte Schellenberg den passenden Zeitpunkt: Die Deutschen hatten damals ihre größten militärischen Erfolge an der sowjetisch-deutschen Front. Die Sturmdivisionen der Wehrmacht brachen in Stalingrad ein, erbitterte Schlachten tobten in den Vorbergen des Kaukasus. Es schien nur noch einer kleinen Anstrengung zu bedürfen, um den Widerstand der sowjetischen Armee im Süden zu brechen. In Westeuropa wiederum waren keine Vorbereitungen zur Landung der Alliierten zur Eröffnung einer zweiten Front zu bemerken, und im Hinterland des Dritten Reiches herrschte relative Ruhe.

Himmlers Beauftragter konnte darauf zählen, daß in dieser für Deutschland militärpolitisch günstigen Lage die Schweizer leichter zugänglich seien, daß sie eher zu Konzessionen auf der Ebene der Geheimdienste bereit wären. Schellenberg irrte nicht. Der SS-Brigadeführer setzte sich kein geringeres Ziel, als das Anknüpfen persönlicher Kontakte zum Oberstbrigadier Roger Masson (im Range eines Generalmajors), dem Chef der Schweizer nachrichtendienstlichen und Abwehr-Organe, dem außerdem die Zollwache und der Grenzschutz unterstanden. Es war sehr verlockend, mit einer so einflußreichen Person in Kontakt zu gelangen, von der es hieß, wie der in dieser Hinsicht gewiß nicht voreingenommene ehemalige deutsche Generalstabsoffizier Wilhelm von Schramm schreibt, daß Masson „fast gegen seinen Willen, aber dennoch auf den Sieg des Deutschen Reiches vertraute“.[1] In dieser Hinsicht stand er übrigens nicht allein. Auch der Präsident (bis 1941) und Außenminister des Schweizer Staatenbundes, Marcel Pilet-Golaz, „war überzeugt vom Sieg der Deutschen“. Pilet-Golaz ging so weit, daß er über der Schweiz abgeschossene deutsche Flieger und Flugzeuge ohne Wissen des Schweizer Armeekommandos den Deutschen auslieferte, ohne daß die Nazis darum ersucht hätten.[2] Er war es auch, der sogar ohne Unterrichtung

[1] W. v. Schramm: Verrat im Zweiten Weltkrieg. Düsseldorf 1967. p. 266.
[2] Siehe J. Kimche: General Guisans Zweifrontenkrieg. pp. 105, 111.

der Schweizer Staatsanwaltschaft aufs neue die Verbreitung der verbotenen Nazi-Zeitungen in der Schweiz erlaubte, obwohl in Hitlers Reich die meisten Schweizer Zeitungen verboten waren. Von Pilet-Golaz stammte der bezeichnende Satz, daß die Ereignisse (das heißt die deutschen Siege) einander schnell folgen; man muß sich ihrem Rhythmus anpassen. Am 31. Oktober 1941 erklärte er in einem Parlamentsausschuß laut stenographischem Protokoll: „Die Deutschen sind die Sieger. Der Sieg wird auch in Rußland eintreten, wenn nicht im Herbst, dann im nächsten Frühjahr."[1]

Es ist also nicht überraschend, daß angesichts einer solchen Haltung des Staats- und Regierungschefs, wie Barbey, der Adjutant General Guisans, in seinen Aufzeichnungen schreibt, „Masson von der bevorstehenden Begegnung enthusiasmiert war, weil Schellenberg, dieser kultivierte und feine junge Mann, nicht nur Himmler, sondern sogar Hitler selber beeinflussen konnte und viel Verständnis für die Lage der Schweiz aufbrachte."[2]

Masson – wie auch im allgemeinen die Schweizer Regierungskreise, die Mehrheit der politischen und Wirtschaftsführer – wollte um jeden Preis die Spannung zwischen der Schweiz und ihrem mächtigen Nachbarn, dem Dritten Reich, vermeiden. Masson und die meisten Mitglieder der Schweizer Regierung gaben bereits 1940 weitgehend der Schweizer Presse die Schuld an der Spannung, die sich dauernd in der Kritik des Nazi-Regimes äußerte. Natürlich war dies auch die Meinung des deutschen Propagandaministeriums.

Das Spiel, das der SD-Leiter hinter den Kulissen mit dem Chef des Schweizer Geheimdienstes führte, erlangte breite Publizität durch das Buch zweier französischer Journalisten, das unter dem Titel „Der Krieg wurde in der Schweiz gewonnen" im Westen großes Aufsehen erregte.[3] Die Schilderung der von mir geleiteten Gruppe – infolge deren Tätigkeit laut Accoce und Quet „der Krieg in der Schweiz gewonnen wurde" – entspricht nicht der Wirklichkeit. Aber die Autoren, die versuchten, die Geschichte des Zweiten Weltkrieges grob zu verfälschen, haben mit ihrem Buch jedenfalls dazu beigetragen, den im Herbst 1942 zwischen Schellenberg und Masson etablierten Kontakt besser zu beleuchten. Roger Masson, der nach seiner Pensionierung, im Jahre 1967 starb, hat angeblich selber vor einigen Jahren den Verfassern, die das Material für ihr Buch sammelten, die Details seiner Begegnung mit dem Chef des deutschen SD erzählt.[4] Es muß

[1] Neue Zürcher Zeitung, 21. November 1965.
[2] J. Kimche: General Guisans Zweifrontenkrieg. p. 150.
[3] P. Accoce-P. Quet: La guerre a été gagnée en Suisse.
[4] Ebenda, p. 313.

aber angemerkt werden, daß der Text der deutschen Buchausgabe dieser Behauptung kraß widerspricht. Jedenfalls wurde die Verbindung zwischen Schellenberg und Masson sofort nach dem Krieg auch von den Schweizer und amerikanischen Blättern gelüftet, so daß die beiden Franzosen kein Geheimnis mehr aufdecken konnten, als sie ihr Buch schrieben.

Schellenberg und Masson trafen sich angeblich 1942 und 1943 zweimal, also insgesamt viermal (Kimche weiß in seinem zitierten Werk nur von zwei Begegnungen). Zuerst am 8. September 1942 im süddeutschen Grenzstädtchen Waldshut. Einen Monat danach begab sich der SD-Chef selber in die Schweiz. Oberstbrigadier Masson empfing seinen Gast auf Schloß Wolfsberg bei Ermatingen am Bodensee, wo er mit ihm vom 16. bis 18. Oktober verhandelte. Das Schloß war Eigentum von Paul Meyer-Schwartenbach, einem Vertrauensmann Massons. Meyer, der vor dem Krieg sein Brot recht und schlecht mit dem Schreiben von Detektiv-Romanen verdiente, wickelte während des Krieges — trotz seines Hauptmann-Ranges in der Nachrichtendienst-Organisation Massons — gemeinsam mit dem SS-Sturmbannführer Hans W. Eggen, dem Adjutanten Schellenbergs, die Kriegslieferungen der Schweiz an die deutsche Armee ab. Das war anscheinend so einträglich, daß er 1942 bereits ein Schloß besaß, wo er die Begegnungen deutscher und Schweizer Nachrichtendienstler vermitteln konnte.

Auch die weiteren Treffen fanden auf dem Territorium der neutralen Schweiz statt. Es versteht sich von selbst, daß diese Reisen geheimgehalten wurden. Nur einige Vertrauensleute und die Leibwache der beiden Besucher wußten davon.

Wir wissen nicht genau, worüber die Leiter der Nachrichtendienste bei ihren Begegnungen im Jahre 1942 sprachen. Mag sein, daß Schellenberg bei seinem Kollegen nur vorfühlte und zunächst keinen Druck auf ihn auszuüben versuchte. Jedenfalls scheint er einen großen Eindruck auf Masson gemacht zu haben, der nach dem September-Treffen zu Bernard Barbey, dem Flügeladjutanten General Guisans, sagte: „Wir (nämlich Masson und Schellenberg) arbeiten auf der gleichen Wellenlänge.“[1]

Ein schönes Eingeständnis seitens des Nachrichtendienst-Chefs der neutralen Schweiz. Bestimmt hat Schellenberg, ein Meister der Provokation und der Täuschungen, seine Karten nicht sofort gegenüber einem solchen Gegner aufgedeckt, der die Regeln der Intrigen hinter den Kulissen gut kannte. 1942 machte Schellenberg wahrscheinlich

---

[1] J. Kimche: General Guisans Zweifrontenkrieg. p. 21.

Masson keine Angaben über die „Rote Drei“, erbat keine Hilfe für das Aufspüren unserer Organisation. Aber es ist nicht unmöglich, daß der SD-Chef seinem Kollegen zu verstehen gab, welche beunruhigenden Umstände ihn genötigt hatten, von Berlin insgeheim in die Schweiz zu reisen.
Eine Sache ist offenkundig: Brigadeoberst Masson mußte verstanden haben, daß eine so mächtige Persönlichkeit wie Schellenberg in einer sehr wichtigen Angelegenheit ein Vertrauensverhältnis zu ihm anzubahnen strebte. Aber was konnte das sein? Was suchte der SD-Chef in der Schweiz? Masson konnte leicht darauf kommen, daß es sich gewiß um eine Nachrichtenorganisation handelte, die gegen Deutschland arbeitete.

LUCY

Wie ich erwähnt habe, erhielten wir im Sommer 1942 außerordentlich gute Informationen durch Sissy von Taylor, versuchten aber vergeblich, mit seiner Nachrichtenquelle in direkten Kontakt zu treten; Taylor wollte davon nicht einmal hören. Ungefähr Mitte November jedoch, als bei Stalingrad die Einkreisung der Armee von Paulus begann, ließ Taylor Sissy wissen, daß sein deutscher Freund, von dem er die Informationen erhalte, bereit sei, den sowjetischen Nachrichtendienst regelmäßig mit dem ihn interessierenden Material zu versorgen. Nach vorher eingeholter Erlaubnis der Zentrale bat Sissy Taylor, offen mit seinem Freund zu sprechen und ihn zur Zusammenarbeit mit uns zu bewegen.
Taylor erzählte, daß sein Freund völlig außer sich sei, als er erfuhr, daß die außerordentlich wertvollen Informationen von der östlichen (sowjetischen) Front, die er (durch den Schweizer Nachrichtendienst) an die Engländer gab, dort nicht verwendet, sondern in den Papierkorb geworfen wurden. Gewiß wirkten auch die Erfolge der Roten Armee vor Stalingrad positiv auf ihn ein, sie spornten ihn zur Zusammenarbeit mit uns an. Taylor teilte Sissy mit, daß er und sein Freund bereit seien, ohne Gegenleistung, also ohne Bezahlung, nur gegen Erstattung der Unkosten, der Sowjetunion zu helfen, weil sie erkannten, daß dieses Land der unerbittlichste Feind Hitlers war und von seinem Kampf der Ausgang des Krieges abhinge.
Taylor jedoch stellte auch Bedingungen. Sein Freund würde nur dann mit uns zusammenarbeiten, wenn wir nicht versuchten, seinen wahren Namen, seine Adresse und seinen Beruf in Erfahrung zu bringen. Taylor teilte nur mit, daß dieser Mann in Luzern wohne.

Ich fragte bei der Zentrale an, ob wir diese Bedingung akzeptieren durften. Ich war der Meinung, daß wir uns auf diese unübliche Bedingung einlassen sollten, damit unser Kontakt zu diesem äußerst gut informierten Mann oder vielleicht einer ganzen Gruppe nicht abriß. Nach gründlicher Erwägung erklärte sich der Direktor einverstanden, machte mich jedoch aufmerksam, daß auch Sissy vorsichtig sein und Taylor unter keinen Umständen seinem Freund Sissys Namen und Adresse verraten solle. Taylor nahm diese Bedingung an.

Auf diese Weise war ab November 1942 jemand unter uns, der von nun an eine sehr große Rolle bei unserer Arbeit spielte. Ich gab ihm den Decknamen Lucy, in Anspielung auf seinen Wohnort Luzern. Wie alle anderen Decknamen, verwendete ich auch diesen nur in meinen Telegrammen an den Direktor.

Auf jeden Fall wollte ich noch vor Eintreffen der Antwort des Direktors Lucys nachrichtendienstliche Möglichkeiten testen. Ich betraute ihn mit der Aufgabe: Er solle herausfinden, was der deutsche Generalstab über die Rote Armee, die Dislokation der Truppen an der Front, die Kommandeure usw. wisse.

Lucy verständigte mich durch Taylor, daß er zu antworten bereit sei.

Am 3. oder 4. Tag überreichte mir Sissy einen mehrere Seiten langen, mit Schreibmaschine geschriebenen Text. Die von Lucy erhaltene Information verblüffte uns, denn unsere Fragen wurden erschöpfend beantwortet. Er nannte Dislokation und Zahl mehrerer sowjetischer Divisionen, nannte die Kommandeure und bewertete sie vom Standpunkt des deutschen Generalstabs. Hier sprach man mit größter Anerkennung über Marschall Schaposchnikow, den Chef des Generalstabes der Roten Armee. Die Deutschen nannten Schaposchnikow ein Genie. Sehr schmeichelhafte Worte hatten sie für die Mittelschicht des Kommandostabes der Roten Armee. Die Fähigkeiten einzelner Front- und Divisionskommandeure jedoch schätzten sie gering ein.

Natürlich gewannen die Deutschen diese Daten aus der Frontaufklärung und den Auskünften der Gefangenen, denn – wie Paul Carell schreibt: „Die deutsche Seite hatte keinen Einblick in die großen strategischen Pläne des sowjetischen Oberkommandos ... Es gab keinen deutschen Aufklärungsdienst in den hohen sowjetischen Stäben."[1]

Von da an betraute die Zentrale Lucy mit den kompliziertesten Aufgaben, die er hervorragend erfüllte.

Lucys richtiger Name stellte sich erst nach 1944 heraus, als unsere Gruppe aufflog und die Prozesse begannen. Da hörten wir zum

---

1 Paul Carell: Verbrannte Erde. Frankfurt/Main 1966. p. 441.

erstenmal den Namen Rudolf Rössler. Nach dem Krieg erschienen Dutzende von Artikeln und Büchern über ihn. Die Diskussion über das Rössler-„Problem" ist bis heute in den Spalten der westlichen Presse nicht verstummt.

Heute ist die Gestalt Rudolf Rösslers ziemlich klar umrissen, aber seine Tätigkeit wird in verschiedenen europäischen Kreisen und Presseorganen unterschiedlich bewertet. Einige halten Rössler für „den besten Nachrichtendienstler des Zweiten Weltkriegs", andere für „einen wahren deutschen Patrioten, einen Kämpfer gegen den Faschismus", nach Meinung dritter wiederum hat er sein Vaterland und das deutsche Volk verraten. Ebenso werden charakterisiert jene bis heute unbekannten, angeblich hochgestellten Offiziere, die Lucy mit militärischen Informationen versorgten.

Rudolf Rössler stammte aus einer bürgerlichen Familie in Kaufbeuren, einem alten bayerischen Städtchen. Sein Vater war ein hoher Forstbeamter, der seine Kinder im Geiste der strengen protestantischen Religion erzog.

Als der Erste Weltkrieg ausbrach, wurde auch der kaum siebzehnjährige Rudolf vom chauvinistischen Eifer mitgerissen und meldete sich freiwillig an die Front. Das Leben im Schützengraben ernüchterte ihn wahrscheinlich, denn nach seiner Heimkehr dachte er gar nicht daran, eine militärische Laufbahn einzuschlagen, sondern befaßte sich mit Kunst und Journalismus. Er schrieb Theaterrezensionen, war in den zwanziger Jahren Zeitungsredakteur in Augsburg, gab in München eine literarische Zeitschrift heraus, und in den dreißiger Jahren leitete er in romantischer Begeisterung und mit Sachverstand den „christlich-national gesinnten" Bühnenvolksbund, der als Gegengewicht zur Volksbühne linksorientierter Theaterbesucher in Berlin gegründet worden war.

Die Ehefrau des liberaldemokratischen Rössler, ein aus dem Volk stammendes, einfaches Mädchen, war zuvor Verkäuferin in einem Augsburger Kaufhaus gewesen. Bei der Machtübernahme der Nazis verließen beide Deutschland, emigrierten in die Schweiz und wurden erbitterte Feinde des Nationalsozialismus. Rössler gründete 1934 den Buchverlag Vita Nova, dessen Eigentümer und Direktor er war.

Der in die Fremde verschlagene Rössler beschloß, mit der gleichen Waffe gegen das verhaßte Hitlerregime zu kämpfen, die auch seine Berliner antifaschistischen Freunde wählten. Diese äußerst scharfe Waffe war: die Nachrichtenbeschaffung.

Rössler etablierte wahrscheinlich noch vor dem Krieg den Kontakt zum sogenannten Büro Ha, der vom General Guisan patronisierten Geheimfiliale des Schweizer Nachrichtendienstes, das seinen Namen von dem Chef, Major Hans Hausamann, erhielt, der nebenbei mit Einverständnis der Behörden der militärische Ratgeber der Schweizer Sozialdemokratischen Partei war.[1]

Für den Schweizer Nachrichtendienst war das ein enormer Gewinn. Als Rössler seine Dienste dem Büro Ha anbot, verfügte er wahrscheinlich schon über wichtige Quellen, die zum geheimen Krieg gegen das Dritte Reich bereitstanden. Rössler erhielt sein Nachrichtenmaterial von Angehörigen der Widerstandsbewegung, die sowohl in öffentlichen deutschen Ämtern saßen, als auch von solchen, die in die Schweiz emigriert waren. Wer waren diese Leute, wie war diese Antinazi-Organisation gebildet worden, wie gelangten die Informationen aus Berlin über die Grenze zu Rössler? Auf alle diese Fragen gibt es bis zum heutigen Tag keine eindeutige Antwort.

So viel aber ist gewiß, daß Rudolf Rössler eng mit dem Schweizer Nachrichtendienst kooperierte und ihm die aus Deutschland stammenden militärischen Informationen lieferte. Das bezeugen verschiedene Archivmaterialien, ferner Rösslers Geständnisse, als er — bereits nach dem Kriege — von den Schweizer Behörden vor Gericht gestellt wurde.

In dem am 2. November 1953 begonnenen Prozeß legte Rössler vor dem eidgenössischen Gericht zu seiner Verteidigung seinen Standpunkt dar, der charakteristisch für seine Einstellung ist. Ich zitiere: „Man nennt mich Spion. Ein Spion ist bekanntlich ein Mensch, der unter Verletzung der anerkannten Regeln der Kriegführung den Gegner irreführt — sich beispielsweise in der Uniform des Feindes auf dessen Territorium schleicht — oder durch Täuschung, Betrug, eventuell Gewaltanwendung sich wichtige Geheimnisse beschafft. Daß ich auf diese oder ähnliche Weise mich betätigt hätte, das behauptet nicht einmal die Anklageschrift.“ Edgar Bonjour, der bekannte Geschichtsprofessor der Universität Basel, fügt in seinem im Auftrag der Schweizer Regierung angefertigten Bericht[2] über die Außenpolitik der Schweiz während des Weltkrieges hinzu, daß Rössler und Radó „im eigentlichen Sinne des Wortes nicht Spione genannt werden können. Sie selber haben nicht spioniert, sondern die von ihren Agenten ihnen übergebenen Nachrichten gesammelt, geordnet, ausgewertet und teilweise durch ihren eigenen Sender, zum Teil durch Kuriere und Post weitergeleitet“. Auf sie trifft laut Bonjour die obige Erklärung Rösslers ebenso zu wie folgende Worte: „Mit gutem Gewissen kann ich sagen, daß ich nicht an die Verletzung der Schweizer Aus-

[1] Neue Zürcher Zeitung, 6. Februar 1970. Der Nachrichtendienst der Schweiz im Zweiten Weltkrieg.

[2] Ebenda.

landsbeziehungen als eventuelle Konsequenz meiner Handlungen dachte." Laut Bonjour konnte Rössler „zu Recht diese Meinung hegen, um so mehr, als die Schweiz und die Sowjetunion sich nicht im Krieg gegenüberstanden und seinem Gastland kein Schaden durch das, was er den Russen mitteilte, entstand".

Rössler arbeitete zunächst zweifellos nur für die Schweiz. Nach Kriegsausbruch erhielten auch die übrigen Nachrichtendienste der antideutschen Koalition seine Informationen. Und diese aus den deutschen militärischen und Regierungskreisen stammenden Auskünfte erwiesen sich als außerordentlich wertvoll. Nach Accoce und Quet unterrichtete Rössler die Schweizer rechtzeitig, daß Deutschland Polen angreifen würde, daß die Wehrmacht in Belgien und Holland einfallen und von dorther durch eine Umgehungsbewegung die englisch-französischen Truppen umklammern wolle, was bekanntlich mit der Kapitulation Frankreichs endete; er teilte ferner die deutschen Pläne über den Krieg gegen die Sowjetunion und die Pläne anderer großer militärischer Aktionen mit.

Außerdem gewann Rössler Einblick in das wichtige Informationsmaterial des Schweizer Geheimdienstes über Deutschland, das aus verschiedenen Quellen in Luzern zusammenfloß — zum Teil unmittelbar bei der Zentrale des militärischen Nachrichtendienstes, zum Teil beim Büro Ha —, und konnte es analysieren und auswerten. Zu diesem Material gehörten die Geständnisse der Deserteure, der Schmuggler, der Flüchtlinge aus Deutschland und den besetzten Ländern, die aus Gesprächen mit den in die Schweizer Hospitäler untergebrachten deutschen Soldaten und Offizieren ermittelten Daten, die Meldungen der Schweizer Militärattachés und Konsulatsämter, was das deutschfreundliche Mitglied der Schweizer Regierung, Pilet-Golaz, den Schweizer Nachrichtendienstlern auch vorgeworfen hat.[1] Das Büro Ha hatte seine eigene nachrichtendienstliche Verbindung zum OKW (die „Wiking-Linie") und zum Führerhauptquartier, zur Umgebung Himmlers und bis zu den höchsten finnischen Kreisen.[2] So bildeten sich die zwei Linien des Schweizer Nachrichtendienstes heraus, des Amtes Masson und des ihm nominell unterstellten Büros Ha. Des letzteren Tätigkeit sah Masson nicht gern, und zwar in dem Maße, daß er das Büro Ha wegen dessen antideutscher Tätigkeit an den mit ihm unter einer Decke steckenden Pilet-Golaz denunzierte.[3] Auf alle Fälle konnte Rössler diese ganze Materialmasse mit seinen eigenen Quellen vergleichen und die nötigen Schlußfolgerungen ziehen.

---

[1] Siehe J. Kimche: General Guisans Zweifrontenkrieg. p. 135.

[2] Siehe ebenda, p. 122.

[3] Siehe ebenda, p. 133.

General Guisan, der den Sieg des Völkerbundes herbeiwünschte, weil die Schweiz nur so der Okkupation durch die Deutschen entrinnen konnte, verbot seinen Untergebenen nicht, mit den Nachrichtendiensten der Alliierten in Verbindung zu treten. Es ist bekannt, daß in der Schweiz Allen Dulles den Nachrichtendienst der Vereinigten Staaten repräsentierte, der später Direktor des CIA wurde, des amerikanischen zentralen Nachrichtendienst-Amtes. Dulles kam im November 1942 in die Schweiz als Mitglied der amerikanischen diplomatischen Vertretung. In seinem Bericht charakterisiert Professor Bonjour die Tätigkeit Dulles' folgendermaßen: Der Chef des amerikanischen Nachrichtendienstes „war laut seiner eigenen Äußerung bemüht, mit den aus den Nachbarländern der Schweiz einlaufenden Informationen die Washingtoner und Londoner (Nachrichten-)Dienst-Organe und das Hauptquartier der (westlichen) alliierten Truppen in Italien zu versorgen; an diese Adressen leitete Dulles das Nachrichtenmaterial über Funk oder durch Kuriere weiter. Nach Dulles' Meinung waren die Gespräche, die er mit Schweizer Politikern und Nachrichtendienstoffizieren führte, das Gegengewicht zu Massons Verbindungen mit den militärischen Vertretern der Achsenmächte. Auf diese Weise wurde das Gleichgewicht wiederhergestellt, welches die Schweizer Neutralität den kriegführenden Parteien gegenüber erforderte."

General Guisan besaß wichtige Informationen über Deutschland: Material, das für die Gegner Deutschlands viel wert war. Kimche, der englische Jouralist Schweizer Abstammung, fragt, ob der General dieses Material zu den Akten hätte legen sollen.[1] Für ihn ist klar: „Deutschlands militärische Niederlage ist die einzige Möglichkeit, daß wir den Sieg des Nazismus über ganz Europa verhindern ... Wenn der Widerstand der Russen zusammenbricht, dann gibt es keine Chancen mehr ... Was konnte die Schweiz tun, daß das verhindert wurde?"[2] Bonjour meint, daß die Leiter der Schweizer Außenpolitik zur Kenntnis nehmen mußten, daß „die Russen mit ihren Waffen wirksam dazu beitrugen, den Nationalsozialismus zu vernichten, was mittelbar auch der Schweiz zugute kam".[3] Bonjour erinnert daran, daß, wenn Rußland zusammengebrochen oder bis zum Ural zurückgeworfen worden wäre, Hitler in der Festung Europa nicht länger demokratische neutrale Länder geduldet haben würde".[4]

[1] J. Kimche: General Guisans Zweifrontenkrieg. p. 140.
[2] Ebenda, p. 138.
[3] Neue Zürcher Zeitung, 14. Februar 1970. Das sowjetische Nein an die Schweiz.
[4] Neue Zürcher Zeitung, 13. Februar 1970. Bemühungen um eine Normalisierung mit Moskau.

Ab Ende 1942 erfüllten Rudolf Rösslers Berliner antinazistische Nachrichtenquellen auch die von unserer Moskauer Zentrale gestellten Aufgaben. Wie ich schon erwähnte, kannte außer Taylor niemand in meiner Gruppe den Namen Rudolf Rösslers. Wir wußten auch nicht genau, sondern ahnten nur, daß er auch für den Schweizer Nachrichtendienst arbeite. Taylor übergab die Informationen Sissy, Sissy wiederum leitete sie an mich weiter. Ich redigierte den Text, verschlüsselte ihn und gab ihn mit dem Vermerk „von Lucy" nach Moskau durch.

Auch später bot sich mir keine Gelegenheit, Rudolf Rössler kennenzulernen. Von meinen Mitarbeitern trafen sich nur Sissy und Jim einmal mit ihm, im Herbst 1944. Was soll ich dazu sagen, wenn Pakbo in seinen sogenannten Memoiren behauptet, daß ich ihm im Mai 1941 mitteilte, ich hätte einen großartigen Informanten namens Rössler, und ich hätte ihn, Pakbo, beauftragt, herauszufinden, wer das sei? Eine volle Seite lang beschreibt Pakbo, wie es ihm gelungen sei, alles zu erfahren[1]: Wundersame Memoiren; man könnte sie eher als Phantasmagorien bezeichnen, wenn wir keine gravierendere Bezeichnung verwenden wollen.

An Pakbos Phantasien spinnt der „gut unterrichtete" Arsenijevič weiter.[2] Danach soll ich durch Böttchers und Schneiders „Überwachen und privates Nachforschen" ermittelt haben, wer Rössler sei.

Im übrigen bliebe ich der Wahrheit etwas schuldig, wenn ich nicht erwähne, daß Pünter in seinem am 18. Dezember 1967 der TRIBUNE DE GENÈVE gegebenen Interview erklärte: „Ich habe keine Beweise dafür, daß Radó Rössler kannte, sondern stütze mich lediglich auf meine Erinnerungen. Mir scheint, Radó erbat von mir Angaben über Rössler vor dem deutschen Angriff gegen die Sowjetunion. Aber ich möchte nicht meine Hand dafür ins Feuer legen. Wissen Sie, nach mehr als fünfundzwanzig Jahren ..."

Die von Lucy eintreffenden Informationen stammten aus verschiedenen Ämtern. Damit die Zentrale den Ursprung dieser Informationen übersehen konnte, bezeichnete ich die Quellen mit Decknamen, und zwar mit solchen, bei denen ich sofort den richtigen Namen assoziierte. Zum Beispiel:

„Werther" – Wehrmacht. Damit sind jene Vermutungen gegenstandslos, es handele sich um einen deutschen Generalstabsoffizier,

---

[1] O. Pünter: Der Anschluß fand nicht statt. p. 124.

[2] D. Arsenijevič: Zitiertes Werk, pp. 86 f., 112.

der Goethes Meisterwerk „Die Leiden des jungen Werther“ studierte. Ebenso gegenstandslos ist auch von Schramms Erklärung, daß „Werther von Rössler erfunden wurde“.[1]
„Olga“ – Oberkommando der Luftwaffe. Accoce und Quet bringen den Decknamen Olga in Verbindung mit dem Vornamen von Rösslers Frau, was natürlich aus der Luft gegriffen ist, wie auch die Behauptung, daß diese Decknamen von den angeblichen Generals-Freunden Rösslers in Hitlers Generalstab erfunden wurden.[2]
„Anna“ – Auswärtiges Amt.
Die aufgezählten Decknamen, ferner „Teddy“, „Ferdinand“, „Stefan“, „Fanny“ tarnten nicht Personen, sondern Informationsquellen. Lucy, wenn er mir durch Taylor oder Sissy die Informationen zukommen ließ, bezeichnete deren Herkunft, beispielsweise: „Aus dem OKW“, „Von der Luftwaffe“, „Aus dem Außenministerium“ usw. Bei der Verschlüsselung der Telegramme kennzeichnete ich die Quellen mit den nur mir und dem Direktor bekannten Decknamen.
In diesem Zusammenhang erwähne ich noch eine offenkundige Verdrehung, die Accoce und Quet in ihrem Buch unterlaufen ist. Die beiden Verfasser behaupten, daß Rössler die aus Berlin von „Werther“ und „Olga“ kommende Information 1939, unmittelbar vor Kriegsausbruch an das Schweizer Büro Ha weiterzuleiten begonnen habe.[3] Das halte ich für möglich, aber mit der Richtigstellung, daß die von mir erfundenen Decknamen Werther und Olga damals noch nicht existierten.
Und weiter: „Rössler blieb in Wirklichkeit vom 23. Juni 1941 an bis zum Ende Lucy, er stand bis zuletzt seinem Verbindungsmann, Christian Schneider, zur Verfügung und opferte seine Zeit der Weiterleitung von Informationen über die Sowjetunion und erfüllte die Aufträge der Russen.“[4]
Auch hier irren die Verfasser, denn den Kontakt zu Rössler etablierten wir erst im November 1942 (und von da an hieß er Lucy). Es ist offensichtlich, daß er uns zuvor keine Informationen geben konnte, ausgenommen jene bruchstückhaften Auskünfte, welche Taylor (Christian Schneider) von Rössler brachte, ohne ihm mitzuteilen, wem er sie weitergab. Auch die Decknamen Werther, Olga usw. erfand ich Ende 1942. Und überdies kannte sie weder Rössler noch sonstwer außer Moskau.

---

[1] Ebenda, p. 103.
[2] P. Accoce-P. Quet: La guerre a été gagnée en Suisse. p. 98.
[3] Ebenda, p. 103.
[4] Ebenda, p. 168.

Es versteht sich von selbst, daß es die Leitung unserer Zentrale in dieser außerordentlich gespannten Zeitphase sehr interessierte, wer diejenigen waren, von denen Lucy seine Information erhielt, wo diese Leute arbeiteten, wie sie hießen, welchen Rang sie hatten und aus welchen Institutionen die Mitteilungen stammten. Das war nicht schlichtweg Neugier. Wenn wir sicher sein wollten, daß die Informationen zuverlässig waren, mußten wir die Quellen kennen, damit wir nicht in die Falle absichtlicher Desinformation gingen. Und wenn wir heute in Betracht ziehen, wie schwer die Lage bei Stalingrad und im Nord-Kaukasus war, können wir verstehen, warum die Zentrale der Zuverlässigkeit der Meldungen solche Wichtigkeit beimaß.

Überdies berichteten die Informationen Lucys häufig derart gründlich über die Absichten der deutschen Kriegführung, daß ihre Echtheit kaum glaubhaft war. Und diese Informationen kamen direkt und mit großer Schnelligkeit aus Berlin, obwohl Footes Behauptung, wonach wir manchmal innerhalb von vierundzwanzig Stunden Kenntnis von den in Hitlers Hauptquartier getroffenen Entscheidungen erlangten[1], wenig Wahrscheinlichkeit hat. Unwahrscheinlich ist auch, daß wir ab und zu in Genf (angeblich) schneller über die Änderung der deutschen Operationspläne, über die Umgruppierung von Divisionen usw. unterrichtet waren als die Kommandeure der an der Ostfront kämpfenden deutschen Armee.

All das stammt aus den romanhaften, sensationslüsternen Erzählungen von Foote und Flicke, was dann die anderen zeitgeschichtlichen Werke zumeist ohne Kritik übernahmen.

Natürlich war es für die Moskauer Zentrale sehr wichtig, die Frische von Lucys Nachrichten festzustellen. Deshalb bat ich Lucy, gemäß der telegraphischen Weisung der Zentrale vom 10. März 1943, er möge das Originaldatum seiner Meldungen gleichfalls angeben, das heißt den Absendetag in Berlin, und nicht nur die in der Schweiz erfolgte Abschrift des auf kleinen Papierstreifen zu mir gelangenden Materials. Dies geschah auch, und so konnte ich die Durchlaufzeit der Informationen kontrollieren, die (laut Lucys Angaben) jedesmal mindestens drei bis sechs Tage beanspruchte. Zum Beispiel, war das Berliner Datum des von mir am 6. Mai 1943 geschickten Telegrammes der 2. Mai, die Telegramme vom 13. Mai beziehen sich auf Angaben vom 6. und 7., das Telegramm vom 30. Mai gibt als Originaldatum den 25. Mai an, das vom 10. Juli nennt den 6. Juli, usw.

Am Anfang behandelte die Zentrale die von Lucy erhaltenen Informationen mit großer Vorsicht. Nach der gründlichen Analyse jedoch

---

[1] A. Foote: Handbuch für Spione. p. 95.

hörte das Mißtrauen auf, wir hätten gern so eng wie möglich mit Lucy zusammengearbeitet, der dazu bereit war und nach einer Weile sogar teilweise den Schleier von seinem Geheimnis lüftete: Er erzählte Taylor dies und das über die Position und nachrichtendienstlichen Möglichkeiten seiner Berliner Freunde. Aber er weigerte sich rundheraus, ihre wahren Namen und ihren Rang zu verraten, weil — wie er sagte — das für sie verhängnisvoll sein könnte. Wir stimmten ihm darin zu und behelligten ihn künftig nicht mehr mit solchen Fragen.

Allen Anzeichen nach ist es bis heute nicht gelungen, das Geheimnis Lucys aufzudecken. Sehr interessant ist in diesem Zusammenhang das Bekenntnis von Allen Dulles, dem ehemaligen Leiter des Zentralen Nachrichtendienst-Amtes der Vereinigten Staaten. In seinem Buch betitelt „Die Technik der Nachrichtenbeschaffung" schreibt er: „Die Leute der Sowjets benutzten damals eine phantastische Nachrichtenquelle, den in der Schweiz lebenden Rudolf Rössler, dessen Deckname Lucy war. Rössler gelang es, mit Hilfe bis heute nicht ermittelter Informanten die dem Berliner deutschen Oberkommando zur Verfügung stehenden Angaben regelmäßig in die Hand zu bekommen, oft nicht ganze vierundzwanzig Stunden nachdem die täglichen Entscheidungen über Fragen der Ostfront gefällt worden waren . . ."[1]

Also ist es selbst für den Leiter des Zentralen Nachrichtendienst-Amtes der Vereinigten Staaten, Allen Dulles, ein Rätsel, von wem Rössler die Informationen erhielt, obwohl er sich während des Krieges in der Schweiz aufhielt und die gegen Deutschland gerichtete amerikanische Nachrichtendienstarbeit lenkte. Im übrigen wiederholt auch Dulles, wie wir sehen, ohne jede Kritik, Footes aus der Luft gegriffene Behauptungen, ja er schreibt sogar über eine Nachrichtenbeschaffung innerhalb von „nicht ganz vierundzwanzig Stunden".

Generaloberst Franz Halder, bis 1942 Generalstabschef der deutschen Landstreitkräfte, äußerte sich 1955 ebenso phantastisch, als er in einem Prozeß als Zeuge verhört wurde.[2] Diese Aussage wiederholte er in der westdeutschen Zeitschrift DER SPIEGEL in ihrer Ausgabe vom 16. Januar 1967: „Die Initiative beinahe jedes deutschen Angriffs im OKW wurde unmittelbar nach der Planung, noch bevor sie auf meinen Tisch gelangte, durch Verrat eines Mitarbeiters im OKW dem Feind zur Kenntnis gebracht. Während des ganzen Krieges gelang es nicht, diese Quelle zu verstopfen." Halder spricht es nicht offen aus, aber es ist der Grundton seiner Behauptung, daß die Deutschen nur deshalb den Krieg nicht gewonnen hätten. Den Rekord, wie stets bei

[1] Allen Dulles: La technique du renseignement. Paris 1964.
[2] Siehe P. Carell: Verbrannte Erde. p. 84.

diesem Themenkreis, stellten Accoce und Quet in ihrem von Unwahrheiten und Verdrehungen wimmelnden Buch auf: „Um diese Zeit (es handelt sich um den Sommer 1942 – Der Autor) bedurfte es mehr als einen Monat lang höchstens zehn Stunden, damit die Entscheidungen des OKW Moskau zur Kenntnis gelangten. Einmal betrug diese Zeitspanne sogar nur sechs Stunden.“[1]

Der im allgemeinen vorsichtig und bedachtsam abwägende Kimche läßt sich ebenfalls in dieser Frage hinreißen, wenn er schreibt: „Wie die Wiking-Linie des Luzerner Nachrichtendienstorgans, so handelten auch die von Radó nach Moskau gestrahlten Informationen oft von Truppenbewegungen und Befehlen, die zuweilen eher in die Hand der Roten Armee gelangten als zu jenen deutschen Kommandostellen, die sie durchzuführen hatten.“[2]

Ein Rätsel ist auch, wie Rudolf Rössler die regelmäßige und verläßliche Verbindung mit seinen Berliner Berichterstattern aufrechterhielt.

Die westliche Presse brachte verschiedenste Mutmaßungen. Einige meinen, daß Rössler und seine Berliner Gesinnungsgenossen ihre Verbindung durch den Kurier der deutschen Gesandtschaft in der Schweiz absicherten. Nach der Überzeugung anderer wurde sie durch den Funk aufrechterhalten. Die Annahme eines Kurierdienstes scheint mir möglich bei ein bis zwei Meldungen in der Woche. Das würde auch erklären, weshalb der gut organisierte deutsche Funkbeobachtungsdienst den angeblichen Sender Rösslers nicht zu entdecken vermochte. Aber gegen diese Vermutung spricht, daß es keinem Kurier möglich gewesen wäre, Rösslers Anfragen und die Antworten seiner Berliner Freunde so schnell zu überbringen, wie es geschah. Dieses Tempo hätte den Einsatz mehrerer diplomatischer Kuriere erfordert, die ständig zwischen Berlin und Bern unterwegs gewesen wären. Das war natürlich unmöglich.

Noch weniger überzeugend klingt, daß Rössler den Kontakt über Funk gehalten habe. Accoce und Quet meinen in ihrem Buch, daß Rössler bereits vor Ausbruch des Zweiten Weltkrieges von seinen Berliner Freunden mit einem Sendegerät und einem Code ausgerüstet worden sei und daß der mit dem Schweizer Nachrichtendienst kollaborierende Rössler keine Denunzianten oder die Polizei zu fürchten brauchte und darum zu jeder Tagesstunde sein Gerät ruhig einschalten konnte. Seine Freunde wiederum – laut Meinung der französischen Journalisten – benutzten den dienstlichen Sender, übermittel-

---

[1] P. Accoce-P. Quet: La guerre a été gagnée en Suisse. p. 232.
[2] J. Kimche: Spying for Peace. p. 141.

ten ihre verschlüsselten Informationen geradewegs aus der Funkzentrale des OKW, die sich in Zossen bei Berlin im Lager Maybach befand. Unter den unzähligen chiffrierten Telegrammen, die diese Nachrichtenzentrale des OKW ausstrahlte, wäre keinem Funkbeobachter ein verdächtiges Telegramm aufgefallen. Sie sind der Meinung, daß zwischen Rössler und Berlin auf diese Weise die unverwundbare Funkbrücke aufgebaut worden war.

Meiner Ansicht nach hält diese Konzeption nicht der Kritik stand. Zunächst einmal ist es eine törichte Erfindung, daß Rössler von Christian Schneider (Taylor) die Handhabe des Sendegeräts beigebracht worden sei. Mit Sicherheit weiß ich, daß Schneider keine Ahnung von der Radiotechnik hatte und niemals als Funker arbeitete.

Hätte denn Rössler selbständig, mit einem eigenen Sender arbeiten können? Leute, die ihn in jenen Jahren kannten, behaupten, daß er sich mit Sendern nicht ausgekannt hätte. Meine Zweifel haben jedoch eine noch fundiertere Ursache. Wenn nämlich Lucy selber gefunkt hätte, wären seine Sendungen unweigerlich von den Deutschen im Äther aufgefangen worden, so wie sie zahlreiche illegale Sender anpeilten.

Aller Wahrscheinlichkeit nach hat Rössler die Telegramme weder selber weitergegeben noch empfangen. Man vermutete, daß er das Sendegerät eines offiziellen Organs benutzte. Es ist vorstellbar, daß die Information durch die dienstlichen Kanäle der deutschen Botschaft in der Schweiz oder des deutschen Konsulats kam. Vergessen wir nicht, daß Hans Bernd Gisevius, der deutsche Vize-Konsul in Zürich, ein aktiver Teilnehmer der sogenannten Generalsverschwörung und Organisator des versuchten Attentats gegen Hitler im Juli 1944, seit Ende 1942 in Verbindung mit Allen Dulles, dem als Diplomaten getarnten Chef des amerikanischen Nachrichtendienstes, stand.[1] Gisevius konnte sich im Einvernehmen mit Rössler befinden und mochte ihm einen Funker zur Verfügung stellen.

Es gab noch eine andere Möglichkeit: Das Büro Ha, mit dem Rössler zusammenarbeitete. Die deutschen Funkbeobachter hätten in beiden Fällen offizielle Sender hören können. Es ist nicht wahrscheinlich, daß sie ihre eigene Botschaft oder ihr Konsulat der Spionage verdächtigt hätten. Gegen den Nachrichtendienst eines neutralen Landes wiederum konnten sie nichts tun, weil sie keine unwiderlegbaren Beweise besaßen, daß der Funkdienst des Büros Ha mit Quellen in Deutschland in Verbindung stehe.

Auch Kimche kommt zu der Folgerung, daß „in Anbetracht der

---

[1] J. Kimche: Spying for Peace. pp. 163 f.

Schnelligkeit, mit der die Informationen zu Rössler gelangten, diese nur auf dem Funkwege in der Schweiz eintreffen konnten und nur mit Wissen der Schweizer oder ihrem Einverständnis." Diese Frage analysiert er dann weiter: „Wie und wo erhielt Rössler die Sendungen aus dem Führerhauptquartier? Erledigten dies jene für ihn, die dafür technisch am besten befähigt waren, nämlich die Organe des Schweizer Nachrichtendienstes? Wenn wir dies annehmen, weil wir einen anderen Weg uns nicht vorstellen können, haben wir die eine Seite des Rätsels Rössler gefunden."[1]

Bis zum Ende gelang es den Deutschen nicht, Rösslers Berliner Quellen aufzudecken. In dem Archivmaterial der Gestapo und des SD gibt es hierfür keine Spur. Das gleiche gilt für das Buch des Abwehr-Funkaufklärers W. F. Flicke. Auch Flicke hat keine Ahnung, wie diese Verbindung aufrechterhalten wurde und wer diejenigen waren, die Lucy mit geheimen Informationen versahen.

Zur Lösung des Rätsels kann ich zwei Hinweise beitragen. Der erste stammt aus der Anfangszeit unserer Zusammenarbeit mit Lucy. Die Zentrale und ich selbst regten Sissy an, sie möge Taylor auf den Zahn fühlen, woher und wie Lucy seine Nachrichten bekomme. Sissy gelang es, von Taylor zu erfahren, daß Lucy eine enorme Datenhäufung zur Verfügung stehe, aus Zeitungsausschnitten, den Ergebnissen der mit deutschen Persönlichkeiten geführten Gespräche, den Erzählungen deutscher Soldaten in den in deutschem Besitz befindlichen Sanatorien in Davos. In seinem Buch „Verrat im Zweiten Weltkrieg" schildert der deutsche Generalstabsoffizier Wilhelm von Schramm eingehend, „wie ‚porös', lückenhaft die Grenze zwischen der Schweiz und Deutschland war, die von der gemeinsamen deutschen Sprache, ja sogar dem gemeinsamen alemannischen Dialekt, den außerordentlich vielen und engen verwandtschaftlichen, kulturellen und geschäftlichen Verbindungen, Kapitalverflechtungen, die niemals abrissen, ständig und leicht überbrückt wurde. Hinzu kam, daß sich in der Schweiz ständig mehr als 150 000 deutsche Staatsbürger und während des Krieges ca. 8000 deutsche Emigranten aufhielten, ferner die Bewohner der Ortschaften entlang der Grenze im sogenannten kleinen, das heißt örtlichen Grenzverkehr auf der anderen Seite der Landesgrenze arbeiten durften."[2]

Von den deutschen Staatsbürgern waren selbst 1943 noch dreißigtausend Mitglieder der Nazi-Partei, 1940 soll sogar – laut Erklärung des Führers der Organisation, Baron Sigismund von Bibra (der nebenbei

---

[1] Ebenda, pp. 142, 144.

[2] W. Schramm: Zitiertes Werk, pp. 197 f.

gesagt deutscher Botschaftsrat in Bern war) – die Zahl der Parteimitglieder hunderttausend erreicht haben.[1]

Schließlich wird in dem am 6. Februar 1970 in der NEUEN ZÜRCHER ZEITUNG veröffentlichten Kapitel des bereits erwähnten Bonjour-Berichts nunmehr aus offizieller Quelle mitgeteilt, daß der Nachrichtendienst des Schweizer Generalstabs unter der Leitung von Roger Masson in den ersten Monaten des Krieges ein weitverzweigtes Nachrichtennetz ausbaute, das militärische und politische Informationen von den Achsenmächten beschaffte. „Die Zentrale des Nachrichtendienstes hatte Außenorgane in Grenzstreifen, wo die Einreisenden und die den kleinen Grenzverkehr benutzenden Personen ausgehorcht wurden. Der Schweizer Nachrichtendienst, der bei Kriegsausbruch aus nur zehn Mitarbeitern bestand, wuchs während des Krieges auf einhundertundzwanzig an.“ Weiter lesen wir bei Bonjour: „Der Nachrichtendienst machte von den unterschiedlichsten Möglichkeiten Gebrauch. Er erhielt die Meldungen des Schweizer Zolls und Grenzschutzes, zensierte die Post, den Telegraphen- und Fernsprechverkehr, hörte den Rundfunk ab, wertete die in- und ausländische Presse aus, verhörte die aus dem Ausland kommenden Deserteure, Flüchtlinge, Internierten und heimkehrenden Schweizer. Am wertvollsten waren die Meldungen der Agenten, deren Verbindungen in einzelnen Fällen bis in die leitenden Zentralen des potentiellen deutschen Gegners, bis ins Kriegsministerium des Reiches und in das Hauptquartier des Führers reichten.“

Diese Nachrichtenquellen lieferten vielschichtiges, mosaikartiges Material. Durch Kombination und Auswertung der Angaben konnte man oft sofort die richtige Antwort geben über die Truppenbewegungen innerhalb der deutschen Armee. All dies hat auch Rössler selber nach dem Krieg, im Laufe des gegen ihn im November 1953 in der Schweiz angestrengten Spionageprozesses gestanden. In bezug auf den bei ihm gefundenen Schrank, der zwanzigtausend Zettel enthielt, erklärte er, daß er durch Ordnen und Analysieren bereits publizierter und der auf andere Weise zu ihm gelangten politischen, wirtschaftlichen, militärischen, militärpolitischen Daten über ein erstklassiges Nachrichtenmaterial verfügte, das ihm als Basis seiner nachrichtendienstlichen Informationen diente.[2]

Die Auswertung der deutschen Presse wurde auch vom Büro Ha mit großer Aufmerksamkeit vorgenommen.[3] In dem mit dieser Mosaik-

---

[1] Alphonse Matt: Zwischen allen Fronten. Frauenfeld 1969. p. 196.

[2] Siehe W. Schramm: Zitiertes Werk, p. 318; und J. Kimche: Spying for Peace. p. 143.

[3] Siehe A. Matt: Zitiertes Werk, p. 183.

methode gesammelten Nachrichtenmaterial mochten natürlich einzelne Steinchen fehlen oder auch falsch sein, konnten sogar aus einer Quelle stammen, die bewußt falsche Informationen verbreitete. Wie wir in der NEUEN ZÜRCHER ZEITUNG vom 9. März 1969 in dem Artikel „Nachrichtendienst im Zweiten Weltkrieg“ über Hausamanns Büro lesen können: „Unter den Meldungen befanden sich gewiß solche, die sich später nicht bestätigten. Das ist das unvermeidbare Risiko eines jeden Nachrichtendienstlers.“ Die Moskauer Zentrale hatte natürlich Gelegenheit, an Hand der Nahaufklärung hinter der Front einen Teil unserer Meldungen zu überprüfen, und benutzte sie im Zweifelsfalle nicht. Darauf deuten die vom Direktor gestellten Kontrollfragen, wie sie unter anderem sein Telegramm vom 27. Oktober 1942 enthielt, oder seine Antwort auf die aus der Quelle Werther am 24. November gemeldeten Truppenbewegungen oder das Telagramm vom 26. Oktober, aus dem ich folgendes zitiere: „Stellen Sie Taylors Quelle fest im Zusammenhang mit seiner Information die deutschen Verluste betreffend. Es scheint, man hat ihn gut informiert. Einzelne Angaben stimmen mit unseren Daten überein. Aber manchmal gibt es bei Taylor Widersprüche.“ Oder nehmen wir das Telegramm des Direktors vom 30. November: „Die Information über die neue Heeresgruppe Weichs erweckt in uns große Zweifel bezüglich der Gliederung und Dislokation.“ Die gleiche Ansicht drükken die Telegramme des Direktors vom 5. und 6. Februar 1943 aus. Es ist kennzeichnend, daß wir solche ungewissen Angaben von Lucy hauptsächlich in den ersten Wochen unserer Zusammenarbeit erhielten; später gab es weniger Anlaß zu Zweifeln. (Wahrscheinlich begann er seine Nachrichtenquellen gründlicher zu prüfen.)
Natürlich reicht die Zettel-Methode noch nicht aus zur Erklärung, wie es möglich war, im Zweiten Weltkrieg — wenn auch nicht innerhalb von vierundzwanzig bis achtundzwanzig Stunden, so doch innerhalb von vier bis fünf Tagen — Nachrichtenmaterial von größter Wichtigkeit aus Berlin an mich gelangen zu lassen. Eine eindeutige Antwort hierauf wurde meiner Ansicht nach bei jenem sogenannten „Podiumsgespräch“, das vom Schweizer Fernsehen am 15. und 22. Mai 1966 über das Buch von Accoce und Quet gesendet wurde, gegeben. Einige Ausschnitte aus diesem Gespräch sind von Marc Payot im Anhang der französischen Ausgabe des Otto-Pünter-Buches veröffentlicht.[1] Übrigens wurde auch ich zu einem solchen Gespräch eingeladen, aber angesichts der Haltung der Schweizer Behörden, die sie mir gegenüber bis heute einnehmen, nahm ich die Einladung nicht

---

[1] O. Pünter: Guerre secrète en pays neutre. pp. 256 f.

an. (Arsenijevič, der das auf Grund seiner Beziehungen wissen muß, teilt auf Seite 251 seines Buches mit, daß die Schweizer Behörden im März 1968 ein Einreiseverbot gegen mich verfügt haben.)[1] Bei diesem Fernsehgespräch sagte Dr. Xaver Schnieper, Rösslers engster Freund, daß die Nachrichten aus Berlin auf der Fernsprech-Dienstleitung der Wehrmacht nach Mailand gelangten und von dort durch einen Kurier nach Luzern zu Rössler. Wahrscheinlich versahen jene beiden Kuriere, über die Rössler bei seiner Verhaftung im Mai 1944 sprach, diese Verbindung.

Von Luzern nach Mailand waren es auch im Kriege nicht mehr als fünf bis sechs Schnellzugstunden, aber unter Umständen brauchte man gar nicht bis nach Mailand zu fahren, sondern lediglich bis zur Grenzstation Chiasso (drei bis vier Stunden). Die deutschen Güterzüge, die alle Viertelstunden über die italienische Grenze in beiden Richtungen rollten, boten hierzu hinreichend Möglichkeit. Auf diesem Wege mochten auch die Fragen der Moskauer Zentrale nach Berlin zur Beantwortung gelangt sein. Schramm weist in seinem Artikel „Die rot-weiße Kapelle“ in der FRANKFURTER ALLGEMEINEN ZEITUNG vom 13. Dezember 1966 darauf hin, daß ihm Schnieper dasselbe bereits vorher in einem Gespräch mitgeteilt habe. Auf das Podiumsinterview kommt auch Schramm in seinem zitierten Buch zurück, in dem dieser logisch, mit pragmatischer Methode arbeitende, in seinen Urteilen im allgemeinen vorsichtige Historiker — ausgenommen, wenn er durch seine Kommunistenfeindlichkeit manchmal auch den absurdesten Behauptungen Footes und Flickes aufsitzt — diese Variante akzeptiert. Er schreibt: „Berlin traute während des Krieges dem italienischen faschistischen Verbündeten nicht mehr und richtete deshalb nach der Afrika-Landung der Westmächte immer mehr amtliche Organe in Italien ein, vorgeblich nur zur Versorgung des deutschen ‚Afrika-Corps‘. In Mailand wurde eine Kriegsrüstungs-Sonderkommandantur eingerichtet, und es ist nicht unmöglich, daß die dortigen deutschen Organe in direkter Verbindung mit Berlin standen und auch den Pendelverkehr zwischen Mailand und Luzern organisierten. Es ist sogar auch möglich — bemerkt von Schramm —, daß es sich hierbei um ein SS-Organ handelte, weil seit Ende 1942, also nach der Schlacht von Stalingrad, höhere SS-Führer bereits ihre Rückzugslinie auszubauen begannen.“[2] Schramm zitiert als Beispiel das Gespräch des Herzogs Max Egon von Hohenlohe im

[1] D. Arsenijevič: Zitiertes Werk, p. 232.
[2] W. Schramm: zitiertes Werk, p. 118.

Februar 1943 mit Dulles.[1] Dieses Dokument wurde in den erbeuteten deutschen Archiven von den sowjetischen Behörden gefunden und als Faksimile in der Zeitschrift NOWOJE WREMJA 1960/Nr. 7 veröffentlicht.

Schließlich ist auch bekannt, daß Lucy fortlaufend das Material des Luzerner Büros Ha erhielt, wobei dieses Büro während des Krieges mehr als fünfundzwanzigtausend Meldungen (laut Fernseherklärung des Büroleiters Hausamann im Mai 1966 sogar fünfunddreißig- bis vierzigtausend) an die Schweizer Heeresführung gab. Carell schreibt, daß dem Büro Ha außer den genannten Quellen auch das Nachrichtenmaterial des Schweizer diplomatischen Außendienstes zur Verfügung stand. „Die Nachrichten wurden teils von Kurieren aus Berlin, Köln und München in die Schweiz gebracht, und zwar von illegalen Grenzgängern und vom diplomatischen Kurierdienst. Und von Geschäftsreisenden, die sich ... zur Verfügung stellten. Besonders wichtige Informationen gingen jedoch mittels eines genialen Tricks per Funk direkt aus dem Führerhauptquartier bzw. seiner Berliner Relaisstation ins Büro Hausamann ...“[2] Um was für einen genialen Trick es sich handelte, erfahren wir von Carell nicht.

In seinem 1969 erschienenen Buch über die Tätigkeit des Büros Ha lesen wir bei Alphonse Matt: „Hausamann etablierte schon vor dem Kriege ... im Einvernehmen mit Masson Funkkontakt mit den wichtigsten Auslandszentralen ... Hausamann versteht sich darauf, wie man die ausländischen Nachrichtendienste davon überzeugen muß, daß es in ihrem Interesse sei, durch Funk in Verbindung mit einem Schweizer Nachrichtendienstorgan zu treten.“ Die verschlüsselten Funkverbindungen des Büro Ha funktionierten auch nach dem Kriegsausbruch, dem Büro stand auch eine pensionierte Funkerin zur Verfügung. Dieser Funkkontakt des Büro Ha mit Hitler-Deutschland signalisierte Ende März 1941 „aus erster Quelle“ die Vorbereitungen der Deutschen gegen die Sowjetunion. Unter Hinweis auf die Reserven der sowjetischen Armee erwähnt Matt erneut die Funkverbindung mit einer Militärmission der Alliierten Ende August 1942. Das Buch zeigt ein faksimiliertes Funktelegramm und handelt ferner von Funkinformationen „aus den höchsten militärischen deutschen Kreisen“. Diese Kontakte bestanden anscheinend bis zum Ende des Krieges, wenn nicht anders, so durch die in der Schweiz akkreditierten ausländischen Militärattachés.[2]

---

[1] Ebenda, p. 223.
[2] P. Carell: Verbrannte Erde. p. 94.
[3] A. Matt: Zitiertes Werk, pp. 15, 40, 139, 180, 181, 285, 302, 317.

Wie Paul Carell schreibt, befindet sich das gesamte Material des Hausamann-Büros — vom 31. August 1939 bis 30 April 1945 — auf siebenhunderteinundsiebzig Mikrofilmrollen, zu je sechsunddreißig Aufnahmen, im Koblenzer westdeutschen (!) Kriegsarchiv unter Verschluß und ist als Geheimmaterial nur für Kriegshistoriker zugänglich.[1] (Nebenbei bemerkt, wie gelangte das Schweizer Geheimmaterial 1963, wie Carell schreibt, in die Bundesrepublik Deutschland?) Carell hat diese Filme studiert; nach seiner Ansicht sind die Informatoren Major Hausamanns „ohne jeden Zweifel ausschließlich in den höchsten Militärkreisen Deutschlands zu suchen, auch in der engsten Umgebung Hitlers hatte er seine Vertrauensmänner". Besonders interessant sind jene Informationen, die Hausamann vom OKW und von den Organen des Befehlshabers des deutschen Ersatzheeres erhielt. Über die Kriegsereignisse in Frankreich, in Italien, bei der Luftwaffe und im Wirtschaftsleben wurde er fortlaufend unterrichtet. Über die Truppenbewegungen, die Situation der deutschen Reserveverbände, der speziellen Lehrgänge und über die Ereignisse auf den militärischen Übungsgeländen informierte man ihn täglich. So konnte auch Hausamann fast jeden Tag eine detaillierte Sondermeldung über den Stand der Zahl der Kriegsgefangenen und der Verluste an das Schweizer Oberkommando geben. Auch aus der engsten Umgebung des Reichsführers SS (Himmler) erhielt Hausamann geheimste Nachrichten. Im deutschen Auswärtigen Amt wiederum mochte einer seiner Informanten eine Schlüsselposition bekleidet haben, denn in Hausamanns Dossiers finden wir Auszüge, ja sogar Fotos der Originaldokumente jener besonders geheimen Referate, die Botschafter Hewel, der Verbindungsmann des Außenministers im Hauptquartier der Führer, zur Information oder zur Entscheidung Hitler vorlegte. Von den deutschen Botschaften in Bern und Stockholm wurden wichtige Weisungen des deutschen Außenministeriums an Hausamann geliefert.

Auch der Bonjour-Bericht, der als offiziell betrachtet werden kann, behauptet, es habe sich erwiesen, daß ein Nachrichtenoffizier — ein ideologischer Gegner des herrschenden nationalsozialistischen Regimes — aus den höchsten deutschen Kommandostellen Nachrichtenmaterial in die Schweiz weiterleitete. „Zunächst erscheint es verblüffend, daß der Schweizer Nachrichtendienst Informationsmaterial aus den höchsten Kreisen der deutschen Armee erhielt — heißt es im Bonjour-Bericht. — Hierfür gibt es folgende Erklärung: Einzelne Deutsche, die aus ideologischen Motiven innerlich das herrschende Regime

[1] P. Carell: Verbrannte Erde. pp. 95 f.

verurteilten, ergriffen jede Möglichkeit, um die verhaßte Diktatur zu stürzen. Ein Mittel dazu erblickten sie darin, daß sie wichtige militärische und politische Geheimnisse dem Ausland zuspielten. Indem sie die Schweiz informierten, hofften sie stillschweigend, daß das übermittelte Nachrichtenmaterial zu den Feinden der Unterdrücker gelangen, dem Zwangssystem schaden und schließlich zur militärischen Niederlage führen würde."[1]

Auf diese Weise waren der Generalstab und die Regierung der Schweiz über die deutschen geheimsten militärischen und kriegswirtschaftlichen Daten genau unterrichtet.

Übrigens verblüfft auch hier die unglaubliche Schnelligkeit der Nachrichtenübermittlung. „Zuweilen gelangten die Befehle über deutsche Truppenbewegungen eher zu General Guisan als zu den zuständigen deutschen Behörden."[2]

Rössler — so ist im Bonjour-Bericht zu lesen[3] — war mit dem Generalstabshauptmann Mayr von Baldeck befreundet, einem Leiter der Schweizer Nachrichtendienst-Zentrale. Laut Bonjour „wußte dieser Schweizer wahrscheinlich, daß Rössler das von ihm erhaltene Informationsmaterial den Russen zuspielte, aber in dieser Agententätigkeit auf Gegenseitigkeit sah er nichts Verwerfliches, geschah doch alles mit dem Ziel, Hitler zu stürzen, die Heimat vor dem Krieg zu schützen und das Nahen des Friedens zu beschleunigen".

Dies bedeutet jedoch nicht, daß Rösslers unmittelbare Nachrichtenquelle nur das Büro Ha war, wie in den letzten Jahren von zahlreichen Forschern behauptet worden ist. Carell vergleicht auf Seite 99 seines Buches die unpräzisen, falsche Angaben enthaltenden Meldungen des Hausamann-Büros vor der Schlacht von Kursk mit den äußerst genauen Informationen von Werther und zieht daraus den Schluß, daß Werther ausschließlich die Quelle des sowjetischen Nachrichtendienstapparates war. Hausamann wiederum behauptet in seinem oben erwähnten Fernsehinterview, nicht Rössler habe von ihm Informationen erhalten, sondern er von Rössler und „daß er feststellen konnte, daß Rösslers Informationen außerordentlich genau waren".[4]

Auch Matt schreibt auf Seite 191 seines zitierten Buches, daß Rössler „über einen Verbindungsmann auch das Büro Ha regelmäßig mit Informationen versorgte, die im allgemeinen ausgezeichnet waren".

Schließlich die phantastischste Variante: In der englischen Wochen-

[1] Ebenda, p. 95.
[2] J. Kimche: General Guisans Zweifrontenkrieg. p. 138.
[3] NEUE ZÜRCHER ZEITUNG 6. Februar 1970.
[4] O. Pünter: Guerre secrète en pays neutre. p. 156.

schrift OBSERVER vom 8. Januar 1967 behauptet der bekannte Publizist Malcolm Muggeridge – vormals Mitarbeiter des Intelligence Service – unter Berufung auf seine gute Bekanntschaft mit Alexander Foote, der seiner Ansicht nach während des Krieges mit Rössler in Verbindung gestanden habe – was nicht stimmt –, daß Rösslers Informationen vom britischen Intelligence Service stammten. Den Engländern sei es nämlich während des Krieges gelungen, den deutschen militärischen Geheimcode zu knacken, was sie aber geheimhalten wollten. Andererseits wollten sie die Information zur Kenntnis der Russen bringen, und sie taten es mit Hilfe Rösslers. (Auf welche Weise, das erwähnt er nicht.) Natürlich muß sich jeder nüchtern denkende Mensch der diesbezüglichen Erklärung Hausamanns anschließen: „Ich halte es für völlig aus der Luft gegriffen, daß die Engländer dieses Material zunächst Rössler zugespielt hätten und es dann von ihm an die Engländer zurückgespielt worden wäre."[1]
Aber überlassen wir die Lösung dieses Rätsels der Zeit; jetzt können wir nur sagen, daß der Kontakt zwischen Lucy und seinen Informatoren klug, mit großer Sachkundigkeit organisiert wurde und diese Verbindung tadellos funktionierte.

DAS KOMMANDO IN AKTION

Ende 1942 gelang es den deutschen Agenten in Westeuropa mehrere sowjetische Nachrichtendienstler aufzuspüren und zu verhaften. Einige von ihnen standen zu verschiedenen Zeitpunkten mehr oder minder in Verbindung mit den einzelnen Mitgliedern der Gruppe Schweiz. Im September verhaftete die deutsche Geheimpolizei einen in Brüssel lebenden Schweizer Staatsbürger mit dem Decknamen „Niggi". Dieser Mann kannte Sissy und Anna aus Basel, mit der Jim auf Weisung der Zentrale den Kontakt hielt.
Im November 1942 wurden außerdem viele Leute in Frankreich hochgenommen. In ihren konspirativen Wohnungen wurden mehrere Mitglieder der illegalen Gruppen verhaftet, darunter Kent.
Der Leser erinnert sich gewiß, daß Kent, der Leiter einer belgischen Nachrichtergruppe, mich auf Weisung des Direktors im März 1940 besucht hatte. Er brachte den Code, das Programm für die Funkverbindung und lehrte mich den Gebrauch des Chiffrierschlüssels.
Nach den Pannen in Brüssel versteckte sich Kent gut, so daß die deutsche Spionageabwehr fast ein Jahr lang seinen Aufenthaltsort nicht

[1] NEUE ZÜRCHER ZEITUNG, 11. Januar 1967.

ermitteln konnte. Aber als die Agenten des Kommandos in das unbesetzte Frankreich geschickt wurden, gelang es ihnen, Kent auf die Spur zu kommen.

Laut Gilles Perrault, der sich auf die Angaben der deutschen Spionageabwehr und das Zeugnis der Überlebenden stützt, wurde Kent am 12. November 1942 in seiner Wohnung verhaftet.[1] Die Erzählung W. Flickes, wonach Kent zusammen mit einem Funker gerade dann verhaftet wurde, als er in Verbindung mit der Zentrale stand, ist anscheinend unzutreffend.

So schmerzlich es auch ist, müssen wir gestehen, daß einige unserer Mitarbeiter die Drohungen, Erpressungen und Folterungen der Gestapo nicht ertragen konnten. Sie gaben nicht nur zu, daß sie zum sowjetischen militärischen Nachrichtendienst gehörten, sondern berichteten von ihrer Arbeit und teilten alles mit, was sie über die Gruppe Schweiz wußten. Das ist heute überprüfbar.

Die Gestapo erhielt also ziemlich detaillierte Angaben über mich: meinen Namen und Decknamen (Radó, Dora), meinen Beruf, meine Adresse in Genf, meine Personalbeschreibung, die Anzahl meiner Familienmitglieder, wie viele Sprachen ich spreche usw. Und noch ein „Geschenk" von unermeßlichem Wert erhielt die deutsche Spionageabwehr, nämlich den Geheimschlüssel, den man mir seinerzeit nach Genf überbracht hatte.

Von da an, das heißt ungefähr ab Dezember 1942, konnten die Deutschen einen Teil des Funkaustausches zwischen der Zentrale und uns überwachen. Von Zeit zu Zeit entschlüsselten die Fachleute des deutschen Funkbeobachtungsdienstes einzelne meiner an die Zentrale geschickten Meldungen und die Weisungen des Direktors. Es ist jedoch anzumerken, daß ich vom Herbst 1942 an einen Teil meiner Telegramme in Klartext an Jim ausgehändigt hatte, der sie verschlüsselte und weiterleitete.

Jims Code kannten die Deutschen nicht, deshalb konnten sie seine Telegramme nicht entschlüsseln; wenn ich Jim traf oder einen Kurier zu ihm schickte (durchschnittlich zwei- bis dreimal in der Woche), betraute ich ihn mit der Weiterleitung der wichtigsten und dringendsten Texte, weil ich seine außerordentlich schnelle Morsetechnik kannte. Übrigens gelang es den Deutschen auch später, lediglich einen Teil der Telegramme zu entschlüsseln (laut Schramm auch noch 1943 erst den zehnten Teil), weil für das Entschlüsseln nicht genügend Fachleute zur Verfügung standen.[2]

---

[1] G. Perrault: L'orchestre rouge. p. 260.
[2] W. Schramm: Zitiertes Werk, pp. 146, 105, 111.

Sobald die deutsche Spionageabwehr den Chiffrierschlüssel in die Hand bekam, versuchte sie auch jene Telegramme zu entschlüsseln, die sich seit 1941 angesammelt hatten, seit man begonnen hatte, den Austausch der Meldungen zwischen den Sendern in der Schweiz und der Moskauer Zentrale abzuhören. 1941 jedoch war ein großer Teil meiner Telgramme über Sonjas Sender gelaufen, den man noch nicht abgehört hatte. Sonjas Code war ohnehin nicht bekannt. Unter Berufung auf die ungefähr zweihundertfünfzig abgehörten und entschlüsselten Telegrammtexte in deutschen und Schweizer Archiven schreibt Schramm in seinem Buch, daß in den ersten Jahren des Krieges die Deutschen nur einen Teil der Radiogramme auffingen, wovon sie wiederum lediglich ungefähr dreißig nachträglich zu entschlüsseln vermochten.

Flicke veröffentlichte an Hand der SD-Archivmaterialien Auszüge aus jenen Telegrammen, die ich mit der Zentrale austauschte. Als Beispiel zitiere ich hieraus ein Telegramm, das die deutsche Funkabwehr im Dezember 1941 auffing und laut Flicke erst Ende Januar 1943 (!) entschlüsseln konnte.

10. Dezember 1941. An Direktor.
Durch Long vom Direktor der Schweizer Fluggesellschaft, der unlängst aus München zurückkehrte, wo er Verhandlungen mit der Deutschen Lufthansa führte.
1) Die deutsche Luftwaffe besitzt zur Zeit 22 000 Maschinen, außerdem 6000—6500 Junkers 52-Transportflugzeuge.
2) In Deutschland werden zur Zeit täglich 10—12 Sturzkampfbomber hergestellt.
3) Diejenigen Einheiten der Bomber-Luftwaffe, die bisher auf der Insel Kreta stationiert waren, sind an die Ostfront beordert worden; ein Teil davon auf die Krim-Halbinsel, die übrigen an andere Frontabschnitte.
4) Deutschland hat an der Ostfront zwischen dem 22. Juni und Ende September täglich 45 Flugzeuge verloren.
5) Das Messerschmitt-Flugzeug neuen Typs besitzt zwei Kanonen und zwei Maschinengewehre. Alle an den Tragflächen. Geschwindigkeit 600 km/h.

Dora

Der Schluß eines anderen entschlüsselten Telegramms verblüffte laut Flicke den Generalstab der deutschen Spionageabwehr „. . . diese Information des Schweizer Generalstabs stammt von einem deutschen Offizier, der im Hauptquartier des deutschen Oberkommandos arbeitet. Künftig werde ich die Nachrichtendienst-Abteilung des Schweizer Generalstabs mit dem Namen Luise kennzeichnen. Dora"

Laut Flicke war man in Berlin außerordentlich bestürzt. Auf dem Gebiet der neutralen Schweiz befand sich eine Gruppe sowjetischer Agenten, die offenbar über eine wertvolle Nachrichtenquelle verfügte und die von den deutschen Organen nicht unschädlich gemacht werden konnte. „Was tun? Die Verständigung der Schweizer Behörden hätte im Moment keinen großen Sinn; wohl würde die Schweiz einschreiten, doch käme man wohl kaum an die Hintermänner heran. Deshalb beschloß man, vorerst die Fäden zu suchen, die nach Deutschland führten."[1]

Die Leiter des Reichs-Sicherheitsdienstes ergriff eine immer größere Panik, als die Dechiffriergruppe des Funkbeobachtungsdienstes immer neuere und neuere Telegramme entschlüsselte.

In seinem Buch zitiert Flicke auch solche Telegramme, die ich Ende 1942 von der Zentrale erhielt:

27. Oktober 1942. An Dora.
1) Aus welchen Quellen erhält Taylor seine Informationen betreffend die deutsche Armee an der Ostfront. Aus Gesprächen oder aus Dokumenten?
2) Überprüfen Sie: Ist Guderian tatsächlich an der Ostfront? Sind ihm die 2. und 3. Armee unterstellt?
3) Wird die 4. Panzerarmee zur Armeegruppe Jodl gehören, oder wird eine andere Panzerarmee zu ihm gehören? Welche?
Erbitte dringend Antwort.

Direktor

2. November 1942. An Dora.
Überprüfen Sie bei Taylor und allen anderen und teilen Sie dringend mit:
1) Wer ist der Kommandeur der 18. Armee, Lindemann oder Schmidt?
2) Befindet sich das IX. Armeekorps im Verband der Armeegruppe Nord und welche Divisionen gehören dazu?
3) Ist die Gruppe Model gebildet worden? Wer gehört dazu, welches ist der Frontabschnitt und der Standort des Stabes?
4) Ist die Gruppe Kluge neu organisiert, und in welcher Zusammensetzung ist sie tätig?
5) Befindet sich der Stab der 3. Panzerdivision in Wjasma? Was gehört zu dieser Division, wer ist Kommandeur?

Direktor

---

[1] W. F. Flicke: Agenten funken nach Moskau. p. 21.

Diese Telegramme zeigen – schreibt Flicke –, „welch hohes Niveau die nachrichtendienstliche Arbeit der ‚Roten Drei' schon erreicht hatte. Jetzt ging es nicht mehr um Regimenter und Flugzeuggeschwader, sondern um Armeen und Armeegruppen".

Beim Schildern der Bestürzung in den führenden Kreisen der deutschen Spionageabwehr macht Flicke die bezeichnende Bemerkung: „Mit dem einfachen Wegschnappen der Funkstationen (nämlich unserer Sendegeräte in Genf und Lausanne – Der Autor) wäre die Frage nicht gelöst worden; bald wären sie andernorts aufgetaucht, wie die Pilze. Der Kampf mußte nicht gegen die Sender geführt werden, sondern man mußte die Organisation aufrollen ..."[1]

Beim Lesen unserer Informationen konnten die Deutschen (wenngleich mit bedeutender Verspätung) allmählich die Decknamen vieler Informanten und zahlreicher Mitglieder der Gruppe Schweiz feststellen. Außer mir standen auf dieser Liste Pakbo, Sissy, Luise, Long, Salter, Rosa, Taylor und andere. Ab Ende Dezember 1942 tauchten wiederum in den Telegrammen neue Namen auf: Lucy, Werther, Olga. Die deutsche Spionageabwehr konnte natürlich nicht wissen, wer sich hinter diesen Decknamen verbarg, aber sie sah, daß diese Informatoren aus den hohen Kommandoämtern der Wehrmacht die geheimsten Angaben in die Schweiz sandten.

Durch den Austausch zwischen der Zentrale und mir konnten die Deutschen auch ermitteln (obwohl sehr viel später), daß die Information nicht direkt von Lucy, sondern über Sissy an mich gelangte. Damals wußte man noch nicht mit Gewißheit, um wen es sich bei Sissy handelte, denn der verhaftete Niggi kannte ihren richtigen Namen nicht. Der Gestapo war nur mein Name bekannt.

Das Auffliegen der französischen und belgischen Gruppe war indirekt ein schwerer Schlag gegen die Gruppe Schweiz. Die Deutschen konnten unsere Telegramme kontrollieren und erhielten konkrete Angaben über einige Personen. Ergänzungen lieferten die Meldungen ihrer Agenten und Provokateure (Hans Peters, Rameau-Zweig), die sich in unsere Organisation einzuschleichen versuchten.

Das Archivmaterial der deutschen Geheimdienste ermöglicht es uns, die Aktionen der Deutschen genau zu verfolgen. Sie liefen gleichzeitig in mehrere Richtungen: Die Deutschen hörten unsere Sendungen ab, schickten Agenten in die Schweiz, übten Druck auf die Schweizer Spionageabwehr aus. Letztere Aufgabe übernahm Schellenberg persönlich. Später versuchten die Deutschen sogar die Diplomatie einzuschalten.

---

[1] W. F. Flicke: Agenten funken nach Moskau. pp. 267, 286, 311.

Die Leitung des SD und der Gestapo war der Meinung, daß es auf diese Weise gelingen würde, die illegalen Sender aufzuspüren, die Personen, ihren Kontakt zu den Informatoren und die Informatoren selber in Deutschland und anderen Ländern zu ermitteln und schließlich unsere Organisation zu liquidieren.

Vierter Teil

1943 (bis Oktober)

DIE SCHLACHT VON STALINGRAD

Anfang 1943 erlitten die deutschen Truppen eine vernichtende Niederlage am südlichen Flügel der sowjetisch-deutschen Front. Der Sieg der Roten Armee rückte näher.

In den Steppen an der Wolga und am Don tobte die gigantische Schlacht sechseinhalb Monate. Diese Schlacht, die ein Gebiet von fast hunderttausend Quadratkilometern überrollte, dauerte vom 17. Juli 1942 bis zum 2. Februar 1943. In einzelnen Phasen des gewaltigen Treffens waren auf beiden Seiten zeitweilig mehr als zwei Millionen Mann, rund fünfundzwanzigtausend Geschütze und Granatwerfer, mehr als zweitausenddreihundert Flugzeuge an den Kampfhandlungen beteiligt.[1]

In der Schlacht von Stalingrad erlitt die Wehrmacht eine verhängnisvolle Niederlage. Diese Stadt — schreibt der deutsche Historiker Walter Görlitz — trank Ströme besten deutschen Blutes und wurde allmählich zum Verdun des Ostfeldzuges.[2]

Es ist bekannt, daß mit dem Sieg, den die Rote Armee an der Wolga errang, die Wende im Vaterländischen Krieg eingetreten war.

Die deutsche Kriegführung wollte den Feldzug gegen die Sowjetunion 1942 beenden. Diesen Plan konnte sie aber ebensowenig durchführen wie 1941.

Charakteristisch sind die Worte Hitlers, die er am 1. Juni 1942 anläßlich der Konferenz beim Stabe der im Raum Poltawa stationierten Armeegruppe „Süd" sprach. Laut Generaloberst Friedrich Paulus erklärte der Führer, daß „wenn er das Öl von Maikop und Grosny nicht bekomme, er gezwungen sein würde, den Krieg zu beenden".[3]

Aber es ging nicht allein um das Öl. Die Führer des faschistischen Reiches spannen weitgehende politische Pläne. Sie vertrauten darauf, daß die türkische Armee gegen die Sowjetunion antreten würde. Sechsundzwanzig Divisionen der türkischen Armee standen im Sommer 1942 an der Grenze von Sowjetisch-Transkaukasien. Das Eintreffen der deutschen Armee in diesem Raum hätte günstige Voraussetzungen für die Einnahme des Nahen und Mittleren Ostens geschaffen.

In der von Rosenberg im Juli 1942 zusammengestellten Aufzeichnung

---

[1] Siehe GGVK. 2. Band. p. 370.

[2] W. Görlitz: Zitiertes Werk, p. 393.

[3] Der Nürnberger Prozeß. Materialsammlung. p. 378 (russisch).

„Über die Umgestaltung des Kaukasus", die sich im sowjetischen Zentralen Staatsarchiv findet, lesen wir: „Deutschlands Interesse ist es, im Kaukasus eine stabile Position zu schaffen und damit die Sicherheit des kontinentalen Europas zu garantieren, das heißt, die Verbindung zum Nahen Osten zu sichern. Diese Verbindung zu den Ölquellen ist unerläßlich, denn nur so kann Deutschland und ganz Europa in Zukunft von der Koalition der Seemächte unabhängig werden. Es ist das Ziel der deutschen Politik, daß wir den Kaukasus und die vom Süden her angrenzenden Länder sowohl in politischer wie militärischer Hinsicht unserer Herrschaft unterwerfen."[1]

Dieser Plan hing zweifellos davon ab, daß die Sowjetunion besiegt wurde. An den Ufern der Wolga, bei Stalingrad, entschied das Schicksal anders.

Hitler wies auf die Ursachen hin, die das deutsche Oberkommando bewogen, den Angriff auf Stalingrad zu richten. Ich zitiere: „Ich wollte die Wolga an einem bestimmten Punkt, bei einer bestimmten Stadt erreichen. Es ist Zufall, daß diese Stadt den Namen von Stalin selber trägt. Nicht deshalb versuchte ich dorthin zu gelangen, die Stadt hätte auch anders heißen können. Ich habe sie darum gewählt, weil es sich um einen höchst wichtigen Punkt handelt. Dort wurde der Transport von dreißig Millionen Tonnen Ware abgewickelt, wovon beinahe neun Millionen Tonnen Mineralöl waren. Dorthin strömte vom Kuban und aus der Ukraine der Weizen zum Weitertransport nach Norden. Dorthin wurde das Manganerz transportiert. Die Stadt war ein riesiges Umschlagszentrum. Gerade deshalb wollte ich sie einnehmen."[2]

Generalfeldmarschall Paulus, der Befehlshaber der in Richtung Stalingrad angreifenden 6. deutschen Armee, sagte nach seiner Gefangennahme —laut sowjetischen Archivangaben — folgendes:[3] Die Umgebung Stalingrads „ist ein günstiger Ausgangspunkt, um einen Schlag gegen Moskau und das davon östlich gelegene Gebiet zu führen. Dieser Schlag hätte, gepaart mit der deutschen Absicht, gleichzeitig die mittlere Front zu durchbrechen — ungefähr aus dem östlich von Smolensk gelegenen Raum in Richtung Moskau —, hätte eine ernste Gefahr für die sowjetischen Streitkräfte und für die ganze Kriegführung des sowjetischen Oberkommandos bedeutet."

Da im Herbst 1942 die Front noch immer nur einhundertfünfzig bis zweihundert Kilometer vor Moskau verlief, hätte ein Erfolg der

---

[1] GGVK. 2. Band. p. 398.

[2] Hans Adolf Jacobsen: Der Zweite Weltkrieg in Chronik und Dokumenten. 1939—1945. Darmstadt 1959. p. 273.

[3] Wojenno-Istoritscheski Schurnal, Moskau 1960. Nr. 2, p. 82.

Deutschen an der Wolga in der Tat eine sehr vorteilhafte strategische Lage für sie geschaffen. Gerade deshalb setzte die deutsche Kriegführung ihre ganze Kraft bei Stalingrad ein.

„Die die Hauptschlagkraft der deutschen faschistischen Truppen bildende 6. Armee und die 4. Panzerarmee sowie die 3. und 4. rumänische und die 8. italienische Armee – insgesamt 50 Divisionen, nicht eingerechnet die Truppen der speziellen Waffengattungen – verwikkelten sich in einen lang hingezogenen und erschöpfenden Kampf. Hier kämpfte ein Fünftel der feindlichen Infanteriedivisionen und ungefähr ein Drittel seiner Panzerdivisionen. In der Umgebung von Stalingrad waren mehr als eine Million feindlicher Soldaten konzentriert.“[1]

Aus alledem ist ersichtlich, welche enorme Wichtigkeit die deutsche Kriegführung der Schlacht an der Wolga beimaß. Für die Führer des faschistischen Dritten Reiches war es eine schändliche politische und militärische Niederlage, wenn sie Stalingrad nicht einnehmen konnten.

Das Oberkommando der Roten Armee war sich über die Konsequenzen der großen Begegnung im klaren und beschloß deshalb, einen konzentrierten Gegenangriff zu unternehmen und den im Raume Stalingrad massierten Feind zu zermalmen. Diese Operation von beispiellosem Ausmaß wurde meisterhaft durchgeführt.

Marschall A. M. Wassilewski, der damalige Generalstabschef der Roten Armee, der an der Ausarbeitung der Schlacht bei Stalingrad beteiligt war, schreibt im Rückblick auf diese Tage: „Unsere Truppen brauchten insgesamt nur fünf Tage, um die Einkreisung der mehr als 300 000 Mann starken deutschen Armeegruppe erfolgreich zu beenden. Zweiundzwanzig feindliche Divisionen und mehrere zur Verstärkung geschickte Verbände gerieten in den gewaltigen Kessel.“[2]

Die eingekesselte Armeegruppe wurde am 2. Februar 1943 völlig vernichtet.

Wie ich schon erwähnte, schaltete sich Lucys Gruppe gerade im Herbst 1942 in unsere Arbeit ein. Eine seiner ersten Informationen hatte zum Inhalt: „Südöstlich von Stalingrad, in der unbewohnten Halbwüste der sogenannten ‚Schwarzen Felder‘ hält die deutsche Heeresleitung die Zusammenziehung sowjetischer Truppen für unmöglich, darum ist hier der Flügel der deutschen Armee ungeschützt.“

In seinem Werk, betitelt „Erinnerungen, Gedanken“, betont Mar-

---

[1] GGVK. 3. Band, Zrinyi-Militär-Verlag 1965 (ungarisch). p. 11.

[2] A. Wassilewski: Unverwelkbarer Ruhm. PRAWDA, 2. Februar 1968.

schall Schukow ebenfalls, daß gerade dieser Raum (zwischen Sarpa—Zaza—Barmanzak) auf Vorschlag von A. M. Wassilewski, dem damaligen Generalstabschef, als Ausgangsbasis für die November-Gegenoffensive des linken Flügels der Stalingrader Front ausgewählt wurde. Schukow zitiert diesbezüglich die von General Jodl, dem ehemaligen Chef des deutschen Operationsstabes, nach dem Krieg abgegebene Erklärung: „Wir hatten keine Ahnung von der Stärke der russischen Truppen in diesem Raum. Früher waren hier überhaupt keine Truppen, und plötzlich griffen sie mit so großer Kraft an, die von entscheidender Bedeutung war."[1] Meiner obigen Mitteilung folgten solche auf Einzelheiten bezogene Fragen der Zentrale wie beispielsweise im Telegramm vom 9. November 1942:

An Dora.
Wo verlaufen südwestlich von Stalingrad und am Don entlang die hinteren Verteidigungsstellungen der Deutschen? Wo sind bereits Verteidigungsstellungen gebaut an der Linie Stalingrad—Kletskaja und Stalingrad—Kalatsch? Was kennzeichnet sie? Welche Art von Befestigungen sind an der Linie Budenowsk—Diwnoje—Werchne-Tschirskaja—Kalatsch—Katschalinskaja—Kletskaja und an der Linie Dnjepr—Beresina gebaut worden?

Direktor

Zur Zeit der Stalingrad-Schlacht mußten wir Fragen wie die folgenden beantworten:

10. November 1942. An Dora.
Überprüfen Sie durch Taylor und durch andere Quellen:
1) Wo befinden sich jetzt die 11. und die 18. Panzerdivision und die 25. motorisierte Division, die zuvor am Frontabschnitt Brjansk—Bolchow eingesetzt waren?
2) Besteht die Heeresgruppe Weichs schon? Zusammensetzung und Armeestäbe?
3) Gibt es eine Armeegruppe Guderian schon? Welche Armeen gehören dazu? Wo sind die Stäbe?

Direktor

26. November 1942. An Dora.
Schicken Sie Angaben über die konkreten Maßnahmen des OKW im Zusammenhang mit dem Stalingrader Angriff der Roten Armee.

Direktor

---

[1] G. K. Schukow: Zitiertes Werk, pp. 422, 431.

2. Dezember 1942. An Dora.
Die wichtigste Aufgabe für die nächste Zeit ist die genaue Feststellung der im Hinterland der Ostfront befindlichen deutschen Reserven.
Direktor

Nach einigen Tagen erhielten wir von Taylor die Information, daß deutsche Generäle – in erster Linie Paulus, der Befehlshaber der bei Stalingrad stehenden Armee – den Abschnitt Stalingrad und Nord-Kaukasus aufgeben wollten.
Bereits am 4. Dezember erhielten wir Weisung, Taylors Information dringend zu präzisieren.
Bekanntlich gestattete Hitler nicht die Durchführung der in diesen Informationen enthaltenen Absichten, und an der Front gingen die erbitterten deutschen Gegenangriffe weiter.[1]
Am 7. Dezember traf ein neues Telegramm ein:

An Dora.
Welche militärischen Verbände sind von Westen und aus Norwegen unterwegs zur Ostfront, und welche Verbände sind von der Ostfront nach dem Westen und zum Balkan unterwegs? Wir erbitten die Nummern der Verbände.
Welche Pläne hat das OKW in Verbindung mit der Offensive der Roten Armee? Wird die Wehrmacht nur Verteidigungskämpfe führen, oder plant das OKW Gegenangriffe an irgendeinem Abschnitt der Ostfront? Bejahendenfalls wo, wann und mit welchen Kräften?
Direktor

Nach Möglichkeit versuchten wir die Fragen der Zentrale zu beantworten. Auf die am 2. Dezember erhaltene Frage (die am 22. und 25. Dezember wiederholt wurde) über die deutschen Reserven im Hinterland, kam durch Werther eine genaue Antwort, die die Nummern und Dislokation der Ersatzdivisionen aufzählte.
Sehr schnell traf von der Zentrale die positive Wertung unserer Meldung ein. Am 16. Januar telegraphierte der Direktor: *Die von Werther erhaltenen Informationen waren sehr wichtig.* Und am 18. Januar: *Wir danken Werther für die Informationen über die Kaukasus-Front.*
Ein Telegramm vom 22. Februar lautete: *Übermitteln Sie Lucy unseren Dank für die gute Arbeit. Die letzte Information Ihrer Gruppe über den Frontabschnitt Mitte ist sehr wichtig.*

---

[1] P. Carell: Unternehmen Barbarossa. pp. 517-520, 519.

Schon zuvor, am 5. November (meinem Geburtstag), wurde ich im Verlauf der Entfaltung der Stalingrad-Schlacht von meiner Auszeichnung verständigt. Später teilte man mir mit, daß ich mit dem Lenin-Orden ausgezeichnet worden war.

Stalingrad wurde zum Ausgangspunkt von vernichtenden Schlägen der Roten Armee. Der Angriff dauerte zweieinhalb Monate, die Deutschen vereloren hier alles, was sie um den Preis riesiger Opfer erworben hatten.

Die Niederlage von Stalingrad spiegelte sich auch in Deutschlands Rüstungsindustrie. Die deutsche Armee verlor eine Unmenge an Waffen und Kriegsmaterial: „Die deutsche Industrie brauchte sechs Monate, um die Panzer und Kraftfahrzeuge zu ergänzen, drei bis vier Monate für die Ersetzung der Geschütze und zwei Monate, um die Infanteriewaffen und Granatwerfer aufzufüllen.“[1]

Wegen Mangels an Menschenreserven war Hitler gezwungen, am 18. Februar 1943 die sogenannte totale Mobilmachung anzuordnen.

Die auf den Wolga-Steppen erlittene gewaltige Niederlage erschütterte die deutschen Positionen an der gesamten sowjetisch-deutschen Front, von den Mauern des belagerten Leningrad bis hin zur Gebirgskette des Kaukasus. Die Rote Armee ging zur Generaloffensive über.

Eine besonders günstige Situation für den Angriff ergab sich im Süden. Der Stalingrader Erfolg der sowjetischen Truppen bedeutete eine unmittelbare Gefahr für die gegnerische Armeegruppe am Kaukasus und für die Armeegruppe „Don“, denn von Norden wurden sie von den Kräften der Roten Armee bedroht.

Um den Preis großer Verluste an Menschen und Material rettete die deutsche Heeresleitung das Gros ihrer Truppen aus dem Nord-Kaukasus und vermied auf diese Weise die tödliche Einkreisung. Aber die Angriffe der Roten Armee schwächten diese Truppen sehr.

Gleichzeitig gingen die sowjetischen Kräfte auch am Oberlauf des Don zum Angriff über. Sie zerschlugen jene italienischen Truppen, die schon in der Schlacht von Stalingrad schwere Verluste erlitten hatten. Eine katastrophale Niederlage erlitt auch die 2. ungarische Armee, die nahezu vernichtet wurde. Die zehn Divisionen verloren einhundertfünfzigtausend Mann und Offiziere, die gesamte Artillerie und die Ausrüstung wurden vernichtet. Nur einige zerstreute Bataillone und Kompanien retteten sich durch die Flucht.[2]

So endete die Schlacht im Dongebiet für die deutschen Truppen und die Armeen der Satellitenstaaten.

---

[1] Chester Wilmot: The Struggle for Europe. London 1957, p. 149.

[2] Siehe GGVK. 3. Band. p. 91.

Die von der Roten Armee hier erzielten Erfolge wiederum schufen günstige Voraussetzungen für einen Schlag in Richtung Donez-Becken und Charkow, Dnjepr und Kursk. Es begann die Befreiung der östlichen und nordöstlichen Gebiete der Ukraine.
Im Januar 1943 errang die Rote Armee noch einen wichtigen Sieg: Sie durchbrach den Belagerungsgürtel um Leningrad. Die heldenhafte Stadt, die fast anderthalb Jahre hindurch der Belagerung vom Festland und von der See her standgehalten hatte, war endlich befreit.
So begann das entscheidende Jahr 1943. An der ganzen Front erfolgte der konzentrierte Angriff der Roten Armee.
Auf Grund der neuen strategischen Lage betraute die Zentrale unsere Gruppe mit neuen nachrichtendienstlichen Aufgaben.

ERFOLGE UND SORGEN

In der Schweiz verbreitete sich die Nachricht von der Niederlage der Deutschen mit Windeseile. Zuerst hörten wir die feierliche Stimme des Sprechers von Radio Moskau. Der Rundfunk strahlte mehrmals die Meldung des Sowjetischen Informationsbüros über die Zermalmung der bei Stalingrad eingeschlossenen 6. deutschen Armee aus. Noch am selben Tag brachten auch die Schweizer Rundfunkstationen diese Nachricht. Der englische Rundfunksender BBC unterbrach immer wieder sein Programm und wiederholte die Meldung von Rußlands Sieg mit ständig neuen Einzelheiten. Auf den Titelseiten der Schweizer Blätter prangten Schlagzeilen in großen Lettern.
Die deutschen Zeitungen und Rundfunkstationen schwiegen, als sei nichts geschehen. Auch sonst fiel seit Monaten kein Wort über die eingeschlossene Armee. In den Schweizer Blättern — zu denen die sowjetischen Kriegsberichte nicht gelangten und die sich an Hand der BBC-Angaben nur schwer zwischen der Unmenge kleiner Siedlungen in den Steppen am Don zu orientieren vermochten — erschienen meine Karten. Diese Karten zeigten, wie sich der Ring verengt hatte. Später erfuhr ich, daß die deutschen diplomatischen Kreise bei den Schweizer Behörden gegen meine in der Presse erschienenen „verlogenen Kartenskizzen von der Kriegslage“ protestiert hatten. Der Sprecher des deutschen Außenministeriums, der Gesandte Schmidt (der sich nach dem Kriege unter dem Namen Paul Carell zum Kriegshistoriker aufschwang), bekam auf einer Pressekonferenz einen Wutanfall. Er bedrohte die Schweizer Presse, wie es Professor Bonjour in seinem Bericht beschreibt: „Es wird keinen Platz im neuen Europa für jene Schweizer Redakteure geben, die gegen ihn schreiben. Vielleicht wer-

den sie ihre Heimat in den Steppen Asiens finden, aber vielleicht wird es noch besser sein, wenn wir sie ins Jenseits schicken."[1]

Nicht lange nach Stalingrad jedoch waren auch die Deutschen gezwungen, in Presse und Rundfunk die wortkargen Eingeständnisse des Amtes Göbbels zu veröffentlichen.

Von der Ostfront trafen beinahe täglich neue überraschende Nachrichten ein. Die Zeitungen, die staatlichen Rundfunkanstalten, die illegalen Sender der Widerstandsgruppen redeten in den verschiedensten Sprachen unentwegt von dem „russischen Wunder", von „Rußlands geheimnisvollem Militärpotential". In den Genfer Cafés, Gaststätten und auf den Straßen diskutierten die Menschen die Ereignisse in Rußland und überlegten, wie der Angriff der Roten Armee sich fortsetzen würde; man zählte die Verluste der Deutschen.

In scharfem Kontrast zur Volksstimmung reagierte die Schweizer Regierung auf die sowjetischen Siege. Wie der Bonjour-Bericht erinnert, „war die eidgenössische Regierung Ende 1942 bestrebt, jegliche Sympathieäußerung gegenüber Rußland zu verhindern".

Ich brauche kaum zu betonen, welche Begeisterung mich und meine Mitarbeiter erfüllte. Noch vor kurzem hatte ja der eine oder andere von ihnen pessimistisch in die Zukunft geblickt, im Glauben an den Erfolg des Kampfes gegen den Nazismus geschwankt, an der Zweckmäßigkeit unserer Arbeit gezweifelt.

In diesen Tagen erhielt ich durch Pakbo zusammen mit einer Information einen Brief von Long. Er gratulierte mir und meinen Mitarbeitern zu dem gewaltigen Sieg der sowjetischen Waffen, schrieb, mit welcher Bewunderung ihn die Kampffähigkeit und Ausdauer der Roten Armee erfülle. Long bat um Vergebung für seine Kleinmütigkeit, die er wenige Monate zuvor nicht niederkämpfen konnte, für seine Zweifel, von denen er mir bei unserer Begegnung erzählte.

Ja, in der Tat, wir hatten uns getroffen und gesprochen, als die deutschen Truppen sich den Vorbergen des Kaukasus näherten und in Stalingrad ans Wolgaufer zu gelangen versuchten. Es schien, daß es keine Kraft gab und geben konnte, die sie hätte aufhalten können.

Bei einem unserer Treffen teilte mir Pakbo mit, daß ihn Longs Stimmung sehr beunruhige. Der stets heitere, lebensfrohe Franzose sei verzweifelt, er finde, daß alles verloren sei und es kaum noch Sinn habe, daß er für uns Informationen sammele. Long bestehe darauf, den Leiter der Organisation zu treffen.

Einen so erfahrenen und talentierten Nachrichtenbeschaffer wie Long

---

[1] NEUE ZÜRCHER ZEITUNG, 7. Februar 1970. Pressefehde zwischen Deutschland und der Schweiz.

durften wir nicht verlieren. Das nötigte mich, ausnahmsweise ihn zu treffen und mit ihm zu sprechen, obwohl ich damit die strengen Regeln der Konspiration verletzte.
Anfang Dezember 1942 trafen wir uns in Bern, in Pakbos Wohnung. Ein untersetzter, breitschultriger, rotwangiger, sehr sympathischer Mensch stand vor mir. Er schien fünfzig Jahre alt zu sein.
Bis spät in die Nacht unterhielten wir uns. Ich weiß nicht, wie weit es mir gelang, dem deprimierten Long wieder Mut zu machen, doch erhielten wir weiterhin regelmäßig sehr interessante Informationen von ihm.
In jenen für die Sowjetunion schweren Zeiten begannen viele, am Sieg über den Faschismus zu zweifeln. Es befanden sich darunter Kämpfer der Widerstandsbewegung. Auch einige dieser Genossen mußte ich treffen. In diesen Fällen spielte ich bereits die Rolle des Agitators oder politischen Ratgebers.
Wir hatten Kontakt zu dem im Bezirk Haute-Savoie, an der Grenze der Schweiz, kämpfenden Maquis, den französischen Partisanen.
Es ergab sich, daß gerade damals, als die deutschen Divisionen zum Kaukasus durchbrachen, auch die Partisanen in Savoyen in eine besonders schwierige Lage gerieten. Die Deutschen drängten sie in die Berge, auf die Eisfelder der alpinen Gletscher; sie waren knapp an Lebensmitteln und Munition. Und dort erreichten sie die schlimmen Nachrichten von der Ostfront. Die Männer verloren den Mut und wußten nicht mehr, ob der Kampf noch lohne, wenn keine Hilfe mehr zu erwarten war. Sie erwogen, ob es nicht besser sei, die Waffen zu strecken und auseinanderzugehen. Von der schlechten Stimmung bei den Partisanen von Savoyen erfuhr ich durch meinen Mitarbeiter, der den Kontakt zu ihnen hielt. Irgendwie müsse man diesen tapferen Männern Mut machen, ihre Kampfeslust auffrischen, sagte er. Ich wußte, daß ich mich nicht einmischen durfte, aber als Kommunist konnte ich nicht zusehen, wenn auch nur einzelne Partisanenverbände auseinanderfielen und den Kampf gegen die Besatzung einstellten.
Auf meine Bitte hin organisierte mein Mitarbeiter an der Grenze eine Begegnung mit Vertretern der Partisanen. Sie kamen zum vereinbarten Ort. Da sie an Geheimhaltung und Vorsicht gewöhnt waren, erkundigten sie sich natürlich nicht, wer und was ich sei, sie stellten keine überflüssigen Fragen. Ich sagte ihnen, daß man unter keinen Umständen die Waffen vor dem Feind strecken dürfe. Ich versuchte sie zu überzeugen, daß Deutschland früher oder später unterliegen müsse, woran sie so fest glauben mußten wie an ihr eigenes Leben, an das Schicksal ihres Vaterlandes, sonst könne Frankreich niemals frei werden. Später vernahm ich hochbefriedigt, daß der

Maquis in Savoyen nicht aufgab, sondern in den Bergen der Belagerung der Nazi-Truppen standhielt, ja sogar dem Feind die Schläge zurückzugeben begann.

Das war nicht meine letzte Begegnung mit den Partisanen. 1944, als die Schweizer Polizei nach mir fahndete, waren sie es, die Maquisards, die mir Hilfe leisteten und mir mit meiner Frau zur Flucht über die Grenze verhalfen.

Ich will nicht behaupten, daß ich über besondere Überzeugungskraft verfügte. Diese Begabung habe ich nicht bei mir entdeckt. Mit diesen vielleicht unbedeutenden zwei Beispielen möchte ich nur zeigen, welch großen Einfluß die Lage an der sowjetisch-deutschen Front auf die gesamte Widerstandsbewegung hatte. Die Rote Armee war die größte Hoffnung der europäischen Völker. Ihre Mißerfolge spiegelten sich sofort im antifaschistischen Lager, während ihre Siege den Kampfeifer auflodern ließen.

1943 begann Luise wieder interessante Angaben zu liefern. Sie stammten von einem deutschen Rechtsanwalt in Leipzig, der zu den leitenden deutschen Militärkreisen Zutritt hatte und zum ehemaligen Freundeskreis des Generals Fritsch gehörte.

Unsere Organisation verfügte zu dieser Zeit über genügend Mitarbeiter. Von ihnen kannte ich natürlich nur einige persönlich. Daher mußte ich später manchmal feststellen, daß ich dem einen oder anderen zu sehr vertraut hatte.

Lene, Jim und mir war es kaum möglich, die täglich eintreffenden Informationen – rund zwanzig Schreibmaschinenseiten von mir schon in knappem Stil redigierter Text – aufzuarbeiten und an die Zentrale weiterzuleiten. Für den Schlaf blieben mir vier bis fünf Stunden oder noch weniger. Die nervliche und physische Belastung war groß. Deshalb halfen mir mit Zustimmung des Direktors auch Sissy und Pakbo. Freilich war es sehr riskant, das Geheimnis des Chiffrierschlüssels zu lüften, mochten meine Mitarbeiter auch noch so vertrauenswürdig sein. Aber die Weitergabe der Informationen durfte sich nicht verzögern. Besonders die von Werther, Olga, Teddy und Lucy und anderen Berliner Nachrichtenquellen galt es sofort an die Zentrale weiterzuleiten. Das Redigieren des Klartextes blieb aber meine Aufgabe, denn ich konnte die Sichtung und äußerste Verdichtung des einlaufenden Materials im Telegrammstil niemand überlassen. Von meinen Mitarbeitern wäre auch keiner bereit gewesen, während ich als Leiter eines Telegraphen- und Pressebüros große Erfahrung in dieser Arbeit hatte.

Lucys wichtiges Material verschlüsselten wir natürlich außer der Reihe, und entweder ich oder meine Frau überbrachten es den Funkern.

Mit der Zentrale war die Funkverbindung unverändert stabil, ausgenommen jene Tage, wenn die überlasteten Funker (der Zentrale oder unsere) Fehler machten. In solchen Fällen wurde die Sendung wiederholt. Sobald die Zentrale den Empfang bestätigt hatte, verbrannten wir das verschlüsselte Material. Das war strenges Gebot.
Unsere vier Funker gewährleisteten die normale Verbindung, wenngleich unter hohen Anstrengungen. Die Belastung wurde jedoch immer größer. Dennoch schien mit den Funkern alles in Ordnung zu sein. Nur Eduards Situation beunruhigte mich (von den Begegnungen zwischen Rosa und Hans Peters wußte ich natürlich nichts), obwohl das Urteil aufgehoben war, denn seine Verhaftung hatte sicherlich Spuren hinterlassen.
Nach der Haussuchung bei den Hamels und Eduards Verhaftung bzw. seiner Freilassung war ich sicher, daß die Polizei sie im Auge behielt und Eduard auf der Liste der verdächtigen Personen stand. Wenn aber die Polizei oder die Spionageabwehr unseren Funker und seine Ehefrau unter Observation stellte, war leicht festzustellen, mit wem sie sich trafen.
Die Elementarregeln der Konspiration hätten es erfordert, daß wir sofort jeden Kontakt zu ihnen abbrachen. In solchen Fällen muß man das Funkgerät verstecken und in der Wohnung die Arbeit erst wieder aufnehmen, bis hundertprozentig erwiesen ist, daß man nicht mehr beobachtet wird. Zu dieser Frage nahm der Direktor am 30. Oktober 1942 folgendermaßen Stellung:

Bereiten Sie Ersatztreffen für Rosa, Pakbo, Jim und Sissy vor, zu dem Zweck, daß diese Gruppe mit uns die Verbindung aufrechterhalten könne für den Fall, daß Sie vorübergehend die Arbeit nicht erledigen können. Verständigen Sie Jim davon, was vorgefallen ist, und lassen Sie die größte Vorsicht bei den Treffen und der Übergabe der Telegramme an Jim walten. Halten Sie sich vor Augen, liebe Dora, daß die Arbeit Ihrer Organisation heute wichtiger ist als je; Sie müssen alles tun, damit die Arbeit fortgesetzt wird.

Wir aber konnten uns einen solchen Luxus nicht erlauben, auf zwei erprobte, fachkundige Funker zu verzichten. Jim und Rosa hätten die Arbeit nicht geschafft. Und an der Front war die Lage sehr schlecht: der Feind stand an der Wolga und am Kaukasus. In solchen schweren Zeiten konnten wir uns nicht an die „klassischen“ Regeln der Illegalität klammern.
Deshalb warteten wir nur kurze Zeit, bis sich die Polizei beruhigte, dann begannen Eduard und Maud wieder zu funken. Die Zentrale

gab nach einigem Zögern ihr Einverständnis, weil die Lage an der Front immer gespannter wurde, doch betonte der Direktor in seinem Telegramm vom 6. November nachdrücklich:

Ziehen Sie die Lehre aus dem Fall Eduard. Überprüfen Sie unverzüglich jeden Kontakt der Mitarbeiter. Richten Sie Ihr Augenmerk auf die Verbindungen der Funker zu politischen Kreisen, speziell den Kommunisten und linken Sozialisten. Solche Kontakte sind gefährlich für die ganze Organisation. Es ist wichtig, daß die Umgebung der Funker völlig verläßlich ist. Denken Sie daran, welche Bedeutung die Erhaltung Ihrer Organisation hat.

Im Telegramm vom 19. Dezember kam die Zentrale noch einmal auf diese wichtige Frage zurück.

Neben allen Ihren Maßnahmen zur Sicherung der ganzen Organisation müssen Sie alles unternehmen, daß die Arbeit weitergehen kann. Gerade jetzt ist das besonders wichtig. Bitte treffen Sie Ihre Maßnahmen ruhig, klug und umsichtig.

Da wir wieder den Zugriff der Polizei fürchten mußten, sorgte ich für die erhöhte Sicherheit der Hamels. Zunächst suchte ich für sie eine andere Wohnung, wo sie arbeiten konnten. Ich fand eine in einem Villenviertel, an der Florissant-Straße, unweit von Genf. Das Haus stand mitten in einem großen, alten Park. Aus den Fenstern hatte man nach allen Seiten freie Sicht, einen Beobachter hätte man sofort bemerkt. Von nun an arbeiteten Eduard und Maud hauptsächlich hier, aber zuweilen, wenn die Zeit sehr drängte, arbeiteten sie auch in ihrer eigenen Wohnung am Reservesender. In der Villa schuf Eduard ein ausgezeichnetes Versteck, das er mit einem elektrischen Schloß versah. Dieses Versteck war selbst bei der sorgfältigsten Haussuchung kaum zu entdecken.

Nach diesen Absicherungsmaßnahmen schaltete sich das Ehepaar Hamel wieder mit angespannter Kraft in die gemeinsame Arbeit ein.

Wir mußten den sowjetischen Truppen weiter Daten für die im Winter und Frühjahr 1943 an den verschiedenen Frontabschnitten angelaufenen Angriffsoperationen liefern.

Am 20. Januar 1943 stellte mir die Zentrale eine Aufgabe, deretwegen wir alles andere beiseite schieben mußten:

Stellen Sie fest — telegraphierte der Direktor —, *welche Pläne und konkreten Absichten das OKW hat, um der Offensive der Roten*

Armee zu begegnen, und vor allem, wie das OKW die Schläge der Roten Armee abzuwehren oder zu neutralisieren gedenkt. Welche Meinungsdifferenzen gibt es im OKW bei der Lagebeurteilung bezüglich der notwendigen Maßnahmen und im Zusammenhang mit den Plänen? Geben Sie diese Weisung an sämtliche Mitglieder von Lucys Gruppe ...

Am 22. Februar erhielt ich von der Zentrale eine noch präziser gestellte Aufgabe für Lucy:

Die Pläne des OKW bezüglich der Armeegruppe Kluge am mittleren Frontabschnitt müssen erkundet werden. Jede Information über den mittleren Frontabschnitt ist äußerst wichtig.

Das waren bedeutsame und schwierige Aufgaben. Informationen solchen Charakters konnten nur Lucys Berliner Quellen geben. Wie ich bereits oben erwähnt habe, hatte unsere Zentrale zur Zeit der Gegenoffensive bei Stalingrad und an der Kaukasus-Front Auskünfte von dort erhalten. Werther und Olga gaben auch weiter Informationen aus dem Oberkommando des Heeres (OKH) und des OKW.
Lucys Nachrichtendienstler bewältigten auch die neuen Aufgaben; in ihren Meldungen gaben sie Einzelheiten der Pläne des deutschen Oberkommandos bekannt.
Als Beispiel eine Information aus jener Zeit:

28. Februar 1943. An Direktor. Dringend.
Von Werther.
Das OKW rechnet auf eine Kulmination des sowjetischen Angriffs, und zwar erwartet es einen großen Angriff der Roten Armee bei Kursk, in Richtung Gluchow—Konotop, ferner rechnet es damit, daß mindestens zwei Armeekorps den Durchbruch zwischen Bogoduchow und Konotop versuchen.
Diesen Durchbruch fürchtet man darum, weil zwischen dem 15. und 20. Februar die zum Schutze der Verkehrsader Bogoduchow—Konotop entsandten Reserven, darunter die 3. Panzerdivision, in das Donez-Becken hinübergeworfen wurden.
Der Durchbruch der Roten Armee zwischen Charkow und Konotop ist nicht nur in bezug auf die im Raume Poltawa befindlichen deutschen Stellungen von entscheidender Wichtigkeit, sondern auch hinsichtlich der Verkehrsader Krementschug—Romny—Konotop, welche die Deutschen im März möglicherweise aufgeben müssen.

Dora

Auch in dem Raum um Leningrad verschlechterte sich die Lage der Deutschen. Hier übernahm die sowjetische Kriegführung die Initiative.

29. März 1943. An Direktor. Dringend.
Von Werther. Berlin, 25. März.
Den Russen ist es gelungen, die Front am Abschnitt der 61. Grenadierdivision zu durchbrechen (die zu der 18. Armee von General Lindemann gehört).
Die Deutschen haben festgestellt, daß die Zusammenziehung der sowjetischen Kräfte am Unterlauf des Wolchow und bei Leningrad fortgesetzt wird. Laut Vermutung des deutschen Oberkommandos sind in den letzten Wochen über Murmansk und Wologda große Mengen an Kriegsmaterial nach Leningrad gelangt sowie Truppen über Schlüsselburg und auf dem Luftwege.
Bei Murmansk verstärkt sich der Schiffsverkehr als Folge davon, daß die deutsche Luftwaffe über dem Nördlichen Eismeer schwächer geworden ist. Deshalb rechnet das deutsche Kommando mit einer größeren Aktivität der Russen im Raume Newa, Wolchow und Swir. Das deutsche Kommando hat beschlossen, in erster Linie den Bau der „Ostwall“ genannten Verteidigungsstellungen und Befestigungen im nördlichen Sektor zu beschleunigen, namentlich in Estland und Lettland. Wegen der bis zu einem gewissen Grade kritischen Lage, die sich an der Newa-Front ergeben hat, mußte am 23. März ein Teil der neben Oredes stationierten Reserven hinübergeworfen werden. Diese Reserven sichern auch die Verkehrslinie zwischen Solzy und Detskoje Selo.
Dora

Wie aus dieser Mitteilung von Werther ersichtlich ist, waren die Angriffsmöglichkeiten der Deutschen an der nördlichen Front erschöpft. Ihre Pläne, Leningrad auszuhungern, Murmansk einzunehmen und auf der Landenge von Karelien sich mit der finnischen Armee zu vereinen, scheiterten. Der Feind konnte jetzt nur noch an Verteidigung denken und versuchen, dort auszuharren, wohin ihn die sowjetischen Truppen im Januar zurückgedrängt hatten.
Deshalb begann die deutsche Kriegführung, die über die Schwäche ihrer südlichen Positionen entsetzt war, im Baltikum den „Ost-Damm“ oder „Ostwall“ genannte starke Verteidigungslinie auszubauen.
Unsere Gruppe bekam von der Zentrale am 12. März die Aufgabe, über die im Bau befindlichen deutschen Befestigungen Angaben zu beschaffen.

Diese Aufgabe erfüllten wir später.
Es sammelte sich so viel wichtiges Material an, daß ich weitere Mitglieder der Gruppe in das Chiffrieren einbeziehen mußte. Die Zentrale war einverstanden, daß ich Rosa und Maud das Verschlüsseln lehren sollte bzw. sie mit einigen Details vertraut machte. Rosas Aufgabe war, aus dem Chiffrierbuch die zur weiteren Arbeit nötigen Seiten abzutippen. Maud wiederum erledigte nur die simplen Phasen des Chiffrierens; den Klartext kannten sie nicht. Sissy arbeitete bereits selbständig, ihr war aus Moskau der Titel des Codebuchs und die Gebrauchsanweisung geschickt worden.
Nun ging die Arbeit schneller voran; wir übermittelten die Radiogramme ohne Verzögerung. Aber jetzt geschah das Unglück: das Chiffriersystem, das die Zentrale an Sissy schickte, fiel den Deutschen in die Hände. Darüber schreibt W. F. Flicke in seinem Buch „Agenten funken nach Moskau“:
„Und dann entzifferte am 25. April 1943 der deutsche Horchdienst einen Funkspruch, der zwei Tage vorher nach Genf gegangen war . . .

23. April 1943. An Sissy.
Wir teilen Dir den Titel eines neuen Buches für Deine Chiffre mit. Kaufe es, und wir geben Dir Benutzungsanweisung. Albert soll das neue Buch nicht kennen. Es heißt „Tempête sur la maison“. Edition H. Jebers, Seite 471. *Direktor*

Der Funkspruch – fährt Flicke fort – stellte eine Sensation dar: zum erstenmal erfuhr man jetzt den Titel eines Schlüsselbuches. Es sollte demnächst in Benutzung genommen werden. Das bedeutete nicht mehr und nicht weniger, als daß man von Anbeginn an imstande sein würde, die mit diesem Buch überschlüsselten Funksprüche mitzulesen.“[1]
Natürlich hatte die Zentrale nicht aus Mißtrauen, sondern aus Vorsicht Sissy empfohlen, den Titel des Codebuches auch mir nicht mitzuteilen.
Ich erinnere nur daran, daß die ganze Arbeit umsonst ist, wenn in einer illegalen Organisation ein Mitglied hochgeht und es dem Gegner gelingt, das Geheimnis des Schlüssels zu erfahren. Wenn die Gruppe dagegen über zwei oder drei verschiedene Codes verfügt, die nur den damit arbeitenden Personen bekannt sind, wird die Arbeit selbst dann nicht unterbrochen, wenn mehrere Mitglieder verhaftet werden. Bleibt auch nur eine einzige Person auf freiem Fuß, die das Schlüssel-

[1] W. F. Flicke: Agenten funken nach Moskau. p. 330.

system kennt und einen eigenen Code und ein eigenes Sendegerät hat, lebt und kämpft die Organisation.
Darum brauchte ich die Chiffrier-Anweisung und den Titel des Buches, die man Sissy geschickt hatte, nicht zu kennen. Die Zentrale war bestrebt, der Gruppe Schweiz ihre maximale Kampffähigkeit zu erhalten. Das um so mehr, als unsere Situation immer besorgniserregender wurde.

WIEDERUM SCHELLENBERG

Obwohl die deutsche Abwehr sich unserer Organisation äußerst vorsichtig zu nähern versuchte, nahmen wir das auf Grund verschiedener Anzeichen wahr. Im Frühjahr 1943 jedoch stellte sich heraus, daß deutsche Funkpeiler entlang der Schweizer Grenze arbeiteten. Nun wußten wir mit Sicherheit, daß wir gesucht wurden. Den Sendern in Genf und Lausanne drohte unmittelbare Gefahr.
Im März erschien Walter Schellenberg abermals im Lande. Es scheint, daß seine Verhandlungen im Jahre 1942 mit dem Chef des Schweizer Geheimdienstes nicht den erwarteten Erfolg gehabt hatten, so daß er beschloß, das Spiel fortzusetzen.
1943 traf sich der SS-Brigadeführer ein- oder zweimal mit Oberstbrigadier Masson. Das erste Treffen fand am 3. März im Hotel zum Bären, unweit von Bern, in Biglen, statt. An dieser Besprechung nahmen auch General Guisan, der Oberbefehlshaber der Schweizer Armee, und Oberst Barbey, der Adjutant des Generals, teil. Zum zweitenmal traf man sich laut Schellenberg am 12. März im Züricher Hotel Baur-au-Lac. Hier waren nur Schellenberg und Masson zugegen. Selbstverständlich waren die Begegnungen streng geheim.
Von diesen Begegnungen – angeblich auf Grund der Mitteilung Massons – berichten in ihrem Buch Pierre Accoce und Pierre Quet; ferner berichtet über die erste Begegnung Jon Kimche in seinem Buch „General Guisans Zweifrontenkrieg“.[1] In der deutschen Ausgabe ihres Buches zitieren die beiden Franzosen als Beweis für das Züricher Treffen Schellenbergs Aussage vor dem britischen Geheimdienst.[2]
Laut den Autoren stimmte Oberstbrigadier Masson, ebenso wie 1942, mit Wissen seines unmittelbaren Vorgesetzten, General Guisans, der Begegnung mit dem Leiter des Nachrichtendienstes des Deutschen Reiches zu. Der Oberkommandierende der Schweizer Armee nahm

---

[1] J. Kimche: General Guisans Zweifrontenkrieg. p. 152.
[2] Pierre Acocce-Pierre Quet: Moskau wußte alles. Zürich 1966. p. 229.

darum an der Begegnung vom 3. März im Dorfe Biglen teil, weil Schellenberg darauf bestand und General Guisan um das Schicksal seiner Heimat besorgt war, über der die Gefahr der deutschen Invasion schwebte. Er dachte, daß Hitlers Beauftragter ihm etwas Wichtiges in Zusammenhang mit den Interessen der Schweizer Eidgenossenschaft mitteilen wolle.

Der SD-Chef ging sehr umsichtig vor. Er erklärte, Hitler habe Kenntnis von dieser seiner Reise, ja, er betonte sogar, daß er im Auftrage des Führers gekommen sei. Eben darum habe er gebeten, sich mit General Guisan treffen zu können. Der Führer sei besorgt, daß die Schweiz unter gewissen Umständen ihre Neutralität nicht so verteidigen würde wie jetzt. Nach den Informationen des deutschen Nachrichtendienstes sei die Landung der englisch-amerikanischen Truppen in Italien zu erwarten. Der Führer mache sich Sorgen, daß die Schweiz es den alliierten Truppen möglicherweise gestatten würde, ihr Gebiet zu durchqueren und Deutschland von Süden her anzugreifen. Hitler wolle eine Garantie dafür, daß die Schweizer Eidgenossenschaft dies unter keinen Umständen erlauben und sich im Kriege weiterhin neutral verhalten werde.

Statt einer Antwort verwies Guisan auf jenes Interview, das er eine Woche zuvor einer schwedischen Journalistin gegeben hatte. Darin hatte er erklärt, daß die Schweiz unter allen Umständen neutral bleiben werde und die Schweizer Truppen die Souveränität des Landes verteidigen würden. Wie sich jetzt aus dem Bonjour-Bericht ergibt,[1] wünschte Schellenberg nach der Zusammenkunft in Bern, daß Guisan seine Äußerungen schriftlich zusammenfasse, was der General auf Massons Drängen hin tat. Er übergab das Schriftstück am 6. März in Arosa während eines Skiwettbewerbs Schellenberg.

Bei der zweiten Zusammenkunft (von der Kimche nichts gehört hat) soll Schellenberg dem Leiter des Schweizer Geheimdienstes das eigentliche Anliegen seiner vertraulichen Mission vorgetragen haben. Dieses Gespräch unter vier Augen hat niemand mitgehört und notiert. Doch wenn wir gewissen Quellen und den bruchstückhaften Eingeständnissen der beiden Teilnehmer glauben können, dann ist es nicht schwer zu erraten, wovon die Rede war.

Erinnern wir uns daran, daß die deutsche Spionageabwehr zu jener Zeit den Schlüssel zu dem von mir benutzten Code schon in der Hand und einen Teil jener Telegramme dechiffriert hatte, die sich bis Anfang 1943 beim Funkbeobachtungsdienst angehäuft hatten. Aus ein-

[1] NEUE ZÜRCHER ZEITUNG, 5. Februar 1970. Zusammenkunft zwischen Guisan und Schellenberg.

zelnen dechiffrierten Telegrammen konnte Schellenberg entnehmen, daß die sowjetische Nachrichtendienst-Gruppe in Genf in Verbindung mit Leuten des Schweizer Geheimdienstes stand und von ihnen Angaben über Deutschland erhielt. Für den Chef des SD mag das eine höchst unangenehme Überraschung gewesen sein.
Wenn man ihm noch einige Informationen der Berliner Nachrichtenquellen Lucys vorlegte, mußte Schellenberg bestürzt erkennen, daß die geheimsten Nachrichten aus dem Gehirntrust der Wehrmacht, aus dem OKW, durchgesickert waren. Schellenberg mochte sich denken, daß die Quellen hohe Offiziere, vielleicht Generäle waren, die Einblick in die Dokumente des Generalstabs besaßen. Wer aber konnten diese Verräter sein? Wie hielten sie den Kontakt untereinander aufrecht?
Die Interessen des Reiches forderten den sofortigen Eingriff, und der SD-Chef eilte erneut zu seinem Schweizer Kollegen in der Hoffnung, daß es ihm gelingen würde, ihm zu entlocken, was er von den Verschwörern in Deutschland wußte. Wie auch von Schramm bemerkt: „Es lag auf der Hand, daß bei diesen Gesprächen die Liquidierung der Roten Drei (also meiner Sender — Der Autor) vorbereitet werden sollte.“[1]
Schellenberg gab 1949 beim Nürnberger Prozeß, als sein Fall verhandelt wurde, auf die Frage nach dem Grund seines Treffens mit Masson eine ausweichende Antwort: „Es war meine Absicht gewesen, mit Masson den regelmäßigen Austausch von nachrichtendienstlichem Material zu organisieren. Aber ich mußte Abstand nehmen, weil Masson nicht darauf einging ...“
Es scheint, daß Schellenberg den Engländern eine viel bessere Erklärung für seine Begegnungen mit Masson gab, als er 1945 in deren Hände geraten war. Drei Jahre, bis zur Verhandlung, war er in London und weihte die Männer des Intelligence Service gewiß in alle Geheimnisse des Hitlerreiches ein.
Nach Pierre Accoce und Pierre Quet unternahm es Schellenberg, dieser große Meister der Erpressung, im Verlauf des Züricher Gesprächs,[2] zunächst, Masson einen gründlichen Schrecken einzujagen, indem er ihm bewies, daß Hitler durchaus an die Okkupation der Schweiz denke, während jedoch er, der SD-Chef, das für einen Fehler halte und den Führer zur Einsicht zu bringen versuche. Er wolle die Schweiz vor der Invasion bewahren, weil seiner Ansicht nach die Neutralität der Schweiz sehr wertvoll für Deutschland sei. Der Oberst-

[1] W. Schramm: zitiertes Werk. p. 268.
[2] P. Accoce-P. Quet: La guerre a été gagnée en Suisse. p. 65.

brigadier möge an seiner, Schellenbergs, Aufrichtigkeit nicht zweifeln, denn er habe ja den Beweis seiner freundschaftlichen Gefühle für die Schweiz erbracht und solange ihre Bekanntschaft schon währe, mehr als eine Bitte Massons erfüllt. Jetzt wolle er noch mehr für die Schweiz tun, weil es um das Schicksal des Landes gehe.

Erst nach dieser Vorbereitung deckte Schellenberg die Karten auf. „Die Sicherheit des Führers bereitet mir große Sorge" — erklärte der Chef des Hitlerschen Nachrichtendienstes. Bei ihren früheren Zusammenkünften hatte Masson diesen Satz bereits mehr als einmal von Schellenberg gehört, aber nur flüchtig. Was steckt dahinter? Warum erzählte das der SD-Chef ihm, dem die Sicherheit des deutschen Diktators nicht am Herzen lag? Masson konnte nur Vermutungen anstellen.

Die französischen Journalisten stellen es so dar, als habe Schellenberg am 12. März in Zürich schon offen und fordernd gesprochen. „Er habe Kenntnis davon, daß im OKW einige Generäle ein Komplott gegen Hitler planten. (Nach von Schramm brachte Schellenberg dieses Thema bereits beim Gespräch vom 9. September 1942 gegenüber Masson aufs Tapet.)[1] Aber die Tage der Verschwörer seien gezählt; Müller, der Gestapo-Chef, sammle gerade jetzt die Beweise, und bald würden diese Leute demaskiert. Ihr Schicksal sei jedoch für Schellenberg nicht gleichgültig, und obwohl das seine Dienstpflicht nicht erlaube, wolle er ihnen helfen. Er folge seinem Gewissen. Wenn er die Namen dieser Generäle wüßte, würde er die Hilfe hochgestellter Freunde in Anspruch nehmen, er könne sich in die Angelegenheit einschalten, um diese Leute zu retten, ehe es zu spät sei. Indem er ihnen helfe, so fuhr Schellenberg fort, würde er der Schweiz erneut einen Dienst erweisen, denn er habe Kenntnis, daß Masson die Verschwörer im OKW für nachrichtendienstliche Zwecke benutze. Wenn also auch Masson zu ihrer Errettung beitragen wolle, müsse er diese Offiziere unverzüglich benennen.

Natürlich provozierte der SD-Chef den Chef des Schweizer Nachrichtendienstes auf schamlose Weise. Falls wir glauben wollen, daß Schellenberg tatsächlich solche Auskünfte von Masson verlangte, erscheint diese Provokation sehr naiv. Wenn wir aber die Fakten in Betracht ziehen, wirkt dieser Schritt Schellenbergs nicht so unüberlegt. Im Gegenteil, die scheinbar naive Bitte und Argumentation stellen eine schlaue taktische Falle dar.

In der Nachkriegsliteratur ist zu lesen, daß Himmler, der „Beschützer" des Naziregimes und des Führers, in unmittelbarer Verbindung

[1] Siehe W. Schramm: Zitiertes Werk, p. 267.

zur „Verschwörung der Generäle" gestanden habe. Ihm sei das gegen Hitler vorbereitete Attentat bekannt gewesen, und er habe es für richtig gehalten, weil er darauf spekulierte, dessen Platz einzunehmen. Jedenfalls hätten die Verschwörer in der neuen Militärregierung für Himmler einen führenden Posten vorgesehen.[1] Darum habe Himmler, der gleichfalls auf einen Sonderfrieden mit den Westmächten vertraute, gegenüber allen Ränkeschmieden der Generäle die Augen zugedrückt. Der Reichsführer SS habe erst dann die nötigen Vergeltungsmaßnahmen ergriffen, als der „Militärputsch" vom 20. Juli 1944 fehlgeschlagen war und die Pläne des Generalstabes sich in Luft aufgelöst hatten.

Von der Verschwörung der Generäle wußte damals auch ich durch Pakbo. Dessen Informator bezog seine Auskünfte durch den Leipziger Ex-Oberbürgermeister Gördeler aus der Bendlerstraße in Berlin (aus dem OKW). Mein am 20. April 1943 nach Moskau geschicktes Telegramm enthielt darüber folgenden Abschnitt:

„Die sogenannte zweite Garnitur der Generäle, die bereits im Januar Hitler erledigen wollte, ist jetzt entschlossen, zusammen mit Hitler auch die ihn unterstützenden Kreise zu liquidieren."

Jedenfalls können wir diese Verschwörung gegen Hitler, die viel Staub aufwirbelte und schändlich fehlschlug, als „Familien-Affäre" der führenden deutschen Kreise betrachten. Die „Oppositionellen" hatten lediglich das eine Ziel, mit England und den Vereinigten Staaten einen Sonderfrieden zu schließen, um dann ihre ganze Kraft gegen die Sowjetunion zu richten. Die Verschwörer wollten die Diktatur des Führers durch eine Militärdiktatur ablösen, also eine für die Westmächte annehmbare Regierung bilden, mit der diese Mächte sich zum Schaden der Sowjetunion hätten ein Abkommen treffen können. Eine Ausnahme war die Gruppe des Grafen Stauffenberg, die eine künftige Zusammenarbeit mit der Sowjetunion für möglich hielt.

Über die „Verschwörung der Generäle" ist viel geschrieben worden, deshalb ist es sinnlos, daß ich die bekannten Details wiederhole.

Schellenberg verfolgte in der Schweiz mancherlei Interessen, doch waren diese ganz anderer Natur als jene, derentwegen er den Chef des Schweizer Geheimdienstes so beharrlich befragte.

Anfangs war Schellenberg der Meinung, daß es sich bei den Männern, die militärische Informationen in die Schweiz gelangen ließen, um Oppositionelle handele, von deren Existenz man in Himmlers Amt

[1] J. Kimche: General Guisans Zweifrontenkrieg. p. 166 f.

bereits wußte. Sofern Masson etwas über das Komplott gegen Hitler wisse, so argumentierte Schellenberg, dann seien seine Berliner Informatoren die zu jenem Kreis gehörenden Personen, folglich sei es nicht ausgeschlossen, daß sie den Schweizern wichtige Staatsgeheimnisse verrieten. Der SD-Chef besaß schon Beweise, daß der Oberstbrigadier von leitenden Stellen der Wehrmacht Informationen bekam. Warum sonst hätte sich Masson bei der Zusammenkunft vom 3. März so beunruhigt danach erkundigt, ob es wahr sei, daß die Truppen General Dietls sich für den Angriff auf die Schweiz rüsteten? Nach einer anderen Angabe hatte Masson am 18. März 1943 seinen Vertrauten, Meyer-Schwartenbach, beauftragt, durch Schellenbergs Vertrauten Eggen festzustellen, ob die Information der Wahrheit entspreche.[1] Die Information war tatsächlich richtig, nur hatten die an der Schweizer Grenze durchgeführten Truppenbewegungen ausschließlich erpresserischen Zweck. Schellenberg setzte das Spiel fort und versicherte Masson eilends, daß er sowohl seinen eigenen Einfluß wie auch den all seiner Freunde geltend machen werde, um Hitler dazu zu bringen, von dem Plan der Besetzung der Schweiz abzulassen.

Oberst Bernard Barbey, General Guisans Adjutant, der, wie der Leser sich gewiß noch erinnert, gemeinsam mit General Guisan sich mit Schellenberg traf, gab seine Memoiren unter dem Titel „Der Kommandoposten des Generals" heraus (P. C. du Général. Neuchâtel, 1947). Am 23. März 1943, vierzehn Tage nach der Züricher Begegnung von Masson und Schellenberg, notierte er in seinem Tagebuch: „Ich traf den in Glückseligkeit schwimmenden Masson. Er hat eine Mitteilung von Eggen erhalten (Schellenbergs Stabsoffizier): Schellenberg läßt ausrichten, daß wir mit ihm ‚zufrieden sein können'. Die Gefahr der Okkupation ist vorüber, die Schweiz befindet sich vor dem Oberkommando der Wehrmacht nicht mehr auf der Anklagebank. Den Plan, die Schweiz betreffend, hat man endgültig verworfen."

Wenn dieses Zeugnis stimmt, so beging der Leiter des Schweizer Geheimdienstes einen schweren Fehler, als er Schellenberg das mitteilte, was er aus den Quellen Rudolf Rösslers oder durch die „Wiking-Linie" erfahren hatte. Aber vergeblich versuchte der SD-Chef ihn mit der Nachricht zu erpressen, daß der Führer die Besetzung der Schweiz plane; Roger Masson war nicht bereit, ihm Auskunft über sein Agentennetz zu geben oder über jene mit Berlin bestehende Verbindung, der man in der Zentrale des Schweizer Nachrichtendienstes den schönen Decknamen „Wiking-Linie" gegeben hatte.

---

[1] A. Matt: Zitiertes Werk, p. 194.

Schellenbergs Intrige hatte also keinen Erfolg, er bekam von Masson keine Angaben zu der ihn interessierenden Frage. Ein Rätsel blieb auch, ob die Berliner Informatoren des Oberstbrigadiers zur Gruppe der Anti-Hitler-Verschwörer gehörten oder ob sie eine separate, streng konspirative Organisation bildeten.

Dennoch war das Züricher Gespräch für den Leiter des Himmlerschen Nachrichtendienstes nicht ganz nutzlos. Beim Vergleich der Fakten konnte Schellenberg zu der Folgerung kommen, daß jener Informator, der Masson über die Vorbereitungen der Truppen General Dietls unterrichtet hatte (wobei sich Masson übrigens absichtlich verplapperte, um die Richtigkeit der Information zu überprüfen), wahrscheinlich wirklich einer jener „Vaterlandsverräter" war, die mit dem Schweizer bzw. sowjetischen Nachrichtendienst in Kontakt standen. Jener Befehl nämlich, demzufolge die Division Dietls an die Schweizer Grenze beordert worden war, war streng geheim; nur einige Generäle und Offiziere des OKW konnten davon wissen. Es wäre jedoch nicht sinnvoll gewesen, lediglich an Hand einer Vermutung die „Säuberung" zu verfügen. Diese Aktion hätte kaum Nutzen gebracht.

Andererseits, wie Oberst Barbey in seinen Memoiren schreibt, leistete Schellenberg Masson einen unschätzbaren Dienst als er ihm versicherte, daß die Schweiz nicht okkupiert würde, und selbstverständlich tat der SD-Chef niemals etwas ohne Gegenleistung. Masson mußte also bezahlen. Worin diese Gegenleistung bestand, darüber können wir in Kimches Buch folgendes lesen: „Als nach dem Kriege ein britisches Gericht Schellenberg verhörte, erklärte er, seine Verbindung zu Masson habe dem Zweck gedient, ... Nachrichten über die Alliierten zu beschaffen."[1]

Unsere Informanten teilten ebenfalls mit, daß sich die Deutschen verdächtig an der Schweizer Grenze regten. Eine solche Mitteilung erhielt ich Mitte April von Luise und gab sie an die Zentrale weiter. Hiernach *ist der Schweizer Generalstab noch immer beunruhigt darüber, daß die Deutschen sich für ein „blitzschnelles" Niederrennen der Schweiz vorbereiteten, falls Italien aus dem Kriege austritt und die Deutschen die Alpenpässe sichern müssen. Am deutschen Ufer des Bodensees sind sechs- bis siebentausend Soldaten von Fallschirmeinheiten stationiert, die aus den Ausbildungslagern von Augsburg und Jena eingetroffen sind.*

Diese Einheiten üben auf dem Bodensee mit 300 bis 400 Schlauchbooten. Im Bodenseehafen Lindau befinden sich 18 Schnellboote. Laut

[1] J. Kimche: General Guisans Zweifrontenkrieg. p. 156.

Angaben des Schweizer Nachrichtendienstes sind die Kasernen und Lager in Süddeutschland voll mit Rekruten. Termin für die „totale Mobilmachung" waren der 14. Februar, 15. März und 1. April.

Wie wir sehen, nutzte Schellenberg sehr geschickt für seine eigenen Zwecke die erwarteten Veränderungen der europäischen Kriegslage.

Schellenberg band mit seinen Konzessionen und Versprechungen den Chef des Schweizer Geheimdienstes so stark an sich, daß Masson sich während des ganzen Krieges ihm verpflichtet fühlte. Er traf sich noch mehrmals mit Schellenberg. Im Juni 1943 drohte die Schweizer Regierung Masson mit Sanktionen, um seine Reise nach Berlin zu verhindern, wohin ihn die Deutschen einluden. Der Oberstbrigadier ließ sich jedoch durch die Drohungen der Schweizer Regierungsbeamten nicht stören. Seine Vertrauten, Meyer-Schwartenbach und Paul Holzach, fuhren immer wieder nach Berlin mit ihren Informationen. Hausamann warnte Masson, sich vor Schellenberg und Eggen und vor Meyer-Schwartenbach und Holzach in acht zu nehmen. „Masson verspricht, die Verbindungen abzubrechen, aber er hält sein Versprechen nicht."[1] Im Oktober 1943 empfing er Schellenberg erneut im Wolfsberg-Schloß bei Ermatingen und verbrachte den ganzen Sonntag mit ihm. Bis 1945 hielt Masson die Schweizer Grenze für den Nazi Hans W. Eggen, den engen Vertrauten Schellenbergs, offen; nach dem Kriege wiederum gewährte er dem vormaligen SS-Brigadeführer Einlaß, den man, da er leidend war, aus der Haft entließ, und trug zu dessen Kur bei.

Soweit die Tatsachen. Sie sind in Schellenbergs Memoiren, „The Labyrinth", von Masson und vielen Publikationen der westlichen Presse bezeugt.

Heute spricht viel dafür, daß Schellenberg als Chef des Reichssicherheits-Hauptamtes (RSHA) ständig Druck auf Masson ausübte, damit dieser die sowjetische Nachrichtendienstgruppe in der Schweiz aufspüre. Es wäre schwer, zu sagen, wann sie ihr Übereinkommen trafen. Am wahrscheinlichsten ist, daß es im März 1943 in dem Züricher Hotel geschah, möglicherweise aber auch etwas später. So viel jedoch steht fest, daß der Chef des Schweizer Geheimdienstes diese Aufgabe übernahm und erfüllte. Im Zuge der weiteren Entwicklung werden wir sehen, daß dem so war.

Masson dachte aber nicht im entferntesten daran, dem Schweizer Generalstab seine ausgezeichneten Berliner Quellen zu entziehen. Das wäre ein zu großes Opfer gewesen. Deshalb schob er die Erfüllung seines Versprechens hinaus, denn er wollte auch Schellenbergs Gewo-

---

[1] A. Matt: Zitiertes Werk, pp. 226—267.

genheit nicht verlieren. Er konnte sich darauf berufen, daß er vorläufig keine Angaben über eine sowjetische Nachrichtenorganisation in der Schweiz habe. Dadurch, daß Masson Zeit zu gewinnen versuchte, förderte er unsere Arbeit, denn 1943 arbeitete die Zeit bereits gegen das Hitlerreich. Die Rote Armee griff an. Sie drängte die deutschen Divisionen auf breiter Front zurück. Und jeder Tag, den unsere Organisation überlebte, war für Moskau äußerst wertvoll.
Sicherlich ahnte Schellenberg, daß der Schweizer sich schlau verstellte und mit ihm ein Katz-und-Maus-Spiel betrieb. An Hand der regelmäßigen Meldungen des Radio-Abhördienstes überzeugte sich der SD-Chef, daß in der Schweiz auch weiter eine sowjetische Nachrichtendienstgruppe tätig war und Masson ihn an der Nase herumführte. Da die Zeit drängte, beschloß Schellenberg, zur Aufspürung unserer Gruppe sein gesamtes Agentennetz in der Schweiz zu mobilisieren. Mit dieser illegalen Machenschaft hoffte er, Masson zur Aktivität zu zwingen, indem er ihm jene Fäden in die Hand gab, die zu unseren Mitarbeitern in Genf und Lausanne führten.
Im Frühjahr 1943 ließ das deutsche Agentennetz auf Schellenbergs Anweisung hin die ersten direkten Aktionen gegen unsere Gruppe anlaufen. Die Deutschen hatten hierzu genügend Personal in der Schweiz.
Die Spione wurden im Stuttgarter SD-Stützpunkt ausgebildet, der den harmlosen Namen Alemannischer Arbeitskreis trug.
Der Leiter der dem Amt Schellenberg untergeordneten Organisation war SS-Sturmbannführer Klaus Hügel. Mit ihm trafen sich mit Wissen des Schweizer Staatsoberhauptes die Schweizer Faschisten 1940 und 1941 mehrmals. Das mußte Pilet-Golaz als Außenminister viel später vor dem Schweizer Parlament zugeben. Hügel wurde als Delegierter der Stadt Stuttgart noch im Februar 1942 vom Züricher Stadtrat mit großen Ehren empfangen.[1] In Hügels Schule wurden in einem Kursus jeweils dreihundert Leute ausgebildet. Viele von ihnen wurden in die Schweiz geschickt, wo sie in erster Linie unter den in der Schweiz wohnenden deutschen Staatsbürgern Informanten anwarben. Außerdem war in Bern das F-Büro tätig, die Filiale der militärischen Abwehr. Die Wühlarbeit dieses Schweizer Brandherdes des Nazismus tarnte man durch den Diplomatenstatus: Der Leiter des F-Büros, Hans Meisner, war deutscher Generalkonsul, der in direktem Funkkontakt mit dem Berliner Sicherheitsamt stand. Accoce und Quet bringen auf Seite 209 ihres zitierten Werkes den SD und die Organisation des militärischen Abwehrdienstes durcheinander, was ein wei-

[1] A. Matt: Zitiertes Werk, p. 168.

terer Beweis ihrer Uninformiertheit ist. Korvettenkapitän Meisner war ein Mann der Abwehr.[1]

Schellenbergs Agenten hätten also auf dem Territorium der neutralen Schweiz ebenso arbeiten können wie in Deutschland, wenn die Schweizer Regierung dagegen nicht protestiert hätte. Die strenge Kontrolle nötigte jedoch Schellenbergs Mannen, langsam und vorsichtig zu arbeiten. Den Nazi-Spionen gegenüber war nämlich die Schweizer Bundesregierung unbarmherzig.

Im Frühjahr und Sommer 1943 wurden die deutschen Agenten in der Schweiz dennoch sehr aktiv. Von diesem Teil der SD- und Gestapo-Tätigkeit in der Schweiz wußten wir nichts. Wir sahen nur das, was auf der „Bühne" geschah, was sich hinter den Kulissen ereignete, das konnten wir nur ahnen.

Bemerkenswert ist, daß der SD, wahrscheinlich aus Rivalität, die deutsche militärische Spionage-Abwehr nicht gebührend über die „Rote Drei" unterrichtete. Erst ab April 1944 wurde die gesamte deutsche Spionage-Abwehr in der Schweiz dem Berner F-Büro unterstellt.[2]

DER GEFÄHRLICHSTE FEIND

Ende April 1943 brachten die Schweizer Blätter die Nachricht, daß am französischen Ufer des Genfer Sees auf Fahrzeuge montierte deutsche Lokatoren aufgetaucht seien, die angeblich einen illegalen französischen Sender zu ermitteln suchten. In Wahrheit erfolgte das Anpeilen von drei Seiten — von der französischen, der italienischen und der deutschen Grenze —, und es wurde kein Sender der Franzosen gesucht, sondern man versuchte, den genauen Standort unserer Sender in Genf und Lausanne festzustellen. Hiermit befaßten sich wahrscheinlich die Fachleute des Funkbeobachtungsdienstes der Abwehr, die mit den Gestapo-Leuten des Pariser Kommandos und mit Schellenbergs Agenten zusammenarbeiteten.

Der Lokatorpeiler ist der hinterlistigste und gefährlichste Feind der Funknachrichtendienstler. Gleichgültig aus welcher Entfernung er den Geheimsender anpeilt, er selber bleibt unbemerkt.

Der Lokator ist ein ziemlich einfaches Empfangsgerät. Statt mit der üblichen Antenne ist er mit einem dreieckigen, auf einer Achse rotierenden Rahmen ausgerüstet. Die gesuchte Radiostation ist dann am

---

[1] Gert Buchheit: Der deutsche Geheimdienst. München 1967. p. 285.
[2] G. Buchheit: Zitiertes Werk, p. 285.

besten zu hören, wenn die Fläche des Rahmens dem Sender zugewandt ist. So läßt sich die gesuchte Richtung bestimmen. Bei maximaler Lautstärke zeigt die von der Rahmenfläche gezogene Linie an, wo der Sender zu finden ist. Die genaue Bestimmung geschieht normalerweise durch Anpeilung von drei verschiedenen Punkten her. Die einander schneidenden Linien schließen den illegalen Sender in ein Dreieck ein. Es folgen bereits die bewaffneten Spionageabwehrer.
Unsere Sender hatte der deutsche Funkbeobachtungsdienst zuerst aus großer Entfernung angepeilt und festgestellt, daß sie irgendwo in der Umgebung von Genf und Lausanne arbeiteten. Jetzt hatte sich der Feind schon nahe herangeschlichen. Sein Ziel war, die Standorte der Sender mit Hausblock-Genauigkeit zu fixieren.
Die Zeitungsmeldung über die deutschen Radiopeiler beunruhigte mich sehr. Zweifellos war Mauds Sender angepeilt, denn sie arbeitete in der Villa an der Florissant-Straße, nur einen Kilometer von der französisch-schweizerischen Grenze entfernt. Rosas Sender in Genf und Jims in Lausanne ließen sich ebenfalls mit Lokatoren von kurzer Reichweite anpeilen.
Für die deutsche Spionageabwehr war diese Aktion jedoch von nebensächlicher Bedeutung. Das Hauptziel der Deutschen war es nicht, die Sender unschädlich zu machen. Wie W. F. Flicke in seinem Buch schreibt, wäre es auch nicht von Nutzen gewesen, wenn die Schweizer die Funker verhaftet und die drei Sender zum Schweigen gebracht hätten. Nach kurzer Zeit wäre der Kontakt zu Moskau von anderer Stelle aus und von anderen Funkern wieder aufgenommen worden, die – nach Meinung des deutschen Spionageabwehrers – hierfür gewiß bereitstanden. Und dann hätte es wieder Monate gedauert, um deren Wirkungsstätten zu ermitteln. Laut W. F. Flicke hätte es auch keinen Sinn gehabt, Radó (die Deutschen kannten meinen Namen), Sissy und die anderen Mitglieder der Gruppe zu verhaften, und zwar aus dem gleichen Grunde. Die Deutschen strebten mit ganzer Kraft danach, die Informatoren zu finden. In erster Linie Werther, Olga, Teddy und die anderen auf Lucys Linie.[1]
Es gibt glaubwürdige Beweise dafür, daß die Deutschen unsere sämtlichen Nachrichtenquellen in Deutschland gern aufgespürt und liquidiert hätten. Darum beeilten sie sich nicht mit den Vergeltungsmaßnahmen gegen die Gruppe Schweiz. In dem Archivmaterial können wir im Detail diese sorgfältig ausgearbeitete Aktion genau verfolgen. Im oben erwähnten F-Büro setzten die dort diensttuenden Offiziere die Fahndung fort. Unter ihnen befand sich Hauptmann Hans von

[1] W. F. Flicke: Agenten funken nach Moskau. p. 311.

Pescatore und der ihm zugeteilte Unteroffizier Willy Piert. Sie fielen später in die Hände der Alliierten und legten ein Geständnis über die Wühlarbeit des F-Büros in der Schweiz ab. Diese ehemaligen deutschen Spionageabwehrer sagten: ihre Aufgabe war, die Leute der „Roten Drei" aufzuspüren.
Was war über uns zu jener Zeit, im Frühjahr 1943, bekannt?
Beim Verhör erzählten Pescatore und Piert, daß sie den organisatorischen Aufbau und die Prinzipien des sowjetischen Nachrichtendienstes gründlich studiert hätten, daß sie aber bei ihrer Arbeit auf dem fremden Territorium auf große Schwierigkeiten stießen. Dem Hauptmann und seinem Untergebenen gelang es dennoch, gewisse Angaben zu beschaffen. Beispielsweise erfuhren die Deutschen den wahren Namen Sissys (Bösendorfer), ihre Adresse und Familienumstände. Hierbei handelte es sich kaum um ihr Verdienst. Sie erhielten die Angaben über Esther Bösendorfer wahrscheinlich vom Brüsseler Büro der Gestapo, das einen mit Sissy in Verbindung stehenden Kurier namens Niggi verhaftet hatte.
Außerdem kannten die Deutschen mehrere solcher Decknamen, die in den dechiffrierten Telegrammen vorkamen. Die erfundenen Namen sagten ihnen jedoch nichts.
Das Berner F-Büro besaß beispielsweise die Kopie jenes entschlüsselten Telegrammes, das mir der Direktor am 23. April 1943 geschickt hatte, in dem die Zentrale konkrete Angaben von Sissy und Lucys Berliner Informatoren erbat. Man kann sich vorstellen, wie ungeduldig die deutschen Spionageabwehrer auf die Antwort zu diesem Telegramm warteten! Glücklicherweise war Rössler sehr vorsichtig und gab keine persönlichen oder dienstlichen Angaben über Werther, Olga, Teddy und sich. Aber die Deutschen hörten auch weiter unsere Sendungen ab, wahrscheinlich hielten sie es für sicher, daß sich früher oder später das Geheimnis dieser Namen lüften würde.
Laut dem Geständnis von Hauptmann Hans von Pescatore und Unteroffizier Willy Piert war die deutsche Spionageabwehr von dem Zeitpunkt an, als man in Frankreich unsere Nachrichtendienstler verhaftete, in der Lage gewesen, meinen Telegrammwechsel mit der Zentrale zu entschlüsseln. Demnach gelangten die Deutschen frühestens im Frühjahr 1943 in den Besitz des Codes. Flicke schreibt, daß man Ende März 1943 erst einen Teil der Telegramme entschlüsseln konnte. – „Oft gelang es, nur Teile eines Telegramms zu lösen."[1] Ein Inspektor der Schweizer Polizei nennt einen noch späteren Zeitpunkt. Das

---

[1] W. F. Flicke: Agenten funken nach Moskau. p. 328.

teilte nach dem Krieg Paul Böttcher, Sissys Lebensgefährte, der 1944 in Genf verhaftet wurde, mit. Böttcher berichtete, daß der Inspektor während des Verhörs erklärte: „Vom Sommer 1943 an haben die Deutschen sämtliche Radiogramme abgehört und entschlüsselt, die die Russen aus Genf sandten."

Wir aber wissen, daß die deutsche Spionageabwehr, als sie in den Besitz des Geheimschlüssels gelangte, auch eine bestimmte Zahl der aus dem Zeitraum 1941 bis 1942 stammenden Telegramme entzifferte. Ich habe einige dieser Informationen aus W. F. Flickes Buch zitiert. Und in jener Zeit hatten wir in unseren Radiogrammen an die Zentrale die richtigen Namen und Berufe beinahe sämtlicher Mitglieder und Informatoren unserer Organisation mitgeteilt, damit die Zentrale die von uns erhaltenen Informationen entsprechend bewerten konnte. Wenn die Deutschen diese Radiogramme gelesen hätten, wäre es ihnen leichtgefallen, unsere Mitarbeiter aufzuspüren.

Wie erklärt es sich, daß diese Telegramme dennoch nicht in die Hand der Deutschen gelangten? Es mag dafür zwei Gründe geben. Der eine Grund ist, daß das Hamel-Ehepaar 1941 bis 1942 noch ungeübt war, weshalb die Mehrheit der Informationen durch Jim weitergeleitet wurde, er aber hatte von der Zentrale einen eigenen Code bekommen, den außer ihm niemand verwendete. Diesen Chiffrierschlüssel, wie ich schon erwähnte, kannten die Deutschen nicht. Der zweite Grund ist, daß ein beachtlicher Teil der Radiogramme von 1941 bis 1942 nicht aufgefangen worden war. Wie Flicke schreibt, konnten die Deutschen nur die Hälfte der von Radó geschickten Radiogramme abhören.[1] Von diesen fünfzig Prozent wiederum vermochten sie – aus den oben angeführten Gründen – nur zehn Prozent zu entschlüsseln, also fünf Prozent aller Telegramme. Es gab auch Wochen, wo sie kein einziges Telegramm dechiffrieren konnten. Ich wechselte nämlich den Code täglich, und wenn die Deutschen aus irgendwelchen Gründen die den Code-Anfang enthaltenden ersten Zifferngruppen nicht notierten, dann konnten sie selbst an Hand des Codebuches das Telegramm nur äußerst schwer oder überhaupt nicht entziffern.

So blieb denn das Inkognito der meisten Informatoren gewahrt. Der deutsche Funkbeobachtungsdienst mußte sich mit den Decknamen begnügen.

Als in der Nähe Genfs die feindlichen Radiopeiler auftauchten, mußte ich unverzüglich disponieren. Sogleich verständigte ich die Zentrale von der Gefahr:

---

[1] Ebenda, pp. 256 f.

29. April 1943. An Direktor.
Laut hiesigen Zeitungen fahnden die Deutschen nach einem illegalen Sender in der Umgebung von Genf. Wahrscheinlich handelt es sich um den Sender von Maud, der nur einen Kilometer von der Grenze entfernt ist. Um die Anpeilung zu erschweren, schlage ich vor: Maud soll an geraden Tagen auf der 48-Meter-Wellenlänge arbeiten, an ungeraden Tagen auf der Wellenlänge 45 Meter. Arbeitsbeginn sei sonntags, mittwochs und freitags 23,00 Uhr Greenwich-Zeit, montags und donnerstags 23,30 Uhr Greenwich-Zeit, dienstags und samstags 24,00 Uhr Greenwich-Zeit. Die Arbeit soll abwechselnd aus der alten und der neuen Wohnung erfolgen. Zu diesem Zweck montieren wir in der alten Wohnung einen Reserve-Sender. Seit der Haussuchung in der alten Wohnung sind sechs Monate vergangen, es ist anzunehmen, daß die Untersuchung gegen Eduard abgeschlossen ist.

Dora

Laut Flicke wurde dieses Telegramm entschlüsselt, freilich erst später. Der Abhördienst mochte von einem bestimmten Zeitpunkt an ein ziemlich klares Bild von der Tätigkeit Mauds und ihres Senders gehabt haben.

Nach einigen Tagen kam die Antwort auf meine Vorschläge. Demnach konnte *Maud ab 5. Mai nach dem neuen Programm arbeiten. Bis 10. Mai gilt aber auch das alte Programm, welches bei Bedarf zu verwenden ist.*

Die Zentrale verbot kategorisch, daß wir auf dem Reservesender in Eduards Wohnung arbeiteten und ihn dort aufbewahrten, denn wir könnten die Haussuchungs-Angelegenheit nicht als abgeschlossen betrachten. Für Maud müsse eine neue Wohnung beschafft werden. Das sollte ich unverzüglich und so umsichtig wie nur möglich organisieren.

Des weiteren wurde ich angewiesen, wir sollten schnellstmöglich einen neuen Funker ausbilden und in Genf einen dritten Sender in Betrieb nehmen (oder, wenn wir auch den Sender von Jim hinzuzählen, den vierten. – Der Autor).

Den von den Deutschen abgehörten Telegrammverkehr zitiert Flicke in seinem Buch; abgesehen von unbedeutenden Abweichungen, die sich beim Entschlüsseln ergaben, gibt er den deutschen Originaltext wörtlich wieder.[1]

Anfang Mai erfuhr ich, daß die deutsche Spionageabwehr den illegalen Sender der Franzosen jenseits der Grenze liquidiert hätte. Ich

[1] W. F. Flicke: Agenten funken nach Moskau. pp. 282 ff. und 334.

hoffte, daß die Lokatoren vielleicht doch nicht uns suchten, sondern die Sender der Widerstandsorganisationen. Nun gab es aber keine Gewähr mehr dafür, daß unser Radiokontakt geheim bleiben würde. Eduard, Maud, Rosa und Jim arbeiteten täglich mehrere Stunden in einem Zug, ohne Ortswechsel, weil wir keine entsprechende Wohnung fanden. Das war natürlich gefährlich.
Als Antwort auf das Radiogramm der Zentrale vom 5. Mai, in dem der Direktor der Abänderung der Sendezeiten zustimmte, teilte ich mit, daß es vorläufig nicht möglich sei, die Geräte in einer neuen Wohnung unterzubringen. Es war auch keine leichte Aufgabe, daß ich für das vierte, das Reserve-Sendegerät, einen neuen Funker finden und ausbilden mußte. Wir waren uns darüber im klaren, daß die Änderung des Programms in dieser Situation nicht genüge. Wir brauchten neue Wohnungen, neue ausgebildete Funker. All das beanspruchte Zeit. Wir vertrauten darauf, daß selbst wenn die Deutschen unsere Radioverbindung mit Moskau entdeckt haben sollten, den Funkern keine unmittelbare Gefahr drohe, solange die Suche jenseits der Schweizer Grenzen andauere. Verschlimmern würde sich die Lage dann, wenn sie ihre Spürhunde in Genf und in Lausanne ansetzten. Dazu aber brauchte der Feind einige Zeit. Wir hatten noch die Möglichkeit, etwas zu tun.
Anfang des Sommers mußten wir einer großen Unannehmlichkeit ins Auge sehen: Bill, die Sekretärin der deutschen militärischen Aufkaufskommission in der Schweiz, wurde enttarnt. Sie hatte zu Sissys Gruppe gehört und nützliche Informationen geliefert. Bei unserem Treffen erzählte Sissy aufgeregt, man habe das Mädchen entlassen, weil aus dem deutschen Amt geheime Angaben durchgesickert seien. Diese Anschuldigung hatte ein Offizier angeblich offen geäußert, der nach Bills Überzeugung ein Mann der Gestapo war. Selbstverständlich leugnete das Mädchen, wurde aber trotzdem entlassen. Damals wußten wir noch nicht, worüber das Mädchen gestolpert war. Jetzt sehen wir klarer. Die deutsche Spionageabwehr stellte offenbar an Hand der abgehörten Radiogramme fest, daß das Mädchen zu unserer Gruppe gehörte, denn in einem war ihr Arbeitsplatz genannt worden.
Der Text eines solchen Telegrammes lautete:

2. Mai 1943. An Direktor.
Von Bill.
Mannerheim hat in Genf mit General Müller verhandelt, der das OKW in jener Kommission vertritt, die für die deutsche Armee die Schweizer Waffen übernimmt. *Dora*

Mag sein, daß die Deutschen auch die nachfolgenden Informationen entschlüsselten, die nach Moskau gingen:

18. Mai 1943. An Direktor.
Von Bill.
Nach Angaben, die aus dem Kreise General Müllers stammen, bereitete sich Deutschland in der zweiten Aprilhälfte zur Besetzung der Schweiz vor wegen des Standpunktes, den die Schweiz bei den Verhandlungen bezog. Die Deutschen rechneten ernsthaft auf die Hilfe der im Schweizer Offizierskorps ausgebauten fünften Kolonne. Leiter der fünften Kolonne in der Schweiz ist Baron Mitternich, der zum Roten Kreuz delegierte offizielle Beauftragte. Geplant war lediglich die Besetzung des Industriegebietes, so daß die Schweizer Armee die Möglichkeit erhielt, sich in die Berge zurückzuziehen. Auf die Okkupation wurde verzichtet, weil die Schweiz bei den Handelsverhandlungen Zugeständnisse machte.
Nach Auskunft aus dem Kreise General Müllers will die deutsche Kriegführung im Sommer 1943 an der Ostfront den neuen schweren Panzer, den Tiger, massenhaft zum Einsatz bringen.
Dora

28. Juni 1943. An Direktor.
Von Bill.
Aus dem deutschen Rüstungsamt. Die Deutschen arbeiten jetzt an einem neuen Panzertyp, dem Panther, der ein modifizierter Typ des Tiger sein soll, mit stärkerer Panzerung und größerer Beweglichkeit.
Dora

An Hand der soeben erwähnten Daten war es natürlich nicht schwer, festzustellen, woher die geheimen Informationen stammten und wer sie gegeben hatte.
Bill kam mit der Entlassung davon. Uns jedoch hätte diese Geschichte großen Schaden verursachen können. Ich wies Sissy an, jeden Kontakt zu dem Mädchen abzubrechen, weil die Deutschen sie gewiß beobachteten. Glücklicherweise wußte Bill nicht, wer Sissy war und wo sie wohnte.
Obgleich ich der Meinung war, daß wir wegen Bill uns nicht um die Sicherheit unserer Organisation Sorgen machen müßten, überlegte ich dennoch, welche weiteren Schutzmaßnahmen ich ergreifen sollte. Wir hätten kein Problem gehabt, wenn uns einige Ersatzwohnungen, Reserve-Sendegeräte und ausgebildete Funker zur Verfügung gestanden hätten. Obwohl der deutsche Abwehrmann W. F. Flicke in

seinem Buch das Gegenteil behauptet, muß ich gestehen, daß ich als Leiter über nichts dergleichen verfügte. Selbst unter den günstigen Bedingungen in der Schweiz war die Situation keineswegs so einfach, wie Außenstehende glauben mögen. Für das Zusammenbauen eines neuen Senders, das Finden eines geeigneten Funkers oder einer Wohnung bedurfte es einer langwierigen und äußerst vorsichtigen Suche, um nicht den Verdacht oder die nicht minder gefährliche Neugier der Schweizer Bürger zu erregen.

Wie ich schon erwähnte, wohnte ich allein mit meiner Familie in einem großen Haus, was die konspirative Arbeit erleichterte, weil wir sofort bemerkt hätten, wenn wir beobachtet worden wären. Es wäre widersinnig gewesen, aus einem solchen Haus in ein anderes umzuziehen. Aber nach Bills Fall, besonders aber später, als die verdächtige Bewegung um die Mitarbeiter offenkundig wurde, dachte ich immer öfter daran, ob ich nicht trotzdem fortziehen solle. Aber wie? In der Schweiz war ich ein bekannter Mann, Wissenschaftler, Eigentümer des Geopress-Verlags. Die deutschen Agenten konnten meine Adresse spielend leicht ermitteln, schon an Hand des Telefonbuchs. Sie konnten sie auch vom Regisseur unseres Hauses erfahren, denn die Regisseure hielten Verbindung untereinander. Von der Schweizer Polizei gar nicht zu reden, wo mein Name auf der Ausländerliste stand und wo ich regelmäßig vorsprechen mußte, um meine Aufenthaltsgenehmigung verlängern zu lassen.

Nein, eine Wohnungsänderung hätte nicht die geringste Sicherheit gebracht. Wer mich haben wollte, hätte mich innerhalb von wenigen Tagen gefunden. Die einzige Lösung schien in der Illegalität zu liegen, die aber alles sehr kompliziert hätte.

Im großen ganzen befanden sich in einer ähnlichen Situation auch meine Mitarbeiter, Sissy, Pakbo und besonders Jim, der gleichfalls kein Schweizer Staatsbürger war. Es konnte ihnen kaum gelingen, durch einen Wohnungswechsel aus dem Blickfeld der Gestapo zu verschwinden.

Wie sich später herausstellte, hätten wir 1943 mehr als hinreichend Grund gehabt, beunruhigt zu sein. Die Deutschen begnügten sich nicht damit, die Sender anzupeilen, unsere Telegramme zu entschlüsseln, Provokateure und Agenten uns auf den Hals zu schicken, sondern sie setzten auch die Schweizer Regierung durch diplomatische Kanäle unter Druck, damit sie unsere Arbeit paralysierte. Im Laufe des Jahres 1943 forderte die deutsche Auslandsvertretung fünfmal meine Verhaftung. In diesen Memoranden nannte man mich einen sowjetischen Agenten, der auf dem Territorium der Schweizer Eidgenossenschaft militärische Informationen gegen das Reich sammelte. Sicherlich rechneten die Deutschen damit, daß die Behörden mich entweder internieren oder ausweisen würden und daß ich an der Grenze in die Hand der auf mich lauernden Gestapo fiele.

Zu meinem Glück traf das nicht ein. Die eidgenössische Regierung beachtete die deutschen Memoranden nicht. Einige Jahre später schrieben die Schweizer Blätter, daß man bei der Schweizer Regierung nicht verstanden habe, was die Deutschen wollten: einen bekannten Wissenschaftler verhaften?! Die Behörden glaubten es nicht, daß ich sowjetischer Nachrichtendienstler sei. Kann sein, daß es wirklich so war. Wie die GAZETTE DE LAUSANNE nach dem Krieg, am 2. Februar 1949, schrieb, „protestierten verschiedene Persönlichkeiten gegen eine solche Beleidigung eines in breiten Kreisen bekannten Geographen, dessen Anwesenheit in der Schweiz dem Lande zur Ehre gereichte". Wahrscheinlicher ist es aber, daß die Schweizer aus politischer Überlegung mich den Deutschen nicht ausliefern und auch nicht internieren wollten.

Die Schweizer militärische Führung erblickte in einem Sieg der Anti-Hitler-Koalition die Gewähr dafür, daß das Land der deutschen Invasion entging. Deshalb waren die Bundesbehörden nachsichtig gegenüber den Nachrichtendienstlern der alliierten Länder und erleichterten damit deren Arbeit. Nur gelegentlich entschlossen sie sich zaudernd zu irgendeiner Maßnahme, wenn die deutschen Diplomaten gegen die antideutsche Tätigkeit des einen oder anderen Ausländers protestierten. So geschah es beispielsweise im Falle von Long und Salter. Die Deutschen kannten wahrscheinlich deren Vergangenheit, verdächtigten sie der Aktivität gegen das Reich und richteten energische Protestnoten an die Schweizer Regierung. Auf solchen Druck hin stellten die Behörden sie beide zeitweilig unter polizeiliche Beobachtung, doch wurde diese bald wieder aufgehoben. Die eidgenössische Polizei ahnte natürlich, daß beide für den gaullistischen Nachrichtendienst arbeiteten, wollte sie aber darin nicht ernsthaft behindern, weil sie mit ihrer Arbeit die Sicherheit der Schweiz nicht nur nicht verletzten, sondern indirekt sogar den Staatsinteressen der Schweiz dienten.

In solch komplizierter, gefahrvoller Lage führte unsere Gruppe ihre Arbeit im Frühjahr 1943 an der Schwelle der entscheidenden Kriegsoperationen durch.

Die Rote Armee setzte die Offensive fort. Im März 1943 fanden erbitterte Kämpfe am mittleren Frontabschnitt statt, wo sich die Truppen Feldmarschall Kluges verteidigten, und in der Ukraine, im Raum Charkow und Donez-Becken, wo der Armeegruppe „Süd" unter dem Kommando Mansteins die Verteidigung oblag. Die Operationen der sowjetischen Truppen zur Befreiung des Nord-Kaukasus näherten sich ihrem Ende. Hier entwickelte sich die Hauptschlacht auf den Straßen, die nach Noworossijsk und zur Taman-Halbinsel führten, denn diese waren die Schlüsselpunkte zur Einnahme des Brückenkopfes der Krim.
Die Leitung beauftragte uns, vor allem auszuspähen, welche die deutschen Absichten bezüglich dieser für die sowjetische Kriegführung so wichtigen Frontabschnitte seien.
Die Aufgabe gaben wir wie üblich durch Sissy und Taylor an Lucy weiter. Bald traf die Antwort auf die Frage der Zentrale ein.

8. April 1943. An Direktor. Dringend.
Von Werther. Berlin, 3. April
Die Meinungsdifferenz zwischen den deutschen Oberkommandos der Wehrmacht und des Heeres ist durch jene provisorische Entscheidung behoben worden, daß die Fortsetzung des Angriffes gegen Kursk bis Anfang Mai verschoben wird. Diese Entscheidung wurde dadurch erleichtert, daß Bock, Kluge und Küchler beweisen konnten, daß am gesamten nördlichen Frontabschnitt, insbesondere im Raum von Welikije Luki und Leningrad immer größere Sowjetkräfte zusammengezogen werden, und sie wiesen darauf hin, wie gefährlich es sein könne, die zur Verfügung stehenden Reserven vorzeitig einzusetzen.
Manstein wiederum erklärte, daß er den südlichen Frontabschnitt und Charkow nicht halten könne, wenn die Rote Armee weiterhin über ein so großartiges Aufmarschgelände verfüge wie es das von Kursk ist.
Jedenfalls denken weder das Oberkommando der Wehrmacht noch das des Heeres an eine umfassende Angriffsoperation, weder generell noch in Rußlands südlichem Teil und im Kaukasus.
Nach Meinung des OKH sind gut organisierte russische Angriffsoperationen ab 20. März nur im Raum Leningrad, Orel, Kuban-Mündung, Noworossijsk und der Kertsch-Halbinsel möglich.
Das OKH ist der Meinung, daß ein neuer starker russischer Angriff im Raum Ilmensee und zum Zwecke der Rückeroberung Charkows

bis zum 10. Mai unmöglich sei. Es wird auch nicht angenommen, daß die Russen vor diesem Zeitpunkt antreten oder daß sie einen großen Angriff im Raume Welikije Luki unternehmen.
Auf Grund einer solchen Beurteilung der Lage an der Ostfront hat man lediglich die Luftflotten von Keller und Richthofen und die auf der Kertsch-Halbinsel stationierte Luftwaffe etwas aufgefrischt. Davon unabhängig sind die Deutschen der Ansicht, daß an der Leningrad-Front, bei Noworossijsk und Temrjuk die sowjetischen Luftstreitkräfte stärker seien als die deutschen.

Dora

Wie bekannt, unterschrieb Hitler am 15. April 1943 den Operativ-Befehl Nummer 6, in dem er als frühestes Datum des Beginns der Operation „Zitadelle" den 3. Mai festlegte.[1] Am 20. April jedoch übermittelte Lucy eine Mitteilung von Werther, daß der Termin für den zuvor auf die erste Mai-Woche festgesetzten deutschen Angriff gegen Kursk verschoben worden war.
Einige Tage später teilte Werhter genauere Daten mit. Hiernach *ist der neue Termin für den deutschen Angriff der 12. Juni.*
Anfang Mai trafen folgende Informationen ein:

2. Mai 1943. An Direktor. Dringend.
Von Werther. Berlin, 27. April.
Das deutsche Oberkommando und Manstein befassen sich zunehmend mit der Möglichkeit, daß zu Land, zur See und in der Luft ein planmäßiger sowjetischer Angriff gegen die Krim-Halbinsel unternommen wird. Deshalb sind außerordentliche Maßnahmen für den Einsatz der Luftwaffe und der Kriegsschiffe erfolgt, um die Vorbereitung der Roten Armee in Batumi, Poti und Suchumi zu verhindern. Durch die Verteidigung des Kuban-Brückenkopfes hofft die deutsche Kriegführung, daß sie den Kampf um die Krim vermeiden kann.
Geplant ist, durch rechtzeitigen Beginn der Angriffsoperationen diese Verteidigung zu unterstützen. Die unter dem Kommando von Kleist stehende 1. Panzerarmee ist dazu ausersehen worden, durch Angriffe wenigstens eine bedrohliche Lage bei Rostow und Woroschilowgrad zu schaffen, um die Verteidigung der Deutschen am Unterlauf des Kuban und bei Noworossijsk zu erleichtern, die Krim zu entlasten, und dadurch die der deutschen Lage auf dem Balkan drohende Gefahr zu vermindern.

---

[1] Siehe Kriegstagebuch des Oberkommandos der Wehrmacht. Frankfurt/Main 1965. III. Band. pp. 1425 ff.

Die 1. Panzerarmee ist jedoch vorläufig nicht fähig, die ihr gestellten Aufgaben durchzuführen, weil sie sowohl Mannschaftsersatz wie Nachschub an Artillerie und Kampfflugzeugen benötigt. Laut Plan soll diese Armee bis zum 15. Mai für die Durchführung der erwähnten Angriffsoperation bereitstehen. General Konrad, der Befehlshaber der im südlichen Kuban-Gebiet stehenden Truppen, hat Anweisung erhalten, daß er bis zu diesem Zeitpunkt seine Stellungen um jeden Preis halten soll.

Dora

9. Mai 1943. An Direktor. Dringend.
Von Werther. Berlin, 5. Mai.
Auf Grund des von der Roten Armee ausgeübten Druckes und der weiteren Zusammenziehung sowjetischer Truppen gegen den Kuban-Brückenkopf ist die deutsche Kriegführung davon überzeugt, daß das sowjetische Oberkommando beschlossen habe, gleich um welchen Preis, zu der nach Kertsch führenden Straße durchzubrechen, um die für die Vorbereitung der 1. deutschen Panzerarmee nötige Zeit auszunützen und den Einsatz dieser Armee zu verhindern.
Die deutsche Verteidigung am Kuban fordert schon jetzt den Einsatz sämtlicher freien Fliegerverbände Richthofens. Die deutsche Luftwaffe wird ohne Beschränkung eingesetzt, ohne Rücksicht auf die großen Verluste, weil die Verteidigung von Noworossijsk und des Kuban im Hinblick auf die allgemeine Lage am Schwarzen Meer sehr wichtig ist und entscheidend für die Frage, ob die Krim verteidigt werden sollte. Die entscheidenden Kämpfe sind in den Bergen zwischen Krimskaja und Noworossijsk zu erwarten, hauptsächlich nordwestlich um Bakansk herum.
Wenn die Deutschen diese Befestigungen nicht halten, können sie den ganzen Kuban-Brückenkopf als verloren betrachten, weil im offenen Gelände die Überlegenheit der sowjetischen Streitkräfte zur Geltung gelangt.

Dora

Die sowjetische Kriegführung schlug den Deutschen endgültig die Initiative aus der Hand. Auch an den anderen Abschnitten der Front erschwerte die Rote Armee die Lage der deutschen Truppen. Im Februar und im März wurden am mittleren und nordwestlichen Frontabschnitt die gemäß dem einheitlichen strategischen Plan des sowjetischen Oberkommandos unternommenen Angriffsoperationen beendet. Dieser Plan hatte zwei Ziele: Einkreisung und Vernichtung der Hauptkräfte Kluges (der Heeresgruppe „Mitte“) und nach Zerschla-

gen der deutschen Verbände im Raume Demjansk in den Rücken der bei Leningrad und an der Wolchow-Front kämpfenden deutschen Truppen (der Heeresgruppe „Nord") zu gelangen.
Bei der Durchführung dieser Aufgabe führten die Verbände der Brjansk-Front südlich von Orel einen Schlag gegen die 2. Panzerarmee des Feindes und brachten dadurch die ganze Heeresgruppe „Mitte" in eine gefährliche Lage. In der gleichen Zeit ging man nördlich von Kursk zum Angriff über. Der volle Erfolg dieser Bewegungen wurde vereitelt, da die Deutschen aus dem Raum Charkow einen Gegenangriff unternahmen. Das Hauptquartier war gezwungen, weitere Kräfte dort einzusetzen. Der an der Zentralen und Brjansker Front begonnene Angriff trug dennoch bei, das Ziel des Oberkommandos zu erreichen. Die Deutschen waren um ihre Stellungen bei Orel besorgt. Sie wollten ferner den sowjetischen Truppen bei Charkow eine Niederlage zufügen. Sie warfen deshalb eilends sechzehn Divisionen hierher, die sie von dem Abschnitt Rschew—Wjasma abzogen, wodurch sie ihre Verteidigung dort schwächten. Das wurde an der Kalinin- und an der West-Front ausgenützt. Ende März hatte man den Brückenkopf Rschew-Wjasma vernichtet, den die Deutschen lange Zeit als Sprungbrett für den eventuellen Angriff auf Moskau verteidigt hatten. Die Deutschen wurden hundertdreißig bis hundertsechzig Kilometer nach Westen zurückgeworfen. Den sowjetischen Truppen stand die Straße nach Smolensk offen.
Vernichtet wurde auch der Brückenkopf Demjansk; der von den Divisionen Mansteins aus dem Raum Charkow unternommene Gegenangriff wurde gestoppt. Ende März stabilisierte sich die Front, an vielen Abschnitten gelangten die sowjetischen Truppen in eine zweifellos bessere Lage.
Neben den Nachrichten über die Absichten der deutschen Kriegführung sammelten wir auch andere wichtige Informationen militärischen und politischen Charakters. Im Frühjahr 1943 erhielten wir solche Mitteilungen nicht allein durch die Berliner Freunde Lucys, sondern auch durch unsere früheren Quellen.
Die Zentrale interessierte sich für den Aufenthaltsort der Hauptquartiere des Wehrmachtsstabes.
Lucy unterrichtete uns davon, daß *beim Feldstabsquartier des deutschen Oberkommandos an der Ostfront bei Baranowitschi ein ständiger Sonderstab arbeitet, unabhängig davon, wo sich das Oberkommando selber aufhält.*
Durch seine eigenen Verbindungen brachte Long in Erfahrung, *daß das eine Hauptquartier des deutschen Oberkommandos der Wehrmacht sich in Ostpreußen, in Rastenburg, befindet und daß Hitler*

drei weitere Hauptquartiere hat: den Obersalzberg bei Berchtesgaden, Neuruppin bei Berlin und in Ostpreußen Lapfen bei Königsberg.
Und wiederum meldeten sich Lucy und seine Informatoren – Werther, Anna und Olga.
Anna beispielsweise berichtete im April, *daß von der zweiten März-Hälfte an in Deutschland der Reichs-Verteidigungs-Rat gegründet worden ist. Mitglieder dieses Rates sind nur jene Minister, die für die Verteidigung wichtige Ressorts leiten, außer ihnen noch der Justizminister und der Finanzminister.*
Rats-Vorsitzender ist Göring, sein Stellvertreter ist Goebbels.

Ebenfalls im April bekamen wir von Werther die folgenden Mitteilungen:

1. Zusammensetzung der unter dem Kommando von General Hoth stehenden 4. Panzerarmee: 3., 25., 27. Panzerdivision, SS-Division „Wiking"; 12., 26., 103. motorisierte und leichte Division. Zwecks Ergänzung sind vorübergehend die 9. und 11. Panzerdivision herausgezogen; zwecks Reorganisation sind die 6. und 7. Panzerdivision herausgezogen. Die Bereitstellung der 4. Panzerarmee für die Kriegsoperationen im Sommer kann erst im Mai abgeschlossen sein.
2. Am 2. und 3. April fand eine Beratung im deutschen Oberkommando statt, bei der die Pläne für Frühjahr, Sommer und Herbst 1943 und die Verteilung der Reserven erörtert wurden.
Die Konferenz begann unter dem Vorsitz Görings ohne Hitler, dann traf Hitler ein und nahm an der Konferenz teil.
Bei der Konferenz stellte sich heraus, daß grundsätzliche Meinungsunterschiede zwischen einerseits Göring, andererseits Bock und Halder (Halder wurde als Berater zu der Konferenz eingeladen) vorhanden sind.
Halder und Bock erklärten, daß sie mit den geplanten Maßnahmen, betreffend die Verteilung der neuorganisierten Reserven des Heeres und der Luftwaffe, nicht einverstanden seien. Bock gab an, daß er keine Verantwortung für eine Entscheidung übernehmen könne, die von einer Verstärkung der Armee und Luftwaffe im Westen absieht.
Göring wurde von Dönitz, Keitel, Manstein, List, Zeitzler, Fromm, Milch, Jeschonnek unterstützt. Alle diese Generäle nahmen an der Konferenz teil, im Gegensatz zu ihnen wurden Kluge, Küchler, Rundstedt, d. h. jene Armeeführer, die Bock unterstützt hätten, nicht zu der Konferenz eingeladen.

Auf der Konferenz wurden die Meinungsunterschiede angeblich trotzdem geglättet.
Laut Informationen von Generalstabsoffizieren bekleidet Bock das Amt des Oberbefehlshabers des Heeres (OKH).

Die in der von Werther stammenden Information erwähnte 4. Panzerarmee erlitt schwere Verluste, als die Deutschen im Raum Charkow einen Gegenangriff unternahmen. Man füllte sie mit frischen Kräften auf, um sie erneut kampffähig zu machen.
Zu dieser Zeit erhielten wir von Werther auch Angaben über die Verteilung der deutschen Fernbomber.

Deutsche Fernstreckenbomber-Flugzeuggeschwader befinden sich bei der 1., 2., 3., 6. Luftflotte und im Fern-Nord. Davon gehörte das 3. Geschwader bis Februar zu der unter dem Kommando von Sperrle stehenden 3. Luftflotte, ab März befindet sie sich im Verband der auf West-Sizilien stationierten, unter Kesselrings Kommando stehenden 2. Luftflotte. Außerdem sind bei der 2. Luftflotte noch drei Fernbomber-Fluggeschwader unter dem Kommando von Oberstleutnant Giese. Das 18. Fluggeschwader gehört zu der in Holland stationierten und das englische Küstengebiet angreifenden 3. Luftflotte. Das 19. Fluggeschwader gehört zur 6. Luftflotte und ist auf der Krim tätig.

Olga berichtete aus Berlin über den Erfolg, den die gegen deutsche militärische Objekte geflogenen Bombenangriffe der sowjetischen Luftstreitkräfte gehabt hätten, über welche die Wehrmachts-Befehlshaber sehr beunruhigt waren. Laut dieser Mitteilung *lassen die letzten Bombenangriffe der sowjetischen Luftwaffe gegen Ostdeutschland das deutsche Oberkommando zu der Folgerung gelangen, daß die sowjetische Kriegführung mit strategischem Ziele, zur Vorbereitung des Angriffs der Roten Armee, die planmäßige Bombardierung der Hauptnachschubbasen der Ostfront durchführt.*
Die zerstörende Wirkung des Angriffs der sowjetischen Luftwaffe gegen die Betriebe von Tilsit und Insterburg war weitaus größer als die des Angriffes gegen Königsberg.
Das deutsche Oberkommando nahm an, daß bei der sowjetischen Fernbomber-Luftwaffe eine mindestens aus 400 Bombern bestehende Gruppe für die Gegenangriffe auf Deutschland organisiert worden ist.
Im April erhielt ich wichtige Nachrichten über die Standorte militärischer Aubildungslager und über die im deutschen Hinterland befindlichen Reserven.

17. April 1943. An Direktor.
Von Olga.
Neuaufgestellte deutsche Einheiten:
1. Das eine Panzerregiment der 14. Panzerdivision wird im Lager Zeithain, ein anderes Panzerregiment derselben Division in Bautzen neu formiert.
2. Die 11. Grenadierdivision traf zwecks Neuformierung kürzlich im hessischen Lager Wieber ein.
3. Die 94. Grenadierdivision wird im Lager Königsbrück neu aufgestellt.
4. Die 294. Grenadierdivision steht in Nieder-Österreich ab 31. März zum Abtransport an die Front bereit.
5. Die 29. motorisierte Division steht am 20. April bereit, um an die Front zu gehen.
6. Die neugebildete 305. Grenadierdivision wird ebenfalls am 20. April zum Abtransport an die Front bereitstehen.
7. Bis 10. Mai stehen die folgenden Divisionen in Bereitschaft zum Abtransport an die Front: Die Waffen-SS-Division „Deutschland", die 41., die 295., die 371. Grenadierdivision sowie die 60. motorisierte Division.
8. Bis Ende Mai stehen zwei neuaufgestellte Panzerdivisionen marschbereit, mindestens eine motorisierte und noch acht Infanteriedivisionen, möglicherweise auch einie Gebirgsjäger-Division.
Dora

Lucy erstellte eine lange Liste über die Truppenübungsplätze in West- und Südwestdeutschland sowie in Österreich. Ich zähle nur einige davon auf:

Münsterlager bei Münster. Übungsschießplatz südlich vom Kurort Bad Rosen neben Soltau. Hierzu gehört der Artillerie-Schießplatz Lüsser in Weiss-Iltzen;
Sennelager — an der Eisenbahnstrecke von Paderborn nach Bielefeld;
große Militärlager Wieber in Hessen;
die Hammelberg-Lager in Bayern mit Artillerie-Schießplatz;
das Lechfeld-Lager mit großem Artillerie-Schießplatz entlang der Eisenbahnlinie Augsburg—Landsberg ...

Die Weisung der Zentrale lautete, daß wir „möglichst viel über den Hauptgegner erfahren" sollten. Sie interessierte sich unter anderem für technische Angaben, für Daten über die Bewaffnung und das Wirtschaftspotential Deutschlands.

In diesem Zusammenhang stand die folgende Anfrage:

28. März 1943. An Dora.
1. Erbitten Ergänzung der Information Teddys über die Kampfwagentypen durch taktische und technische Daten. Dicke der Panzerung, Bewaffnung, Geschwindigkeit. Wir möchten unbedingt wichtige Angaben über die monatlich produzierte Anzahl von Panzern erfahren.
2. Es wäre auch wünschenswert, durch Teddy zu erfahren, wieviel Flugzeuge monatlich in Deutschland und Italien hergestellt werden sowie die Typen der deutschen Kampfflugzeuge.
Direktor

Diese Frage wurde durch das untenstehende Telegramm vom 14. April, in dem Teddy aus Berlin wichtige Daten über den neuen Tiger-Panzer mitteilte, teilweise beantwortet. Bekanntlich bauten die Deutschen sehr auf diesen Kampfwagen und setzten ihn im Sommer 1943 im Raume Kursk—Orel—Belgorod gegen die sowjetischen Befestigungen ein.
Teddy informierte *über die Erprobung des neuen deutschen schweren Panzers vom Typ B-1 (Tiger). Nach Ansicht des Kommandeurs der 10. Panzerarmee, General Fischers, sowie der von Guderian nach Tunis geschickten Panzeroffiziere ist dieser Panzer nur relativ geeignet für den Kampf gegen befestigte Stellungen. Im beweglichen Kampf, an dem in bedeutendem Umfang auch die Luftwaffe teilnimmt, ist er wegen seiner unzulänglichen Geschwindigkeit (26 km/h) nicht am besten verwendbar. Außerdem ist die Panzerung der Raupenkette ungenügend. Die übrige Panzerung des Kampfwagens ist völlig angemessen. Von den 17 gegenwärtig in Tunis verlorenen Panzern dieses Typs wurden 13 durch englische Flugzeuge außer Gefecht gesetzt. Die unzureichende Geschwindigkeit dieses Kampfwagens erleichtert seine Bombardierung.*
Laut einer anderen Information von Teddy *ist auf der Landstraße oder auf ebenem, hartem Boden die maximale Geschwindigkeit 36 km/h. Die Dicke der Panzerung ist 88—100 mm. Über die Kugelfestigkeit der Panzerung sind die von der Front eintreffenden Meinungen positiv.*
Die Kenntnis der taktischen und technischen Daten und der Kampfmöglichkeiten des Tigers waren äußerst wichtig. An Hand solcher Informationen konnte die sowjetische Kriegführung bereits vor der Schlacht von Kursk die neuen Panzerabwehrwaffen anfertigen lassen, die nötig waren, um die für den Durchbruch der Verteidigungslinie gedachten neuen, mächtigen Panzer zu vernichten.

Über die Panzer- und Flugzeugproduktion in Deutschland erhielt die Zentrale im April–Mai neue ergänzende Informationen von Teddy.

Unter dem Zwang des Überganges zum Verteidigungskrieg beschleunigt das deutsche Oberkommando ab Dezember 1942 die Fabrikation von Jagdmaschinen und für den Nahkampf geeigneten Flugzeugen, wobei es sein Augenmerk auf die Produktion der Typen Messerschmitt-109, Focke-Wulf-190, Ju-87 und Ju-88 konzentriert.
Im März hat die deutsche Panzerindustrie 320 Kampfwagen des Typs T-3, 400–410 des Typs T-4 und 90 des Typs B-1 (Tiger) produziert.

Zur selben Zeit erfuhren wir durch Long, *daß die deutsche Industrie, einschließlich der in Österreich und der Tschechoslowakei, im Februar 700 Kampfwagen hergestellt hat und die Produktion auf monatlich 900 Stück erhöhen will.*
In Deutschland und in den besetzten Ländern beobachteten und meldeten unsere dort lebenden Mitarbeiter, wo und in welchem Ausmaß die Luftangriffe der Alliierten den feindlichen Rüstungsbetrieben Schäden zufügten.
Beispielsweise informierte man uns Anfang April aus Süddeutschland, *daß beim letzten Angriff der englischen Luftwaffe die Hälfte der Stuttgarter Bosch-Werke vernichtet wurde. Die Arbeit ist vorläufig völlig zum Erliegen gekommen. In Untertürkheim hat die Mercedes-Fabrik Weisung erhalten, die Panzerfabrikation um 30 Prozent zu steigern.*
Etwas später erhielten wir eine Mitteilung von einem Ingenieur, der in Nürnberg im Betrieb des Siemens-Konzerns arbeitete. Laut seinen Angaben hatten die englischen Bomber den Siemens-Betrieb gründlich zerschlagen, so daß die Rüstungsproduktion auf 15 Prozent abfiel. Schwer getroffen wurde auch der MAN-Betrieb, für dessen Wiederherstellung die Deutschen nicht weniger als drei Monate brauchten.
Olga teilte mit, *daß nach dem Angriff der englischen Luftwaffe vom 13. März in den Krupp-Werken in Essen die nachfolgenden Betriebsteile die Arbeit eingestellt hatten: Die Geschützrohr-Gießerei, der Kampfwagenproduktionsbetrieb, der Dampflokomotivenbetrieb, die Maschinenfabrik, die Kesselfabrik, der Rohrwalzbetrieb.*
Nach dem Luftangriff vom 4. April kamen außerdem der schwere Militärlastkraftwagen produzierende Betrieb und fast sämtliche für die Infanterie produzierenden Betriebe zum Erliegen. In diesen Betrieben ist die Arbeit vorläufig total eingestellt worden.
Die Juli-Angriffe der englischen Luftflotte zerstörten den Gelsenkirchener Güterbahnhof. Vollständig vernichtet wurden die Rohrgieße-

rei der Mannesmann-Rohrfabrik und ihr großes Walzwerk in Schalke bei Gelsenkirchen, die Waggonfabrik in Köln-Deutz wurde schwer beschädigt.
In einer Spinnerei Reutlingens, die eine der Hauptlieferanten für Fallschirme ist, ist seit Ende Mai infolge der Bombardierung durch englische Flugzeuge der Betrieb zu drei Vierteln zum Erliegen gekommen. Die Rohseidevorräte gehen zu Ende, weil es keine Einfuhr aus Fern-Ost gibt. Infolge des USA-Angriffs vom 10. August wurden in Schweinfurt mehrere Betriebs-Hauptmagazine der Vereinigten Kugellager-Werke vernichtet. Dadurch ist der Ausfall an Lieferungen für Panzer und Lastwagen groß. Die Hälfte der Stadt ist zerstört.
Im April teilte Luise mit, daß der Personalbestand der deutschen Armee, die Reserve-Einheiten eingeschlossen, 14 Millionen umfasse. Der Verlust der Wehrmacht (Tote, Schwerverletzte, Vermißte) betrage mehr als 5 Millionen an Mannschaften und Offizieren. Nach Olgas Angaben bezifferte sich der unersetzliche Verlust seit Kriegsbeginn bis zum 3. April 1943 auf 3 175 000 Mann. Der große Unterschied wirkt auf den ersten Blick sonderbar. Insbesondere dann, wenn wir bedenken, daß beide Informatoren – sowohl Luise als auch Olga – die Daten des Generalstabes oder des OKW verwendeten (der Mitarbeiter des Schweizer Geheimdienstes erhielt diese Angaben durch die „Wiking"-Linie).
Die wahrscheinliche Erklärung ist, daß die deutsche Kriegführung bei den amtlichen Angaben, an die Olga herankam, die Gesamtverluste entweder nicht berücksichtigte oder absichtlich herabsetzte, Luises auf den gleichen Daten fußende Auskünfte wiederum durch die tatsächlichen Verluste der Wehrmacht, die diese auf sämtlichen Kriegsschauplätzen erlitten hatte, ergänzt wurden.
Jedenfalls, wie sich jetzt nachträglich feststellen läßt, verloren die Deutschen vom Juni 1941 bis Ende Juni 1942 an der sowjetisch-deutschen Front 1 980 000 Mann, vom Oktober 1942 bis März 1943 laut Angaben des OKH-Generalstabes 1 324 000 Mann, also innerhalb von 18 Monaten 3 300 000 Mann. Olgas Informator stand also der Wahrheit nahe, als er für den Zeitraum von 21 Monaten 3 175 000 Mann als unersetzlich verloren meldete – Gefallene, Schwerverwundete, Vermißte, Kriegsgefangene.
Im Jahre 1943 fegte über Deutschland die Welle der neuen „totalen Mobilisierung". Darüber schickten unsere Berliner Quellen, Olga und Teddy, die nachfolgenden detaillierten Angaben:

Das Ergebnis der „totalen Mobilisierung" ist für die Armee seit 1. Januar 1943:

286 000 als fronttauglich einberufene Männer. Vom April bis 1. Juni werden weitere 290 000 bereits gemusterte Männer zur Armee einrücken.
Die Armee ist mit Einheiten, die tauglich sind für Garnisonsdienst, Bauarbeiten usw. aufgefüllt worden — insgesamt mit 95 000 Mann. Vorläufig sind 57 000 junge Freiwillige zurückgestellt worden.
Im Februar und März wird die Armee durch außerplanmäßige Einberufung von 108 000 für den Frontdienst tauglichen Männern ergänzt sowie durch 62 000 für den Garnisonsdienst und für Bauarbeiten tauglichen Männern.
An gesund gewordenen Kranken und genesenen Verwundeten wurde die Armee im Laufe des Januar, Februar und März lediglich durch 190 000 Männer aufgefüllt.
Im erwähnten Zeitraum erhielten die SS-Truppen 80 000—120 000 Mann Ersatz.

DIPLOMATIE HINTER DEN KULISSEN

Im Frühjahr 1943 bestand ein wesentlicher Teil unserer Arbeit darin, die politischen und diplomatischen Manöver der deutschen Führer und ihrer Satelliten aufzuklären. Hier ein Telegramm solchen Inhalts:

25. April 1943. An Direktor. Dringend.
Von Olga und Anna.
Nach Vermutung der Deutschen gelangt die polnische Regierung in London zu der Folgerung, daß in der gegenwärtigen Kriegssituation die Besetzung Polens durch die Deutschen eine weitaus geringere Gefahr bedeute als die sowjetische Okkupation.
Hitler, Göring und Ribbentrop vertrauen darauf, daß sie mit der von ihnen angewendeten Taktik nicht nur erreichen können, daß die Grenzen für die Sowjetunion ungünstig festgelegt werden, sondern daß sie das englisch-russische Verhältnis vergiften, was sich auf die weitere Gestaltung des Krieges auswirken kann.

Dora

Wie Salter erfuhr, *traf Mannerheim am 17. April in der Schweiz ein und hielt sich in Lugano unter dem Vorwand der Rekonvaleszenz von schwerer Krankheit auf. Die Schweizer Regierung hat der Presse verboten, darüber zu berichten.*

Nach etlichen Tagen gelangte uns zur Kenntnis, *daß Mannerheim im Erholungsort Interlaken mit den Vereinigten Staaten verhandelt. Die Finnen haben darauf verzichtet, zu versuchen, sich mit der Sowjetunion in direkte Verhandlungen zu begeben, und sie bestehen auf Amerikas Vermittlung. Die Finnen fordern die Grenzen von 1939 und erbitten die Garantie der Vereinigten Staaten gegen eine eventuelle sowjetische Besetzung Finnlands.*
Außerdem verhandelte Mannerheim im Auftrage Deutschlands mit den Vereinigten Staaten über den mit Deutschland zu schließenden Frieden.
Ende April war Mannerheim in Genf und besuchte den Völkerbund-Sekretär Lester. Er fragte, ob sich der Völkerbund nicht einschalten könne in den finnischen Versuch, daß Finnland einen Sonderfrieden mit der Sowjetunion schließe unter der Bedingung, daß es mehrfache Garantie erhalte.
Lester verhielt sich sehr zurückhaltend und erklärte, daß er sich in London und New York erkundigen müsse.

Ende Mai schließlich informierte Olga aus Berlin:

Mannerheim kam in die Schweiz, um den Alliierten und Rußland offiziell zu beweisen, daß Finnland 1943 keine Verpflichtungen gegenüber Deutschland übernehmen will.
Mit Mannerheims Reise wollten die Finnen betonen, daß sie an jener Konferenz nicht interessiert sind, die unlängst von den Verbündeten Deutschlands unter der Leitung Deutschlands abgehalten wurde.

Im Zusammenhang mit dieser Diplomatie hinter den Kulissen ist noch eine von mir an die Zentrale geschickte Meldung interessant. Diesmal waren es meine Landsleute, die einen Versuchsballon in Richtung der Sowjetunion starteten.

2. März 1943. An Direktor. Dringend.
Der Handelsattaché bei der ungarischen Botschaft in Bern, Mérei, fragte bei Long an, ob nicht die Gaullisten zwischen Ungarn und der Sowjetunion vermitteln könnten. Laut Méreis Mitteilung wird in Ungarn die Regierung bald abgelöst. Für den Posten des neuen Regierungschefs gibt es zwei Kandidaten: Graf Bethlen oder aber Rassay, den Führer der demokratischen Partei. Beide wollen mit der Sowjetunion Frieden schließen.
Mérei fragte Long, ob er einige Fragen Ungarns durch die Gaullisten an die Sowjetunion übermitteln könne zwecks Vorbereitung der Frie-

densverhandlungen. Long antwortete, daß er nach Befragung des Komitees der Gaullisten eine Antwort geben würde. Mérei ist nach Ungarn heimgereist, kommt aber nach einigen Tagen für kurze Zeit zurück. Ich erbitte sofortige Weisung.

Dora

Dieser Schritt, um den Standpunkt der Sowjetunion im Hinblick auf einen Kompromißfrieden zu erkunden, war aussichtslos. Hitler hätte zweifellos jeden Versuch verhindert, der die Verteidigungskraft seines Reiches geschwächt hätte.

Die ungarische Regierung setzte auch später ihre Erkundungen fort, jedoch nicht mehr gegenüber der Sowjetunion, sondern in Richtung England und Vereinigte Staaten. Am 23. Mai erhielt ich durch Pakbo eine Meldung, die ich sofort weiterleitete. Hiernach bereitete sich Horthy zur Reise in die Schweiz vor, um mit den Engländern zwecks Abschluß eines Sonderfriedens Kontakt aufzunehmen. Am 28. Mai meldete auch Lucy, daß Horthy und Antonescu in die Schweiz kommen würden, um mit den Engländern zu verhandeln. Selbstverständlich erstickten die Deutschen auch diese Versuche im Keim.

Aus den weiteren Meldungen unserer Informatoren ging hervor, daß im Lager der Achsenmächte die Meinungsverschiedenheiten in Fragen des Krieges und des Friedens ständig zunahmen.

21. April 1943. An Direktor.
Von Werther.

1. Der bulgarische Zar Boris war anläßlich seines letzten Besuches bei Hitler zu versprechen gezwungen, daß Bulgarien an der Seite Deutschlands und Rumäniens in den Krieg eintreten werde, wenn von einer Besetzung der Dardanellen und des Bosporus durch russisch-englische Truppen die Rede wäre, da anzunehmen sei, daß die Türkei auf den politischen Druck der Angelsachsen und der Sowjetunion hin sich endgültig auf ihre Seite stellen werde.

2. Die Deutschen versprachen dem bulgarischen Zaren, daß sie als Vorbereitung eine deutsche Armee auf dem Balkan aufstellen würden, die im Notfall im Sommer 1943 durch die Einnahme der Dardanellen dem russisch-britischen Angriff zuvorkommen könne. So wie im Februar–März 1941 kämen als Aufmarschgebiet der deutschen Armee der Raum Tundscha–Maritza und das Vorfeld von Adrianopel in Frage.

3. Die Deutschen preßten Boris dieses Versprechen ab, um bei dem darauffolgenden Besuch Mussolinis mit einem politischen Trumpf auf ihn eine Wirkung ausüben, indem sie ihm bewiesen, daß der gegen die nahöstliche britische Zone zu führende deutsch-bulgarische Schlag die Lage Italiens erleichtere.

Dora

Doch wie wir des weiteren sehen werden, übte dieses Manöver nicht den Einfluß auf Mussolini aus, den Hitler erwartet hatte.

29. April 1943. An Direktor.
Von Long.
Bei der letzten Zusammenkunft von Hitler und Mussolini verweigerte Italien kategorisch die Erfüllung der Bitte um Entsendung neuer Truppen an die Ostfront. Italien erklärte auch es sei nicht interessiert am geplanten deutschen Angriff gegen die Türkei, denn Italiens Kräfte seien erschöpft.
Nach der Begegnung mit Mussolini hat Hitler eilig die Verbindung zu den übrigen Vasallen aufgenommen, damit diese nicht dem Beispiel Italiens folgen sollen. Die Staatsoberhäupter Bulgariens, Ungarns und Rumäniens versprachen bei ihrem Besuch in Deutschland, daß sie der Achse die Treue halten würden, jedoch nicht bereit seien, auch weiterhin sich aktiv am Krieg zu beteiligen.

Dora

Die Verweigerung der aktiven Teilnahme bedeutete nicht, daß diese Länder endgültig aus dem Krieg austraten, sondern daß sie keine weiteren Divisionen an die sowjetisch-deutsche Front schicken wollten, weil dort die Verbündeten des Hitlerreiches, insbesondere Italien und Rumänien, schon große Opfer gebracht hatten. Tatsächlich hatten sie nicht mehr die Kraft, um im Osten an den Kämpfen teilzunehmen.
Im Jahre 1943 bürdete Hitler die Hauptlast des an der sowjetisch-deutschen Front geführten Kampfes dem deutschen Volke auf, verlangte aber auch weiterhin von seinen Verbündeten, daß sie ihm auf den übrigen Kriegsschauplätzen wirksame Hilfe leisteten. Vor allem hoffte der Führer auf die Achsenmächte: Italien und Japan.

19. April 1943. An Direktor.
Von Olga.
Japan versprach dem deutschen Oberkommando, daß es mit Hilfe der Marine-Luftwaffe und der Unterseeboote die japanische Aktivität gegen die australischen Schiffahrtslinien der Amerikaner und der indischen Schiffahrtslinien der Briten steigern werde.

In dieser Richtung müssen die japanischen Aktionen dann kulminieren, wenn die Angelsachsen den Angriff gegen Sizilien versuchen sollten, um durch die Meerenge von Sizilien die freie Durchfahrt auf dem Mittelmeer zu gewährleisten. Sehr nachdrücklich haben die Deutschen die Japaner darauf aufmerksam gemacht, daß ihre Aktionen jetzt den Höhepunkt erreichen müssen, solange Bizerta und Tunis in der Hand der Achsenmächte sind und nicht nach deren Fall. Die Deutschen verlangten von den Japanern weiterhin die Bombardierung Nord-Australiens, um die Aufmerksamkeit der Angelsachsen von der Landung in Europa abzulenken. Japan hat bis jetzt die Erfüllung dieser Forderungen unter dem Vorwand abgelehnt, daß es nicht genügend Langstreckenbomber habe.

Dora

Die Operationen Japans im Pazifischen Ozean konnten jedoch die Lage im Mittelmeer-Becken nicht mehr retten. Die nordafrikanische Front war in höchster Gefahr. Von den Alliierten bedrängt, gaben die unter dem Kommando Rommels stehenden italienisch-deutschen Truppen eine Stadt nach der anderen auf und befanden sich entlang des Küstengebiets auf dem Rückzug. Der totale Verlust dieses strategischen Brückenkopfes setzte Italien von Süden her dem unmittelbaren Angriff der englisch-amerikanischen Streitkräfte aus.
In diesem Zusammenhang teilte Werther mit:

Nach der Begegnung zwischen Hitler und Mussolini wurde Rommel angewiesen, sich so lange wie möglich zu halten. Dies verlangt Italien, das auf verbissener Verteidigung in Tunis und Bizerta besteht.

Im Mai wurde die Lage auf dem Mittelmeer-Kriegsschauplatz noch schwieriger. Die Deutschen waren sehr beunruhigt, weil die Zermalmung Italiens den Verlust einer kampffähigen Armee bedeutete.
Hierauf bezog sich Olgas folgende Information:

Die deutsche Kriegführung hat beschlossen, im Falle einer Landung der Alliierten in Süditalien die entscheidenden Kämpfe den Italienern zu überlassen, während die deutsche Armee lediglich die Verteidigung des östlichen Küstengebietes der Adria und der Piave-Linie sowie Süd-Tirols übernimmt.
Das wird für notwendig gehalten für den Fall, daß Italien ins Lager der Alliierten überwechselt oder aus der Achse ausscheidet.

Zu diesem Problemkomplex gehört das folgende Radiogramm:

30. Mai 1943. An Direktor.
Von Werther, 25. Mai.
Das OKW trifft Vorbereitungen, um Bulgarien noch rechtzeitig in die deutsche Verteidigungsfront hineinzupressen. Um den Druck auf die Bulgaren zu erhöhen, werden die deutschen Truppen in Serbien in raschem Tempo weiter verstärkt. Man will die bulgarische Balkan-Zone für gefährdet erklären, ohne Rücksicht auf die Lage der Türkei und des östlichen Mittelmeer-Beckens.
Dieser Entschluß hängt mit der prinzipiellen Einstellung des OKW zusammen, wonach für die Verteidigung Deutschlands der Balkan wichtiger ist als Italien.

Dora

Als der Boden unter Mussolini zu brennen begann, intensivierte sich hinter den Kulissen die Geheimdiplomatie. Die ehemaligen Gesinnungsgenossen des Duce streckten ihre Hände hoffnungsvoll den Gegnern im angelsächsischen Lager entgegen.
Anfang 1943 häuften sich in Rom die geheimen Treffen der offiziellen und inoffiziellen Vertreter der feindlichen Mächte. Wie früher, so war auch jetzt der Vatikan Zentrum der internationalen Unterhandlungen. Im Februar traf der New Yorker Kardinal Spellman im Vatikan ein, der mit der Wall Street und mit Allen Dulles in Verbindung stand. Wie wir heute wissen, nahm der amerikanische Kardinal Kontakt zu Baron Weizsäcker auf, dem deutschen Gesandten beim Vatikan, und am 3. März traf er sich in Rom mit Ribbentrop. Auf Ersuchen des in der Schweiz residierenden Allen Dulles, der sämtliche europäischen Intrigen der Amerikaner leitete, verhandelte der Kardinal auch mit dem Papst.
Es gelang mir, etwas vom Inhalt der geheimen Gespräche zwischen den Kirchenfürsten zu erfahren. Die Information gab ich nach Moskau weiter.

2. April 1943. An Direktor.
Aus dem Vatikan.
1. Der römische Papst und Kardinal Spellman sprachen hauptsächlich über die Nachkriegspolitik. Der Papst richtete sein besonderes Augenmerk auf die Beteiligung der Kirche an der Lösung sozialer Fragen nach dem Kriege. Nach Meinung des Papstes läßt sich über einen Friedensschluß und die Möglichkeiten der Friedenszeit ernsthaft erst nach Hitlers Sturz reden, der den Sturz Mussolinis nach sich ziehe.
2. Der Papst wies die französischen Bischöfe an, sie sollten die Tätig-

keit der französischen katholischen Jugend nicht behindern und Giraud nicht unterstützen. *Dora*

Es ist bemerkenswert, daß der Papst die Unvermeidbarkeit des Sturzes des deutschen und des italienischen faschistischen Regimes anerkannte. Nicht zufällig wies er die Bischöfe an, sie sollten General Giraud nicht unterstützen, den Pétain zum Generalgouverneur der nordafrikanischen französischen Kolonien als Nachfolger der im Dezember 1942 ermordeten deutschen Kreatur, des Admirals Darlan, ernannt hatte.

INGE UND MICKI

In den letzten Tagen des Februar 1943 sprangen in der Nähe von Freiburg in Breisgau zwei sowjetische Nachrichtendienstler nachts mit dem Fallschirm ab. Die Zentrale des sowjetischen Nachrichtendienstes hatte sie mit einer speziellen Aufgabe betraut. Beiden hatte man die Adresse eines konspirativen Treffpunktes und das Kennwort gegeben. Beide hatten Sendegeräte. Sie konnten keinen Verdacht erwecken, denn ihrer beider Heimat war Deutschland.

„Franz" (Heinrich Koenen) hatte sich bei einer illegalen Mitarbeiterin der Zentrale namens Klara Schabbel zu melden. Das gemeinsam mit ihm eingetroffene Mädchen „Inge" (Elsa Noffke) hatte zunächst in Freiburg „Hans" aufzusuchen, in München dann „Micki".

Die Aktion war von der Zentrale gründlich überlegt und wurde lange vor der Durchführung sorgfältig organisiert. Die Wohnung, in der Franz zu erscheinen hatte, war absolut sicher. Dort wohnte Klara Schabbel, die Frau eines sowjetischen Nachrichtendienstlers in Frankreich. Über Inges Adressaten gab es auch keinen Zweifel. Hans (Heinrich Müller) war der Bruder von Anna Müller in Basel, mit dem Jim Kontakt hielt.

Hans und seine Frau Lina, die überzeugte Antifaschisten waren, übernahmen bewußt die gefährliche Arbeit. Da der Wohnort des Ehepaars Müller, Freiburg, verhältnismäßig nahe der französischen und Schweizer Grenzen lag, war er sehr geeignet, um aus Deutschland Menschen nach Frankreich und in die Schweiz hinüber und herüber zu schmuggeln. Kamen sie durch Basel, so wurden sie dort von Anna empfangen.

Die in München lebende Micki, deren richtiger Name Agnes Zimmermann lautete (Inges zweite Adressatin), war eine alte Freundin von Jim. Er lernte sie in München kennen, als er sich 1938 auf Weisung der Zentrale dort aufhielt. Vor dem Krieg hatte Micki mehrmals in der Schweiz Jim besucht, später konnten sie sich nicht mehr treffen, korrespondierten aber weiter miteinander.

Laut Jims Beschreibung war Agnes Zimmermann ein schönes Mädchen: groß, schlank, helläugig mit langem bronzerotem Haar. In München stellte Micki Jim ihrer Familie vor. Ihre frühverwitwete Mutter verdiente ihr Brot mit Sprachunterricht. Mickis ältere Schwester war Sekretärin an der Universität. Micki arbeitete damals im Zentralen Modebüro, das in Deutschland und in zahlreichen europäischen Hauptstädten Ausstellungen veranstaltete. Da sie gut englisch und italienisch sprach, war sie während des Krieges in der Münchener Postprüfstelle tätig, also in einer halbmilitärischen Institution.

Micki wurde durch Nonnen erzogen und hatte sich kaum für Politik interessiert, ehe sie Jim kennenlernte, der sich ihr natürlich unter falschem Namen vorstellte. Die Mutter wollte sie von der Politik fernhalten, obwohl sie selber in jungen Jahren – so überraschend es auch klingen mag – während des Ersten Weltkrieges als deutsche Geheimagentin in der Schweiz gearbeitet hatte. Aber das Naziregime war ihr nicht sympathisch, und sie machte daraus auch keinen Hehl gegenüber ihren mittlerweile erwachsenen Töchtern.

Die politische Einstellung der Mutter beeinflußte sicherlich Agnes bei der Wahl ihrer Freunde und Bekannten, bei denen es sich um Menschen handelte, die literarischen und Künstlerkreisen angehörten. Die meisten verabscheuten das Hitler-Regime, das alle kulturellen Werte der Nation in den Staub trat. Die Unterhaltungen innerhalb der Familie und im Kreise der bürgerlichen Intellektuellen, wo man noch den elementaren Anstand und die humanen Prinzipien bewahrte – mußten zwangsläufig von positiver Wirkung auf das Mädchen sein. Durch ihre Liebe zu Jim änderten sich Mickis Ansichten völlig.

Die jungen Leute (Jim war damals kaum über dreißig) verliebten sich ineinander und vertrauten einander. Jim erkannte, daß Micki seine getreue Kameradin und Helferin nicht nur im Privatleben, sondern auch in der illegalen Arbeit sein könne. Er gestand ihr, daß er in Spanien gekämpft habe und illegal arbeite. Micki erschrak nicht, sondern erklärte sofort, daß sie ihm helfen wolle.

Jim betrachtete Micki als seine Braut, und sie wollten heiraten. Aber der Ausbruch des Krieges trennte sie. Micki blieb mit ihrer Mutter in München, auf Jim wiederum wartete die illegale Arbeit in Lausanne. Die jungen Menschen konnten nur noch miteinander korrespondieren, was sie recht häufig taten.

Die Zentrale rechnete damit, daß Micki, die gute Beziehungen in ihrer

Vaterstadt besaß, Inge einen unschätzbaren Dienst leisten und sie in irgendeiner Münchener Behörde unterbringen könne. Auf diese Weise konnte die sowjetische Agentin ihre Situation legalisieren, was in der ersten Zeit das wichtigste ist. Inge besaß einen deutschen Ausweis auf den Namen Anna Weber.

Inge mußte sofort nach der Landung den Fallschirm vergraben und in Freiburg das Ehepaar Müller aufsuchen und bei diesen unterschlüpfen. Dann sollte sie durch den Funk die Zentrale benachrichtigen, nach München gehen, sich niederlassen und eine Arbeit suchen. Erst dann sollte sie beginnen, Informationen zu sammeln und die regelmäßige Verbindung mit der Zentrale aufnehmen.

Doch es ging nicht alles nach Plan. Ein Mißgeschick verdarb vieles: Bei der Landung verlor Inge den Koffer, in dem das Sendegerät installiert war. Nachts konnte sie nicht suchen, und bis Tagesanbruch durfte sie nicht warten. Franz wußte nicht, was geschehen war, weil er mit seinem Fallschirm vom Wind abgetrieben worden war.

Inge konnte also die Verbindung mit der Zentrale nicht aufnehmen. Das war noch kein besonderes Unglück. Die Nachrichtendienstlerin konnte mit Hilfe jener, die sie aufnahmen, durch die Post sich mit der Schweiz in Verbindung setzen. Das war nur für den Fall erlaubt, daß der Sender aus irgendeinem Grund versagte.

In Freiburg bei den Müllers angekommen, nannte Inge das richtige Kennwort, überbrachte dem Ehepaar die Grüße „von Edith und der alten Tante“. Inge wußte nicht, von wem sie Grüße übermittelte, aber Heinrich (Hans) und Lina Müller waren sehr wohl im Bilde: Unter dem Namen Edith hatte sich ihnen Esther Bösendorfer (Sissy) vorgestellt, als sie die Müllers vor dem Krieg besuchte, und die „alte Tante“ war Anna Müller, Heinrichs ältere Schwester. Auch sie kannte Sissy unter dem Namen Edith.

Für den Fall, daß der Sender versagte — so lautete die Anweisung der Zentrale —, sollte Inge Hans bitten, die „alte Tante“ zu verständigen, daß sie angekommen sei. Und damit die „Tante“ wisse, daß der Brief einen mit unsichtbarer Tinte geschriebenen Text brachte, sollten sie ein kleines Kreuz an den Rand zeichnen. Nach einiger Überlegung entschieden jedoch Hans und Inge, von dieser einfachen Methode keinen Gebrauch zu machen, weil zu befürchten war, daß die deutsche Zensur nicht zu täuschen war. So schickte Hans eine Postkarte an seine Schwester in Basel, auf der er mitteilte, daß Inge, Ediths Freundin, bei ihnen eingetroffen sei, grüßen lasse und ihr sagen ließ, daß der Koffer unterwegs verlorengegangen sei. Hans hoffte, daß seine Schwester die Anspielung verstehen und die Zentrale benachrichten würde.

Inge wohnte einige Tage bei den Müllers und ging dann nach München, um sich mit Micki zu treffen.
Die Zentrale verständigte Jim in Lausanne von Inges Absprung und bat ihn, Micki rechtzeitig über das Eintreffen ihrer angeblich guten Bekannten zu unterrichten. Jim schrieb sofort nach München. Zuvor hatte der Direktor ihn über Micki ausgefragt und sich erkundigt, auf welche Weise sie mit Inge in Kontakt treten könne. Jims Antwort lautete:

„Der Kontakt mit Micki ließe sich am besten folgendermaßen aufnehmen: Inge soll zu Micki in die Wohnung gehen, möglichst an einem Sonntag oder Samstag nachmittag, ihr einige Paare schöne Strümpfe mitnehmen und sagen, die habe Mickis Verlobter aus der Schweiz geschickt. Damit sie nicht mit den Angehörigen Mickis sprechen muß, soll Inge sofort nach der Übergabe des Geschenkes mitteilen, daß sie sehr in Eile, aber bereit sei, sich mit Micki später in einem Café zu treffen. Dort, wenn sie unter vier Augen miteinander sprächen, solle Inge sagen, daß sie gekommen sei, in München die Angelegenheit ihres Freundes fortzusetzen, und daß ihr Freund Micki sehr darum bitte, ihr zu helfen . . .“

Nach ungefähr einem Monat empfing Jim in Lausanne folgendes Telegramm:

10. April 1943.
1. Weisen Sie Anna an, sie soll Hans verständigen, daß man ihr von Edith einen Koffer überbringt, den sie verstecken und solange aufbewahren soll, bis Inge, Ediths Freundin, ihn bei ihr abholt.
2. Schreiben Sie Micki, sie soll Inge mitteilen, daß sie Ende des Monats von Hans in seiner Wohnung einen Teil ihres verlorenen Gepäcks übernehmen kann.
Direktor

Gleichzeitig gab die Zentrale Franz, der glücklicher als Inge gelandet war und bereits in Funkkontakt mit der Zentrale stand, die Anweisung, daß er den Reserve-Sender Inge übergeben solle. Man teilte Franz das Kennwort mit, den Namen von Hans und dessen Adresse. Den Koffer mußte die Hauswirtin von Franz, Klara Schabbel, nach Freiburg schaffen.
Jim befolgte die Weisung des Direktors. Als er das nächste Mal nach Basel fuhr, teilte ihm Anna mit, daß sie von Hans einen Brief erhalten habe, aus dem hervorging, er habe verstanden, worum es sich

handle, und er erwarte den erwähnten Koffer. Micki verständigte Jim, daß Inge den verlorenen Koffer holen werde.

Laut dem Plan mußte Inge im April bei Müllers den Koffer abholen und zu Micki zurückkehren. Es schien, als habe man alle Möglichkeiten einkalkuliert, so daß es keine Komplikationen geben könne.

Im Juni jedoch bekam Jim einen aufgeregten Brief von Micki, aus dem hervorging, daß Inge Mitte April fortgegangen war und versprochen hatte, daß sie Mitte Mai nach München zurückkehren werde, aber noch nicht eingetroffen war. Micki war sehr beunruhigt.

Die lange Abwesenheit Inges war in der Tat unverständlich. Jim machte der Zentrale Meldung und erhielt die Erlaubnis, nach Basel zu fahren und sich bei Anna Müller zu erkundigen, welche Nachricht sie von Hans bekommen habe. Konnte es sein, daß Inge bei ihr wohnte?

Jim suchte Anna nur dann auf, wenn er ohne ihre Hilfe eine Weisung der Zentrale nicht durchführen konnte. Der Direktor mußte in allen Fällen seine besondere Erlaubnis geben. Die Reisepaß-Gruppe Basel war außerordentlich wichtig; im Umgang mit ihr mußte man größte Vorsicht walten lassen. Jim traf in der Regel abends, nach dem Dunkelwerden, bei Anna ein. Vorher meldete er sich telefonisch. Er blieb nicht lange, sondern versuchte, den lezten Zug zu erreichen. Nie übernachtete er in einem Hotel, denn für ihn war die Nacht die Zeit der Arbeit; nachts übermittelte und empfing er die Telegramme.

Von Lausanne rief Jim bei Anna an. Niemand nahm den Hörer ab. Nach mehrmaligem Versuch beschloß er trotzdem, nach Basel zu fahren. So etwas war noch nie vorgekommen. Jim war beunruhigt. War Anna vielleicht etwas widerfahren? Schließlich war sie nicht mehr jung, sondern dreiundsechzig Jahre alt. Das letzte mal hatten sie sich im April getroffen, als Jim ihr die Weisung der Zentrale aushändigte: Sie sollte Hans verständigen, daß man ihr für Inge einen Koffer bringen würde. Damals wirkte Anna kerngesund. Die harte, willensstarke Frau klagte nie und äußerte auch nie eine Bitte. Selbst dann nicht, wenn sie den Anzeichen nach zu urteilen ohne Barmittel war.

In Basel rief er noch einmal aus einer Telefonzelle an. Anna nahm den Hörer nicht ab. Jim wußte nicht, was er von der Sache halten sollte und begab sich in Richtung Rheinstraße 125. Aus Vorsicht betrat er jedoch nicht das Haus, sondern blieb auf der Straße und spähte in die Fenster der Wohnung von Anna Müller. Sie waren dunkel, nur aus den Nachbarfenstern schien Licht. An dem schwülen Juliabend standen viele Fenster offen. Die dunklen, verschlossenen Fenster von Anna zeigten, daß die Hausfrau nicht daheim war. Auch das vereinbarte Zeichen, das Gefahr signalisierte, war nicht zu sehen.

Es wurde vollends dunkel. Jim ging um das Haus, stieg dann die Treppe zum ersten Stock hinauf. Hinter der Tür von Annas Wohnung herrschte Stille. Auf der Straße bemerkte Jim nichts Verdächtiges, es schien, daß man das Haus nicht beobachtete.
Aber vielleicht lag Anna im Bett und fühlte sich so elend, daß sie den Telefonhörer nicht abnehmen konnte? Eine einsame, alte Frau, die in dieser Stadt niemanden hatte ...
Jim drückte auf den Klingelknopf, dann noch einmal; er klingelte lange. Es schien wirklich niemand dazusein. Vielleicht war sie verreist. Daran wäre nichts Sonderbares gewesen. Jeder verreist einmal. Allerdings hatte sie die Absicht dazu mit keinem Wort erwähnt. Vielleicht war sie erkrankt und ins Krankenhaus gebracht worden. Recht unwahrscheinlich.
Jim begab sich zum Bahnhof. Er beeilte sich nicht, sondern überlegte. Wenn Anna im Krankenhaus war, wie konnte er erfahren, in welchem? Die Nachbarn zu fragen, wäre zu riskant gewesen. Nein, das konnte er nicht tun. Sollte er sich bei Bekannten erkundigen? Dazu gab es keine Möglichkeit. Anna lebte sehr abgeschieden, und Jim wußte ohnehin nicht, mit wem sie befreundet war. Verwandte wiederum hatte sie, soweit er wußte, außer Heinrich Müller (Hans) nicht. Der wiederum lebte in Deutschland!
Und da fiel Jim ein, daß Anna im Winter ihren Bruder in Freiburg besucht hatte. Sie selber hatte es erzählt. Ihre Schwägerin, Heinrichs Frau, war schwer krank. Anna besorgte sich ein deutsches Visum und fuhr zu ihm. Als sie ankam, war Lina bereits aus dem Krankenhaus entlassen, aber noch nicht gesund, und Anna führte den Haushalt. Mitte Februar kehrte sie nach Basel zurück. Nicht lange danach war Jim bei ihr gewesen. War es möglich, daß ihre Schwägerin wieder erkrankt war und Anna hingefahren war, um zu helfen?
Nachts schickte Jim aus Lausanne ein Radiogramm an die Zentrale. Er verständigte den Direktor, daß er Anna nicht angetroffen habe, und teilte seine Vermutungen mit. Man beschloß, zu warten, dann würde Jim seinen Besuch bei Anna wiederholen.
Auch von Micki kam keine Nachricht. Das beunruhigte Jim. Ihren letzten Brief hatte er im Juni erhalten. Jim hatte sofort geantwortet. Möglich, daß Micki den Brief nicht bekommen hatte. Bis Ende 1942 korrespondierten sie offen, aber später wurde das unmöglich, weil man Micki und ihrer Familie jede Verbindung zum Ausland untersagte, da sie bei einer militärischen Institution arbeitete. Aber sie fanden eine andere Möglichkeit für den Briefwechsel. In Bern, bei einer alten Freundin von Mickis Mutter, hatte eine Deutsche, die bei der deutschen Botschaft arbeitete, ein Zimmer gemietet. Mit deren Hilfe

setzten sie die Korrespondenz fort. Die Briefe wurden durch den diplomatischen Kurier, dem Freunde des Mädchens, übermittelt. So war die Verbindung gewährleistet.

Anfang August schließlich bekam Jim einen Brief von Micki. Aber es war ein sehr sonderbarer Brief. Er kam nicht auf dem verabredeten Weg, durch die Berner Freundin von Mickis Mutter, sondern durch die Post. Micki schien jemanden, der aus München gekommen war, gebeten zu haben, ihn in den Briefkasten zu werfen. Aber weshalb hatte sie das getan? Besonders beunruhigt war Jim darüber, daß der Brief keinen Namen trug, mit Schreibmaschine geschrieben war und sich darunter nicht Mickis bekannte Unterschrift befand. Um so weniger wäre es erlaubt gewesen, daß Micki auf den Umschlag Jims richtigen Namen und die Lausanner Adresse geschrieben hätte.

Micki teilte mit, daß von Inge noch immer keine Nachricht vorliege. Das Mädchen sei nach Norddeutschland gefahren, angeblich zu ihren Verwandten, hatte Micki Geld zum Kauf verschiedener Toilettenartikel gegeben, hatte diese aber nicht abgeholt, sondern war verschwunden.

Der Brief erfüllte Jim mit Sorge. Vielleicht kam er gar nicht von Micki? Wenn aber nicht von ihr, von wem dann? Wer außer ihr wußte von Inge?

Einige Tage darauf jedoch, als Jim die Freundin von Mickis Mutter in Bern anrief, teilte diese freudig mit, daß der Kurier ihr einen Brief von Frau Zimmermann gebracht habe, die schrieb, daß sie alle wohlauf seien. Der Brief war von Ende Juli datiert. Das beruhigte Jim ein wenig. Er dachte, daß er sich überflüssigerweise um Micki sorge und seine Nerven am Ende seien, da er sich schon lange keine Ruhepause gegönnt hatte und ihn die Arbeit mißtrauisch machte.

Aber nach einer Woche erhielt er ein Radiogramm, das seine Hoffnungen zunichte machte:

14. August 1943.
Von Inge keine Nachricht. Es wäre wichtig, zu erfahren, was Micki von ihr weiß. Anna muß beruhigt werden, aber wenn Sie sie besuchen, seien Sie sehr vorsichtig: Wir haben Mitteilung bekommen, daß ihr Bruder Hans von der Gestapo verhaftet worden ist.

Direktor

Von Inge gab es keine Spur, Anna Müller war unerwartet verschwunden, ein Brief ohne Namen war gekommen, angeblich von Micki – jetzt stand alles unter einem schlechten Vorzeichen.

Es ist nicht schwer, sich vorzustellen, was Jim durchmachte, als er

dieses Telegramm der Zentrale bekam. Für ihn stand schon fest, daß Micki in die Klauen der Gestapo geraten war. Es war unerträglich, zu denken, daß diese Bestien Micki verhörten und quälten. Er wußte, daß sie sich zu jeder Provokation hinreißen lassen konnten, wenn ihrer beider Verbindung offenbar wurde.
Die Zentrale war sehr beunruhigt. „Klären Sie vorsichtig" — wies ihn der Direktor an — „wo sich Anna befindet, versuchen Sie sie telefonisch zu erreichen. Solange Sie nicht mit ihr telefonisch gesprochen haben, verbieten wir Ihnen, daß Sie zu ihrer Wohnung gehen."
Aber es gelang auf keine Weise, Anna zu finden. Jim überprüfte, ob das Telefon in Ordnung war. Es funktionierte. Er dachte daran, daß Anna vielleicht die Wohnung gewechselt habe. Er ging der Sache nach und stellte fest, daß die Wohnung noch immer auf Annas Namen lautete. Vielleicht war sie also doch nur krank und lag im Hospital? Aber wo?

BEGINN DER PROVOKATIONEN

In diesen Monaten erhielt Jim noch eine Aufgabe von der Zentrale: Er mußte sich mit dem Kurier unserer Gruppe Frankreich treffen, dessen Ankunft in der Schweiz für Ende März vorgesehen war.
Der Direktor wies Jim an, er solle lediglich das für unsere Mitarbeiter in Frankreich bestimmte Geld übergeben, sich aber auf keinen Fall mit ihm in ein Gespräch über die Arbeit einlassen. Rechtzeitig wurden Zeit und Ort fixiert: 28., 29. und 31. März in Lausanne und 4., 5. und 7. April in Genf.
In Lausanne erschien Jim pünktlich zur angegebenen Zeit am Treffpunkt, aber der Kurier kam nicht. Gewiß hatte er sich aus irgendeinem Grund verspätet. Und in der Tat, einige Tage darauf, in Genf, ging am vereinbarten Ort ein Mann auf Jim zu und nannte in fehlerfreiem Französisch das richtige Kennwort.
Jim sollte dem Kurier eine bedeutende Geldsumme in Schweizer Währung übergeben. Damals aber befand sich in der Kasse der keine große Einkünfte bringenden Geopress nicht soviel Geld. Jim verfügte also nur über eine unbedeutende Summe, deshalb vereinbarte er mit dem Kurier ein neues Treffen und versprach, das Geld dann zu bringen.
Sonst verlief das Treffen normal. Zwar hatte sich Jim ein wenig über zwei Tatsachen gewundert. Erstens: Der Abgesandte der französischen Organisation, wie dieser selber erzählte, lebte ständig in der Schweiz; zweitens: Auf das Gespräch über das Geld war er aus un-

bekannten Gründen nicht vorbereitet. Jim berichtete dem Direktor über die Begegnung mit dem Kurier und meldete für alle Fälle seine Zweifel.

Das zweite Treffen kam am 6. Mai in Bern zustande, neben dem Bahnhof. Jim nahm nur einen Teil des Geldes mit, die ganze Summe hatten wir noch immer nicht aufbringen können. Er überreichte dem Kurier den Umschlag mit dem Geld und sagte, daß er den Rest zum nächsten Treffen mitbringen würde. Der Kurier antwortete, daß zum nächsten Treffen eventuell ein anderer an seiner Stelle käme. Anscheinend war alles besprochen, und Jim wollte sich bereits verabschieden, als der Kurier plötzlich aus seiner Mappe einen grellen orangefarbenen Umschlag hervorholte und ohne ein Wort Jim überreichte, den das unerwartet traf, weil in der Weisung der Zentrale keine Rede davon war, daß aus Frankreich eine Sendung eintreffe. Trotzdem nahm er das Kuvert entgegen und eilte davon.

Auf dem Platz vor dem Bahnhof hielt er ein Taxi an, stieg ein und befahl dem Chauffeur, so schnell wie möglich davonzufahren. Wer hatte diese törichte Idee gehabt, die Nachricht in einen so grellen Umschlag zu stecken? Er leuchtete ja einen Kilometer weit! Und wenn man ihn beobachtete? Mit einem so grellfarbenen Geschenk in der Hand konnte er nirgends untertauchen!

Jim knirschte vor Zorn mit den Zähnen. Konspiration! Ein Wunder, daß die da drüben nicht allesamt hopsgegangen waren! Ein solcher Leichtsinn. Daß der Teufel diesen dummen Kurier hole! Er mußte sich dieses Umschlags entledigen. Und zwar sofort und unbeobachtet. Jim befühlte den Umschlag. Irgendein harter Gegenstand, vielleicht ein Buch, befand sich darin.

Er sah eine öffentliche Bedürfnisanstalt und bat den Chauffeur zu halten. Im WC zerriß er den orangefarbenen Umschlag und warf ihn weg, das Buch packte er in die Zeitung ein, die als Erkennungszeichen vor dem Treffen aus seiner Jackentasche herausgeschaut hatte. Bevor er das Kuvert zerriß, nahm er es gründlich in Augenschein. Sofort sah er, daß es ein Schweizer Fabrikat war. In den übrigen europäischen Ländern war gutes Papier längst verschwunden, ein Kuvert dieses Typs und dieser Qualität konnte man nur in den besten Schweizer Papierhandlungen erstehen. Der Kurier hatte also den orangefarbenen Umschlag hier gekauft und das Buch hineingetan. Aber weshalb? Jim wurde erneut von Unruhe geplagt.

Um seine Spur zu verwischen, machte Jim einen großen Umweg durch die Berner Vorstadtstraßen und kehrte dann zum Bahnhof zurück. Hier versuchte er sich unter die Menge zu mischen und bestieg den Zug. Doch kehrte er nicht auf der üblichen Strecke nach Lausanne

zurück, sondern wechselte unterwegs die Züge und erreichte auf gehörigem Umweg seine Wohnung. Er war sicher, daß er seine eventuellen Verfolger abgeschüttelt hatte.
Laut Vereinbarung sollte er sich am 11. Juni wieder mit dem Kurier treffen. Drei Tage zuvor jedoch kam ein dringendes Radiogramm aus Moskau, das Jims vagen Verdacht bekräftigte. In dem Telegramm verbot der Direktor strikt, daß Jim sich mit dem Kurier treffe. Die Zentrale hatte den Verdacht, daß die Deutschen den Kurier beobachteten. Ferner teilte man mit: das Geld werde auf anderem Wege überbracht, und Jim wurde angewiesen, aus dem Deckel des vom Kurier erhaltenen Buches die zwei Telegramme herauszunehmen, sie in voller Länge mit seinem eigenen Schlüssel zu chiffrieren und der Zentrale zu übermitteln. Das Buch solle er sofort verbrennen.
Das vom Kurier empfangene Buch war eine Neuerscheinung aus Frankreich, die Seiten waren nicht einmal aufgeschnitten. Laut Anweisung des Direktors riß Jim den Umschlag des Buches vorsichtig auf und fand darin zwei Telegramme. Er mußte annehmen, daß sie von unseren illegalen Mitarbeitern stammten. Jim verschlüsselte und übermittelte sie der Zentrale.
Jim durchdachte noch einmal alle Einzelheiten seiner Treffen mit dem Kurier. Hatte er nicht irgendeinen Bock geschossen? Er glaubte, nein. Wenn bloß jener vermaledeite orangefarbene Umschlag nicht gewesen wäre. Von dem wiederum hatte er sich bald befreit, danach den großen Umweg gemacht, so daß die Spürhunde, die ihm eventuell gefolgt waren, seine Spur sicherlich verloren hatten. Er war bei Dunkelheit heimgekehrt, hatte sich ständig umgesehen, aber nicht bemerkt, daß ihm jemand gefolgt wäre. Natürlich hätte man ihn beobachten, ja sogar fotografieren können, als er sich mit dem Kurier traf. Aber welchen Nutzen hätte das gebracht? Schließlich hielt es Jim für gewiß, daß seine Begegnungen mit dem Kurier keine Konsequenzen haben würden. In diesem Sinne berichtete er dem Direktor.
Die Zentrale jedoch blieb sehr vorsichtig, machte Jim auf die Gefahr aufmerksam und verlangte, daß er Schutzmaßnahmen ergreife:

2. Juli 1943.
Aus der Affäre mit dem Kurier zu urteilen, ist es den Gestapo-Agenten gelungen, Sie bis zu Ihrer Wohnung zu verfolgen und Ihren Namen zu ermitteln.
Tun Sie darum unverzüglich folgendes:
1. Entfernen Sie alles Verdächtige aus Ihrer Wohnung.
2. Stellen Sie die Arbeit ein, verstecken Sie vorübergehend den Sender anderswo.

3. Bereiten Sie sich auf die Möglichkeit vor, daß die Gestapo Sie eventuell provoziert. Wenn die Schweizer Polizei Sie verhört, bestreiten Sie kategorisch alles.
4. Mit Albert (das heißt mit mir — Der Autor) *gestatten wir ein Treffen. Dann werden wir die Verbindung vorübergehend abbrechen. Überlegen Sie gemeinsam mit Albert, ob es nicht besser wäre, wenn Sie bis zum Herbst in den Tessin gingen, und besprechen Sie auch, ob Sie in der Stadt die Wohnung wechseln oder anderswohin übersiedeln sollen.*
Wenn es gelingt, das Gerät in einer zuverlässigen Wohnung zu verstecken, wo Sie monatlich zwei- bis dreimal arbeiten können, rufen Sie uns in außerordentlichen Fällen. Bleiben Sie ruhig und standhaft. Wenn es keinen Beweis gibt, droht Ihnen keine Gefahr.

Direktor

Die Zentrale hatte recht. Die Geschichte mit dem Kurier war höchst verdächtig. Man hätte sofort handeln müssen. Leider vertraute Jim noch immer auf einen glücklichen Ausgang der Angelegenheit und hatte mir noch nichts gesagt. Gewiß wollte er mich nicht vorzeitig beunruhigen. Nichts schien darauf hinzudeuten, daß man ihn beobachtete, darum machte er sich nicht übermäßige Sorgen. Bis er von einem Unbekannten in seiner Wohnung angerufen wurde.
Doch zuvor, am 26. Juni, läutete das Telefon in Sissys Wohnung. Die Hausfrau nahm den Hörer ab.
„Seien Sie so gut, rufen Sie Herrn Bösendorfer an den Apparat", bat eine Männerstimme.
„Er ist nicht daheim, er ist in Zürich", antwortete Sissy.
„Verzeihen Sie, meine Dame, mit wem habe ich die Ehre?"
„Ich bin seine Frau."
„Danke. Ich bedauere sehr, daß ich Ihren Mann nicht zu Hause erreicht habe" — erklärte er, und bevor Sissy etwas fragen konnte, war das Gespräch abgebrochen.
Sissy zuckte mit den Schultern. Die Stimme des Anrufers war ihr unbekannt. Dieser Mann wußte sicherlich nicht, daß sie nicht mit ihrem Ehemann zusammenlebte, sondern nur eine fiktive Ehe geschlossen hatte, und daß ihr richtiger Mann Paul Böttcher sei. Allerdings wußten das nur sehr wenige, weil Paul halb illegal lebte. Herrn Bösendorfer wiederum hatte schon seit sehr langer Zeit niemand mehr gesucht. Und nun plötzlich dieser sonderbare Telefonanruf ...
Sissys Verwunderung schlug in Beunruhigung um, als der gleiche Mann zwei Tage später erneut anrief. Der Unbekannte bat Sissy, Herrn Bösendorfer auszurichten, daß jemand sich mit ihm treffen

wolle und er einen Zeitpunkt angeben möge, wann man sich in Lausanne oder Zürich treffen könne.
„Die Nachricht kann ich meinem Mann ausrichten", antwortete Sissy, „aber ich muß wissen, mit wem ich spreche. Darf ich um Ihren Namen bitten?"
Der Unbekannte war nicht bereit, seinen Namen zu nennen, sondern erklärte, das sei ohne Bedeutung.
„Es handelt sich um Personen, die aus Frankreich gekommen sind", fügte der Mann hinzu. „Ich telefoniere im Auftrag eines Herrn aus Lausanne" – und nannte Jims richtigen Namen, der im Reisepaß stand, also Foote.
Sissy kannte Jim nicht, da sie keinen Kontakt mit ihm hatte, darum konnte ihr dieser Name nichts sagen. Aber sie glaubte, daß sich hinter dem Anruf eine wichtige konspirative Sache verberge, deshalb empfahl sie dem Unbekannten, zu ihr in die Wohnung zu kommen, um die Sache ausführlich zu besprechen. Doch der Mann nahm diesen Vorschlag nicht an.
„Leider bin ich dazu nicht in der Lage. Ich muß verreisen. Heute abend wird man Sie aus Lausanne anrufen. Bitte seien Sie zu Hause."
Nach diesem Gespräch wurde Sissy nervös und bat einen ihrer Freunde, Flückiger, am Abend zu ihr zu kommen, sie wolle ihn um einen kleinen Gefallen bitten: Wenn der Anruf aus Lausanne käme, sollte er den Hörer abnehmen und sich als Bösendorfer vorstellen.
Das geschah. Flückiger ging ans Telefon, und als der Lausanner Anrufer Sissys angeblichen Ehemann um ein Rendezvous bat, erklärte er nachdrücklich, daß er sich mit niemandem zu treffen wünsche, solange er nicht wisse, mit wem er die Ehre habe. Der Unbekannte ließ nicht locker, er berief sich auf mehrere Mitarbeiter des französischen Konsulats in Lausanne, die ihn kannten. Aber Flückiger empfahl die Beendigung der sinnlosen Unterhaltung. Da erklärte der Mann aus Lausanne, in diesem Falle würde jemand anders Herrn Bösendorfer anrufen, den er zweifellos kenne, und wieder fiel der Name Foote.
Sissy suchte daraufhin im Telefonbuch Footes Namen, den sie bis dahin nicht einmal gehört hatte, und ersuchte Flückiger erneut, im Namen ihres Mannes mit ihm zu reden und um eine Erklärung für die anonymen Anrufe seiner Freunde zu bitten.
Sissys Nervosität war verständlich, da Ende April 1943 die Gestapo in Paris ein Mitglied der französischen konspirativen Gruppe verhaftet hatte. Mit ihm zusammen wurden auch dessen Frau und Sohn verhaftet. Dieser Mann, den Sissy unter dem Namen „Maurice" kannte, war ein Verbindungsmann. Er wohnte in Paris und kam von Zeit zu Zeit in die Schweiz. Drei- bis viermal hatte er Sissy aufge-

sucht, kannte ihren Namen, ihre Adresse, weil er sie direkt in ihrer Wohnung besuchte. Sissy hatte ihm ihre Familie vorgestellt: Paul Böttcher, Tochter Tamara und deren Bräutigam. Maurice wußte also mehr, als ein Verbindungsmann zu wissen braucht.

Die Nachricht vom Auffliegen Maurices erhielt Sissy zehn Tage nach der Verhaftung, sie machte mir davon sofort Mitteilung und war sehr aufgeregt, was nicht verwunderlich ist. Denn niemand konnte garantieren, daß Maurice bei den Verhören schweigen würde, zumal wenn wir daran dachten, daß sich auch seine Frau und sein Sohn in der Hand der Gestapo befanden. Und wir wußten, welche Methoden die Gestapo anwendete . . .

Am 10. Mai benachrichtigte ich die Zentrale in einem „dringenden" Radiogramm von Maurices Verhaftung. Im wesentlichen war das unsere erste Nachricht über die Verhaftungen in Frankreich, die aufeinander folgten.

Nach den anonymen Telefonanrufen schöpfte Sissy sofort Verdacht, daß sie mit dem Auffliegen Maurices zusammenhingen, denn es handelte sich ja angeblich um Leute, die aus Frankreich kamen. Das konnten auch unsere Leute sein, die der Gestapo entglitten waren und jetzt mit Sissys Hilfe versuchten, mit der Zentrale in Verbindung zu treten. In diesem Falle jedoch war unverständlich, daß sie nicht Sissy suchten, sondern ihren Mann. Andererseits, wenn es sich bei den unbekannten Anrufern um deutsche Agenten handelte, dann hatten sie Angaben über Sissy und provozierten sie offensichtlich.

Sissys Überlegungen waren richtig, sie wußte von der Verhaftung Maurices und war mißtrauisch gegenüber allem, was mit ihren Frankreich-Verbindungen zusammenhing, die Deutschen aber wußten nicht, daß sie informiert war. Darum auch versuchten sie so ungeschickt und offen mit ihr in Verbindung zu treten.

Als Flückiger, für Jim ein Unbekannter, aus Genf bei Jim anrief und anfing von Leuten aus Frankreich zu sprechen, die er, Jim, angeblich kenne, erklärte Jim gleich, daß er von niemandem und nichts wisse und es sich gewiß um einen Irrtum handele. Der Mann aus Genf verriet weder seinen Namen noch seine Adresse, gab Jim jedoch Sissys private Rufnummer und bat, er möge diese Nummer anrufen, falls er von seinen Bekannten aus Frankreich etwas erfahren sollte.

Jim stellte fest, daß die Telefonnummer einer gewissen Esther Bösendorfer gehöre, deren Namen er noch nie vernommen hatte. Er hielt die Angelegenheit für eine Provokation und rief weder an noch versuchte er die Sache aufzuklären. Er hielt es aber für nötig, mir und der Zentrale von dem geheimnisvollen Telefonanruf Mitteilung zu machen.

Sissy berichtete mir ebenfalls, wie sehr sie von den anonymen Anrufen beunruhigt sei, und zwar gerade am gleichen Tage — am 30. Juni —, als auch Jim mir davon berichtete.
Ich unterhielt mich in einem Café mit Jim, der nach Genf gekommen war und beruhigte ihn. Natürlich war er sehr verwundert, daß Esther Bösendorfer keineswegs eine Provokatorin war, sondern eine langjährige Mitarbeiterin unserer Organisation, eine zuverlässige Genossin.
Mit Sissy war das Gespräch schon komplizierter. Es stellte sich heraus, daß an jenem Tag — am 26. Juni —, als zum erstenmal in ihrer Wohnung angerufen worden war, zwei Unbekannte sich über sie beim Hausmeister, beim Milchmann und bei der Reinemachefrau des Hauses erkundigt hatten. Diese berichteten, es habe sich um einen Franzosen von aristokratischem Aussehen und um eine Dame gehandelt, die sich nach der Züricher Adresse von Herrn Bösendorfer erkundigt hätten. Der Portier, der Milchmann und die Aufwartung antworteten, sie wüßten nicht genau, wo er wohne, und als sie Sissy von der Angelegenheit erzählten, fügten sie hinzu, sie hätten sich über das Verhalten des Mannes und der Frau sehr gewundert: der Franzose habe sie sogar mehrfach gebeten, man möge Frau Bösendorfer nichts von dem Gespräch sagen.
Das konnte man nun nicht mehr auf die leichte Schulter nehmen. Es schien, daß man Sissy auf der Spur war. Wir berieten, was zu tun sei. Ich empfahl Sissy, vorerst ihre Arbeit einzustellen und sich weder mit mir noch mit ihren Mitarbeitern zu treffen. Ihre Kontakte wollte ich übernehmen. Sissy sah jedoch keine besondere Gefahr und war nicht bereit, die Arbeit zu unterbrechen. Schon weil ihrer Meinung nach die Verbindung zu Taylor—Lucy erlöschen würde, wenn sie sich zurückzöge, da Lucy es angeblich zur Bedingung gemacht habe, die Verbindung mit unserer Organisation ausschließlich über Sissy zu halten.
Die Zentrale war sicher, daß die Geschehnisse der letzten Monate — die geheimnisvollen Telefonanrufe, der Kurier aus Frankreich, das unerklärliche Verschwinden von Anna — das Werk der deutschen Spionageabwehr waren, die in unsere Organisation einzudringen versuchte.
Diese Ahnungen wurden allmählich durch Tatsachen erhärtet.
Die Deutschen hatten einen Faden in die Hand bekommen, der in die Schweiz führte, und natürlich ergriffen sie ihn ohne Zaudern. Der von der Gestapo erpreßte Fährtenführer war Maurice, Sissys einstiger Verbindungsmann, den man in Dijon festgenommen hatte, wovon wir im Mai Kenntnis erlangten.

Laut W. F. Flicke hielt sich der Gefangene zunächst tapfer bei den Verhören, er war zu keinem Geständnis bereit. Aber den Henkern gelang es dann doch, seinen Widerstand zu brechen. Nicht unbeträchtliche Hilfe boten dabei jene an uns gerichteten Radiogramme der Zentrale, die von den Deutschen aufgefangen und damals bereits entschlüsselt worden waren.
Der Verfasser des Buches „Agenten funken nach Moskau" veröffentlicht als Beweis den Originaltext der Radiogramme.
In dem einen an Sissy gerichteten Radiogramm versuchte die Zentrale, sie zu überzeugen, daß die Situation viel ernster sei, als sie glaube. Die Zentrale bestand darauf, Sissy solle vorübergehend die Arbeit einstellen und es anderen überlassen, mit den Informanten die Verbindung zu halten.
Obwohl die Zentrale über den Fall sehr beunruhigt war und die Angelegenheit als eine gegen unsere Organisation gerichtete Aktion der deutschen Spionageabwehr sah, versuchte ich vergeblich mehrmals, Sissy von der Zweckmäßigkeit der Schutzmaßnahmen zu überzeugen. Es gelang mir nicht, sie dazu zu bringen, den Kontakt für eine Weile abzubrechen. Ich bin der Meinung, daß Lucy trotz aller Vorsicht sicherlich eingewilligt hätte, jemandem anders als Sissy den Kontakt mit ihm zu erlauben.
Auf den Vorschlag des Direktors an Jim, daß er für eine Weile aus Lausanne verschwinden solle, antwortete dieser ebenfalls: Vorläufig sehe er keine Gefahr. Als aber die Zentrale entschieden verlangte, daß er die Anweisung durchführe, begann Jim sich reisefertig zu machen. Vor seiner Abfahrt jedoch mußte er noch in Lausanne seine Aufenthaltsgenehmigung verlängern lassen, die in Bälde abgelaufen war. Er machte sich auch eilends daran. Unsere Treffen unterblieben eine Zeitlang. Hinfort waren die Sendegeräte von Maud, Eduard und Rosa noch mehr belastet.
Im Sommer 1943 konnten wir uns infolge der Umstände nicht ausschließlich unserer nachrichtendienstlichen Arbeit widmen. Zusammen mit der Zentrale erkannten auch wir immer klarer, daß uns der Feind entdeckt hatte und auf uns Jagd machte. Deshalb mußten wir unsere Kraft und Zeit zwischen Informationsbeschaffung und dem Problem der Tarnung, der Sicherung unserer Leute aufteilen.
Den Anzeichen nach wurde um unsere Gruppe das Netz der Beobachtung und Verfolgung immer enger. Wir aber konnten uns an der Schwelle der heranreifenden Entscheidungsschlacht nicht zurückziehen.

VOR DER ENTSCHEIDUNG

Erinnern wir uns jetzt, wie sich die Lage an der sowjetisch-deutschen Front im Sommer 1943 gestaltete.

Die Deutschen sahen ernüchtert ein, daß ihnen eine Strategie der Verteidigung gegenüber der Roten Armee nicht viel Nutzen bringe, sondern im Gegenteil ihre wichtigsten militärischen Pläne vereitele und letzten Endes die Anerkennung der Niederlage bedeute. Deshalb entschied Hitlers Generalstab, an der Ostfront eine große Offensive einzuleiten. Er hoffte, mit diesem Schlag eine Reihe militärisch-politischer Probleme zu lösen, die in diesem Zeitraum in aller Schärfe sichtbar wurden. Im Mai 1943 erklärte Feldmarschall Keitel, der Chef des OKW, bei einer Besprechung in der Reichskanzlei: „Aus politischen Überlegungen sind wir zum Angriff gezwungen."[1]

Der Gegner arbeitete den Plan einer Sommeroffensive in allen Einzelheiten aus. Gleichzeitig erfolgte die sorgfältige Vorbereitung der deutschen Armee für die bevorstehende Operation. Man wollte sich für die Niederlagen von 1941 bis 1942 revanchieren. Der westdeutsche Historiker Dahms bekennt: „Hitler wollte um jeden Preis die Initiative wieder an sich reißen ... wollte seinen Willen der Sowjetunion aufzwingen ..."[2]

Anfang 1943 proklamierte Hitler sein großangelegtes Programm der Rüstungssteigerung, um die Kraft der Wehrmacht zu mehren. Die deutsche Industrie hatte in erster Linie die Aufgabe, die Ostfront mit großen Mengen schwerer Panzer und mit Flugzeugen neuesten Typs zu versorgen.

Unsere Zentrale widmete weiterhin große Aufmerksamkeit den Informationen über die neueste Waffenproduktion.

Ich zitierte oben die Radiogramme über die Produktion des Tiger-Panzers, seine taktisch-technischen Daten und Kampfeigenschaften. Mitte Juni teilte Lucy mit, daß die deutschen Betriebe etwa ab Ende April ausschließlich Tiger-Panzer fabrizierten, die für das Durchbrechen der soliden Befestigungen gedacht waren. Wir erfuhren einige Tage später, daß die Deutschen einen noch weiter perfektionierten Panzer ausprobierten, den Leopard. Dieser hatte eine stärkere Panzerung als der Tiger, eine Kanone größeren Kalibers und bessere Manövrierfähigkeit. Später, in der Schlacht von Kursk, setzte der Feind diesen neuen Panzer ein.

---

[1] Gert Buchheit: Hitler der Feldherr. Die Zerstörung einer Legende. Rastatt 1958. p. 366.

[2] Hellmuth Günther Dahms: Der zweite Weltkrieg. Tübingen 1960. p. 330.

Im Juni erhielten wir auch über die deutsche Flugzeugproduktion frische Daten.

7. Juni 1943. An Direktor.
Von Teddy.
Das deutsche Luftwaffenkommando rechnet damit, daß die deutsche Flugzeugindustrie im Mai 2050 und im Juni 2100 neue Kampfflugzeuge liefert. Davon will das OKW im Juni 2000 bis 2050 neue Bomber und Jagdmaschinen an die Front schicken.
Dora

9. Juni 1943. An Direktor.
Von Long.
Das neue deutsche Jagdflugzeug Messerschmitt G-G ist der verbesserte Typ des ME-109. Die Spannweite beträgt 16 m, die maximale Geschwindigkeit 670 km/h, sein Daimler-Benz-Motor hat 1700 PS. Es hat zwei 15-mm-Kanonen und zwei 7,1-mm-Maschinengewehre.
Dora

Die deutsche Kriegführung steigerte die technische Ausrüstung der Armee auf jede Weise und bildete gleichzeitig eilends Reserven zur Ergänzung der in den Winter- und Frühjahrsschlachten verbluteten Divisionen aus. Es war sehr wichtig, zu erfahren, über welche potentiellen Menschenreserven der Feind verfügte. Von der Zentrale erhielten wir das nachfolgende Radiogramm:

5. April 1943. An Dora.
Spezialauftrag für Anna, Olga, Teddy:
1. Benötigt wird ein fundierter Bericht über die Ergebnisse der totalen Mobilisierung und die Anzahl der neuorganisierten Verbände.
2. Sie sollen mitteilen, wann und wie viele Truppen die Verbündeten Deutschlands an die Ostfront schicken.
3. Danken Sie in unserem Namen Lucy und Long für ihre Arbeit. Wir danken für die Arbeit, die Sie, Maria, Sissy, Pakbo, Maud, Eduard und Rosa geleistet haben.
Direktor

Wir erledigten diese Aufgabe. Lucys Berliner Informatoren teilten mit, daß laut offiziellen Angaben des Führungsstabes des Ersatzheeres am 15. April 1943 die deutsche Armee insgesamt mehr als vierzig frische Divisionen in Reserve hatte; wir lieferten eine Liste der Nummern und Standorte dieser Einheiten.

Anfang Mai wurden diese Nachrichten durch Angaben von Werther ergänzt.

7. Mai 1943. An Direktor.
Von Werther.
A) Das deutsche Oberkommando hat eine Grundsatzentscheidung gefällt betreffend die Verteilung der neuaufgestellten und aufzustellenden Felddivisionen der Armee und der Waffen-SS.
Im Sinne dieser Entscheidung werden von den 36 neuen motorisierten und nichtmotorisierten Felddivisionen zwanzig Divisionen an die Ostfront, sechs Divisionen nach Westen, vier Divisionen nach Südosten, von Kroatien bis nach Griechenland geschickt.
Vom 1. August an stehen sechs Divisionen zur Verfügung des Oberkommandos. Die erwähnte Entscheidung bezieht sich auf sämtliche bis Ende Oktober 1943 fortlaufend aufzustellenden Felddivisionen. Es werden darunter fünf Panzerdivisionen sein, von denen lediglich eine nach Westen geschickt wird, die anderen werden an die sowjetisch-deutsche Front und eventuell nach Südosten geschickt.
B) Die westliche Armeegruppe wird ab jetzt erneut verstärkt. Es gilt auch weiterhin jene Verfügung, wonach im Westen eine bedeutende Verstärkung der Kampfbereitschaft frühestens für den 15. Juli vorgesehen ist. Auch das vom Westen im Winter an die Ostfront übergebene SS-Panzerkorps wird nicht vor Juli nach Westen zurückkehren. Die Verstärkung der westlichen Bereitschaft geschieht vor Juli hauptsächlich durch die Luftstreitkräfte, insbesondere durch Fliegerverbände.

Dora

In Deutschland ging die Auffrischung der Divisionen mehr oder minder erfolgreich vonstatten, aber in den verbündeten Ländern war es sehr schwer, neue militärische Einheiten zu organisieren und an die Front zu schicken. Nur unter großen Schwierigkeiten gelang es den Führern des Dritten Reiches, von ihren erschöpften Satelliten Hilfe zu erhalten.
An Hand der nachfolgenden Informationen kann man sich unschwer vorstellen, wie das vor sich ging.

2. Mai 1943. An Direktor.
Von Teddy.
Nach Horthys Besuch bei Hitler wurde beschlossen, daß Ungarn zwei aus zehn Divisionen bestehende Armeekorps an der sowjetisch-deutschen Front Deutschland zur Verfügung stellt.

Rumänien wird wahrscheinlich ebensoviel geben. Die vier Armeekorps müssen bis zum 1. Juni organisiert, bewaffnet und an die Front geschickt sein. *Dora*

Das jedoch geschah nicht so, wie Hitler und sein Generalstab es gerne gehabt hätten. Weder Rumänien noch Ungarn konnten das Versprechen einlösen.

17. Juni 1943. An Direktor. Dringend.
Von Olga, Berlin, 13. Juni.
An der sowjetisch-deutschen Front sind gegenwärtig insgesamt 20 Felddivisionen der Verbündeten Deutschlands stationiert.
Davon 11 finnische (drei in Reserve hinter der Front), 5 rumänische, 2 ungarische, 2 slowakische (die hinter der Front Wachdienst versehen). *Dora*

Das Lager der Hitlerschen Satelliten befand sich in einer ernsten Krise, das beweist auch die Mitte Mai erhaltene Information, *daß sämtliche Satelliten der Deutschen, auch Rumänien inbegriffen, sich sträuben, neue Truppen an die sowjetisch-deutsche Front zu schikken. Die Unzuverlässigkeit der bulgarischen Armee bereitet dem OKW ernsthafte Sorge.*
Das OKW rechnet nicht damit, daß die Türkei sich aktiv in den Krieg einschaltet.
Laut Olgas Angaben entsandten Horthy und Antonescu statt der ungefähr aus zwanzig Divisionen bestehenden vier Armeekorps insgesamt fünf Divisionen an die sowjetisch-deutsche Front. Und das geschah an der Schwelle der entscheidenden Schlacht von Kursk. Auf die Hilfe der Türkei wiederum, wie wir sahen, mußte das Wehrmacht-Kommando endgültig verzichten.
Deutschland mußte nun im wesentlichen allein an der Ostfront kämpfen. Die beiden anderen Mächte der Achse Berlin—Rom—Tokio, Hitlers Hauptstütze, konnten keine wesentliche Hilfe leisten. Italien befand sich bereits am Rande der militärischen Katastrophe. Japan versuchte unter Anspannung seiner ganzen Kraft, in Asien und im Pazifik-Becken seine strategische Position gegenüber dem ständig zunehmenden Druck der Alliierten zu behaupten. Es konnte keine Rede davon sein, daß Japan von Osten her einen Entsatzangriff gegen die Sowjetunion unternehme.
Bis zum Sommer 1943 hatte Deutschland bereits eine enorme Anzahl von Menschen verloren. Darüber erhielten wie gerade drei Tage vor Beginn der Schlacht von Kursk Angaben durch Lucy aus Berlin.

2. Juli 1943. An Direktor. Dringend.
Von Olga.
Deutschland hat seit Kriegsbeginn bis zum 30. Mai 1943: 1 947 000 Gefallene, 565 000 Kriegsgefangene, 1 080 000 Schwerverwundete. Außerdem beträgt der Verlust bei den Hilfstruppen ungefähr 180 000 Tote und Verwundete. Laut Angaben vom 30. Mai beziffert sich der Verlust Deutschlands auf 3 772 000 Menschen, davon 2 044 000 Tote. Dora

Das war eine riesige blutende Wunde am Körper des irregeführten deutschen Volkes. Aber die Führer des Reiches scherten sich nicht um die Opfer der Nation, sondern schickten aufs neue Millionen in die Hölle des Krieges.
Zu Beginn des Sommerfeldzuges wurde die Mannschaftsstärke der deutschen Streitkräfte durch die totale Mobilisierung um anderthalb bis zwei Millionen vermehrt. Damit zählte die deutsche Armee 10 300 000 Mann, womit der Bestand vom Vorjahr beinahe erreicht war. Im Sommer 1943 stellte der Feind der Roten Armee 42 Divisionen mehr entgegen als beim Angriff auf die Sowjetunion.[1]
Obwohl die Qualität dieser deutschen Truppen nicht mit jener der Truppen von 1941 zu vergleichen war, stellte die deutsche Wehrmacht dennoch eine sehr starke, ausgezeichnet bewaffnete Armee dar. Gleichzeitig nahm die Kraft und Kampferfahrung der Roten Armee ständig zu. Deshalb war zu erwarten, daß der Zusammenprall heftig sein würde.
Wie Marschall Schukow in seinen Memoiren schreibt, stellte Generalstabschef A. M. Wassilewski der Nachrichtendienstzentrale die Aufgabe, „festzustellen, wie groß die Reserven hinter den gegnerischen Truppen sind und wo sie sich befinden, die Umgruppierung und Konzentration der Truppen, die Verlegung aus Frankreich, Deutschland und anderen Ländern".[2]
Die Berliner Informatoren Lucys spielten bei der Beantwortung der von der Zentrale kommenden Fragen die größte Rolle. Als Beispiel zitiere ich einige unserer Meldungen:

30. April 1943. An Direktor.
Von Werther und Teddy.
Die deutsche Streitmacht an der Ostfront und im Hohen Norden gemäß Angaben zwischen dem 4. und 10. April:

---

[1] Siehe GGVK. 3. Band, p. 197.
[2] G. K. Schukow: Zit. Werk, p. 486.

1. Zur 2. Armee gehören: die 5. und 8. motorisierte Division, die 45., 62., 75., 168., 299., 499. Infanteriedivisionen.
2. Zur neuen 6. Armee (Armeegruppe Mansteins) gehören unter anderem die SS-Panzer-Divisionen „Das Reich", „Adolf Hitler", „Totenkopf", die Infanteriedivisionen 82, 208, 211, 216, 231, 254, 370 und die SS-Division „Groß-Deutschland".
3. Die Zusammensetzung der 9. Armee (in der Armeegruppe Kluges): die Infanteriedivisionen 6, 78, 129, 162, 183, 256, 292, 328, 342, 385, 539.
4. Die Zusammensetzung der 16. Armee: Die Infanteriedivisionen 30, 65, 96, 117, 123, 207, 223, 267, 290 und die 3. Gebirgsdivision.
5. Die Zusammensetzung der 3. Panzerarmee: Die 1., 2., 4., 5. Division und die motorisierten Divisionen 10., 14., 25., 36.
Und so weiter. Das Ende der Information Werthers und Teddys war: *laut Angaben vom 22. April, die an der Ostfront aufgestellten Armeen:*

2. Armee – Kommandeur von Salmuth
4. Armee – Kommandeur Model
14. Armee – Kommandeur Dietl
16. Armee – Kommandeur Busch
17. Armee – Kommandeur Ruoff
18. Armee – Kommandeur Lindemann

Panzerarmeen:

1. Armee – Kommandeur von Kleist
2. Armee – Kommandeur Schmidt
3. Armee – Kommandeur Reinhardt
4. Armee – Kommandeur Hoth

Heeresgruppen:

Heeresgruppe „A" – Kommandeur von Küchler
Heeresgruppe „B" – Kommandeur von Kluge
Heeresgruppe „C" – Kommandeur Manstein

Diese Aufzählung der gegnerischen Truppen ergänzten wir später durch neue Angaben unter Berücksichtigung der in der deutschen Armee bis zum Sommeranfang vorgenommenen Veränderungen.

13. Juni 1943. An Direktor. Dringend.
Von Werther.
An der sowjetisch-deutschen Front, einschließlich dem Hohen Norden, befinden sich Anfang Mai, nach Umorganisierung und Verstär-

kung der deutschen Armee, insgesamt 166 Divisionen (Anfang April standen an der sowjetisch-deutschen Front ungefähr 140 Divisionen). Davon sind 18 Panzerdivisionen, 18 motorisierte und leichte Divisionen, 7 Gebirgsdivisionen, 108 Infanteriedivisionen, 4 Waffen-SS-Divisionen und 3 Felddivisionen der Luftflotte.
Außerdem stehen dem Oberkommando des Heeres 3 Panzerdivisionen und 6 Infanteriedivisionen zur Verfügung, dem OKW steht eine SS-Division zur Verfügung.
Außerdem befinden sich auf dem besetzten Gebiet im Hinterland 122 Ordnungs- und Ersatzdivisionen.

Dora

Von Teddy erhielten wir Mitte Juni 1943 folgende interessante Information:
Zufolge Hitlers Ende Mai erlassenem Befehl sind die Waffen-SS-Truppen der Verfügungsgewalt des OKW entzogen worden und bilden eine selbständige Armee parallel zur Wehrmacht.
Die Truppen der Waffen-SS unterstehen unmittelbar Himmler und Hitler.
Unsere Zentrale erlangte durch Teddy auch Kenntnis über die territoriale Verteilung und Zusammensetzung der deutschen Luftstreitkräfte.

16. Mai 1943. An Direktor. Dringend.
Von Teddy.

a) Die Zusammensetzung der Luftwaffe Anfang Mai (die Abkürzungen in dem deutsch abgefaßten Telegramm heißen: OKL — Oberkommando der Luftwaffe, FLK — Fliegerkorps, ESK — Geschwader): In der nachfolgend angegebenen Zusammensetzung der Luftwaffe sind die Ersatzeinheiten der Luftflotte und der Fliegerkorps nicht enthalten. Die Anzahl an Kampfflugzeugen, Bombern, Schlachtflugzeugen und Jagdmaschinen beträgt maximum 4250.

b) Die neue Organisation der Luftwaffen-Kampfeinheiten:
Luftflotte Nr. 1 oder Ost-Nord, Kommandeur Keller.
Luftflotte Nr. 2, Kommandeur Kesselring.
Luftflotte Nr. 3 oder West, Kommandeur Sperrle.
Luftflotte Nr. 4 oder Ost-Süd, Kommandeur Richthofen.
Die ehemalige 5. Luftflotte wurde mit der Luftflotte Nord, deren Kommandeur Stumpff ist, vereinigt.

c) Selbständige Fliegerkorps, die unmittelbar dem OKL unterstellt sind:

Fliegerkorps Nr. II, Kommandeur Zander,
Fliegerkorps Nr. XII (Nachtjäger),
Fliegerkorps Nr. XIII (Luftlandeeinheiten).

Außerdem sind dem OKL unmittelbar unterstellt das Flugabwehr-Armeekorps Nr. 1 und drei Transportdivisionen.

d) Die Anzahl der kämpfenden Einheiten: insgesamt 52 Flugzeuggeschwader, die zum Anfang Mai aufgestellt wurden.

e) 11 Fernbombergeschwader, in diesen Verband gehören insgesamt 800 Flugzeuge, 2 Geschwader werden jetzt organisiert, von den 11 sind mindestens 3 nicht kampffähig. Neben anderen gehören zu den Fernbombergeschwadern die Fluggeschwader 3, 71, 73, alle drei in Sizilien, das 18. oder „Adler"-Fluggeschwader innerhalb der 3. Luftflotte und das 19. Geschwader auf der Krim.

f) Zwei Kriegsmarine-Jagdfliegergeschwader, zu denen 100 bis 120 Flugzeuge gehören, davon befindet sich ein Geschwader im Verband des II. Fliegerkorps.

Von den 11 Fernbombergeschwadern sind 5 bis 6 in Rußland. Von den 26 Tagjäger-Fluggeschwadern sind 14 in Rußland.
Die deutsche Luftwaffe besitzt allen Anzeichen nach gegenwärtig 800 bis 1000 einsatzfähige Nachtjagd-Maschinen. Vorläufig sind die folgenden Nachtjäger-Geschwader gebildet worden: Das 5. im Luftkreis Belgien und Nordwest-Frankreich, das 13. im Luftkreis Nr. 7 in Bayern.

Dora

Im Juni teilte Lucy mit, daß sich für Teddy die Möglichkeit eröffnet habe, die im Geheimarchiv des Berliner Luftfahrtministeriums befindlichen Dokumente zu fotografieren, an die er zuvor nicht herangekommen war. Von da an bekamen wir noch genauere und detailliertere Daten. Das beweisen zum Beispiel die folgenden Funksprüche:

26. Juni 1943. An Direktor. Dringend.
Von Teddy, aus den geheimen Dokumenten des Berliner Luftfahrtministeriums. Im weiteren bezeichne ich diese Quelle mit dem Namen „Fernand".
Aus dem Dossier Nr. 8: Die territoriale Verteilung der Truppen im Luftkreis Nr. 8 — Stab in Krakau. Die Kommandantur des Flughafens Nr. 1/8 — Lemberg, des Flughafens Nr. 2/8 — Warschau, des Flughafens 4/8 Kowel. An diesen Punkten sind Jagdmaschinen und Schlachtflugzeuge zusammengezogen.

Dora

28. Juni 1943. An Direktor. Dringend.
Von Fernand.
Aus den Daten zahlreicher Dokumente des Luftfahrtministeriums – zwischen Januar und Mai 1943 – ergibt sich folgendes Bild der kämpfenden Fliegereinheiten:

a) Jagdflieger-Geschwader: 1., 2. oder „Richthofen", 3. oder „Udet", 5., 26. oder „Schlageter", 27., 51. oder „Mölders", 52., 53., 77.

b) Jagdflieger-Gruppen: „Ost", „Aibling".

c) Nachtjäger-Geschwader: 1., 2., 3.

d) Bomber-Regimenter: 1. oder „Hindenburg", 3., 4. oder „General Weber", 6., 26., 27. oder „Boelcke", 30., 40., 51., 53. oder „Condor", 55., 100. und das Bomber-Geschwader ZB-1.

e) Die Bombergruppen z. b.V. (zur besonderen Verwendung): 323. und 900.

f) „Stuka"-Geschwader: 1., 2. oder „Immelmann 5".

g) Schwere Bomber-Geschwader: 26. oder „Horst Wessel".

h) Schlachtflieger-Geschwader: 1., 2.

Dora

Im Zusammenhang mit der Luftkriegführung trafen Mitte Mai folgende Angaben von Werther ein:

Am 6. Mai schätzte das OKW die russische Fernkampf-Luftwaffe ohne Reserven auf mindestens 750 Fernstreckenbomber. Damit wurde es für die Deutschen zur Gewißheit, daß die russische Fernkampf-Luftwaffe den Deutschen gegenüber sowohl mengenmäßig als auch an Qualität überlegen war.
Im OKW herrschte am 6. Mai große Aufregung wegen der Desorganisation und Lähmung des Verkehrs an den stark bombardierten Etappenorten Minsk, Gomel, Orscha, Brjansk. Der Einsatz der schweren russischen Bomber bedeutete für die deutsche Wehrmacht an der Ostfront auch psychologisch eine neue Lage, wodurch die Entscheidungsfreiheit der Führung entsprechend eingeengt wurde.

Die Steigerung des russischen Fliegereinsatzes am mittleren Frontabschnitt am 6. und 7. Mai übertraf alle Vorstellungen der deutschen Führung. *Allein am Frontabschnitt Mitte stellten die Deutschen am 7. Mai beim Tagesangriff fünf bis sechs russische Luftkampfregimenter und zahlreiche Begleit- und Jagdflug-Geschwader fest, mit Schwerpunkt gegen die frontnahen Organe im Raum Brjansk, Smolensk, Witebsk. Die deutsche Verteidigungsorganisation erwies sich als ge-*

fährlich ungenügend, obwohl der Einsatz der deutschen Jagdflieger am 7. Mai am Abschnitt Mitte konzentriert wurde.
Seit dem 5. Mai übertreffen die Verluste der deutschen Luftwaffe an der Ostfront die an den übrigen Fronten erlittenen Verluste. Wenn sich diese Verluste in der allernächsten Zeit wiederholen, muß Sperrles Luftflotte ohne Rücksicht auf die Konsequenzen Fliegergeschwader abgeben. Diese Folgen sind nach Meinung des OKW und sämtlicher Oberkommandierenden auch im schlimmsten Falle erträglicher als die Niederlage der Armee an der Ostfront.
General Konrad hat am Kuban drei deutsche und eine rumänische Division. Er kann sich kaum so lange halten, bis ihm Kleist eine Atempause im Abschnitt Rostow zu verschaffen vermag. Er befindet sich ungefähr in der gleichen Situation wie Arnim in Tunesien seit Mitte April. Durch den konzentrierten Einsatz der deutschen Kampf- und Schlachtflugzeuge konnte am Frontabschnitt Süd der russische Nachschub im Raum Krasnodar und entlang der Meeresküste etwas eingedämmt werden. Das gelang aber nur deshalb, weil an den übrigen Teilen des Frontabschnitts Süd der deutsche und russische Lufteinsatz gering und am mittleren und nördlichen Abschnitt bis Anfang Mai sehr begrenzt war.
Die Möglichkeiten für die Organisation des deutschen Einsatzes an den Abschnitten Mitte und Süd der Ostfront werden durch das planmäßige Zusammenwirken der russischen Luftwaffe mit den Partisanen sowie der städtischen und dörflichen Zivilbevölkerung in den von den Deutschen besetzten sowjetischen Gebieten stark behindert. Besonders auffällig ist dies im Etappengebiet der 4. deutschen Armee.
Dora

Außer den Berliner Informatoren Lucys erhielten wir auch durch die anderen Quellen unserer Gruppe wichtige Angaben, unter anderem über die Stimmung der deutschen Truppen.
An Hand der Mitteilungen verwundeter deutscher Soldaten und Offiziere, die in den Schweizer Krankenhäusern des Roten Kreuzes gepflegt wurden, konnten wir feststellen, wie es um den „Kampfgeist" bestellt war. Diese Auskünfte ergänzten auf nützliche Weise jene Informationen über die Wehrmacht, die wir von Werther, Olga, Teddy und unseren anderen Quellen erhielten.

Ich bin bei der wichtigsten Phase unserer nachrichtendienstlichen Tätigkeit, die der Schlacht von Kursk voranging, angelangt. In dieser Zeit mußten wir Informationen über die Absichten der deutschen Kriegführung beschaffen, und wir teilten diese dem Generalstab der Roten Armee mit.

Wie sahen die wichtigsten strategischen Pläne des Feindes im Sommer 1943 aus?

Nach dem im Hitlerschen Hauptquartier erarbeiteten Plan sollte die Gegenoffensive der deutschen Truppen ihren Ausgang beim sogenannten Kursker Vorsprung oder Kursker „Bogen" nehmen. Dieser Bogen war das Ergebnis der Winter- und Frühjahrsoffensive der Roten Armee, die die deutsche Verteidigungslinie stark nach Westen abgedrängt hatte. Dieser sowjetische „Brückenkopf" war ein riesiges Gebiet, das mehrere russische und ukrainische Verwaltungsgebiete (Oblasti) umschloß. Der Vorsprung von Kursk lag zwischen zwei großen gegnerischen Armeegruppen: von Norden bedrohte der rechte Flügel der deutschen Armeegruppe „Mitte" die Truppen der sowjetischen Zentral-Front, der linke Flügel der deutschen Armeegruppe „Süd" umfaßte von Süden her die sowjetische Woronesch-Front. Das gab den Deutschen die strategische Möglichkeit, die sowjetischen Truppen von zwei Seiten her in die Zange zu nehmen und zu zermalmen.

Etwa Mitte April gab der Feind seinem Plan, der den Namen „Zitadelle" erhielt, die endgültige Form. In dem Operationsplan vom 15. April 1943 (Nummer 6) betonte Hitler die Wichtigkeit dieser Operation: „Diesem Angriff ist erstrangige Bedeutung beizumessen. Er muß schnell und erfolgreich durchgeführt werden. Der Angriff muß uns die Initiative für Frühjahr und Sommer dieses Jahres in die Hand geben. Darum hat die gesamte Vorbereitung gründlich und umsichtig zu erfolgen. In Richtung des Hauptschlages müssen die besten Verbände, die besten Waffen, die besten Befehlshaber und große Mengen von Munition eingesetzt werden."[1]

Die Deutschen planten gegen die beim Kursker Vorsprung befindlichen sowjetischen Truppen zugleich an zwei Fronten loszuschlagen: einmal südlich von Orel mit den Kräften der Heeresgruppe „Mitte", zum anderen nördlich von Charkow unter Einsatz der Heeresgruppe „Süd". Die deutsche Kriegführung hoffte, daß sie mit diesem Angriff

[1] H. A. Jacobsen: Der Zweite Weltkrieg in Chronik und Dokumenten. 1939—1945. p. 544.

aus zwei Richtungen mehrere sowjetische Armeen beim Kursker Vorsprung umzingeln und vernichten würde. Danach wollte der Feind in einer zweiten Operation namens Leopard im Rücken der sowjetischen Südwest-Front einen Schlag führen. Im Falle des Erfolgs hielt die deutsche Kriegführung den Angriff in nordöstlicher Richtung für möglich, um unter Umgehung Moskaus der sowjetischen Zentralfront in den Rücken zu fallen.[1]

Wie S. M. Schtemenko in seinen Erinnerungen, „Wo der Sieg geschmiedet wurde“, schreibt: „Die Aufklärung meldete: Hitler beabsichtigt, die Führer der Wehrmachtsteile zur Beratung zusammenzurufen, um Fragen des an der sowjetisch-deutschen Front geplanten Angriffs zu klären. Diese Konferenz fand auch statt ... am 3. bis 4. Mai in München. Am erwähnten Tag wurde der Operationsplan „Zitadelle“ endgültig präzisiert und akzeptiert.“[2]

Doch wie bewerteten die geplante Operation jene, die sie ausarbeiteten und unmittelbar an der Front zur Durchführung brachten? Generalfeldmarschall Manstein, der Kommandeur der Heeresgruppe „Süd“, schreibt in seinen Erinnerungen: „Gelang es, in dieser Schlacht die feindlichen Panzerreserven zu zerschlagen, dann konnte ein neuer Schlag, sei es gegen die feindliche Donezfront, sei es an anderer Stelle, möglich werden. Dies war letzten Endes ein ebenso wesentliches Ziel der Operation ‚Zitadelle‘ wie die Beseitigung des Bogens um Kursk.“[3]

Von Kluge, der Befehlshaber der Heeresgruppe „Mitte“, schrieb in einem Telegramm, in dem er für den Angriff eintrat und das er an Hitler und Zeitzler, den Generalstabschef des Heeres, richtete: „Infolge seiner großen Ausdehnung wird er sich unvermeidlich auf die Hauptkräfte der russischen Truppen auswirken, darunter auch auf jene, die sich nördlich von Orel befinden. Im Falle des Erfolges wird die Operation ein maximales Resultat bringen. Und das ist von entscheidender Bedeutung.“[4]

Nicht uninteressant ist die Meinung eines Berufssoldaten. Der amerikanische General Walter Bedell Smith, später Stabschef der europäischen Expeditionsstreitkräfte der Alliierten, beurteilte im Mai 1943 die Pläne der deutschen Kriegführung wie folgt: „Die Deutschen bereiten sich an der russischen Front auf eine Offensive von unerhörtem Ausmaß vor ... Das Ziel dieses großen deutschen Angriffs ist: Rußland aus dem Krieg hinauszuschlagen oder die Rote Armee auf solche

---

[1] Siehe GGVK. 3. Band, p. 198.

[2] S. M. Schtemenko: Zit. Werk, p. 137.

[3] Erich von Manstein: Verlorene Siege. Bonn 1955. p. 484.

[4] K woprosu o podgotowke plana operazii „Zitadell“. Wojenno-istoritscheski Schurnal, Moskau 1959, Nr. 6, p. 91.

Weise zu paralysieren, daß ihr weiterer Widerstand schwach oder erfolglos sein wird."[1]

Der amerikanische General übertrieb natürlich, denn als erfahrener Heerführer hätte er erkennen müssen, daß die Deutschen all ihren Wünschen zum Trotz 1943 schon nicht mehr im Stande waren, Rußland „aus dem Krieg hinauszuschlagen" oder die Rote Armee zu „paralysieren". Insbesondere nicht durch einen einzigen Angriff, gleich welchen Ausmaßes. Das Jahr 1941 hatte darauf eine eindeutige Antwort gegeben, was die Deutschen sehr wohl verstanden hatten.

Die deutsche Kriegführung wechselte mehrmals den Zeitpunkt der geplanten Operation, um ihre Truppen möglichst gut darauf vorzubereiten.

Der Zeitpunkt wurde schließlich vom Frühjahr auf Mitte Sommer verlegt. Als Ursache nimmt der westdeutsche Historiker Martin Göhring an, daß Hitler „beim Niederschlagen des Feindes sichergehen wollte. Er wartete auf die Kampfwagenproduktion und auf das Eintreffen aller erdenklichen Reserven."[2]

Die Bemerkung ist nicht unbegründet, enthält aber nur die halbe Wahrheit. Es gab zahlreiche Anlässe, daß die Durchführung des „Zitadelle"-Planes mehrmals verschoben wurde. Ein solches Motiv meldete Werther:

6. Mai 1943. An Direktor.
Von Werther.
Berlin, 2. Mai. Die Neuaufstellung der motorisierten und Panzerdivisionen verzögert sich. Die Fristen für die Aufstellung und Marschbereitschaft der 60. motorisierten und 16. Panzerdivision wurden um vier Wochen verschoben, weil ihre Ausrüstung mit Fahrzeugen und Panzern infolge verspäteter Lieferungen ungenügend ist.
Dora

Die Verzögerung ergab sich auch aus den Überlegungen, die ich im folgenden Telegramm meldete:

13. Mai 1943. An Direktor.
Von Werther, 7. Mai.
Bei Kursk, Wjasma, Welikije Luki haben die Deutschen die Konzentration bedeutender russischer Kräfte festgestellt. Das OKW hält es

---

[1] Harry L. Butcher: My Three Years with Eisenhower. New York 1945. p. 314.
[2] Martin Göhring: Bismarcks Erben. 1890—1945. Wiesbaden 1959. p. 383.

für möglich, daß das russische Oberkommando einen gleichzeitigen Präventivangriff an mehreren Frontabschnitten vorbereitet, und zwar jeden nach dem Muster jenes Angriffs, den Timoschenko im Mai letzten Jahres zur Störung des deutschen Aufmarsches gegen Charkow richtete.

Dora

Am 10. Mai sandte ich auch auf Grund von Pakbos Quellen eine Meldung, daß die deutsche Frontaufklärung im Abschnitt Kursk und Wjasma starke sowjetische Truppenansammlungen festgestellt habe. Lucys Berliner Gruppe beobachtete aufmerksam die Weiterentwicklung und detaillierte Ausarbeitung des Planes beim Stab des deutschen Oberkommandos.

27. Mai 1943. An Direktor. Dringend.
Von Werther, Berlin, 23. Mai.
1. Für den 20. Mai sind in den Armeegruppen von Kluge und Manstein alle Vorbereitungen getroffen worden, um sämtliche motorisierten und Panzereinheiten, die in der zweiten Linie stehen, in Kampfbereitschaft zu versetzen und an die Front zu schicken. Diese Truppen stehen zum 1. Juni in den Ausgangsstellungen bereit.
2. Das deutsche Oberkommando beabsichtigt in den ersten Juni-Tagen einen Angriff mit beschränkten Zielen am Südabschnitt der sowjetisch-deutschen Front zu unternehmen. Mit diesem Angriff wollen die Deutschen den Russen beweisen, daß Deutschland wegen der Lage im Westen nicht besorgt ist und daß Rußland vorläufig weiterhin allein kämpft. Außerdem ist das deutsche Oberkommando bemüht, neue militärische Erfolge zu erreichen, um der deutschen Armee und dem deutschen Volk Mut einzuflößen.

Dora

Vorerst versammelten beide Seiten insgeheim ihre Kräfte und ließen sie im Raum des Kursker Vorsprunges aufmarschieren; in der Zwischenzeit lieferten sich der deutsche Abwehrdienst und der sowjetische militärische Nachrichtendienst einen erbitterten Kampf.
Für die deutsche Kriegführung war es besonders wichtig, daß die Operation „Zitadelle" überraschend kam. Sie unternahm alles, um die Truppenkonzentrationen so lange wie möglich geheimzuhalten und die sowjetische Aufklärung von dem Bereich abzulenken, in dem sich die Armeegruppen für den Einsatz vorbereiteten.
Daneben machte der deutsche militärische Nachrichtendienst große Anstrengungen, um die Pläne der sowjetischen Kriegführung zu er-

mitteln. Darüber unterrichtete uns Werther in einer Meldung, worin er die Anfrage unserer Zentrale beantwortete, an welchen Frontabschnitten die Deutschen den Angriff planten.

28. Mai 1943. An Direktor. Dringend.
Von Werther.
1. Der Plan des Oberkommandos des Heeres kann dann mißlingen, wenn die Russen, deren rückwärtigen Dienste die Verkehrslinien bereits repariert haben, schnell und mit großer Kraft südwestlich von Tula und im Raum Kursk angreifen.
Das deutsche Oberkommando weiß nicht und bemüht sich aufzuklären, ob die sowjetische Kriegführung einen Angriff am Mittel-Abschnitt der sowjetisch-deutschen Front plant.
2. Vom 15. April an hat das Oberkommando in der Ukraine eine besondere Reserve, die nicht der Armeegruppe Mansteins, sondern unmittelbar dem OKW unterstellt ist. Zu dieser Reserve gehören die SS-Division „Totenkopf", die SS-Division „Reich" und die SS-Division „Leibstandarte", die bis zum 15. April zum Verband der neuaufgestellten 6. Armee gehörten.
Dora

In der Zeit vor der Schlacht von Kursk entwickelte sich im Duell der beiden Nachrichtendienste, des sowjetischen und des deutschen, eine paradoxe Lage. Für die Deutschen erwies sich diese Situation als tragisch. Die deutsche Kriegführung hütete nämlich das Geheimnis des „Zitadellen"-Planes sowohl an der Front als auch in der Etappe allerstrengstens. Doch einzelne Details waren schon durchgesickert. Die deutsche Spionage-Abwehr hatte davon Kenntnis, war aber unfähig, dieses Durchsickern der Informationen zu stoppen.
Wir mußten in jener Zeit folgende Fragen der Zentrale beantworten:

Beauftragen Sie Lucy und Werther, festzustellen:
1. An welchem konkreten Punkt des Südabschnittes der Ostfront müßte der deutsche Angriff beginnen?
2. Mit welchen Kräften und in welcher Richtung will man den Schlag führen?
3. Wo und wann ist außer am Südabschnitt eine deutsche Offensive an der Ostfront geplant?

Nach Lösung dieser Aufgaben schickte ich Anfang Juni folgende Informationen:

2. Juni 1943. An Direktor. Dringend.
Von Werther, Berlin, 29. Mai.
Die Durchführung der Operationspläne des deutschen Oberkommandos stößt an der sowjetisch-deutschen Front auf immer größere militärische und organisatorische Schwierigkeiten. Das deutsche Oberkommando hat den Eindruck, daß die Russen — so wie sie auf die deutschen Truppenbewegungen reagieren — fest entschlossen sind: für die Erhaltung der gegenwärtigen Frontlinie zu kämpfen, die Entfaltung keiner deutschen Offensive zuzulassen und heftig zuzuschlagen, wo die deutschen Verbindungslinien das begünstigen.
Vorläufig ist jener Befehl nicht zurückgenommen worden, der es der Armeegruppe Manstein vorschreibt, zum 28. Mai in den Ausgangsstellungen gegen Kursk bereitzustehen.
Das geschah teilweise auch als Folge jener besorgniserregenden Nachrichten, daß bei sämtlichen Verbündeten Deutschlands sich die Stimmung schnell verschlechtere.
Die Entscheidungen des deutschen Oberkommandos nach dem 10. Mai sind charakterisiert durch zahlreiche Widersprüche, politische und militärische Prinzipienlosigkeit und Stümperei, die innerhalb des Landes wie auch im Ausland das ihm entgegengebrachte Vertrauen erschüttern. Bezeichnend ist der Eindruck, daß das deutsche Oberkommando weder auf die eigene Kraft noch auf seine Fähigkeit, richtige Entscheidungen zu fällen, vertraut.
Zur Abwehr gegen die im Raum Kuban zusammengezogenen Kräfte der Roten Armee haben die Deutschen aus dem Donez-Becken und von der Kertsch-Halbinsel ihre Kurzstrecken-Fliegerverbände herübergeholt und sie zum größten Teil bereits in den Kämpfen eingesetzt. Wenn diese Lage noch eine Weile anhält, wird Manstein im Raum Rostow und Woroschilowgrad keine ausreichende Luftunterstützung bekommen. Ohne entsprechende Luftunterstützung kann die 1. Armee keine aktive Tätigkeit entfalten.

Dora

Die von Werther erwähnte sowjetische Truppenkonzentration am Kuban hatte zum Ziel, die deutsche Armeegruppe auf der Taman-Halbinsel zu zerschlagen und damit das Aufmarschgebiet zur Eroberung der Krim in die Hand zu bekommen. Das war ein Teil des Offensivplans, den das Hauptquartier des sowjetischen Obersten Kommandos zum Sommer und Herbst 1943 ausarbeitete. Die gegen die Deutschen am Kuban, danach an den anderen Abschnitten der sowjetischen Front unternommenen Angriffe übten außerdem eine Hilfsfunktion neben der entscheidenden Schlacht von Kursk aus. Auf jeden Fall banden sie einen Teil der feindlichen Kräfte und mußten Nervosität auslösen, hastige Maßnahmen bewirken und schließlich den Beginn der Operation „Zitadelle" verzögern, so daß die sowjetische Kriegführung die Reserven aufmarschieren und sich besser auf die Abwehr des Feindes vorbereiten konnte.

Daß die Ereignisse sich tatsächlich so entwickelten, wie es die sowjetische Kriegführung bei der Ausarbeitung ihrer Operationspläne vorausgesehen hatte, beweisen die folgenden Telegramme, die ich der Zentrale im Juni schickte:

3. Juni 1943. An Direktor. Dringend.
Von Werther.
Den von der Roten Armee an der Kuban-Front durchgeführten Durchbruch konnten die Deutschen nur mit sehr verlustreichen Gegenangriffen in gewissem Umfang zum Stillstand bringen. Das gelang nur dadurch, daß sie ihre in der zweiten Linie stehenden Divisionen und Regimenter einsetzten.
An den Kuban-Kämpfen nimmt beinahe die Hälfte der Heeresgruppe Mansteins teil, darunter die Küsten-Verteidigungstruppen der Süd-Krim und der Nordküste des Asowschen Meeres. Die Deutschen befürchten ständig, daß die sowjetische Flotte gegen Feodosia und Kertsch vorgeht.
Dora

Für die Unsicherheit, die die deutsche Führung beherrschte, ist auch das nachfolgende Telegramm kennzeichnend:

11. Juni 1943. An Direktor. Dringend.
Von Werther und Teddy, Berlin, 5. Juni.
a) Bis zu der Ende Mai eingetretenen Veränderung der Lage hatte das deutsche Oberkommando den Plan, an der sowjetisch-deutschen Front (zum Durchbrechen der Front) die nachstehenden Verbände zum Angriff zu bringen: 1. und 4. Panzerarmee, 5. Armee und das aus fünf Divisionen neuaufgestellte XI. Armeekorps, das den Angriffsflügel der 2. Armee darstellt. Ein gleichzeitiger Angriff all dieser Verbände war nicht geplant.
Das deutsche Oberkommando wollte zuvor mit der 1. Panzerarmee und einem Teil der Kräfte der 6. Armee einen Angriff gegen Woroschilowgrad und den unteren Don führen.
Mitte Mai wurde der Plan erwogen, vorher mit den Kräften der 4. Panzerarmee und des XI. Armeekorps einen Angriff gegen Kursk zu unternehmen.

Trotz der Unschlüssigkeit verbleiben die angriffsbereiten Verbände der Armeegruppe Manstein auch weiterhin in den Ausgangsstellungen.
Vorläufig existieren keine konkreten Pläne für Angriffsoperationen im nördlichen Sektor, zwischen Leningrad und dem Ilmensee oder am mittleren Abschnitt der Nord-West-Front.

Dora

Das Hitler-Hauptquartier war auch sehr beunruhigt, da am nördlichen und mittleren Frontabschnitt die Lage sehr ungünstig war, besonders in dem Raum, wo die Divisionen der unter dem Kommando von Feldmarschall Kluge stehenden Armeegruppe „Mitte“ sich befanden, die die Aufgabe hatten, aus nördlicher Richtung Kursk anzugreifen.

23. Juni 1943. An Direktor. Dringend.
Von Werther, Berlin, 17. Juni.
a) Die Kampfstellungen der zur Heeresgruppe Kluge gehörenden 4. Armee und besonders der 2. Armee haben sich seit dem 11. Juni eher noch verschlechtert, weil infolge der Unterbrechung der Verkehrslinie die normale Versorgung der Front nicht gesichert ist.
Ernste Meinungsdifferenzen im OKW. Das OKW will am mittleren Frontabschnitt unter keinen Umständen einen Großangriff der Russen provozieren. Es hält darum den für Mai und Anfang Juni am südlichen Frontabschnitt geplanten deutschen Präventivangriff nicht mehr für zweckmäßig, weil das wahrscheinlich einen russischen Gegenschlag am mittleren Frontabschnitt auslösen würde, da sich der russische Aufmarsch am mittleren Frontabschnitt seit dem 1. Juni bedeutend intensiviert hat.
Der Angriff gegen Kursk, den die deutsche Kriegführung bis Ende Mai erwogen hatte, erscheint jetzt riskanter, weil die Russen vom 1. Juni an so starke Kräfte im Raum Kursk konzentriert haben, daß die Deutschen nicht länger von Überlegenheit sprechen können. Hitler erstrebt dennoch einen Angriff.
Angriff im Raum Bolchow und Mzensk ist vorläufig nur von örtlicher Bedeutung, beeinflußt aber empfindlich wegen des schlechten Zustands sämtlicher deutscher Etappen-Organisationen im Raum Brjansk die Sicherheit der Verteidigungslinie nördlich und östlich von Orel.
c) Die Deutschen haben festgestellt, daß die Rote Armee zwischen Belew, Kaluga und Juchnow Truppenkonzentrationen durchführt, die Kluges Heeresgruppe bedrohen.

Dora

Trotz der verschiedenen Gefahren und Besorgnisse entschloß sich das deutsche Oberkommando schließlich doch zum entscheidenen Schritt. Es war nicht mehr möglich, den Zeitpunkt für die vorbereitete Offensive erneut zu verschieben. Der Hochsommer stand bevor, und die Deutschen mußten handeln, wenn sie 1943 noch ein ernsthaftes Resultat an der Front erzielen wollten.

27. Juni 1943. An den Direktor. Dringend.
Von Werther, Berlin, 21. Juni.
Das Oberkommando des Heeres unternimmt eine Umgruppierung der Heeresgruppe Manstein. Die 4. Panzerarmee wird im Raume Charkow—Graiworon—Sumy—Lebedin—Achtyrka—Bogoduchow—Charkow konzentriert.
Die Umgruppierung hat zum Ziel, den Flügel der Roten Armee (Armee und Armeegruppe) für den Fall zu gefährden, daß er einen Angriff aus dem Raum Kursk nach Westen in Richtung Konotop unternehmen sollte.
Dora

Dieses Radiogramm schickten wir zwei Wochen vor der Schlacht von Kursk an die Zentrale.
Zum Schluß dieses Kapitels möchte ich eine so maßgebliche Quelle wie es „Die Geschichte des Großen Vaterländischen Krieges der Sowjetunion 1941—1945" ist, zitieren:
„Sosehr der Feind auch seinen Angriffsplan geheimhielt, gelangte er doch rechtzeitig zur Kenntnis der sowjetischen Kriegführung. Aus den von der Aufklärung gelieferten Daten war es möglich, nicht nur das generelle Konzept und die wahrscheinliche Richtung der geplanten Schläge, sondern auch die Gruppierung der für den Einsatz vorgesehenen Kräfte, die Zusammensetzung und Mannschaftsstärke der höheren Einheiten, die möglichen Reserven und die Frist ihres Eintreffens, danach schließlich den Zeitpunkt des Angriffbeginns festzustellen."[1]

[1] GGVK. 3. Band. p. 202.

ZWEIG-RAMEAU UND DIE ANDEREN PROVOKATEURE

Anfang August klingelte es eines Vormittags an meiner Tür. Ein Besucher meldete sich.

Meine Frau war nicht zu Hause, sie überbrachte den Funkern wichtige Radiogramme, die noch in der gleichen Nacht an die Zentrale durchgegeben werden mußten. Meine Söhne waren längst zur Schule gegangen. Ich selber, wie zumeist in diesen Stunden, saß an meinem Schreibtisch und fertigte die neuesten Karten von der Ostfront für die Schweizer Blätter an. Die Schlacht von Kursk näherte sich bereits ihrem Ende, die Deutschen befanden sich auf ungeordneter Flucht vor den sowjetischen Truppen. Das war eine sensationelle Nachricht, und die Zeitungen und Verleger baten täglich um Karten von der Ostfront.

Meine Schwiegermutter führte den Herrn in mein Arbeitszimmer, wo ich ihm einen Platz anbot. Er aber blieb stehen und sagte plötzlich mit ironischer Heiterkeit:

„Lieber Monsieur Radó, erkennen Sie mich denn nicht?!"

Ich blickte den breit lächelnden Mann an. In der Tat kam er mir bekannt vor. Mir begann etwas zu dämmern. (Ich muß bemerken, daß ich Gesichter nicht gut behalte.)

„Yves Rameau bzw. Ewald Zweig, Journalist. Haben Sie mich denn schon vergessen?" – fragte er lachend. „Paris, Kurt Rosenfeld, Ihre berühmte Inpress!"

Ja, das war er. Yves Rameau bzw. Ewald Zweig, der Aspirant, dieser Abschaum, den unserer Überzeugung nach die Gestapo geschickt hatte, damit er versuche, sich bei uns einzuschleichen. Das wußte ich seit langem.

Was konnte ich anderes tun, ich machte gute Miene zum unerwarteten Auftauchen des „alten Freundes".

Wir benahmen uns wie Leute, die sich nach langer Zeit wiedersehen, sprachen von belanglosen Dingen und gemeinsamen Bekannten, und dabei nahm ich Rameau genauer in Augenschein. Er hatte sich nicht verändert, seit ich ihn vor dem Krieg in Paris kennengelernt hatte. Ein untersetzter, pausbäckiger Mann in ausgezeichnet geschneidertem Anzug, das schwarze Haar glatt angeklatscht. Eine selbstsichere, arrogante Figur, mit der die Unterhaltung unangenehm war.

Er schlug seine dicken Beine übereinander, flegelte sich in den Fauteuil und schwatzte drauf los. Zum Beispiel behauptete er, er habe zwei echte Freunde, Josef Stalin und Allen Dulles. Sicherlich hielt er seine Aufschneiderei für geistreich und wollte mich in Rage bringen. Lächelnd hörte ich ihm zu, obwohl mir die Galle überlief. Dieser Mann

konnte mich mit nichts mehr überraschen, denn ich wußte, wieviel Niederträchtigkeiten er begangen hatte.
Ewald Zweig war in Deutschland geboren. Er war ein Verwandter Kurt Rosenfelds, mit dem ich in Paris die antifaschistische Nachrichtenagentur Inpress gegründet hatte. Rosenfeld erzählte mir, womit sich sein Verwandter daheim, in Deutschland, beschäftigte. Er hatte ein Blättchen, sammelte verschiedenartige kompromittierende Nachrichten und Dokumente über bekannte Persönlichkeiten, um sie im geeigneten Moment erpressen zu können. Das Geschäft blühte, Zweig wurde reich, denn die um ihre Reputation bangenden Opfer zahlten und schwiegen.
1933, als die Nazis die Juden zu verfolgen begannen, floh Zweig nach Frankreich. Hier stürzte er sich in neue Abenteuer. Dieser über eine gute Feder verfügende, bestechliche, unmoralische Reporter fand bald Förderer. Er bekam die französische Staatsbürgerschaft. Der einstige Deutsche Ewald Zweig nahm den Namen Yves Rameau an.
Kurt Rosenfeld stellte mir 1934 diese Type vor. Damals war Zweig-Rameau bereits ein wohlbekannter Mann in Paris. Er heiratete eine sehr schöne emigrierte ungarische Opernsängerin. Rameau verfügte immer über Geld, lebte auf großem Fuß und gab in seiner luxuriösen Pariser Wohnung glänzende Diners. Ich jedoch machte einen Bogen um Rameau – und sogar Rosenfeld tat es –, denn die Luft um ihn war nicht sauber.
Eine gewisse geschäftliche Verbindung mußten wir jedoch mit ihm aufrechterhalten. Rosenfeld lernte durch ihn jenen reichen, antinationalsozialistischen Franzosen kennen, den Eigentümer des Bürohauses Élysée Building, der Inpress zu bequemen Räumlichkeiten in dem großartig eingerichteten Bürogebäude verhalf, in dessen Halle wir über Fernschreiber die frischesten Nachrichten der Agentur Havas aus aller Welt bekamen.
Das Leben des Journalisten Rameau-Zweig spielte sich vor unseren Augen ab, aber von seiner geheimen Tätigkeit wußten damals wir Emigranten nichts, hatten nicht einmal eine Ahnung davon. Später kam mir gerüchtweise zu Ohren, daß Rameau mit den Agenten der französischen Geheimpolizei kollaboriere. Rameau war zweifellos ein bezahlter Denunziant. Das Geld, das er stets reichlich hatte, floß wahrscheinlich aus der Kasse des Geheimdienstes in seine Tasche.
Nach der Besetzung Frankreichs bot er seine Dienste den neuen Herren des Landes an. Die Deutschen verziehen Rameau-Zweig alles, die antifaschistischen Artikel, seine Zusammenarbeit mit dem französischen Nachrichtendienst, sogar in bezug auf seine jüdische Abstammung drückten sie ein Auge zu und nahmen seine Dienste an. Rameau

wiederum war es einerlei, für wen er arbeitete, wenn man ihn nur gut bezahlte.
Rameau-Zweig tauchte bereits im Frühjahr 1942 als Gestapo-Agent in der Schweiz auf. Hier verbreitete er unter den Diplomaten, Journalisten und Emigranten lautstark, er sei Mitglied der illegalen Widerstandsbewegung, ein Anhänger de Gaulles, und manchmal behauptete er rundheraus, daß er Kommunist sei. Er suchte den Weg zu unserer Gruppe, erzählte Legenden von seinen Heldentaten, prahlte, wie geschickt er sich in Paris den Krallen der Gestapo entwunden habe.
Ich hatte ihn seit 1936 nicht gesehen, beinahe sieben Jahre, seit ich aus Paris nach Genf übergesiedelt war. Freilich hätte ich mir denken können, daß er früher oder später mich „besuchen" würde. Aber die Gestapo und der SD warteten vorsichtig, bis sie ihre Trumpfkarte ausspielten. Rameau lebte bereits mehr als ein Jahr in der Schweiz, doch hatte er sich bei mir nicht blicken lassen. Nun beschloß die deutsche Spionage-Abwehr, direkt und offen anzugreifen.
Da saß in meinem Arbeitszimmer dieser Provokateur, dieser deutsche Agent, und plauderte lebhaft als „der alte gute Freund im gemeinsamen internationalen antifaschistischen Kampf".
Natürlich merkte er, daß ich ihm kein Wort glaubte, und vielleicht ahnte er, daß ich dies und das über ihn wußte. Aber ich muß zugeben, daß er seine Maske immer geschickt zu tragen verstand. Dieser Abenteurer und Heuchler beging auf Grund seiner angeborenen Fähigkeiten auch diesmal keinen Fehler. Er gab sich selbstsicher und spielte seine Rolle vorläufig ausgezeichnet.
Ich wartete auf seinen nächsten Schritt.
„Nun, und wie geht es Ihnen, Herr Radó?" — fragte der Gast mit freundlichem Lächeln. „Ich rede nur und rede, Sie aber schweigen. Verzeihen Sie es mir, aber hundert Jahre habe ich Sie und Ihre bezaubernde Gattin nicht gesehen!" Er erhob sich aus dem Fauteuil, schwatzte weiter, dann wandte er sich mir plötzlich zu:
„Lieber Herr Radó, ich habe Sie in einer wichtigen Angelegenheit aufgesucht." Aus seinen Augen verschwand das leicht ironische Lächeln. „Ich bin sicher, daß es auch für Sie wichtig ist."
Vertraulich flüsternd begann er von der in Paris aufgeflogenen sowjetischen Nachrichtendienst-Gruppe zu erzählen, davon, daß er diesen Menschen geholfen habe und deshalb damals gezwungen war, sich vor den Gestapo-Agenten zu verstecken. Schließlich sei er dennoch gefaßt, in das Konzentrationslager Vernet an der spanischen Grenze gebracht worden, wo er einen internierten sowjetischen Diplomaten kennengelernt habe. Aber es sei ihm gelungen, herauszukommen, er

habe sich ein Sendegerät beschafft, um die Verbindung mit Moskau aufzunehmen, doch fehle ihm ein Geheimschlüssel. Schließlich erklärte er, er habe den Kontakt zum amerikanischen Konsul in Genf hergestellt, mit dem er mich zusammenbringen könne, falls ich Hilfe brauchte. Kühl teilte ich ihm mit, daß mich all das nicht interessiere, im übrigen säße ich über dringender Arbeit und wolle ihn deshalb nicht länger aufhalten.

Nachdem sich Rameau entfernt hatte, überlegte ich, was dieser Schurke über meine Arbeit vor dem Krieg wissen konnte. Selbstverständlich mochte er vieles über meine Vergangenheit und die Vergangenheit meiner Frau erfahren haben: Ihm konnte bekannt sein, daß ich Kommunist bin, daß ich in meiner Pariser Zeit mit der KPD in Verbindung gestanden hatte. Das hatte übrigens keine besondere Bedeutung, denn auch ohne Rameau wußten die Deutschen sehr wohl, daß ich mich seit langen Jahren an der internationalen Arbeiterbewegung beteiligte.

Mich beschäftigte eher folgende Frage: Wenn Rameau so rasch über die Details der Verhaftung unserer Leute in Frankreich unterrichtet war, so hatte die Gestapo ihm deren Angaben absichtlich mitgeteilt – aber welche Angaben? Was hatten sie aus den Gefangenen herausgeholt? Wußten die Deutschen von unserer Gruppe, von unserer Verbindung mit Moskau? Mit welchem Ziel war Rameau gekommen: Um sich in mein Vertrauen einzuschleichen oder mich zu erschrecken, oder wollte er einfach nur schnüffeln? Hatte er vielleicht damit gerechnet, ich wüßte nicht, daß er ein Agent der Deutschen war, hoffte er, daß ich mich verplapperte und auf sein Angebot einginge, mich mit dem amerikanischen Konsul bekannt zu machen?

Noch in der gleichen Nacht verständigte ich die Zentrale. Am 7. August kam die Antwort. Die Deutschen dechiffrierten sie später, da Flicke sie zitiert.

7. August 1943. An Dora.
Yves Rameau ist ganz sicher ein Agent der Gestapo. Wir wissen, daß es sich bei seinem Besuch um das Werk der Gestapo handelt. Wir hatten es erwartet und haben Sie darauf aufmerksam gemacht. Er versucht, festzustellen, ob Sie mit uns in Verbindung stehen. Berichten Sie detailliert, was er von Ihnen wollte. Was wußte er von Ihnen in Paris? Sie müssen vorsichtig sein, bedenken Sie jedes Ihrer Worte und jeden Schritt. *Direktor*

Die deutsche Spionageabwehr hat also damals festgestellt, daß ihr Geheimagent entdeckt worden war. Nur so ist zu erklären, daß Rameau sich nicht noch einmal zeigte. Seine Auftraggeber waren wahrscheinlich der Meinung, es sei sinnlos, dieses Spiel fortzusetzen. Der Feind hatte gewiß die Absicht gehabt, uns durch Rameau Furcht einzujagen, damit wir wenigstens für eine Weile die Arbeit niederlegten.

Ich muß sagen, daß auch die Zentrale überlegte, ob es nicht besser sei, wenn ich angesichts meiner durch die Naziprovokationen immer gefährdeter gewordenen Lage meine Arbeit unterbräche und vorübergehend in einem Kurort untertauchte. Doch guten Gewissens hätte ich gerade in diesen Wochen niemandem die Leitung der Gruppe übertragen können, da an der Ostfront sich die Entscheidung vorbereitete. Darum antwortete ich, daß ich es trotz der drohenden Gefahr für richtiger hielte, solange wie möglich auszuharren.

Später ermittelte die Zentrale, daß Rameau-Zweig-Aspirant nicht nur für das Pariser „Kommando Rote Kapelle“ arbeitete, sondern auch mit dem Deuxième Bureau des französischen Generalstabs (dem Nachrichtendienst der Vichy-Regierung) und dem Schweizer Geheimdienst in Verbindung stand.

Kurt Emmenegger (Pseudonym Q. N. oder Müller), der Schweizer Agent, machte seinem Vorgesetzten darüber am 28. Juli 1944 in Luzern eine Meldung, die er auf Seite 93 seines 1965 in Zürich erschienenen Buches „Q. N. wußte Bescheid“, zitiert: „Aus verläßlicher Quelle weiß ich, daß ein gewisser Yves Rameau im Dienste der Schweizer Bundespolizei (Bupo) steht. Rameau ist im Besitz eines Gefälligkeitspasses der französischen (d. h. faschistischen — Der Autor) Behörden. Rameau heißt in Wirklichkeit Zweig, ist deutscher Staatsangehöriger und steht im Dienste der Gestapo. Uns (d. h. die Schweizer Nachrichtenbeschaffung — Der Autor) warnt man nachdrücklich vor diesem Mann. Rameau hält sich in Genf auf. Jede Aktion ist bisher am Widerstand von Bundesrat von Steiger persönlich (Innenminister — Der Autor) gescheitert ...“ Weiterhin lesen wir in seiner Meldung vom 26. November 1944, mit der Q. N. seine mündliche Information vom 23. November 1944 bekräftigt: „Dieser deutsche Agent genießt den Schutz der Bupo und arbeitet für sie. Dieser Zweig, alias Rameau, war es, der seinerzeit die Aufmerksamkeit der Bupo auf den russischen Schwarzsender lenkte und im amtlichen Auftrag der deutschen Behörden (d. h. bei der Schweizer Regierung — Der Autor) eine Demarche in Bern unternahm.“

Damit ich endgültig die Maske dieses korrupten Provokateurs herunterreiße, eile ich etwas voraus und erzähle eine kleine Episode, die sich in Paris, im November 1944, nach der Vertreibung der Besatzer ereignete. Aus Anlaß der Befreiung veranstalteten die Franzosen eine antifaschistische Großversammlung. Gemeinsam mit meiner Frau nahm auch ich daran teil. Und wen erblickten wir plötzlich in der Menge? Rameau! Mit einem Notizblock in der Hand, als Journalist, lief er im Saale umher. Wahrscheinlich bemerkte er uns nicht. Der Pariser Polizeipräsident war damals ein Kommunist. Durch französische Genossen ließ ich ihn sofort wissen, wer Rameau sei. In der Veranstaltungspause wurde der Gestapo-Agent aus dem Saale gerufen, dann verhaftet und in einem Polizeiwagen in das Gefängnis Cherche-Midi gebracht.

Aber Rameau saß nicht lange hinter Gittern, die Amerikaner machten seinetwegen großen Lärm, und dieser Schurke war nach wenigen Tagen wieder auf freiem Fuß. Es ist ganz sicher, daß er in der überseeischen Macht seine neuen Herren fand.

Kehren wir jedoch in die Schweiz zum Sommer 1943 zurück.

Um unsere Mitarbeiter schlichen weiterhin verdächtige Figuren. Ich denke nicht an Rameau-Zweig. Von ihm wußte ich bereits, daß er ein Mann der Gestapo war, und den Mitgliedern der Gruppe verbot ich streng, in Kontakt mit ihm zu treten.

Neue zweifelhafte Elemente, dieses Mal Russen, tauchten auf, ein gewisser Nemanow und ein Below, die sich als in der Illegalität arbeitende sowjetische Nachrichtendienstler ausgaben.

Ihr Benehmen verriet jedoch, daß es sich um Provokateure handelte. Meine Mitarbeiter meldeten, daß Below aus Frankreich gekommen sei und mit einem amerikanischen Paß in Genf lebe. Er stellte sich als Oberst der Roten Armee vor, als Held der Sowjetunion, und machte kein Geheimnis daraus, sondern hängte es an die große Glocke, daß er der Leiter des russischen Nachrichtendienstes in der Schweiz sei. Er behauptete, daß er mit Hilfe der Engländer die Verbindung mit Moskau halte. Below stellte sich den Leuten unter verschiedenen Pseudonymen vor.

Dieses primitive Verhalten konnte höchstens die Einfältigen irreführen. Below gelang es, den zu Sissys Gruppe gehörenden Marius ins Netz zu locken. So komisch es auch klingt, dieser Mann vertraute Below und glaubte ihm, daß er der Leiter des sowjetischen Nachrichtendienstes in der Schweiz sei und führte seine Anweisungen durch.

An sich wäre es noch nicht schlimm gewesen, daß ein Mitglied unserer Organisation die Provokation nicht erkannte. Doch Marius stand in Verbindung mit Sissy. Marius kannte Diemen, den französischen Offizier, zu dem er als Kurier nach Vichy zu reisen pflegte und von dem er wertvolle Informationen erhielt.

Wir stellten fest, daß Below sich mit Migliedern der diplomatischen Mission der von Tschiangkaischek geleiteten chinesischen Regierung traf, daß er enge Verbindung zu Rameau-Zweig und anderen unbekannten Personen unterhielt. Es gab keinen Zweifel, daß von Below die Fäden zur deutschen Spionage-Abwehr, vielleicht zur Gestapo oder zum SD führten.

Deshalb gab ich sofort Anweisung, alle Kontakte mit Marius abzubrechen.

Der zweite deutsche Agent, der weißrussische Emigrant Nemanow, tauchte ungefähr Mitte Mai 1943 auf. Sissy erfuhr, daß Nemanow in russischen Emigrantenkreisen zur politischen Richtung Miljukows gehörte, das heißt, sich als russischer Patriot bekannte und scharf antideutsch eingestellt sei. Nemanow erzählte, er sei im Herbst 1942 aus Vichy in die Schweiz gekommen, weil die Gestapo in Frankreich nach ihm gefahndet hätte, aber mit Hilfe eines Mitarbeiters der türkischen Botschaft sei es ihm gelungen, zu flüchten. Er erzählte weiter, daß er jetzt Informationen für Below sammle, den er — wie er sagte — bei dem Militärattaché der sowjetischen Botschaft in Vichy kennengelernt habe.

Offenkundig war dieser russische Emigrant, nach dem angeblich die Gestapo fahndete, eine finstere Gestalt und gehörte zu der gleichen Bande wie Below und Rameau-Zweig. Ich informierte die Zentrale, daß uns neue verdächtige Gestalten umkreisten.

DAS NETZ DER GESTAPO

Ich muß außerdem noch darauf hinweisen, daß zu diesem Zeitpunkt die Deutschen meinten, wir wüßten nichts, ahnten höchstens etwas von ihrer „Schweizer Aktion" (was sich tatsächlich so verhielt), weshalb die Agenten des SD und der Gestapo bisher mit katzenhafter Geschicklichkeit in unsere Nähe geschlichen waren, um uns nicht vorzeitig zu erschrecken. Nachdem sie sich aber überzeugt hatten, daß der Zentrale und auch uns vieles bekannt war, mußte die deutsche Abwehr schnell handeln. Sie kümmerte sich nun nicht mehr um die Regeln der Tarnung, denn sie befürchtete, daß wir in die Illegalität gehen und streng konspirieren würden und womöglich — Gott behüte — es uns einfallen könnte, unsere Codes durch neue zu ersetzen.

Was das für die Deutschen bedeutet hätte, läßt sich am Beispiel der Verbindung zwischen Jim und der Zentrale ablesen. Der Feind kannte bis dahin Jims Code nicht, deshalb blieb der Austausch auf der Linie Lausanne völlig geheim.

Da jedoch Jims Reise in den Tessin sich wegen der Schwierigkeiten bei der Verlängerung seiner Aufenthaltsgenehmigung verzögerte, beauf-

tragte ihn die Zentrale, die Suche nach Anna fortzusetzen. Dabei passierte wieder etwas Verdächtiges. Wie man sich erinnert, hatte Jim den letzten Brief von Micki durch die Post bekommen, der Brief war mit der Schreibmaschine geschrieben und nicht unterzeichnet. Niemals hatten Mickis Briefe so ausgesehen.
Und nun wurde Jim auf einmal von einer Frau angerufen, die ihn fragte, ob er den mit Schreibmaschine geschriebenen Brief erhalten habe, weil sie ihn auf Mickis Bitte hin aufgegeben habe. Jim versuchte, die Frau auszuhorchen, aber sie gab unklare, schwer verständliche Antworten. Jim unterrichtete sogleich die Zentrale.

5. September 1943. An Direktor.
Die Schreiberin des anonymen Briefes, die eine Mitteilung von Micki überbrachte, hat sich gemeldet. Es handelt sich um eine ungefähr sechzigjährige Schweizer Ärztin. Sie war Ende Juli in München und traf dort Micki. Diese alte Dame hat einen Bombenangriff durchgemacht, der ihre Nerven sehr angegriffen hat. Ihre Rede ist wirr ... Nach ihrer Behauptung läßt Micki ausrichten, daß Inge seit April nichts mehr von sich hat hören lassen.

Die Zentrale erteilte Jim sofort folgende Anweisungen:

7. September 1943.
1. Wir gestatten, daß Sie Anna in den Krankenhäusern von Basel zu finden versuchen, aber erkundigen Sie sich nicht aus Lausanne, sondern aus öffentlichen Fernsprechzellen in Basel.
2. Mickis Nachricht verstehen wir nicht. Versuchen Sie vorsichtig festzustellen, wer diese alte Ärztin ist, was sie in Deutschland gemacht hat und ob sie nicht in Verbindung mit der Gestapo steht.
Direktor

Jim rief mehrere Krankenhäuser und Kliniken in Basel an, aber Anna Müller war nirgendwo zu finden; sie war auch nicht in ihrer Wohnung. Erfolglos blieb auch Jims Versuch, über die Ärztin etwas Neues zu erfahren. Daraufhin erhielt Jim wieder Anweisung, daß er so schnell wie möglich aus Lausanne verschwinden solle.
In der Zwischenzeit spielte sich in Deutschland, in den Berliner Gefängnissen des Reichs-Sicherheitshauptamtes, ein düsteres Drama ab. Dort entschied sich das Schicksal unserer Mitarbeiter, die in die Hände der Henker, der SS-Schwarzhemden, geraten waren.
Die Fahndung erfolgte unter größter Geheimhaltung, aber später, 1944, begann einiges durchzusickern. Doch das ganze Ausmaß der Tragödie konnte aus den deutschen Fahndungsmaterialien und an-

hand der Erzählungen der Überlebenden, erst nach dem Krieg rekonstruiert werden.
Jim suchte Anna Müller in Basel vergeblich, denn Anna war am 16. Juni 1943 von der Gestapo verhaftet und in ein Berliner Gefängnis eingeliefert worden.
Vor Annas Verhaftung war die Freiburger Wohnung von Hans als ein illegaler Treffpunkt aufgedeckt und Inge und andere Mitarbeiter verhaftet worden.
Die deutsche Spionage-Abwehr wußte am Anfang nichts von Hans, Inge, Micki und Anna. Aber nach dem Auffliegen unserer illegalen Gruppen in Belgien und Frankreich bekam sie gewisse Fäden in die Hand. Klara Schabbel, zu der der mit Inge zusammen abgesprungene Franz sich zu begeben hatte, war von der Gestapo schon längst verhaftet worden, und ihre Wohnung stand unter ständiger Beobachtung. Als Franz dort erschien, wurde er sofort festgenommen. Mit dem Sendegerät und dem Code des verhafteten Nachrichters traten die Deutschen mit Moskau in Verbindung, und es gelang ihnen, die für Franz bestimmten Weisungen der Zentrale abzufangen, nämlich daß er sein Reserve-Sendegerät Inge übergeben sollte, die ihr eigenes verloren hatte, als sie aus dem Flugzeug absprang. Die Gestapo erfuhr das Kennwort und die Freiburger Adresse von Hans.
Zu dem illegalen Treffpunkt wurde ein Agent geschickt, der als Beauftragter der Zentrale das Radio an Hans übergab. Wie schon erwähnt, wurden Hans und Inge durch Anna Müller und Micki benachrichtigt, daß dieser Beauftragte sie aufsuchen würde.
Am nächsten Tag verhaftete die Gestapo Heinrich (Hans), seine Frau, Lina und Inge, die aus München gekommen war, um das Sendegerät zu übernehmen. Das geschah Ende April. Micki wurde später gefaßt, wahrscheinlich im Mai oder Juni, denn bis dahin bekam Jim noch Briefe von seiner Braut. Dann traf der sonderbare, mit Maschine geschriebene anonyme Brief ein, und es tauchte die verdächtige alte Ärztin auf, die angeblich in München das Mädchen getroffen hatte. Wahrscheinlich hielt Micki sich tapfer bei den Verhören und war nicht bereit, selbst an Jim zu schreiben. Darum waren die Gestapo-Leute genötigt, zu diesem übrigens recht ungeschickten Trick zu greifen.
Als sich herausstellte, daß Hans verhaftet war, folgerte die Zentrale, daß es auch Inge nicht gelungen sei, zu entkommen. Ihr Schweigen sprach für sich. Unverzüglich mußte Anna Müller verständigt werden. Der Direktor schickte Jim ein Radiogramm, aber Anna wurde nicht mehr in Basel angetroffen. Die Deutschen waren uns zuvorgekommen.

Daß Hans verhaftet worden war, erfuhr die Zentrale erst im August. Anna jedoch hatte bereits im Juni ein Telegramm aus Freiburg mit der Unterschrift ihres Bruders erhalten, daß sie sobald wie möglich kommen solle, weil ihre Schwägerin, Lina, wieder schwer erkrankt sei.

Die Gestapo provozierte also die Staatsbürgerin eines neutralen Landes, Anna Müller, indem sie die verwandtschaftlichen Gefühle der alten Frau ausnutzte. Die Deutschen hatten nämlich durch Fangfragen aus Inge, Heinrich und Lina Müller herausgeholt, daß eine Einwohnerin von Basel, die Schwester Heinrich Müllers, in die Sache verwickelt sei. Diese Angaben verglich die Gestapo mit den Geständnissen der schon früher verhafteten Kuriere unserer Gruppe Frankreich und Belgien, die zu verschiedenen Zeitpunkten den illegalen Treffpunkt in Basel, bei Anna Müller, benutzt hatten. Sie stellten fest, daß es sich um ein und dieselbe Person handelte, um die Näherin Anna Müller, und auch die Adresse stimmte überein.

Die deutsche Spionage-Abwehr erkannte, daß sie durch diese Frau einen Schritt weiterkam, der zur Gruppe Schweiz führte. In Kenntnis dessen, daß Anna Müller bereits Freiburg besucht hatte, als ihre Schwägerin krank war, wurde beschlossen, sie mit diesem überzeugenden Argument in die Falle zu locken. In Heinrichs Namen wurde im Juni ein Telegramm aufgegeben. Anna schöpfte natürlich keinen Verdacht, denn ihre Schwägerin war häufig krank. Auch sonst hatte sie nichts Ungewöhnliches in ihrer Umgebung bemerkt. Hier halfen ihr nun nicht mehr Umsicht, Vorsicht und die Erfahrung der illegalen Arbeit langer Jahre.

Unter Beifügung des Telegramms beantragte Anna ein Visum nach Deutschland und fuhr mit der Bahn von Basel nach Freiburg, um den Haushalt ihres Bruders während der Krankheit ihrer Schwägerin zu besorgen.

In den deutschen Untersuchungs-Dokumenten ist über die Umstände von Annas Verhaftung nur so viel zu lesen: „Bei der Untersuchung der Angelegenheit Noffke (Inge) bot sich die Möglichkeit, Anna Müller dazu zu bewegen, nach Deutschland zu fahren, wo wir sie am 16. Juni 1943 festgenommen haben ..."

Anna wurde nach Berlin gebracht und den Fahndern des Reichs-Sicherheitshauptamtes übergeben, die schon ein halbes Jahr die Fäden der streng geheimen Sache „Rote Kapelle" zu entwirren versuchten. Hier, im Kerker der SD und der Gestapo, saßen mehrere sowjetische Nachrichtendienstler. Pausenlos erfolgten die Verhöre, die Gegenüberstellungen, man folterte sie und drohte ihnen mit dem Tod.

Von Inge und dem Ehepaar Müller war auch durch Folterung keine

Information über unsere Organisation in der Schweiz zu bekommen, denn sie wußten wirklich nichts darüber. Aus der Gruppe der neu Verhafteten vermochten die Agenten nur von Anna Müller etwas zu erfahren, die mit Jim in Verbindung stand.
Laut dem im SD-Archiv gefundenen Vernehmungsprotokoll war die dreiundsechzigjährige Anna Müller zuerst nicht zu einem Geständnis bereit oder aber teilte nur Unwesentliches über ihre illegale Tätigkeit vor dem Krieg mit. Umsonst drohte man ihr, daß man sie den Gestapo-Henkern überantworten würde, ihr Widerstand war nicht zu brechen. Aber Anna ahnte nicht, daß die Leute von Himmlers Sicherheitsdienst vieles über sie wußten und ihr Prüfungen auferlegt werden sollten, die noch grausamer sind als die härteste physische Folter.
Man legte ihr die Geständnisse jener Kuriere aus Frankreich und Belgien vor, die erzählt hatten, daß sie in Kontakt mit ihr stünden, dann stellte man sie ihr gegenüber.
Bei den Verhören sammelten die Deutschen Schritt für Schritt Auskünfte, verglichen sie und paßten sie aneinander, um auf diese Weise neue Angaben über unsere in der Schweiz arbeitenden Leute zu erhalten.
Anna Müllers Verhaftung bedeutete für uns keine unmittelbare Gefahr, denn der Kontakt zwischen Anna und Jim fußte auf streng konspirativer Grundlage: Jim hatte sich Anna nicht unter seinem eigenen Namen, sondern als Meier vorgestellt, und selbstverständlich wußte sie nicht, wo Jim wohnte und mit wem er arbeitete. Seiner Braut, Micki (Agnes Zimmermann), hatte er einen anderen Namen angegeben. Jims Personalbeschreibung ermöglichte es den Deutschen freilich, ihn mit jenem Mann zu identifizieren, mit dem sich der Gestapo-Kurier in Bern getroffen hatte. Das allerdings war nicht mehr so wichtig, denn bis dahin hatten die in der Schweiz tätigen feindlichen Agenten, die sich unserer Gruppe auf verschiedenen Wegen immer mehr näherten, Jims Wohnung in Lausanne und Sissys und Rosas in Genf bereits gefunden, kannten ihre richtigen Namen und einige ihrer Verbindungen.
An Hand der SD-Vernehmungsprotokolle zu urteilen, verwendeten die Deutschen bei den Verhören in Berlin all jene Kenntnisse, in deren Besitz sie bei der Fahndung nach der Gruppe Schweiz gelangt waren. Anna Müller fragte man darüber aus, was sie vom sozialistischen Informationsbüro Insa und dessen Direktor Pünter sowie über den Verlag Geopress Service Atlas Permanent und dessen Eigentümer Radó wisse. Selbstverständlich konnte Anna darüber nichts sagen. Die anderen Gefangenen wurden befragt, wer sich hinter den Decknamen

Long, Sissy, Dora usw. verberge. Aber fast alle Versuche der Deutschen blieben erfolglos.

Durch den Verrat einiger verhafteter Mitglieder der Gruppe Frankreich erhielt die deutsche Spionage-Abwehr detaillierte Angaben über mich, aber die meisten jener Decknamen, die in den abgehörten Radiogrammen standen, blieben für den Feind auch weiterhin ein Geheimnis mit sieben Siegeln. Es gelang den Deutschen nicht, die Decknamen mit konkreten Personen zu identifizieren. Otto Pünter beispielsweise stand schon seit Ende der dreißiger Jahre auf der schwarzen Liste der Gestapo. Aber die Deutschen hatten keine Ahnung, daß er mit Pakbo identisch war. Sie wußten auch nicht, daß der Deckname Sissy zu der von ihnen bereits entdeckten Esther Bösendorfer gehörte. Das läßt sich sehr leicht beweisen: Der SD und die Gestapo bemühten sich vergeblich, die Gruppe Sissy–Taylor–Lucy aufzudecken, die unmittelbaren Kontakt zu Werther, Olga, Teddy und den anderen in Berlin hielt, von denen sie aus den abgehörten Radiogrammen wußten. Es versteht sich von selbst, daß – wenn die Deutschen die Identität von Sissy und Frau Bösendorfer festgestellt hätten – die Geheimagenten leicht ihre Treffen mit Taylor hätten beobachten und schließlich hätten feststellen können, um wen es sich bei Lucy handelte. Ich glaube, es ist unnötig zu sagen, was dann geschehen wäre.

WAS WUSSTE DAS F-BÜRO?

Vorläufig habe ich nur davon berichtet, was wir von der Arbeit des deutschen Geheimdienstes merkten, was damals der Zentrale zur Kenntnis kam, und daß wir die uns umgebenden verdächtigen Personen sorgfältig beobachteten. Was wir aber nicht wissen konnten, war, daß (laut den verschiedenen Archiven) sich Angehörige der Gestapo und des Sicherheitsdienstes um die Aufdeckung unserer Gruppe bemühten. Im Sommer 1943 verfügten die Geheimpolizei und der SD über reichliches Material, das ihre Agenten gesammelt hatten. Hans Peters, der der Geliebte der Funkerin Rosa geworden war, unterrichtete auch laufend seine Vorgesetzten. Das F-Büro in Bern verglich und analysierte die Daten seiner anderen Informatoren; diese hielten all jene im Auge, die nach ihrer Meinung Mitglieder der in der Schweiz arbeitenden sowjetischen Nachrichtendienstorganisation sein konnten.

Die Leute des F-Büros, Hans von Pescatore und Willy Piert und andere, uns unbekannte Personen, die im Auftrag Schellenbergs fahndeten, stellten eine Liste der Verdächtigen zusammen. Aus den Geständnissen von Pescatore und Piert nach dem Krieg geht hervor, daß sie ziemlich viel in Erfahrung brachten, obwohl es ihnen nicht gelang, alles zu entwirren.

In ihren Meldungen an die Berliner Zentrale des SD teilten sie die Namen jener mit, die nach ihrer Meinung zu unserer Gruppe gehörten. Unter mehreren, offenbar irrtümlich angegebenen Namen kamen die von Frau Bösendorfer, Pünter, mir und meiner Frau, Edmond Hamel, Jims richtiger Name und Rosas vor; von Rosa kannte man den Decknamen nicht. Man wußte, daß die drei letztgenannten mit den beiden Genfer Sendegeräten und mit dem Lausanner Sender arbeiteten. Die Liste enthielt von jedem die Adresse und die Personalangaben (über die unbekannte Rosa hatte natürlich Hans Peters die nötigen Angaben geliefert, aber er arbeitete für die Gestapo, vom F-Büro unabhängig).

Die Deutschen hielten mich für den Leiter, von Pünter glaubten sie, er sei mein Stellvertreter. Sie wußten vieles über ihn, aber aus unerfindlichen Gründen waren sie der Meinung, daß er sich in erster Linie mit den administrativ-wirtschaftlichen Angelegenheiten der Gruppe beschäftige.

Von Esther Bösendorfer — Sissy — waren gleichfalls nicht alle Angaben genau. Die Deutschen hatten keine Ahnung, wann und unter welchen Umständen sie bei unserer Gruppe mitzuarbeiten begonnen hatte. Hans von Pescatore vermutete, daß Madame Bösendorfer Mitglied der Gruppe Frankreich gewesen und dann in die Schweiz geflohen sei, als das Gestapo-Kommando sich an die Liquidierung der Pariser illegalen Organisation machte.

Auch sonst hatten der SD und die Gestapo eine völlig falsche Vorstellung von der Linie Sissy—Taylor—Lucy—Berlin, das heißt von der Gruppe jener Informatoren, deren Aufdeckung für die deutsche Spionage-Abwehr am wichtigsten gewesen wäre und um deren Aufspürung sie sich bereits ein halbes Jahr vergeblich bemühte.

Das Berner Büro F und die übrigen Organe der deutschen Spionage-Abwehr vermochten ausschließlich an Hand unserer von ihnen entschlüsselten Radiogramme ihre Folgerungen zu ziehen. Was sie nicht herausbekommen konnten, war, wer sich hinter den darin vorkommenden Decknamen verbarg.

Beim Studium der aus Genf übermittelten Meldungen und der aus Moskau eintreffenden Weisungen gelangten Pescatore und Piert zu der Überzeugung, daß es Sissy sei, die Lucys Berliner Informatorengruppe leite, und daß Sissy großenteils selbständig arbeite, mir nur formell untergeordnet sei, obwohl sie diesen äußerst wichtigen Teil

der Informationen Radó–Dora durch den Funk weitergab. Ja, die Deutschen dachten sogar, daß Sissy nicht nur mit dem geheimnisvollen Lucy, sondern in irgendeiner Form unmittelbar mit Werther, Olga, Teddy und den anderen Quellen in Verbindung stehe, möglicherweise durch einen Vermittler in der deutschen Hauptstadt.
Über die Person Lucys schließlich herrschte die allergrößte Verwirrung in den Köpfen der „Fachleute". Nichts vermochten sie mit ihrer reichen Branchenerfahrung und ihrer Intuition zu erreichen, die Berichte der Geheimagenten, von denen die Schweiz wimmelte, widersprachen einander.
Wie die strategischen Informationen aus dem deutschen Generalstab und dem OKW zu Lucy gelangten, darüber entwickelten die Beamten des Büros F nur eine einzige Hypothese. In ihren Meldungen für Schellenberg versuchten sie zu beweisen, daß die Informationen nicht über Funk, sondern wahrscheinlich durch einen Kurier mit Diplomatenstatus in die Schweiz kamen.
Laut Hans von Pescatore war die Leitung des F-Büros der Meinung, daß Lucy und Taylor ein und dieselbe Person sei, obgleich es dafür keinen Beweis gab.
Im Aufspüren der Leiter und Funker unserer Gruppe kam die deutsche Spionage-Abwehr ziemlich weit voran, aber über die Masse unserer Informatoren und Nachrichtenquellen brachte sie nichts Wesentliches in Erfahrung. In den abgehörten Radiogrammen lasen die Deutschen zahlreiche Decknamen. Aber sowohl der SD als auch die Gestapo konnten weder damals noch später feststellen, wer diese Leute waren.
So vermochte die deutsche Spionage-Abwehr trotz enormer Anstrengungen ihr Hauptziel mit der Methode nicht zu erreichen, derzufolge man das feindliche Netz erst dann liquidieren soll, wenn die Nachrichtenquellen ermittelt sind.
Der August kam, wir setzten unsere Arbeit mit Volldampf fort, und bei Kursk war bereits abzusehen, daß die großangelegte Kriegsoperation „Zitadelle" ein Fehlschlag sein würde. Daß in einer solchen Lage die Nerven des SD-Chefs Walter Schellenberg versagten, war nicht verwunderlich. Er erkannte bestürzt, daß jede Methode, die zur Aufdeckung der Verbindungen der „Roten Drei" ausgearbeitet wurde, nicht den gewünschten Erfolg zeitigte und deshalb härtere, schnellere Schritte vonnöten seien.
Laut der gegenseitigen Vereinbarung von Schellenberg und Masson mußten sich die Schweizer selber damit befassen.
Die Zentrale schloß diese Möglichkeit nicht aus. Die Moskauer Leitung erbat darüber bereits im Juni meine Meinung. Ich bemühte mich,

durch Personen, die dem Schweizer Geheimdienst nahestanden, die Angelegenheit zu klären.
Am 8. Juli schickte ich dem Direktor ein Telegramm, worin ich mitteilte:

„Die Gestapo arbeitet nicht mit der Schweizer Polizei zusammen. Das ist sicher. Dessen ungeachtet kann jedoch die Gestapo die Aufmerksamkeit der Schweizer noch auf uns lenken."

Wie die späteren Ereignisse beweisen, geschah das auch. Auf Grund der von den Deutschen erhaltenen Angaben trat die Schweizer Spionage-Abwehr gegen uns in Aktion.

DIE SCHLACHT VON KURSK

In den letzten Juni-Tagen standen zwei mächtige Armeegruppen der beiden kämpfenden Seiten einander gegenüber.
Die Deutschen planten den Einsatz von insgesamt fünfzig Divisionen bei der sogenannten Operation „Zitadelle". Neben diesen schlossen sich an die Flügel der angreifenden Heeresgruppen rund zwanzig Divisionen an, die rasch zur Unterstützung der Hauptkräfte eingesetzt werden konnten. Auf diese Weise konnte die deutsche Kriegführung mehr als ein Drittel ihrer an der sowjetischen Front befindlichen Verbände bei der Schlacht von Kursk zum Einsatz bringen.
Zur Durchführung der Operation „Zitadelle" wurden insgesamt rund 900 000 Soldaten, fast 10 000 Geschütze und Granatwerfer, 2700 Kampfwagen und Sturmgeschütze konzentriert. Die bei Orel stürmende feindliche Heeresgruppe („Mitte") wurde von der über rund 900 Flugzeuge verfügenden 6. Luftflotte, die bei Charkow angreifende feindliche Gruppe („Süd") wiederum von der aus 960 Flugzeugen bestehenden 4. Luftflotte unterstützt. Zu diesen Fliegerverbänden gehörten 1000 Bomber. 200 weitere Bomber wurden von anderen Einheiten angefordert. Das war eine gewaltige Luftstreitmacht. Hier wurden drei Viertel der an der Ostfront befindlichen deutschen Luftwaffenverbände konzentriert.[1]
In seinen nach dem Krieg herausgegebenen Erinnerungen bekennt Generalfeldmarschall Manstein, daß die Heeresgruppen „Mitte" und „Süd" alles unternahmen, um im Interesse des Erfolges möglichst große Kräfte zu versammeln.[2]

---

[1] Siehe GGVK. 3. Band, p. 200.
[2] E. Manstein: Verlorene Siege, p. 330.

Die deutschen Kriegshistoriker bekräftigen die Worte des bekannten nazistischen Heerführers. „Die ganze Offensivmacht – schreibt General Erfurth, der dem deutschen Generalstab zugeteilt war –, die die deutsche Armee aufzubieten vermochte, wurde zur Durchführung der Operation ‚Zitadelle' eingesetzt."[1]
Laut dem westdeutschen Historiker Zentner konzentrierte die deutsche Kriegführung im Kursker Vorsprung alles, „wozu Deutschland und die Industrie des mobilisierten Europas fähig war".[2]
Die obigen Zitate stammen von Personen, die wir keinesfalls verdächtigen können, daß sie mit der Roten Armee sympathisiert hätten oder absichtlich die Stärke der Wehrmacht oder die Fähigkeiten der deutschen Kriegführung unterschätzten. Die Objektivität ihrer Folgerungen darf auch darum nicht bezweifelt werden, weil sie diese mehrere Jahre nach dem Krieg, nach gründlicher Analyse verschiedenen Materials und verschiedener Dokumente zogen.
Ich möchte noch eine Tatsache erwähnen, die mit dem Beginn der berühmten Schlacht verknüpft ist.
Am 1. Juli beorderte Hitler die Befehlshaber der an der Offensive teilnehmenden Heeresgruppen, Armeen und Armeekorps in sein Hauptquartier nach Ostpreußen. In seiner Bekanntgabe, die bevorstehende Sommeroffensive betreffend, erklärte er, daß das Aufschieben der Durchführung der Operation „Zitadelle" es ermöglicht habe, die höheren Verbände vollständig aufzufüllen, sie mit neuen technischen Mitteln auszustatten und riesige Kräfte zu konzentrieren. Er betonte, daß die Überlegenheit des deutschen Panzers unbestreitbar sei und daß er auf den vollen Erfolg der Operation vertraue.
In der Nacht, die dem Angriff voranging, wurde bei allen Untereinheiten der Angriffs-Gruppierungen Hitlers Aufruf an die deutschen Soldaten verlesen ...: „Ab heute" – so lautete der Aufruf – „werdet Ihr Teilnehmer großer Angriffskämpfe sein, deren Ausgang das Kriegsgeschick entscheiden kann. Euer Sieg wird mehr denn je die Welt überzeugen, daß letztlich jeder Widerstand gegen die deutsche Armee vergeblich ist ... Jener gewaltige Schlag, den wir gegen die sowjetischchen Armeen führen, muß sie in ihren Fundamenten erschüttern ... Und Ihr müßt wissen, daß alles vom Erfolg dieses Treffens abhängt ..."[3]
Wir wir sehen, setzte der Feind seine ganze Hoffnung auf die Schlacht

[1] Waldemar Erfurth: Die Geschichte des deutschen Generalstabes von 1918–1945. Frankfurt/Main 1957. p. 304.
[2] Kurt Zentner: Nur einmal konnte Stalin siegen. Hamburg 1952. p. 35.
[3] GGVK. 3. Band, p. 202.

von Kursk. Die deutschen Generäle wollten die strategische Initiative von der Roten Armee zurückgewinnen und den Kriegsausgang zu ihren Gunsten wenden.
Die deutschen Divisionen gingen zum Angriff über, und zwar zum letzten Angriff im Osten ... „Bereits am ersten Tag der Schlacht stellte sich heraus, daß man die Stärke der sowjetischen Seite schlecht abgeschätzt hatte“ — konstatierte Flicke bitter.[1]
Seine vorwurfsvolle Feststellung gilt natürlich dem deutschen Nachrichtendienst, insbesondere der Abwehr, und dem Hitlerschen Hauptquartier.
Meiner Meinung nach bedarf dieses notgedrungene Eingeständnis nach dem Krieg von seiten eines gründlichen Kenners der deutschen Spionage-Abwehr keines Kommentars. Offenkundig ist das die Anerkennung der Niederlage des deutschen Geheimdienstes.
Die Unzulänglichkeit der nachrichtendienstlichen Angaben der hochgelobten Abwehr stellte sich erst dann heraus, als die Deutschen eine vernichtende Niederlage erlitten. Aber Admiral Canaris, der Leiter der Abwehr, blieb aus einem unbekannten Grund weiterhin auf seinem Posten, obwohl sein Amt nicht das erste Mal ein Fiasko erlitten hatte.
Gleichgültig, ob Hitler oder Himmler von der Erfolglosigkeit der nachrichtendienstlichen und Abwehrarbeit der deutschen Geheimdienste wußten oder nicht: die Maschinerie der Wehrmacht wurde auf maximale Geschwindigkeit geschaltet, niemand konnte sie mehr aufhalten. Natürlich nicht deshalb, weil es unmöglich gewesen wäre, die Operationspläne zu ändern, die Truppen umzugruppieren, sondern weil Hitler auf Grund von für ihn sehr wichtigen politischen Gründen und militärischen Überlegungen diese Sommeroffensive nicht mehr einzustellen vermochte.
Die sowjetische Kriegführung kannte die Pläne des Feindes und bereitete sich sorgfältig auf den Angriff des Gegners vor.
„Das Hauptquartier erarbeitete den Plan für die Operationen des Sommers und Herbstes 1943 an Hand vielseitiger Analyse der politischen und militärischen Lage und der Vorschläge der Kriegsräte der Fronten und der Meinung des Generalstabes. Diesem Plan zufolge mußten die deutschen faschistischen Besatzer im Verlauf des Sommers und Herbstes hinter die Linie Smolensk—Sosch-Fluß und den mittleren und unteren Dnjepr zurückgetrieben, mußte der sogenannte ‚Ostwall‘ der Deutschen zerschlagen und ferner der Kuban-Brückenkopf des Feindes liquidiert werden. Im Sommer 1943 war der Haupt-

[1] W. F. Flicke: Agenten funken nach Moskau. p. 298.

angriff in südwestlicher Richtung zur Befreiung des getreidereichen Linksufer-Teiles der Ukraine und des Donezbeckens als eines wichtigen Zentrums des Kohlebergbaus und der Industrie zu führen. Das Hauptquartier plante den zweiten Schlag in westlicher Richtung mit der Aufgabe, die östlichen Gebiete Weißrußlands zu befreien und die deutsche Heeresgruppe ‚Mitte' zu zerschlagen, die auch weiterhin das zentrale Industriegebiet des Landes und die sowjetische Hauptstadt gefährdete.

Der Roten Armee gelang es, dem feindlichen Angriff zuvorzukommen. Da jedoch der Feind eine große Offensive vorbereitete, erschien es zweckmäßig, ihm eine vorher ausgebaute, tiefgestufte, unüberwindliche Sperre entgegenzustellen. Deshalb beschloß das Hauptquartier auf Grund der Vorschläge der Frontkommandos, die Kraft des angreifenden Feindes in Verteidigungskämpfen zu zermürben und ihn dann durch eine Gegenoffensive endgültig zu vernichten. Die späteren Ereignisse bewiesen, daß die sowjetische Kriegführung in der gegebenen Lage den zweckmäßigsten Plan wählte ...

Die strategische Reserve, die Steppen-Front, hatte die Aufgabe, ganz gleich nach welcher Richtung, die Fronten zu stärken und je nach Bedarf an der Gegenoffensive teilzunehmen. Während des ganzen Großen Vaterländischen Krieges war das die stärkste Reserve des Hauptquartiers."

Die Verteidigungsgürtel, die nach jeder Richtung hin ausgebauten Geländeverstärkungen, zogen sich von der ersten Linie an sehr in die Tiefe. „Bis zum Beginn des gegnerischen Angriffs waren insgesamt acht Verteidigungsgürtel und Verteidigungs-Geländeabschnitte in einer Tiefe von zweihundertfünfzig bis dreihundert Kilometer vorbereitet."[1]

An den einzelnen Stützpunkten wurden Panzerabwehrbereiche von großer Feuerkraft gebildet.

Diesen außerordentlich stark befestigten Frontabschnitt zu erstürmen schickte sich der Feind an, der das gesamte gewaltige technische und Menschenpotential konzentriert hatte, über das Deutschland damals noch verfügte. Wie wir in den Memoiren von Marschall Schukow lesen: „Unter Ausnutzung aller Aufklärungsmöglichkeiten gelang es dem sowjetischen Hauptquartier und den Fronten, den genauen Zeitpunkt des Beginns der feindlichen Offensive festzustellen."[2]

Ich will die Schlacht von Kursk nicht detailliert schildern. Jeder vermag sich darüber in der ausführlichen zeitgeschichtlichen Literatur zu

[1] GGVK. 3. Band, p. 203, p. 205 f.
[2] G. K. Schukow: Zitiertes Werk, p. 494.

orientieren. Nur in großen Zügen folgen wir dem Ablauf der Schlacht, soweit das für unseren Bericht nötig ist.
Lucys Berliner Informatoren verfolgten die Änderungen der deutschen Pläne sorgfältig und aufmerksam. Sie hatten die Möglichkeit, präzise mitzuteilen, welche Aktionen das OKW und die deutsche oberste Heeresführung im Raume der sich entfaltenden Schlacht vorbereite.

9. Juli 1943. An Direktor. Dringend.
Von Werther, Berlin, 4. Juli.
Die Deutschen haben festgestellt, daß die russischen Truppen als Antwort auf die gegenwärtige Umgruppierung der Armee Mansteins starke motorisierte Kräfte im Raum Kursk und östlich von Charkow zusammengezogen haben.
Die Deutschen können nicht zulassen, daß westlich und südwestlich von Kursk weitere sowjetische Truppenkonzentrationen stattfinden, denn wenn die Russen an diesem Abschnitt einen Angriff unternehmen, gefährden sie die gesamte mittlere Front.
Wenn ein Angriff vorbereitet wird, sind die Deutschen gezwungen, einen Präventivangriff zu unternehmen, um dem Angriff der Roten Armee zuvorzukommen bevor sich dieser entfalten kann und sich am mittleren Abschnitt auf die deutsche Verteidigung ergießt. Das würde die 3. und 4. Panzerarmee zum Verteidigungskampf zwingen.
Dora

Diese Nachricht teilte Werther vierundzwanzig Stunden vor Beginn der deutschen Offensive mit. Hitler unterschrieb an jenem Tag seinen an die Truppen gerichteten Aufruf, den die Offiziere in der Nacht feierlich vor ihren Einheiten verlasen.
Den genauen Zeitpunkt des Angriffs, der auf den 5. Juli drei Uhr morgens angesetzt war, erfuhr die sowjetische Kriegführung von den Deserteuren, die nach Bekanntgabe des Angriffsbefehls zu den sowjetischen Truppen überliefen. So konnte die sowjetische Artillerie die feindlichen Batterien und Beobachtungsstellungen unter Feuer nehmen, noch ehe die deutschen Geschütze zu feuern begannen.
Die am 4. Juli von Werther gegebene Information ist besonders interessant, weil es nach ihr zu urteilen der Abwehr nicht gelungen war, den eigentlichen Plan des sowjetischen Oberkommandos auszuspähen. In Berlin erwartete man, daß die Russen angreifen würden. Von der am mittleren Frontabschnitt unerwartet eröffneten Artillerie-Vorbereitung nahm man an, daß dieses Feuer die Einleitung zu einem großangelegten Angriff sei. Doch das sowjetische Hauptquartier hatte

einen ganz anderen Plan: Zuerst sollten die angreifenden Einheiten des Feindes in Verteidigungskämpfen aufgerieben werden, dann sollte der Gegenangriff erfolgen.

Aus dem folgenden an die Zentrale geschickten Radiogramm geht hervor, daß die deutsche Kriegführung noch vierundzwanzig Stunden nach Beginn der Kämpfe die Lage an diesem Frontabschnitt nicht ganz klar erkannte.

10. Juli 1943. An Direktor. Dringend.
Von Werther, Berlin, 6. Juli.
A. Ein Präventivangriff der deutschen Armee wurde erwogen, hierzu aber bis zum 5. Juli kein Befehl erteilt, als die Rote Armee mit einem konzentrierten Gegenschlag auf die Teiloffensive der Deutschen im Raum Tomarowka antwortete. Diesen Angriff unternahmen die Deutschen am 4. Juli in Divisionsstärke. Er bezweckte eine gründliche Aufklärung, weil die Deutschen befürchten, daß die Ereignisse sich ähnlich entwickeln wie zwischen Welikije Luki und Dorogobusch.
B. Das Oberkommando des Heeres hat, nachdem das Ausmaß des Angriffsschlages der Roten Armee zwischen Charkow und Kursk festgestellt war, der 2. Armee im Raum Kursk den Angriff befohlen.
Am 6. Juli betrachtet die deutsche Kriegführung die Kämpfe noch immer als Verteidigungskämpfe und bringt neue Reserven zum Einsatz, hauptsächlich über Charkow, Lebedin und Konotop. Dabei werden die Reserven vorsichtig eingesetzt, genau im Verhältnis zum russischen Einsatz ... Dora

Die deutschen Generäle erkannten plötzlich bestürzt, daß sie die Pläne der sowjetischen Kriegführung falsch beurteilt hatten und die Rote Armee vorläufig keinen Angriff beabsichtigte. Daraufhin gaben sie Befehl zum Sturm auf die russischen Stellungen.

11. Juli 1943. An Direktor. Dringend.
Von Werther, Berlin, 7. Juli.
Das Oberkommando des Heeres unternahm heute einen entschiedenen Angriff gegen die Kursker Armeegruppe der Roten Armee mit dem Ziel, Kursk einzukesseln. Eingesetzt wurden die 4. Panzerarmee und Teile der zur Zeit im Raum Brjansk vollständig versammelten 3. Panzerarmee. Das Oberkommando des Heeres beabsichtigt in erster Linie, in Richtung auf Kursk die Kräfteüberlegenheit zu gewährleisten.
Die weitere Entwicklung der Schlacht hängt davon ab, ob das Kommando der Roten Armee einen Angriff im Raum Kaluga und

Smolensk unternimmt, ob es also zuläßt, daß beinahe die Hälfte sämtlicher deutscher Panzerdivisionen zwischen Orel und Woltschansk zusammengezogen wird.
Um den Erfolg zu sichern, wirft das deutsche Oberkommando das Gros der Reserven der Heeresgruppe Mansteins in den Kampf; diese Reserven werden fortlaufend durch Charkow zum Einsatz gebracht.
Das Oberkommando sieht keine Gefahr für den rechten Flügel und den mittleren Abschnitt der Heeresgruppe Manstein.
Die deutsche Kriegführung ist der Meinung, daß die Lage an der Linie Orel—Brjansk weniger riskant sei, weil:
a) die russische Kriegführung kaum einen großen Angriff vor Aktivierung der westeuropäischen Operationen unternehmen wird,
b) Deutschland an der sowjetisch-deutschen Front ohnehin nichts durch passive Verteidigung gewinnen kann und deshalb gezwungen ist, in Aktion zu treten.

Dora

In dieser Information ist beachtenswert, daß die Deutschen hofften, die Rote Armee würde sich zu keinem Großangriff entschließen, solange ihre Verbündeten keine ernstzunehmenden Kriegsoperationen in Europa unternahmen. Die deutschen Strategen irrten aber auch hierin. Die vernichtenden Schläge der sowjetischen Truppen erfolgten sehr viel früher.
Zwei Tage lang stürmten die Deutschen ununterbrochen gegen die russischen Verteidigungslinien an, aber ohne bedeutenderen Erfolg. „Der Feind gewann am 5. und 6. Juli an der nördlichen Front des Kursker Vorsprungs insgesamt zehn Kilometer Raum ...“[1] Diesen „Erfolg“ mußte der Gegner jedoch mit schweren Verlusten bezahlen.
Mansteins Armee, die am Südabschnitt des Kursker Vorsprunges stürmte, keilte sich ebenfalls in die Verteidigungslinie der russischen Truppen ein, hatte aber zum Durchbruch nicht mehr die Kraft. In der Schlacht wurden mehrere der besten deutschen Divisionen vernichtet. Der deutsche Kriegshistoriker Görlitz bewertet die schwere Niederlage der Heeresgruppe „Süd“ folgendermaßen: „Zwischen dem 10. und 15. Juli gelang es starken Angriffsverbänden Generalfeldmarschall Mansteins, die Wasserscheide zwischen Don, Psjol, Seim und Worskla zu erreichen. Hier war dann ihre Kraft erschöpft ... der Angriff blieb stecken. Feldmarschall Konew sprach später vom ‚Schwanengesang‘ der deutschen Panzerstreitkräfte. Die letzten an-

[1] GGVK. 3. Band, p. 215.

griffsfähigen Verbände verbrannten zu Schlacke, die Panzerwaffen hatten sich damit das Genick gebrochen.“[1]
In jenen Tagen, als die Schlacht voll im Gange war, unterrichtete uns ein Berliner Informator Lucys gleichfalls über die Verluste.

14. Juli 1943. An Direktor. Dringend.
Von Teddy, Berlin, 11. Juli.
Die Information stammt vom Operationsstab des OKW.
1. Das OKW erteilte Befehl, die Luftaufklärung solle Tag und Nacht die Bewegungen der sowjetischen Truppen im Raum Moskau—Tula und Kursk—Woronesch beobachten. Bis heute hat sich die Hoffnung des deutschen Oberkommandos auf Abzug starker sowjetischer Verbände aus dem Raum Moskau—Tula in den Raum Kursk nicht erfüllt. Wenn den Deutschen das nicht gelingt, dann bleiben die der Westfront und dem Balkan zugedachten Reserven an der sowjetisch-deutschen Front.
2. Die 2. und 4. Panzerarmee erleiden unerwartet hohe Verluste. Seit dem 7. Juli mußte bereits die Hälfte der im Angriff befindlichen motorisierten und Panzerdivisionen durch Menschen und Maschinen aufgefüllt werden.

Dora

Im Zusammenhang mit dem ersten Punkt des Radiogramms läßt sich die nachstehende Folgerung ableiten: das OKW war sicher, daß der im Bereich des Vorsprunges Orel—Kursk—Belgorod tobende erbitterte Kampf die sowjetische Kriegführung veranlassen würde, zur Verstärkung der Verteidigung Divisionen von anderen Frontabschnitten herüberzuwerfen. In diesem Fall hätten die Deutschen einen Teil ihrer Reserven zur Verteidigung ihrer bereits gefährdeten europäischen Grenzen einsetzen können.
Wieder irrten sich die Deutschen. Das sowjetische Oberkommando hatte es nicht nötig, von anderen Fronten Truppen zur Verteidigung des Kursker Vorsprunges abzuziehen, es gab dort genug Kräfte sowohl zur Verteidigung als auch für den folgenden Angriff. Dieser Irrtum des OKW beweist, daß die Deutschen keine genauen Angaben über den Umfang der in diesem wichtigen Raum konzentrierten Reserven des sowjetischen Hauptquartiers hatten. Nach einigen Tagen erkannten sie das bestürzt, als mehrere gewaltige Schläge gegen sie geführt wurden. Der im ununterbrochenen Angriff verblutete Feind, der für den Sturmeinsatz am Kursker Vorsprung fast alle seine Re-

[1] W. Görlitz: Zit. Werk, p. 207.

serven verbraucht hatte, konnte die Schläge nicht abwehren und begann sich zurückzuziehen. Am 23. Juli wurde im Bogen Orel—Kursk—Belgorod genau die gleiche Lage wiederhergestellt wie sie es vor dem deutschen Angriff vom 5. Juli gewesen war.

So brach die vom deutschen Hauptquartier sorgfältig vorbereitete Operation „Zitadelle" zusammen, an die der Feind große Hoffnungen geknüpft hatte.

Der machtvolle sowjetische Angriff beunruhigte Hitler und seine militärischen Fachleute. Sie hatten nicht damit gerechnet, daß die Ereignisse eine solche Wende nehmen würden. Mehrere Generäle wurden abgelöst, Heeresgruppen wurden miteinander verschmolzen und Truppen umgruppiert. Die Deutschen versuchten, die in ihrer Verteidigung mal hier, mal dort entstandenen Breschen zu verstopfen. Aber nichts gelang. Die Kraft der Deutschen war im Schwinden, sie benutzten die Reserven. Der Druck der sowjetischen Armee wiederum wurde immer stärker, weil das Sowjetische Höchste Oberkommando in schnellem Nacheinander neue und immer neue Kräfte in den Kampf einsetzte.

„Die letzte große deutsche Offensive in Rußland" — schreibt Paul Carell — „war zu Ende, war verloren... Wie Waterloo im Jahre 1815 das Schicksal Napoleons besiegelte, seine Herrschaft beendete und das Gesicht Europas veränderte — so leitete der russische Sieg bei Kursk die Wende des Krieges ein, führte geradewegs zwei Jahre später zu Hitlers Sturz und mit Deutschlands Niederlage zur Veränderung der ganzen Welt. So gesehen, war ‚Unternehmen Zitadelle' die entscheidende Schlacht des Zweiten Weltkrieges . . . nicht Stalingrad, sondern Kursk [war] die schicksalhafte, die entscheidende Schlacht des Ostkrieges. In jeder Hinsicht!"[1]

Das ist Carells Meinung und zeigt, daß die deutsche Kriegführung bis zur Schlacht von Kursk die Hoffnung auf den Endsieg nicht aufgegeben hatte.

Und schließlich ein Beitrag aus der Feder von Accoce und Quet in bezug auf Kursk: „Die Stadt Kursk liegt am Zusammenfluß des Tuskor und der Kura, des großen grusinischen Flusses."[2] Diese beiden „Historiker" des Zweiten Weltkrieges nahmen sich nicht einmal die Mühe, auf der Landkarte nachzusehen, wo Kursk liegt, und verlegten die Stadt der entscheidenden Schlacht von der russischen Ebene in die Nähe des Gebirgsflusses in Transkaukasien. Im übrigen muß ich anmerken, daß wir diesen Unsinn in der gleichfalls 1966 heraus-

---

[1] P. Carell: Verbrannte Erde. p. 80.

[2] P. Accoce und P. Quet: La guerre a été gagnée en Suisse. p. 275.

gegebenen deutschen Ausgabe des Buches der beiden französischen „Geschichtsschreiber" auf der Seite 232 vergeblich suchen. Es scheint, der deutsche Übersetzer wußte besser, wo Kursk liegt.
In den letzten Juli-Tagen erreichten die sowjetischen Panzer- und Infanteriearmee die Eisenbahnlinie und die Landstraße Orel—Brjansk, die den Nachschub der gesamten feindlichen Armeegruppe im Abschnitt Orel gewährleistete. Von Süden her drangen die Truppen der sowjetischen Zentral-Front verbissen vorwärts. Die im Raum Orel halbkreisförmig umschlossenen deutschen Truppen gerieten in eine schwierige Situation.
Die deutsche Kriegführung beurteilte die Lage folgendermaßen:

7. August 1943. An Direktor. Dringend.
Von Werther, Berlin, 30. Juli.
1. Die bei Orel, zwischen den Flüssen Oka und Don befindlichen deutschen Verteidigungsstellungen sind zusammengebrochen, weil die Deutschen nicht genügend Artillerie und Munition hatten, um das vernichtende Feuer der russischen Artillerie abzuwehren.
Damit das Orel verteidigende deutsche Armeekorps nicht eingeschlossen wird, hat Kluge den Panzern, der motorisierten und der Feldartillerie Befehl zum hinhaltenden Rückzug erteilt. Es gilt die Verbindung zwischen Orel und Brjansk zu sichern.
Zwischen Karatschew und Orel steht noch ein Armeekorps, dem von Norden, hauptsächlich bei Chotynez, Gefahr droht. Um eine Katastrophe zu vermeiden, hat sich die Infanterie unter dem Schutz eines starken Panzerkeiles allmählich entlang der Eisenbahnstrecke zurückgezogen. Gegen die verfolgenden russischen Operationsdivisionen haben die Deutschen die Reserven ihrer Bomberluftstreitkräfte eingesetzt.
2. Ab 24. Juli rollt der russische Angriff langsamer. Nach Meinung der deutschen Kriegführung verzögert die russische Kriegführung die Kampfhandlungen bei Orel, um möglichst viele deutsche Reserven aufzureiben. Diese Taktik der Russen traf die Deutschen unvorbereitet.

Dora

In diesen Tagen beurteilte Generalfeldmarschall Kluge, der Befehlshaber der Heeresgruppe „Mitte", die Lage seiner im Raum Orel befindlichen Truppen (laut sowjetischen Archivmaterialien) wie folgt: „Der Stab der Heeresgruppe sieht klar, daß seine frühere Absicht — während des Rückzuges möglichst große Schläge gegen den Feind zu führen — zur Zeit infolge der verminderten Kampffähigkeit und

Ermüdung der Truppen, undurchführbar ist. Nunmehr geht es darum, den Orel-Bogen so rasch wie möglich zu verlassen."[1]
Die auf dem Rückzug befindlichen Deutschen vermochten an den schon im voraus angelegten Verteidigungslinien die Rote Armee nicht aufzuhalten. Die sowjetischen Truppen eroberten Orel, dann Belgorod und mehrere andere Städte. Am 23. August wurde der Feind nach einem erbitterten nächtlichen Sturmangriff aus Charkow vertrieben, jenem wichtigen Knotenpunkt der Verteidigung, den die Deutschen „östliches Tor der Ukraine", „Schlüssel der Ukraine" nannten.
Damit war jener Gegenangriff beendet, den die sowjetische Kriegführung im Anschluß an die erste Phase der geplanten Operation, der im Raum des Kursker Vorsprunges geführten Verteidigungsschlacht unternommen hatte.
Die historische Bedeutung des im Bogen Orel—Kursk—Belgorod errungenen sowjetischen Sieges ist bekannt. Ich zitiere die knappe und umfassende Wertung von Marschall Schukow: „Die Zerschlagung der Hauptgruppe der deutschen Truppen im Raum Kursk bereitete den Boden für die nachfolgenden breiten Offensiv-Operationen der sowjetischen Truppen vor, die das Ziel hatten, die Deutschen vollständig von unserem (d. h. sowjetischen) Territorium zu vertreiben, danach von den Gebieten Polens, der Tschechoslowakei, Ungarns, Jugoslawiens, Rumäniens, Bulgariens, und das faschistische Deutschland endgültig zu vernichten."[2] Aber vielleicht lohnt es, mit einigen Zahlenangaben nachzuvollziehen, welch große Katastrophe die Wehrmacht erlitt.
„Von den siebzig angreifenden deutschen Divisionen wurden dreißig vernichtet. Die feindliche Armee verlor, nach deutschen Angaben, in der fünfzig Tage andauernden Schlacht an Gefallenen, Schwerverwundeten und Vermißten mehr als eine halbe Million Soldaten und Offiziere ... Die sowjetischen Truppen fügten eine besonders schwere Niederlage den höheren Panzerverbänden der deutschen faschistischen Armee zu. Von den zwanzig Panzer- und motorisierten Divisionen, die an der Schlacht von Kursk teilnahmen, wurden sieben vernichtet, die übrigen erlitten große Verluste."[3]
Interessant ist, wie sich darüber die deutschen Feldherrn und später die deutschen Kriegshistoriker äußerten.
Generaloberst Guderian, der 1943 Generalinspektor der deutschen Panzerstreitkräfte war, schrieb: „Die Panzertruppen, die wir nur

[1] GGVK. 3. Band, p. 235.
[2] G. K. Schukow: Zit. Werk, p. 506.
[3] GGVK. 3. Band, pp. 243—244.

unter großen Schwierigkeiten aufzufüllen vermochten, fielen wegen der großen Verluste an Menschen und Material für lange Zeit aus. Die Russen beuteten ihren Erfolg selbstverständlich aus ... Die Initiative ging endgültig in die Hände des Feindes über."[1]

„Mit der großen Sommerschlacht im Bogen von Kursk" – schreibt der westdeutsche Kriegshistoriker Görlitz – „begann der Todeskampf des Ostheeres. Während der Feind seine Angriffskraft ständig steigerte, erschöpfte sich die Kraft der deutschen Panzertruppen und der Infanterie immmer mehr ..."[2]

Sogar Feldmarschall Manstein, der einstige Befehlshaber der Heeresgruppe „Süd", obwohl er das Ausmaß der Katastrophe von Kursk zu bagatellisieren versucht, erkennt in seinem nach dem Krieg herausgegebenen Buch das Fiasko der deutschen Strategie an. „Die Operation ‚Zitadelle'" – so schreibt er – „ist der letzte Versuch gewesen, deutscherseits im Osten die Initiative zu bewahren. Mit ihrem Abbruch, der einem Fehlschlag gleichzusetzen war, ist die Initiative endgültig auf die sowjetische Seite übergegangen. Insofern stellt ‚Zitadelle' einen entscheidenden Wendepunkt im Ostkrieg dar ..."[3]

Hören wir, wie Winston Churchill, der einstige Leiter der britischen Politik, in seinen Memoiren den Sieg der Roten Armee bewertete: „Die um Kursk, Orel und Charkow im Verlaufe von zwei Monaten geführten drei gewaltigen Schlachten bedeuteten, daß an der Ostfront die deutsche Armee zusammengebrochen war."[4]

Wir könnten noch lange weiterzitieren, sowohl die Worte der einstigen sowjetischen Alliierten zum Lobe der Roten Armee, als auch die wortkargen, desillusionierten Erklärungen der militärischen Gegner. Schade, daß sowohl diese als auch jene später ihr Gedächtnis im Stich ließ. Insbesondere die Politiker und Soldaten sollten die Lehren des Zweiten Weltkrieges nicht vergessen.

In diesem Zusammenhang schreibt Marschall G. K. Schukow in seinem Artikel „Der glorreiche Sieg der Sowjetunion und die Hilflosigkeit der Geschichtsfälscher" (Kommunist, Moskau 1970, Nr. 1, pp. 80–94) folgendes:

„Um die Bedeutung des Sieges der sowjetischen Armee zu verschleiern, wärmen einige westdeutsche Historiker die alte nationalsozialistische Behauptung vom ‚Verrat hinter der Front' als Ursache der Niederlage der Wehrmacht auf ... ‚Moskau siegte durch seine

---

[1] Heinz Guderian: Erinnerungen eines Soldaten. Neckargemünd 1960, p. 283.

[2] W. Görlitz: Zit. Werk, p. 211.

[3] E. Manstein: Zit. Werk, p. 473.

[4] Winston S. Churchill: The Second World War and an Epilogue of the Years 1945 to 1957. London 1959. p. 715.

Spione' — in solchem Geist stellen sie die Geschichte der Schlacht von Kursk dar.

Was können wir dazu sagen? Im Frühjahr 1943 gelangten wir — als Ergebnis der brillanten Arbeit des sowjetischen Nachrichtendienstes — in den Besitz zahlreicher wichtiger Daten über die Gruppierung der deutschen Truppen vor der Sommeroffensive. Nachdem wir diese Daten analysiert und sie mit den Befehlshabern der Front von Woronesch und der Zentralfront diskutiert hatten sowie mit dem Generalstabschef A. M. Wassilewski, vermochten wir aus den wahrscheinlichen Plänen des Feindes Schlußfolgerungen zu ziehen, die sich später als richtig erwiesen. Unter Beobachtung dieser Schlußfolgerungen arbeiteten wir unseren Plan der Schlacht von Kursk aus, der sich ebenfalls als erfolgreich erwies. Zuerst zermürbten die sowjetischen Truppen den Gegner im Verteidigungskampf, dann gingen sie zum Gegenangriff über und zerschlugen die Armeegruppen des Feindes.

Aber die gute Arbeit des Nachrichtendienstes allein können wir nicht als entscheidenden Faktor unseres Sieges im Kursker Bogen betrachten. Jeder, der auch nur etwas von Strategie versteht, wird begreifen, woraus sich im Krieg der Erfolg zusammensetzt: die sichere Beurteilung der Gesamtlage, die richtige Wahl bei der Richtung der Hauptschläge, die gut durchdachte Schlachtordnung der Truppen, exaktes Zusammenwirken sämtlicher Waffengattungen, ein hohes Maß an Selbstbewußtsein und Ausbildung der Soldaten, zureichende materielle und technische Versorgung, eine entschiedene und flexible Führung, moderne Beweglichkeit und vieles andere sind nötig, um den Sieg zu erringen. All das gemeinsam bildet die Kunst der modernen Kriegführung. Nur dadurch, daß die Kommandeure und Kämpfenden auf jeder Stufe sich diese Kunst aneigneten, konnten sie den hervorragenden Erfolg von Kursk erreichen. Auf diese Weise sicherte uns den Sieg die Erfahrung der Kommandeure aller Ränge, die sorgfältige Vorbereitung auf die Schlacht, die entschiedene Verwirklichung des Planes, die Heldenhaftigkeit der Soldatenmassen der sowjetischen Armee. Auch der gut funktionierende Nachrichtendienst war ein Faktor in der Gesamtheit der Faktoren, wodurch der Erfolg dieser riesigen Schlacht gewährleistet wurde."

Mit dieser Wertung können wir natürlich einverstanden sein. Jeder ernsthafte Kriegshistoriker weiß, daß die Kriegsgeschicke letztlich auf dem Schlachtfeld entschieden werden. Die Nachrichtenbeschaffung, obgleich sie ein äußerst wichtiger Teil der Militärorganisation ist und erleichtert dem Oberkommando wesentlich die Durchführung der Operationen oder der Kriegführung, kann doch den Ausgang des Krieges nicht entscheiden.

Schließlich, um die Ergebnisse der Schlacht von Kursk zusammenzufassen, möchte ich den Leser darauf aufmerksam machen, daß die Angriffskraft der sowjetischen Streitkräfte während des Kampfes fortwährend zunahm.

„An der Gegenoffensive der Roten Armee bei Kursk ... beteiligten sich neben neunzehn Armeen aller Waffengattungen die fünf Panzerarmeen der sowjetischen Streitkräfte. Bei Moskau griffen 1941 zwei Fronten an, bei Stalingrad im Winter 1942 bis 1943 griffen drei Fronten an, bei Kursk aber beteiligten sich schon die Streitkräfte von fünf Fronten an der Gegenoffensive."[1]

Das gewaltige Militärpotential der Sowjetunion ermöglichte es dem sowjetischen Oberkommando, bis dahin große strategische Reserven zu bilden. Diese Reserven gewährleisteten nicht nur den Erfolg der Schlacht von Kursk. Sie reichten auch aus, um auf einem Frontabschnitt von zweitausend Kilometern die Sommer-Herbst-Offensive der Roten Armee durchzuführen.

Dieser strategische Generalangriff entwickelte sich aus dem im Abschnitt Orel–Belgorod–Charkow unternommenen erfolgreichen Gegenangriff und lief pausenlos weiter, ohne dem Feind auch nur Zeit zum Atemholen zu lassen, von Welikije Luki bis zum Schwarzen Meer.

Nach der Katastrophe von Stalingrad und dem erfolgreichen Vormarsch der sowjetischen Truppen – im Winter 1943 durchbrachen sie an vielen Stellen die Front – hat die Lage den Deutschen große Sorge bereitet, und sie begannen eilends, eine strategische Verteidigungslinie zu bauen. Dieser sogenannte „Ostwall" zog sich von Nord nach Süd, von der Ostsee bis zum Schwarzen Meer. Der Feind hoffte, die Rote Armee hier zum Stehen zu bringen.

Die Daten der im Bau befindlichen Verteidigungslinie zu beschaffen, bedeutete, daß wir dem Generalstab bei der Ausarbeitung der Angriffspläne eine wesentliche Hilfe geben, den Truppen die Niederkämpfung der gegnerischen Verteidigungslinie erleichtern und das Leben von Zehntausenden sowjetischer Soldaten retten würden.

In Kenntnis der Möglichkeiten von Lucys Berliner Informatoren beauftragte die Zentrale, wie ich schon erwähnte, noch im Frühjahr unsere Gruppe, Angaben über den „Ostwall" zu beschaffen. Die Aufgabe leiteten wir an die Berliner Quellen weiter. Aber auch für sie war es nicht leicht, diese Information zu besorgen, denn die „Ostwall"-Dokumentation wurde eigens in besonderen Panzerschränken aufbewahrt, und an sie heranzukommen, war sehr schwierig.

---

[1] GGVK. 3. Band, p. 249.

Teddy übernahm es, die Information zu beschaffen. Mitte April teilte er jedoch mit, vorläufig könne er die geheimen Schriftstücke nicht herausnehmen, um sie zu kopieren. Dann versprach er, statt der Schriftstücke detaillierte Informationen über den Plan der an der Ostfront im Bau befindlichen strategischen Verteidigung zu schicken. Das Risiko war sehr groß, und Teddy arbeitete aus Vorsicht langsam.

Schließlich nach etwa zwei Wochen teilte er durch Lucy interessante Daten über die am nördlichen Teil des „Ostwalls" gebauten Befestigungen mit:

30. April 1943. An Direktor. Dringend.
Sehr wichtig. Plan des „Ostwalls".
Von Teddy.
a) Am nördlichen Teil des „Ostwalls" werden zwei Linien gebaut:
1) Panzer-Abwehrlinie.
2) Widerstandslinie.
b) Die Panzer-Abwehrlinie verläuft im Vorfeld der Verteidigungszone und ist für die Aufnahme von Verbänden bis zur Stärke einer Infanteriedivision vorgesehen.
Die Widerstandslinie bildet die Frontlinie des Verteidigungsabschnitts. Ihre Befestigungen sind im allgemeinen nur in 10 km Tiefe gestaffelt ...
Im weiteren, unter den Punkten c) und d), folgte die Beschreibung, wo die Widerstands- und Panzerabwehr-Linien verlaufen.
... im Vorfeld des „Ostwalls", ebenso an der Widerstandslinie, werden überall Beton- und Holzbunker und Panzerfallen gebaut.
e) Die der Baugruppe „Nord" gestellten Aufgaben zeigen, daß man strategisch wichtige Verteidigungskämpfe führen will zwischen der Panzer-Abwehrlinie und der Widerstandslinie in der Hoffnung, daß die Masse der sowjetischen Panzer und Sturmgeschütze die Widerstandslinie nicht erreicht.

Dora

6. Mai 1943. An Direktor. Dringend.
Von Teddy, Berlin, 1. Mai.
1. Dieser Tage wurde eine ziemlich große Anzahl fertig montierter Eisenbahngeschütze nach Rußland geschickt, und zwar weittragende Geschütze des Kalibers 203 und 280 mm sowie französische Festungskanonen und Marinegeschütze vom Kaliber 152 und 203 mm. Sämtliche Eisenbahngeschütze werden in die Befestigungen der hinteren Kampfzone geschickt zwecks Beendigung der Errichtung des Befestigungssystems „Ostwall".

Beispielsweise wurden solche Geschütze zu den Befestigungen südlich von Kiew entlang des Dnjepr geschickt, wo die Eisenbahner-Bataillone ziemlich lange Eisenbahnlinien bauen; diese zweigen westlich von Charkow und südlich von Kiew von der Eisenbahnstrecke ab und führen zum Westufer des Dnjepr. Neue Eisenbahngeschütze werden auch in den Raum Dwinsk und auf die Krim geschickt.
2. Die Deutschen setzen die Zusammenstellung weiterer Panzerzüge fort, die sie in erster Linie dem Festungssystem „Ostwall" zugedacht haben.
Dora

Der Generalstab der Roten Armee setzte entlang der ganzen Frontlinie die Armee- und Divisionsaufklärung und im Rücken des Feindes den Partisanen-Nachrichtendienst in Gang. Die Nachrichter ergänzten die Informationen an Ort und Stelle: sie ermittelten, wo Befestigungen und Panzerhindernisse gebaut wurden, sie machten Skizzen von den Widerstandslinien, sprengten Objekte, brachten Züge zum Entgleisen, die Waffen und Einrichtungen für den „Ostwall" heranschafften, und die sowjetische Luftwaffe bombardierte die Widerstandslinie, deren Verlauf man nun kannte.
Über einen von den Partisanen erzielten Erfolg machte ich im nachstehenden Telegramm Meldung:

16. Mai 1943. An den Direktor.
Von Olga.
Ende April haben die russischen Partisanen zwischen Wilna und Minsk einen Zug gesprengt. Dabei verloren mehrere Hundert Soldaten von der Ersatzabteilung des ostpreußischen 241. Artillerieregiments ihr Leben. Dieses Regiment gehört zur 161. Grenadierdivision.
Dora

Auf diese Weise hatte das sowjetische Oberkommando schon vor der Schlacht von Kursk, eine Vorstellung vom Verteidigungssystem des Feindes. Das ermöglichte, die Truppen entsprechend vorzubereiten und an vielen Stellen die deutsche Verteidigung in Richtung der Hauptschläge zu durchbrechen.
Die Deutschen konnten weder die Rote Armee durch die vorbereitete Verteidigungslinie aufhalten noch die zum Gegenangriff nötigen Reserven aufbieten. Mit gewaltigen Schlägen zerstückelten die sowjetischen Truppen das Befestigungssystem und trieben den Feind weiter gen Westen.
In diesen Tagen entfaltete sich vor uns aus den Berichten, die von unseren Berliner Informatoren eintrafen, das Bild des katastrophalen

Rückzuges, ja beinahe der Flucht der deutschen Truppen an den verschiedenen Frontabschnitten. Wir konnten wahrnehmen, daß in den Kreisen der deutschen militärischen Führung Nervosität und Panik herrschte. Sie konnten den Widerstand nicht mehr organisieren. Ich zitiere ein Radiogramm aus jener Zeit:

1. September 1943. An Direktor. Dringend.
Von Werther, Berlin, 28. August.
Der zur Zurücknahme der Etappen-Organisationen des Südabschnitts gegebene Befehl läßt sich wahrscheinlich nicht durchführen. Der planmäßige Rückzug ist fast unmöglich, weil sich der Druck der Roten Armee steigert, die Verluste im gesamten Donez-Bogen groß sind und weil die sowjetische Luftwaffe ihre Aktionen im Rücken der Deutschen intensiviert. Die Auflösung der Front ist für eine Zeitlang nur durch den Entschluß zu erreichen, die Truppen an der Widerstandslinie Kramatorsk—Gorlowka und im Raum Woroschilowsk zu opfern.
Vom heutigen Tag an befindet sich der Südflügel der Donez-Front in Auflösung. Südlich von Stalino und Makejewka gibt es keine vorbereitete Widerstandslinie. Diese war die befestigte Linie des Miuss-Flusses, aber über diesen Fluß setzte der Gegner am 23. August. Die konzentrierten Gegenangriffe bei Senkow und Walki scheitern an der Überlegenheit der russischen Truppen. Es sind Vorbereitungen eingeleitet worden zur Evakuierung von Brjansk unter Bestimmung von Nachhuten für die Absetzung vom Feinde und unter Schaffung von Stützpunkten am östlichen Bogen des Desna, auf der Linie Schukowka—Trubtschewsk.

Dora

Der Angriff war nicht aufzuhalten. Die sowjetischen Truppen überquerten Dnjepr, Sosch, Desna, Pripjet und Beresina, errichteten auf der Halbinsel Kertsch einen Brückenkopf zur Belagerung der Krim und befreiten zahlreiche Städte und Dörfer.
Die Rote Armee setzte die Verfolgung des sich zurückziehenden Feindes fort und führte starke frontale und Flankenschläge gegen die südlichen und mittleren Gruppierungen der deutschen Truppen.

Die an der Ostfront von den Deutschen hintereinander erlittenen großen Niederlagen erschütterten die Moral selbst der militantesten Mitglieder der Verbündeten der Nazis. Ihre Führer, die einst die Kraft des Reiches und seine disziplinierte, ausgezeichnete Armee bewundert hatten, glaubten nicht mehr an den Sieg Deutschlands. In diesen Ländern wurde die innenpolitische Lage immer labiler, die Bevölkerung war durch die Entbehrungen und Lasten des Krieges erschöpft. Hitler und sein italienischer Verbündeter verloren eine Schlacht nach der anderen auf dem Kriegsschauplatz am Mittelmeer.
Wir waren bestrebt, die Zentrale regelmäßig über die Lage in Europa zu unterrichten. Unsere Hauptaufgabe bestand weiterhin darin, strategische Informationen, die sowjetisch-deutsche Front betreffend, zu beschaffen, aber einen wesentlichen Teil unserer Arbeit stellte die Auskunft über die westlichen Pläne und Aktionen der Länder des faschistischen Blocks dar, weil das eine wichtige Ergänzung für das Gesamtbild der Ereignisse bot.
Am 13. Mai kapitulierten in Nordafrika die Reste der zerschlagenen italienisch-deutschen Divisionen Rommels, die Mussolinis und Hitlers letzte Hoffnungen waren: die Afrika-Front bestand nicht mehr.
Über ein Detail des Verlustes von Tunis, des letzten Brückenkopfes in Afrika, berichtete ich am 15. Mai an Hand von Werthers Meldung in folgendem Telegramm:

Zwischen dem 5. und 11. Mai konnten aus Afrika nur 3000 Soldaten nach Italien entkommen. Die letzten Afrikaberichte der Deutschen sprechen von der überlegenen Feuerkraft der britischen neuen 50-Tonnen-Panzer vom Typ Churchill und der jetzt im allgemeinen mit amerikanischen 105-mm-Sturmgeschützen ausgerüsteten britischen Panzerartillerie.

Italien war von einer Invasion bedroht. Das verursachte große Aufregung in einflußreichen italienischen Kreisen, aber auch bei den „unteren Schichten".
Aus dem Vatikan erfuhr Grau, daß der Papst dem italienischen König geraten hatte, sich direkt an den englischen König und an Roosevelt zu wenden mit der Bitte um einen Waffenstillstand noch vor der erwarteten Landung der angelsächsischen Truppen in Italien.
Große Unruhe bemächtigte sich auch der übrigen Verbündeten Hitlers.

21. Juni 1943. An Direktor.
Durch Long, von einem ungarischen Diplomaten, der bei der ungarischen Gesandtschaft in Bern arbeitet und unlängst aus Budapest zurückgekehrt ist.
1. Bakach (eigentlich: Georg Bakach-Bessenyey — der Autor), ungarischer Botschafter in Vichy, fuhr nach Budapest, um Kállay von der Notwendigkeit eines Friedensschlusses mit Rußland zu überzeugen. Bakach hofft, ungarischer Außenminister zu werden.
2. 90 Prozent der ungarischen Bevölkerung ist stark antideutsch eingestellt. Die Mehrheit der ungarischen Politiker verlangt von Kállay, daß er offen mit Deutschland brechen soll, aber Kállay meint, hierfür sei die Zeit noch nicht gekommen.
3. Beim letzten Treffen von Horthy und Hitler forderte letzterer, daß in Budapest eine Sonderabteilung des deutschen Generalstabes gebildet wird, die von deutschen Truppen geschützt werden soll, ferner, daß die ungarische Rüstungsindustrie sich in größerem Umfang an der Produktion von Kriegsmaterial für Deutschland beteiligt. Horthy ist nicht geneigt, diese Forderungen Hitlers zu erfüllen.
Dora

Was im 2. Punkt des Telegrammes steht, läßt sich an Hand unserer heutigen Kenntnisse von der damaligen Lage in Ungarn offenkundig als Übertreibung und Wunschtraum betrachten.
Zugleich intensivierte sich die Unzufriedenheit und der Widerstand gegen das Nazi-System in den von Deutschland besiegten und besetzten Ländern, besonders in Frankreich. Beispielsweise meldete Diemen aus Vichy, seiner Meinung nach seien nur 5 Prozent der Bevölkerung Frankreichs auf seiten der Vichy-Regierung und einverstanden mit einer Zusammenarbeit mit Deutschland. Im Volk wachse die Sympathie für die Sowjetunion immer mehr.
Darüber hinaus informierte er uns, daß in den Städten der Distrikte Savoyen, Cantal und Drôme bedeutende französische Partisanengruppen aktiv seien, die mit London in Radioverbindung stünden.
Den Kampf des französischen Maquis lenkte praktisch der Nationale Widerstandsrat (CNR — Conseil National de la Résistance), dem mehrere Parteien, darunter die Kommunistische Partei, angehörten. Auf ihre Forderung hin machte sich der Rat an die Vorbereitung des Volksaufstandes. Er koordinierte seine Arbeit auch mit dem Französischen Nationalen Befreiungskomitee General de Gaulles, das in London residierte. Eine Vereinbarung kam zustande, wonach sich sämtliche patriotischen Organisationen zur Befreiung des Landes zusammenschließen sollten. Die Verbindung mit London wurde durch

die Agenten des gaullistischen zentralen Nachrichten- und Aktionsdienstes gehalten.

Mit den französischen Widerstandskämpfern im Département Haute-Savoie Verbindung aufzunehmen war für uns nicht schwierig, wir brauchten nur die Grenze bei Genf zu überschreiten. Aber außer zu ihnen hatte ich auch zu anderen Abteilungen des antifaschistischen bewaffneten Kampfes Kontakt. Ab und zu kamen die Delegierten der italienischen, ja sogar der jugoslawischen Partisanen in die Schweiz, die mit überraschender Geschicklichkeit die unzähligen Hindernisse überwanden. Mit diesen Leuten traf sich in meinem Auftrag ein Mitglied unserer Gruppe. Die Partisanen lieferten interessante Informationen über die Situation in ihren Abteilungen.

Aus den Erzählungen der Partisanen und aus unseren anderen Quellen ging hervor, daß das faschistische Italien, Hitlers zuverlässigster Verbündeter, in eine beispiellos schwere militärpolitische Krise geraten war. Im Frühjahr 1943 breiteten sich die Unzufriedenheit der Massen, die machtvollen Streikbewegungen in den Fabriken und die Antikriegsdemonstrationen über das ganze Land aus. Auch in der faschistischen Partei war die Uneinigkeit bemerkbar: viele Mitglieder betonten offen, daß Italien aus dem Krieg ausscheiden sollte. Die von Mussolini durchgeführten Säuberungen halfen nicht. Zu jener Zeit hatte sich eine starke Opposition gegen die Politik des Duce in der obersten Schicht der Monarchie, im Generalstab und in den verschiedenen Parteien gebildet.

Meine im Sommer 1943 erhaltenen Informationen wiesen darauf hin, daß in Italien die Tage des faschistischen Regimes gezählt waren. Long teilte mit, daß nach Vermutung italienischer diplomatischer Kreise Italien im Laufe der nächsten drei Monate den Kriegsschauplatz verlassen werde.

Ebenfalls durch Longs antifaschistische Verbindungen erfuhr ich folgendes:

Die italienische Opposition hatte sich gespalten. Die Katholiken beschlossen mit dem Vatikan, daß sie mit den Vereinigten Staaten zusammengehen wollten. Verbindungspersonen zur Regierung der Vereinigten Staaten wurden Kardinal Spellman und Myron Taylor.[1] Die Liberalen, die Sozialisten und die Kommunisten wollten mit England in Verbindung treten.

Alle oppositionellen Gruppen verlangten vom König, daß er unverzüglich den Krieg beende und Mussolini entferne. Sie drohten, daß sie andernfalls Terrorakte und Attentate organisieren würden.

---

[1] Botschafter der Vereinigten Staaten beim Vatikan.

Eine unserer Nachrichtenquellen, zu der Long seit langem ständigen Kontakt hatte, informierte uns über die Intrigen der Kirchenführer hinter den Kulissen.

22. Juni 1943. An Direktor.
Durch Long.
Nach einem Brief aus dem Vatikan, den der Staatssekretär Maglione an die Jesuiten in der Schweiz gerichtet hat, ist Italien bestrebt, schon jetzt eine Atmosphäre zu schaffen, auf Grund welcher Italien bei den kommenden Friedensverhandlungen in eine bessere Position käme als Deutschland. Bei diesen Versuchen wird Italien vom Vatikan und vom englischen Gesandten beim Vatikan unterstützt. Angeblich glaubt auch Mussolini, daß der Krieg verloren sei, und er ist bereit, gemeinsam mit dem König ein neues Regime zu errichten. Mussolini und der Vatikan suchen die Möglichkeit einer Annäherung an Polen, weil sie Polen als Vermittler benutzen möchten. Ende Mai empfing Mussolini den polnischen Gesandten beim Vatikan.
Dora

Mussolini glaubte in der Tat, der Krieg sei verloren; das beweist der später veröffentlichte Briefwechsel zwischen dem Duce und dem Führer. Der italienische Diktator versicherte beispielsweise in seinem Brief vom 25. März Hitler, daß Italien bereit sei, „den Krieg bis zum Endsieg fortzusetzen", aber zugleich schrieb er: „Es ist meine Überzeugung, daß die Vernichtung Rußlands unmöglich ist, selbst dann, wenn die Japaner in den Krieg eintreten sollten, was wenig wahrscheinlich ist."[1]
Auch die Deutschen waren sich darüber im klaren, daß Italien nicht mehr fähig war, einen ernsthaften bewaffneten Kampf zu führen, und daß man auf Italien nicht mehr rechnen konnte. Infolge der neuen Lage änderte die deutsche Kriegführung eilends den strategischen Plan. Davon erhielt ich im Juni Kenntnis.

7. Juni 1943. An Direktor.
Von Werther.
a) Das OKW verringert bedeutend die Zahl der in Italien stationierten deutschen Truppen, und im Prinzip hat es auf seinen früheren Standpunkt verzichtet, daß Italien eine Verteidigungsfestung gegen den Angriff der Angelsachsen in Europa bilden wird.
Nach Preisgabe des westlichen Teiles des Mittelmeers konzentriert

[1] Les lettres secrètes échangées par Hitler et Mussolini. Paris 1946. pp. 184—185.

die deutsche Kriegführung die Verteidigung gegenwärtig auf den Balkan. Die deutsche Kriegführung rechnet damit, daß die Alliierten bald in Italien landen, und ist überzeugt, daß die russich-angelsächsische Aktionseinheit den Angriff auf die Balkan-Positionen der Deutschen erfordert und daß dem die Eroberung Süditaliens durch die Alliierten vorangehen wird.
b) Die deutsche Kriegführung bereitet die Vereinigung der 2. Luftflotte mit den auf dem Balkan befindlichen, noch schwachen deutschen Luftverbänden vor.
c) Kesselring zieht seit 25. Mai die deutsche Luftwaffe von Nord-Sizilien und Süd-Sardinien ab.

Dora

28. Juni 1943. An Direktor.
Von Werther.
A) Infolge der am 14. Juni begonnenen großen angelsächsischen Luftangriffe hat die italienische Verteidigungsorganisation in West-Sizilien bereits am 15. Juni total versagt. Die Straßen und Eisenbahnen sind derart zerstört, daß der Einsatz der neben Calatafimi und Salemi konzentrierten italienischen motorisierten Einheiten unmöglich wäre. Die Deutschen glauben, daß es das Ziel des Lufteinsatzes sei, vor allem die Küste von West-Sizilien sturmreif zu machen.
B) Der Lufteinsatz der Alliierten bezweckt offenkundig die völlige Isolierung von Sardinien, Sizilien und Kalabrien. In Apulien sind deutsche Kampfflugzeug-Einheiten auf die Flughäfen gebracht worden. Italien baut auf deutschen Wunsch Befestigungen an der Küste der Meerenge von Otranto. Diese Maßnahmen werden deshalb unternommen, weil man einen Angriff der Alliierten gegen Nordwest-Griechenland, Korfu und Albanien befürchtet. Die Deutschen müssen all diese Maßnahmen bei den Italienern mit Zwang durchsetzen. Sizilien ist vom OKW bereits aufgegeben. Sizilien ist für das OKW nur insoweit interessant, als es, wie ganz Italien, der strategische Vorraum des Balkans ist.

Dora

Diesmal irrten sich die deutschen Generäle nicht mit ihrer Prognose. Im Mittelmeer-Becken gestalteten sich die Ereignisse tatsächlich so bzw. beinahe so, wie sie es angenommen hatten. Die italienische Flotte, die von den in der Übermacht befindlichen Alliierten praktisch in den Häfen eingeschlossen war, zeigte keinen Widerstand. Das erleichterte die Landung der englisch-amerikanischen Truppen in Sizilien. Auf der Insel, die die Rolle eines Brückenkopfes bei der Er-

nahme Italiens spielte, begannen die Kämpfe am 10. Juli und endeten erst am 17. August. Mehr als einen Monat brauchten die aus dreizehn englischen und amerikanischen Divisionen bestehenden zwei großen Armeen, um die Insel von den italienisch-deutschen Truppen zu säubern, obwohl die Alliierten dem Feind überlegen waren. Wie Kimche treffend schreibt: „Der Vormarsch der Alliierten erfolgte mit tödlicher Langsamkeit ... Die Deutschen waren zum Rückzug bereit, weil sie sich zu schwach fühlten. Aber die Alliierten setzten sich nicht in Bewegung."[1] Dabei hatten sie den Angriff zu einem Zeitpunkt eingeleitet, als die Rote Armee bei Kursk die besten deutschen Armeen zerschlug, weshalb das deutsche Hauptquartier keine einzige Division von dieser Front abziehen und dem in Not geratenen Verbündeten schicken konnte, sondern im Gegenteil seine letzten Reserven aus Europa nach dem Osten warf.
Auf die italienische Kriegslage bezog sich mein Telegramm vom 22. Juli:

„Der Zeitpunkt und Ort der Landung auf Sizilien war für die Achse eine Überraschung. Die Deutschen rechnen damit, daß Italien bis Ende August abfällt. Den Versuch, am Po Befestigungen zu errichten, nehmen die Deutschen selber nicht ernst."

Im übrigen hatte ich bereits am 10. Juli die Information übermittelt, daß Mussolinis Regierung innerhalb von spätestens zwei Wochen stürzen würde. Beim Chiffrieren faßte ich mich immer möglichst kurz, weshalb ich statt „innerhalb von zwei Wochen" das Datum schrieb: 25. VII. Die Zeit verging, die Angelsachsen landeten in Sizilien, aber die Faschisten waren noch immer an der Macht. Es kam der 25. Juli. Abends brachte ich selber die letzten dringenden chiffrierten Telegramme zu Eduard in die Villa am Stadtrand, und auf dem Heimweg machte ich mir Vorwürfe, daß ich einen so exakten Zeitpunkt „prophezeit" hatte. Nach Mitternacht war ich wieder zu Hause, schaltete den Rundfunk ein, und plötzlich hörte ich die langerwartete Nachricht: der italienische König hatte Mussolini abgelöst, unter der Leitung von Marschall Badoglio war eine neue Regierung gebildet und der Duce sofort festgenommen worden. So stellte sich das angegebene Datum doch noch als genau heraus. Und als ich morgens aus dem Haus trat, erblickte ich in der Mülltonne des Nachbargebäudes ein großes Mussolini-Porträt. Sogleich begriff ich, daß das Porträt von unserem Nachbarn, dem italienischen Konsul, wegge-

[1] J. Kimche: General Guisans Zweifrontenkrieg. p. 165.

worfen worden war, der noch vor kurzem ein „überzeugter" Faschist gewesen war.
Der italienische König und das Großbürgertum wollten durch die Entfernung des Duce mit einem Schlag zwei Fliegen fangen: den Ausbruch des Volkszornes im Lande verhindern und von den Angelsachsen die Amnestie erlangen. Doch die Rechnung der führenden monarchistischen Kreise ging nicht auf. In den italienischen Städten begannen die Unruhen.
Gleichzeitig hing die Anwesenheit der deutschen Truppen in Italien wie das Schwert des Damokles über der Regierung Badoglio. Über die Situation während der Tage nach Mussolinis Sturz berichtete ich in folgendem Telegramm:

8. August 1943. An Direktor.
Von Werther, 7. August.
A) Richthofen ist noch in Italien, hat aber wegen der Ereignisse in Italien auf Grund neuer Weisung des OKW Kesselring vom Kommando der 2. Luftflotte noch nicht abgelöst. Es ist möglich, daß Richthofen nach Süd-Rußland zurückkehrt oder auf dem Balkan sein Hauptquartier errichtet.
B) Das OKW hat beschlossen, die Einsatzstärke der auf den italienischen Flughäfen befindlichen 2. Luftflotte mit Hilfe von Nachschub aufrechtzuerhalten. Die Wiederherstellung der Kampfkraft der 2. Luftflotte ist nicht geplant und auch nicht möglich.
C) Das OKW gestattete Laval das Aufstellen französischer Regimenter wegen der Gefahr des Abfalls der Italiener. Davon ist ein Regiment seit dem 20. Juli aufgestellt worden. Die Aufstellung des zweiten wird gegenwärtig betrieben. Rundstedt muß diese Regimenter zur Ablösung der Italiener in Frankreich verwenden.
D) Am 29. Juli teilte das OKW Badoglio mit, daß es sich jede Möglichkeit vorbehält, die geeignet ist, zu verhindern, daß die Alliierten in Italien oder auf den von Italienern besetzten Gebieten Fuß fassen.
E) Am 29. Juli war Göring im Auftrag des OKW in Italien und traf sich angeblich mit Badoglio. *Dora*

Die italienische Regierung, die bestrebt war, um jeden Preis an der Macht zu bleiben, verhandelte im geheimen mit der anglo-amerikanischen Kriegführung. Am 3. September wurde der Waffenstillstand vereinbart, der Italien die bedingungslose Kapitulation vorschreib. Fünf Tage später gaben die Alliierten das Abkommen über den Rundfunk bekannt. Und noch am gleichen Tag, am 8. September, flohen der die Rache der Deutschen fürchtende König, die Regierung und fast die gesamte obere Kriegführung in den südlichen Teil des Landes unter die Fittiche der alliierten Truppen. Da waren die Alliierten schon auf der Apenninen-Halbinsel gelandet, drängten die deutschen Verbände zurück und marschierten nach Norden.

Vor der Landung erfuhr ich durch eine Quelle Lucys, daß Tarent und seine Umgebung von den deutschen Truppen vollständig evakuiert worden war und daß dort kein ernsthafter Widerstand zu erwarten sei. Die Nachricht gab ich Pakbo zum Verschlüsseln, er aber chiffrierte sie nicht nur. Wie er später gestand, lief er mit der Nachricht sofort zu Mrs. Wiskeman (so hieß sie, wenn ich mich recht entsinne), die Presseattaché bei der britischen Gesandtschaft in Bern war und diese Nachricht sofort in einem gleichfalls verschlüsselten Telegramm (doch selbstverständlich mit dem Code der englischen Botschaft) weiterleitete.

Nach einigen Tagen nahmen die Alliierten ohne Schwertstreich den Kriegshafen Tarent, und Frau Wiskeman brachte Pakbo den Dank Großbritanniens zum Ausdruck (wenigstens erzählte das Pakbo so).

Der Verrat des einstigen Verbündeten erzürnte Hitler. Er gab Befehl zur Besetzung Italiens, um die anglo-amerikanischen Truppen aufzuhalten.

Die deutschen motorisierten Divisionen, die seitens der demoralisierten italienischen Armee auf keinen nennenswerten Widerstand stießen, besetzten das Land von den Alpen bis Neapel. Im nördlichen Teil Italiens bildeten die Deutschen unter dem Namen Italienische Soziale Republik einen faschistischen Marionettenstaat, an dessen Spitze sie Mussolini stellten, der am 12. September 1943 von deutschen Fallschirmjägern aus der Gefangenschaft befreit worden war.

Der Vormarsch der anglo-amerikanischen Truppen ging äußerst langsam voran. Obgleich die Alliierten an Infanterie, Artillerie und Panzern doppelt und an Luftwaffe mehrfach überlegen waren, verteidigten sich die Deutschen erfolgreich. Kimche schreibt: „Aber Monat um Monat verging, und die Alliierten krochen mit peinlicher Langsamkeit die Halbinsel hinauf.“[1] Oder wie es der Dezemberbericht des Büros Ha ausdrückt: der kleine Mann in Italien wollte und konnte nicht verstehen, daß es der angelsächsischen Armee nicht möglich gewesen wäre, rascher vorwärts zu kommen, wenn es die angelsächsische Führung gewollt hatte.[2] Im Dezember stabilisierte sich die Front in Mittelitalien.

---

[1] J. Kimche: General Guisans Zweifrontenkrieg. p. 166.
[2] A. Matt: Zit. Werk, p. 205.

„Die zögernden und später eingestellten Operationen der amerikanischen und englischen Truppen in Italien veranlaßten Molotow, den Volkskommissar für Auswärtige Angelegenheiten der Sowjetunion, den amerikanischen Botschafter Harriman zu ersuchen, er solle der Regierung der Vereinigten Staaten mitteilen, daß die sowjetische Regierung, die sowjetische öffentliche Meinung und die sowjetische Kriegführung über den Stillstand der Kriegsoperationen in Italien äußerst erstaunt seien. Die Truppen der Alliierten ließen trotz starker zahlenmäßiger Überlegenheit seit geraumer Zeit jede aktive Kampftätigkeit vermissen und hielten nicht ihre Versprechungen die Operationen in Italien betreffend. All das ermögliche es der deutschen faschistischen Kriegführung, weitere Verstärkungen an die sowjetisch-deutsche Front zu werfen."[1]
Die Regierungen Englands und der Vereinigten Staaten ließen jedoch diese Botschaft außer acht und setzten ihre Offensive in Italien 1943 nicht mehr fort.
Bereits damals war offenkundig, daß die herrschenden anglo-amerikanischen Kreise mit dem Hinausschieben der entscheidenden Operationen erreichen wollten, daß die Rote Armee geschwächt wurde. Zahlreiche Nachrichten dieses Inhalts liefen bei der Zentrale von der Gruppe Schweiz ein. Doch wie auch immer, Ende 1943 klaffte im monolithischen Block der faschistischen Staaten eine Bresche: Hitler verlor seinen wichtigsten Verbündeten. Nunmehr mußte sich Nazi-Deutschland praktisch allein verteidigen nicht nur in Ost-, sondern auch in Südeuropa. Der dunkle Schatten der Niederlage hing schon über dem „Dritten Reich".
Diese Stimmung spiegelte sich in meinem folgenden Telegramm:

18. September 1943. An Direktor.
Von Agnes.
Amtliche Berliner Kreise erkennen erstmals die Möglichkeit des Zusammenbrechens der Ostfront an. Die Reserven sind erschöpft. Alle Kommandeure klagen über die schlechte Stimmung der Truppen.

Dora

---

[1] GGVK. 3. Band, p. 470.

Die Besetzung Norditaliens durch die Deutschen erschreckte die Schweiz. Die anglo-amerikanische Hilfe war vorläufig noch illusorisch, die Deutschen aber umgaben die kleine Republik von allen Seiten, denn in Österreich, Italien, Frankreich standen deren Divisionen. Die Neutralität, die Unabhängigkeit, die Freiheit und die Freuden des friedlichen Lebens hingen an einem Haar. Und obwohl die Schweizer sich bemühten, den unersättlichen nördlichen Nachbarn nicht zu reizen – die deutschen Waffentransporte rasten weiterhin unbehindert durch das Land nach Italien, die Industrie lieferte dem Deutschen Reich weiterhin Kriegsmaterial –, war sich die Eidgenossenschaft darüber im klaren, daß die Gefahr sich nicht vermindert hatte, sondern gewachsen war.

Oberst-Brigadier Masson, der noch immer die Verbindung zu Schellenberg hielt, behauptete zwar, daß der Plan einer Besetzung der Schweiz endgültig verworfen worden war. General Guisan jedoch war überzeugt, daß der Schweiz im Sommer 1943, nach Mussolinis Sturz, höchste Gefahr drohte.[1]

Da die deutsche Führung durch die an den verschiedenen Fronten erlittenen Niederlagen sich im Zustand höchster Nervosität befand, mußte man auf alles gefaßt sein. Unter irgendeinem Vorwand konnte der Befehl ergehen, die Schweiz zu besetzen, oder Deutschland konnte fordern, daß seine Truppen zur Sicherung der Verteidigung Italiens freien Durchzug erhielten. Die Regierung der Schweiz hätte das zweifellos verweigert, und dann ... Dann wäre der Krieg ausgebrochen. Die Schweizer Armee stand bereit, aber die Führer des Landes waren sich darüber im klaren, daß sie über einen längeren Zeitraum nicht standzuhalten vermochte. Es blieb nichts anderes übrig, als eine Konzession nach der anderen zu machen und den Nazis dienstbar zu bleiben. In diesen Tagen erhielten die Schweizer Polizei und die Spionageabwehr den Auftrag, unsere Organisation aufzuspüren. Es scheint, daß auf Masson der deutsche Sicherheitsdienst starken Druck ausübte, vielleicht sogar mit Sanktionen gegen die Schweiz drohte.

Aber vielleicht war dieser Druck nicht einmal nötig. W. von Schramm, der westdeutsche Kriegshistoriker, deutet (in seinem Artikel „Die rot-weiße Kapelle", FRANKFURTER ALLGEMEINE ZEITUNG 13. Dezember 1966) an: „Im Herbst 1943 war es auch den Schweizern, in erster Linie der Regierung, der die Bundespolizei unterstellt war, zuviel (nämlich die Tätigkeit unserer nachrichtendienstlichen

[1] J. Kimche: General Guisans Zweifrontenkrieg. p. 169.

Gruppe) ... Die Erfolge der Russen wurden so groß, daß ... sie eine Gefahr für Mitteleuropa bedeuteten ... Es ist nicht ausgeschlossen, daß auch der Chef der amerikanischen Spionageabwehr, Allen W. Dulles ... in diesem Sinne in Bern intervenierte. Vor der (westlichen) Invasion konnte es nicht geduldet werden, daß Mitteleuropa in sowjetische Hände gerate."

Nach einzelnen Dokumenten zu urteilen, begann die Schweizer Polizei am 9. September nach uns zu fahnden, das heißt einen Tag, nachdem Italiens Kapitulation der Öffentlichkeit bekanntgegeben worden war und der Einmarsch der deutschen Divisionen in Italien begann. Bemerkenswert ist das Zusammentreffen der Ereignisse. Es ist wahrscheinlich, daß die Geschehnisse in Italien, die die Schweizer Neutralität gefährdeten, in Masson den endgültigen Entschluß reifen ließen, den die Leiter des SD und der Gestapo schon so lange und ungeduldig erwartet hatten.

Die Schweizer begannen zunächst unsere Sender zu suchen. Es ist möglich, daß ihnen die Deutschen die Daten ihres Peildienstes übergaben: zwei Sender in der Umgebung von Genf oder in der Stadt selbst, ein Sender in Lausanne.

Zur Durchführung dieser Aktion bildete die Schweizer Spionageabwehr eine besondere Funkgruppe unter der Leitung von Leutnant Maurice Treyer. Die Gruppe erhielt drei für Nahpeilungen geeignete Geräte, die auf Fahrzeuge montiert wurden. Die Schweizer Funker stellten diese Geräte in einem großen Dreieck an verschiedenen, einander gegenüberliegenden Punkten der Genfer Vorstädte auf und beobachteten uns Tag und Nacht.

Sie ermittelten zwischen atmosphärischen Störungen und den bekannten Rufzeichen der Sender der Schweizer Armee ihnen fremde Morsezeichen. Die Peilgeräte zeigten sofort die Wellenbänder und den ungefähren Standort des illegalen Senders an. Leutnant Treyer meldete seinen Vorgesetzten, daß der eine Sender angepeilt sei und daß er versuche, den genauen Standort zu ermitteln. Die Kraftfahrzeuge setzten sich langsam in den Straßen Genfs in Bewegung und näherten sich von drei Seiten dem durch die Apparate bezeichneten Punkt.

Aus dem Diensttagebuch Leutnant Treyers und dem, was er nach den Verhaftungen Jim sagte, geht hervor, daß die Schweizer zunächst den Sender von Eduard und Maud am 11. September empfingen. Zwei Wochen darauf wußten sie bereits ungefähr, wo unsere Genfer Sender arbeiteten: der eine in der Umgebung der Route de Florissant, der andere im dichtbewohnten Zentrum der Stadt, vermutlich in der Henri-Mussard-Straße.

Inzwischen arbeiteten Eduard, Maud und Rosa nichtsahnend Nacht

für Nacht weiter. In diesen Tagen gab ich Berichte nicht nur über den südeuropäischen, sondern auch den Kriegsschauplatz im Hohen Norden durch, weil, was dort geschah, sich auf den nördlichsten Abschnitt der Ostfront auswirkte.
Der Inhalt des Telegramms lautete:

19. September 1943.
Von Werther.
Der deutsche Überfall auf Spitzbergen hatte den Zweck, die Truppenabzüge aus Norwegen zu verschleiern. Fast sämtliche Einheiten sind abgezogen worden, die außerhalb der Stützpunkte standen, an den Küstenabschnitten zwischen Namsos und Mosjöen, Ranfjord, Foldenfjord und Satefjord. Von Namsos bis Tromsö wurde der Küstenschutz völlig auf die Insel- und Befestigungsstützpunkte verlegt. Auf dem evakuierten Gebiet bleiben Stützpunkte bei Namsos, Tosnö, Vikten, Bröten, der Röros-Insel und noch zehn weiteren Ortschaften. Es handelt sich um Garnisonen und Kampfeinheiten mit Mannschaftsstärken zwischen 500 und 2000. Eine Ausnahme ist Narvik, wo eine Division und etliche kleinere Verbände stehen. Die Stützpunkte im evakuierten Küstengebiet werden von insgesamt 20 000 Mann gehalten.

Währenddessen griff die Rote Armee an und vertrieb den Feind vom sowjetischen Territorium. Laut Werther *konnte man die Armeegruppe Mansteins seit dem 15. September als zerschlagen betrachten. Seit dem 15. August verlor sie die Hälfte ihrer Ausrüstung und schweren Waffen und 40 Prozent ihrer Mannschaftsstärke, beinahe 250 000 Mann.*
Über die Gegenmaßnahmen des OKW berichteten folgende Telegramme:

24. September 1943. An Direktor.
Von Werther, 20. September.
Das OKW hat beschlossen, die Versorgungsorganisation der Ostfront in und hinter den „Ostwall" zurückzuziehen. Diese teilweise ausgebaute Linie im Vorraum ist jene sogenannte Panzerknackerlinie, die im Januar geplant wurde. Aber abweichend vom Januar-Plan will man die Nachschuborganisation in der Westukraine nicht zum Dnjestr zurücknehmen, sondern man wartet vorläufig ab, wie sich der feindliche Druck im östlichen Dnjepr-Bogen und bis zur Linie Sarny—Korosten—Kiew—Tscherkassi—Wosnessensk—Dnjepr-Mündung entwickelt.

Laut den Plänen muß die Zurücknahme in den Vorraum des „Ostwalls" bis 1.–5. November abgeschlossen sein. Diese neuen Entscheidungen berühren nicht die zur Verzögerung des russischen Vormarsches geplante Organisation des Widerstandes in den improvisierten Rückzugs- und Auffangstellungen, beispielsweise bei den Dnjepr-Brückenköpfen und im Dnjepr-Bogen zwischen Krementschug und Kriwoi Rog.

Dora

25. September 1943. An Direktor.
Von Werther.
Am 12. und 13. September fanden im Hauptquartier des Führers Beratungen statt, an denen außer den Führern der Wehrmacht und den Generalstäben Ribbentrop vom Außenministerium, die Generalfeldmarschälle Küchler, Bock, Weichs, die Generäle Thomas und Jakob und die Mitglieder des Rüstungsindustrie-Rates teilnahmen. Die folgenden Beschlüsse wurden gefaßt:
1. Wegen der militärischen und kriegswirtschaftlichen Reserven Deutschlands können jenseits der Verteidigungszone Mitteleuropas nur Nachhutkämpfe genehmigt werden. Jenseits des Verteidigungsgürtels dürfen Truppen, Waffen, Hilfsorganisationen und die Versorgungsorganisation zwar auch weiterhin für Aktionen in Anspruch genommen werden, die den Angriff des Feindes verlangsamen oder stören oder den Gegner irreführen; im Prinzip aber dürfen diese Kräfte nur zur Verteidigung der besetzten und gefährdeten Gebiete oder der vorgeschobenen Stellungen verwendet werden.
2. In Mitteleuropa liegen außerhalb des deutschen Verteidigungsgürtels: Frankreich südlich der Linie Belfort–Seine, Norwegen nördlich der Linie von Trondheim, Finnland, Italien – ausgenommen die Provinzen Ljubljana, Triest, Udine und Bozen –, Kreta, Griechenland, Rumänien, Bulgarien, Albanien, Serbien, Kroatien, der westliche Teil der Sowjetunion östlich vom „Ostwall".
3. Auf allen jenseits dieser Verteidigungslinie liegenden Gebieten sind die deutschen Versorgungs- und Kampfeinheiten auf das zur Irreleitung des Feindes unbedingt nötige Minimum zu verringern. Diese Einheiten führen Nachhutkämpfe, damit der Feind für den Vormarsch und die Vorbereitungen seiner Truppen unverhältnismäßig große Anstrengungen unternimmt. Die Organisationen der Rüstungsindustrie und Militärverwaltung haben sich in den Gebieten jenseits des Verteidigungsgürtels dem anzupassen.
4. Die besetzten Balkanländer: Griechenland, Albanien, Montenegro und Serbien erhalten bei der Ankündigung der Evakuierung dieser

Gebiete die Anerkennung ihrer Selbstbestimmungsrechte. Es wird ihnen sowie, dem Kriegsverlauf entsprechend, den Bulgaren, Rumänen, Ungarn, Kroaten obliegen, ihre Streitigkeiten zu regeln und ihre wirtschaftlichen Schwierigkeiten zu überwinden mit Hilfe ihres deutschen Verbündeten oder aber ohne ihn, wenn sie die Teilnahme am Verteidigungskampf an Deutschlands Seite ablehnen. In diesem letzteren Fall behält sich Deutschland das Recht vor, seinen Verteidigungsbedürfnissen entsprechend, den Kampf auf dem Gebiet der ehemaligen Verbündeten fortzusetzen, was besonders für Ungarn, Kroatien, Italien und Finnland gilt.

Dora

Am 25. September nahmen die Truppen der sowjetischen Westfront Smolensk. In diesem Zusammenhang berichtete Lucys Quelle, Werther, daß *die Deutschen sich eilig aus Smolensk zurückgezogen haben, nachdem sie am 24. nördlich der nach Witebsk führenden Eisenbahnlinie die Verkehrslinien im Hinterland zerstört hatten.*
In den Verteidigungskämpfen um Smolensk erlitten ab 15. September die 5. und 18. Panzerdivision und die 8.–10. Infanteriedivision schwere Verluste.
Mit der Einbuße von Smolensk verloren die Deutschen nach Orel ihren stärksten Widerstandsknotenpunkt an der sowjetisch-deutschen Front.
In diesen Tagen war für uns die Belastung noch größer als üblich, da sich viel Material angesammelt hatte; alle vier Funker waren gezwungen, allnächtlich zu arbeiten. (Jim kehrte Ende September zurück und begann sofort mit den Sendungen.) Die Sender arbeiteten nur mit kurzen Pausen zwei, drei sogar vier Stunden ununterbrochen. Ich zitiere aus den letzten Radiogrammen der Genfer Sender.

29. September 1943. An Direktor.
Von Werther.
Im OKW hält man es für möglich, daß das russische Oberkommando unverzüglich und mit voller Kraft, unter Konzentrierung der Panzer und der motorisierten Divisionen, die Linien Ilmensee–Düna und Kiew–Krementschug angreifen und daß der Angriff noch vor Wintereinbruch im Norden bis zur Bucht von Riga, im Süden bis Odessa sowie zum unteren und mittleren Dnjestr vorgetragen wird, während am zentralen Frontabschnitt mit Truppen und Waffen gespart werden wird. Das OKW hält einen solchen russischen Plan als den für die deutsche Wehrmacht gefährlichsten unter Berücksichtigung ihres Zustandes und ihrer Lage. Das OKW hat den Vorschlag von Kleist und

Küchler abgelehnt und will sich aus politischen Gründen auch nach dem Fall von Smolensk nicht übereilen. Nach Meinung des OKW kann man die Russen in ihrem Vordringen am mittleren Frontabschnitt um so eher behindern, je länger die vorgeschobenen deutschen Flügel im Nordosten und Südosten aushalten. Die Russen sind über die Stärke der Waffen der deutschen Flügel nicht genügend informiert und werden die Verteidigungskraft der deutschen Flanken um so höher einschätzen, je weniger Besorgnis das OKW wegen des Schicksals der Flanken zeigt.

Dora

30. September 1943. An Direktor.
Von Werther.
A) Infolge der Verlegung der deutschen Truppen aus Kroatien nach Norditalien sind die deutschen Waffen- und Munitionsvorräte in der Umgebung von Ljubljana, in Nord-Dalmatien und Kroatien den von Tito geführten Partisanen in die Hände gefallen. Aus den Partisanen ist auf diese Weise eine kampffähige Armee entstanden.
B) Nach Schätzung der Deutschen besteht Titos Partisanenarmee aus 70000–80000 Kroaten, mit der eine 50000 Mann starke italienische Truppe zusammenarbeitet. Titos Truppen erhalten seit dem 9. September bedeutende Verstärkung von der Polizei der Zagreber Regierung. Diese Regierung kontrolliert nur noch 20 Prozent des kroatischen Gebietes.

Dora

Laut der von Werther Ende September erhaltenen Information hält das OKW die erfolgreiche Verteidigung an der Linie Nowosokolniki–Witebsk–Orscha–Mogiljow nicht mehr für möglich. Der Generalstab teile mit, daß die Russen in Weißrußland durch die Partisanen im Vorteil seien. Bei Witebsk und Orscha leisten die Deutschen nur hinhaltenden Widerstand, um Zeit zu gewinnen und die Zurücknahme der Front in die „Ostwall"-Stellung bis November hinauszuschieben. Wenn es ihnen gelänge — so spekulierten sie —, den russischen Angriff gegen die Eisenbahnstrecke Molodetschno–Polozk–Pskow zu verhindern, würde im Winter ein russischer Durchbruch des „Ostwalls" zwischen Minsk und Dwinsk unmöglich oder zumindest sehr schwierig werden.

10. Oktober 1943. An Direktor.
Von Olga, 7. Oktober.
A. Seit kurzer Zeit befinden sich Hitler und sein Hauptquartier in Rowno.

B. Seit dem 20. September gehen die deutschen Truppen in Wolhynien am brutalsten vor, sie brennen die Dörfer nieder. Damit wollen sie größtmögliche Sicherheit erreichen für die Städte Rowno, Dubno und Luzk, die jetzt Zentren der deutschen Verwaltung und Wirtschaftsorganisation in der Ukraine sind.

Dora

11. Oktober 1943. An Direktor.
Von Werther, 8. Oktober.
Die Deutschen rechnen mit sehr großen Kriegsmaterial-Verlusten im Raum Witebsk. Für die Zurückziehung schweren Kriegsmaterials steht ihnen nur die nach Polozk führende Straße zur Verfügung.

Dora

Inzwischen führten unsere Morsezeichen die Schweizer Anpeiler genau zum Ziel. Der Kreis verengte sich. Die Kraftfahrzeuge Treyers zirkulierten bereits in der Nähe der Häuser, in denen Eduard, Rosa und Maud am Sendegerät saßen. Die Stimme der in Betrieb befindlichen Sender wurde Tag um Tag deutlicher.

In den ersten Oktobertagen sagte mir meine Frau, die bei Rosa gewesen war, daß das Mädchen in einer wichtigen Angelegenheit mit mir sprechen wolle.

Am nächsten Tag traf ich mich mit Rosa in einem kleinen Café in der Umgebung von Genf. Sie war sehr aufgeregt und verstört. Aufmerksam beobachtete sie jede Person, die das Café betrat oder verließ. Sie erzählte, daß ein Mann sie aufgesucht hätte, angeblich ein Techniker der Elektrizitätswerke, um nachzusehen, ob bei ihr das Licht in Ordnung sei, obwohl sie nicht darum gebeten hätte. Zweifellos hatte man in ihrer Wohnung geschnüffelt. Sie bemerkte auch, daß Fremde vor dem Haus einherschlenderten und den Hauseingang unablässig im Auge hielten. Es ist heute offenkundig, daß Rosas Wohnung von Schweizer Polizisten in Zivil beobachtet wurde und nicht von deutschen Geheimagenten, denn die hatten das nicht nötig, weil Hans Peters, Margarete Bollis „bester Freund", alles über das Mädchen wußte und jeden Schritt der Gestapo meldete, wovon Rosa selbstverständlich nicht die geringste Ahnung hatte.

Da die Wohnung entdeckt war, mußte der Funkverkehr sofort eingestellt werden und Rosa mußte sich wenigstens für einige Tage verbergen. Dann würden wir sehen, was zu tun war.

Wir vereinbarten, daß Rosa einige Zeit nach Hause, zu ihren Eltern, fahren sollte. Wir einigten uns darauf, daß sie am Sonntag den Zug nach Basel nehmen werde. Bis dahin waren alle Papiere, die Instruktionen für die Funkverbindung und alles, was im Falle polizeilichen Einschreitens als Beweis dienen konnte, entweder zu vernichten oder mir zu übergeben. Ich schickte Eduard zu Rosa, damit er ihr Sendegerät abhole und bei sich verberge. Am hellichten Tag packte er das Gerät in einen großen Koffer und ging damit an den ahnungslosen Agenten vorbei. Er versteckte es in seinem Geschäft.

Im Hause wohnten viele Parteien und die auf der Straße einander ablösenden Agenten konnten nicht genau feststellen, in welche Wohnung Eduard gegangen war.

Am nächsten Tag, dem 10. Oktober, teilte ich der Zentrale mit, welche Maßnahmen ich ergriffen hatte, um für Rosas Sicherheit zu sorgen und die Geheimpolizei irrezuführen.

Das unerwartete Verschwinden des bereits ermittelten Senders beunruhigte die Schweizer Funkbeobachter. Die Polizeiführer beruhigten jedoch ihre Kollegen: Rosa werde ständig beobachtet. Laut Flicke wußte der deutsche Funkabhördienst, der jenseits der Grenze weiter unseren Telegrammaustausch mit der Zentrale beobachtete, was passiert war. Flicke schreibt, man habe den Text meines am 10. Oktober an den Direktor geschickten Telegrammes entschlüsselt und gewußt, daß ich Rosas Sender für eine Zeitlang zum Verstummen gebracht und versteckt hatte. Hans Peters wurde angewiesen, Rosa ständig auf den Fersen zu bleiben und sie um jeden Preis in Genf festzuhalten. Wahrscheinlich erhielt der Gestapo-Agent tatsächlich eine solche Weisung, weil die folgenden Ereignisse die Richtigkeit dieser Annahme beweisen.

Obwohl ich es mit ihr anders vereinbart hatte, fuhr Rosa nach dem Abbruch der Funkverbindung nicht nach Basel zu ihren Eltern, sondern blieb in Genf. Sie zog nur um, sperrte ihre eigene Wohnung ab und ging zu Hans Peters. Dem Mann war es offenbar gelungen, das Mädchen zu überzeugen, daß es überflüssig sei, so weit zu reisen, er werde sie schon vor der Polizei verbergen. Rosa hörte auf den „Kommunisten". Sie vertraute ihrer großen Liebe und täuschte mich nun schon das zweite Mal, indem sie mich nicht verständigte, daß sie in Genf blieb. Gewiß befürchtete sie, daß sie nicht weiter mit uns arbeiten könne, wenn ich von der Liebschaft zwischen ihr und dem deutschen Friseur erfahre. In der Tat wäre das auch so gewesen.

Mit den Hamels verhielt es sich anders. Eduard und Maud bemerkten nichts Verdächtiges. Auch weiterhin wechselten sie sich beim Übermitteln von Telegrammen aus der Villa am Stadtrande ab. Weder dort noch in der Umgebung ihrer Wohnung und in der Umgebung ihres Geschäfts in der Carouge-Straße, wo die Reservesender versteckt waren, bemerkten sie die Agenten.

Es schien mir, daß man die Hamels nicht überwachte, und ich gestattete die Fortführung der Arbeit. Das war natürlich ein Risiko. Nachdem, was Rosa widerfahren war, wußten sowohl die Zentrale als auch ich, daß Eduard möglicherweise erneut unter Beobachtung stand. Bei der Polizei war er als verdächtige Person registriert. Aber wir konnten uns nicht erlauben, aus Vorsicht – denn reale Gefahr vermochten wir zuerst nicht wahrzunehmen – auch unseren zweiten und zugleich letzten Genfer Sender verstummen zu lassen. Jim hätte nach seiner Rückkehr schon physisch nicht die Weitergabe auch nur der wichtigsten Telegramme geschafft. Als einzige Lösung blieb, daß alle diejenigen, die mit den Funkern Kontakt hatten, außerordentlich vorsichtig sein mußten. Das verlangte ich auch von Eduard und Maud.

Aber schon hing die Gefahr wie ein Damoklesschwert über dem letzten Genfer Sender. In seinem später der Zentrale gegebenen Bericht schrieb Jim, daß der Leiter der Spionage-Abwehrgruppe, Leutnant Treyer, mit dem er sich auf der Polizeistation während der Pausen im Verhör unterhielt, ihm erzählt habe, wie leicht er den Sender Eduards fand, da dieser in einer allein stehenden Villa betrieben wurde. Rosas Sender in dem Haus mit den vielen Wohnungen zu ermitteln, sei für ihn viel komplizierter gewesen. Das beweist auch das Tagebuch der Peilergruppe.

Wie man sieht, hielten sich sowohl die Deutschen als auch die Schweizer an den schwächsten Punkt unserer Organisation, sie stürzten sich auf den Funkkontakt, diese „Achillesferse" des Nachrichtendienstes. Die Funkverbindung ist die große Stärke und Schwäche des Nachrichtendienstes.

Wir wußten, wie verwundbar der Funkkontakt durch die Lokatoren sei, und selbstverständlich taten wir alles, was wir konnten, um die Funkverbindung flexibler, widerstandsfähiger, ungreifbarer zu machen.

Marc Payot, der Chiffrierspezialist, erkennt im Anhang der französischen Ausgabe von Pünters Erinnerungen an: „Die Sender von Radós Netz arbeiteten sehr vorsichtig. Jede Nacht änderten sie die Rufzeichen, den Sendezeitpunkt und mehrmals die Wellenbänder."[1]

Das konnte die feindlichen Abhörer irreführen, doch darüber hinaus waren wir bestrebt, eine neue Funktstation in Betrieb zu nehmen. Dafür hatten wir Reservesender. Wir mußten nur zuverlässige Leute finden. Die Zentrale drängte, daß wir die Ausbildung und die Arbeitsaufnahme neuer Funker beschleunigten.

Im Frühsommer 1943 begannen wir, geeignete Mitarbeiter zu suchen.

[1] O. Pünter: Guerre secrète en pays neutre. p. 266.

Wir fanden zwei Kandidaten. Es waren Kinder von Arbeiterfamilien, ein junger Mann und ein Mädchen, über die ich zuvor Erkundigungen eingezogen hatte.
Genossen, denen ich vertrauen konnte, schilderten mir den Charakter des Mädchens durchaus positiv: sie war eine entschlossene, zurückhaltende Person, nicht schwatzwaft, hingebungsvolle Anhängerin des Kampfes gegen den Faschismus. Im Juni trafen wir uns. Das Mädchen machte auf mich einen sehr guten Eindruck.
Nach den Empfehlungen zu urteilen, entsprach auch der junge Mann völlig unseren Forderungen: ein dreiundzwanzig Jahre alter Schlosser, der Waffenmeister in der Schweizer Armee war. Seine Familie besaß ein kleines Haus in Fribourg. Sein Vater war gleichfalls Arbeiter, beide sympathisierten mit der Sowjetunion. Den jungen Mann hatte Pakbo entdeckt.
Die neuen Mitglieder unserer Organisation waren mit großer Begeisterung bereit, an der gegen das Nazireich gerichteten nachrichtendienstlichen Arbeit teilzunehmen, ohne sich darum zu kümmern, daß ihnen im Falle einer Festnahme ernste Konsequenzen drohen konnten. Auch ihre Eltern waren einverstanden, so daß wir eine gute Wahl getroffen hatten.
Beide hätten das Metier bei Jim erlernen sollen. Die Ausbildung mußte jedoch aus mehreren Gründen hinausgeschoben werden. Wir hatten geplant, mit der Ausbildung zu beginnen, sobald sich das Arbeitstempo, das durch die Schlacht von Kursk bestimmt wurde, etwas verringerte.
Jim stellte die Arbeit Anfang September ein und reiste ins Tessin. Wir vereinbarten, daß er sich nach der Rückkehr mit den Neulingen befassen sollte. Doch dieser unser Plan fiel ins Wasser.
Nach der Rückkehr schien Jim seine Wohnung in Ordnung zu sein. Am 6. Oktober teilte er der Zentrale mit, daß er sich weisungsgemäß vorübergehend im Tessin aufgehalten habe, vorsichtig gewesen sei und nicht bemerkt habe, daß er beobachtet würde; in der Wohnung hatte er absichtlich verschiedene Aufzeichnungen und Bücher liegengelassen. Bei der Heimkehr fand er alles vor, wie er es hingelegt hatte, deshalb folgerte Jim etwas übereilt, daß man die Wohnung nicht durchsucht habe.

In Wirklichkeit standen die Dinge bei weitem nicht so günstig, wie sie Jim dem Direktor dargestellt hatte. In seinem Bericht, den er nach dem Krieg für die Zentrale niederschrieb, hat Jim weitere Einzelheiten über seine Rückkehr aus dem Tessin mitgeteilt. Diese rücken die Situation in ein anderes Licht.

In dem Bericht schreibt er: „Bei meiner Rückkehr fragte ich die Hausmeisterin, ob niemand bei mir gewesen sei. Sie antwortete mit Nein, dann fiel ihr nach kurzem Nachdenken ein, daß im August 1942 (also ein Jahr zuvor – Der Autor) während meiner Abwesenheit ein Mann und eine Frau mich besuchten und sich nach mir erkundigten. Nach der Beschreibung erinnerten die beiden Besucher sehr an ein Paar mit den Tarnnamen „Lorenz“ und „Laura“, von denen noch die Rede sein wird (im August 1942 war ich viel unterwegs, um mit Anna Müllers Hilfe den aus Italien stammenden Reisepaß verlängern zu lassen, und ich hatte Lorenz gesagt, daß ich ins Tessin gehe, um mich auszuruhen, und nicht in Lausanne sein würde).

Weiter erzählten sie der Hausmeisterin, ich hätte der jüngeren Schwester der Dame die Ehe versprochen, es mir aber dann anders überlegt, und nun möchten sie wissen, ob ich andere Frauen in der Wohnung empfinge, in welchen Restaurants ich speise, wo ich hinzugehen pflege. Sie boten ihr Geld für etwaige Informationen, aber die Hausmeisterin sagte angeblich, daß sie nichts wisse. Ich erfuhr, daß (an Hand der Beschreibung) diese zwei Personen auch meine Reinemachefrau über mich ausgefragt hatten.“

In diesem Zusammenhang schreibt Flicke folgendes: „Im September verschwand Foote aus Lausanne, weil ihm der Boden unter den Füßen zu heiß geworden war. Zuvor versuchte Lorenz, ihn anzuwerben (für die Deutschen – Der Autor), aber vergeblich. In seiner Abwesenheit durchsuchten Lorenz und Laura seine Wohnung. Doch ohne viel Erfolg.“[1]

Wenn ich mich recht entsinne, erfuhr ich im Herbst 1942 durch Jim von diesem Paar. Er war im Auftrage der Zentrale mit ihnen in Verbindung getreten, wovon ich anfangs nichts wußte, weil die Angelegenheit die Arbeit meiner Gruppe nicht berührte.

Das Ehepaar lebte in der Nähe von Lausanne, in einer luxuriös eingerichteten, geräumigen Villa. Jim erhielt die Anweisung, einen Sender in dem Haus zu montieren und Martins Frau in dessen Handhabe zu unterrichten. Die Leute in dem Haus empfingen den Beauftragten

---

[1] W. F. Flicke: Agenten funken nach Moskau. p. 338.

der Zentrale herzlich, und Laura erlernte bereitwillig das Morse-ABC. Anfangs lief alles glatt. Später aber fand Jim das Verhalten von Lorenz merkwürdig, der letzten Endes nicht bereit war, den Sender zu übernehmen, den Jim gebracht hatte. Von da an wünschte Jim, die Martins nicht mehr zu treffen; die Zentrale stimmte seinem Wunsch zu.

Während seiner Besuche bei den Martins bemerkte Jim gewisse Dinge, die ihn zur Vorsicht mahnten. Einmal schien es ihm, als ob sich das Sonnenlicht in der Linse eines Objektivs gespiegelt hätte – vielleicht hatte man ihn aus dem Fenster der Villa fotografiert. Bei einer anderen Gelegenheit machte Lorenz verschwommene Andeutungen, Jim solle zu ihm übertreten und unter seiner Leitung arbeiten. (Ob es wohl dieser vergebliche Versuch ist, von dem Flicke schreibt?)

Lorenz verheimlichte seinem neuen Bekannten nicht, daß er mit dem Deuxième Bureau der Vichy-Regierung in Verbindung stehe, das heißt mit den Agenten des militärischen Nachrichtendienstes. Dieser wiederum kollaborierte seit der deutschen Besetzung mit der Gestapo und den übrigen Geheimdiensten des Deutschen Reiches.

Lorenzens Kontakt zum französischen Deuxième Bureau bedeutete noch nicht unbedingt Böses. Der Agent ist oft gezwungen, in die Höhle des Feindes einzudringen, die Maske des Renegaten aufzusetzen.

Lorenz erhielt von den Mitarbeitern des Deuxième Bureau Informationen für die Zentrale. Das war in Ordnung. Die Frage ist nur, wie wertvoll diese Informationen waren, ob man sie nicht mit der Absicht der Desinformierung gegeben hatte und welcher Art wirklich die Verbindung zwischen Lorenz und Hitlers Mietlingen in Frankreich war. Damals war es schwierig, auf diese Fragen zu antworten. Die Leitung der Zentrale vermochte dieses Knäuel nicht zu entwirren, und noch weniger gelang es Jim, herauszubekommen, wer das Ehepaar Martin eigentlich war und für wen es arbeitete.

Jedenfalls hatten Jim und die Zentrale unter äußerster Vorsicht den Kontakt zu Lorenz aufgenommen. Als in Jim Verdacht keimte, teilte er mir seine Wahrnehmungen mit. Ich riet ihm, seine Verbindung zu dem Ehepaar abzubrechen. Auch vom Direktor erhielt er diese Weisung. Leider aber hatte die mehrere Monate dauernde Bekanntschaft dennoch Konsequenzen.

Nach den Anzeichen zu urteilen, folgten Lorenz und Laura in der Tat Jim in Lausanne auf den Fersen. An Hand der nach dem Krieg bekanntgewordenen Tatsachen läßt sich feststellen, daß das Ehepaar Martin mit den Deutschen zusammenarbeitete. Flicke sagt das in seinem Buch klar und deutlich. Allerdings geht er nicht auf Einzelheiten ein.

DIE VERHAFTUNGEN IN GENF

Kehren wir jetzt zu jenen Tagen zurück, als Jim aus dem Tessin zurückgekehrt war und die Zentrale verständigte, bei ihm sei augenscheinlich alles in Ordnung und er sei bereit, sich an die Arbeit zu machen.

Der Direktor, den diese Mitteilung beruhigte, gestattete die Aufnahme der Funkverbindung. Im Genfer Eaux-Vives-Park traf ich mich mit Jim.

Beim Spaziergang im herrlichen uralten Park übergab ich ihm ein Blatt, das Informationen enthielt. In den letzten Tagen hatte sich mehr Material als üblich angesammelt, weil Rosa das Funken eingestellt hatte und der Sender der Hamels die Arbeit nicht bewältigte. Jetzt, da Jim zurückgekehrt war, besserte sich die Lage. Zunächst sagte ich ihm nicht, wie sehr es mich beunruhige, daß man Rosa beobachtete, und ich erwähnte auch nicht, daß ich den Sender von ihrer Wohnung hatte abholen lassen. Ich dachte, wir kämen glücklich über die Schwierigkeiten, wozu also auch noch Jim beunruhigen. Aber wir mußten übereinkommen, wie ich ihm die Informationen zukommen lassen sollte. Bisher war Rosa damit nach Lausanne gefahren, jetzt jedoch entfiel diese Möglichkeit. Noch vor unserem Treffen hatte ich mehrere Varianten in Erwägung gezogen und war zu der Auffassung gelangt, das Beste wäre, wenn Jim selbst das Material abholen käme. Er würde das Geschäft der Hamels als Kunde betreten und von Eduard oder Maud die Meldungen für die Zentrale übernehmen. Und damit sein häufiges Erscheinen in dem Geschäft kein Aufsehen erregte, würde gelegentlich Eduard oder Maud nach Lausanne fahren. In diesem Sinne verblieben wir.

Schließlich vereinbarten wir noch, daß wir uns im Eaux-Vives-Park treffen wollten, weil uns dieser Ort recht geeignet erschien.

Am 14. Oktober ging ich zu den Hamels in die Carouge-Straße, um eine sehr wichtige Information, die meine Frau am vorigen Tag von Sissy erhalten hatte, weiterzuleiten. Mit Lene hatte ich bis Mitternacht an der Verschlüsselung des Materials gesessen. Neben anderen wichtigen Meldungen war darunter Werthers Berliner Bericht.

Das deutsche Oberkommando schätzt die bei Witebsk, Orscha und Gorki angreifenden sowjetischen Truppen auf fünf Armeekorps, innerhalb derer es 2 Panzerdivisionen, 5 Panzerbrigaden, 3 bis 4 motorisierte Divisionen, 10 Infanterie- und Kavalleriedivisionen gibt. Es wird angenommen, daß die Hauptgruppierung längs und südlich der Eisenbahnstrecke Smolensk—Witebsk angreifen wird. Der entschei-

dende Sturm gegen Witebsk wird an der südöstlichen Peripherie der Stadt erwartet. Dort gibt es keine miteinander verbundenen Befestigungen. Zwischen der Landstraße Smolensk–Witebsk und der Eisenbahn-Hauptlinie Orscha–Witebsk wurden an einzelnen Punkten erst dann Befestigungen eilig gebaut, als Smolensk Gefahr drohte. Gut befestigte Stellungen gibt es nur im nordöstlichen Teil der Stadt, im Abschnitt Surasch und Gorodok.

Diese Information mußte noch in der gleichen Nacht weitergegeben werden, sonst hätte sie ihre Aktualität verloren.
Ich wußte, daß Eduard und Maud auch in der vorangegangenen Nacht im Haus in der Route de Florissant viel gearbeitet hatten, wo sie einander beim Funkdienst abwechselten.
Diese meine letzten Informationen bestanden aus den folgenden drei Telegrammen, die ich am 13. Oktober zu den Hamels bringen ließ:

13. Oktober 1943. An Direktor.
Von Werther, 8. Oktober.
A. Die Überlegenheit der russischen Artillerie am Dnjepr ist jetzt schon sehr bedeutend. An wichtigen Abschnitten, wie bei Krementschug, entfallen auf 100 deutsche Kanonen 150 bis 160 russische Kanonen.
B. Die Deutschen haben festgestellt, daß am Abschnitt Gorodok–Newel bedeutende russische Panzer- und andere Verbände stehen.

10. Oktober.
A. Westlich von Mogiljow und entlang der Straße Mogiljow–Mstislawl und südlicher, bei Tschaussy, stellen die Deutschen die Bewegung bedeutender russischer Kräfte fest.
B. Die Deutschen halten die Ausweitung des russischen Brückenkopfes bei Kanew für gefährlich. Der Brückenkopf ermöglicht schon jetzt die Vorbereitung des Angriffs gegen die Verkehrsader Kiew–Belaja Zerkow–Smela–Kriwoi Rog, die vom OKW als Widerstandslinie westlich des Dnjepr vorgesehen wurde.

13. Oktober 1943. An Direktor.
Von Werther, 11. Oktober.
A. An den Frontabschnitten Witebsk, Gomel, Kiew sowie zwischen Saporoschje und Melitopol drohen den Deutschen Vernichtungsschlachten infolge des russischen Angriffs, wenn das Gros der deutschen Kräfte sich nicht vor der russischen Übermacht zurückzieht. Dem OKW bleibt kein anderer Ausweg, als Befehl zu neuen Rückzugsbewegungen zu erteilen. Anscheinend ist die Preisgabe von

Gomel schon seit langem beschlossen. Der Rückzug bei Witebsk, Kiew und am südlichen Frontabschnitt wird in Kürze beschlossen werden. B. Die Deutschen erwarten die neue Ausweitung des russischen Angriffs an der gesamten deutschen Verteidigungsfront westlich des Dnjepr und auf der Linie Nowosokolniki—Noworschew. Auf Grund der russischen Vorbereitungen ist das OKW der Auffassung, daß der entscheidende russische Angriff bereits am 15. Oktober oder kurz danach beginnt. Im Raum Tscherkassy—Krementschug—Pologi—Tokmak hat man eine so gewaltige Konzentration der Truppen der Roten Armee festgestellt, daß hinfort nicht mehr auf eine Verteidigung der deutschen Verkehrslinie Belaja Zerkow—Zwetkowo—Smela—Snamenka—Kirowograd—Kriwoi Rog gehofft werden kann. Der Verteidigungsabschnitt zwischen Saporoschje und der Krim wird vom OKW ebenfalls als verloren betrachtet. Fortsetzung folgt. Dora

Die Fortsetzung folgte nicht. Aber das wußte ich noch nicht, sondern rechnete damit, daß nach der langen nächtlichen Arbeit die Hamels nun wahrscheinlich ausgeschlafen hätten und zu Hause seien.

Die verschlüsselten Telegramme brachte normalerweise meine Frau in die Carouge-Straße, doch an jenem Tag fühlte sie sich nicht wohl, vielleicht wegen der anstrengenden Nachtarbeit, so daß ich zu den Funkern ging. Ohnehin mußte ich mit den Hamels sprechen.

Als ich mich der Nummer 26 näherte, blickte ich zu den Fenstern der Wohnung, weil wir vereinbart hatten, daß ein Zeichen gegeben würde, wenn es gefährlich wäre, das Haus zu betreten. Das Zeichen sah ich nicht, also war alles in Ordnung. Ins Haus konnte man durch das Geschäft (das zugleich Radio-Reparaturwerkstatt war) gelangen — von wo aus eine Treppe zum ersten Stock führte, in die Wohnräume — und durch den Hintereingang, vom Hof aus. Wir benutzten gewöhnlich den Eingang an der Straßenseite. Jetzt aber fand ich die Tür des Geschäfts verschlossen. Verwundert klingelte ich und ging dann ein Stück weiter, um noch einmal aufmerksam die Fenster des Obergeschosses zu betrachten. Die Hamels waren anscheinend nicht zu Hause.

Große Sorge ergriff mich. Ich ging zum nahegelegenen Platz Plain Palais, wo es eine Telefonzelle gab, und rief die Hamels an. Sie nahmen den Hörer nicht ab. Konnte es sein, daß sie sehr spät zu Bett gegangen und noch nicht aus der Villa zurückgekehrt waren? Ich blickte auf meine Uhr, es war kurz vor vier. Also hatten sie Zeit genug gehabt, auszuschlafen. Oder war etwa das Sendegerät außer Betrieb, so daß Eduard es reparieren mußte? Aber selbst dann mußte Maud zu Hause sein, denn sie wußte, daß wir wahrscheinlich Material bringen würden. Beim Verlassen der Telefonzelle lief ich einem bekannten Universitätsdozenten in die Arme. Das hatte mir gerade gefehlt. Während ich den Kopf voll hatte und mir voller Angst überlegte, was passiert sein mochte, war ich gezwungen, mehrere Minuten höflich mit ihm zu plaudern.

Zu Hause angekommen, berichtete ich Lene, daß ich das Material nicht hatte übergeben können, und teilte ihr meine Besorgnisse mit, die sie nicht für begründet hielt; sie versuchte mich zu beruhigen. Aber meine Vorahnung trog nicht: In der Abendausgabe der TRIBUNE DE GENÈVE las ich, daß die eidgenössische Polizei in der Nacht vom 13. zum 14. „eine Gruppe fremder Agenten" in Genf verhaftet hatte. Obgleich diese kurze Meldung keine Einzelheiten brachte, zweifelte ich keinen Moment daran, daß es sich um unsere Funker handelte.

Noch am selben Abend traf ich mich mit einem unserer Mitarbeiter, der sich bereits an kompetenter Stelle erkundigt und erfahren hatte, was in der vergangenen Nacht geschehen war. Man hatte Eduard und Maud festgenommen, aber nicht nur sie. Es stellte sich heraus, daß in jener Nacht die Polizei auch Rosa verhaftet hatte. Das war ein schwerer Schlag.

Wie wir später erfuhren, hatte die Polizei Eduard und Maud während des Sendens überrascht; es war äußerst wichtig, die Funker bei der Tat zu ertappen. Die Fachleute der Peilerfahrzeuge hatten die Polizisten schon in der vorangegangenen Nacht zur Route de Florissant Nr. 192 geführt.

Das Haus wurde umzingelt. Die Polizeibeamten in Zivilkleidung beobachteten die Villa von der menschenleeren Straße her und besonders aus dem neben dem Haus befindlichen Alfred-Bertrand-Park, weil es in diesem alten, dicht bewachsenen Park nachts leicht gewesen wäre, den Verfolgern zu entkommen. Nur einen Kilometer entfernt verlief die französische Grenze. Auch daran hatte man gedacht. Deshalb waren den rund siebzig Polizisten auch Hunde mitgegeben worden. Der Aktion maß man besonderes Gewicht bei: sie wurde von Beamten in verantwortlicher Position gelenkt – von dem Chef der eidgenössischen politischen Polizei, dem Polizeichef von Genf und dem Stabschef der Gendarmerie. Eine ganze „Kriegsstreitmacht" wurde gegen die beiden Funker eingesetzt.

Am Abend des 13. Oktober ließ der Polizeikordon die Hamels in die Villa ein, die in der Dunkelheit nichts Verdächtiges merkten, so wie sie auch früher nicht bemerkt hatten, daß man ihnen folgte.

Laut Programm trat der Sender nach Mitternacht in Betrieb. Maud begann mit der Arbeit, und nachdem sie das Rufzeichen der Zentrale vernahm, begann sie die chiffrierten Telegramme flink zu klopfen. Die Lokatoren zeigten das sofort an. Der geeignete Moment war gekommen. Die Polizisten zogen den Kreis enger. Sie umgaben das Haus so dicht, daß ein Entkommen durch Fenster oder Tür unmöglich gewesen wäre. Die Polizisten warteten noch zehn Minuten.

Etwa um halb eins, als die Funker mitten in der Arbeit steckten, öffnete eine erfahrene Hand geräuschlos die äußere Tür, dann auch jene, die zum Funkraum führte. Das Klopfgeräusch der Morsetaste übertönte die vorsichtigen Schritte der Polizisten. Mehrere Polizisten, Revolver in der Hand, drangen ins Zimmer ein. Es geschah so plötzlich, daß Maud nicht einmal Zeit blieb, den Finger von der Morsetaste zu nehmen, geschweige denn, der Zentrale den Notruf zu übermitteln.

Es begann die Haussuchung. Im übrigen brauchte gar nichts gesucht zu werden. Da stand das Sendegerät mit eingeschalteten Röhren. Auf dem Tisch lagen die durchgegebenen und empfangenen Telegramme, das Programm der Funkverbindung und einige Seiten des Codebuches. Die Indizien reichten aus. Die Lage war aussichtslos.

Danach wurde eine Haussuchung in der Hamel-Wohnung in der Carouge-Straße durchgeführt.

Dort fand sich weiteres Beweismaterial: Rosas Sender, den Eduard zu sich nach Hause genommen und in einem Plattenspielergehäuse versteckt hatte.

Noch in derselben Nacht brach die Polizei in Rosas Wohnung in der Henri-Mussard-Straße Nr. 8 ein, traf sie aber nicht daheim. Sie wurde in der Morgendämmerung, zusammen mit Hans Peters in seiner Wohnung, verhaftet. Die Polizisten wußten, wo sie sich versteckt haben konnte. Beide wurden festgenommen.

Rosa wurde in ihre Wohnung gebracht, damit man diese in ihrer Gegenwart durchsuchen konnte. Zur größten Überraschung der Polizei fand sich der illegale Sender nicht. Aber es wurden dafür andere Beweisstücke gefunden: einige Radiobestandteile, einige Seiten aus dem Codebuch, die Rufzeichen-Tabelle von Rosas Sender. Eduard war fahrlässig gewesen, als er mit dem Sendegerät nicht auch diese Sachen mitgenommen hatte.

Rosa und ihr Freund wurden in Präventivhaft genommen. Der deutsche Geheimagent wurde übrigens sehr bald wieder entlassen. Die verliebte Rosa glaubte während der Untersuchung und selbst dann noch, als sie aus dem Gefängnis kam, hartnäckig, daß Peters nichts mit ihrer Verhaftung zu tun gehabt habe, und sie wollte diesen „Kommunisten“ heiraten, der angeblich vor den Nazis aus Deutschland geflohen war. Die bittere Enttäuschung stellte sich ein, als Peters Maske fiel.

Diese waren die ersten Verhaftungen. Damals hatten wir noch die Hoffnung, daß die Schweizer Spionageabwehr vieles nicht wisse und es uns gelingen würde, den Kern unserer Organisation unversehrt zu erhalten.
Sobald ich mich überzeugt hatte, daß die Funker verhaftet worden waren, telefonierte ich nach Lausanne und gab Jim zu verstehen, was passiert war. Die dringende Warnung war sehr nötig, weil Jim sich am 17. Oktober in Lausanne mit Eduard hätte treffen sollen, der in letzter Zeit an Rosas Stelle die Informationen überbrachte. Es ist nicht ausgeschlossen, daß die Schweizer Agenten Hamels Reisen überwacht hatten und Jim ihnen in die Arme gelaufen wäre.
Mit den folgenden Worten machte ich Jim auf die Gefahr aufmerksam: „Eduard ist schwer erkrankt. Wir haben einen Arzt rufen lassen, der Eduard in ein Krankenhaus eingewiesen hat. Besuche sind vorläufig verboten.“ In unserer Sprache bedeutete „Krankheit“ die Festnahme, „Krankenhaus“ wiederum hieß Gefängnis. Jim antwortete, er habe alles verstanden und sei über Eduards Erkrankung sehr betrübt.
Noch am gleichen Tag fuhr ich nach Lausanne. Bei Jim schrieb ich einen Bericht an den Direktor über die Ereignisse; ich wies Jim an, aus Gründen der Sicherheit meinen Bericht mit seinem eigenen Code zu übermitteln, denn ich wußte nicht bestimmt, ob die Polizei bei den Hamels eine Seite aus meinem Codebuch gefunden hatte.
Jim zeigte mir das Radiogramm, das er in der vorangegangenen Nacht empfangen hatte. Moskau erkundigte sich besorgt, weshalb die beiden Genfer Sender auf die Rufzeichen nicht antworteten. Die Zentrale wußte, daß ich Rosas Sender am 16. Oktober wieder in die Arbeit einschalten wollte.
Wir vereinbarten, daß Jim die Antwort der Zentrale mir durch Lene zuschicken würde, die ihn besuchen sollte.
Von Lausanne fuhr ich weiter nach Bern, erzählte Pakbo, was vorgefallen war und gab ihm eine zuverlässige Genfer Adresse, durch die wir postalisch und auch persönlich Verbindung halten konnten.
Auf der Heimreise nach Genf wurde mir klar, daß wir Jim jetzt wie unseren Augapfel hüten mußten, denn nun war sein Sender unser einziger Kontakt zu Moskau.
Die Zentrale sandte dringende Weisungen an Jim:

„Halten Sie unbedingt die Verbindung mit Albert (das heißt mit mir — Der Autor). Seien Sie beide äußerst vorsichtig. Berichten Sie kurz und nur über die Lage der Organisation. Teilen Sie Albert mit, daß wir seine Maßnahmen für richtig halten, die Gruppe soll vorüberge-

hend die Arbeit einstellen. Wir erwarten täglich programmgemäß Ihren Ruf."

Anfangs hat sich die eidgenössische Polizei mit der Untersuchung in Sachen der Funker befaßt. Später, nach etwa drei Monaten, wurde die Angelegenheit den Militärbehörden übergeben.

Die Untersuchung wurde geheimgehalten, deshalb berichtete die Schweizer Presse nichts darüber. In den ersten Tagen nach den Festnahmen wußten wir noch nicht, wo man unsere Mitarbeiter gefangenhielt, wohin man sie zum Verhör brachte, ob es der Polizei gelungen war, sie zu Geständnissen zu bewegen, und was eigentlich bei den Haussuchungen gefunden worden war. Es war überaus wichtig, all das zu klären.

In irgendeiner Form mußte sobald wie möglich der Kontakt zu den Verhafteten hergestellt werden. Darüber hinaus war ich als Leiter der Organisation verpflichtet, dem Ehepaar Hamel und Margarete Bolli Rechtshilfe zu verschaffen, wenn ihnen nicht vorher mit unserer Hilfe die Flucht aus dem Gefängnis gelang. Ich mußte einen Rechtsanwalt finden, der den Fall nicht nur aus fachlichem Interesse, für Geld oder um der Sensation willen übernahm, sondern im Plädoyer als antifaschistischer Ankläger auftrat. Ungefähr nach einer Woche erfuhr ich durch einen Bekannten nicht nur in welchem Gefängnis unsere Funker saßen, sondern ich konnte ihnen auch schriftliche Mitteilungen zukommen lassen. Die Hamels und Margarete Bolli befanden sich in Einzelhaft im Genfer Saint-Antoine-Gefängnis. Zu den Verhören wurden sie getrennt geführt, nur bei Gegenüberstellungen sahen sie sich, aber sie durften nicht miteinander sprechen. In ihrem Fall wurden die Haftvorschriften streng beachtet. Doch wir hatten Glück. Es fand sich eine Person, die die Rolle des Briefträgers übernahm; es war der Wärter Edmond (Eduard) Hamels. Mit seiner Hilfe konnten wir einander schreiben. Allerdings funktionierte diese Gefängnispost nicht lange, weil dieser Mann bald entlassen wurde. Bis dahin jedoch hatte ich schon einiges von Edmond erfahren.

Zunächst teilte er mir mit, welche Geheimschriften und Beweisstücke man bei der Haussuchung gefunden hatte. Da erst erfuhr ich, daß die Polizei alles mitgenommen hatte, was im Versteck in der Villa und in der Wohnung der Hamels gewesen war. Ich riet den Genossen, sie sollten wenigstens leugnen, wo keine Beweise vorlagen und auf keinen Fall gestehen, daß sie dem sowjetischen Nachrichtendienst angehörten. Aber Edmond antwortete aus dem Gefängnis, daß die Polizei sehr viel mehr über uns wisse, als ich gedacht hatte.

Edmond schrieb, man habe ihm beim letzten Verhör mein Foto gezeigt und meinen Namen genannt. Man wußte auch, daß Dora mein Deckname war. Der Polizeiinspektor erklärte, er wisse, daß Radó der Leiter der Organisation sei und die Gefangenen Verbindung zu ihm hielten. Er versprach, sie alle auf freien Fuß zu setzen, wenn sie das zugäben. Wie Edmond schrieb, verriet uns keiner, sondern alle behaupteten steif und fest, noch nie den Mann auf dem Foto gesehen zu haben.

Ich vertraute darauf, daß die Mitarbeiter schwiegen, daß sie nicht verrieten, mit wem sie in Verbindung gestanden hatten. Meine Zuversicht wurde auch dadurch genährt, daß der Schweizer Geheimdienst und die Polizei vorläufig zu keiner Aktion gegen uns ausholten. Doch wie lange würde das so bleiben? Hielten die Funker durch? Und was geschah, wenn die Untersuchungsbeamten noch über weitere Beweise für unsere Zusammenarbeit verfügten und diese unerwartet den Gefangenen vorlegten? Hatten sie einmal meine Fotografie in der Hand, so mußten sie etwas über mich erfahren haben und vielleicht auch über andere Mitglieder der Gruppe. Gefahr drohte Pakbo und Jim, mit denen Rosa die Verbindung gehalten hatte, denn die Agenten konnten ihre Begegnungen beobachtet haben.

Ich gelangte zu der Schlußfolgerung, daß man mich seit langem beobachtet haben mochte oder, was wahrscheinlicher war, daß die Schweizer ihre Informationen von der Gestapo und den Provokateuren vom Schlage Rameau-Zweig erhalten hatten. Es schien unvermeidbar, daß ich mich in die Illegalität begab. Dennoch beschloß ich, vorerst abzuwarten, weil es ungleich schwieriger ist, die Arbeit der Gruppe aus der Illegalität zu lenken. Und bevor ich in die Illegalität untertauchte, mußte ich mich überzeugen, daß Pakbo und Jim keine Gefahr drohte, ich mußte sie miteinander bekannt machen, denn in dieser schweren Zeit konnten sie allein die Belange der Organisation erfolgreich wahrnehmen. Auch mußte ich für die im Gefängnis befindlichen Mitarbeiter Sorge tragen.

Durch einen meiner Freunde, der namhafte Genfer Rechtsanwälte kannte, gelang es, mit einem sehr einflußreichen Anwalt, dem hervorragenden Kenner der Schweizer Rechtsprechung, Hermann Dutoit, zu vereinbaren, daß er den Fall der Funker übernähme. Ein merkwürdiger Zufall wollte es, daß gerade Dutoit in Sachen Aufenthaltserlaubnis und anderen persönlichen Angelegenheiten mein Rechtsberater gewesen war, aber natürlich ahnte er noch nicht, daß ich etwas mit dem Fall Hamel zu tun hätte. Im übrigen, wenn ich mich recht entsinne, war Dutoit in Genf Präsident der radikalen Partei, während Adrien Lachenal – sein Sozius in seinem Rechtsanwaltsbüro – Mitglied der Genfer und später der eidgenössischen Regierung war.

Die Zentrale stimmte meiner Wahl zu. Obgleich die Behörden vorerst nicht gestatteten, daß der Anwalt die Gefangenen sah und Einblick in das Untersuchungsmaterial erhielt, versprach Dutoit, ihre Verteidigung zu übernehmen. Er beanspruchte ein hohes Honorar. Es gelang uns auch, unseren verhafteten Mitarbeitern eine bessere Verpflegung zu verschaffen. Zu diesem Zweck gab ich meinen Vertrauensleuten Geld, das sie der Gefängnisleitung weitergaben. Von da an erhielten die Hamels und die Bolli ihre Beköstigung aus einem Restaurant. In Schweizer Gefängnissen sind solche Vergünstigungen nicht verboten.

Am 19. oder 20. Oktober übermittelte Edmond durch den Wärter eine schlechte Nachricht. Er warnte mich, daß die Peiler unseren dritten Sender in der Umgebung von Lausanne suchten. Das hatte Edmond beim Verhör vom Polizeiinspektor erfahren.

Sofort verständigte ich Jim, der einen Funkspruch an die Zentrale aufgab.

Am 25. Oktober traf aus Moskau folgende Weisung ein:

„*Schränken Sie Ihre Sendungen auf ein Minimum ein. Zwecks Tarnung der Arbeit schlagen wir vor, daß Sie nicht länger als zwanzig Minuten im Äther sein sollen.* (Dann folgten die Tage, die Stunden, die Wellenbänder, die ständig geändert werden mußten.) *Unter den erwähnten Umständen können Sie uns allnächtlich zwei- bis dreimal rufen. Uns können Sie gefahrlos hören.*

Direktor.“

Fünfter Teil

Nach Oktober 1943

IN DER ILLEGALITÄT

Ich stand bereits unter Beobachtung.
Neben der Rue de Lausanne, wo ich wohnte, dehnte sich ein großer Park aus. Dort, unmittelbar gegenüber unserem Haus, stand ein Wachhäuschen, in dem normalerweise die Parkwächter sich aufhielten; zuweilen verschwanden sie, wahrscheinlich inspizierten sie die Wege. Jetzt aber sahen wir dort Tag und Nacht zwei Männer, vermutlich Polizisten. Aus dem Wachhäuschen konnte man gut beobachten, wenn ich das Haus verließ. Ging ich zu Fuß, nahm ich nichts Verdächtiges wahr, doch wenn ich die Straßenbahn vor dem Haus bestieg, erschien ein junger Mann auf einem Motorrad, der neben dem Straßenbahnwagen herfuhr, bis ich abstieg. Das wiederholte sich mehrere Male.
Kein Zweifel, man behielt mich im Auge. Also war mein Foto, wahrscheinlich dasselbe, das man beim Verhör Edmond gezeigt hatte, von der Polizei vervielfältigt und an ihre Leute verteilt worden.
Sobald sie den Befehl hatten, würden sie mich verhaften. Ich mußte verschwinden. Ich mußte sie abschütteln und mich verbergen. Das wichtigste war, daß ich meine Ruhe bewahrte. In den langen Jahren meines Emigrantenlebens hatte ich die Polizei mehr als einmal an der Nase herumgeführt. Durch mein Verhalten durfte ich nicht verraten, daß ich die Beobachter sah. Immer ruhig und aufgepaßt. Dieses Katz-und-Maus-Spiel mußte ich unter allen Umständen gewinnen.
Ich dachte viel darüber nach, auf welche Weise ich die Organisation vor der totalen Vernichtung retten könne, denn die große Aktivität des Geheimdienstes und der Polizei deutete auf dieses Ziel hin. Jim übermittelte mir den Rat der Zentrale, ich solle die Freunde um Hilfe bitten. Aber wer mochten diese Freunde sein? — zerbrachen Jim und ich uns den Kopf. An die Kommunistische Partei konnte die Zentrale nicht denken, weil es uns verboten war, Kontakt zur Partei aufzunehmen. Jim meinte, daß es sich um die Alliierten oder um die Gesandtschaften der Alliierten handeln könne, zu denen Pakbo durch Salter gute Beziehungen besaß. Wir konnten versuchen, vorübergehend die englische diplomatische Mission als Versteck zu benutzen. Das war nicht einfach, aber ich hoffte, daß die Alliierten in dieser schwierigen Situation ihre Hilfe nicht verweigern würden. Die englische Gesandtschaft wäre eine geeignete „Decke" gewesen, weil die Schweizer Behörden großen Respekt vor der britischen Flagge bekundeten und den Leuten des Intelligence Service alles nachsahen.

Noch ein Grund sprach dafür.
Nach Jims Meldung glaubten die Lausanner Behörden, daß er für den englischen Nachrichtendienst arbeite. Das erfuhr er von der Frau des rumänischen Volkswirtschaftsministers. Jim hatte sich mit ihr unterhalten, als sie mehrfach in Lausanne gewesen war, und hatte ihr nützliche Informationen entlockt. Beim Wein erklärte die Dame lächelnd, daß ihre Freundin, die Frau des rumänischen Botschafters in Bern, Jim für einen Agenten des Intelligence Service halte. Die Botschafterin hatte angeblich bei einem diplomatischen Empfang im Gespräch dem Oberst Perrot, Offizier der Schweizer Spionageabwehr, die Vermutung mitgeteilt, daß Jim, den sie persönlich kannte, britischer Nachrichtendienstler sei. Perrot erklärte, auch er habe diesen Verdacht, aber solange dieser Engländer nicht gegen die Schweiz arbeite und keine militärischen Informationen sammele, sähe er keinen Anlaß, gegen den Vertreter einer befreundeten Macht auch nur das Geringste zu unternehmen.
Jim verständigte darüber noch im Juli die Zentrale, bei der Beantwortung eines Radioprogrammes des Direktors, den die Affäre mit dem Gestapo-„Kurier" und verschiedene andere Gefahren, die unserem Lausanner Funker drohten, sehr beunruhigt hatten.
Der englische „Wandschirm" wäre auch Jim sehr gelegen gekommen, der die letzte Verbindung zwischen uns und der Zentrale war.
Ende Oktober schickte ich den nachstehenden Funkspruch an die Zentrale:

„Für eine Fortsetzung der Arbeit wird die Situation immer ungünstiger. Die Schweizer Polizei hat den Anzeichen nach die Absicht, unsere Organisation zu zerschlagen. Ich schlage vor, daß wir versuchen, Kontakt zu den Engländern aufzunehmen und von dort die Arbeit in neuer konspirativer Form fortzusetzen. Ich bitte um Weisung, denn die Angelegenheit drängt sehr."

In der Zentrale wurde diese Lösung jedoch nicht akzeptiert.
Am 2. November telegraphierte der Direktor:

„Ihr Vorschlag, daß Sie sich bei den Engländern verstecken und Ihre Arbeit von dort fortsetzen, ist völlig unannehmbar. In diesem Falle würden Sie und Ihre Organisation Ihre Unabhängigkeit verlieren. Wir verstehen, daß Sie in einer schwierigen Lage sind, und wir versuchen zu helfen. Wir schalten einen namhaften amerikanischen Rechtsanwalt ein, der über gute Beziehungen in der Schweiz verfügt. Er wird gewiß Ihnen und all jenen helfen können, die in Schwierig-

keiten geraten sind. Teilen Sie unverzüglich mit, ob Sie sich halten können oder sich irgendwo für zwei bis drei Monate verbergen können.“

Die Zentrale gestattete also, daß ich mich in die Illegalität begab. Aber wie? Jetzt mußte ich mir darüber den Kopf zerbrechen. Und Zeit zum Überlegen gab es nicht. Schnell gelang es mir, eine geeignete Wohnung zu finden: Jener Arzt, der im Jahre 1942 uns geholfen hatte, den Reisepaß über die italienische Grenze zu bringen, ein zuverlässiger Mann also, bot mir auch jetzt Obdach.

Weitere Sorgen bedrückten mich: was sollte aus meiner Familie werden, was mit dem Verlag, der zwar nicht viel Profit abwarf, von dem wir aber immerhin leben konnten.

Um unsere Söhne, die wir der Großmutter anvertrauten, machten wir uns vorerst keine Sorgen, denn der Ältere hatte bereits sein achtzehntes Lebensjahr und der Jüngere das dreizehnte vollendet. Sie bekamen Lebensmittelkarten, und ich hinterließ bei meiner Schwiegermutter die Mittel für den Lebensunterhalt. Für Lenes Mutter war so etwas nichts Neues. Diese tapfere Frau, die in der Armut allein ihre drei Töchter großgezogen hatte, wie ich schon erwähnte, gewährte im Ersten Weltkrieg in Deutschland russischen und deutschen illegalen Revolutionären Asyl. Die Konspiration war ihr nicht unbekannt, und sie hielt es nicht nur für richtig, sondern bestand darauf, daß ihre Tochter und ich so schnell wie möglich in die Illegalität gingen.

Meine Frau und ich beschlossen, daß sie sich vorläufig in eine Klinik begeben, ich wiederum verschwinden solle. Es war nicht ratsam, das Haus gleichzeitig zu verlassen, was die Agenten alarmiert hätte.

Nachdem ich Lene in der Klinik untergebracht hatte, begleitete meine Schwiegermutter meinen jüngeren Sohn in die Berge in ein Internat, wie wir es im Familienrat vereinbart hatten. Nun war ich an der Reihe.

Wie sollte ich gehen, ohne daß die Agenten, die jeden meiner Schritte bewachten, wenigstens einige Tage lang mein Verschwinden nicht bemerkten? Der Fluchtplan war sehr einfach und baute darauf, daß es gelingen würde, die Wachsamkeit der Polizei abzulenken.

Wir hatten einen großen deutschen Schäferhund. Mein ältester Sohn und dieser Hund halfen mir.

Mehrere Abende nacheinander ging ich absichtlich mit dem Hund um das Haus und durch den Park spazieren, damit sich die Polizisten im Wachhäuschen daran gewöhnten. An dem Abend, an dem ich fliehen wollte, spazierte ich mit dem Hund hinaus und begab mich mit ihm zu einer nahegelegenen Unterführung unter der Eisenbahn. Mein Sohn wartete dort mit dem Fahrrad. Der Novemberabend war ziemlich kalt, aber ich hatte absichtlich weder Mantel noch Hut mitgenommen. Die Polizisten sollten glauben, daß ich den Hund nur für ein paar Minuten ausführte.

Es dämmerte bereits. In der Unterführung übergab ich den Hund meinem Sohn, setzte mich selbst auf das Fahrrad und fuhr davon. Mein Sohn ging nach Hause, als sei nichts geschehen. Die Polizisten paßten entweder nicht auf oder glaubten im Dunkeln, daß ich mit dem Hund nach Hause zurückkehrte. Noch wochenlang bewachten sie mich, bis sie schließlich merkten, daß die ihrer Obhut anvertraute Person bereits verschwunden war. Wie ich später erfuhr, hatten sie ihrem Vorgesetzten gemeldet, ich hätte mich eingeschlossen und traute mich nicht auf die Straße.

Im Schutze der Dunkelheit (in der Schweiz war Verdunkelung angeordnet) gelangte ich glücklich in die Altstadt, in die Wohnung des Arztes, wo man schon auf mich wartete. Meine Wirtsleute gaben mir ein Zimmer, das außer mir niemand betrat.

Die eine Hälfte der Aufgabe hatte ich durchgeführt: ich hatte die Beobachter abgeschüttelt. Nun folgte die schwierigere Hälfte: die Organisation der Arbeit aus der Illegalität, während die Polizei nach mir fahndete und wir nur einen Sender hatten, der ebenfalls schon angepeilt war. Die Verbindung mußte unter größter Vorsicht, durch zuverlässige Mittelspersonen gehalten werden. Darüber mußte ich persönlich mit Jim sprechen. Der Ort und die Zeit unseres Treffens im Eaux-Vives-Park konnten nicht mehr abgeändert werden, obwohl Gefahr bestand, daß man uns verhaftete.

Am 8. November, nachdem ich mein Äußeres etwas verändert hatte, hielt ich auf der Straße ein Taxi an, und ließ mich zum Park fahren.

Jim war schon etwas früher eingetroffen als vereinbart. Bereits aus dem Fenster des Wagens erblickte ich seine breitschultrige Gestalt; er stand im Übergangsmantel am Parkeingang. Ich bezahlte das Taxi und trat zu ihm. Er schaute mich sonderbar an bzw. blickte gar nicht auf mich, sondern hinter mich. Unwillkürlich drehte ich mich um, aber ich sah nur das neben dem Bürgersteig haltende Taxi, aus dem ich soeben ausgestiegen war.

„Albert, laß uns sofort von hier weggehen – sagte Jim leise. – Der Taxifahrer ist zur Telefonzelle gerannt. Er lief, als wären ihm die Hunde auf den Fersen. Das kann kein Zufall sein.“

Tatsächlich war der Chauffeursitz leer. Schnell gingen wir in den Park hinein.

Vielleicht war alles nur Zufall. Wer weiß, wen der Fahrer dringend anrufen wollte? Wahrscheinlich hätte in einer anderen Situation we-

der Jim noch ich einer solchen Kleinigkeit Bedeutung beigemessen. Aber wir wußten, daß die Polizei mein Foto besaß. Vielleicht hatte es auch der Taxifahrer und hatte mich möglicherweise erkannt; nun mochte er gerade die Polizei verständigen.
Der Verdacht war nicht unbegründet. Später stellte sich heraus, daß die Polizei zweihundert Fotos nicht nur an ihre Leute, sondern auch an die Taxichauffeure verteilt hatte mit der Weisung, es sofort zu melden, wenn man mich erkannte.
Von einer gründlichen Besprechung konnte nicht die Rede sein. Sobald wie möglich mußten wir unbeobachtet verschwinden. Im Gehen überreichte mir Jim die letzte Botschaft der Zentrale, und ich teilte ihm in wenigen Worten mit, daß ich in die Illegalität gegangen sei, und ich gab ihm die Adresse des Doktors. Ich wies Jim an, er solle zu mir in die Wohnung kommen, falls ein dringendes Radiogramm aus Moskau käme, wir würden dann besprechen, wie wir weiterarbeiten sollten.
Ich kannte den Eaux-Vives-Park gut. Am anderen Ende war ein Restaurant, dessen Hinterausgang in eine schmale Gasse führte. Wir betraten das Restaurant, eilten durch die Küche und durch die Hintertür in den Hof. In der Küche konnten die Köche nur eben einen überraschten Blick auf die beiden Männer im Mantel werfen, die im Nu verschwanden. Niemand hielt uns an. In der Nebenstraße trennten wir uns und gingen in verschiedene Richtungen davon.
Ich glaube, wenn wir auch nur zehn Minuten gezögert hätten, wären wir verhaftet worden.
In jener Nacht schickte Jim das folgende Radiogramm nach Moskau:

8. November 1943. An Direktor.
Albert ist überzeugt, daß sein Haus unter Beobachtung steht. Es ist ihm gelungen, sich in die Illegalität zu begeben.
Die Verbindung mit mir wird er durch Sissy halten. Wenn ich telefonisch das verabredete Zeichen erhalte, besuche ich Albert in seiner illegalen Wohnung.
Maria (also meine Frau, Lene — Der Autor) hat sich in eine Klinik begeben, der jüngere Sohn ist in einem Internat, der ältere zu Hause bei der Großmutter.
Eduard und Maud befinden sich noch immer unter strenger Bewachung, werden aber gut behandelt. Sie haben nichts verraten.

Ich wußte, daß nunmehr die Polizei sich unbedingt nach meiner Frau erkundigen und erfahren würde, in welcher Klinik sie lag. Man ließ sie dort bestimmt nicht in Frieden. Die Klinik konnte keinen zuver-

lässigen Schutz für längere Zeit bieten. Schließlich würden die Schweizer Behörden meine Frau verhaften. Auch sie mußte sich in die Illegalität begeben.
Die Frau des Arztes, bei dem ich wohnte, besuchte Lene in der Klinik. Ich ließ meiner Frau ausrichten, daß sie unverzüglich zu mir kommen sollte. Lene sagte ihrem Arzt, sie wolle ihre Kinder besuchen; sie verließ die Klinik, ging aber natürlich nicht nach Hause—dorthin konnte sie nicht mehr —, sondern begab sich zu der von mir angegebenen Adresse. Zuvor jedoch machte sie einen großen Umweg durch die Stadt, stieg von der Straßenbahn in ein Taxi, um eventuelle Verfolger abzuschütteln. Sie kannte sich in solchen Dingen gut aus und hatte viel Erfahrung. Glücklich traf sie in der Wohnung des Arztes ein.
Von da an, also ungefähr ab Mitte November, gingen wir nicht mehr auf die Straße.
Ein neuer Kontakt mußte zu den Mitgliedern der Organisation hergestellt werden, denn das Ehepaar Hamel, Rosa und Lene, die immer wieder die Verbindungspersonen zwischen mir und Jim, Pakbo und Sissy gewesen waren, konnten jetzt diese Aufgaben nicht wahrnehmen. Zusammen mit anderen unaufschiebbaren Problemen hatte ich auch das mit Jim besprochen, der ein- bis zweimal in der Woche zu Besuch kam.
Jim war äußerst vorsichtig, wenn er mich besuchte. Er kam stets nach Eintritt der Dunkelheit. Wenn er aus dem Zug von Lausanne stieg, spazierte er eine Weile durch die Stadt, kehrte in ein Caféhaus oder Restaurant ein, setzte sich dann in ein Taxi und ließ sich in die Altstadt fahren. Den Wagen schickte er zwei bis drei Ecken vor dem Haus des Arztes weg.
Die Stadt hatte Verdunklung. In dieser Finsternis war es ihm leichtgefallen, sich in einem Hof zu verstecken, um Personen abzuschütteln, die ihn unter Umständen verfolgten. Jim trat immer wieder in ein Haustor und lauschte, ob ihm jemand nachging, denn in den menschenleeren Straßen waren Schritte weithin vernehmlich. In die Wohnung des Arztes ließ man ihn nur nach Nennung des Kennwortes ein.
Mit dem gleichen Ziel wie Jim besuchte mich auch Sissy in der Wohnung des Arztes; sie hatte die Anschrift unter der Bedingung erhalten, sie niemandem unter den Mitarbeitern weiterzugeben. Unter den gegebenen Umständen konnte nur allerstrengste Konspiration die Fortsetzung unserer Arbeit gewährleisten.
Alle Möglichkeiten erwägend, unterbreiteten wir der Zentrale unsere Vorschläge.
Moskau schickte folgende Anwort:

Ihre Vorschläge sind in Ordnung. Weisen Sie als Leiter Sissy und Pakbo an, daß sie die Arbeit vorläufig selbständig fortführen sollen. Wichtigeres Material sollen sie durch Jim übermitteln.
Jim soll unverzüglich eine neue Wohnung in einer anderen Stadt besorgen. Hauptsache ist, daß die wichtigen und dringenden Meldungen ohne Verzögerung eintreffen. *Direktor*

Das wichtigste war, daß wir die Weitergabe der Informationen fortsetzten. Von Pakbo trafen sie regelmäßig ein, Sissy suchte mich nur zweimal auf. Ich empfahl ihr die unmittelbare Verbindung mit Jim, weil so die Informationen schneller ans Ziel gelangten und sie auch nicht überflüssigerweise die Wohnung des Arztes betreten mußte. Aber Sissy hörte nicht auf meinen Vorschlag, weil sie glaubte, daß es in dieser Lage äußerst gefährlich gewesen wäre, einen neuen Kontakt auszubauen, zumal zu einem Funker. Zwischen Pakbo und Jim gelang es, den Kontakt zustande zu bringen in der Hoffnung, daß wenigstens diese Linie ohne mich funktionieren würde. Das einzige was ich noch tun konnte, war, daß ich die Informationen sehr kurz faßte und so weiterleitete. Aber ich war nicht sicher, daß es Jim gelingen würde, sie tatsächlich durch den Funk zu übermitteln, denn zufolge der Weisung der Zentrale arbeitete er selten und nur kurze Zeit. Eine neue Wohnung fand er vorläufig nicht. Nicht jede Wohnung eignet sich zum Installieren eines Senders; zumal in Kriegszeiten kann ein Ausländer nur mit polizeilicher Genehmigung die Wohnung wechseln, und besonders bei Umzugswünschen in eine andere Stadt mußte dem Antrag eine entsprechende Begründung beigegeben werden.
Es gelang nicht, die verhafteten Funker zu befreien. Die Polizei erfuhr von unserer Absicht, denn mit Hilfe der wenigen Seiten des sichergestellten Codebuchs entschlüsselte sie den Telegrammwechsel mit der Zentrale. Der hilfreiche Gefängniswächter wurde entlassen, und Edmond, Olga und Margarete Bolli wurden in ein anderes Gefängnis überführt. Die Verhöre wurden fortgesetzt.
Bolli sprach zuerst. Einen Monat lang hatte sie geleugnet, zu einer illegalen Organisation zu gehören. Sie gestand unter der Last der Beweise, die die Agenten, die sie beobachteten, gesammelt hatten. Hinzu kam die Unerfahrenheit ihrer Jugend.
Man zeigte Margarete zwei Fotos, eins von mir und eins von Jim, sagte ihr unsere Namen, aber sie blieb dabei, daß sie diese Männer nicht kenne. Als aber Mitte November der Kommissar genau beschrieb, wo sie sich mit mir, mit Jim und Pakbo getroffen hatte, brach der Widerstand Rosas, die nicht geahnt hatte, daß die Polizei soviel wußte.

Bolli erzählte fast alles von sich und was sie über die Mitarbeiter wußte, mit denen sie in der Organisation in Kontakt gestanden hatte. In ihrem Geständnis betonte sie, daß die Tätigkeit der Gruppe die Interessen der Schweiz nicht berühre, sondern lediglich gegen Nazi-Deutschland gerichtet sei und sie letzten Endes dem Schutze ihrer Heimat diene. Sie verschwieg lediglich, daß sie zum sowjetischen militärischen Nachrichtendienst gehörte. Sie behauptete, sie arbeite für Großbritannien und die Vereinigten Staaten. Dabei blieb sie bis Februar 1944.

Tapfer verhielt sich während der Untersuchung das Ehepaar Hamel. Obwohl viel Material gegen sie vorlag, wiesen sie energisch jede Anschuldigung zurück und identifizierten mich nicht an Hand des Fotos. Mehrere Monate lang gelang es der Polizei nicht, Wesentliches aus ihnen herauszuholen. So verhielten sie sich, bis man sie mit neuen Beweisen in die Enge trieb.

Diese Einzelheiten der Untersuchung erzählten die Funker selber, die man später vorübergehend auf freien Fuß setzte, und ihre Worte wurden durch das Material des Prozesses gestützt, den die Schweizer Behörden nach Kriegsende durchführten.

JIMS FESTNAHME

Sehen wir nun, wie man unseren letzten Sender suchte, den die Schweizer Spionageabwehr in Lausanne anpeilte, was mir Edmond Hamel aus dem Gefängnis mitgeteilt hatte.

Während wir verschiedene Schutzmaßnahmen ergriffen und fieberhaft nach Möglichkeiten suchten, die Organisation weiterarbeiten zu lassen, die durch den Ausfall der beiden Genfer Sender und die ständige polizeiliche Beobachtung in ihren Grundfesten erschüttert war, setzte der Schweizer Funkpeildienst die Suche fort.

Jims Sender wurde von jener Abteilung angepeilt, die die Polizei zu unseren Sendern in Genf geführt hatte. Aus den nachfolgenden zwei Dokumenten können wir uns ein genaues Bild machen, wie diese Suche vor sich ging.

Auszug aus der Meldung des Abteilungsleiters Leutnant Treyer, in dem er seinen Vorgesetzten berichtet, was seine Untergruppe im Oktober und November 1943 erledigte (Archivmaterial):

„Während der Beobachtung in Genf, die am 14. Oktober 1943 mit der Festnahme von Funkern zweier geheimer Sender und der Aufspürung des Verstecks der Geräte endete, peilten wir einen dritten

Sender an, dessen Charakteristiken die gleichen waren wie die der vorangegangenen beiden.
Die Zeichen dieser dritten Station vernahmen wir kaum hörbar am 27. September 1943 um 00.25 Uhr, aber auf Grund ihrer Charakteristiken hielten wir es für sicher, daß es sich um einen zu derselben Organisation gehörenden Sender handelte. Diese Station (um die Anpeilung zu erschweren) arbeitete unregelmäßig, weshalb wir sie nur schwer fanden.
9. Oktober 1943 – wir wissen mit Bestimmtheit, daß sie sich in Lausanne befindet,
20. Oktober 1943 – wir haben festgestellt, in welchem Stadtviertel,
25. Oktober 1943 – in welchem Haus,
5. November 1943 – es standen uns sämtliche technischen Daten zur Verfügung, die die auf Grund der ersten Peilungen von der eidgenössischen Polizei aufgestellte Hypothese stützten: Im Besitz der Daten ermittelten wir die Adresse des Senders: Longeray-Straße Nr. 2, 4. Stock, Wohnung Foote.
11. November 1943 – wir ermittelten, mit welcher Station Foote die Verbindung hält. Es handelt sich um einen Sender von großer Leistung, mit dem Rufzeichen OWW. Unsere Funkbereichsmeßstation stellte fest, daß die Station OWW sich in Rußland befindet.
Den Text der abgehörten Telegramme – so fährt Leutnant Treyer fort – übergaben wir der Chiffrierabteilung des Schweizer Generalstabes."
Eintragungen im Diensttagebuch der Abteilung ergänzen die Meldung:
„18. Oktober 1943 – wir errichten eine Abhörstation in Lausanne, um die Arbeit von US zu registrieren (so nannten die Schweizer Funkpeiler Jims Station unter sich – Der Autor). Die motorisierte Abhörpatrouille befindet sich gleichfalls in Lausanne und arbeitet mit Herrn Inspektor Pasche zusammen.
5. November 1943 – die Station US ist abwechselnd auf Sendung und Empfang geschaltet. Während der Sendungen führt die Patrouille mehrere Nahabhörungen durch, während die andere Patrouille in unmittelbarer Nähe von US das Tonvolumen vergleicht. Die Lokalisolierung ist abgeschlossen.
14. November 1943 – die Station OWW übermittelt zwei Telegramme an US, die Telegramme bestehen aus jeweils 283 Zahlengruppen.
19. November 1943 – die von der eidgenössischen Polizei zusammen mit der Sicherheitspolizei und den Instrumenten von ‚Radio 7' vorbereitete Aktion (also die Verhaftung – Der Autor) wird nicht durchgeführt, weil US nicht in Betrieb ist."

Jim bemerkte die drohende Gefahr nicht, weil die Polizei die Beobachtung außerordentlich umsichtig tätigte und ihn vorläufig auch nicht verhaften wollte. Dafür gab es einen Grund, wie wir nachfolgend sehen werden.

Den im dichtbewohnten Stadtviertel angepeilten Sender zu finden, war nicht leicht. Um den genauen Standort festzustellen, war die Polizei genötigt, nacheinander in jedem Gebäude den Strom abzuschalten, wenn der Sender in Betrieb war. Wenn der Sender nicht verstummte, ging man weiter, schaltete den Strom im nächsten Haus ab, bis feststand, daß er sich im Haus Longeray-Straße Nr. 2 befand. Das war ein Mietshaus mit vielen Wohnungen. Die letzte Phase der Sucharbeit wurde mit kleinen, in die Manteltasche passenden Spezialempfängern durchgeführt. Von Stockwerk zu Stockwerk ging man an die Wohnung heran. Im obersten, vierten Stock, bei der Tür am Ende des langen Korridors waren die Morsezeichen am lautesten. Die Suche war zu Ende.

Jim konnte freilich nicht ahnen, daß gut angezogene Herren seltsamerweise von Stockwerk zu Stockwerk gingen und, wenn sie einem Hauseinwohner begegneten, taten, als hätten sie sich in der Türnummer geirrt. Er sah sie deshalb nie, weil er zu dieser Zeit mit der bei ihm gewohnten Geschwindigkeit mit der Morsetaste klopfte oder durch die Kopfhörer die Moskauer Station abhörte und die Zahlenreihen auf ein Blatt Papier notierte. Die verdächtigen Männer tauchten nur abends oder nachts in dem Haus auf. Allerdings einmal, als er nach Hause kam, war es Jim, als beobachte ihn jemand von der Tür aus, die seiner Wohnung gegenüberlag. Als er durch den Korridor ging, hörte er deutlich das Schnappen des Schlosses hinter sich. Aber er glaubte, seine in den letzten Tagen strapazierten Nerven hätten ihm einen Streich gespielt.

Moskaus strenger Weisung folgend, empfing Jim damals zumeist nur die aus Moskau kommenden Telegramme und funkte selber wenig, aber ab und zu übermittelte er trotzdem seine Meldungen.

Am 16. November besuchte Jim mich wieder beim Arzt, nachdem er sich zuvor mit Pakbo getroffen hatte. Nachts übermittelte er meine Telegramme und in seinem eigenen Namen den nachstehenden Funkspruch:

17. November 1943. An Direktor.
Long und Salter haben sehr wertvolle Informationen für die Zentrale. Ich unternehme alles, um Bestandteile zu besorgen und einen Sender für den Fall zusammenzubasteln, daß man mich verhaftet.

Es scheint, daß die Schweizer diese Sendung nicht abhörten, denn sie ist nicht unter dem 17. November in ihrem Tagebuch eingetragen. Jim verwendete nämlich verschiedene Wellenbänder und sein Sender hatte zwei Rufzeichen, die er willkürlich wechselte, und diesmal „verlor" man ihn im Äther. Aber zwei oder drei Tage vorher hatte die Spionageabwehr die Weisung des Direktors abgehört, die — wäre ihre Ausführung gelungen — den Plan der Polizei über den Haufen geworfen hätte: Die Leitung empfahl Jim, daß er wegen der offensichtlichen Gefahr sich so schnell wie möglich in die Illegalität begeben solle. Das Radiogramm war an meinen Namen und mit meinem Code geschickt, die Polizei entschlüsselte es, denn seit der Festnahme der Genfer Funker besaß sie den Chiffrierschlüssel.

Sofort wurde Befehl gegeben, Jim zu verhaften. Es war geplant, ihn in der Nacht vom 18. zum 19. November festzunehmen, aber in jener Nacht schwieg der Sender. Der Zugriff mußte verschoben werden, weil es für die Polizei wichtig war, den Funker auf frischer Tat zu ertappen.

Schließlich kam der geeignete Moment.

Über seine Verhaftung berichtete Jim nach dem Krieg in seiner der Zentrale gemachten Meldung.

„Zuletzt traf ich mich mit Dora am 16. November im Haus des Arztes" — schrieb Jim. — „Er übergab mir einige chiffrierte Telegramme, und wir vereinbarten, daß wir uns am 20. November abends wieder treffen wollten.

Am Abend des 19. November 1943 beschloß ich, die Zentrale zu rufen (um die Anpeilung zu erschweren hatte ich seit 16. November pausiert), denn am nächsten Tag mußte ich Dora treffen. Ich fragte an, ob nicht etwas für Dora aufzunehmen sei und begann das lange Telegramm der Zentrale zu notieren.

Um 00.45 Uhr jedoch erzwang sich eine Gruppe von fünfzehn Polizisten Eintritt in meine Wohnung. Die Tür wurde mit einem Brecheisen erbrochen; die Männer kamen mit der Waffe in der Hand auf mich zu. In diesen wenigen Minuten gelang es mir, an der Kerzenflamme die Telegramme zu verbrennen, danach machte ich mit einem Hammerschlag das Sendegerät unbenutzbar. Zwei Techniker rannten zum Funkgerät und versuchten, es in Betrieb zu setzen, aber es funktionierte nicht mehr. Die Polizei kannte das OWW-Rufzeichen und fünf meiner sieben Rufzeichen, weil sie diese abgehört hatte."

Im Tagebuch der Funkabteilung findet sich über diese Polizeiaktion folgende Eintragung:

„20. November 1943. 00.04 Uhr.

US antwortet OWW und übermittelt ein aus 59 Zahlengruppen be-

stehendes Telegramm. OWW bestätigt den Empfang und übermittelt eine Nachricht aus 321 Zahlengruppen.
00.45 Uhr, Haussuchung bei Foote während der Arbeit. Beim Vernehmen des Geräusches an der Tür war er gezwungen, die Sendung abzubrechen. Er zerriß die Sender-Leitung und verbrannte die Telegramme.
Einen großen Teil der Senderbestandteile fanden wir in dem geschickt angelegten Versteck auf dem Schrank. Dort befand sich auch jener Schreibmaschinenkoffer, in dem er das Funkgerät untergebracht hatte."
Die Haussuchung wurde von den Polizeiinspektoren Knecht aus Genf und Pasche aus Lausanne, einem Offizier des Generalstabs und dem Kommandeur der Peilerabteilung durchgeführt. Sie unterschrieben auch das Protokoll.

In seinem Bericht für die Zentrale fuhr Jim fort:
„Man brachte mich auf das Polizeipräsidium, wo die Polizeiinspektoren Knecht und Pasche sich mit meiner Angelegenheit befaßten; in die Arbeit wurde auch der Chiffrierfachmann Marc Payot einbezogen ... (Herr Payot ist übrigens der Eigentümer des weltberühmten Lausanner Payot-Verlags und bot mir unlängst an, daß ich meine Memoiren bei ihm herausgeben sollte! — Der Autor).
Beim Verhör erzählte mir Pasche, daß er mich noch nicht hatte verhaften wollen, da die Polizei eigentlich beabsichtigte, möglichst viele Mitglieder der Gruppe zu enttarnen ... Aber als ich von der Zentrale durch Dora Weisung erhielt, mich auf jeden Fall in die Illegalität zu begeben, beeilte sich die Polizei mit der Festnahme, weil sie befürchtete, meine Spur zu verlieren ..."
Oberstbrigadier Masson war kaum beunruhigt, wie lange noch und welche Art militärischer Information unser Lausanner Funker weitergab, denn es berührte die Sicherheit der Schweiz nicht. Aber durch die Zusammenarbeit mit den Deutschen war er in der Praxis doch bestrebt, unsere Gruppe zu liquidieren.
Moskau wußte nichts von Jims Verhaftung und bemühte sich eine Zeitlang, den plötzlich abgerissenen Kontakt wiederherzustellen, wie das folgende Telegramm beweist:

1. Dezember 1943.
1. Ist es Ihnen gelungen, unsere Nachricht Sissy und Pakbo zu übergeben? Wie ist deren Situation?
2. Bei der Verbindung mit der Zentrale seien Sie besonders vorsichtig. Schaffen Sie den Sender so schnell wie möglich in eine andere

Stadt. Übermitteln Sie nur die wichtigsten Meldungen. Zur vereinbarten Zeit erwarten wir aufmerksam Ihren Ruf. Herzlichen Gruß
Direktor

Dieser Funkspruch erreichte Jim aber nicht mehr. Niemand entschlüsselte ihn, er verschwand im Äther, blieb ohne Antwort.
Im Gefängnis versuchte Jim zunächst zu behaupten, daß er Funkamateur sei.
Im Verlauf der Verhöre erfuhr er einige Details der Enttarnung unserer Organisation. 1945 machte er der Zentrale folgende Mitteilung:
„Beim ersten Verhör wurde ich gefragt, ob ich zugäbe, daß ich zusammen mit einem gewissen Alexander Radó politische, militärische und wirtschaftliche Informationen für die Sowjetunion weitergeleitet und gegen eine Macht gearbeitet habe, deren Name nicht erwähnt wurde. Die Polizei wußte ziemlich viel, wenn auch nicht alles.
1. Sie wußte, daß ich Rosa, Eduard und Maud ausgebildet hatte, und angeblich war ich es, der in ihrer Wohnung das Sendegerät installiert hatte;
2. sie wußte, daß ich mich mit Pakbo zu treffen hatte (an Hand des Telegrammes von Dora an die Zentrale), aber sie wußte nicht, wer Pakbo ist;
3. sie wußte, daß ich jemanden ausbilden sollte, glaubte jedoch, es handele sich um einen Mann und fahndete nach einem Mann;
4. aus den letzten Telegrammen erfuhr sie, daß ich angewiesen worden war, mich in die Illegalität zu begeben;
5. aus den Telegrammen erfuhr sie, daß Dora mit dem im Gefängnis einsitzenden Eduard Verbindung hergestellt hatte.
. . . beim letzten, dritten Verhör“ – schreibt Jim weiter – „erwähnte Inspektor Pasche mir gegenüber zum erstenmal die Namen von Frau Bösendorfer und anderen, aber diese Namen sagten mir nichts, weil ich sie nicht kannte. Zugleich erwähnten sie jemanden aus Bern, der eventuell verhaftet werden sollte. Möglicherweise handelte es sich um Pakbo (den Namen merkte ich mir nicht, weil ich ihn nicht kannte, nur seinen Decknamen).
Die Polizei glaubte, daß ich über einen zweiten, speziellen Code verfügte, mit dessen Hilfe ich die Verbindung zu den Offizieren des OKW, zu Werther und den anderen gehalten hätte; sie glaubte, daß ich ihre Informationen durch den Funk bekäme. Man fand bei mir einen deutschen Roman, den mir Micki geschenkt hatte; darin hatte ich einzelne Wörter unterstrichen, und die Polizei nahm an, daß ich die aus Deutschland eintreffenden chiffrierten Telegramme mit diesem Buch entschlüsselte.

Die Polizei war der Meinung, daß ich drei Codes benutzte: einen im Verkehr mit der Zentrale, den zweiten mit Deutschland, den dritten mit Frankreich.
Beim Verhör wurde für mich offenkundig: 1. die Schweizer erhielten von den Deutschen Kenntnis über unsere Organisation, 2. den ungefähren Standort unserer Sender hatten die Deutschen mitgeteilt (der Sender von Eduard und Maud war einen Kilometer von der französischen Grenze entfernt, Rosas Sender drei Kilometer und meiner zehn Kilometer); 3. die Schweizer Polizei bekam mein Foto von den Deutschen, kannte aber meinen Namen nicht, obwohl sie wußte, daß ich zu Doras Organisation gehöre.
Inspektor Knecht erklärte, daß die Gestapo sehr viel über unsere Organisation in der Schweiz wisse und die Schweizer Polizei durch meine Verhaftung, mir vielleicht das Leben gerettet habe."
Jims Ausführungen müssen noch ergänzt werden.
Inspektor Pasche, der ihn vernahm, betonte ebenfalls, daß die Gestapo die Arbeit unserer Gruppe kannte. Bemerkenswert ist aber noch etwas: Der Ermittler befragte Jim unter anderem, über seine Verbindung mit Agnes Zimmermann (Micki), die, wie sich der Leser gewiß erinnert, in München gewohnt hatte. Es ist ganz offensichtlich, daß die Schweizer Spionageabwehr diese Daten nur von der Gestapo und dem SD bekommen haben konnte. Die Deutschen mochten den Schweizern auch gesagt haben, daß Jim Funkverbindung mit einem illegalen Sender in Deutschland unterhalte, obwohl sie sich darin irrten.
Jene Erklärung von Inspektor Knecht, daß die Schweizer Polizei durch die Verhaftung Jims Leben gerettet habe, war nicht ganz unbegründet. Auf Seite 293 ihres mehrmals zitierten Buches behaupten Pierre Accoce und Pierre Quet, daß sie nach dem Krieg im Archiv des SD den Plan gefunden hätten, der die Entführung Jims aus der Schweiz enthielt. Die Ausführung wurde Geheimagenten anvertraut. Die Deutschen verspäteten sich nur um drei Tage, denn die Aktion war für den 23. November angesetzt. Wenn wir in Betracht ziehen, daß sie vom „Kurier" und dem Ehepaar Wilmer wußten, wo Jim wohnte, dann hätte die Durchführung ihres Planes den Häschern Himmlers keine besonderen Schwierigkeiten bereitet.
Im März 1944 wurde Jims Sache von der Polizei an das Militärgericht überwiesen, aber er leugnete auch dort, daß er zu unserer Organisation gehöre.
Auf den Rat seines Anwaltes hin beschloß Jim, soviel zuzugeben, wie ihm die Ermittler nachweisen konnten. Er gab zu, daß er im Dienste eines Mitgliedstaates des Völkerbundes stand und Informationen

zum Schaden Nazi-Deutschlands weitergegeben habe; er habe keine Kollegen in der Schweiz, der Leiter befinde sich im Ausland; die Staatsinteressen der Schweiz habe er nicht verletzt; mit dem erwähnten Radó, mit den Hamels, mit der Bolli und den anderen habe er keine Verbindung gehabt.
Nach dem Unterschreiben dieser Erklärung wurde Jim bis zu seiner Freilassung nicht mehr vernommen.

IM FREIWILLIGEN GEFÄNGNIS

Gemäß der Vereinbarung erwartete ich Jim am 20. November, aber er kam nicht. Da ich wußte, wie pünktlich er zu sein pflegte, ahnte ich Böses. Wir beide wußten, daß keiner von uns sich in Sicherheit wiegen durfte; jeder konnte stündlich verhaftet werden.
Von Jims Festnahme erfuhr ich eine Woche später. Dringend mußte ich ein anderes Versteck suchen, denn ich konnte die Wohnung des Arztes nicht mehr als sicheres Asyl betrachten. Natürlich hätte ich mir logischerweise sagen müssen, daß Lene und ich noch am gleichen Abend verhaftet worden wären, wenn die Agenten auf Jims Spuren zu dieser Wohnung gefunden hätten. Dach zuweilen ist es schwierig, festzustellen, was der Gegner vorhat. Die Gesetze des illegalen Kampfes verlangen, daß man verschiedene Möglichkeiten einkalkuliert. Die konspirativen Regeln besagen: Wenn ein Mitarbeiter, der dein Versteck kennt, auffliegt, such dir einen neuen Platz.
Eine neue Wohnung zu finden, war aber nicht leicht, da sich auch unter zuverlässigen Menschen nur schwer solche finden, die bereit wären, eine von der Polizei verfolgte Person im eigenen Haus zu verbergen. Anfang Januar 1944 endlich fanden wir eine Wohnung. Unser Hausherr war der Freund eines Mitgliedes unserer Organisation. Unter Schutz der Dunkelheit – sogar Bettzeug und Matratzen schleppten wir mit – zogen wir um, denn dieser Freund wohnte nicht weit vom Haus des Arztes. Es handelte sich um eine separate Wohnung im Obergeschoß, ohne Nachbarn, doch war sie sehr klein. Unsere Wirtsleute stellten uns eine Kammer zur Verfügung, in der man sich kaum bewegen konnte; lediglich ein zusammenklappbares Bett paßte hinein. Irgendwie richteten wir uns ein, eine andere Möglichkeit hatten wir nicht ... Die Unbequemlichkeit kümmerte uns nicht. Das einzig Unangenehme war, daß wir lange Stunden in der Kammer sitzen mußten und uns kaum regen durften. Tagsüber nämlich kam die Haushaltshilfe, die saubermachte und einkaufte, abends wiederum erschienen häufig Freunde unserer Wirtsleute zum Bridge. Unter

den Gästen wußte niemand um unsere Anwesenheit, deshalb mußten wir in völliger Stille verharren, um uns nicht zu verraten.
Wenn ich jetzt an jene langen Monate zurückdenke, die wir in dieser kleinen Kammer verbrachten, staune ich, daß Lene und ich die Geduld für dieses freiwillige Gefängnisleben aufbrachten und die Heimsuchung dieser Bewegungslosigkeit ertrugen. Unsere Hände und Füße wurden steif, wir meinten fast, daß uns das Blut in den Adern stockte. Manchmal hätten wir Lust gehabt, auf alles pfeifend aufzustehen und auf die Straße hinauszugehen. Damals waren wir noch kaum über Vierzig und sehnten uns nach Bewegung und Aktivität! Aber wir waren gezwungen, in unserer Zelle zu hocken.
Für mich war vielleicht das die schwerste Zeit meines Lebens, wenn ich die Jahre nach dem Krieg nicht rechne, die mir in der Phase der Verletzung der sozialistischen Rechtlichkeit, infolge falscher Anschuldigungen mit vielen anderen zuteil wurden.
So hatte uns die Schweizer Polizei schließlich doch gezwungen, den Kontakt zur Organisation, zu den auf freiem Fuß gebliebenen Mitarbeitern abzubrechen und uns in diese Kammer wie in eine Gruft einzuschließen. Aber wir konnten nichts anderes tun, die Agenten suchten uns im ganzen Land. Die Nachrichten, die einer meiner Freunde durch seine Beziehungen zur eidgenössischen Polizei erhielt, ließen keinen Zweifel darüber. Nur dieser mein Freund wußte, wo ich mich versteckt hielt; gelegentlich kam er mich besuchen und unterrichtete mich über die Lage der Organisation. Gemeinsam zerbrachen wir uns den Kopf, was wir wohl tun sollten, um erneut in Funkverbindung mit Moskau treten zu können.
Das machte mir in erster Linie Sorgen und nicht der Umstand, daß ich eingeschlossen leben mußte.
Aus den Zeitungen und dem Rundfunk erfuhr ich, wie sich die Ereignisse an der sowjetischen Front und in Europa entwickelten. Im Januar nahmen die Alliierten die im Herbst 1943 eingestellten Operationen gegen die deutschen Truppen in Mittelitalien wieder auf; bei Leningrad und in der Ukraine entfaltete sich die große Offensive der Roten Armee. Im Bezirk Korsun-Schewtschenkowski wurden bedeutende Armeegruppen des Feindes eingekreist und vernichtet. Die sowjetischen Truppen vertrieben die Besatzer aus der Krim und aus Weißrußland, sie näherten sich der rumänischen Grenze. Die Angriffskraft der Roten Armee nahm ständig zu, aber auch der Feind, der seine Positionen nacheinander verlor, wehrte sich immer verbissener.
Unser Nachrichtenmaterial ruhte ungenutzt. Seit der Verhaftung der Funker hatte sich viel angesammelt. Aber wie sollten wir diese An-

gaben weiterleiten, wenn wir keine Kommunikationsmittel besaßen?

Wir gerieten in eine sonderbare, paradoxe Situation. Die Organisation lebte und war kampffähig, Ende 1943 waren unsere Möglichkeiten, Nachrichten zu sammeln, noch größer als zuvor, und dennoch funktionierte sie nicht, sondern war gleichsam gelähmt.

Obgleich ich keine Möglichkeit hatte, die Organisation unmittelbar zu lenken, befanden sich meine wichtigsten Mitarbeiter noch auf freiem Fuß, Sissy und Pakbo, die auch weiterhin Meldungen von ihren Bekannten erhielten. Alle Kontakte und Nachrichtenquellen waren intakt geblieben. Die wertvollsten Mitglieder der Gruppe, Lucy und seine Berliner Gesinnungsgenossen, hatten die Arbeit ebenfalls nicht eingestellt.

Warum also, so könnte man fragen, zerbrach ich mir den Kopf? Ich hätte den Mitarbeitern Weisung geben sollen, sich Sender-Bestandteile zu besorgen, einige Sendegeräte zusammenzubasteln, schleunigst die vorgesehenen Neulinge in dessen Handhabe auszubilden, und die Arbeit konnte weiterlaufen.

Leider war das nicht so einfach. Auch nicht in der von den Deutschen noch nicht besetzten Schweiz, unter den verhältnismäßig günstigen Umständen.

Angenommen, es wäre gelungen, alles Nötige zu beschaffen und die Sendegeräte zusammenzumontieren. Aber wo sollten wir sie aufstellen und, was das Wichtigste war, wer sollte die Neulinge anlernen? Die Mitarbeiter, die als Funker große Geschicklichkeit erworben hatten, saßen im Gefängnis. Jim war es vor seiner Verhaftung nicht einmal gelungen, mit den jungen Leuten zusammenzutreffen. Und außer ihm gab es niemanden unter uns, der etwas von Radiotechnik verstanden hätte.

Trotzdem verlor ich die Hoffnung nicht, daß ich nach einer gewissen Zeit, wenn die gegen uns eingesetzte Polizei nicht mehr so aktiv sein würde, die Arbeit der Organisation erneut ankurbeln könne.

Die Polizei, obwohl sie von den Gefangenen keine Angaben über mich erhielt, unternahm alles, um den Leiter der Gruppe zu ergreifen. Doch die Meldungen der Agenten enthielten nichts Tröstliches. Daraufhin wandten die Behörden unmenschliche Methoden an, die den Methoden der Nazis ähnelten.

Im März nahm die Schweizer Polizei meinen älteren Sohn fest, der mit seiner Großmutter in der alten Wohnung geblieben war. Die ganze Nacht verhörten und schlugen sie ihn. Die Polizisten verlangten, daß er sage, wo sich sein Vater und seine Mutter verbergen. Er jedoch hätte selbst dann nichts zu sagen vermocht, wenn man ihn fünf Nächte lang verhört und gequält hätte, denn er kannte die Adresse der illegalen Wohnung nicht. Am Morgen schickte man ihn nach Hause.

Doch das war nur der Anfang. Die Polizei wollte uns aus unserem Versteck locken, damit wir Verbindung mit unseren Familien aufnähmen. Zu diesem Zweck benutzten sie jedes ihnen zur Verfügung stehende Mittel, um die Kinder und meine Schwiegermutter in eine verzweifelte Situation zu bringen. Mein jüngerer Sohn, ein Kind von dreizehn Jahren, wurde aus dem Internat gewiesen, den Kindern und der Großmutter wurden für zwei Monate die Lebensmittelkarten entzogen, schließlich exmittierte man sie aus der Wohnung.

Aber das war noch nicht alles. Lenes alter Mutter, die deutscher Nationalität war, wurde von den Behörden angedroht, daß man sie über die Grenze abschieben und den Nazis in die Hände geben würde, meinen älteren Sohn wiederum versuchte man zu überreden, er solle zur deutschen Gesandtschaft gehen und ein Transitvisum beantragen, damit man ihn nach Ungarn schicken könne, in die Heimat seines Vaters. Er hätte durch Deutschland reisen müssen. Es besteht kein Zweifel, daß die Gestapo ihn ergriffen hätte.

Die Familie geriet in eine sehr schwierige Lage. Meine Frau litt sehr darunter. Es kostete mich große Anstrengung, sie zurückzuhalten, damit sie keinen irreparablen Fehler beging. Wir beide mußten stark sein. Wir hatten kein Recht, uns in die Hand der Polizei zu begeben.

Ich weiß nicht, was aus den Kindern und meiner Schwiegermutter geworden wäre, die schutzlos auf sich allein gestellt blieben, wenn sich nicht unsere Freunde eingeschaltet hätten. Pakbo und anderen Genossen gelang es schließlich mit Hilfe einflußreicher Persönlichkeiten, der Verfolgung der Familie ein Ende zu bereiten. Sie waren behilflich, eine andere Wohnung zu finden, und erreichten, daß die Kinder und die Großmutter die Lebensmittelmarken wiederbekamen. Es war eine große Hilfe, daß unser Verwandter, Hermann Scherchen, der weltbekannte Dirigent, der damals Leiter des Schweizer Rundfunks war, sich entschieden für die Kinder und meine Schwiegermutter einsetzte. Meine Söhne wurden wieder in die Schule aufgenommen.

Notgedrungen mußte die Polizei nachgeben. Ihre Rechnung war nicht aufgegangen; durch diese plumpen Methoden waren wir nicht zu finden.

Was geschah mittlerweile im Gefängnis, wie verhielten sich unsere Mitarbeiter? Von Jim habe ich schon berichtet.

Die Tatsachen beweisen, daß fast alle Gefangenen sich würdig verhielten und bemüht waren, die Polizei auf falsche Spuren zu locken.

Ihr gelang es nicht, von unseren Mitarbeitern die nötigen Beweise zu erlangen, daß einige bereits enttarnte Personen zu unserer Organisation gehört hatten.

Das Ehepaar Hamel und Margarete Bolli saßen im Lausanner Bois-Mermet-Gefängnis – wohin man sie aus dem Genfer Gefängnis überführt hatte –, als die Behörden von meiner Absicht erfuhren, sie zu befreien. Ende November brachte man auch Jim ins Bois-Mermet.

Die Gefangenen wurden in Einzelzellen gehalten. Den Aufsehern war es sogar verboten, ihre Fragen zu beantworten. Anwälte ließ man nicht zu ihnen. Man erlaubte ihnen lediglich, daß sie einmal täglich sich auf eigene Kosten eine Restaurant-Mahlzeit holen ließen; außerdem durften sie Zigaretten kaufen und Pakete und Bücher von draußen annehmen.

Aus den Akten geht hervor, daß Edmond und Olga Hamel bis März 1944, also fast ein halbes Jahr, leugneten, sich nachrichtendienstlich betätigt zu haben. Geständig wurden sie erst, als sie völlig in die Enge getrieben wurden mit nicht abzuleugnenden Beweisen, die von der Polizei gesammelt worden waren.

Edmond-Eduard gab zu, daß er der Funker eines gewissen „Albert" gewesen sei, aber erst ab Herbst 1942; er gestand, zwei oder drei Sendegeräte gebastelt und für England gegen Hitler gearbeitet, doch seinem Heimatland keinen Schaden zugefügt zu haben. Olga-Maud bekräftigte das, indem sie erklärte, daß sie erst ab Sommer 1943 ihrem Mann geholfen und in den Wochen vor der Festnahme Albert beim Chiffrieren unterstützt habe. Beide waren nicht bereit, mich an Hand der Fotografie zu erkennen.

Im März hofften die Hamels noch, daß es ihnen gelingen würde, die Ermittler irrezuführen, weshalb sie vieles durcheinanderbrachten und nur die halbe Wahrheit sagten.

Im Zuge der Ermittlung, nach Jims Verhaftung, versuchte die Schweizer Funkaufklärung, in seinem Namen eine Verbindung mit dem Direktor zustande zu bringen. Die Schweizer kannten die Rufzeichen der Zentrale und von Jim das Programm der Verbindung; außerdem besaßen sie viele Angaben über unsere Gruppe. Mit diesem Trick hofften sie, unter Geheimhaltung der Tatsache, daß der Sender Lausanne liquidiert worden war, zusätzliche Daten über unsere Leute zu sammeln, vor allem zu erfahren, wer sich unter den Decknamen verbarg, wo die illegalen Treffpunkte lagen und eventuell auch die Adresse meines Verstecks zu ermitteln. Arsenijevič veröffentlicht die Texte jener täuschenden Telegramme,[1] die von den Schweizer Behör-

[1] D. Arsenijevič: Zit. Werk, p. 204, 211.

den im Dezember 1943 und im Januar 1944 an die Moskauer Zentrale gesendet wurden. Von Arsenijević erfahren wir auch, wer die Schweizer Beamten waren, die dieses Täuschungsmanöver verfügten: Stämpfli, Oberstaatsanwalt der Eidgenossenschaft, Balsiger, Chef der Bundespolizei, und Oberst Jaquillard, Chef der Spionageabwehr der Schweizer Armee.

Aber der Schweizer Spionageabwehr gelang es nicht, Moskau zu übertölpeln; die Leitung der sowjetischen Nachrichtendienst-Zentrale bemerkte sofort, worum es sich handele, tat jedoch so, als akzeptiere sie den Pseudo-Jim als den echten. Sie gab ihm Weisungen und Ratschläge, wodurch sie den Geheimdienst irreführte, und versuchte zugleich festzustellen, in welcher Situation sich unsere Organisation befand. Der Mißerfolg der Schweizer Abwehr ist darauf zurückzuführen, daß sie meinen Code benutzte, weil sie Jims Chiffrierschlüssel nicht kannte. Als nämlich das Codebuch, die Rufzeichen, das Programm der Sendezeiten und die Wellenbänder der Polizei in die Hände fielen, „gelang es ihnen, den Chiffrierschlüssel zu rekonstruieren" – schreibt der „Chiffrierfachmann" Marc Payot in seinen Anmerkungen zur französischen Ausgabe von Pünters Memoiren,[1] jener Marc Payot, der vor kurzem als Eigentümer des Payot-Verlags Pünters Buch herausgebracht hat.

Die Schweizer kamen erst nach mehreren Wochen darauf, daß sie betrogene Betrüger waren, und unterließen daraufhin das mit Moskau getriebene Spiel. Gewinnerin war die Zentrale, weil sie nun den Beweis für Jims Verhaftung besaß, während die Schweizer ihre Zeit umsonst vertan hatten.

Nachdem die Leute der Spionageabwehr begriffen hatten, daß sie von Moskau nicht mehr in Erfahrung bringen konnten, als sie ohnehin wußten, erlaubten sie der Polizei, aktiv zu werden. Neue Verhaftungen folgten.

Am 19. April 1944 ergriff man Esther Bösendorfer (Sissy), Paul Böttcher, Christian Schneider (Taylor) und Flückiger – jenen Bekannten von Sissy, der seinerzeit auf Sissys Bitte hin mit dem ihm unbekannten Jim telefoniert hatte. Flückiger wurde übrigens noch am gleichen Tag freigelassen, weil die Polizei erkannte, daß er nur zufällig in die Sache hineingeraten war. Genau einen Monat später nahm man Rudolf Rössler (Lucy) fest. Alle wurden in das Lausanner Bois-Mermet-Gefängnis gebracht und in Einzelzellen gesperrt.

Masson persönlich war natürlich nicht daran interessiert, auch diese Mitglieder unserer Gruppe zu verhaften, denn im großen ganzen

---

[1] O. Pünter: Guerre secrète en pays neutre. p. 271.

hatte er sein Schellenberg gegebenes Versprechen (sofern es ein solches gab) erfüllt: schon seit November 1943 war die Verbindung mit Moskau abgerissen, wir konnten keine einzige militärische Information mehr weiterleiten, worüber sich die Deutschen, die den Äther beobachteten, im klaren waren. Allerdings befürchteten sie, daß wir nach einer gewissen Zeit unsere Arbeit von einem anderen Ort fortsetzen würden, und wahrscheinlich bestanden sie deshalb auf der völligen Liquidierung unserer Gruppe. Jedenfalls gab der Chef des Schweizer Geheimdienstes dem Druck nach, achtete aber darauf, seine eigenen Interessen nicht zu verletzen.

Es lag in seinem Interesse, um jeden Preis das vom Sicherheitsstandpunkt des Schweizer Staatenbundes außerordentlich wichtige Geheimnis Rudolf Rösslers und seiner ausgezeichnet konspirierenden Berliner Gruppe zu wahren. Zweifellos beabsichtigte Oberstbrigadier Masson nicht, jenen deutschen Emigranten einzukerkern, durch dessen Vermittlung er Informationen aus leitenden militärischen Kreisen des Deutschen Reiches erhielt. Die eidgenössische Polizei wiederum wußte nichts von Rösslers geheimer Rolle. Unsere verhafteten Funker hatten nie Kontakte zu Rössler gehabt und nicht einmal von ihm gehört, deshalb konnten sie keine sachdienlichen Hinweise geben, so wie sie über Sissy und Taylor nichts zu sagen wußten, weil sie auch zu ihnen keine Verbindung gehabt hatten.

Lucy war auch für Sissy selbst eine unbekannte Figur, deshalb konnte Sissy den Schleier des Geheimnisses nicht lüften. Ihre Verhaftung bedeutete für Masson nichts. Von den Mitarbeitern meiner Gruppe kannte lediglich Taylor, d. h. Christian Schneider, Rudolf Rössler persönlich. Wenn er wollte, konnte er der Polizei viel erzählen. Und Taylor begann zu reden. Bei den Verhören gestand er alles, machte Rössler namhaft, von dem er die Informationen erhalten hatte. Damit hatte Masson wahrscheinlich nicht gerechnet. Nunmehr war er gezwungen, dazu beizutragen, daß man Rössler verhaftete.

Die Militärbehörden hätten die Verhaftung Rösslers selbstverständlich leicht rückgängig machen können, denn er war ein wichtiger Mitarbeiter des Schweizer Nachrichtendienstes und versah den Generalstab mit sehr wertvollen Informationen. Nachdem jedoch in Taylors Geständnis Rösslers Name im Zusammenhang mit der sowjetischen Nachrichtendienst-Gruppe auftauchte, fürchtete Masson, und zwar nicht ohne Grund, daß diese Nachricht auch zu den Deutschen gelangte, obgleich die Untersuchung geheim war. Wenn sie aber durchschauten, daß der deutsche Emigrant Rössler mit Lucy identisch war, dann würden Schellenbergs Leute diesen Mann, der über eine der wichtigsten Quellen verfügte, die dem Schweizer Nachrichtendienst während des Krieges zur Verfügung stand, entweder töten oder entführen. Das konnte Masson keinesfalls zulassen. So blieb nichts anderes übrig, als Rudolf Rössler im Gefängnis zu verbergen, ehe es zu spät war. Das dürfte vielleicht der einzige Ort gewesen sein, wohin zu gelangen den Agenten des SD und der Gestapo fast unmöglich war. Taylor verriet also seinen Freund, Rudolf Rössler, erzählte über seine Verbindung mit Sissy und gestand, daß er für den sowjetischen militärischen Nachrichtendienst gearbeitet hatte. Damit brachte er sämtliche andere Gefangenen in eine schwierige Lage.

Außer Taylors Geständnis gab es gegen Sissy auch Sachbeweise: Bei der Haussuchung vorgefundene verschlüsselte Funksprüche, die an Hand der noch von mir abgefaßten Telegramme und Meldungen angefertigt worden waren. Sissy hatte sie in der Hoffnung aufbewahrt, sie der Zentrale weiterleiten zu können, sobald sich eine Möglichkeit bot.

Sissys Codebuch fiel der Polizei nicht in die Hand, weil es sich zum Zeitpunkt der Verhaftung nicht in der Wohnung befand. Weitere Haussuchungen blieben erfolglos. Sissy hatte nämlich an eine eventuelle Festnahme gedacht und das Chiffrierbuch nicht daheim, sondern anderen Orts versteckt.

Im Zuge der Untersuchung wurde gegen alle Festgenommenen die Beschuldigung erhoben, daß sie als Mitglieder der Radó-Gruppe nachrichtendienstlich für die Sowjetunion gearbeitet hätten. Hierfür hatte die Polizei mehr als genug Beweise. Letzten Endes war es darum nutzlos, daß meine Mitarbeiter dieser Anschuldigung zu widersprechen versuchten.

Im übrigen wissen wir dank der guten Beziehungen Arsenijevičs zur Polizei bzw., wie er sich ausdrückt, seiner „Entdeckung eines Dokuments", daß „es wahrscheinlich Roger Masson war, der Leiter des Nachrichtendienstes der Schweizer Armee, der die Aufmerksamkeit der eidgenössischen Polizei auf Esther Bösendorfer lenkte. Oberst Gripp nämlich, der deutsche Luftfahrtattaché in Bern, hatte Masson den Namen Esthers, ihre Adresse und sogar ihren Decknamen (Sissy) mitgeteilt."[1]

Die letzten Verhaftungen lähmten unsere Organisation vollends, die nun zusammenbrach. Obwohl alle Nachrichtenquellen von Lucys Gruppe erhalten blieben, einer meiner Hauptmitarbeiter, Pakbo, auf freiem Fuß war, der mit Long, Salter und anderen die Arbeit hätte wieder organisieren können, hatte man uns jetzt nach den Sendegeräten und den Funkern auch das wichtigste Instrument der

[1] D. Arsenijevič: Zit. Werk, pp. 225 f.

Verbindung mit der Zentrale genommen, den Code. Mein Code war nicht brauchbar, weil der Gegner ihn kannte.
So verfuhr die Schweizer Polizei mit unserer Organisation zur großen Zufriedenheit der Deutschen.
Im Juli 1944 erfuhr ich, daß die Behörden Margarete Bolli, Edmond und Olga Hamel aus dem Gefängnis entlassen hatten. Sie wurden gegen eine Kaution vorläufig auf freien Fuß gesetzt, wie es in vielen kapitalistischen Ländern üblich ist. Außerdem ließ man sie eine Erklärung unterschreiben, daß sie bis zur Verhandlung das Gebiet des Schweizer Bundesstaates nicht verlassen würden.
Davon unterrichteten mich Freunde, die in meine illegale Wohnung kamen, Pakbo, der es von Margarete Bollis Mutter erfahren, und ein Genosse, der mit den Hamels gesprochen hatte. Mir schien es sonderbar, daß man sie auf freien Fuß gesetzt hatte. Aber rückblickend verstand ich, was die Polizei zu diesem liberalen Schritt bewog.
Ein Grund war zweifellos, daß sich gegen Mitte 1944 die politische und militärische Lage in Europa zugunsten des Völkerbundes verändert hatte. Die sowjetischen Armeen näherten sich bereits den Grenzen Nazi-Deutschlands. Die amerikanischen und englischen Truppen waren in Frankreich, in der Normandie, gelandet und eröffneten damit die zweite Front; zwei Tage später wiederum, am 4. Juni, eroberten die Alliierten Rom. Unter solchen Umständen wurde die Schweizer Regierung selbstsicherer, sie fürchtete nicht mehr ihren militanten Nachbarn, der jetzt nicht daran dachte, andere Länder zu bedrohen oder zu besetzen, sondern versuchte, seine eigene Haut zu retten. Natürlich gab es auch Veränderungen im Verhältnis der Geheimdienste zueinander. Die geheimen Kräfte des Reiches – SD und Gestapo – übten keinen solchen Einfluß mehr auf die Schweizer aus, wie sie es früher mit Erfolg getan hatten. Oberstbrigadier Masson konnte sich von nun an erlauben, die Befehle der einst so mächtigen SS-Führer Himmler und Schellenberg nicht mehr zu beachten.
Die andere Ursache der Großzügigkeit gegenüber unseren Funkern war ganz anderer Natur. Es handelte sich um eine raffinierte Berechnung, die im übrigen in der internationalen Polizeipraxis keineswegs neu ist. Die Deutschen wendeten sie mit Vorliebe an, und nun versuchten anscheinend auch die Schweizer diese Methode.
Als man die Funker entließ, rechnete man damit, daß der Leiter der Organisation entweder persönlich oder durch seine Beauftragten mit ihnen erneut in Kontakt treten würde. Das schien sehr wahrscheinlich, denn die Spionageabwehr wußte, daß sie nicht ersetzt worden waren. Wir verfügten über keine neuen Funker. Die auf freien Fuß gesetzten Funker wurden zweifellos scharf beobachtet, und man hätte

sich jenen an die Fersen geheftet, die mit diesen in Verbindung getreten wären. So hätte sich der Polizei die Chance geboten, die weiteren Mitglieder der Gruppe zu enttarnen, und man hätte auch mir auf die Spur kommen können.

Im August, als mich Pakbo erstmals seit meinem Untertauchen in der Illegalität besuchte (ich hatte den Genossen, der zu mir kam, gebeten, ihn mitzubringen), überlegten wir in der Tat, ob wir den Kontakt zu den Hamels aufnehmen sollten. Aber wir verzichteten darauf, weil wir begriffen, daß man uns eine Falle stellte. Ich untersagte Pakbo auch das Treffen mit Margarete Bolli, zumal Pakbo berichtete, daß die Polizei seit langem Verdacht gegen ihn hege, ihn beobachte und bei der ersten sich bietenden Gelegenheit verhaften würde.

Seit der Liquidierung unseres Lausanner Senders waren schon beinahe neun Monate vergangen, und noch kein einziges Mal war es uns gelungen, mit Moskau die Verbindung herzustellen.

Pakbo berichtete, daß vorerst keine neuen Verhaftungen erfolgt seien. Er selbst wandte sich mit der Bitte an einen sozialdemokratischen Abgeordneten des Schweizer Parlaments, Walter Bringolf, den Bürgermeister von Schaffhausen und Paul Böttchers guten Bekannten, um Hilfe zur Befreiung der Inhaftierten. Aber dieser Versuch blieb erfolglos, weil die Militärbehörden die Sache streng geheim behandelten.

Aus eigener Initiative versuchte Pakbo, durch diplomatische Kanäle einen Kontakt zur Zentrale herzustellen. Gemeinsam mit Salter verhandelte er mit dem chinesischen Gesandten in Bern, da er hoffte, mit dessen Zustimmung die Informationen mit der diplomatischen Post durch China an die Zentrale zu schicken. Doch die Besprechungen hatten keinen Erfolg.

Die Lage schien aussichtslos. Es war praktisch sinnlos, weiter Nachrichten zu sammeln. Ich mußte eine endgültige Entscheidung fällen.

Ich wußte, daß meine Freunde alles unternahmen, um einen Ausweg aus der Sackgasse zu finden. Auch ich konnte nichts tun, solange ich in der Illegalität blieb. Es war offensichtlich, daß ich nur vom Ausland her Verbindung zur Zentrale finden konnte, daß es nur von dorther möglich war, das Vorgefallene zu melden und Weisung zu erbitten, was wir tun sollten: die Arbeit in der Schweiz einstellen oder aber auf irgendeiner Basis neu organisieren.

Ich konnte nur nach Frankreich flüchten, weil Österreich und Italien von den Deutschen besetzt waren, während sich in Frankreich Anfang September 1944 die Kriegslage völlig geändert hatte. Im Süden waren die amerikanischen und englischen Truppen gelandet, in der Normandie befanden sich die Alliierten auf dem Vormarsch, und durch den Aufstand in Paris im August waren die Besatzer aus der Hauptstadt vertrieben worden. Im Département Haute-Savoie, jenseits der Schweizer Grenze, machten die Partisanen die deutschen Truppen zu Gefangenen und waren Herren der Lage. Zu ihnen sollte ich mich begeben.

Doch wie sollten wir über die Grenze gelangen, durch die Schweizer Wachposten hindurch? Es schien eine unlösbare Aufgabe zu sein. Lange beriet ich mich mit meinen Genfer Mitarbeitern und Pakbo. Es wurde sogar vorgeschlagen, den Drahtverhau an der Grenze, der unter Strom stand, zu untertunneln. Andere meinten, wir sollten nach Campione gehen, einer italienischen Exklave im Tessin, die in der Hand der Partisanen war. Dazu aber wäre nötig gewesen, die ganze Schweiz mit der Bahn zu durchqueren. (Der Kraftwagenverkehr war infolge des Treibstoffmangels seit langem stark eingeschränkt.) Überdies wurde die einzige Zufahrt nach Campione über den Luganer See von den Booten des Schweizer Grenzschutzes streng bewacht. Wir mußten darum beide Vorschläge verwerfen, sie waren unrealistisch. Ich hielt es für das beste, die Schweizer Grenze mit Hilfe französischer Partisanen zu überschreiten, die das Gelände ausgezeichnet kannten und uns ihre Unterstützung gewiß nicht versagen würden.

Während Lene und ich uns den Kopf zerbrachen, überraschten uns die Mitarbeiter mit einer guten Nachricht: Die Polizei hatte Jim auf freien Fuß gesetzt, aber ähnlich wie die anderen hatte auch er kein Recht, bis zur Verhandlung und Urteilssprechung das Land zu verlassen. Das war am 8. September. Auch mit ihm traf ich mich nicht, aus den gleichen Überlegungen, die mich hinderten, die Hamels und die Bolli zu treffen.

In dieser Lage blieb als einziger vernünftiger Ausweg, nach Frankreich zu gelangen und dort Kontakt zu den Vertretern unserer Zentrale zu suchen. Ich mußte meine Pflicht tun, und daran durfte mich selbst die elterliche Liebe nicht hindern. Natürlich fiel es sowohl mir wie meiner Frau sehr schwer, abzureisen, ohne daß wir unsere Kinder und meine Frau ihre alte Mutter sehen konnten. Doch anders ging es nicht. Wir vertrauten darauf, daß unsere Freunde für sie sorgen und sie nicht allein lassen würden. Das hatten sie bereits bewiesen, als die Polizei der Familie übel mitzuspielen versuchte.

FLUCHT AUS DER SCHWEIZ

Im Herbst 1944 erreichten die entlang der ganzen Front angreifenden sowjetischen Truppen Ostpreußen, kämpften in Polen, der Tschechoslowakei und in Ungarn, befreiten Bukarest, Sofia und Belgrad.
Bulgarien und Rumänien erkannten die totale Niederlage an und richteten ihre Waffen gegen den bisherigen Verbündeten. Im September brach die finnische Regierung ihre Beziehungen zu Deutschland ab und schloß einen Waffenstillstand mit der Sowjetunion und Großbritannien.
In Westeuropa waren die Operationen der alliierten Truppen erfolgreich. Sie vertrieben die Besatzer aus dem größten Teil Frankreichs und Belgiens und säuberten ganz Mittelitalien.
Das faschistische Deutschland stand vor der militärischen und politischen Katastrophe. Die Tage des Hitler-Regimes waren gezählt.
Mitte September gelang es mir endlich, mit den Partisanen des mit der Schweiz benachbarten Départements Haute-Savoie in Verbindung zu treten, die bereitwillig halfen. Ihrem Kurier gab ich die Adresse meiner illegalen Wohnung, und alsbald erschien ihr Beauftragter, ein Major. Ich war angenehm überrascht, als ich erfuhr, daß dieser junge Franzose der Neffe des berühmten sowjetischen Akademikers Bach war.
Der Major und ich arbeiteten den Fluchtplan genau aus, denn der geringste Fehler hätte bedeutet, daß man uns verhaftete.
Unser Plan war folgendermaßen: am 16. September, einem Samstag, sollte uns der (mit uns sympathisierende) Chefarzt jener Klinik, wo meine Frau zu Beginn meiner Illegalität gelegen hatte, mit seinem Wagen abholen und uns zum Eisenbahntunnel bringen. Durch diesen Tunnel führte eine Nebenlinie in die Genfer Vorstadt Annemasse, die sich schon auf französischem Territorium befand und unter der Kontrolle der Partisanen stand. Obgleich seit der Besetzung Frankreichs durch die Deutschen die Zugverbindung zwischen Frankreich und der Schweiz unterbrochen war, kam jeden Samstag von dem an den Kanton Genf grenzenden, aber zum Schweizer Zollgebiet gehörenden französischen Territorium, der sogenannten „Freizone", eine Lokomotive herüber, die einen mit Milchkannen beladenen Waggon zog. Die französischen Bauern der „Freizone" genossen nämlich noch aus napoleonischen Zeiten das Privileg, die Bevölkerung Genfs zollfrei mit Milch und anderen Lebensmitteln zu versorgen. Innerhalb eine Woche sammelten sich viele leere Milchkannen an, die mit dem Zug zurückgeschickt wurden.
Wir mußten uns in den Tunnel begeben, wo uns der Major erwarten sollte. Der Zug hatte an der Genfer Lokalstation Eaux Vives die

Milchkannen abzuladen und die leeren Kannen aufzunehmen, dann zurückzukehren. Im Tunnel sollte er eine Minute anhalten, dort würden wir aufsteigen. Das Lokomotivpersonal arbeitete mit den Partisanen zusammen.

Der Samstag kam. Zur angegebenen Zeit traf der Arzt ein. Meine Frau und ich schleppten uns mühsam die wenigen Meter bis zum Auto, denn in den Monaten fast völliger Bewegungslosigkeit hatten wir uns das Gehen abgewöhnt. Der Wagen setzte sich in Bewegung.

Vor dem Tunnel, auf der Brücke, erblickten wir einen Polizisten, der hier postiert war und mit dem Fahrrad die Umgebung der Brücke kontrollierte. Wir warteten, bis er hinter der Brücke verschwand, sprangen aus dem Wagen und huschten in die dunkle Öffnung des Tunnels. Hier verschnauften Lene und ich ein wenig, die schnelle Bewegung war ungewohnt.

In den Sekunden, bis wir den Tunnel erreichten, ergriff mich ein sonderbares Gefühl. Nach elfmonatiger zwangsweiser freiwilliger Gefangenschaft war ich das erste Mal draußen in der Stadt. Es war Samstag nachmittag, die Arbeitswoche war schon beendet, auf den Balkonen der Häuser saßen viele Menschen, und es schien, als beobachteten alle nur uns. Den gleichen Eindruck hatte auch Lene. Später erzählte sie, daß ihr angesichts der vielstöckigen, balkongespickten Häuser zumute war, als sei sie nackt unter die Leute gegangen.

Wir hatten den Eindruck, es sei alles in Ordnung, und langsam gingen wir in den Tunnel hinein. Da jedoch erblickten wir hinter uns einige Schatten. Wir beschleunigten unsere Schritte. Mehrere Leute folgten uns. Schon begannen wir uns ernsthaft zu sorgen, als wir im Zwielicht die Gestalt des Majors erkannten. Er beruhigte uns, daß es seine Leute seien.

In diesem Augenblick ratterte die aus Frankreich kommende Lokomotive mit dem einzigen Waggon an uns vorbei und hielt an der nahegelegenen Station Eaux Vives. Wir hörten das Geräusch des Verladens der leeren Milchkannen. Für den Fall, daß der Zug auf dem Rückwege von einem Schweizer Grenzwächter begleitet würde, war vereinbart, daß der Lokomotivführer uns durch einen Pfiff verständigte, daß die Flucht nicht stattfinden könne.

Nach einer kleinen Weile kehrte der Zug mit den leeren Milchkannen von der Station zurück, die Lokomotive pfiff nicht, und auf das Winken des Majors hin blieb sie stehen. Lene und ich kletterten auf die Lokomotive. Auch jene fünf Männer stiegen auf, die uns im Tunnel gefolgt waren.

Wir fuhren in Richtung Grenze los. Der Lokomotivführer zeigte sich sehr besorgt. Er wisse nicht — erklärte er —, ob die Durchführung des

Planes gelingen würde, denn wenn kein Soldat den Zug begleite, finde die Kontrolle an der Grenze statt. Der Major empfahl, am Kontrollpunkt nicht anzuhalten. Komme, was kommen mag!

Der Lokomotivführer schaltete auf hohe Geschwindigkeit und brauste am Wachhäuschen vorbei. Die Soldaten begriffen zu spät; sie begannen zu schießen, aber die Kugeln trafen niemanden. Rasch verloren wir die von der kühnen Aktion überraschten Grenzwächter aus dem Auge.

In Annemasse empfingen uns Partisanen, setzten uns sofort in ein Auto, um uns zu ihrem Hauptquartier nach Annecy zu bringen. Als die Schweizer Grenzpfähle unserem Blick entschwanden, wußten wir, daß die Flucht gelungen war. Jetzt konnte uns weder die Spionageabwehr noch die Polizei einholen. Trotzdem erwarteten uns noch viele Aufregungen und Gefahren.

Auf der sehr schmalen Serpentine kippte unser Wagen nachts um und wäre beinahe in eine Schlucht gestürzt. Glücklicherweise kamen wir alle mit leichten Schrammen davon.

Endlich erreichten wir Annecy. In der Stadt war die Macht in Händen der Partisanen des Départements Haute-Savoie. Wir wurden herzlich empfangen, man quartierte uns in einer Villa am Ufer des herrlichen Sees ein. Eine Zeitlang mußten wir hierbleiben, denn beide hatten wir Erholung nötig und mußten, so komisch es klingt, erst wieder gehen lernen. Um uns zu „legalisieren", gab man Lene den Rang eines Oberleutnants und mir den eines Oberstleutnants in der Partisanenarmee, die hier ungefähr 50000 Mann stark war.

Innerhalb weniger Tage hatten wir uns ausgeruht und mittlerweile erfahren, was hier und in anderen Gebieten Frankreichs geschehen war.

Die in Marseille gelandeten alliierten Truppen drangen kämpfend nach Norden vor. Paris wurde durch die Aufständischen befreit. Aber vorläufig konnte man nicht in die Hauptstadt gelangen, denn die Wege wurden noch von deutschen Patrouillen kontrolliert.

In Annecy lernten wir Paul Langevin kennen, den berühmten Wissenschaftler und Nobelpreisträger, und Jules Moch, den späteren französischen Minister. Moch war Offizier der britischen Flotte und war im Auftrag de Gaulles gekommen. Er hatte zu klären, ob es wahr sei, daß in Savoyen eine Räterepublik gegründet worden war. Derartige Gerüchte waren im Umlauf, weil sich in der Leitung der Partisanenverbände dieser Gegend zahlreiche Kommunisten befanden. Jules Mochs Sorgen waren überflüssig, denn in Annemasse kämpften die Kommunisten Schulter an Schulter mit den Katholiken, und niemand hatte die Räterepublik proklamiert.

Den französischen Physiker wiederum hatte das Schicksal zufällig in diese Gegend verschlagen. Langevin beschäftigte sich mit den Problemen des Atomkerns. Die Deutschen versuchten ihn zu zwingen, für sie zu arbeiten. Die Partisanen eilten ihm zu Hilfe. Sie entführten ihn aus den Händen der Nazis und verhalfen ihm zur Flucht in die Schweiz. Aus der Schweiz kam Langevin aus eigenem Antrieb zum Maquis.

Bevor wir aus Annecy abreisten, veranstalteten die Partisanen für uns einen festlichen Abschiedsabend. Die Ehrenplätze wurden Langevin, Jules Moch, meiner Frau und mir angewiesen.

Am Morgen begaben wir uns mit Langevin auf die Fahrt nach Lyon, wo wir mehrere Tage verbringen mußten. Die erst kürzlich durch die Amerikaner befreite Stadt lag in Trümmern. Die Straßen waren mit Mörtel, Glassplittern und Türen bedeckt, die der Luftdruck herausgerissen hatte. Von den fünfundzwanzig Brücken der Stadt war nur eine erhalten geblieben, die anderen hatten die Deutschen bei ihrem Rückzug gesprengt.

In Lyon wohnten wir mit einigen französischen kommunistischen und Gewerkschaftsführern im selben Hotel. Sie kehrten aus der Illegalität zurück. Auch sie wollten ins befreite Paris, doch dorthin zu kommen war nicht leicht: Die Züge verkehrten nicht, auf den Landstraßen wurden die Fahrzeuge von französischen Faschisten und den von ihren Einheiten versprengten deutschen Soldaten angegriffen.

Auch in Lyon selbst mangelte es an Sicherheit. Beinahe wären wir einem Banditenangriff zum Opfer gefallen. Eines Abends hatte uns der Genosse Hénaffe, Sekretär der Pariser Gewerkschaften, und dessen Frau eingeladen, uns in der Stadt umzusehen. In einer Straße wurde unser Auto beschossen. Hénaffes Frau wurde verwundet. Es waren Anhänger des Vichy-Regimes, die auf uns gezielt hatten.

Um nach Paris gelangen zu können, brauchten wir französische Papiere, weil man uns sonst unterwegs hätte aufhalten können. Lene und ich jedoch besaßen keinen Ausweis. Erneut halfen unsere Freunde. Der Regierungskommissar der Stadt Lyon, Yves Farges (der spätere Generalsekretär des Weltfriedensrates), stellte uns einen französischen Paß aus, der uns als Lothringer auswies.

Wir schlossen uns Führern der Französischen Kommunistischen Partei an, die bis dahin in der Illegalität gelebt oder bei den Partisanen gekämpft hatten und jetzt in die Hauptstadt eilten. Unter ihnen befanden sich mehrere Mitglieder des politischen Büros der Partei, ferner das Schriftstellerehepaar Louis Aragon und Elsa Triolet; Aragon kannte ich schon von früher, aus der Inpress-Zeit. Mit etlichen Fahrzeugen machten wir uns auf den Weg. Auf den Fahrzeugen wurden

Maschinengewehre installiert, weil in den Wäldern die Überbleibsel der eingekreisten und zerschlagenen deutschen Armee vagabundierten. Vor jedem Dorf und jeder Stadt empfingen uns bewaffnete Patrouillen der Kommunisten und der Katholiken; die Katholiken wurden oft vom Ortsgeistlichen geführt.
Mit diesem bewaffneten Konvoi zogen wir am 24. September 1944 in das von den Faschisten gesäuberte Paris ein.
Was geschah unterdessen in der Schweiz, wie entwickelte sich das Schicksal meiner Mitarbeiter?
Im September entließ man alle Mitglieder der Organisation: Sissy, Taylor, Lucy. Paul Böttcher hatte man schon vorher auf freien Fuß gesetzt, danach jedoch ins Lager der internierten Ausländer gesperrt, weil er als Emigrant galt und keine Aufenthaltsgenehmigung für die Schweiz besaß.
Doch hören wir, wie Jim über diese Phase berichtet, der als Augenzeuge und Teilnehmer der Ereignisse 1945 an die Zentrale schrieb:
„Am 7. September 1944 wurde mir mitgeteilt, daß man mich im Hinblick darauf, daß die Schweiz nicht mehr von deutschen Truppen umzingelt sei und sich der deutsche Druck auf das Land vermindere, auf freien Fuß setzen könne, sofern ich zweitausend Franken Kaution stelle und mich verpflichte, ohne Genehmigung das Land nicht zu verlassen. Ich willigte ein und verließ am nächsten Tag das Gefängnis, nahm mir ein Zimmer im Lausanner Hotel Central-Bellevue, das mir die Polizei zugewiesen hatte.
Im Oktober bekam ich meine Aufenthaltsgenehmigung wieder, man erlaubte mir, daß ich im Kanton Vaud in einem Privathaus wohnte und mich im Lande frei bewegte.
Am Tage nach meiner Freilassung telefonierte ich mit ‚Braun', meinem Rechtsanwalt, der mir mitteilte, er wolle sich mit mir treffen, denn er habe Nachrichten für mich. Bei dieser Begegnung erklärte Braun, daß mich ein guter Freund von ihm sehen möchte, der seit langem mit Dora in Verbindung stehe. Wir vereinbarten, daß ich mich in Genf mit diesem Genossen treffen sollte; der Genosse unterrichtete mich, daß Dora sich noch in Genf aufhalte, aber in einigen Tagen gemeinsam mit seiner Frau nach Paris reisen würde.
Einige Tage später arrangierte derselbe Genosse mein Treffen mit Eduard und Maud, die über Einzelheiten ihrer Festnahme berichteten und mir sagten, was die Polizei bei ihnen gefunden hatte (die im Versteck aufbewahrten Materialien). Bei den Verhören gaben sie beide an: sie arbeiteten für die Engländer und wüßten den Namen ihres Chefs nicht.
Ende September 1944 rief mich erneut Braun an und bat mich in

seine Kanzlei. Er teilte mir mit, daß mich eine Frau zu sehen wünsche, eine gewisse Bösendorfer. Sofort erinnerte ich mich an diesen Namen und erklärte mich bereit, sie zu treffen. Die Bösendorfer stellte sich als Sissy vor und erzählte, daß man sie am 14. September freigelassen habe und daß mich der gleichfalls auf freiem Fuß befindliche Rössler sprechen möchte.

Sissy erklärte, daß auch sie noch niemals Lucy gesehen habe und ihn erst jetzt kennenlernen werde in jenem Züricher Caféhaus, wo das Treffen vereinbart war. Das war meine erste und letzte Begegnung mit Lucy.

Lucy berichtete, er habe seit Jahren den Schweizer Generalstab mit Informationen über Deutschland versorgt ... Ich sagte Lucy, daß ich dieser Tage nach Paris gehen würde; daraufhin ließ er mir einige für die Zentrale bestimmte Informationen zukommen (ich erhielt sie durch Sissys Vermittlung und leitete sie nach meiner Ankunft in Paris weiter).

Mit Sissy und Lucy unterhielt ich mich fünf Stunden im Café.

Sissy mochte Rössler tatsächlich zum erstenmal gesehen haben, denn bei der Ankunft im Caféhaus ging sie mehrere Male durch den Saal, bis ich ihr zuwinkte, daß wir sie erwarteten. Das bestätigte auch das Gespräch zwischen Sissy und Lucy.

Lucy spricht nicht französisch und englisch nur mangelhaft, deshalb unterhielten wir uns auf Deutsch.

... Etwa um diese Zeit arrangierte einer von Doras Mitarbeitern meine Begegnung mit Pakbo, der erzählte, daß seine Quellen jetzt noch bessere Informationen lieferten als je zuvor; doch wie solle er sie weiterleiten? ... Er hatte sich mehrmals mit Rosa getroffen, seit das Mädchen aus dem Gefängnis herausgekommen war. Rosa berichtete ihm, daß die Polizei sie lange Zeit hindurch beobachtet habe (bei den Verhören zeigte man ihr Doras Foto und meines), die Polizeioffiziere wußten, wann und mit wem sie sich getroffen hatte, unter anderem auch mit Pakbo, und sie wußten auch, daß sie in der Berner Wohnung Pakbos gewesen war. Pakbo war sicher, daß man auch ihn beobachte und sein Telefon bis zum heutigen Tag abhöre, aber er sagte, daß ihn das nicht weiter störe, denn als Journalist sei er berechtigt, Informationen zu beschaffen und sie beliebig weiterzugeben; ihn könne man nur dann festnehmen, wenn er die Interessen der Schweiz schädige.

Pakbo übergab mir ein Paket mit entwickelten Filmen, die Informationen enthielten; diese überreichte ich in Paris dem Mitarbeiter der Zentrale. Ehe ich nach Paris fuhr, traf ich mich mehrere Male mit Sissy. Sie sagte, daß das gesamte Informationsmaterial, das sie von

Lucy erhalten hatte, seit es keine Verbindung mit der Zentrale gab, sich im Panzerschrank einer Person befinde, die in der Schweiz diplomatische Immunität genieße. Sissy bat mich sehr darum, das der Zentrale mitzuteilen. Sissy ist ganz sicher, daß beim Auffliegen die Gestapo ihre Hand im Spiel hatte und daß Peters, Rosas Freund, ein Gestapo-Agent sei ...

Ich hielt es für meine Pflicht, nach Paris zu fahren und mit der Zentrale in Verbindung zu treten. Obgleich man mir gestattet hatte, die Schweiz zu verlassen, konnte ich offiziell bei den Franzosen kein Visum beantragen, weil ich keinen überzeugenden Grund für meine Reise angeben konnte.

Am Abend des 7. November ging ich mit Hilfe der Savoyer Widerständler unbehindert aus der Schweiz nach Frankreich. Am 9. November traf ich ein (in Paris – Der Autor) und nicht lange danach begegnete ich Radó ..."

Ja, Jim und ich trafen uns erst ein Jahr nach seiner Verhaftung in Paris. Von ihm erfuhr ich, daß er bereits den Kontakt zum Frankreich-Beauftragten der Zentrale hergestellt hatte.

Auch ich hatte den gleichen Weg beschritten, war aber selbstverständlich schon eher, bereits Ende Oktober, mit dem Mitarbeiter der Zentrale in Verbindung getreten.

Nach Jahren waren nun meine Frau und ich wieder in Paris. Durch die Laune des Schicksals waren wir dorthin zurückgekehrt, wo wir nach der Emigration aus Nazi-Deutschland gelebt und gearbeitet hatten und von wo wir uns erneut auf den Weg gemacht hatten, die finsteren Kräfte des Faschismus zu bekämpfen.

Uns, den Emigranten, war Paris immer sympathisch gewesen, wir liebten die Stadt um ihrer Geschichte, ihrer demokratischen Traditionen und ihrer Lebenslust willen, doch jetzt war sie nicht so sorglos fröhlich wie wir sie von früher kannten. Der blutige Krieg, die Okkupation hinterließen ihre düsteren Male, obwohl es den Parisern gelungen war, die Stadt selbst vor der Zerstörung zu bewahren.

Nach unserer Ankunft mieteten wir ein möbliertes Zimmer, für das wir eine astronomische Summe zahlen mußten. Die Ereignisse der vergangenen Monate und die herbstliche Kälte hatten uns gesundheitlich mitgenommen: Lene litt an chronischem Bronchialkatarrh, mich plagte das Rheuma.

Mit den Papieren und der Anmeldung gab es keine besonderen Schwierigkeiten. In Paris hatte nämlich das ungarische Konsulat seinen diplomatischen Status bewahrt, weil sich seine Leiter im April 1944 von der Horthy-Regierung distanzierten und außerdem Ungarn sich nicht im Kriegszustand mit Frankreich befand. Auf dem

Konsulat gab man uns beiden als ungarischen Staatsbürgern einen Paß, auf Grund dessen wir von der Pariser Präfektur eine temporäre Aufenthaltsgenehmigung erhielten.
In Paris erst hörte ich die furchtbare Nachricht: fast alle meine Verwandten waren im Konzentrationslager Auschwitz umgebracht worden, darunter meine alte Mutter. Zehn Jahre später erst erfuhr ich, daß meine jüngere Schwester lebend dem Lager entkommen war.
Meiner Frau fiel es besonders schwer, daß ihre Söhne und ihre betagte Mutter nicht bei ihr waren. Wir wußten nichts von ihnen, denn zwischen der Schweiz und Frankreich gab es noch keine Postverbindung. Es schien fast unmöglich, die Familie nach Paris kommen zu lassen; im kämpfenden und zerstörten Frankreich konnten sich Zivilisten, zumal wenn sie Ausländer waren, nur mit Sondererlaubnis bewegen. Lene jedoch besorgte eine Genehmigung; mit einem Militärausweis fuhr sie mit dem Auto (die Züge verkehrten noch nicht) nach Annecy, beriet sich dort mit unseren Bekannten, den Partisanen, die Weihnachten bei den Genfer Behörden erschienen und forderten, daß man den Kindern und der Großmutter die Ausreise gestatte. Obwohl gerade Feiertag war (oder vielleicht gerade darum), erledigte man alles in einem Tag und ließ die Kinder und die Großmutter ausreisen. Durch Lenes Standhaftigkeit und die Hilfsbereitschaft unserer Pariser und Schweizer Freunde war die Familie Anfang des Jahres 1945 wieder vereint. Aber nur für wenige Tage, da ich nun Frankreich verließ.

EPILOG

Die Schweizer Behörden leiteten schließlich doch noch den Prozeß gegen unsere Gruppe ein.
Man sollte denken, daß die totale Niederlage diese „Sache“ abgeschlossen hätte, daß sie jeder Gerichtsbarkeit entzogen werden sollte, daß man die Beteiligte – wenn man sie schon nicht auszeichnete – wenigstens vor der Öffentlichkeit rehabilitiert und anerkannt hätte, da sie aus Pflichtbewußtsein gehandelt und objektiv dem Wohle der Schweiz gedient hatten. Aber es gab einflußreiche reaktionäre Kräfte, für die es aus verschiedenen Gründen wichtig war, daß man uns öffentlich wegen angeblich gesetzwidriger Tätigkeit verklagte.
Ein Prozeß wurde im Oktober 1945, der andere zwei Jahre später geführt. Letzterer war offenbar ein Opfer auf dem Altar des eben begonnenen kalten Krieges.
Angeklagt wegen nachrichtendienstlicher Tätigkeit gegen Deutschland wurden außer mir Lene, Esther Bösendorfer, Paul Böttcher, Rudolf Rössler, Christian Schneider, Alexander Foote, Margarete Bolli, Edmond und Olga Hamel. Das Kriegsgericht fällte unterschiedliche Urteile – von drei Monaten Gefängnis bis drei Jahren. Allen von uns wurden auch Geldbußen auferlegt. Rudolf Rössler wurde freigesprochen. Ich, als Leiter der Gruppe, wurde zu drei Jahren Gefängnis verurteilt und für fünfzehn Jahre aus der Schweiz verwiesen.
Doch die Angelegenheit entwickelte sich so, daß nach dem Prozeß niemand mehr ins Gefängnis kam. Das Ehepaar Hamel und Margarete Bolli wurden als Schweizer Staatsbürger nur bedingt verurteilt; die Durchführung der Strafe wurde ausgesetzt. Schneider hatte seine einmonatige Strafe bereits mit Zinsen abgesessen. Jene wiederum, die von den Behörden ins Gefängnis geschickt worden wären – Foote, Bösendorfer, Böttcher, meine Frau und ich – befanden sich im Ausland (Böttcher und Bösendorfer flüchteten im Juni 1945 nach Frankreich). Wir wurden in Abwesenheit verurteilt.
Abgesehen davon, daß wir den Interessen der Schweiz nicht geschadet hatten, beurteilte uns das Kriegsgericht verhältnismäßig milde, weil unsere Anwälte offen darauf hinwiesen, daß die Schweizer Bundespolizei und Spionageabwehr, namentlich Inspektor Knecht und Oberstbrigadier Masson, in engem Kontakt zur Gestapo gestanden hatten. Diese Anklage der Verteidigung wurde amtlich nie bestritten.
Mehrere Jahre lang war es mir nach dem Krieg nicht möglich, festzustellen, welches Schicksal meinen Mitarbeitern zuteil wurde, mit de-

nen ich in der Illegalität zusammengearbeitet hatte. Über einige weiß ich einiges, von einem mehr, vom anderen weniger.
In der Schweiz, ihrem Heimatland, erfreuen sich meines Wissens guter Gesundheit Edmond (Eduard) und Olga (Maud) Hamel sowie Margarete Bolli (Rosa).
Otto Pünter (Pakbo) leitete eine Zeitlang das Informationsbüro der Sozialdemokratischen Partei (während des Krieges war es die Insa), ab 1947 war er Präsident der Vereinigung der bei der Schweizer Regierung akkreditierten Journalisten, von 1956 bis 1964 Pressechef der Schweizer Rundspruchgesellschaft, dann ging er im Hinblick auf sein Alter in den Ruhestand. Gegenwärtig ist er etwa siebzig, aber noch aktiv, man hat ihn zum Friedensrichter gewählt. Ich habe ihn nun schon seit fünfundzwanzig Jahren nicht mehr gesehen. Ich habe jedoch erfahren, daß Pünter 1966 im Schweizer Fernsehen aufgetreten ist und über die Arbeit unserer Gruppe und über seine eigene Rolle gesprochen hat. Als das Buch von Pierre Accoce und Pierre Quet unter dem reißerischen Titel „Der Krieg wurde in der Schweiz gewonnen" (deutschsprachiger Titel: „Moskau wußte alles") erschien, das viel Staub aufwirbelte, widmete die Redaktion des Schweizer Fernsehens diesem Buch am 15. Mai 1966 eine „Roundtable"-Sendung. Daran nahmen unter anderen der WELTWOCHE-Redakteur Matt, der Chef des Ha-Büros, Hausamann, der von mir mehrmals zitierte Kriegshistoriker Wilhelm von Schramm, Schnieper (Rösslers Freund) und auch Otto Pünter teil. In diesem Gespräch kommentierte auch Pünter das Buch, ebenso wie in jenem Interview, das am 18. November 1967 in der Genfer Zeitung LA SUISSE veröffentlicht wurde und worin Pünter die „phänomenale Unkenntnis" der beiden Franzosen geißelte.
Beiläufig bemerkt, unterscheidet sich das Buch Accoces und Quets in der deutschen Ausgabe in vieler Hinsicht vom französischen Original. So lesen wir beispielsweise in der französischen Ausgabe auf Seite 313: Masson „berichtete uns über sein Treffen mit Schellenberg". An gleicher Stelle lesen wir in der deutschen Ausgabe auf Seite 269, Masson „berichtete uns nichts". Eine recht abweichende Übersetzung. Davon will ich gar nicht reden, daß Masson in der deutschen Ausgabe völlig reingewaschen in Erscheinung tritt, während das französische Original ihn der Kollaboration mit den Nazis bezichtigt. Allen Dulles taucht diskreterweise in der deutschen Übersetzung nicht auf. In dieser Ausgabe fehlten auch die meine Person diffamierenden Ausführungen der französischen Ausgabe.
Im übrigen hatte sich Pünter auch schon vorher geäußert, und zwar im ausführlichen Anhang, welcher der 1957 erschienenen Zweitauf-

lage von W. F. Flickes Buch „Agenten funken nach Moskau" beigegeben wurde.[1] Es ist recht sonderbar, daß ein „Sozialist", der angeblich aus ideologischen Gründen Mitarbeiter des sowjetischen Nachrichtendienstes war, schriftstellerisch mit einem verbohrten nazistischen Abwehrmann zusammenwirkt. Ich glaube, hier ist meinerseits jeder Kommentar überflüssig, so wie ich auch darauf verzichten darf, den sensationell aufgemachten Titel der 1967 erschienenen Erinnerungen Pünters, alias Pakbo, zu kommentieren. Die deutsche Ausgabe trägt den Titel „Der Anschluß fand nicht statt (Bericht des Geheimagenten Pakbo)", die französische Ausgabe den Titel „Geheimer Krieg in einem neutralen Land (Enthüllungen eines Geheimagenten)".

Mit Pünters Rolle beschäftigt sich im übrigen neuestens auch Arsenijevič[2], der mit Recht fragt, weshalb die Schweizer Polizei Pünter unbehelligt ließ. Laut Arsenijević gab Pünter gerne zu, daß man ihn in Frieden gelassen hatte, „weil er der Polizei manchen Dienst leistete". Auch meine andere Genfer Mitarbeiterin, Esther Bösendorfer (Sissy), lebt. Sie ist Staatsbürgerin der DDR und wohnt in Berlin. Paul Böttcher (Paul) war bis vor kurzem in Leipzig stellvertretender Chefredakteur des Blattes der Sozialistischen Einheitspartei Deutschlands, der bekannten LEIPZIGER VOLKSZEITUNG.

Unter den Mitgliedern unserer Organisation, mit denen wir in Verbindung standen, leben einige nicht mehr. Laut Arsenijevic starb Foote (Jim) am 1. April 1956.[3] Nachdem er nach England zurückgekehrt war, gab er bereits 1949 sein Buch „Handbuch für Spione" heraus, das die immer noch wachsende Reihe der Bücher über unsere Organisation eröffnete. Der schon zitierte Marc Payot, ein Zeuge, den man keineswegs als linksorientierten bezeichnen kann, schreibt: „In Footes Buch wimmelt es von Ungenauigkeiten und sogar Unwahrheiten."[4] Von Schramm meint in seinem zitierten Buch ähnlich über Footes Arbeit: „Er schrieb lediglich einen Report und keinen historischen Bericht. Er wollte sein Buch verkaufen und haschte nach Sensationen." Weiter hieß es auf Seite 146: „Foote war gewiß keine saubere Quelle, aus der man ohne Vorbehalt schöpfen konnte."[5] In diesem Sinne äußert sich auch Gert Buchheit: „In seinem Buch vermischte Foote Wirklichkeit und Phantasie."[6] Was je-

---

[1] Siehe W.F. Flicke: Agenten funken nach Moskau, pp. 441–470.
[2] D. Arsenijevič: Zit. Werk, pp. 181 ff.
[3] Ebendort, p. 258.
[4] O. Pünter: Guerre secrète en pays neutre. p. 259.
[5] W. Schramm: Zit. Werk, pp. 25, 146.
[6] G. Buchheit: Zit. Werk, p. 338.

doch schwerer wiegt als diese Sensationshascherei ist Footes Gesinnungswechsel und das völlige Verleugnen seiner während des Krieges geübten Tätigkeit. Erneut versank er im Sumpf des kleinbürgerlichen Lebens, aus dem er sich einige Jahre lang, solange ihn eine große Aufgabe begeisterte, befreien konnte. Die Widersprüchlichkeit seines Charakters wurde schließlich durch seinen Verrat besiegelt.
Gestorben ist auch der deutsche antifaschistische Emigrant Rudolf Rössler, jener geheimnisvolle Lucy, der dem Himmlerschen Geheimdienst soviel Kopfzerbrechen verursacht hatte. Am 12. Dezember 1958 wurde er in Kriens bei Luzern bestattet, wo er lange Jahre in der Emigration verbracht und mit unerschöpflicher Energie zusammen mit seinen Berliner Freunden alles in seiner Macht Stehende unternommen hatte, um den Zusammenbruch der nationalsozialistischen Kriegsmaschinerie voranzutreiben.
Mit Rudolf Rössler ist auch sein bis heute unaufgeklärtes Geheimnis begraben worden. Zwar gibt es eine Version, wonach er kurz vor seinem Tod dem Sohn seines Schweizer Freundes Schnieper mitgeteilt haben soll, wer jene Offiziere waren, die ihm direkt aus dem OKW so außerordentlich wertvolle Informationen zugeleitet hatten. Angeblich hat Rössler es zur Bedingung gemacht, daß Schniepers Sohn die Namen dieser Offiziere erst nach zwanzig Jahren veröffentlichen darf. Rössler hatte hinreichend Grund, um das Leben seiner Freunde zu bangen, denn die Nazis hätten sich an ihnen gerächt. Doch das Schicksal wollte es anders: ein Jahr nach Rösslers Tod wurde der junge Mann, dem er das Geheimnis anvertraut hatte, Opfer eines Autounfalls. Wir können lediglich Mutmaßungen anstellen, ob es wirklich nur ein Unfall war. So bleibt Lucys Geheimnis ungelöst.
Auf tragische Weise kamen jene um, die in Deutschland dem sowjetischen militärischen Nachrichtendienst geholfen hatten. Fast alle erlitten im Gefängnis oder im Lager den Märtyrertod. Wahrscheinlich infolge eines schweren Nervenschocks verlor in den Folterkammern der Gestapo Agnes Zimmermann (Micki), das junge deutsche Mädchen, Jims Braut, den Verstand. Heinrich (Hans) und Lina Müller, deren Freiburger Wohnung ein illegaler Treffpunkt gewesen war, wurden hingerichtet. Von Elsa Noffke (Inge), der mit dem Fallschirm abgesprungenen Agentin, gibt es keine Spur. Anfangs saß sie im Berliner Gefängnis. Dort begegnete ihr zweimal Anna Müller, die der Gestapo in die Falle gegangen war. Später wurde die junge Frau in das Konzentrationslager Ravensbrück geschafft. Wahrscheienlich hat sie es nicht lebend verlassen.
Anna Müller, die Leiterin der illegalen Reisepaß-Gruppe in Basel, wurde von einem nazistischen Gericht im September 1944 zum Tode

verurteilt. Die Vollstreckung des Urteils verschob man jedoch, möglicherweise, weil die Schweizer Regierung zugunsten ihrer Staatsbürgerin intervenierte: Durch den Gefängnisarzt gelang es Anna, den Schweizer Konsul zu verständigen, wo sie sich befand. Doch wurde sie auch weiterhin gefesselt in dem Armesünderhaus gehalten.
Anna Müller wurde zusammen mit den anderen Insassen des Frauengefängnisses am 8. Mai 1945 von einer Einheit der sowjetischen Armee befreit. Die alte Frau war durch Hunger und Krankheit so geschwächt, daß sie nicht einmal gehen konnte. Man brachte sie in ein Krankenhaus, und erst mehrere Monate nach ihrer Befreiung kehrte sie in ihre Heimat zurück.
Zahlreiche nazistische Übeltäter büßten für ihre Missetaten. Aber die Bestrafung Walter Schellenbergs, des Chefs des politischen Nachrichtendienstes und der Spionageabwehr des Deutschen Reiches, war unverhältnismäßig milde im Vergleich zu jenen Verbrechen, die er gegen die Menschheit beging. Schellenberg, General der SS, Initiator und Organisator vieler niederträchtiger Aktionen des SD gegen andere Staaten, erhielt den wohlverdienten Strick nicht, sondern überlebte seinen Chef Himmler.
1945, als die Tage des Hitlerregimes schon gezählt waren, gelang es Schellenberg, nach Schweden zu flüchten. Dort fand er Zuflucht. Als Entgelt hatte der SD-Chef eine große skandinavische Gruppe mitgebracht, Männer und Frauen, die zu verschiedenen Zeitpunkten von der deutschen Regierung interniert worden waren. Später brachten die Engländer ihn heimlich im Flugzeug nach London. In der Hoffnung, daß man ihn begnadigen werde, versprach Schellenberg, alles zu enthüllen, was den britischen Intelligence Service interessieren könnte. Drei Jahre lang gab er den Engländern wertvolle Informationen. In dieser Zeit verließ Schellenberg nur ein einziges Mal London, im Januar 1946, als er als Zeuge im Nürnberger Prozeß geladen war. Er sagte gegen die Naziführer aus, unter anderen gegen seinen Kollegen vom SD Kaltenbrunner, der erhängt wurde. Nach dem Prozeß nahmen die Engländer Schellenberg wieder mit sich, angeblich zu einer Heilbehandlung, da die Ärzte Gallensteine festgestellt hätten.
Ich erwähnte schon, daß es diesem gewiegten Nazi dennoch nicht gelang, der Strafe ganz zu entgehen, obwohl ihn die Engländer und Amerikaner in ihren Schutz zu nehmen versuchten. Schellenberg wurde im Frühjahr 1949 vor ein amerikanisches Militärgericht gestellt. Aber er kam glimpflich davon, denn er erhielt lediglich vier Jahre Gefängnis, gerechnet ab 1945. Nicht einmal diese Jahre brauchte er abzusitzen.

In diesem Zusammenhang lesen wir in Pierre Accoces und Pierre Quets Buch: „Im Hinblick auf seine sich verschlechternde Gesundheit erwirkten die Engländer seine Freilassung. Er wußte nicht, wohin er gehen sollte, und suchte seinen einstigen Gegner, Masson, auf ... Dieser war bereit, ihm zu helfen, aber nur insgeheim, weil die Schweizer Behörden gegen eine solche Hilfe hätten protestieren können. Er vertraute ihn der Obhut seines Chirurgen Lang an, der den Deutschen in der Nähe von Romont, auf halbem Weg zwischen Lausanne und Fribourg versteckte. Nach einigen Monaten sickerte das in der Schweiz durch, und man gab Weisung, den Kranken unverzüglich abzuschieben ..."[1]

Nach der Ausweisung aus der Schweiz ließ sich Schellenberg unweit der Schweizer Grenze, am Ufer des Lago Maggiore, in einer bequemen Villa nieder. Er lebte vom Geld der Engländer, die den Leiter des deutschen Nachrichtendienstes großzügig bezahlten, weil er sie in viele Geheimnisse des Deutschen Reiches eingeweiht hatte. So wurden die einstigen Gegner Freunde. Schellenberg starb 1953.

Oberstbrigadier Masson, der Leiter des Schweizer Geheimdienstes, mußte sich schließlich doch noch für jenes Spiel verantworten, in das ihn der Leiter des Himmlerschen Nachrichtendienstes hineingezogen hatte. Die Schweizer Behörden leiteten eine Untersuchung gegen ihn ein, aber man stellte ihn nicht vor Gericht; im Herbst 1945 pensionierte man ihn. Er starb 1967.

Ein ruhmloses Ende nahm das von Himmler gegründete sogenannte „Kommando Rote Kapelle", das auf den Befehl des Führers zum Kampf gegen den in Europa wirkenden sowjetischen Nachrichtendienst gebildet worden war.

Das Kommando stellte seine Tätigkeit endgültig im August 1944 ein, als das gesamte Personal aus dem von den Aufständischen wiedereroberten Paris, der Residenz der Gestapo-Organisation, flüchtete. Aus Furcht vor Vergeltung verwandelten sich die Führer in Zivilisten und stoben auf der Suche nach Zuflucht auseinander. Laut Gilles Perrault lebt Pannwitz heute in Westdeutschland, in Stuttgart, ein bequemes kleinbürgerliches Leben und genießt die Pension der Bonner Regierung. Perrault sprach drei Tage mit ihm, unter anderem auch über die Gruppe Schweiz.[2] Ein großer Teil der Agenten der Gruppe Pannwitz wurde gefaßt und verurteilt.

Einige Worte noch über Lene und mich.

Ich lebe und arbeite im sozialistischen Ungarn, für dessen Zustande-

---

[1] P. Accoce-P. Quet: La guerre a été gagnée en Suisse. p. 307.

[2] G. Perrault: Zit. Werk, pp. 521—543.

kommen ich vor mehr als fünfzig Jahren in die Kommunistische Partei eingetreten bin. Nach langen und schweren Prüfungen, nach 36jähriger Abwesenheit konnte ich endlich 1955 in meine Heimat zurückkehren, wo ich auf dem Gebiet der Geographie und Kartographie viele meiner wissenschaftlichen Ziele verwirklichen kann, von denen ich jahrzehntelang geträumt habe. Die sozialistische Ordnung der Ungarischen Volksrepublik bietet mir in meiner Wissenschaft eine großartige und feste Grundlage für meine Konzeption. Es ist schade, daß ich bereits mein siebzigstes Lebensjahr überschritten habe.

Lene konnte nach meiner zehnjährigen Abwesenheit lediglich drei Jahre mit mir im neuen Ungarn verbringen, wohin sie schon schwerkrank aus Paris kam, kaum daß sie die Nachricht erhalten hatte, daß ich nach Hause zurückgekehrt war. Sie starb am 1. September 1958 im Alter von 58 Jahren. Ihre Asche ruht in Budapest in einem von der Ungarischen Volksrepublik gestifteten Ehrengrab; auf ihrem Grabstein wurde eingemeißelt: Gründungsmitglied der Kommunistischen Partei Deutschlands.

INHALT